UNIVERSIDAD DE CASTILLA-LA MANCHA

Los Órganos de Garantía del Derecho de Acceso a la Información Pública

Departamento:
Derecho Público y de la Empresa

Dirección:
D. Isaac Martín Delgado

Toledo, 2022

Beatriz Fernández Moreno

Editado por:
Editorial Alma Mater
Paseo de las Delicias, 30, Planta 2
Madrid 28045

ISBN: 978-84-12911-95-4
DL: SE 1472-2025

LOS ÓRGANOS GARANTES DEL DERECHO DE ACCESO A LA INFORMACIÓN PÚBLICA

AGRADECIMIENTOS

Quiero manifestar mi agradecimiento al profesor Isaac Martín Delgado catedrático de Derecho Administrativo de la Universidad de Castilla-La Mancha, y director de esta tesis, quien con su entusiasmo me animó a cambiar el tema, a redactar y terminar este trabajo con su apoyo constante; por sus orientaciones, sus correcciones y todos sus comentarios, por las informaciones facilitadas, así como por las conversaciones mantenidas sobre el tema durante el proceso de elaboración de este trabajo.

A Enrique y Maribel del Centro de Estudios Europeos por su ayuda y su empatía. A Llanos de la Escuela Internacional de Doctorado por su paciencia. A todos los académicos por sus textos y obras que me han ayudado a entender la transparencia. A los órganos de transparencia que han participado en el cuestionario y que forman parte de los resultados de este trabajo.

A mis padres, que he perdido en estos últimos años, por inculcarme sus valores y el deseo del saber y aprender, la mejor herencia que podían dejarnos a mi hermano Frank y a mí. A Patricia y Claudia por su generosidad. A Pedro por estar siempre.

Empecé este camino de la Transparencia, después de haber aparcado los trabajos realizados con otro tema de investigación que desarrollaba cuando el profesor Luis Ortega Álvarez fallecía, por todo lo que me enseñó y me dejó aprender a su lado. Hoy, años después, deposito el resultado de mi trabajo con un tema que me ha conquistado.

RESUMEN

La presente tesis doctoral persigue conocer cómo se ha llevado a cabo el proceso de constitución de los órganos de control de la transparencia en el Estado y en las Comunidades Autónomas (CCAA), a partir de la aprobación de la Ley española de Transparencia Acceso a la Información y Buen Gobierno 19/2013, (LTAIBG) y la implementación de las leyes de acceso a la información en el territorio español; la puesta en funcionamiento del Consejo de Transparencia como un nuevo órgano administrativo, autónomo e independiente, para velar por el cumplimiento y respeto a los derechos contemplados en la misma y la creación de los Consejos, Comisiones y Comisionado en las Comunidades Autónomas, ante los que la LTAIBG y la normativa autonómica, nos invita a acudir para salvaguardar el ejercicio de derecho de acceso a la información pública.

Comienza con una revisión académica sobre los diversos estudios de la transparencia, presentando el marco conceptual de la misma como valor central en las actuales democracias. Se analiza el marco jurídico centrado en la normativa estatal –antecedentes, características y contenido de la Ley 19/2013, (LTAIBG) y de su reglamento en tramitación-, así como en la regulación de la transparencia en las CCAA.

La investigación nos ha proporcionado interesantes resultados, tras el análisis: en primer lugar, un aspecto fundamental de la debida implementación de la normativa en esta materia radica en el establecimiento de estos órganos administrativos "especializados" destinados a supervisar y satisfacer el cumplimiento de la legislación y la resolución de conflictos que surgen entre el derecho de acceso a la información pública y el interés del Estado y CCAA en proteger determinada información, con base en las limitaciones legalmente establecidas. Su diseño y los elementos estructurales de los órganos, revisando su composición, la elección y perfil de sus miembros, así como la suficiencia de recursos humanos y económicos, son factores clave para instrumentalizar su independencia y eficiencia. Finalmente, se expone su eficacia jurídica a través de su actividad.

Todo ello nos ha permitido avanzar como conclusiones cuáles son las dificultades y las fortalezas que los consejos, comisiones y comisionado presentan en España, determinando sus logros y las barreras que deberán ir superando para convertirse en verdaderos y eficaces órganos de garantía del derecho de acceso a la información pública, como condición primera y básica de una nueva cultura de la transparencia y de una democracia que apueste por un verdadero protagonismo de la ciudadanía.

INTRODUCCIÓN

INTRODUCCIÓN: MEMORIA DEL PROYECTO

"La sociedad tiene el derecho de pedir cuentas a todo agente público de su administración"[1]

DDHC

Actualmente España es un país descentralizado que establece una ordenación territorial en base a lo que recoge nuestra Constitución de 1978, como Estado de las Autonomías, consecuencia de la falta de acuerdo de los redactores de la misma, sobre los modelos de Estado federal y Estado regional y sus recelos a la palabra federal, dando así lugar a problemas de interpretación[2].

Cierto que, en la CE de 1978 con este modelo de Estado, las Comunidades Autónomas (Título VIII) van a desempeñar un importante papel en el plano político, como vehículos de expresión de la ciudadanía y en el plano jurídico administrativo y estructura pública, al convertirse en responsables de la gestión de parte relevante de los servicios públicos y del desempeño de numerosas competencias de regulación de la vida económica y social; a corta distancia de la ciudadanía y de sus demandas.

De ese modo, constituidas las CCAA y aprobados sus estatutos de autonomía a principios de los ochenta, comienza un proceso de traspasos de competencias a las mismas. En paralelo se plantea el diseño de un sistema de financiación[3] que permita a los gobiernos regionales disponer de recursos para atender los gastos derivados de esas competencias, dos aspectos estrechamente relacionados.
A esta descentralización se llega, tras un proceso complejo y problemático; no cabe duda que, al no existir modelos copiados de manera mimética, ni tampoco seguir cada CCAA un mismo proceso de asunción de competencias o incluso de responder ante idéntico problema de manera similar, las experiencias de cada CCAA son únicas y singulares. Este modelo organizativo lo observaremos igualmente hoy, en el diseño y constitución de los órganos de control, su desarrollo y funcionamiento en cada Comunidad.

En el tema que nos ocupa, el mapa es diverso, heterogéneo dada la pluralidad territorial y con distintas estructuras administrativas, es, asimismo complejo, como resultado de políticas distintas y con acciones autonómicas muy desiguales, con lo que los distintos ordenamientos muestran una gran dispersión; también con distintos potenciales de desarrollo en cada CCAA.

Es en estos últimos años, con más de 40 años de vida de la Constitución Española de 1978 y a consecuencia de la peor crisis económica que ha sufrido España en este tiempo; cuando asistimos a un cuestionamiento de las Instituciones del Estado, y de las propias fuerzas políticas como consecuencia de la falta de respuesta a los importantes casos de corrupción, dificultades económicas y de retrocesos en derechos sociales sin precedentes.

---

[1] Art. 15 de la Declaración de los Derechos del Hombre y del Ciudadano de 1789, (DDHC) en la web: http://www.conseil-constitutionnel.fr/conseil-constitutionnel/root/bank_mm/espagnol/es_ddhc.pdf.

[2] AJA FERNÁNDEZ E. (1999) "El Estado Autonómico. Federalismo y hechos diferenciales". Alianza, Madrid. p.56.

[3] SEVILLA SEGURA José Víctor. "Las claves de la financiación autonómica. Problemas y propuestas". Ed. Crítica, Barcelona 2001. p. 75.

Los acontecimientos de orden político, social y económico que se han sucedido, han alcanzado a la articulación social, democrática e institucional del país: (cambio de la reglamentación de las cajas de ahorro para permitir desde 1997 el control político de esas entidades financieras y que resulta ser la entrada en sus consejos de administración de todo tipo de personajes corruptibles e incompetentes, conduciéndolas a la quiebra; la aprobación de la Ley del Suelo de 1998 que desencadena una burbuja inmobiliaria especulativa a partir de 2001 que acabó por estallar, el mantenimiento de un precio del dinero a tipos muy bajos desde el Banco Central Europeo), el término "política" y "políticos" se llena de connotaciones negativas, peyorativas, también otros pilares democráticos: la prensa, los sindicatos, la justicia... la imagen de las principales Instituciones del país, salpicadas por escándalos de corrupción de cifras millonarias que contrastan con la pobreza de sectores enteros de la ciudadanía. Una corrupción que incluye a cargos públicos y representativos que utilizan esa condición para su beneficio personal.

El malestar ciudadano ante el retroceso en sus derechos, el deterioro de los servicios públicos y el empobrecimiento de las clases medias trabajadoras, no consigue apagarse por la leve mejora de algunos datos económicos que no se traducen en expectativas reales. Y es así que esta crisis económica, social, institucional... con sus características propias, pero con un fondo común: la crisis de la democracia, se ve en las urnas, donde la abstención aumenta y los grandes partidos retroceden, la reflejan las encuestas, la expresan los medios, y se produce cuando disponemos de la Constitución que más y mejor ha contribuido a la estabilidad y al progreso y la que ofrece en teoría, mayores garantías a nuestros derechos.

Podríamos decir que si algo positivo ha tenido esta crisis de la democracia (que engloba todas las demás), es que ha despertado el interés de la ciudadanía por participar en la gestión de los asuntos públicos y en conocer en qué se gasta el dinero de sus impuestos. Nunca ha habido tanta demanda de información y tantos periodistas parados, nunca la defensa de los derechos de los trabajadores ha sido tan imprescindible ni los sindicatos han estado tan debilitados. Nunca los jueces han tenido tan mala imagen ni ha sido tan reivindicada la palabra justicia.... Es un hecho que la ciudadanía, exige mayor transparencia a las Instituciones públicas al haber aumentado la desconfianza hacia las mismas y muestra su voluntad de regenerar la democracia española.

La rendición de cuentas, la transparencia en la información a cargo de los entes públicos y el acceso ciudadano a esa información, constituyen actualmente componentes de toda democracia suficientemente consensuados al menos en su conceptualización general. Nadie discute que quien administra intereses o bienes ajenos debe rendir cuentas de su gestión, los gobernantes, que gestionan intereses públicos, también deben cumplir con esta elemental y básica obligación. Pero poco se ha avanzado desde esa DDHC, aunque se ha venido repitiendo por la doctrina que sin información no hay conocimiento y sin conocimiento no hay control alguno, por mucho que formalmente se diga que el sistema es democrático[4]. Entendemos que para recuperar esa articulación social, democrática e institucional serían necesarias algunas, si no muchas reformas, la de la Constitución en primer lugar, reformas que garanticen y blinden nuevos derechos, que resuelvan el encaje de Cataluña, que aborden la mejora del funcionamiento de las Instituciones, la transparencia, la calidad de la

[4] KELSEN, H., (1998) "La Démocratie. Sa nature. Sa valeur", Paris, Económica, (Col. Classiques), pág 72.

democracia, la apertura de los partidos, las formas de participación de la ciudadanía o el sistema electoral y que siente las bases de una inexcusable exigencia ética en la práctica política.

No obstante, nuestro país ha dado un paso importante, aprobando la Ley 19/2013, de transparencia, acceso a la información pública y buen gobierno[5] (LTAIBG), estableciendo nuevos mecanismos legales los cuales hacen que las Instituciones estén obligadas a transparentarse ante la ciudadanía, creando el marco regulatorio que garantiza que esta visión se convierta en acciones de gobierno y se establezcan las atribuciones, responsabilidades, y en su caso sanciones para aquellos servidores públicos que, en el ejercicio de sus funciones no cumplan con esta perspectiva de la democracia.
El concepto de Administración pública transparente que impulsa la Ley 19/2013, tiene dos vertientes; una es la "publicidad activa", es decir, la obligación de las administraciones de mostrar su información, utilizando fundamentalmente internet, y otra la "publicidad pasiva" en que la norma permite a la ciudadanía solicitar información a los Gobiernos central y autonómicos y fija en qué casos se debe responder y con qué plazo.

Sin duda un paso importante, pero no podemos dejar de lado un elemento como la forma en la cual la ciudadanía usa estos mecanismos y si realmente se está dando la información deseada. Si no hay un compromiso cívico, si los ciudadanos, y también los periodistas especializados en la búsqueda y difusión de información, no hacen mayor y mejor uso de las posibilidades de obtener respuesta documental a sus preguntas, las leyes de transparencia habrán servido poco. Y, por otro lado, como en este proceso la adopción de la ley, va más allá de la mera obligatoriedad; y en nuestro país, aún nos encontramos en proceso de construcción de una cultura de transparencia, rendición de cuentas y control de las acciones de gobierno, en la medida en que todavía se sigue imponiendo la otra cultura "autoritaria" en el quehacer público. Para activar la ley se requiere un compromiso importante de todas las administraciones públicas si aspiran a mejorar su credibilidad.

El legislador ha previsto la creación de un nuevo órgano administrativo, autónomo e independiente, para velar por el cumplimiento y respeto a los derechos contemplados en la ley de transparencia, acceso a la información y buen gobierno, el denominado: Consejo de Transparencia y Buen Gobierno (CTBG), cuya finalidad según el artículo 34 de la Ley de Transparencia es promover la transparencia de la actividad pública, velar por el cumplimiento de las obligaciones de publicidad, salvaguardar el ejercicio de derecho de acceso a la información pública y garantizar la observancia de las disposiciones de buen gobierno. Este es el órgano/autoridad ante el que la LTAIBG nos empuja a acudir si la respuesta del organismo de la administración al que se le ha requerido la información pública no nos gusta, o si, por ejemplo, la administración simplemente no ha respondido por lo que, se nos deniega el acceso a la información. Es la denominada reclamación ante el Consejo de Transparencia y Buen Gobierno.
Reflexionaremos y analizaremos las debilidades en esta construcción, tanto en su perspectiva de cultura ciudadana, como en su concreción como política pública de manera particular en el espacio autonómico, el papel que desempeñan los consejos, comisiones y comisionados de garantía del derecho

---

[5] Ley 19/2013, de 9 de diciembre, de transparencia, acceso a la información pública y buen gobierno. BOE núm. 295 (10-12-2013) Sec. I. pp. 9792-97952.
https://boe.es/boe/dias/2013/12/10/pdfs/BOE-A-2013-12887.pdf

de acceso a la información pública como modelo de resolución de litigios en vía administrativa alternativo al régimen ordinario de recursos y comprobaremos si estos órganos existen como un instrumento real que permiten garantizar realmente un control fiable, eficiente, rápido y gratuito de la actividad pública.

En relación con ello, se reafirmará y amparará el principio de subsidiariedad que exige que el ejercicio de competencias se realice en el nivel en el que se dé mejor respuesta a las exigencias de solidaridad, de eficacia y de participación del ciudadano, es decir, allí donde resulte al mismo tiempo más eficaz y más próximo de las personas. Se apostará, en definitiva, por evitar un modelo de Estado centralista, burocrático y monopolista en la gestión de la res pública, del bien común[6], aún, reconociendo las debilidades que encontraremos en estos órganos para desempeñar con eficacia sus funciones.

I. JUSTIFICACIÓN DEL ESTUDIO, OBJETIVOS, METODOLOGÍA Y GUIA DEL TRABAJO.

En esta introducción trataré de justificar el presente trabajo, realizando una descripción detallada de sus líneas definitorias más relevantes. En primer lugar, expondré la esencia, metodología y ejes del trabajo, así como las características del mismo para comprender el proceso de desarrollo y plasmación de los órganos/autoridades de garantía del derecho de acceso a la información en el ámbito estatal y autonómico, a partir de la reciente normativa existente sobre el particular en nuestro país. Analizando asimismo el grado actual de eficacia, así como las perspectivas de desarrollo futuro, a partir de las fortalezas y debilidades que ofrecen.

Se mostrará también una guía de los diferentes aspectos que trata la tesis, que, aunque centrada en torno al trabajo de investigación empírico, analiza diversas cuestiones que enmarcan la evaluación del control de la transparencia en las Administraciones públicas.

Finalmente, este trabajo combina diferentes perspectivas que acentúan su transversalidad, pese a que se trata de un estudio claramente jurídico, muchos de los aspectos que estudia se sitúan en las disciplinas sociológica y de ciencia política y de la administración, y desde dicho prisma considero que poseen interés como objeto de estudio, dado que la interdisciplinariedad es un factor considerado en nuestros días como muy positivo de cara a la adquisición de información relevante y significativa en la investigación científica. Con todo, se trata de una tesis plenamente encuadrable en el ámbito jurídico, en cuanto que gira de forma central en torno al estudio de las leyes de transparencia, su aparición en nuestro país y sus efectos en la creación y puesta en funcionamiento de los Consejos, Comisiones y Comisionados de transparencia, y muchos de los elementos en ella analizados entroncan además directamente con los principios que leyes como la Ley 39/2015, de 1 de octubre, del Procedimiento Administrativo Común de las Administraciones Públicas convierten en indispensables, como son la eficacia, la eficiencia o la evaluación normativa. En este sentido, análisis como el contenido en el presente estudio permiten comprobar la medida en que las normas en vigor han

[6] ORTEGA ÁLVAREZ Luís I. (2007) "Reformas Estatutarias y Distribución de Competencias. El Principio de Subsidiariedad". Coord. por Francisco Balaguer Callejón, Luis I. Ortega Álvarez, Gregorio Cámara Villar, José Antonio Montilla Martos. *Instituto Andaluz de Administración Pública*, págs. 109-122.

conseguido o no los objetivos previstos, y si estaba justificado y correctamente cuantificado el coste y las cargas impuestas en ellas.

1. Estudios sobre la transparencia y los órganos de garantía

En la doctrina académica existen trabajos a los que haremos referencia, que abordan la situación de la administración en materia de transparencia, haciéndolo desde ópticas muy diversas: estudios de la ley estatal de transparencia -tanto como anteproyecto o proyecto de ley, como en su texto definitivo- Jiménez Asensio (2012), Sánchez de Diego (2014), Piñar Mañas (2014), Guichot & Barrero (2015) o Campos Acuña (2015), así como aquellos que analizan las diversas normas autonómicas de transparencia y acceso a la información pública (Guichot (2017), Barbeito (2020) normativa vasca), (Guichot, (2014) norma andaluza); otros ligando la aplicación de las nuevas tecnologías a la implantación de la transparencia; sobre los rasgos fundamentales de la corrupción en nuestro país abordados por Villoria y Jiménez (2012) desde la rendición de cuentas, Lizcano (2008, 2016) considera la transparencia como uno de los mejores antídotos contra la corrupción, como herramienta estratégica esencial capaz de aumentar la información que posee al ciudadano, y con ello reducir espacios donde pueda crecer la corrupción, así como un elemento útil para combatirla; otros conectando el nivel de transparencia con elementos de orden demográfico y socioeconómico, junto a otros de cariz político-, tal y como apuntan Caamaño-Alegre & Campos Acuña (2015): asimismo importantes los que profundizan en los retos a los que se enfrenta este tema Jiménez Asensio (2012); Caamaño-Alegre & Campos Acuña (2015); Rams Ramos, (2017); Martín Delgado (2017).
Diferentes estudios han explorado los impactos potenciales de la información y las TIC, en relación a la transparencia, que concluyen, destacando su potencialidad al servicio del fortalecimiento democrático, como fin último (Rubio, 2011), (Cotino, 2012).

En cuanto a otras aportaciones, constituyen un importante grupo de publicaciones e iniciativas: la actividad realizada por la organización no gubernamental "Transparencia Internacional (TI)", implantada en un centenar de países, que tiene como objetivo fundamental combatir la corrupción e impulsar la transparencia, como conditio sine qua non para poseer una información de calidad por parte de la ciudadanía, que posibilite su participación en la toma de decisiones que les conciernen. La realización de análisis, investigaciones e informes es una de sus líneas esenciales de actuación, y en esta línea publica diversos Informes e Índices sobre materias diversas[7].
Otras iniciativas desde las universidades españolas como el "Mapa InfoParticipa", un producto del Laboratorio de Periodismo y Comunicación para la Ciudadanía Plural (LPCCP) de la Universitat Autònoma de Barcelona, cuyo origen se encuentra en el desarrollo y validación en 2012 el Mapa de las Buenas Prácticas de la Comunicación Pública Local en Cataluña. Tras incorporar colaboradores e

---

[7] Transparency International (TI) publica anualmente cuatro informes a nivel internacional: a) El Índice de Percepción de la Corrupción, que mide en una mayoría de países del mundo el nivel de percepción que los ciudadanos e instituciones experimentan respecto a la corrupción. b) El Barómetro Global de la Corrupción, que analiza en cada país la corrupción existente en los diversos sectores. c) El Índice de Fuentes de Soborno, que evalúa el nivel existente de sobornos en el terreno de países y empresas exportadoras. d) El Informe Global sobre la Corrupción, que analiza la evolución en el último año en un importante número de países. Elaborado por Transparencia Internacional España: *Índice de Transparencia de los Ayuntamientos (ITA)*.

investigadores de 8 universidades más, gracias a fondos de proyectos FEDER-MINECO, la evaluación se ha extendido a todas las CCAA[8].

Por otro lado, estudios referidos al Consejo estatal de transparencia: su ámbito de competencia Guichot (2014); Sendín (2014), García Costa (2018) o referidos a la regulación de los consejos de transparencia autonómicos en España: Belarra (2018), sobre su configuración y funcionamiento Jiménez Asensio (2017), Martín (2019) o sobre el diseño institucional de las Autoridades de Transparencia Mir Puigpelat (2017), Orduña (2017), Sierra (2017), Cocciolo (2019); los trabajos interesantísimos sobre la litigiosidad en materia de transparencia de Martín (2018) o de los órganos de garantía ante la revisión judicial de su actuación de Fernández Ramos (2018); y respecto a propuestas de mejora como las de Guichot, Cerrillo y Martín (2014).

2. Justificación

La presente investigación persigue conocer cómo se ha llevado a cabo el proceso de implantación de la transparencia en España y con ella la creación, puesta en funcionamiento y actividad de los Consejos, Comisiones y Comisionados – como vía alternativa a la resolución de conflictos -, en qué momento nos encontramos y cuáles son los retos y posibilidades de futuro. Un trabajo, con objetivos amplios y numerosos que ofrece temáticas y aspectos relevantes a examinar, y que espero y deseo resulte oportuno, en la medida en que tras años de funcionamiento de estos órganos/autoridades de garantía y -revisada en detalle la aportación académica de los citados trabajos cuyo estudio considero positivo y conveniente- sin embargo, no existe ninguno que contemple en toda su extensión las cuestiones que esta tesis analiza, más allá de abordar elementos parciales.

3. Objeto de la investigación y objetivos específicos

Este trabajo gira en torno a la transparencia en el ámbito público, un concepto amplio, que posee un carácter transversal, ya que está relacionada con numerosas acciones -gobierno electrónico, participación, gobierno abierto, rendición de cuentas…- llevadas a cabo en múltiples niveles administrativos, y considerada en la actualidad un verdadero termómetro del grado de calidad democrática en nuestro estado de derecho. Por ello, en el marco de dicho ámbito, entiendo oportuno ceñir mi estudio a un aspecto concreto del tema, con objeto de realizar un trabajo coherente y de dimensiones razonables: Los órganos garantes del derecho de acceso a la información pública y su beneficio para la ciudadanía.

De este modo, y tras analizar la normativa básica del estado y su órgano/autoridad de control estatal, el objeto de la investigación pone directamente el foco en la Administración autonómica, y se centrará en el modo en que la LTAIBG atendió en su nacimiento y conformación a dicho nivel administrativo, en la situación de las Comunidades Autónomas en materia de transparencia a la entrada en vigor de dicha ley y, particularmente, en el proceso de implementación efectiva de los órganos/autoridades haciendo realidad la posibilidad de sustitución de los recursos ordinarios por reclamaciones ante un órgano independiente.

[8] http://www.mapainfoparticipa.com/index/home/6

En definitiva, desarrollar un estudio que permita evaluar la efectividad real que puede tener esta vía alternativa de conflictos, a la que se podrá optar presentando una reclamación ante el Consejo, Comisionado o Comisión de Transparencia en lugar de presentar directamente recurso contencioso-administrativo ante el órgano judicial que corresponda. Sobre este objetivo general del estudio se identifican los siguientes objetivos específicos:

- Conocer la situación de la Administración autonómica en materia de transparencia en el momento de promulgarse la LTAIBG, a través de la normativa existente o no.
- Ponderar la importancia de la dimensión autonómica en la Ley 19/2013, LTAIPBG.
- Identificar las acciones e iniciativas puestas en marcha en el ámbito autonómico, conducentes a la efectiva implantación de las obligaciones que la Ley estatal establece, centrándonos en las dirigidas a posibilitar el pleno ejercicio del derecho de acceso a la información pública a través de las reclamaciones ante los órganos/autoridades de garantía.
- Evaluar el beneficio o no de poner en marcha Consejos Regionales como nuevos órganos de control en cada CCAA.
- Analizar las afinidades y las divergencias que existen entre las estructuras administrativas de las Comunidades Autónomas, respecto a esa figura garante que se ha ido creando en ellas.
- Analizar la actividad de los órganos/autoridades de garantía, desde su puesta en funcionamiento, la intensidad y características del ejercicio del derecho de acceso a la información que el ciudadano está haciendo y comprobando el grado de cumplimiento en relación a las resoluciones.
- Determinar las debilidades y fortalezas de los órganos de garantía a la hora de implantar la transparencia efectiva en su ámbito, así como las eventuales oportunidades y, en el extremo opuesto, dificultades, para conseguir dicho objetivo. En definitiva, medir la magnitud del reto que se abre ante ellos y ante la ciudadanía en esta materia, situándolo en el contexto de la Administración general y autonómica.
- Identificar y describir si algún o algunos de los consejos, comisiones o comisionados en funcionamiento son ejemplo a seguir en futuras modificaciones legales o en las prácticas diarias.

4. Diseño de la investigación.

Bajo la "percha" de la transparencia y sus dos áreas temáticas, –publicidad activa y derecho de acceso a la información-, nos centraremos en esta última y en los órganos/autoridades de garantía de ese derecho. Los numerosos objetivos específicos, nos conducen a una metodología propia de la ciencia jurídica, con diferentes técnicas de aproximación a la realidad. Así, se ha aplicado el método exegético, mediante el análisis de las normas jurídicas; el dogmático, examinando la doctrina científica, y el análisis jurisprudencial de sentencias en la materia tratada, con el recurso a la jurisprudencia como vía para corroborar o ejemplificar algunas de las afirmaciones que se realizan. El análisis de algunos elementos no jurídicos también ha sido fundamental para comprender las regulaciones existentes y realizar una radiografía de los órganos/autoridades de control en la Administración española.

4.1 Metodología

Las anteriores consideraciones predeterminan el enfoque metodológico por el que se ha optado en este trabajo: junto con algunas reflexiones generales de carácter introductorio, se centrará principalmente en realizar un análisis crítico y una valoración práctica del modelo alternativo de resolución de conflictos en el sector de la transparencia que ha diseñado el legislador, tomando como referencia las resoluciones dictadas por el consejo, comisiones y los comisionados de transparencia; así como los criterios interpretativos e informes que han publicado hasta el momento. Ello nos permitirá comprobar si estos órganos existen como un instrumento real que permiten garantizar realmente un control fiable, rápido y barato de la actividad pública en materia de transparencia y acceso a la información.

Como las normas constituyen la primera y más importante fuente para este trabajo, se consultarán tanto las fuentes del derecho histórico como del actual, la propia del Estado y la promulgada por las diferentes Comunidades Autónomas.

Las técnicas de investigación a utilizar serán las siguientes:

- Análisis y estudio de fuentes documentales.
- Análisis de la jurisprudencia.
- Datos respecto a la evaluación de la actividad de los consejos y comisionados de transparencia.
- Análisis de las declaraciones realizadas en prensa y revistas especializadas por responsables políticos y personal de los diferentes consejos.
- Análisis del cuestionario enviado y recibido de los órganos de garantía.

En mi opinión, resultaba aconsejable en cuanto al objeto de este trabajo - implantación de los órganos garantes del derecho de acceso a la información en el ámbito estatal y autonómico, dificultades, ventajas, peculiaridades y efectividad de los mismos-, utilizar de manera complementaria las dos; técnica de tipo cuantitativo (análisis de los datos) y cualitativo (declaraciones/entrevistas) para validar o refutar los resultados alcanzados a través de ellas.

4.2. Análisis y estudio de fuentes documentales.

En la medida en que la norma es la fuente fundamental de esta investigación, también será muy relevante la consulta de los anteproyectos y proyectos de ley previos a la Ley 19/2013 de transparencia, acceso a la información pública y buen gobierno; los diversos informes emitidos por órganos e instituciones del Estado (Agencia de Protección de Datos, Consejo de Estado, Comisión de expertos) durante la elaboración del proyecto, así como los debates parlamentarios en el Congreso de los Diputados y en el Senado.

Otra de las fuentes clave en esta investigación será la doctrina, por lo que se consultarán opiniones y teorías de aquellos que tienen más experiencia en la materia, para ello se accederá a artículos académicos, manuales y monografías, revistas jurídicas, tesis y otros trabajos de investigación más relevantes tanto en el ámbito del derecho general como en la materia que nos ocupa; son numerosas las fuentes escritas. El análisis de la normativa desarrollada en las CCAA, la descripción de reclamaciones y el examen evaluando las resoluciones de los órganos de garantía, nos conducirán a los objetivos buscados.

Desde un punto de vista empírico, cobra especial interés en esta investigación la estadística judicial respecto a las resoluciones de los consejos, comisiones y comisionados son recurridas en número mayoritario por las administraciones afectadas y en otros casos, los menos por los ciudadanos, que también va a permitir determinar en qué manera ha incidido en la carga de trabajo de dichos órganos.

Asimismo, se consultará una amplia jurisprudencia en el orden contencioso-administrativo que ha ido sentando las bases y criterios jurídicos del modelo a tener en cuenta por los demás consejos, tanto en el ámbito estatal como autonómico. También cobran relevancia los pronunciamientos en tal sentido por parte del Tribunal Europeo de Derechos Humanos.

Además de las fuentes ya citadas, especialmente, se consultará la información procedente del CTBG estatal, no solo las actas, publicaciones editadas, sino también los informes y dictámenes, Memorias, Libros Blancos o Planes del Gobierno, incluidos en la página web de dicho órgano/autoridad.

4.3. Evaluación de los datos

La ciudadanía se encuentra con la posibilidad de sustitución de los recursos ordinarios administrativos de alzada y de reposición, ante un órgano independiente, de conformidad con lo dispuesto en la legislación Ley 39/2015, de 1 de octubre, del Procedimiento Administrativo Común de las Administraciones Públicas (art. 112 LPAC), respetando los principios, garantías y plazos que recoge la ley. Esta fórmula tiene carácter potestativo, se podrá optar por presentar la reclamación ante el consejo, comisionado o comisión de transparencia o por presentar directamente recurso contencioso-administrativo ante el órgano judicial que corresponda[9].
Se trata de evaluar los datos de ámbito nacional, así como de las CCAA, y las dos ciudades autónomas de Ceuta y Melilla, según información extraída de la página Web del CTBG estatal y de los consejos, comisiones y comisionados autonómicos.

DERECHO DE ACCESO A LA INFORMACIÓN	
La demanda de transparencia y participación	Grado de ejercicio del derecho de acceso a la información pública
	Perfil de los demandantes de información pública
Incidencia de las limitaciones al derecho de acceso	Incidencia efectiva de las diferentes limitaciones, por tipologías
	La protección de datos
Procedimiento de Acceso / Impugnaciones	Número de solicitudes. Admisión e inadmisión
	Incidencia del silencio administrativo
	Recursos e impugnaciones

9 El art. 20.5 de la LTAIBG establece que: "Las resoluciones dictadas en materia de acceso a la información pública son recurribles directamente ante la Jurisdicción Contencioso-Administrativa, sin perjuicio de la posibilidad de interposición de la reclamación potestativa prevista en el art. 24".

4.4. Declaraciones y cuestionario

La lectura de declaraciones de los responsables en materia de transparencia y la utilización de un "cuestionario" efectuado a los órganos de garantía, persigue profundizar en la experiencia concreta de los responsables políticos y técnicos que están implementando los requerimientos concretos que conlleva la ley de transparencia en sus respectivos órganos, y hacerlo a través de sus testimonios, privilegiados en una materia que conocen y en un conjunto de posibles cambios en el modo de funcionar tradicional de la Administración que están observando directamente.
Bien es verdad, que el Consejo de Transparencia estatal ha contado con altos cargos que no han tenido inconveniente de ofrecer entrevistas y declaraciones para mostrar las virtudes y las carencias del organismo. Así lo hizo quien ocupó el cargo durante los dos primeros años de funcionamiento, la presidenta Esther Arizmendi y el presidente en funciones y subdirector, Javier Amorós; hasta el nombramiento del nuevo presidente -diciembre 2020- en que el CTBG ha dejado de realizar valoraciones a la prensa y el presidente, no concede entrevistas a los diversos medios de comunicación, en un cambio de estrategia que a mi juicio supone un incumplimiento manifiesto de la LTAIBG. Ambos fueron elegidos por políticos, eso tienen en común.

En cuanto al cuestionario sobre el derecho de acceso a la información, a los órganos de garantía, incluye preguntas cerradas, con alguna parte abierta en determinados casos. Las cuestiones cerradas son de respuesta alternativa (sí o no), o bien de respuesta de elección múltiple, estas últimas para temas más complejos. También se ha prestado atención a realizar una adecuada organización temática de las preguntas del cuestionario, que incluyen cuestiones introductorias, que faciliten una transición fácil entre temas y que concluyan de forma adecuada.

5. Guía del trabajo

Se trata de presentar las diversas partes de este estudio, explicando muy brevemente su contenido.

En esta **introducción** se describen las líneas y características de la investigación, su objeto y metodología, tratando de justificar su oportunidad y relevancia.

A continuación, el estudio cuenta con dos capítulos que sirven para enmarcar la Transparencia y los Consejos de transparencia respectivamente, desde el punto de vista conceptual, sociológico o de ciencia política y desde el estrictamente jurídico normativo.

El **capítulo I**, dedicado al marco conceptual de la transparencia y una de sus dos áreas temáticas –el derecho de acceso a la información– así como de los órganos de garantía de ese derecho. Situando la transparencia como valor central e imprescindible en las actuales sociedades democráticas, por cuanto que constituye uno de los ejes esenciales del gobierno abierto y con ello de la buena gobernanza.

El **capítulo II**, dedicado al marco legal, la llegada de la transparencia a las administraciones españolas se ha producido a través de la entrada en vigor de las correspondientes normas, cuyo estudio resulta esencial, con objeto de fijar el marco jurídico de la transparencia en la Administración autonómica.

Un primer apartado, de este capítulo se centrará en la ley estatal de transparencia, la Ley 19/13, de Transparencia, Acceso a la Información Pública y Buen Gobierno (LTAIBG), su origen, antecedentes y características. Se expondrán brevemente como en el nacimiento de la ley, influyeron de modo importante en la conformación final de la norma, un estado de opinión y un momento sociopolítico especial y específico constitutivos de la crisis estructural de legitimidad política y de confianza institucional que determinaron el contexto sociológico de aparición de la ley española de transparencia. Continuará con el desarrollo reglamentario de la ley, actualmente en tramitación, y cierra este apartado el Real Decreto 919/2014 de 31 de octubre por el que se aprueba el Estatuto del Consejo de Transparencia y Buen Gobierno estatal.

La regulación de la transparencia en la Administración autonómica focaliza el siguiente apartado, que comienza revisando la normativa existente y la que se ha ido aprobando posterior a la Ley 19/2013, y se empleará este marco teórico con el fin de analizar la configuración administrativa de la transparencia en España, constituida por el conjunto heterogéneo de consejos, comisiones y comisionados a los que se han encomendado funciones de control ("órganos de garantía" / "autoridades de transparencia"). La actividad llevada a cabo por estas autoridades constituye una función de control que ostenta un claro valor constitucional.

A los órganos garantes del derecho a la información se dedicarán los siguientes capítulos tercero y cuarto, llevaremos a cabo un estudio pormenorizado del diseño institucional de los órganos/autoridades de transparencia, tanto a nivel estatal como autonómico, con el fin de determinar los elementos que pueden favorecer su independencia e imparcialidad, analizado tres ejes fundamentales: la naturaleza jurídica; la composición y el estatuto de los miembros que ocupan sus órganos rectores, especialmente cuando son competentes para resolver las reclamaciones en materia de acceso a la información pública; y la disposición de recursos efectivos –humanos, económicos- para el cumplimiento de sus funciones.

Así el **capítulo III** desarrollará la configuración legal -la estructura, funcionamiento administrativo y modelo de gestión- del Consejo de Transparencia y Buen Gobierno del Estado, así como la evaluación de su actividad y su eficacia.

La eficacia jurídica de los consejos de transparencia y comisionados en las CCAA en funcionamiento, será el tema que nuclee los siguientes capítulos, con dos ejes argumentales básicos. El primero de ellos, en el **capítulo IV** profundizando en la configuración de cada uno de los órganos regulados en las Comunidades autónomas, analizando su naturaleza jurídica, sus funciones y fortalezas y debilidades en cuanto a independencia e imparcialidad se refiere.

En segundo lugar en el **capítulo V**, estudiando el efectivo ejercicio por parte de la ciudadanía de los derechos, centrándonos en este caso en la actitud e intereses de los ciudadanos, la importancia de la demanda de información y de la voluntad de participación, averiguando cuáles son las materias más y menos consultadas, qué perfil observan las personas demandantes de información, así como la incidencia de los límites presentes en la normativa, y hasta qué punto estos han determinado realidades como el acceso parcial a la información, las denegaciones o el silencio administrativo.

Se finaliza con un último capítulo donde se expondrán como **conclusiones** cuáles son las dificultades y las fortalezas que los órganos/autoridades de garantía presentan, determinando sus logros y las barreras que deberán ir superando para cumplir con eficacia su labor. Un apartado denso, ya que el análisis necesariamente comprende cuestiones numerosas y variadas, como lo son los diferentes imperativos legales que la normativa establece y los condicionantes que para cumplirlos se requieren. Así se expondrán los hándicaps que presenta la administración, pero también la necesaria adaptación de la ciudadanía; se mencionarán los desafíos pendientes en el terreno de la producción, difusión y actualización de información; los requerimientos tecnológicos; la importancia del elemento humano, tanto por lo que respecta a los empleados públicos, encargados de realizar las diferentes tareas y cometidos, como a los responsables políticos, que deben liderar los procesos. Las barreras económicas, culturales y de índole diversa, tratando de determinar cuáles son las cuestiones que actúan impidiendo que contemos con órganos de control totalmente eficaces. Podemos avanzar que los resultados del estudio evidencian que - más allá de la heterogeneidad de las fórmulas empleadas por los legisladores - existen requisitos necesarios y elementos que correctamente empleados pueden influir en la independencia y en la eficacia de los órganos/ autoridades de transparencia.

Al final de cada uno de los cinco capítulos se incluyen reflexiones sobre los temas planteados, que se recogen, amplían e interrelacionan en las conclusiones finales.

I.- EL MARCO CONCEPTUAL DE LA TRANSPARENCIA Y DE LOS ÓRGANOS DE GARANTÍA DEL DERECHO DE ACCESO A LA INFORMACIÓN PÚBLICA

CAPITULO PRIMERO

EL MARCO CONCEPTUAL DE LA TRANSPARENCIA Y DE LOS ÓRGANOS DE GARANTÍA DEL DERECHO DE ACCESO A LA INFORMACIÓN

"Un Estado tiene mayor o menor democracia según sea la extensión del poder visible respecto del invisible"
BOBBIO[10]

Con el fin de enmarcar este trabajo de tesis, en este capítulo nos vamos a centrar en la transparencia administrativa, como *"Deber de las Administraciones Públicas de informar a los ciudadanos de los diversos aspectos de la gestión administrativa y el derecho correlativo de los ciudadanos a ser informados, por parte de las Administraciones Públicas, veraz y objetivamente y a buscar información en éstas";* si bien la transparencia regulada en la Ley 19/2013, de 9 de diciembre, de transparencia, acceso a la información pública y buen gobierno[11], no sólo está referida al concepto tradicional de "Administración" en un sentido subjetivo, como organización incluida en el poder ejecutivo del Estado y que con personalidad jurídica única, tiene como fin el desarrollo y la concreción de la acción política de los gobiernos -central, autonómicos y locales-; sino que extiende sus efectos jurídicos a la actividad materialmente administrativa de sujetos que no son, en puridad, "Administración" – como el Congreso de los Diputados, el Senado o las cámaras legislativas autonómicas – aceptando, por tanto, un sentido objetivo del término. Esta realidad hace que el profesor GUICHOT hable de que el carácter esencial de la transparencia en una sociedad democrática *"...ha desbordado su concepción como un derecho administrativo"*[12].

En la misma línea el profesor MARTÍN DELGADO mantiene que la transparencia es un concepto de naturaleza polisémica, utilizado en diversas acepciones, que transciende incluso la perspectiva jurídica, para verse hoy como una nueva cultura en el seno de las organizaciones públicas, frente al valor que

---

[10] BOBBIO, N., El futuro de la democracia, Edit. Plaza y Janes, Barcelona, 1985.

[11] Ley 19/2013, de 9 de diciembre, de transparencia, acceso a la información pública y buen gobierno. BOE núm. 295 (10-12-2013) Sec. I. pág. 9792-97952 (LTAIBG)
https://boe.es/boe/dias/2013/12/10/pdfs/BOE-A-2013-12887.pdf
Ley 19/2014, de 29 de diciembre, de transparencia, acceso a la información pública y buen gobierno de la Comunidad Autónoma de Cataluña Art. 2 a) Transparencia: la acción proactiva de la Administración de dar a conocer la información relativa a sus ámbitos de actuación y sus obligaciones, con carácter permanente y actualizado, de la forma que resulte más comprensible para las personas y mediante los instrumentos de difusión que les permitan un amplio y fácil acceso a los datos y faciliten su participación en los asuntos públicos. https://www.boe.es/buscar/pdf/2015/BOE-A-2015-470-consolidado.pdf

[12] GUICHOT REINA, E. (Coordinador): "Transparencia, acceso a la información pública y Buen Gobierno, Estudio de la Ley 19/2013, de 9 de diciembre, Ed. Tecnos, Madrid, 2014, Cap. I y II. pág. 18-383 págs. Pone de manifiesto la contradicción en que incurre la LTAIPBG, que dice fundamentar el derecho de acceso a la información pública en el artículo 105 b) CE – que alude al derecho de acceso de los ciudadanos *"...a los archivos y registros administrativos..."* y el propio precepto en que fundamenta el título competencial estatal para esta regulación – el artículo 149.1.18ª CE sobre *"...las bases del régimen jurídico de las Administraciones Públicas..."* – mientras que, por el contrario, la LTAIBG *"...se aplica a múltiples sujetos que no son Administración ni desempeñan funciones administrativas (incluidos sociedades mercantiles, la Casa Real, los partidos políticos, los sindicatos, las asociaciones de empresarios...".*

tradicionalmente se ha asignado al secreto como instrumento al servicio del poder[13]; siendo fundamental el avance de las (TIC) Tecnologías de la Información y las Comunicaciones en la forma de relación del poder público con la ciudadanía. Más especialistas de la materia, tanto Jonathan FOX[14] como VILLORIA[15] coinciden en puntualizar que la atención reciente que la misma ha suscitado es mucho más práctica que conceptual.

Una de las formas en que se materializa el principio de transparencia es el derecho de acceso a la información pública por parte de los ciudadanos y sus procedimientos. Este derecho es hoy una herramienta que se ajusta a lo que se espera de una sociedad democrática, que demanda no solo el reconocimiento jurídico del derecho, sino también el establecimiento de procedimientos y órganos que lo garanticen, es lo que GUICHOT denomina "publicidad pasiva[16]", entendida como la información pública que la Administración pone a disposición de la ciudadanía a demanda de ésta, es decir, mediando una concreta solicitud al efecto, que ha de seguir el procedimiento establecido para su otorgamiento. Este procedimiento puede ser el general de la LTAIBG, o el especial establecido en alguna norma que disponga de procedimiento propio de acceso, respecto de las que el número dos de la disposición adicional DA 1ª de la LTAIBG proclama su aplicación supletoria.

En este capítulo se ofrecerá, por tanto, una noción de la transparencia y se destacarán aquellos **factores** que en mayor medida contribuyen a explicarla. Al derecho pasivo que posibilita el ejercicio de otros derechos, tanto fundamentales [a recibir información por cualquier medio (art. 20 CE), a participar en los asuntos públicos (art. 23.1 CE), a acceder en condiciones de igualdad a los cargos públicos (art. 23.2 CE)], como no fundamentales [a la calidad de los servicios públicos, a recurrir las decisiones de las Administraciones públicas, a ser oídos en los procedimientos administrativos]; y a los órganos o autoridades garantes de ese derecho dedicaremos nuestro análisis y reflexiones. Todo ello se hará tras llevar a cabo una revisión de las aportaciones teóricas de investigadores y expertos en la materia.

En ese marco, se produce la aprobación de 17 leyes de trasparencia y acceso a la información en los últimos años en nuestro país y 14 de las CCAA han avanzado en la puesta en marcha de estructuras institucionales encargadas de garantizar la protección de este derecho, que estudiaremos. La creación de estos órganos garantes del derecho de acceso a la información, homólogos al del Estado está

---

13 MARTÍN DELGADO, I (Dir): (2017) "La reforma de la Administración electrónica: Una oportunidad para la innovación desde el Derecho". INAP, 1ª ed. pp. 7 y ss.

14 FOX Jonathan., (2008), "Transparencia y rendición de cuentas", en John ACKERMAN, coord., "Más allá del acceso a la información: Transparencia, rendición de cuentas y Estado de Derecho". *Institutode Investigaciones Jurídicas de la Universidad Nacional Autónoma de México,* Siglo XXI Editores, pág. 404.

15 VILLORIA MENDIETA, Manuel, & RAMÍREZ-ALUJAS, A. (2011) "La transparencia: marco conceptual". *Revista Democracia y Gobierno Local* núm. 15, págs. 10-15.

16 GUICHOT REINA, E.: "Transparencia, acceso ..." Op.cit., y BARRERO RODRÍGUEZ, Concepción "Ejercicio del derecho de acceso a la información pública y régimen de impugnaciones", en Isabel Wences, Mario Kölling y Sabrina Ragone (coords.), pág. 61.

conduciendo a la generación de conocimiento, jurisprudencia y personal capacitado para ejercer esas funciones encomendadas.

I.- LA TRANSPARENCIA COMO VALOR ESENCIAL EN LAS DEMOCRACIAS

A nivel internacional la transparencia y el derecho de acceso se consideran en la actualidad, factores claves ligados a la buena administración y requisitos clave para cualquier Estado democrático, como instrumentos esenciales capaces de generar confianza en el gobierno y de posibilitar una toma de decisiones informada con apoyo en el suministro de datos precisos y adecuados, siendo asimismo fórmulas idóneas para prevenir la corrupción y fomentar la participación democrática; ya que favorece la honestidad administrativa y la ética política. Una idea compartida por diversos autores en sus planteamientos (BLANES, VILLORIA y LIZCANO)[17], cuando destacan las facetas más importantes en las que ese valor se hace patente. Así entendida, la transparencia es un valor que ayuda a que prosperen otros igualmente positivos, reforzándolos.

La transparencia va ligada al buen gobierno, al servicio público o buena Administración y a la rendición de cuentas como concepto que afecta e influye en otros ejes teóricos y que hace posible y motiva la existencia de una normativa, cuya implantación articula este trabajo llevado a cabo en el ámbito estatal y autonómico. Resulta por ello inevitable presentar un concepto de la transparencia que englobe todos estos elementos esenciales, que conforman su significado y que son imprescindibles para dotar de valor institucional a la gestión pública que desarrollan, en unos momentos en que es necesario recuperar la confianza de la ciudadanía en la Administración y sus gestores públicos.

1. Transparencia y servicio público

Las Administraciones Públicas (AAPP) de todo el mundo han incrementado su preocupación por las cuestiones relacionadas con la gobernanza y el buen gobierno, al tiempo que aumentaba la complejidad de los sistemas políticos que canalizan la acción de gobierno en el marco de las actuales democracias contemporáneas. Son conscientes de la necesidad de potenciar conceptos como gobernanza, transparencia, participación, buen gobierno, "open government", rendición de cuentas, ética pública en unos momentos, en que dicha generación de valor se hace imprescindible para recuperar la confianza de la ciudadanía en la Administración Pública. Es, en definitiva, el derecho a una buena administración que se establece en el art. 41 de la Carta de Derechos Fundamentales de la Unión Europea de 7 de diciembre de 2000), (art.6 TUE) y que se va a concretar después en el Código Europeo de Buena Conducta Administrativa de 2005 (Art. 8 - Imparcialidad e independencia del funcionario).

El derecho de acceso de la ciudadanía a los archivos y registros administrativos, derecho reconocido en el artículo 105.b. de la Constitución y que, al igual que el derecho de audiencia o la obligación de

---

[17] LIZCANO ÁLVAREZ, J. (2008), "La transparencia como antídoto contra la corrupción". *Cuadernos de periodistas*, pp. 17-30.
LIZCANO ÁLVAREZ J. & VILLORIA MENDIETA, M. (2013) "Corrupción y transparencia: Aspectos contextuales, metodológicos y empíricos". *Revista de responsabilidad social de la empresa*, núm. 14, págs. 13-48.
BLANES, M. A. (2014) "Sin transparencia no hay democracia". *Cuadernos Manuel Giménez Abad*, núm. 8, pp. 151-158.

motivar las decisiones administrativas, íntegra el contenido del derecho a una buena administración, derecho llamado de "última generación". Este derecho es un instrumento para la transparencia, principio objetivo de actuación y un signo para legitimación de toda Administración. ARES GONZÁLEZ destaca cómo algunos países (Italia y Grecia) siguen exigiendo la acreditación de un interés legítimo para acceder a determinados documentos o en ciertas situaciones[18]. Pues bien, para que sea efectivo el derecho de acceso de la ciudadanía a la documentación que se encuentra en poder de las AAPP es necesario, desde luego, que la Administración sea profesional, objetiva, participativa y servicial, y respetuosa con las leyes.

La Ley 19/2013, de 9 de diciembre, de Transparencia, acceso a la información pública y Buen Gobierno nos ofrece la oportunidad de profundizar en el conocimiento, debate e implantación en la actuación administrativa pública de estos conceptos que, situados en un marco de gobernanza, son imprescindibles para producir el necesario fortalecimiento de la legitimidad institucional y confianza ciudadana en los responsables públicos. La rendición de cuentas requiere del acceso a la información pública, de la transparencia y de comportamientos justificables como elementos de protección de la democracia.

2. Transparencia y Gobierno abierto

La idea de Gobierno Abierto (Open Government) se basa en la transparencia y la participación ciudadana, en la rendición de cuentas y la colaboración entre administraciones públicas, gobiernos y entre estos y la ciudadanía; y ha cobrado especial importancia en los últimos años como respuesta al desgaste o crisis de la legitimidad de los modelos de gobernanza en las democracias occidentales, que ha provocado el descontento ciudadano y su desafección de los métodos de participación tradicionales. Crisis de confianza y legitimidad que viene motivada por la percepción de buena parte de la ciudadanía de la existencia de una desunión entre las decisiones y el modo de actuar del poder político y la voluntad de la ciudadanía, en la que se sustenta dicho poder y a quien, en principio, debería servir en favor del bien común.

LLINARES[19], lo define como "la forma de relacionarse entre la Administración Publica y los ciudadanos, que se caracteriza por el establecimiento de canales de comunicación y contacto directo entre ellos, utilizando las redes sociales y la web 2.0 como herramienta que integra las acciones y las formas en que las administraciones publicas operan, con objetivos de transparencia, accesibilidad y receptividad". Para conseguirlo es necesario antes un profundo cambio en varios aspectos esenciales, que enumera:

---

[18] ARES GONZÁLEZ, Valle, "La transparencia en la Unión Europea: una visión comparada. Especial referencia al derecho de acceso a la información pública", *Revista Participación Educativa*. Consejo Escolar del Estado, diciembre 2013, p. 19.

[19] LLINARES SALAS, J. Open government: La idea.
http://www.javierllinares.es/?p=476 [Consulta: 10 julio 2020]
blog www.javierllinares.es en el año 2008, se sigue usando de forma genérica por tratarse de una definición amplia y acertada sobre el principio de Gobierno abierto

- Cambio cultural en la forma de operar de la Administración Publica, cuyo objetivo principal debe ser servir a los ciudadanos.
- Cambio en los procesos, referido al cambio en la relación entre la Administración y el ciudadano.
- Cambio en la organización publica de las administraciones, jerarquías y puestos de trabajo con el fin de actuar en red.
- Cambios en las formas de relación, que apuesta por facilitar las relaciones a través de la comunicación on-line.
- De ahí que en la actualidad Gobierno Abierto y TIC sean dos términos que en la mayoría de las ocasiones se complementan, si bien las TIC favorecen la transparencia, la participación y la colaboración de las Administraciones, no por ello siempre significa que lo vayan a conseguir y de ahí que sea igualmente necesario la conjugación de otros elementos imprescindibles, tales como: cambios culturales, normativos y procedimentales que hagan posible su implementación efectiva en la sociedad.

Si consideramos que la democracia es un proceso constante de participación, implica que la ciudadanía es protagonista de la vida pública y no mera espectadora - quedando reducida a acudir a las urnas cada cuatro años-, pudiendo controlar a los servidores públicos, pero para ello la información es fundamental -nadie puede participar en lo que no conoce-. Al mismo tiempo el representante político no debería pensar que el haber sido votado le da derecho a gestionar los fondos públicos como le parezca[20].

Sin duda el gobierno de los Estados Unidos tomó la iniciativa y el liderazgo en el impulso del Gobierno Abierto[21], tras una campaña en la que las nuevas tecnologías tuvieron un importante protagonismo, un documento que definió los tres pilares que sustentan el sentido del gobierno abierto (transparencia, participación y colaboración), y que fijaba con precisión los pasos a seguir para implementar tal

---

[20] GARCÍA de ENTERRIA, E. (1997), "Democracia, Jueces y Control de la Administración". Madrid, Civitas, p. 104: Limitar la participación en el ejercicio del poder a votar cada cuatro o cinco años equivale, a "negar precisamente la esencia democrática misma". Ello explicaría el desinterés generalizado de los ciudadanos por la vida política y la desafección cada día mayor entre los representantes del pueblo y los representados.

DE LA NUEZ, E. (2012) "Transparencia y Buen Gobierno", Foro de la Sociedad Civil p.7. web: www.forosociedadcivil.org [Consulta: 10 julio 2020]

RUBIO NÚÑEZ, R. (2013) "Gobierno abierto, más allá de los principios". *Nueva revista de política, cultura y arte*, núm. 145, págs 6-7.

[21] Transparency and Open Government. Memorándum de Transparencia y Gobierno Abierto que Barack Obama emitió en su primer día como presidente en enero 2009.
https://www.http://www.whitehouse.gov/the_press_office/[Consulta: 10 julio 2020]

Portal de transparencia de EEUU http://www.data.gov con 250.000 bases de datos que afectan a todos los ámbitos en formato abierto, incluidos gastos y viajes de la Casa Blanca.
Ley de transparencia del Reino Unido https://data.gov.uk
Ley de Suecia de Acceso a la Información Pública (Public Acces to Information and Secrecy Act,2009 https://www.regeringen.se/content/1/c6/13/13/97/aa5c1d4c.pdf
Ley de transparencia y Portal de transparencia francés http://www.etalab.gouv.fr/
[Consulta: 10 julio 2020]

estrategia (publicar información del gobierno en línea; mejorar la calidad de la información del gobierno; crear e institucionalizar una cultura de gobierno abierto; y crear un marco normativo apropiado para el mismo). También Reino Unido, en 2010, inicia un proceso de apertura a la participación con el Portal de Transparencia para publicar los datos del gobierno británico y comienza a ejercer más control sobre el gasto público, al igual que se toman medidas para mejorar la transparencia de la actividad pública. En lo que se refiere a los plazos de la ley determina que la Administración tiene un plazo de 20 días como máximo para facilitar la información que solicita el ciudadano. Pionero también Suecia en 1766, el filósofo finlandes Anders Chydenius (en esa época Finlandia pertenecía a Suecia) elaboró la primera Ley de Transparencia de la historia dentro de la Ley de Libertad de Prensa, aplicada por la Riksdag o Parlamento sueco, que a su vez forma parte del texto constitucional y garantiza el derecho de su ciudadanía a acceder a la información pública. Otros países europeos como Finlandia tienen su ley desde 1951, Noruega en 1970 y Francia en 1978.

El fomento de mecanismos de participación ciudadana en los procesos de toma de decisiones que afectan a la ciudadanía fortalece la democracia, y un ejemplo de esta implicación lo tenemos con los procedimientos de audiencia pública y participación en los procedimientos legislativos y reglamentarios que recoge nuestro ordenamiento jurídico (Ley 50/1997 del Gobierno art. 24; y el art. 133 Ley 39/2015, del Procedimiento Administrativo Común) también, en las propuestas que vienen de Europa de la mano de la Iniciativa Ciudadana Europea.[22]

En nuestro país se están llevando a cabo importantes iniciativas en el terreno de la participación ciudadana, especialmente a nivel autonómico[23], con la aprobación de normas sobre Parlamentos Abiertos, o, en el ámbito de los gobiernos - medidas de gobierno abierto, buscando según numerosos autores,[24] una "Administración menos burocrática y más receptiva a las demandas de los ciudadanos".

---

[22] Comunicado de Prensa de la Comisión Europea, de 15-9-2017 "Estado de la Unión 2017 - Paquete democrático: Reforma de la iniciativa ciudadana y de la financiación de los partidos políticos". http://europa.eu/rapid/press-release_IP-17-3187_es.htm
TIMMERMANS, Frans., vicepresidente primero de la Comisión Europea, ha declarado que con dicha reforma "…empoderamos a los europeos para que participen en el proceso democrático". [Consulta: 10 julio 2020]
COTINO HUESO, L. (2011), "El Reglamento de la iniciativa ciudadana europea de 2011". *Revista de Derecho Político*, núm. 81, pp. 323-377.

[23] Son ejemplo, el Reglamento de las Cortes Valencianas (18-12-2006 (Tít. XV Bis sobre el Parlamento abierto); Resolución de 2016 de la Presidencia de carácter general 3/IX, por la que se desarrolla el artículo 110.3º sobre el Portal de Transparencia y se establece el procedimiento de acceso a la información de Les Corts, y la Resolución de 2017 de Presidencia 4/IX sobre el sistema de votación telemático. El Reglamento del Parlamento de Cataluña, (aprobado el 22-12-2005), con su Tít. VI sobre la Transparencia en la acción parlamentaria y la interesante regulación de un Registro de Grupos de Interés (Cap. III) o los principios e instrumentos del Parlamento abierto (Cap. IV). En la misma línea, el Reglamento del Parlamento de Canarias, (de 17-4-1991), con su Tít. XXIII sobre Transparencia.
El Reglamento del Parlamento Vasco, (23-12-2008) art. 110 que posibilita el Foro ADI (http://www.adi.legebiltzarra.eus/es/); el foro en la web del Parlamento gallego Lexisla con Nós (http://www.parlamentodegalicia.es/) o el de la Asamblea Regional de Murcia (http://www.asambleamurcia.es/arm/participacion-ciudadana

[24] GARCÍA-ESCUDERO MÁRQUEZ, P. "Regeneración del parlamento, transparencia y participación ciudadana". Teoría y Realidad Constitucional, 2015, núm. 36, págs. 171-216

Por tanto, para conseguir un marco de convivencia estable que favorezca el desarrollo económico y social, dando visibilidad a la actividad pública es necesario promover políticas de transparencia, participación y colaboración ciudadana efectivas, facilitando el ejercicio de los derechos de acceso a la información y de participación ciudadana, buscando implicación y compromiso con la acción pública de toda la sociedad; también reforzando la confianza de la ciudadanía en los gobiernos, asumiendo compromisos de buen gobierno, realizando prácticas ejemplares en los ámbitos de rendición de cuentas, participación en la toma de decisiones y diseño y evaluación de servicios públicos. Además, para que sea efectiva habrá que conseguir reducir la llamada brecha digital entre territorios ya que mucha población no utiliza Internet, no tiene acceso a las oportunidades que las nuevas tecnologías ofrecen; así como contemplar las consecuencias jurídicas derivadas del incumplimiento de obligaciones de buen gobierno. Aunque igualmente importante y necesario es la existencia de una ciudadanía activa, interesada en conocer la gestión de lo público, que pide, solicita, se moviliza y presiona para saber que decisiones se toman y lo que se hace con su dinero; ya que los obligados a rendir cuentas no suelen hacerlo de motu propio.

Por otra parte, las medidas de gobierno abierto deben cumplir el doble objetivo de alcanzar el mayor grado de exigencia en el cumplimiento de las obligaciones de servicio público por parte de las personas que asumen esta responsabilidad, por una parte, y favorecer una mayor participación y compromiso de la ciudadanía en la definición de las políticas públicas, por otra[25].

En 2011, se crea la organización "Alianza para el Gobierno Abierto" (Open Government Partnership)[26], con el fin de proporcionar una plataforma internacional para ciudadanos comprometidos a que sus gobiernos sean más transparentes, que rindan cuentas de su acción de gobierno y que promuevan una mayor participación de sus ciudadanos haciendo uso de las posibilidades que ofrecen las nuevas tecnologías. En definitiva, lo que se busca es asegurar que los gobiernos estén realmente al servicio de los ciudadanos. Desde entonces en España se aprueba el I Plan de Acción de Gobierno Abierto, previsto para el período 2012 a 2014, fueron 13 los compromisos asumidos por el gobierno. En el II Plan de Acción se parte de la tardía pero necesaria, aprobación en diciembre de 2013 de la LTAIBG, por lo que en esta ocasión se apuntaba como uno de los compromisos primordiales la creación de un portal de transparencia (www.transparencia.gob.es). El III Plan 2017-2019 sobre tres ejes, transparencia, participación y colaboración. El IV Plan de Gobierno Abierto 2020-2024 se aprobó el 29 de octubre de 2020 y recoge 10 compromisos que asumen las Administraciones públicas para reforzar la transparencia y la rendición de cuentas, mejorar la participación, establecer sistemas de integridad pública, y formar y sensibilizar a la ciudadanía y al

---

CASTELLA i ANDREU, J.M. (2013) "Democracia participativa en las instituciones representativas: apertura del Parlamento a la Sociedad". *Cuadernos Manuel Giménez Abad*, nº 5, págs. 202-213.
PÉREZ ALBERDI, M.R. (2017) "El modelo autonómico de democracia participativa". Oñati Socio-legal Series, núm. 7 (5), págs. 1058-1081.

[25] VILLORIA MENDIETA, M., IZQUIERDO SÁNCHEZ, Agustín. "Ética pública y buen gobierno. Regenerando la democracia y luchando contra la corrupción desde el servicio público" INAP. Tecnos, Madrid 2015, pág. 348.

[26] Open Government Partnership: Son 64 los países que forman parte de esta alianza, en su mayoría pertenecientes a América y Europa.

personal empleado público en materia de Gobierno Abierto, con el objetivo de contribuir a una sociedad más justa, pacífica e inclusiva. Actualmente se prepara el V Plan.

Por lo tanto se trata, en mi opinión, de buscar fórmulas que puedan acercar a la clase política y a la ciudadanía, buscando un papel mucho más activo del ciudadano, mediante la transparencia y la participación que ayudará a recuperar la ética del servicio público, tan dañada estos últimos años por comportamientos irresponsables de políticos y gestores públicos, puesto que la transparencia establece las obligaciones de buen gobierno y promueve el comportamiento responsable de los servidores públicos. Sin transparencia no es posible exigir la rendición de cuentas, afirma el profesor GUICHOT.[27] En todo caso, mantiene VILLORIA, la implementación de una democracia digital avanzada, de un gobierno transparente y abierto depende de la existencia de una sociedad informada e implicada, así como de la existencia de una auténtica separación de poderes y de los controles y chequeos mutuos. Aunque también es verdad que, para el caso de incumplimiento de esa transparencia, se debería regular un régimen sancionador efectivo y que así lo perciba la ciudadanía[28]. En caso contrario, volvemos al desinterés ciudadano y a la pérdida de la calidad democrática de nuestro Estado[29]; veremos como la Ley 19/2013 de Transparencia no tiene en cuenta este hecho.

Los poderes públicos deben reforzar los principios de buen gobierno, como eficacia, justicia, equidad, eficiencia, respeto a la ley y un comportamiento ético; pero también aumentar el nivel de transparencia, la rendición de cuentas y la participación; accesibilidad a la información y facilitar un control y supervisión constante de su labor, todo ello provocará una mayor participación ciudadana, así como una mayor confianza.

3. Transparencia y rendición de cuentas

En nuestro país, es el contexto social de fuerte crisis económica, los recortes provocados en prestaciones sociales -supuestamente- para reducir el déficit público, los escándalos de corrupción relacionados con los fondos públicos -prevaricación, malversación, cohecho, tráfico de influencias- y la clase política que se ha ido profesionalizando y alejando de la ciudadanía a la que tendrían que representar y rendir cuentas, lo que provoca una gran indignación social que reclama una mayor transparencia y control no sólo en las Administraciones Públicas, también en la financiación de los partidos políticos, sindicatos, organizaciones empresariales… El barómetro del CIS[30] año tras año

[27] GUICHOT REINA, Emilio. Op., cit., "Transparencia, Acceso … 2014 (coord.).

[28] VILLORIA MENDIETA, M. "La transparencia como política pública en España: algunas reflexiones". *Revista en Cultura de la Legalidad*, nº 7, (2014-2015). pág. 87

[29] GOIG MARTÍNEZ, J.M. "Transparencia y corrupción: la percepción social ante comportamientos corruptos". Revista de Derecho UNED (2015), nº 17, págs. 73-107.

[30] CIS Estudio nº 3307. barómetro de **enero 2021**.
https://www.cis.es/cis/export/sites/default/Archivos/Marginales/3300_3319/3307/es3307mar.pdf
Pregunta 14 ¿Cuál es, a su juicio, el principal problema que existe actualmente en España? ¿Y el segundo? ¿Y el tercero?

- La salud, covid 51,4
- La economía 45,5
- El paro 29,7
- Los/as políticos/as en general, los partidos y la política 17,8

desde 2010 refleja la preocupación y el distanciamiento de la clase política, situada como una de las principales preocupaciones de los españoles, por detrás del paro y de la situación económica.

Parece existir un consenso sobre las razones para tal preocupación, llegando a cuestionar el modelo de Estado en nuestro país en los últimos años:

— Crisis de representatividad, los ciudadanos no se sienten representados por las instituciones y por los elegidos.
— Los derechos sociales básicos no están plenamente garantizados, recortes en materia presupuestaria, propiciando así un aumento de las desigualdades sociales, en especial, de los más vulnerables.
— El nivel cultural y económico no es el mismo que hace años, las preocupaciones actuales, no coinciden con las de entonces, y todo ello, unido al uso generalizado de internet como herramienta de comunicación que nos hace vivir en un mundo globalizado y sobre informado de forma inmediata.
— Aumento del sentimiento nacionalista[31] de determinadas autonomías destacando, por su repercusión, el proceso soberanista catalán.

Por tanto, todas las iniciativas que conlleva la implantación de un Gobierno Abierto suponen una medida de solución ante los elementos que han originado la crisis del modelo democrático. En este sentido, los Planes de Acción de Gobierno Abierto suscritos por los países miembros de la Alianza para el Gobierno Abierto (OGP) deben contener y actualizar medidas conducentes a propiciar dicha participación, colaboración y transparencia pública.

Por tanto, el impulso de la información activa es fundamental, determinante para evitar que los poderes públicos dejen de atender el interés general en beneficio propio o particular; lo que OLVERA denomina la rendición de cuentas transversal -transparencia y acceso a la información- por un lado el poder público obligado a poner a disposición del público la información generada o en su posesión, con las limitaciones establecidas por las leyes, la información reservada o confidencial; y por otro lado el acceso a la información, como una herramienta que mediante solicitudes de acceso a la información pública, permita recoger información de manera más específica y enfocada sobre temas relevantes o de interés particular para el solicitante.[32]

Diferentes autores[33] han centrado sus estudios en los efectos negativos que tiene la corrupción en los niveles económico, social y político y sus principales conclusiones han sido que los costos de la corrupción son altos y perjudican a toda la sociedad, sin beneficios que la puedan hacer excusable.

CIS Estudio nº3238 **enero 2019**. Pregunta 9 ¿Cuál es, a su juicio, el principal problema que existe actualmente en España? ¿Y el segundo? ¿Y el tercero?

- El paro 56,8
- Los/as políticos/as en general, los partidos y la política 31,1
- La corrupción y el fraude 24,7

[31] ALBERTÍ ROVIRA, Enoch, (2019). "El conflicto de Cataluña como crisis constitucional", *Cuadernos monográficos de teoría del estado, derecho público e historia constitucional* núm. 10. Págs. 303-337. Un análisis jurídico y sociológico en profundidad de la crisis territorial y, por tanto, constitucional, surgida a raíz del *procés* catalán.

[32] OLVERA RIVERA, Alberto J., (2009) "La rendición de cuentas: Diseño Institucional y Participación Ciudadana", *Cuadernos sobre rendición de cuentas* núm. 2, Secretaría de la Función Pública, México, pp. 11 y 12.

En los enfoques económicos se ha resaltado que la corrupción es un obstáculo para la eficiencia e introduce distorsión en los mercados, (ACKERMAN). En cuanto a otros costes sociales de la corrupción, se pueden mencionar los servicios sociales deficientes y que favorecen a quienes pueden pagar sobretasas y dejan desprotegidos a los más vulnerables (THOMPSON). Cuando se trata de corrupción política, los costes políticos son muchos y muy altos, pues una alta percepción de corrupción entre los ciudadanos daña la legitimidad democrática (VILLORIA y JIMENEZ) y hace perder confianza en las instituciones, en especial en las instituciones de representación democrática. MANZETTI & WILSON). Cita VILLORIA la definición de DELLA PORTA, para quien corrupción es: "aquella acción u omisión que tiene que ver con el uso abusivo de los recursos públicos para beneficios privados, a través de transacciones clandestinas que implican la violación de algún modo de comportamiento", para recurrir a la ética pública, la ética política y la ética administrativa imprescindible en el control de la corrupción.[34]

Rendir cuentas, el control de la actividad de los servidores públicos, luchar contra la corrupción, está relacionado, con la calidad y la eficacia del gobierno, con el crecimiento económico, la eficiencia del gasto, el bienestar, la confianza de la ciudadanía en las instituciones y en definitiva con la profundización de la democracia.

Desde el punto de vista operativo, se viene comprobando que la transparencia mejora la organización y los procesos de gestión de las Administraciones Públicas, a la vez que incide positivamente en la actividad económica ya que aumenta la eficiencia en lo público y también en lo privado y puede ser una actividad generadora de valor.

La LTAIBG se sustenta en la rendición de cuentas por la actuación pública, así pues, "*Sólo cuando la acción de los responsables públicos se somete a escrutinio, cuando los ciudadanos pueden conocer cómo se toman las decisiones que les afectan, cómo se manejan los fondos públicos o bajo qué criterios actúan nuestras instituciones podremos hablar del inicio de un proceso en el que los poderes públicos*

---

[33] ACKERMAN S., Rose, (1978) "Corrupción: un estudio de economía política". Cambridge: prensa académica. https://doi.org/10.1016/B978-0-12-596350-3.50005-3

.VILLORIA, M; JIMÉNEZ, F: "La corrupción en España (2004-2010): datos, percepción y efectos" *Revista Española de Investigaciones Sociológicas* (REIS), núm. 138, abril-junio 2012, págs. 109-134

-MANZETTI, Luigi, & WILSON Carole J., "¿Por qué los gobiernos corruptos mantienen el apoyo público?" Revista de *Estudios políticos comparativos,* 2007. THOMPSON, Dennis F., "La ética política y el ejercicio de cargos públicos. La ética de los experimentos sociales" Gedisa, Barcelona, 1999 Instituto de Estudios Internacionales.

-FERNANDEZ DE GUEVARA Juan, PEREZ GARCÍA Francisco y SERRANO MARTÍNEZ Lorenzo. "Crisis económica, confianza y capital social". Fundación BBVA junio 2015, p. 144.

[34] VILLORIA MENDIETA, M., (2000) "Ética pública y corrupción: curso de ética administrativa". Tecnos, Madrid, pp. 77 y 78. De los estudios realizados hasta el momento, el establecimiento de fuertes límites a los gastos electorales aparece como el factor clave en la reducción de la corrupción en esta área.

-DELLA PORTA Donatella y DIANI Mario. *(2011).* "Los movimientos sociales Madrid" *CIS y Editorial Complutense.* Fundación Betiko: http://fundacionbetiko.org/es/movimientos-sociales

-RIVERO, G. & FERNÁNDEZ-VÁZQUEZ, P. "Las consecuencias electorales de los escándalos de corrupción municipal", 2003–2007. *Estudios de Progreso, Fundación Alternativas.*: http://www.falternativas.org/estudios-de-progreso/documentos/documentos-detrabajo/las-consecuenciaselectorales-de-los-escandalos-de-corrupcion-municipal-2003 2007.

comienzan a responder a una sociedad que es crítica, exigente y que demanda participación de los poderes públicos". Por tanto, el bien jurídico protegido es la transparencia y los derechos reconocidos en el art. 20 de nuestra CE, entre otros; que la ciudadanía tiene derecho a recibir información veraz; y que este acceso o conocimiento es necesario en una sociedad democrática.

En los últimos años, también los órganos jurisdiccionales han hecho hincapié en la necesidad de la regeneración de nuestro sistema, dotándolo de los elementos necesarios para que la ciudadanía sienta mayor seguridad ante la gestión de la información -fundamentalmente la económica, que es la más sensible-. Así, podemos destacar dos pronunciamientos del Tribunal Supremo (TS)[35] de cuyos Fundamentos Jurídicos extraemos dos afirmaciones: "la sistemática distorsión de la información constituye una seria amenaza para la confianza en el sistema económico, creando riesgos de desestabilización de incalculables consecuencias" (STS 867/2000), "el bien jurídico protegido por la norma y vulnerado por el infractor, no es el privativo de persona alguna, ni tampoco el modo inmediato al menos, el Estado, sino la sociedad o comunidad, cuya fe en el tráfico y en la actividad empresarial se perturba" (STS 867/2002).

Estas afirmaciones, pueden aplicarse al ámbito de la gestión pública, máxime cuando actitudes contrarias a ellas, en muchas de nuestras instituciones y organismos públicos, han generado una alarma y una indignación social que no debemos olvidar, pues, entre otras razones, leyes como la Ley Orgánica 7/2012, de 27 de diciembre, (que modificó el Código Penal en materia de transparencia y lucha contra el fraude fiscal y en la Seguridad Social), y en concreto la LTAIBG, se dictaron para dotar de transparencia al sector público, y garantizar la confianza en la veracidad de la información de las entidades públicas.

Por su parte, BLANES mantiene que "la información que resulta favorable o beneficiosa para los intereses de las autoridades públicas, no solo se difunde de oficio, sino que se realiza de forma propagandística en las páginas web. En cambio, el acceso a la información que resulta comprometida como por ejemplo el coste final de los contratos administrativos, el empleo o destino detallado de los fondos públicos, las subvenciones concedidas, el gasto de los sueldos, dietas y viajes de los representantes políticos o autoridades administrativas, la financiación de los partidos políticos, sindicatos y organizaciones empresariales o las listas de espera sanitarias, presenta un menor desarrollo.[36]"

Comparto con él que esa información es la que hace referencia a la auténtica transparencia administrativa. Así, la información que se resiste a ser publicada de oficio es toda aquella que permite

---

[35] STS 867/2000, 26 de Septiembre de 2000 - VLEX 15199665 (tercería de dominio)

STS 867/2002, 29 de Julio de 2002 - VLEX 27821356 – vLex (relaciones financieras y comerciales)

[36] BLANES CLIMENT, MÁ. "La Información Activa de las Administraciones Públicas en "La transparencia informativa de las Administraciones públicas. El derecho de las personas a saber y la obligación de difundir información pública de forma activa". Universidad de Alicante. Aranzadi, 8-04-2014.

a la ciudadanía controlar la gestión de los asuntos públicos, exigir la rendición de cuentas y denunciar casos de despilfarro o corrupción a los responsables públicos.

Sin perder de vista esta perspectiva de contexto, entraremos en una parte del contenido y alcance de esta Ley de Transparencia, y en el análisis de sus órganos de control y de garantía. Y es que la participación real y eficaz de los ciudadanos precisa la transparencia de la acción administrativa como cuestión previa que permita, a cualquiera, acceder a la información en manos de los poderes públicos para poder participar en la vida pública de forma efectiva

II.- DERECHO DE LA CIUDADANÍA A SABER

En una democracia representativa el derecho a saber de la ciudadanía sobre los asuntos públicos debe entenderse como algo inherente a la propia naturaleza representativa del gobierno, aunque, no siempre es así.

El principio general de transparencia que debe regir en la actuación del Estado, lo encontramos formulado en el párrafo 5º del art. 3 de la LPAC 39/2015: "*En sus relaciones con los ciudadanos las Administraciones públicas actúan de conformidad con los principios de transparencia y de participación*". Este principio de transparencia es en la actualidad, un valor esencial en la vida pública para satisfacer el derecho de la ciudadanía a saber, a poseer la información necesaria para conocer en detalle qué hacen aquellos que gobiernan y gestionan sus intereses, haciendo posibles la toma de decisiones consciente e informada y la participación. Sin embargo, la transparencia no tiene valor en sí misma; posee un valor instrumental, en tanto que está vinculada a las instituciones y a la acción pública.

Conceptualmente la transparencia se configura como una herramienta vinculada a la eficiencia económica y a la regeneración e incremento de la calidad democrática, entre otras muchas cuestiones. Y desde luego la transparencia constituye un requisito de toda participación ciudadana que pretenda la consideración de las opiniones e intereses de todos los afectados por las decisiones públicas[37].

Este principio se extiende al derecho de los ciudadanos a acceder a los archivos y registros administrativos y, tal y como señalamos antes, a la información en poder de la Administración. La justificación inicial reside en que la actuación estatal es "res publica" y, por lo tanto, de interés general. En último caso, se trata de una cuestión que tiene que ver directamente con la democracia, pues como manifiesta ALLEN K. "cuando se niega a los ciudadanos el acceso a información sobre los trabajos básicos de su gobierno se les niega también el ejercicio de su derecho al autogobierno"[38]. Esta idea es común en la doctrina, pues "las personas adecuadamente informadas tienen suficientes argumentos para opinar, participar en la definición y aplicación de acciones de carácter público que afectan

---

[37] VILLORÍA, Manuel & RAMÍREZ-ALUJAS, Álvaro V. (2011): "La transparencia: marco conceptual". *Revista Democracia y Gobierno Local*, 15, pp. 10-15.

[38] ALLEN, K.B.: "Acceso a información de las administraciones públicas" en *Fundesco,* nº 134, noviembre 1992, pág..11.

directamente a su calidad de vida, controlar socialmente a las autoridades que las representan y sobre las que han depositado responsabilidades, y tomar decisiones para su presente y futuro"[39].
MESEGUER YEBRA, J., DE LA NUEZ SÁNCHEZ-CASCADO, E., manifiestan que "…el contexto político y social en el que surge la LTAIBG es esencial dado que estamos hablando de un pilar o pieza clave de las democracias representativas avanzadas del siglo XXI…" O como afirma GUICHOT "… una sociedad democrática requiere que los ciudadanos, por sí mismos y a través de los medios de comunicación social, puedan conocer con la mayor amplitud cómo actúan los poderes públicos y, de ese modo, controlarlos, detectar los malos funcionamientos y mejorar así la calidad de la gestión pública …"[40].

En definitiva, cumplir la aspiración expresada en la Declaración Universal de los Derechos del Hombre y del Ciudadano de 1789, según la cual la sociedad tiene derecho a pedir a todos sus agentes cuentas de su administración, y recogida en el Libro Blanco de la Gobernanza Europea que declaró: "La democracia depende de la capacidad de los ciudadanos para participar en el debate público. Para ello, deben tener acceso a una información fiable sobre los asuntos europeos y estar en condiciones de seguir con detalle cada una de las etapas del proceso político"..[41]

1. Publicidad activa

Históricamente el principio de publicidad ha alcanzado en España exclusivamente al Poder Legislativo y al Judicial, pero no al Ejecutivo. La Constitución de 1812, establecía que: "*Las sesiones de las Cortes serán públicas, y sólo en los casos que exijan reserva podrá celebrarse sesión secreta*" (art. 126). Y, en relación con las actuaciones judiciales, esa misma Constitución disponía que: a partir de la toma de declaración del inculpado, "*El proceso, de allí en adelante, será público en el modo y forma que determinen las leye*s" (art. 302).

---

[39] SÁNCHEZ DE DIEGO FERNÁNDEZ DE LA RIVA, Manuel: "Un derecho fundamental a acceder a la información pública" en El *derecho de acceso a la información pública" (Coord) Actas del Seminario Internacional Complutense* Madrid, 27 -28 junio 2007, pág. 17.

[40] MESEGUER YEBRA, J., (2013), "El procedimiento de acceso a la información pública". En La Transparencia en las Administraciones Públicas. Biblioteca Básica de Práctica Procesal. Serie Administrativa. 393. BOSCH, pág. 9.

DE LA NUEZ SÁNCHEZ-CASCADO, E., y TARÍN QUIRÓS, C., (Coord.), "Transparencia y Buen Gobierno, comentarios a La Ley 19/20013, de 9 de diciembre, de Transparencia, Acceso a la Información Pública y Buen Gobierno", La Ley, Madrid, 2014, pág. 17. pp. 74 a 79.

GUICHOT, E., (2014), "Estudio de La Ley 19/2013, de 9 de diciembre". En Transparencia, Acceso a la información Pública y Bueno Gobierno, Colección Práctica Jurídica de TÉCNOS. págs. 17 y 18.

[41] Libro Blanco, La Gobernanza Europea: COM (2001) 428 final, pág. 12. En este sentido el Tribunal de Justicia ha vinculado reiteradamente este derecho "al carácter democrático de las Instituciones". Sentencia de 30-4-1996, Países Bajos/ Consejo, C-58/94, Rec. p. I-2169, apartado 53. Y, en el mismo sentido, el Abogado General señalaba en sus conclusiones (Rec. 1996, pág. 2171, punto 19) que "El fundamento de dicho derecho debe más bien buscarse en el principio democrático, que representa uno de los elementos básicos de la construcción comunitaria…"
Comisión de las Comunidades Europeas (2001): La gobernanza europea: Un libro blanco: http://eur-lex.europa.eu/legal-content/ES/ALL/?uri=URISERV%3Al10109 (consulta 10-1-2021)

En la Ley de Procedimiento Administrativo en España, se reconoció la llamada "publicidad" del procedimiento administrativo, pero en realidad se trataba de una publicidad reservada exclusivamente a las partes interesadas en el procedimiento, y no de la publicidad abierta al público en general. Incluso se reduce a la posibilidad de que los interesados en el procedimiento puedan acceder a las actuaciones documentadas, básicamente mediante el trámite de audiencia.

En esta lucha continua entre transparencia y secreto – de una administración celosa guardiana de las informaciones relativas a su organización y a su actividad-[42], el principio de publicidad se ha terminado imponiendo en las sociedades democráticas (al menos, en el plano teórico) como una exigencia ética. Se trata de la información agrupada en las categorías que se definen en la Ley (arts. 6 a 8), y que las Administraciones Públicas deberán publicar actualizada y periódicamente[43], de forma que se pueda garantizar la transparencia de su actividad. Estas determinaciones sobre publicidad se descomponen en una serie de obligaciones informativas de carácter institucional, organizativo, de planificación, de cuestiones con relevancia jurídica, de carácter económico, presupuestario y estadístico - abarcando toda una serie de importantísimas materias que tienen que ver con el conocimiento del gasto público (presupuestos, contratos[44], convenios, subvenciones y ayudas públicas concedidas; partidas presupuestarias y grado de ejecución; las cuentas y los informes de auditoría externos; las retribuciones de los altos cargos; las declaraciones anuales de bienes y actividades de los representantes locales; los bienes inmuebles de la Administración pública)-.

Todas esas obligaciones pesan sobre todos los sujetos incluidos en el ámbito de aplicación de la LTAIBG establecido en su artículo 2. Aquellos que tienen la condición de Administración, han de publicar además la relación de los bienes inmuebles que sean de su propiedad o sobre los que ostenten algún derecho real. No se ha incluido como obligatoria la publicación de los bienes muebles, entre ellos, por ejemplo, los coches oficiales. La información tiene que publicarse en las correspondientes sedes electrónicas o páginas webs[45] de los organismos y/o entidades y de una manera clara, estructurada, entendible y, preferiblemente, en formatos reutilizables. La ley indica que la información debe estar actualizada, por lo que la periodicidad de la actualización dependerá de la naturaleza de la

---

42 FERNÁNDEZ RAMOS, Severiano., (2018), "La Transparencia púbica: Pasado, Presente y Futuro". *Revista Aragonesa de Administración Pública* 214, núm. 51, Zaragoza, págs. 213-243

43 VILLORIA MENDIETA, Manuel., (2014), "La publicidad activa en la Ley de transparencia, acceso a la información y buen gobierno: posibilidades e insuficiencias", *Colección "Govern Obert"*, núm. 1, Generalitat de Catalunya, págs. 21-60; y, del mismo autor, "Publicidad activa", en Isabel WENCES, Mario KÖLLING y Sabrina RAGONE (coords.), pp. 1 a 34.

44 Artículo 8.1.a) de la LTAIBG. Dictamen del Consejo de Estado de fecha 19 de julio de 2012 sobre el Anteproyecto de Ley de transparencia, acceso a la información pública y buen gobierno". El Consejo de Estado ha objetado que en el Registro de Contratos del Sector Público se obliga a dar cuenta de más datos básicos de los contratos adjudicados que los que se refiere el Anteproyecto de Ley, pág. 11, disponible en la web: http://www.boe.es/buscar/doc.php?coleccion=consejo_estado&id=2012707

45 La *"sede electrónica"* es una especie del género *"portal web"* con unas características especiales que lo diferencian de éstas. Una sede electrónica ha de contener todos los trámites que necesitan que el ciudadano o la propia Administración se autentiquen y, por otra parte, ha de cumplir unos especiales requerimientos de seguridad, pues la Administración tiene sobre las sedes especiales responsabilidades sobre la veracidad, integridad y actualización de la información contenida en ellas.

información. No obstante, nunca debería transcurrir más de un mes desde que se produzcan las novedades y se trasladen a publicidad activa.

Diríamos que la transparencia o publicidad activa dependerá de la voluntad de las instituciones de publicar sistemáticamente información pública, derivada de una obligación legal o por iniciativa propia. El catedrático de Derecho Administrativo Lorenzo MARTÍN-RETORTILLO, sostiene que resulta inexcusable -y es síntoma de una evidente profundización democrática- "asegurar la publicidad más completa del destino de cualquier euro que salga de las arcas públicas"[46].

2. El Acceso a la Información Pública

Hemos visto cómo la participación ciudadana se materializa en el derecho de acceso a la información, como instrumento en un sistema democrático para el ejercicio de otros derechos, económicos, sociales y culturales que pueden afectar la vida cotidiana y desarrollar la capacidad para tomar decisiones informadas y acciones concretas con el fin de mejorar las condiciones de vida.

De manera que, si el acceso a la información pública es un derecho que permite a los ciudadanos conocer cualquier tipo de información generada por el Estado y su Administración pública, a través de este derecho los ciudadanos pueden ejercer su "ciudadanía" pilar básico de la democracia. Si bien el derecho de acceso a la información pública tiene una connotación moderna o actual, en términos teóricos su concepción siempre estuvo ligada a la propia formación del Estado democrático y con él al respeto de las libertades humanas y al principio del interés general, diferenciándose del modelo absolutista de intereses particulares y secretismo.

Con el desarrollo de este derecho, es posible considerar excepciones basadas también en el propio interés general de los ciudadanos o para su propia seguridad, secretos oficiales o cuando se trata de información medioambiental, comercial, pero esa interacción de los ciudadanos con el gobierno y la administración pública fortalece directamente a los gobiernos democráticos. En definitiva, la transparencia, el ejercicio del derecho de acceso a la información pública fortalece la participación ciudadana, las políticas públicas, la gestión pública y por ende la gobernabilidad democrática. Al mismo tiempo, permite reforzar la legitimidad del sistema democrático incorporando al ciudadano en los procesos de deliberación, gestión y evaluación de las políticas públicas, sumando un componente de sustentabilidad a las políticas públicas.

Relacionando entonces este derecho y una concepción del mismo como una política pública inherente de los gobiernos democráticos, podríamos decir que el acceso a la información pública es un elemento clave de la gestión pública y de todos los elementos que componen el concepto de gobernabilidad democrática entendida ésta como "la capacidad de las instituciones políticas para procesar las demandas sociales y los conflictos en forma pacífica, que sea además plenamente respetuosa del Estado de Derecho y de los derechos políticos y civiles de los ciudadanos".

---

[46] MARTÍN-RETORTILLO BAQUER, L., "Crisis económica y transformaciones administrativas", en *Revista Española de Derecho Administrativo*, nº 153, enero-marzo, 2012, pág. 105.

Uno de los factores de mayor importancia en el reconocimiento del derecho de acceso a la información ha sido la existencia de demandas sociales por conocer la actuación de la Administración pública, controlar la corrupción, acceder a los archivos en manos del Gobierno y conocer los servicios y beneficios a los que las personas tienen derecho. El reconocimiento del derecho de acceso a la información en los sistemas jurídicos es relativamente reciente. Los antecedentes teóricos, jurisprudenciales y normativos registrados en el mundo se remontan al final del siglo pasado.

2.1 En el derecho comparado e internacional: derecho de configuración fundamental

Comprobamos como en los últimos años, existe un gran consenso jurídico a nivel mundial acerca del carácter de derecho fundamental que tiene el derecho de acceso, bien como derecho autónomo, bien como manifestación concreta del derecho a la libertad de expresión de informaciones, ideas y opiniones. Dicha concepción implica la vinculación de los tres poderes legislativo, ejecutivo y judicial, y no sólo de las Administraciones públicas, así como mecanismos de tutela propios de un derecho fundamental.

Ese reconocimiento constitucional como un derecho fundamental está expresamente recogido, por las Constituciones de Alemania, Bélgica, Portugal, Suecia, Finlandia, México, Costa Rica, Uruguay, Chile, Nueva Zelanda, entre otras.

Desde la perspectiva del Derecho de la Unión Europea, el artículo 15.3, párrafo primero, del Tratado de Funcionamiento de la Unión Europea (TFUE) establece que: "*Todo ciudadano de la Unión, así como toda persona física o jurídica que resida o tenga su domicilio social en un Estado miembro, tendrá derecho a acceder a los documentos de las instituciones, órganos y organismos de la Unión, cualquiera que sea su soporte ...]*".

Asimismo, el Tratado de Lisboa, integró el derecho de acceso a los documentos de las instituciones europeas en la Carta de Derechos Fundamentales de la Unión Europea, con carácter de derecho fundamental en el artículo 42 del texto[47], donde se reconoce el derecho de todo ciudadano comunitario o con residencia en un Estado miembro de la Unión Europea "*a acceder a los documentos de las instituciones, órganos y organismos de la Unión, cualquiera que sea su soporte*". La Carta se ha convertido así en norma jurídica vinculante, con la entrada en vigor del Tratado de Lisboa, en diciembre de 2009, por lo que tiene la misma validez jurídica que los Tratados de la UE.

En el marco de Naciones Unidas, el reconocimiento del acceso a la información pública como derecho humano de nueva generación ha venido fundamentalmente de la mano de la libertad de expresión e información consagrada en el artículo 19 *-derecho a investigar y recibir informaciones-* de la Declaración Universal de Derecho Humanos de 1948 (DUDH), y en el artículo 19 del Pacto Internacional de Derechos Civiles y Políticos de 1966 (PIDCP) - *la libertad de buscar, recibir y*

---

[47] Diario Oficial de las Comunidades Europeas. (2000/C 364/01) (última consulta 20/12/21) https://www.europarl.europa.eu/charter/pdf/text_es.pdf

difundir informaciones e ideas de toda índole-. Lo que incluiría también la información pública en poder de las instituciones públicas[48].

En este proceso de reconocimiento del derecho de acceso como derecho fundamental/humano destacan la Sentencia de la Corte Interamericana de Derechos Humanos, en el asunto Claude Reyes[49], y la Sentencia de 24 de septiembre de 2010 en el asunto Gomes Lund[50] con relación a una solicitud de información relativa a violaciones de derechos humanos: que el derecho a buscar y a recibir informaciones protege el derecho que tiene toda persona a solicitar el acceso a la información bajo el control del Estado, e impone una obligación del Estado de suministrarla.

En el ámbito del Consejo de Europa, la Recomendación (2002)2, del Comité de Ministros a los Estados Miembros sobre el Acceso a Documentos Oficiales[51], invoca como fundamento del derecho de acceso a la información pública el artículo 19 de la DUDH, así como los artículos 6 (*derecho a un proceso equitativo*), 8 (*derecho a la vida privada y familiar)* y 10 (*libertad de expresión de opiniones y de recibir o de comunicar informaciones o ideas*) del Convenio Europeo de Derechos Humanos de 1950 (en adelante, CEDH). La Recomendación insiste en la justificación democrática del derecho de acceso a los documentos oficiales.

Posteriormente, el Convenio Núm. 205 sobre el Acceso a los Documentos Públicos[52], adoptado por el Comité de Ministros el 27 de noviembre de 2008, aprobado en Noruega y ratificado y firmado por

---

[48] Informe Anual del Relator Especial para la Libertad de Expresión, Un Doc. E7CN.4/1999/64, 29 de enero de 1999: "El derecho de acceso a la información en poder del Estado es uno de los fundamentos de la democracia representativa. [...] El titular de la información es el individuo que delegó en los representantes la gestión de los asuntos públicos. Asimismo, la información que el Estado utiliza y produce se obtiene con fondos que provienen de los impuestos que pagan los ciudadanos". https://www.oas.org/es/cidh/expresion/showarticle.asp?artID=267&lID=2(consulta 2021)

[49] La Sentencia de 19 de septiembre de 2006, aborda la negativa del Estado Chileno a proporcionar al demandante Marcel Claude Reyes y otros toda la información que requerían del Comité de Inversiones Extranjeras, en relación con la empresa forestal Trillium y el proyecto de deforestación llamado "Río Cóndor", el cual podía ser perjudicial para el medio ambiente e impedir el desarrollo sostenible.
https://www.corteidh.or.cr/docs/casos/articulos/seriec_151_esp.pdf

[50] Sentencia de la Corte Interamericana de Derechos Humanos de 24 de noviembre de 2010, que aborda la negativa del Estado de Brasil a facilitar información sobre el destino de personas desaparecidas integrantes de la "Guerrilha do Araguaia" durante la Dictadura militar (1964-1985).
https://www.corteidh.or.cr/docs/casos/articulos/seriec_219_esp.pdf

[51] https://eur-lex.europa.eu/LexUriServ/LexUriServ.do?uri=CELEX:52004DC0045:ES:HTML
52004DC0045 - ES - EUR-Lex

[52] El Convenio se inspira fundamentalmente en la Recomendación (2002) 2 sobre el acceso a los documentos públicos, de 21 de febrero de 2002, pero dotándola de fuerza vinculante. Vid. S. Fernández Ramos (2011). Requiere un mínimo de diez ratificaciones para entrar en vigor; por lo que el Convenio entró en vigor el 1 de diciembre de 2020 para los diez países que lo habían ratificado a esa fecha: Finlandia, Noruega, Suecia, Bosnia y Herzegovina, Hungría, Montenegro, Lituania, Estonia, República de Moldavia y Ucrania. Con posterioridad Islandia ha ratificado también el Convenio, por lo que a día de hoy son ya once los países –de los 47 que conforman el Consejo de Europa– en los que se encuentra en vigor el mismo. España firmó el Convenio el 24 de noviembre de 2021.
https://www.hacienda.gob.es/Documentacion/Publico/GabineteMinistro/Notas%20Prensa/2021/FUNCION-PUBLICA/24-11-21-NP-CONVENIO-CONSEJO-DE-EUROPA.pdf (consulta 25/11/2021)

Existe una traducción no oficial al español, SÁNCHEZ DE DIEGO, M. Convenio núm. 205 del Consejo de Europa sobre el Acceso a los Documentos Públicos, de 27 de noviembre de 2008, http://goo.gl/NBAW4s.

España, abunda en la misma fundamentación del derecho de acceso en el artículo 19 de la DUDH y en los artículos 6, 8 y 10 del CEDH, vinculándolo de forma clara con el derecho a investigar fuentes, a recibir y difundir informaciones y opiniones: "El ejercicio del derecho de acceso a los documentos públicos: i) proporciona una fuente de información para el público; ii) ayuda al público a formarse una opinión sobre el estado de la sociedad y sobre las autoridades públicas; iii) fomenta la integridad, la eficacia, la eficiencia y la responsabilidad de autoridades públicas, ayudando así a que se afirme su legitimidad".

En lo que respecta a las excepciones a la libertad de acceso, el Convenio del Consejo de Europa recoge en su art. 3 la posibilidad de los Estados de limitar este derecho, siempre que se fijen legalmente y se consideren necesarios en una sociedad democrática y tengan como alguno de sus objetivos: la protección de la seguridad nacional, la defensa y las relaciones internacionales; la seguridad pública; la prevención, investigación y procesamiento de causas criminales; las investigaciones disciplinarias; la inspección, supervisión por autoridades públicas; la intimidad y otros intereses privados y legítimos; los intereses económicos y comerciales; las políticas estatales monetarias y económicas; la igualdad de las partes en los procedimientos judiciales y la administración eficaz de la justicia; el medio ambiente; y las deliberaciones entre autoridades públicas en lo referente al examen de un asunto. No obstante, en el apartado 2º de este mismo art., se recoge la que podríamos llamar como excepción a las excepciones, "el interés público superior", que de prevalecer dejaría sin efecto la excepción.

En el ámbito del Tribunal Europeo de Derechos Humanos (TEDH), a partir del asunto Magyar[53] se reconoció la protección de acceso a la información pública al amparo del art. 10 del CEDH; admitiendo así el amplio consenso internacional sobre la necesidad de reconocer un derecho individual de acceso a la información en poder del Estado para ayudar al público a formarse una opinión pública en materias de interés general. (El TEDH consideró que, ante la negativa del Estado de entregar una determinada información, "el interés público de la información era mayor a la necesidad de proteger dicha información y, por tanto, la restricción a su acceso había violado el art. 10 CEDH).

2.1.1 Antecedentes normativos en América, Europa, Iberoamérica

El derecho de acceso de los ciudadanos a documentación oficial aparece recogido, por primera vez en Derecho positivo, en una Real Ordenanza sueca, relativa a la Libertad de prensa, en 1766. En el Derecho español ese acceso de los ciudadanos a documentación oficial, ha aparecido disperso en normas que arbitran aspectos específicos y dispares sobre la materia. Siendo un hito la promulgación en 1968 de La Ley de Secretos Oficiales.

---

53 La Sala del Tribunal Europeo de Derechos Humanos dictaminó en su sentencia dictada el 8 de noviembre de 2016 que Hungría violó el derecho a la libertad de expresión del Comité Húngaro de Helsinki cuando la policía se negó a revelar los nombres de los abogados defensores de oficio y el número de casos en que fueron nombrados en un año determinado. La importancia de la sentencia va más allá del caso húngaro: la Gran Sala, compuesta por 17 jueces, confirmó por primera vez que el Convenio Europeo de Derechos Humanos protege el derecho de acceso a la información. [Magyar Helsinki Bizottság v. Hungría §157 (8/11/2016)
Magyar Helsinki Bizottsag v Hungary: ECHR 8 Nov 2016)]. (consulta enero2022)

En esos años sesenta, en Estados Unidos se aprueba su Ley de Libertad de Acceso a la Información de 1966, si bien es cierto que esta Ley no alcanzó su efectividad hasta la reforma efectuada en 1974, tras "el caso Watergate"; y a partir de aquí y poco a poco se va implantando la idea de que la transparencia es una necesidad para cualquier país desarrollado, en las décadas de los 70 y 80: pasó a países desarrollados, Dinamarca (1970), Noruega (1970), Francia (1978), Luxemburgo (1978), Australia (1982), Canadá (1982) y Nueva Zelanda (1982). Como señala ZAFRA, "la ausencia de transparencia será un síntoma de obsolescencia y de carencias tecnológicas para la gestión de la información y su comunicación a la ciudadanía"[54].

Asimismo, la década de los 90 se inició con un claro protagonismo de la Unión Europea, que aprobó la Directiva 1990/313/CEE de acceso a la información medioambiental, y poco después, tras el Tratado de Maastricht de 1992 (que incluyó la declaración núm. 17 sobre el derecho de acceso a la información), se aprobaron los primeros actos para declarar accesibles los documentos en poder de las instituciones comunitarias[55]. Se sumaron inspirados en la ley francesa: Italia (1990), Portugal (1993), Bélgica (1994), e Irlanda (1997), siendo el objeto del derecho el "documento administrativo" y creando una Comisión de Acceso a los Documentos Administrativos, de igual nombre que la francesa; también, en parte para cumplir con la Directiva 1990/313/CEE[56]. Asimismo, el Tratado de Ámsterdam de 1997 incorporó a su articulado el derecho de acceso a los documentos de las instituciones comunitarias como derecho subjetivo de la ciudadanía (artículo 255 del Tratado CE).

En la primera década de este siglo XXI, regularon el derecho de acceso a la información pública, casi todos los países europeos: Reino Unido en 2000 o Alemania en 2006, y otros países renovaron sus leyes para hacerlas más efectivas[57], también en la Unión Europea[58].

---

[54] ZAFRA DÍAZ, Juan M. (2013), "¿Cómo puede cambiar el panorama mediático con una ley de transparencia? El futuro de la profesión periodística", en *Telos, Cuadernos de comunicación e innovación*, nº 94, págs. 81-83.

[55] Decisión 93/731/CE del Consejo, de 20 de diciembre de 1993, relativa al acceso del público a los documentos del Consejo; Decisión 94/90/CE de la Comisión, de 8 de febrero de 1994, sobre el acceso del público a los documentos de la Comisión; Decisión 97/632/CE del Parlamento Europeo, de 10 de julio de 1997, relativa al acceso del público a los documentos del Parlamento Europeo.
- CERRILLO I MARTÍNEZ, A. CERRILLO, Agustí: "La transparencia administrativa: Unión europea y medio ambiente". Tirant lo Blanch 1998.

[56] Italia aprueba la Ley núm. 241 de 7 de agosto de 1990, relativa a "Nuevas normas en materia de procedimiento administrativo y de derecho de acceso a los documentos administrativos". MEALE, Agostino: "Como funciona el principio de transparencia en el sistema nacional italiano", en Visiones Actuales de la Transparencia núm. 31. coord. Manuel SÁNCHEZ DE DIEGO FDEZ. DE LA RIVA, 2017. Pág. 270.
Portugal aprueba la Ley nº 65/1993, de 26 de agosto, de acceso a los documentos de la Administración. FERNÁNDEZ RAMOS, S: "La transparencia administrativa en Portugal", Revista de Administración Pública, núm. 163, pág. 431-463. (2004)
Bélgica aprueba la Ley de 11 de abril de 1994 relativa a la publicidad de la Administración.

[57] Francia modifica la Ley nº 1978-753 mediante Ley 2000-321 de 12 de abril de 2000, relativa a los derechos de los ciudadanos en sus relaciones con las Administraciones Públicas; Italia modifica la Ley núm. 241-1990 mediante la Ley nº 15, de 11 de febrero de 2005, "norme generali sull'azione amministrativa"; y Portugal decide sustituir la Ley nº 65/1993 mediante una ley de nueva planta, la Ley nº 46/2007, de 24 de agosto, de acceso a los documentos administrativos y su reutilización.

[58] Mediante Reglamento (CE) núm. 1049/2001, de 30 mayo, sobre el Acceso del público a los documentos del Parlamento Europeo, del Consejo y de la Comisión, se establece una norma común a las instituciones comunitarias que deroga las

Al mismo tiempo en casi toda Iberoamérica, como exigencia desde instituciones internacionales para la lucha contra la corrupción, a la aprobación de la Ley Federal de México de Transparencia y Acceso a la Información Pública Gubernamental de 2002, le siguieron las leyes de transparencia de la mayoría de los países[59]: Paraguay, Panamá, Perú.

En los diversos sistemas jurídicos, se contempla un órgano de control, adelantamos algunos: en Chile la Ley Nº 20.285 de 20 de agosto de 2008 (Ley de Acceso a la Información Pública o LAIP) crea un órgano denominado Consejo para la Transparencia (CPT), en el Reino Unido el Comisionado para la Protección de Datos se transformó en el Comisionado para la Información (Freedom of information act 2000, Part I Nº 18: the information commissioner and the information tribunal). Una solución similar se adoptó en Alemania en donde las funciones relacionadas con el derecho de acceso a la información regulado en la Ley de Libertad de Información del año 2005 se incardinan en la Comisión Federal de Protección de Datos Personales. Por su parte, el artículo 17º de la Ley Federal de Transparencia y Acceso a la Información Pública mexicana dispone que el Instituto Nacional de Transparencia, Acceso a la Información y Protección de Datos Personales (INAI) "es un organismo autónomo, especializado, independiente, imparcial y colegiado, con personalidad jurídica y patrimonio propio, con plena autonomía técnica, de gestión, capacidad para decidir sobre el ejercicio de su presupuesto y determinar su organización interna, responsable de garantizar en el ámbito territorial, el ejercicio de los derechos de acceso a la información y la protección de datos personales, conforme a los principios y bases establecidos por el artículo 60 de la Constitución, la Ley General, así como por lo previsto en esta Ley y demás disposiciones aplicables"[60].

---

decisiones anteriores, reglamento que se encuentra actualmente en proceso de reforma para precisar y ampliar su ámbito de aplicación.
- GUICHOT, E. "Transparencia y Acceso a la Información en el Derecho Europeo", Sevilla (2010). Editorial Derecho Global – Global Law Press.
- Asimismo, se aprueba la Directiva 2003/4/CE, de 28 de enero, relativa al acceso del público a la información medioambiental, que incorpora las exigencias derivadas del Convenio de Aarhus de 25 de junio de 1998 y sustituye a la Directiva 90/313/CEE.
- FERNÁNDEZ RAMOS, S. (2009). "El derecho de acceso a la información medioambiental", *Monografía asociada a la Revista Aranzadi de Derecho Ambienta*l núm. 15, Cizur Menor: Aranzadi-Thomson.

[59] Así, entre otros, Paraguay aprobó el 16 de julio de 2001 la Ley 1728 de Transparencia administrativa; Panamá aprobó el 22 de enero de 2002 la Ley nº 6 de transparencia en la gestión pública; Perú promulgó el 2 de agosto de 2002 la Ley nº 27806, de transparencia y acceso a la información pública; Ecuador publicó el 18 de mayo del 2004 la Ley de orgánica no. 24 de transparencia y acceso a la información pública; la República Dominicana aprobó el 28 de julio de 2004 su Ley nº 200-04 General de Libre Acceso a la Información Pública; Nicaragua aprobó el 16 de mayo de 2007 la ley nº 621 de acceso a la información pública; Chile promulgó el 11 de agosto de 2008, la Ley nº 20285, de transparencia de la función pública y de acceso a la información de la Administración del Estado; Guatemala el 23 de septiembre de 2008 su Ley de acceso a la información pública; Uruguay aprobó el 7 de octubre de 2008 su Ley nº 18.381 de derecho de acceso a la información pública y Argentina aprobó su propia Ley 27.275 el 14 de septiembre de 2016. De este modo, Bolivia, Cuba y Venezuela son los únicos Estados que no disponen de ley.

[60] ASTUDILLO MUÑOZ, Jorge., "Breve análisis comparativo entre la regulación del Consejo para la Transparencia (Chile) y el Consejo de Transparencia y Buen Gobierno (España)". *Revista Española de la Transparencia.* RET. núm. 12. Primer Semestre. Enero-junio de 2021, págs. 145-166. DOI: https://doi.org/10.51915/ret.110

2.2 En el derecho de España: derecho de configuración legal -no fundamental-, ordinario de carácter administrativo

En el Derecho español ese acceso de los ciudadanos a documentación oficial, ha aparecido disperso en normas que establecen aspectos específicos y dispares sobre la materia. Siendo un hito la promulgación de La Ley de Secretos Oficiales en 1968.

La Constitución española reconoce el derecho de acceso a los archivos y registros públicos en su artículo 105 b) de la CE, -dentro del Título IV designado como "Del Gobierno y de la Administración"- el legislador no lo recogió en el Título I, sino fuera del núcleo básico de los derechos fundamentales (artículos 14-29 de la CE). Ha quedado de esta forma a expensas de la reserva de ley ordinaria que establece el propio artículo 105 b) y que ya tuvo su primera concreción en el artículo 37 de la ya derogada LRJAP-PAC, y después en la LTAIBG[61].

Un amplio sector doctrinal[62], entre los que destaca GUICHOT o la propia organización Access Info, sostuvo que el derecho de acceso a la información debe considerarse como una manifestación concreta de la libertad de información consagrada en el artículo 20.1.d) de la CE, y que en ningún caso plantearía problemas con el artículo 10.2 CE, ya que no se estaría creando un derecho nuevo, sino interpretándolo de acuerdo con los Tratados y Convenios internacionales. Sin embargo, la corriente doctrinal que finalmente se impuso para la tramitación de esta ley, es la referente a su tratamiento como derecho autónomo diferente de la libertad de información[63], consideraban que el derecho de acceso a la información pública era un derecho de configuración legal, motivada por su encaje dentro del artículo 105. b) CE "derecho de acceso a los archivos y registros administrativos". Para VILLAVERDE la transparencia desde la perspectiva constitucional, constituye un principio general en virtud del cual, todo aquello que afecte al Estado debe ser público, lo que afecte a todos, por todos debe ser conocido, pero sin que pueda ser calificado de derecho fundamental[64].

---

[61] La naturaleza del derecho de acceso a la información pública constituyó uno de los temas objeto de mayor discusión en el proceso de consulta pública del Anteproyecto de Ley y del debate parlamentario del Proyecto de Ley de Transparencia, donde organismos internacionales, ONGs pro-acceso, asociaciones, académicos, expertos y algunos grupos parlamentarios reivindicaron su consideración de derecho fundamental como manifestación concreta del derecho a la libertad de expresión del artículo 20 de la CE, precisamente con el argumento, en muchos casos, de que una mera referencia en el artículo 18.3 de la CE a la protección de la intimidad y el honor frente al uso de la informática había servido para que el Tribunal Constitucional reconociese y delimitase los contornos del derecho a la protección de datos personales ó *habeas data*.

[62] GUICHOT REINA (DSCD Comisiones, núm. 254, de 12 de febrero de 2013, pág. 33)
ACCESS INFO ("Declaración por el reconocimiento del derecho de acceso a la información como un derecho fundamental", avalada por grandes expertos y expertas en la materia como Manuel VILLORIA, José Luis PIÑAR, Emilio GUICHOT, Lorenzo COTINO, David ORTEGA, Manuel SÁNCHEZ DE DIEGO, Miguel Ángel BLANES o Elisa DE LA NUEZ, entre otros. En la web: (consulta: abril 2021)
https://www.access-info.org/es/blog/2016/12/10/mas-de-40-academicos-espanoles-reclaman

[63] POMED SÁNCHEZ, L.A., "El acceso de los ciudadanos a los archivos y registros administrativos", INAP, Madrid, 1989, pp. 96 y 153; y RAMS RAMOS, L., "Derecho de acceso a archivos y registros administrativos", Madrid, Reus, 2009, págs.194-212.

[64] VILLAVERDE MENENDEZ, I., "El marco constitucional de la transparencia" en *Revista Española de Derecho Constitucional* núm. 116, 2019, págs. 167-191

Definitivamente, el Tribunal Constitucional ha mantenido que las reglas y principios contenidos en el 105.b) de la CE "son inadecuadas para fundamentar una petición de amparo en cuanto que en ninguno de ellos se reconocen derechos fundamentales y libertades políticas de los incluidos como amparables en el artículo 53.2 de la Constitución"[65].

Y, el Tribunal Supremo, al referirse al artículo 105.b) de la CE ha señalado: "Este precepto constitucional remite expresamente a la configuración legal del ejercicio del derecho de acceso a los archivos y registros administrativos, como derecho no fundamental, aunque relacionado con el derecho de participación política, con el de libertad de información y con el de tutela judicial efectiva.[66]"
No obstante, se afirma la conexión con el derecho a comunicar y recibir información veraz, aunque se sostiene la naturaleza de derecho de configuración legal (y no fundamental) del derecho de acceso a la información pública, como destacamos en el siguiente argumento de la sentencia[67]:
"En el supuesto enjuiciado, ejercitándose estrictamente el derecho a tener acceso a los archivos y registros administrativos, no es posible negar la conexión del artículo 20.1.d) con el artículo 105.b). Esta última norma, (…) es un derecho de configuración legal ("la ley regulará"), lo que comporta la necesidad de acudir a las disposiciones que han establecido los requisitos para su ejercicio".

Desde mi punto de vista y coincidiendo con la mayoría de la doctrina, debiera concebirse este derecho de acceso a la información pública interrelacionado con el principio de participación, pilar básico del Estado democrático, como queda establecido a lo largo de nuestra Constitución, (art. 9.2, art. 23.1, art. 7, art. 27.5, art. 105.a y 05.c CE). Y, al mismo tiempo, tiene vinculación directa con los derechos recogidos en el art. 20 CE, respecto de los que el Tribunal Constitucional ha declarado, en Sentencia de 16 marzo 1981, el carácter predominante y preferente afirmando que "garantizan el mantenimiento de una comunicación pública libre, sin la cual quedarían vaciados de contenido real otros derechos que la CE consagra, reducidas a formas hueras las instituciones representativas y absolutamente falseado

---

[65] TC STC. 161/1988, de 20 de septiembre, F.J. 4. https://vlex.es/vid/stc-i-lotc-29-23-an-15033984
Diputados de las Cortes de Castilla-La Mancha, presentaron demanda de amparo contra el Acuerdo de la Mesa de dichas Cortes de 27 de octubre de 1986, por el que se deniega la admisión a trámite de la documentación pedida al Consejo de Gobierno de la Junta de Comunidades por los mismos.

[66] TS STS de 30 de marzo de 1999, (RJ 1999, 3246), F.D.3; 16 de diciembre de 2011, (RJ2012, 2832), F.D.3. (contra resolución del Ministerio Defensa por unos terrenos). https://vlex.es/

[67] STS. de 19 de mayo de 2003, (Sala de lo Contencioso-Administrativo, Sección7.ª), (RJ 2003, 3834), F.D.4, plantea la cuestión de si el ejercicio del derecho fundamental consagrado por el artículo 20.1.d) CE faculta al recurrente (periodista) para acceder a los expedientes administrativos que hacen referencia a unos créditos concedidos a una empresa pública, solicitud que resolvió en sentido negativo el Ministerio de Economía y Hacienda.
Para el Tribunal Supremo, "la Administración, al dictar la resolución denegatoria (…), no ha impedido al periodista recurrente comunicar libremente la información veraz que poseyese por cualquier medio de difusión, ni correlativamente, recibirla libremente a los lectores. Lo que le ha impedido es comprobar la veracidad de su información, negándole el acceso a los archivos y expedientes administrativos respecto a los expedientes que hacen referencia a los créditos FAD (Fondos de Ayuda al Desarrollo) concedidos a la empresa pública FOCOEX durante los años 1.985/1.995. Este derecho a comprobar la veracidad de una información es un derecho derivado del artículo 20.1.d), pero que es imprescindible conectar en el caso examinado con el derecho establecido por el artículo 105.b"
https://vlex.es/vid/-51998354

el principio de legitimidad democrática que enuncia el artículo 1, apartado 2, de la CE, que es la base de toda nuestra ordenación jurídico-política".

El Título I, Capítulo III, artículos 12 a 22, de La Ley 19/2013, de 9 de diciembre, de transparencia, acceso a la información pública y buen gobierno, regula el que podemos denominar como "nuevo derecho de acceso a la información pública"; preceptos a los que se añaden, las Disposiciones Adicionales Primera y Cuarta, y Finales Primera, Octava y Novena. Es el artículo 12 de la LTAIBG el que reconoce el derecho de todas las personas a acceder a la información pública, en los términos previstos en el artículo 105.b) de la CE, quedando claro que la titularidad de este derecho no está asociada ni a la condición de nacional ni a la de ciudadano; entendiéndose por información pública los contenidos o documentos, cualquiera que sea su formato o soporte, que obren en poder de alguno de los sujetos incluidos en el ámbito de aplicación de este título I y que hayan sido elaborados o adquiridos en el ejercicio de sus funciones (artículo 13 de la LTAIBG), siempre que no esté afectada por ninguno de los límites reconocidos (en los art. 14 y 15). Lo que conlleva que no estemos ante un derecho fundamental, sino que, como afirma IBÁÑEZ GARCÍA[68], el camino elegido por el legislador lo circunscribe al ámbito de la gestión y del expediente administrativo, conllevando que carezca de la regulación y protección jurisdiccional propias de un derecho fundamental[69]. Lo cual supone, como es evidente, que tendrá una menor protección o garantía, de existir colisión o conflicto de intereses con otros derechos –estos sí con categoría de derecho fundamental– como la protección de datos.

La LTAIBG, cumpliendo con el Convenio 205 del Consejo de Europa sobre Acceso a los Documentos Públicos, pero también el Convenio Europeo para la Protección de los Derechos Humanos o la Carta de los Derechos Fundamentales de la Unión Europea, extiende este derecho a toda persona (física o jurídica, pública o privada) sin exigir ninguna otra condición (ciudadanía, vecindad, nacionalidad, etc.), configurándolo como un derecho universal, sin atender al requisito del *"interés legítimo y directo"* al que se refería el art. 37 de la LRJPAC, vigente mientras no entró en vigor la ley.

Desde la entrada en vigor de la LTAIBG es ésta y no otra la normativa aplicable a las solicitudes de acceso a la información que obra en poder de las administraciones públicas. Como única excepción se contempla la de aquellas solicitudes en las que se pretenda el acceso a la información contenida en un concreto expediente administrativo, que todavía se encuentre en curso de tramitación y respecto del cual el solicitante posea el carácter de interesado, solicitudes a las que les resultarán de aplicación "las normas concretas del procedimiento administrativo en curso", en virtud de la remisión efectuada por el apartado 1 de la Disposición Adicional Primera de la propia LTAIBG.

La información que establece la ley de transparencia que debe publicarse (publicidad activa) debe estar disponible de oficio, pero en caso de que la administración no la haya publicado -aunque deba-, se

[68] DE LA NUEZ SÁNCHEZ-CASCADO, E., y TARÍN QUIRÓS, C., (Coord.), "Transparencia y Buen Gobierno, comentarios a La Ley 19/20013, de 9 de diciembre, de Transparencia, Acceso a la Información Pública y Buen Gobierno", *La Ley*, Madrid, pág. 224. IBÁÑEZ GARCÍA, I. VVAA. (2014),

[69] FERNÁNDEZ RAMOS S. "La transparencia pública: pasado, presente y futuro". *Revista Aragonesa de Administración Pública* ISSN 2341-2135, núm. 51, Zaragoza 2018, pág. 221.

puede solicitar (derecho de acceso) y de conformidad con lo indicado (en el art. 17.3), no es preciso justificar interés alguno ni añadir motivación a la solicitud por la que se ejerce el derecho. Se superan, de este modo, las diferentes restricciones previstas en la normativa anterior en relación con el ámbito subjetivo y objetivo del derecho. La información no tiene por qué identificarse con el expediente administrativo, pues aquélla puede existir sin éste y, a la inversa, no todo documento que obre en un expediente reunirá los requisitos de relevancia para conocer la actividad relacionada con el funcionamiento y control de la actuación pública. De hecho, la información ni siquiera debe formar parte de un documento, pues el art. 13 nos dice "cualquiera que sea su formato o soporte".

Si ha de obrar la información en poder de alguno de los sujetos obligados, es decir, de los comprendidos en los art. 2, 3 y 4 LTAIPBG, y tiene que haber sido elaborada por el sujeto obligado o adquirida en el ejercicio de sus funciones, lo que nos conduce a afirmar que la información pública puede haber sido elaborada por un tercero, distinto al sujeto obligado que, cuando además, es también sujeto obligado a la transparencia, determinaría la aplicación del artículo 19.4, según el cual: *"Cuando la información objeto de la solicitud, aun obrando en poder del sujeto al que se dirige, haya sido elaborada o generada en su integridad o parte principal por otro, se le remitirá la solicitud a éste para que decida sobre el acceso"*. Esta regla, que no deja de ser controvertida, se conoce como regla de autor.

En ocasiones será necesario realizar un ejercicio de ponderación de los intereses en juego y justificar el interés superior en la publicidad de la información. Otras veces sólo será posible el acceso parcial a la información y, en otras, la protección de los datos personales impedirá el acceso; debiendo de tener cuenta la ponderación de los derechos que puedan concurrir.

2.3 En las leyes autonómicas

A pesar de que en la LTAIBG estatal no hace mención a este punto, las Exposiciones de motivos de algunas legislaciones autonómicas conectan de forma expresa el acceso a la información pública del artículo 105.b) de la CE con los derechos fundamentales a la libertad de expresión y a comunicar y recibir libremente información veraz del artículo 20 de la CE.
Así ANDALUCÍA: "En desarrollo de la Constitución española, se pretende ampliar y reforzar la transparencia de la actividad pública, así como reconocer y garantizar el derecho de acceso a la información relativa a aquella actividad, con el fin de [...] *garantizar, conforme al artículo 20.1.d)* de la Constitución española, el derecho a recibir libremente información veraz de los poderes públicos y, conforme al artículo 105.b) de la Constitución española, el acceso de los ciudadanos a la información pública".
Se apunta en la ley de CANTABRIA a la garantía de una "opinión pública libre" en un Estado democrático: "La transparencia en la gestión pública y el acceso a la información son condiciones necesarias para un gobierno abierto. Permiten a todos los ciudadanos conocer la gestión de los asuntos públicos y formarse una opinión informada sobre los mismos. Es necesario el conocimiento que proporciona el acceso de la ciudadanía a la información pública, para la formación de la *opinión crítica en la ciudadanía* que redunde en la mejor participación de todos los cántabros y cántabras en la vida política, económica, cultural y social, una prioridad que los poderes públicos están obligados a fomentar (...) el uso de las TIC como un instrumento fundamental para la difusión de la información,

(...) La red, progresivamente, se está convirtiendo en un lugar de encuentro, de interrelación y de *transmisión de ideas, opiniones e información a* modo de una moderna ágora virtual que nos reconduce al *origen de la democracia.*"

En la exposición de motivos de la Ley 2/2015, de 2 de abril, de participación ciudadana de la Comunidad VALENCIANA, según establece la disposición final 1 de la Ley 1/2022, de 13 de abril de 2022 de Transparencia y Buen Gobierno que modifica aquella) se afirma que: "*La CE de 1978 garantiza en sus artículos 23 y 105.b el derecho de los ciudadanos a la participación en los asuntos públicos, y al acceso a los archivos y registros administrativos*".

Asimismo, algunas Leyes de transparencia autonómicas (Valencia, Castilla y León) van más allá al citar los tratados y acuerdos internacionales suscritos por España en materia de derechos humanos y el mandato del art. 10.2 de la CE, que establece una interpretación de los derechos fundamentales consagrados por nuestra Constitución de conformidad con esos tratados y acuerdos internacionales vinculantes para España, al formar parte de nuestro ordenamiento jurídico (art. 96.1 de la CE)[70].
La mayoría de las leyes originales se han ido modificando, para adaptarse a nuevas realidades, como la reutilización de la información pública y la aparición de las nuevas tecnologías de la información.

III.- RECAPITULACIÓN

La mayoría de países europeos, España entre ellos, han sufrido en los últimos años una desafección política por parte de la ciudadanía, cuestionando el funcionamiento de las democracias; debido a un contexto de cambios: económico (desde la llegada de la crisis financiera mundial de 2008), social (sociedad del conocimiento, globalizada e interconectada) y político (partidos políticos e instituciones movidos por intereses personales). Desafección que ha conllevado un menor interés en participar en procesos electorales en los que los partidos existentes no la representan, e incluso en determinados casos a manifestaciones multitudinarias donde se reclamaba precisamente una verdadera democracia representativa que garantice la soberanía del pueblo de forma más efectiva que la hasta ahora conocida. (Vimos como uno de los lemas más populares del movimiento 15M de 2011 en España fue el de "Democracia Real Ya").

La respuesta podría ser un nuevo modelo de gobierno en el cual la ciudadanía juega un papel fundamental, gracias a una implicación real y continua, que va más allá del ejercicio del derecho de sufragio, configurándose el principio de transparencia como pilar fundamental en la actuación de los poderes públicos. Se trataría, por tanto, de un modelo de gobierno que, aprovechando las posibilidades actuales que proporcionan las nuevas tecnologías de la información, ha de ser capaz de generar una mayor confianza entre la ciudadanía. Los ciudadanos tienen y deben tener el derecho a saber cómo se lleva a cabo la gestión, el gasto y uso del dinero público, así como la forma en la que se ejecutan los

---

[70] GIMÉNEZ SÁNCHEZ, Isabel. (2014), "La Ley de Transparencia, Acceso a la Información Pública y Buen Gobierno en el marco del Estado autonómico", en Isabel Wences, Mario Kölling y Sabrina Ragone (coords.), "La Ley de Transparencia, Acceso a la Información Pública y Buen Gobierno. Una perspectiva académica", Madrid CEPC (Centro de Estudios Políticos y Constitucionales), pág. 159.

proyectos para los que han sido destinados. España ha empezado a recorrer ese camino que ya iniciaron otros países, y que al menos en teoría, hace posible la participación política a la vez que fortalece el funcionamiento democrático de las instituciones públicas. La cultura de la transparencia ha ido tomando fuerza como un principio esencial de la democracia, ya que permite la rendición de cuentas y constituye un freno para cuestiones que preocupan actualmente a la ciudadanía la corrupción, las inercias de la burocracia y las ineficiencias de las Administraciones Públicas.

Yo hablaría de interrelación entre los conceptos de gobierno abierto, rendición de cuentas y servicio público, para conseguir esa cultura basada en los valores de la transparencia, participación y colaboración.

De esta delimitación conceptual se desprende también una conexión clara entre ellos y la implantación de la Administración Electrónica, ya que ha favorecido la creación de un marco para asegurar la transparencia del gobierno, a la vez que ha permitido establecer espacios donde poner en practica mecanismos de democracia participativa. Todo ello, unido a la necesaria normativa y códigos de conducta que recojan valores de Buen Gobierno de aquellos encargados de gestionar la cosa pública. La transparencia incrementa la capacidad de la gente para participar de manera informada y, demandar políticas económicas y sociales que sean más sensibles a sus prioridades y necesidades, consiguiendo mejorar la atención de los servicios públicos en sectores tan distintos como el de la educación, finanzas, industrias extractivas, seguridad ciudadana, entre otros; por ello, el acceso a la información es, un factor esencial y una herramienta útil para el ejercicio de otros derechos: los derechos políticos o los derechos sociales y económicos.

En este contexto, el acceso a la información cobra una nueva dimensión porque, además de ser un derecho de los ciudadanos, fortalece directamente a los gobiernos democráticos, que contarían con un poderoso mecanismo de autocorrección y aprendizaje, en la medida que facilitaría la interacción de los ciudadanos con el gobierno y la administración pública, recuperando la credibilidad en los representantes políticos y por ende en las instituciones en que se integran, fortaleciendo la democracia.

Tiene, por tanto, repercusiones importantes en la Administración pública que van más allá de ser un elemento para reducir la corrupción, como tradicionalmente se ha pensado, también la transparencia, es positivamente correlativa con el desarrollo humano y mejora el rendimiento de los servicios públicos. En tal sentido, permite una mejor coordinación entre los miembros del Gobierno, sobre todo en el proceso presupuestario; y favorece que el diseño y evaluación de políticas sea de mejor calidad, mejorando la colaboración horizontal e intergubernamental, asignatura pendiente de nuestra Administración; mejora la participación ciudadana, con un electorado bien informado las elecciones ganan valor, mejora la legitimidad de las instituciones y de los responsables públicos, ayuda a los mercados, mejora los flujos financieros y económicos generando crecimiento económico, gracias a la información macroeconómica que producen y publicitan los Gobiernos, los inversores, productores y consumidores pueden tomar decisiones más eficientes; aumenta la eficiencia y eficacia de las administraciones con la implantación de herramientas TIC agilizando los procedimientos administrativos y la rapidez en la respuesta a los ciudadanos, entre otras importantes evaluaciones. En suma, es un importante elemento de participación ciudadana y de calidad democrática.

II.- EL MARCO LEGAL DE LA TRANSPARENCIA Y DE LOS ÓRGANOS DE GARANTÍA DEL DERECHO DE ACCESO A LA INFORMACIÓN PÚBLICA

CAPITULO SEGUNDO

EL MARCO LEGAL DE LA TRANSPARENCIA Y DE LOS ÓRGANOS GARANTES DEL DERECHO DE ACCESO A LA INFORMACIÓN

"La integridad es hacer lo correcto, aunque nadie nos esté mirando".
STOVALL[71]

En este capítulo, se realiza una descripción del marco normativo de los órganos garantes establecidos en el Estado y las CCAA, en primer lugar, nos centraremos en los títulos competenciales que han permitido al Estado aprobar la Ley 19/2013 y examinaremos con qué margen cuentan las Comunidades Autónomas para desarrollar iniciativas normativas en materia de transparencia y de acceso a la información pública y "buen gobierno". A continuación, analizaremos las iniciativas normativas en materia de transparencia de las Comunidades Autónomas, estén ya promulgadas o bien sigan en curso de elaboración, destacando los títulos competenciales autonómicos en que se sustentan.

Como ya vimos, es en la disposición final octava[72] donde se recogen los títulos competenciales del Estado relativo a las "bases del régimen jurídico de las Administraciones Públicas" y que justifican la aprobación de la Ley 19/2013, de Transparencia, Acceso a la Información Pública y Buen Gobierno: art. 149.1.1.ª CE y la creación del Consejo de Transparencia y Buen Gobierno, 149.1.18.ª CE y la publicidad activa, la regulación del derecho de acceso a la información pública y el margen implícito para la legislación autonómica; 149.1.13.ª de la CE y la garantía de la estabilidad presupuestaria.

Dos de ellos (arts. 149.1.1 y 149.1.3 de la CE) se estiman títulos competenciales no específicos, sino transversales, que pueden invocarse en casi cualquier ámbito material, pese a los esfuerzos de la doctrina y de la jurisprudencia constitucional por acotarlos. El legislador no especifica qué precepto constitucional da sustento a cada uno de los artículos de la Ley 19/2013. Lo que sí estipula el legislador estatal son aquellos preceptos que carecen del amparo de los tres títulos que se integran en la Disposición Final 8.ª, y ello es importante de cara a circunscribir, posteriormente, el ámbito de actuación normativa del que disponen las CCAA en las materias que nos ocupan. Así, quedan al margen de los títulos constitucionales citados los preceptos siguientes: "el segundo párrafo del apartado 2 del artículo 6, el artículo 9, los apartados 1 y 2 del artículo 10, el artículo 11, el apartado 2 del artículo 21, el apartado 1 del artículo 25, el título III y la disposición adicional segunda". El legislador no determina de forma explícita que esta Ley tenga el carácter de norma básica o qué

---

[71] STOVALL Jim, escritor y orador estadounidense, ciego, campeón nacional de levantamiento de peso, ganador de un Emmy Award en 1990, autor del libro The Ultimate Gift (El último regalo, publicado en 2001), llevado al cine en 2007, con la película "El regalo supremo".

[72] Disposición Final Octava: "La presente Ley se dicta al amparo de lo dispuesto en los artículos 149.1.1, 149.1.13 y 149.1.18 de la Constitución. Se exceptúa lo dispuesto en el segundo párrafo del apartado 2 del artículo 6, el artículo 9, los apartados 1 y 2 del artículo 10, el artículo 11, el apartado 2 del artículo 21, el apartado 1 del artículo 25, el título III y la disposición adicional segunda".

preceptos tienen este carácter de básicos[73] , pese a que de una lectura del texto articulado pueda deducirse tal condición, como defiende VELASCO[74].

Asimismo, la jurisprudencia constitucional que ha analizado el art. 149.1.1 destaca que el Estado, amparándose en este precepto, solo podrá establecer aquellas condiciones básicas de carácter normativo que tiendan a garantizar la igualdad en el ejercicio de los derechos y deberes constitucionales. Además no debe comportar una uniformidad de las situaciones jurídicas de todos los ciudadanos en cualquier parte del territorio del Estado[75], ya que esto se opondría, frontalmente, con la concepción del modelo plural de Estado configurado en la Constitución.

Por otro lado y a nivel europeo, cabe citar el Convenio núm. 205 sobre el acceso a documentos públicos, del Consejo de Europa aprobado por el Comité de Ministros del Consejo de Europa el 27 de noviembre de 2008; el Reglamento (CE) n.° 1049/2001, del Parlamento Europeo y del Consejo, de 30 de mayo de 2001, relativo al acceso del público a los documentos del Parlamento; la Directiva 2003/4/CE, del Parlamento Europeo y del Consejo, de 28 de enero de 2003, sobre el acceso del público a la información ambiental; o la Directiva 2003/35/CE, del Parlamento Europeo y del Consejo, de 26 de mayo de 2003, por la que se establecen medidas para la participación del público en determinados planes y programas relacionados con el medio ambiente. Y en el nivel estatal, con normas tan relevantes como la Ley 30/1992, de 26 de noviembre, de Régimen Jurídico de las Administraciones Públicas y del Procedimiento Administrativo Común[76]; la Ley 27/2006, de 18 de julio, por la que se regulan los derechos de acceso a la información, de participación pública y de acceso a la justicia en materia de medio ambiente; la Ley 11/2007, de 22 de junio, de acceso electrónico de los ciudadanos a los servicios públicos; y la Ley 37/2007, de 16 de noviembre, sobre reutilización de la información del sector público.

Por tanto, e independientemente de que el Estado reconoce y garantiza el derecho, no sólo a los españoles, sino a todas las personas, art. 12 y 23, a acceder a la información pública, de acuerdo con lo previsto en artículo 105.b) de la Constitución Española de 1978, y de la normativa sobre acceso a la información de las entidades locales, prevista por la Ley 7/1985, de 2 de abril, reguladora de las bases del régimen local, y de las diversas normas sectoriales sobre acceso a la información (Ley 27/2006, de 18 de julio, por la que se regulan los derechos de acceso a la información, de participación pública y

---

[73] Y ello lo hace contraviniendo la jurisprudencia constitucional establecida entre otras en las Sentencias 69/1988, 80/1988 y 227/1988, en la que se considera obligatorio que "la norma básica venga incluida en ley votada en Cortes que designe expresamente su carácter de básica (...)". En caso contrario, únicamente podrán considerarse básicos la norma, o sus preceptos, cuando pueda inferirse tal carácter sin que medie especial dificultad interpretativa.

[74] VELASCO RICO, C.I., "La cuestión competencial en la Ley 19/2013, de 9 de diciembre *Revista Jurídica de Castilla y León*. N.º 33. Mayo, 2014. ISSN 2254-3805 pp. 7-34

[75] En la STC 251/2006, de 25 de julio de 2006, concretamente en su FJ 11, el TC afirma que, "En definitiva, el art. 149.1.1 CE "ni representa una suerte de prohibición para el legislador autonómico de un trato divergente respecto de la legislación estatal, ni, en conexión con los arts. 14 y 138.2 CE, implica más que una exigencia de una igualdad en las posiciones jurídicas fundamentales (STC 317/2002, de 14 de febrero, FJ 15)".

[76] LRJAPyPAC derogada, con efectos de 2 de octubre de 2016, por la disposición derogatoria única. 2.a) de la Ley 39/2015, de 1 de octubre del Procedimiento Administrativo Común de las Administraciones Públicas (LPAC).

de acceso a la justicia en materia de medio ambiente, que incorpora las directivas 2003/4/CE y 2003/35/CE), la Ley de Transparencia establece un marco general para la implantación del principio de transparencia en la Administración española[77].

Es, en definitiva, el derecho de la sociedad a exigir a todo responsable público que le rinda cuentas de su administración, y del que forma parte la necesaria información de la actividad de la organización administrativa y el gobierno - recogido en el art. 15 de la Declaración de derechos del hombre y del ciudadano de 4 de agosto de 1789- el contenido fundamental de la Ley estatal sobre transparencia; y el artículo 149.1.1.ª de la CE el paraguas competencial que permite al Estado crear el Consejo de Transparencia y Buen Gobierno, cuya naturaleza corresponde a la de una administración independiente, en tanto que se incluye en el catálogo de la Disposición Adicional Décima de la LOFAGE[78].

I.- REGULACIÓN ESTATAL

1. La Ley 19/2013, de 9 de diciembre, de transparencia, acceso a la información pública y buen gobierno (LTAIBG)

En pleno siglo XXI España era el único miembro del Consejo de Europa que no tenía una Ley de transparencia y acceso a la información pública, ni contaba con ningún órgano público para proteger este derecho. La propia Exposición de Motivos de La LTAIBG refiere "( ) *Desde la perspectiva del Derecho comparado, tanto la Unión Europea como la mayoría de sus Estados miembros cuentan ya en sus ordenamientos jurídicos con una legislación específica que regula la transparencia y el derecho de acceso a la información pública. España no podía permanecer por más tiempo al margen y, tomando como ejemplo los modelos que nos proporcionan los países de nuestro entorno, adopta esta nueva regulación* (...)".

Esta Ley, demandada por la sociedad, cuya entrada en vigor se produce, por una parte, un año después de su aprobación, y, por otra, con un periodo de adaptación de dos años (vacatio legis que ha sido calificada por la doctrina como excesiva y más compleja que lo establecido en la disposición final novena, ya que para que la transparencia se instale definitivamente en nuestro país se precisa, la incorporación de normas de transparencia en los reglamentos del Congreso de los Diputados, el Senado y las Cámaras legislativas de las comunidades autónomas, entre otros.)[79], debería suponer en mi

---

[77] GARCÍA RUBIO, Fernando., "La Ley de Transparencia y sus efectos sobre las entidades locales" *Cuadernos de Derecho Local Fundación Democracia y Gobierno Loca*l (QDL38) ISSN: 1696-0955, junio de 2015, págs. 184

[78] Previsto en la entonces vigente la Ley 6/1997, de 14 de abril, de Organización y Funcionamiento de la Administración General del Estado (disposición adicional 10ª), esto es como una autoridad administrativa independiente en el sentido de la actual Ley 40/2015, de 1 de octubre, de Régimen Jurídico del Sector Público –art. 109 -, dotada de personalidad jurídica propia, y autonomía y plena independencia en el cumplimiento de sus fines –art. 33.2 -, al cual corresponde, entre otras atribuciones, conocer de las reclamaciones que se presenten en aplicación del artículo 24 de la LTAIBG –art. 38.2

[79] SÁNCHEZ DE DIEGO FERNÁNDEZ DE LA RIVA, Manuel, "El 'día después' de la Ley de Transparencia", *Revista Jurídica de Castilla y León*, número 33, mayo de 2014. pág. 18.

opinión, un cambio de cultura tanto para la Administración como para el administrado como sujeto pasivo, dotado de unos meros derechos procedimentales, a la de ciudadano sujeto tanto activo como pasivo de relaciones con las Administraciones Públicas, y al que entre otros diversos derechos le asiste el de conocer las actuaciones de aquellas.

El tiempo y la práctica nos irá diciendo, tenemos la experiencia ya que contábamos con la insuficiente y deficiente regulación del derecho de acceso en la Ley 30/1992 de 26 de noviembre, de Régimen Jurídico de las Administraciones Públicas y del Procedimiento Administrativo Común[80], desprovista de la fuerza suficiente para superar la opacidad en la Administración, de modo que el derecho de acceso a la información ni se ejerció, a pesar de haberse incluido en ella.

1.1 Antecedentes normativos inmediatos

Aunque, ya se ha indicado que el concepto normativo de transparencia es reciente en nuestro ordenamiento jurídico (Ley estatal de transparencia aprobada a finales de 2013), son numerosas las normas que han hecho alusión a este principio durante la etapa democrática, entre otras:

- La Ley 7/1985 de 2 de abril Reguladora de las Bases de Régimen Local: art. 70.3: "*Todos los ciudadanos tienen derecho a obtener copias y certificaciones acreditativas de los acuerdos de las corporaciones locales y sus antecedentes, así como a consultar los archivos y registros en los términos que disponga la legislación de desarrollo del art. 105, párrafo b), de la Constitución. La denegación o limitación de este derecho, en todo cuanto afecte a la seguridad y defensa del Estado, la averiguación de los delitos o la intimidad de las personas deberá verificarse mediante resolución motivada*".
- Ley 30/1992 de 26 de noviembre, de Régimen Jurídico de las Administraciones Públicas y del Procedimiento Administrativo Común, - LRJPAC- en la redacción dada tras la modificación sufrida tras la aprobación de la Ley 4/1999, de 13 de enero: art. 3.5: "*En sus relaciones con los ciudadanos las Administraciones publicas actúan de conformidad con los principios de transparencia y de participación". [art, 35 h) y 37 "Los ciudadanos tienen derecho a acceder a la información pública, archivos y registros en los términos y con las condiciones establecidas en la Constitución, en la Ley de transparencia, acceso a la información pública y buen gobierno y demás leyes que resulten de aplicación].*
- Real Decreto legislativo 3/2011 de 14 de noviembre, que aprueba el Texto Refundido de la Ley de Contratos del Sector Público, en la 38/2003 de 17 de noviembre: art. 139: "*Los órganos de*

- BLANES CLIMENT, Miguel Ángel, (2014), "La transparencia informativa de las Administraciones Públicas. El derecho de las personas a saber y la obligación de difundir información activa de forma pública". Aranzadi, págs. 639-640.

[80] Sobre la ordenación del derecho de acceso a los archivos y registros administrativos en la Ley 30/1992, vid. MESTRE DELGADO, Juan Fco.: "El derecho de acceso a archivos y registros administrativos", Civitas, Madrid, 2ª ed. (1997); FERNÁNDEZ RAMOS, S. "El derecho de acceso a los documentos administrativos", Marcial Pons, Madrid. (1997); SENDÍN GARCÍA, M. A. "El derecho de acceso a los documentos administrativos: un instrumento esencial para la participación ciudadana. Derecho estatal y local", *REALA, núm. 294-295*, pág. 385 y ss. (2004); RAMS RAMOS, Leonor: El derecho de acceso a archivos y registros administrativos, Reus, Madrid, 2008, págs. 298-599

contratación darán a los licitadores y candidatos un tratamiento igualitario y no discriminatorio y ajustarán su actuación al principio de transparencia".
- Ley 38/2003, de 17 de noviembre General de Subvenciones, art. 8.3: "*La gestión de las subvenciones a que se refiere esta ley se realizara de acuerdo con los siguientes principios: publicidad, transparencia, concurrencia, objetividad, igualdad y no discriminación. Eficacia en el cumplimiento de los objetivos fijados por la Administración otorgante. Eficiencia en la asignación y utilización de los recursos públicos".*
- Ley 47/2003, de 26 de noviembre, General Presupuestaria: art. 26.1 *La programación presupuestaria se regirá por los principios de estabilidad presupuestaria, sostenibilidad financiera, plurianualidad, transparencia, eficiencia en la asignación y utilización de los recursos públicos, responsabilidad y lealtad institucional,* conforme a lo dispuesto en la Ley Orgánica 2/2012, de 27 de Estabilidad Presupuestaria y Sostenibilidad Financiera.

1.1.1 En la Constitución de 1978

Hemos recogido como desde la segunda mitad del siglo XX se ha venido regulando la transparencia como un principio inspirador en la actuación de los poderes públicos, y así de hecho podemos encontrarlo reflejado en diferentes normas y textos constitucionales, entre los que se encuentra, aunque no de manera expresa, nuestra Constitución de 1978. Sí se desprende de otros principios constitucionales, de forma implícita cuando se alude, entre otros, por ejemplo, al derecho a la libertad de expresión (art. 20.1 CE); a la participación ciudadana (art. 23 CE) o al acceso de los ciudadanos a los archivos y registros administrativos (art. 105. b CE). Se puede entender implícito el principio de transparencia en la actuación de los poderes públicos como una herramienta necesaria para facilitar la participación ciudadana (recogida expresamente en el art. 9.2 CE), y la libertad y la igualdad de los individuos y grupos en los que se integran, cuando señala que "corresponde a los poderes públicos promover las condiciones para que la libertad y la igualdad del individuo y de los grupos en que se integra sean reales y efectivas; remover los obstáculos que impidan o dificulten su plenitud y facilitar la participación de todos los ciudadanos en la vida política, económica, cultural y social"

Es verdad que en ese momento el principio de transparencia, no tenía la misma importancia que tiene en nuestros días, de ahí tal vez, que el legislador, no fundamentó el derecho de acceso a la información pública en el derecho a la libertad de expresión del artículo 20 de la Constitución, sino en el 105.b). Esta configuración no permite, por tanto, el desarrollo normativo como derecho fundamental, como sí lo hubiera hecho en el caso de fundamentarse en el artículo 20.1 a), tal y como permite el artículo 10 del CEDH o de la Carta Universal de Derechos Humanos. Razón por la cual la Ley 19/2013, de 9 de diciembre, de transparencia, acceso a la información pública y buen Gobierno, no recibe el tratamiento de Ley Orgánica.

1.1.2 En la Unión Europea

Se introduce en 2010 una nueva forma de democracia como vehículo para que los ciudadanos se hagan oír y tengan la posibilidad de expresar sus opiniones e influir en la agenda[81], política y legislativa

[81] El Tratado de Lisboa introduce la iniciativa legislativa ciudadana (art. 11 TUE y art. 24 TFUE). Reglamento (UE) nº 211/2011, del Parlamento Europeo y del Consejo, de 16 de febrero, sobre la iniciativa ciudadana europea.

comunitaria con un Reglamento de Iniciativa Ciudadana Europea acompañado del desarrollo tecnológico.[82]
Organizaciones internacionales: Convenio de Tromsø núm. 205, del Consejo de Europa sobre acceso a los documentos (2009). Pese a que el citado Convenio (205), no haya entrado en vigor, sí que constituye un referente de primer orden para estudiar el marco legislativo de acuerdo a los requisitos establecidos en el convenio. Igualmente, la Alianza para el Gobierno Abierto (Open Government Partnership, (OGP), por su parte, orienta a los estados comprometidos hacia un sistema de democracia más avanzado y con mayor participación de los ciudadanos.

Por otro lado, el Consejo de la Unión Europea, el día 7 de octubre de 2019, aprobó una Directiva[83] del Parlamento Europeo y del Consejo, de protección de los denunciantes de corrupción, que España debería trasponer a nuestro ordenamiento ya que existe obligatoriedad para los países miembros con un margen de dos años (2021).

La Directiva sitúa como objeto de denuncia cualquier actuación que suponga una vulneración del Derecho de la Unión Europea, y en lo que respecta a los denunciantes, exige que deban tener alguna relación con el denunciado, aunque entendida ésta de una forma muy amplia. Asimismo, no se prevén las denuncias anónimas (hecho éste que sí podrá incorporar cada Estado miembro en la trasposición), pero sí se indica expresamente la obligatoriedad de garantizar la confidencialidad de la identidad del denunciante. La finalidad en toda la directiva radica en una protección del denunciante.

1.1.3 En la tramitación parlamentaria

El Congreso aprobada por unanimidad el 21 de junio de 2011 la moción que llevaría al anteproyecto. Ya en 2010 la prensa[84] recogía noticias con detalles del contenido de un anteproyecto de Ley de Transparencia y Acceso a la Información y de su aprobación inminente. Mediante la resolución número

---

[82] En septiembre de 2017 se lanza un nuevo paquete normativo destinado, entre otras cosas, a reformar la iniciativa legislativa ciudadana con el fin de "facilitar a los ciudadanos crear y apoyar iniciativas gracias a un uso más amplio de las posibilidades digitales y la supresión de requisitos gravosos". Propuesta de Reglamento del Parlamento Europeo y del Consejo, sobre la Iniciativa ciudadana europea, de 13 de septiembre de 2017 (COM (2017) 482 final 2017/0220 (COD)). Discurso del Presidente de la Comisión Europea, Jean Claude Juncker sobre su programa u Orientaciones Políticas para la Próxima Comisión Europea, 15 de julio de 2014, cuyo décimo punto se refiere al cambio democrático.
https://ec.europa.eu/commission/priorities_es
- COTINO HUESO, Lorenzo. "La iniciativa ciudadana europea electrónica", en Neutralidad de la red y otros retos para el futuro de internet: Actas del VII Congreso Internacional internet, derecho y política. Universitat oberta de Catalunya, Barcelona 11-12-2011/ coord. por A. CERRILLO I MARTÍNEZ, M PEGUERA, Ismael PEÑA-LÓPEZ, Mónica VILLASAU SOLANA, ISBN 978-84-694-7037-4, (2011) págs. 447-462

[83] En el Diario Oficial de la Unión Europea de 26 de noviembre de 2019, se publica la Directiva (UE) 2019/1937 del Parlamento Europeo y del Consejo, de 23 de octubre de 2019, relativa a la protección de las personas que informen sobre infracciones del Derecho de la Unión, comúnmente conocida como Directiva Whistleblower, https://www.boe.es/doue/2019/305/L00017-00056.pdf (febrero 2020)

[84] EL PAIS Madrid, 16 de agosto 2010: Una Ley regulará el derecho a saber de los ciudadanos ante la administración. La información es poder. (última consulta 16/2/20)
https://elpais.com/diario/2010/08/16/espana/1281909601_850215.html

33 aprobada tras el Debate sobre el Estado de la Nación de 2010, (discurso del presidente Zapatero el 14 de julio) "sobre el derecho de libre acceso a la información pública", el Congreso de los Diputados instó al Gobierno a: "1. Presentar, en ese año, un Proyecto de Ley de acceso a la información pública para toda la ciudadanía de obligado cumplimiento para todos los poderes del Estado, las entidades que ejercen funciones públicas y aquellas otras que perciban fondos públicos. 2. Limitar dicho derecho de acceso en los supuestos previstos en la Constitución y los Convenios internacionales, con pleno respeto a los derechos fundamentales, y mediante resolución debidamente motivada. 3. Garantizar que en dicha ley se determine un trámite para la obtención de la información sencillo, rápido y gratuito que, en caso de incumplimiento o denegación, dé derecho a un proceso eficiente de reclamación y apelación. 4. Atribuir a una autoridad independiente la garantía del derecho al libre acceso a la información pública y, en consecuencia, la competencia para resolver sobre la entrega de la información solicitada".

Desde el año 2000 surgen nuevos movimientos ciudadanos vinculados a ese proceso de desafección ciudadana ya citado, que provocan la aparición de nuevos partidos políticos: Ciudadanos en 2006 y Podemos en 2014, que en sus bases, hablan de nuevas formas de participación y se refieren a una "democracia participativa" como complementaria de la representativa como se hace eco en la doctrina CASTELLÁ ANDREU, FDEZ. RAMOS, SIERRA RODRÍGUEZ[85]. El movimiento conocido como 15-M, "Democracia Real Ya", ha reiterado la necesidad de aprobación de una Ley de Transparencia como una de sus reivindicaciones y, haciéndose eco de ella, el Congreso aprobaba por unanimidad el 21 de junio de 2011 una moción[86] por la que insta al Gobierno a presentar la ley antes de agosto (junto con la previsión de "aprovechar el trámite parlamentario de la ley para examinar las medidas que sean necesarias y profundizar en la democracia y la participación política, además de la transparencia y control de las instituciones democráticas" y de "tramitar con la máxima celeridad y diligencia" una proposición en materia de reforma de la Ley de financiación de partidos políticos).

También se ha unido a esa demanda la sociedad civil, la llamada "Coalición pro acceso", creada en octubre de 2006, que, junto con ciudadanos a título individual, está integrada por quince

---

[85] *CASTELLÁ ANDREU*, Josep M.ª., "Democracia participativa en las instituciones representativas: apertura del Parlamento a la sociedad". *Cuadernos Giménez Abad* nº 5, pág. 202-233. FERNÁNDEZ RAMOS S. y PÉREZ MONGUIÓ J.Mª.: "Vox populi: consultas populares y procesos participativos". Aranzadi-Thomson Reuters. 2019; y SIERRA RODRÍGUEZ, Javier: "Prácticas de participación ciudadana en las comunidades españolas", en "*Gobierno abierto en Iberoamérica*. Estudios de Caso en Gobiernos Subnacionales". Volumen 1. Coordinadores Luis F. Aguilar Villanueva; Edgar A. Ruvalcaba Gómez; y J. Ignacio Criado Grande. Tirant lo blanch. Ciudad de México. 2019 y 2021, pág. 27; [y en la STC 119/1995 primera que invoca la democracia participativa, STC 28/2017, FJ 6, párrafo 6, y párrafo 7, líneas 12 y 13].

[86] Moción del Congreso aprobada por unanimidad el 21 de junio de 2011 en la que se insta al Gobierno a presentar un PL de Transparencia antes de agosto de ese mismo año. APL de Transparencia y Acceso a la Información Pública del Gobierno Socialista (julio 2011). Comunidades Autónomas: Como principio de actuación o previsión de regulación por ley. Elecciones Generales: La Transparencia se incorpora a los programas electorales de todos los partidos. X Legislatura: PRL de PSOE y UPyD (diciembre 2011). APL (23 marzo 2012) y de 26 de marzo a 10 abril se abre a la participación ciudadana. Comisión de expertos en el CEPC. Debate en los medios. Valoraciones, críticas y sugerencias de la Doctrina. Aprobación por el Gobierno y Tramitación en el Congreso (7 sept 2012). Se aprueba el 12 sept 2013, con los votos a favor de los partidos de centro y conservadores (PP, CiU y PNV). Y en contra de todo el espectro desde la izquierda hasta lo que podríamos llamar el centro del arco parlamentario (Amaiur, Izquierda Plural, Grupo Mixto, PSOE, UPyD)

organizaciones no gubernamentales y prestigiosas asociaciones; y que elabora un informe[87] ("Cuando lo público no es público. ¿Por qué se necesita una ley de acceso a la información pública en España?"), con el fin de dar a conocer las conclusiones obtenidas por esta organización en el seguimiento de cuarenta y una solicitudes de información presentadas ante veintitrés instituciones públicas españolas en el último año.

A finales de 2011, el gobierno de Rajoy, del Partido Popular, se reunió con los representantes de las plataformas Access Info Europe y Pro- Acceso para discutir sobre la necesidad de aprobación de una ley de transparencia en España. En marzo2012, se presenta ante el Consejo de Ministros el anteproyecto de ley e, inmediatamente después, se abre un plazo de consulta pública del texto a través del portal www.leydetransparencia.gob.es, donde el gobierno recibió alrededor de 3.700 sugerencias de organizaciones y ciudadanos, recogidas en el informe[88] elaborado por el Centro de Estudios Políticos y Constitucionales (CEPC). Posteriormente, durante los meses de abril y mayo de 2012, una Comisión de Expertos, organizada por el CEPC, estudió y analizó con detalle el anteproyecto de LTAIBG. Se publicó también un informe por parte de la Agencia Española de Protección[89] de Datos, así como el Dictamen núm. 707/2012 del Consejo de Estado[90] 19 de julio de 2012, sobre este anteproyecto de ley.

El proyecto de ley se aprobó por el Consejo de Ministros el 27 de julio de 2012, y tras su publicación en el Boletín Oficial de las Cortes Generales (BOCG) el 7 de septiembre de 2012, se da paso a la tramitación parlamentaria de la norma[91], culminando con la aprobación definitiva en las Cortes Generales el 28 de noviembre de 2013 y publicación en el BOE el día 10 de diciembre de 2013, de la Ley 19/2013, de 9 de diciembre de Transparencia, Acceso a la Información Pública y Buen Gobierno.

Tal y como se recoge en su Disposición final novena, la LTAIBG entró en vigor según el contenido, así las disposiciones del título II (Buen Gobierno) entraron en vigor al día siguiente a su publicación en el BOE. El título preliminar, el título I (Transparencia de la actividad pública) y el título III (Consejo de Transparencia y Buen Gobierno) entraron en vigor al año de su publicación y, se creó un plazo

---

[87] Access Info Europe. Este informe se publica con motivo de los actos realizados en todo el mundo en celebración del Día 28 de septiembre, Día Internacional del Derecho a Saber. MORAGA GUERRERO, Eva. Abogada de Access Info Europe.

[88] http://www.cepc.gob.es/docs/ley-detransparencia/aportaciones ciudadanos.pdf?sfvrsn=0 (consulta: abril de 2021)

[89] http://www.agpd.es/portalwebAGPD/canaldocumentacion/informes_preceptivos/Administracion_esta o/ Leyes/common/2012/2013.12.10_2012-0203_APL-Transparencia.pdf (abril de 2021)

[90] http://www.boe.es/buscar/doc.php?id=CE-D-2012-707 (consulta: abril de 2021)

[91] Tramitación que se extiende por más de un año entre otras causas, a las numerosas comparecencias de expertos (un total de 28) en materia de transparencia en el Congreso de los Diputados ante la Comisión Constitucional, así como a las prórrogas sucesivas del plazo de presentación de enmiendas.

máximo de dos años[92], hasta el 10 de diciembre de 2015, para que los órganos de las Comunidades Autónomas y Entidades Locales pudieran adaptarse a las obligaciones contenidas en la ley.

1.2 Objetivos

La ley aprobada tiene un triple objetivo: el primero, garantizar el derecho de los ciudadanos a acceder a la información. La Ley regula el derecho de acceso a la información pública que hasta ese momento no tenía una configuración clara[93]. Ya la propia Constitución, con el artículo 9.2, que establece la obligación de los poderes públicos de facilitar la participación de todos los ciudadanos en la vida política, económica, cultural y social; el 23.1, que reconoce el derecho de los ciudadanos a participar en los asuntos públicos; y el 105.1.b) que ordena al legislador regular el acceso de los ciudadanos a los archivos y registros administrativos, salvo en lo que afecta a la seguridad y defensa del Estado, la averiguación de los delitos y la intimidad de las personas; de igual forma que el art. 37 de la Ley 30/1992 de 26 de noviembre, de Régimen Jurídico de las Administraciones Públicas y del Procedimiento Administrativo Común, afirma que "los ciudadanos tienen derecho a acceder a la información pública, archivos y registros en los términos y con las condiciones establecidas en la Constitución."

Es en el segundo objetivo, en tanto que las Administraciones se obligan a ser transparentes, donde esta Ley produce un claro avance en la configuración de todas aquellas obligaciones de publicidad activa que deben vincular a un gran número de sujetos, entre los que se encuentran todas las Administraciones Públicas, así como los órganos del Poder Legislativo y Judicial, junto a todos los órganos constitucionales, y aquellas entidades que, bien debido a su especial relevancia pública, o bien por su condición de perceptoras de fondos públicos, se encuentran obligadas a un reforzamiento de la transparencia en su actividad.

El tercer objetivo menciona las obligaciones de "buen gobierno" que deben cumplir los responsables públicos, junto a las consecuencias jurídicas que se derivan de su incumplimiento; RIDAO cuestiona la poca profundidad que se le ha dedicado al buen gobierno, situado en la parte final de la Ley, así como la vaguedad de los principios a seguir por los altos cargos de la Administración y la falta de "mecanismos de garantía de buen gobierno"[94], como pueden ser distintos códigos sobre la materia (de

---

[92] SÁNCHEZ DE DIEGO FERNÁNDEZ DE LA RIVA, Manuel., "El 'día después' de la Ley de transparencia", en *Revista jurídica de Castilla y León*, 2014 nº 33, pág.20. "al final la Ley presenta un carácter más administrativo que constitucional y más propagandístico que efectivo, con una vacatio legis de un año para la transparencia estatal y dos años para la transparencia de las CCAA y entidades locales… todo ello nos ha dejado una sensación amarga".

[93] Artículo 12 de la Ley 19/2013: "Todas las personas tienen derecho a acceder a la información pública, en los términos previstos en el artículo 105.b) de la Constitución Española, desarrollados por esta ley." Existen límites, como por ejemplo que la información que se solicite pueda afectar a la seguridad nacional; en estos casos, se puede limitar el acceso a la información pública.
Artículo 13 aclara que se entiende por información pública: "Se entiende por información pública los contenidos o documentos, cualquiera que sea su formato o soporte, que obren en poder de alguno de los sujetos incluidos en el ámbito de aplicación de este título y que hayan sido elaborados o adquiridos en el ejercicio de sus funciones".

[94] RIDAO MARTÍN, Joan., (2014). "Consideraciones ante la futura efectividad de la Ley 19/2013, de 9 de diciembre, de transparencia, acceso a la información pública y buen gobierno", en *Diario La Ley*, núm. 8340.

conducta, éticos, de buenas prácticas, etc.); reglas de selección de los empleados públicos de libre designación; y procedimientos de atención: due dilligence y due care.

Lo cierto es, y a pesar de las diferentes críticas[95] que se le han podido hacer, que la Ley 19/2013 básica introduce en el Derecho Administrativo el principio de transparencia de la actividad pública, en el mismo plano que el de legalidad o eficacia; además de la creación de los órganos de garantía del derecho de acceso a la información pública, que a mi juicio pueden prestar un gran servicio a la ciudadanía.

1.3 El Consejo de Transparencia y Buen Gobierno

El último de los Títulos de la LTAIBG crea y regula un nuevo órgano autónomo e independiente denominado Consejo de Transparencia y Buen Gobierno (CTBG), adscrito al Ministerio de Hacienda y Administraciones Públicas –en la actualidad Hacienda y Función Pública-, y que goza de personalidad jurídica propia y plena capacidad de obrar. El art. 34 de la LTAIBG enuncia como finalidad principal de este órgano la promoción de la transparencia de la actividad pública, velar por el cumplimiento de las obligaciones de publicidad, salvaguardar el ejercicio de derecho de acceso a la información pública y garantizar la observancia de las disposiciones de buen gobierno.

1.3.1 La posibilidad de sustitución de los recursos ordinarios por reclamaciones

El art. 107.2 LRJAPyPAC (derogada) introdujo en nuestro ordenamiento jurídico la posibilidad de que, por ley, los recursos de alzada y de reposición fueran sustituidos por otros procedimientos de impugnación, reclamación, conciliación, mediación y arbitraje, con tres exigencias mínimas: En cuanto al ámbito, en sectores determinados, cuando la especialidad de la materia así lo justifique; en cuanto al órgano responsable del control, la reclamación debe ser presentada ante órganos colegiados o comisiones específicas no sometidas a instrucciones jerárquicas; en cuanto a la forma, han de respetarse los principios, garantías y plazos que la propia ley establece. Aunque esta previsión, de carácter básico, vincula al legislador autonómico, pero no al propio legislador estatal. Todos estos requisitos son mantenidos por el art. 112.2 de la Ley 39/2015, de 1 de octubre, de Procedimiento Administrativo Común de las Administraciones Públicas.

La regulación de un sistema de impugnación especial ante un órgano independiente fue incorporada durante la tramitación de la LTAIBG 19/2013. Se trata de una vía complementaria al recurso jurisdiccional, para anticipar una solución justa, vista la excesiva dilación de los procesos judiciales y la escasa cuantía de lo reclamado; y desde el punto de vista doctrinal, sólo MESTRE DELGADO y

[95] Si bien la Ley se ha valorado como positiva y necesaria, no han sido pocas las críticas que han surgido en torno a ella:
a) se ha calificado a la LTBG como una ley tardía,
b) se ha situado el derecho de acceso a la información al margen del derecho fundamental,
c) se ha regulado conjuntamente tanto la Ley la transparencia como el buen gobierno, siendo este último un principio más genérico y que abarca, entre otras cosas, la transparencia,
d) se ha resaltado la complejidad existente en cuanto a la entrada en vigor escalonada de la norma.

FERNÁNDEZ RAMOS habían apostado por esta vía, también desde el punto de vista de los medios humanos, administrativos y económicos, se parte de cero.

De manera que el art. 23 de la LTAIBG ha incorporado a nuestro ordenamiento jurídico una reclamación ante una entidad de derecho público de carácter independiente que sustituye el recurso frente a decisiones adoptadas por órganos de naturaleza administrativa en respuesta al ejercicio del derecho de acceso a la información pública regulado en esta norma. Establece que "la reclamación prevista en el artículo siguiente tendrá la consideración de sustitutiva de los recursos administrativos de conformidad con lo dispuesto en el artículo 107.2 de la LEY 30/1992, de 26 de noviembre, de Régimen Jurídico de las Administraciones Públicas y del Procedimiento Administrativo Común".
Y lo ha hecho disponiendo el carácter potestativo del recurso al que sustituye, -con posibilidad de impugnación directa en vía judicial-, encomendando la resolución a un órgano independiente y remitiéndose en cuanto a su tramitación a lo previsto en la LAP. Así resulta de lo recogido en el apartado del art. 24, de conformidad con el cual "…frente a toda resolución expresa o presunta en materia de acceso podrá interponerse una reclamación ante el Consejo de Transparencia y Buen Gobierno, con carácter potestativo y previo a su impugnación en vía contencioso-administrativa".

1.3.2 Las funciones del CTBG

Aparecen recogidas en el art. 38 de la LTAIBG y en el art. 3 del RD 919/2014, de 31 de octubre, por el que se aprueba el Estatuto del CTBG, siendo las siguientes:

- Adoptar recomendaciones para el mejor cumplimiento de las obligaciones contenidas en la ley de transparencia.

El CTBG ha adoptado una única recomendación, la 1/2017 sobre la publicación de las agendas dirigida a miembros del Gobierno, Secretarios de Estado y altos cargos de la Administración[96].
La ley de transparencia, aprobada en 2013, no obliga expresamente a que los organismos públicos informen de las agendas de sus responsables. No obstante, su carácter de información pública es indudable. Se trata de una recomendación fundamentada como consecuencia de las reclamaciones recibidas ante el CTBG, cuyo objeto era la denegación del acceso a información sobre datos relativos a las agendas de los miembros del Gobierno y otros altos cargos por no estar sujetas expresamente a las exigencias de publicidad activa. Ante ello, la recomendación del CTBG es: "[…] que la información acerca de la actividad pública diaria de los responsables públicos -siempre que tenga trascendencia pública y con exclusión, tanto, de aquella estrictamente relacionada con el funcionamiento interno o cotidiano de los correspondientes organismos-, debe ser publicada con la mayor extensión posible y sin perjuicio de la aplicación de los límites establecidos en la LTAIBG entendidos según lo previsto en la norma y de acuerdo con la interpretación restrictiva que de los mismos realiza este Organismo y los Tribunales de Justicia. […] El objeto de esta publicación debe ser la agenda de trabajo del responsable público como reflejo de su desempeño diario y del ejercicio de sus competencias, funciones y tareas".

- Asesorar en materia de transparencia, acceso a la información pública y buen gobierno.

---

96 Recomendación 1/2017 sobre información de las agendas de los responsables públicos firmada (558 KB)

- Informar preceptivamente los proyectos normativos de carácter estatal que desarrollen la Ley de transparencia, acceso a la información pública y buen gobierno, o que estén relacionados con su objeto. Hasta ahora (mayo 2022) son 5 los informes que ha elaborado el Consejo[97].
- Evaluar el grado de aplicación de la Ley de transparencia, acceso a la información pública y buen gobierno. Para ello, elaborará anualmente una memoria en la que se incluirá información sobre el cumplimiento de las obligaciones previstas y que será presentada ante las Cortes Generales.
- Promover la elaboración de borradores, de recomendaciones y de directrices y normas de desarrollo de buenas prácticas en materia de transparencia, acceso a la información pública y buen gobierno.
- Promover actividades de formación y sensibilización para un mejor conocimiento de las materias reguladas por la Ley de transparencia, acceso a la información pública y buen gobierno.
- Colaborar con órganos de naturaleza análoga en las materias que le son propias.

Este Título III sobre el CTBG no tiene carácter básico, como sí lo tiene el resto de la LTAIBG. Precisamente por ello, cada Comunidad Autónoma posee la competencia organizativa para crear órganos análogos al CTBG estatal. Así pues, la disposición adicional cuarta de la LTAIBG dispone que la resolución de la reclamación prevista en el artículo 24 corresponderá, en los supuestos de resoluciones dictadas por las Administraciones de las Comunidades Autónomas y su sector público, y por las Entidades Locales comprendidas en su ámbito territorial, al órgano independiente que determinen. No obstante, facultativamente, se permite a las CCAA y Ciudades Autónomas atribuir la resolución de las reclamaciones al CTBG, siempre que se celebren el correspondiente convenio, en el que se establezca cómo sufragar los gastos derivados de esta asunción de competencias.

2. El Reglamento de desarrollo de la Ley 19/2013, de 9 de diciembre, de transparencia, acceso a la información pública y buen gobierno

2.1 Borrador de Real Decreto por el que se aprueba el reglamento de desarrollo de la Ley 19/2013, de 9 de diciembre, de transparencia, acceso a la información pública y buen gobierno. Fecha: 28-02-2019[98]

La disposición final séptima de la LTAIBG establece que el Gobierno, en el ámbito de sus competencias, podrá dictar cuantas disposiciones sean necesarias para la ejecución y desarrollo de lo

[97] En concreto: Informe sobre el acceso a datos de retribuciones de los funcionarios (marzo 2015); Informe sobre la publicación por la Comunidad Autónoma de la Región de Murcia de la relación de puestos de trabajo (octubre 2015); Informe de evaluación del cumplimiento de la transparencia en los órganos constitucionales y reguladores (marzo 2017); Informe de evaluación del cumplimiento de la Ley de transparencia del Portal AGE (julio de 2017); Informe del Consejo de Transparencia sobre el Reglamento que desarrollará la Ley 19/2013, de 9 de diciembre (octubre 2018). (consulta: julio 2020)
http://www.consejodetransparencia.es/ct_Home/Actividad/Informes_recomendaciones/informes.html

[98]Borrador en el Portal de Transparencia estatal: https://transparencia.gob.es/transparencia/dam/jcr:4ca24a84-5566-4ffd-8adc-66fbdf3ff8be/22-1_texto_BorradorRDT_28-02-19.pdf. (consulta: mayo 2020)

establecido en esta Ley. Así pues, el Ejecutivo se comprometió inicialmente a que la Ley de Transparencia tendría el reglamento que la desarrollase aprobado en 2015, se publicó un borrador en julio de ese año- El texto acabó en un cajón después de que organizaciones como Access Info y Civio hicieran públicas sus críticas. El propio CTBG encontró muchos problemas en la propuesta, como que dejaba sin aclarar cuestiones clave que alega el Gobierno para denegar información a los ciudadanos. No había un criterio claro sobre qué se considera documento "auxiliar o interno" o qué es "reelaboración". Ambas cosas permiten rechazar peticiones de datos de la ciudadanía, y estaban abiertas a la interpretación por su poca concreción, hasta la adopción de los CRITERIOS Interpretativos 6 y 7 del año 2015[99], el primero considera que es el contenido [*1. Cuando contenga opiniones o valoraciones personales del autor que no manifiesten la posición de un órgano o entidad, 2. Cuando lo solicitado sea un texto preliminar o borrador sin la consideración de final. 3. Cuando se trate de información preparatoria de la actividad o el órgano o entidad que recibe la solicitud. 4. Cuando la solicitud se refiera a comunicaciones internas que no constituyan trámites del procedimiento. 5. Cuando se trate de informes no preceptivos y que no sean incorporados como motivación de una decisión final*], y no la denominación del documento lo determinante para la aplicación de la causa de inadmisión contenida en el artículo 18.1.b) de la Ley 19/2013 y en todo caso dicha inadmisión deberá ser debidamente motivada. El segundo, en cuanto a la reelaboración -volver a elaborar algo- como causa de inadmisión [*puede entenderse aplicable cuando la información que se solicita a) deba elaborarse expresamente para dar una respuesta, haciendo uso de diversas fuentes de información. b) cuando dicho organismo o entidad carezca de medios técnicos que sean necesarios para extraer o explotar la información concreta que se solicita, resultando imposible proporcionar la información solicitada*]. La reelaboración supone por tanto un nuevo tratamiento de la información y no debe confundirse con otros supuestos, tales como el volumen o la complejidad de la información solicitada, la inclusión de datos personales susceptibles de acceso parcial o anonimización, o el acceso parcial de la información, supuestos éstos contemplados en los art. 20.1, 15.4 y 16 de la Ley 19/2013 que no suponen causa de inadmisión en sí mismos. La reelaboración habrá de basarse en elementos objetivables de carácter organizativos, funcional, presupuestarios, identificando estos en la correspondiente resolución motivada.

Posteriormente y en base al compromiso de desarrollo reglamentario en el Tercer plan de Gobierno Abierto 2017-2019, que España aprueba en el marco de la Alianza para un Gobierno Abierto en junio de 2017 (compromiso 3.5 del Tercer Plan: "se pretende acotar conceptos, precisar disposiciones de la ley e incrementar la seguridad jurídica reforzando así la transparencia desde la doble perspectiva de la publicidad activa y del ejercicio del derecho de acceso".)[100], se abre hasta el día 15 de septiembre de 2017 una consulta pública previa a la elaboración de nuevo del Real Decreto para que los ciudadanos,

---

[99] CRITERIO 7/2015. Causas de inadmisión de solicitudes de información que requieran para su divulgación una reelaboración (2620 KB)

CRITERIO 6/2015: Causas de inadmisión de solicitudes de información: información auxiliar o de apoyo (303 KB)

[100] Enlace al Tercer plan de Gobierno abierto 2017-2019: http://transparencia.gob.es/transparencia/dam/jcr:74d66aee-760c-4962-983e0b250fb583b8/2017_Junio_Spain_III_Plan_GA_OGP_vf.pdf

organizaciones y asociaciones que lo consideren oportuno hagan llegar sus opiniones sobre el futuro reglamento por el que se desarrolla la ley 19/2013.

En ese momento, desde la Secretaria de Estado de función pública, se establecen como objetivos prioritarios a incluir en el reglamento los siguientes:
1. Aclarar el alcance de las obligaciones previstas en la norma y facilitar su cumplimiento asegurando así la mayor transparencia posible en la actuación de la Administración Pública, así como, facilitar de forma eficaz el acceso de los interesados a la información pública.
2. Conminar a los sujetos obligados a responder a las peticiones de información del ciudadano sin que este deba conocer con exactitud la Ley que ampara su derecho.
3. Concretar y precisar plazos y trámites, evitando dilaciones innecesarias o dudas interpretativas. Fijar un tiempo máximo entre la realización de una solicitud de información y su traslado al órgano competente.
4. Precisar conceptos jurídicos indeterminados que limiten la aplicación restrictiva de las causas de inadmisión o límites del derecho de acceso a la información pública.
5. Adaptarse a la jurisprudencia y criterios del CTBG y de la AEPD.
6. Asegurar la aplicación de los principios de buena regulación del art. 129 de la ley 39/2015, de 1 de octubre, de Procedimiento Administrativo Común de las Administraciones Públicas: necesidad, eficacia, proporcionalidad, seguridad jurídica, transparencia y eficiencia.

Se retoma el borrador en febrero de 2019, ya que se considera más adecuado en aquel momento, iniciar de nuevo la tramitación del proyecto de Real decreto, reelaborándolo y someter a Dictamen que esperar a la eventual modificación de la Ley 19/2013, de 9 de diciembre.

Con motivo de la consulta pública abierta sobre el nuevo borrador del Reglamento de la Ley 19/2013, destacamos los comentarios de Access Info Europe[101] para mejorar el acceso a la información.

Entre las propuestas de la organización se encuentra la posibilidad de realizar solicitudes por correo electrónico en lugar del complicado proceso del Portal de transparencia, accesible solo para personas con DNI electrónico o certificado digital, para facilitar la presentación. Uno de los aspectos del Reglamento más criticados es la aplicación del concepto "solicitudes abusivas", que permite la inadmisión de solicitudes que puedan poner en riesgo los derechos de terceras personas o se consideren contrarias a las normas, las costumbres o la buena fe; dejando a criterio interpretativo del funcionario la admisión o no de la solicitud.

Entre los puntos principales de la propuesta del Reglamento, Access Info aplaudió la incorporación de hacer solicitudes de información en los archivos con los mecanismos de la Ley de Transparencia, así como la obligación de prestar asistencia al solicitante por parte de los funcionarios. Por último, la organización celebra la mención novedosa de la creación de una "huella legislativa" que permitirá el seguimiento por el público de la toma de decisiones dentro de las administraciones públicas y organismos con funciones legislativas.

Otras recomendaciones para mejorar el reglamento son:

---

[101] https://www.access-info.org/es/blog/2019/04/17/espana-access-info-hace-un-llamado-al-gobierno-para-fortalecer-la-ley-de-transparencia-con-el-nuevo-reglamento/
(última consulta 16/02/2020)

- Eliminar cualquier lenguaje que parezca tener la intención de conocer o prever la motivación del solicitante y el uso que éste hará de la información, condiciones no necesarias para realizar la solicitud. Access recuerda que la misma ley de transparencia considera que toda la información es pública y que las únicas causas que se pueden esgrimir para limitar el acceso son las establecidas en los artículos 14 y 15 de la Ley sobre limitaciones.
- Incluir la Casa Real, el Banco de España, y el Tribunal de Cuentas en el Reglamento, dado que están bajo el alcance de la ley de transparencia.
- Aclarar y agilizar el procedimiento de traslado de una solicitud a otro organismo que tiene la información.
- Requerir la conservación de toda la información cuya publicación en los portales de transparencia está obligada por la ley de transparencia: una vez publicada la información debe quedar disponible al público.
- Asegurar el acceso a información elaborada por organismos que no están obligados por la Ley, pero que se encuentra en poder de alguno de los sujetos obligados.
- Garantizar el acceso parcial a la información en todos los casos permitiendo al solicitante determinar si la información entregada es útil, sin importar si parece que carece de sentido o no.
- Aclarar los plazos para garantizar la eficiencia de la Administración y, por lo tanto, el buen manejo del tiempo al procesar cada solicitud. En particular, asegurar que el plazo para contestar comienza en el momento de la presentación de la solicitud.

Lo cierto es que el desarrollo reglamentario de una ley que fue aprobada en diciembre de 2013, debería haber sido una cuestión primordial en la agenda normativa de nuestro país; pero en 2022 no contamos con este desarrollo.

2.2 Dictamen del Consejo de Estado[102]: Proyecto de Real Decreto por el que se aprueba el reglamento de desarrollo de la Ley 19/2013, de 9 de diciembre, de transparencia, acceso a la información pública y buen gobierno. Fecha de aprobación: 27/06/2019

Destaca que el Reglamento permitirá detallar el marco de actuación general para facilitar el cumplimiento de las obligaciones de publicidad activa y favorecer el ejercicio del derecho de acceso por las personas interesadas con las máximas garantías y con el detalle necesario para dar respuesta a las necesidades que se han puesto de manifiesto a lo largo del tiempo transcurrido desde la entrada en vigor de la citada Ley, y enuncia a continuación los objetivos que pretenden alcanzarse con la aprobación de la norma. Entre otras cuestiones, destaca que el reglamento proyectado encuentra su fundamento en la disposición final séptima de la Ley 19/2013 y que ambos encajan con el artículo 105 de la Constitución, que exige que la ley regule el acceso a los archivos y registros administrativos.

Recuerda que las CCAA han adoptado sus propias normas en la materia y que también la Unión Europea cuenta con una normativa específica sobre transparencia y acceso a la información pública, cuyos objetivos coinciden con los propugnados por otras instituciones a nivel internacional, como la OCDE, la ONU o la Alianza para un Gobierno Abierto (OGP), constituida en el año 2011 con la

[102] https://www.boe.es/buscar/doc.php?id=CE-D-2019-344

finalidad de mejorar la calidad del gobierno y de los servicios a través de la transparencia, la rendición de cuentas y la mejora de la capacidad de respuesta.
El Real Decreto proyectado, por tanto, tiene por objeto aprobar el Reglamento de desarrollo de la Ley 19/2013, completando la regulación contenida en el título I que, bajo la rúbrica "transparencia de la actividad pública", incluye las previsiones legales relativas a la publicidad activa y al derecho de acceso a la información pública. Queda, pues, fuera de su ámbito material el desarrollo de los preceptos relativos al buen gobierno (título II de la Ley).

Como se ha comentado, se barajaron diferentes alternativas:
1. Seguir con la tramitación del borrador del reglamento ya iniciada entre 2014 y 2015.
2. Esperar a la modificación de la LTAIBG, dado que en 2016 se encuentra presentada en el parlamento una ley integral de lucha contra la corrupción y protección de los denunciantes[103].
3. No proceder al desarrollo reglamentario.

La primera alternativa, se descartó puesto que se consideró más adecuado iniciar de nuevo la tramitación del proyecto de Real Decreto para así contar con el mayor debate posible, sometiéndolo a la consulta previa en virtud del art. 133 de LPAC y al posterior trámite de información pública. Además, desde la tramitación anterior, tanto el CTBG como la AEPD han venido adoptando diversos criterios interpretativos de la ley que han de ser tenidos en cuenta en el futuro reglamento de desarrollo

Precisamente, el tiempo que ha pasado desde que entró en vigor la LTAIBG hace aconsejable no demorar más tiempo la aprobación de su reglamento de desarrollo. Por este motivo, se ha descartado también la segunda alternativa que defendía esperar hasta que se aprobara la Ley integral de lucha contra la corrupción y protección de los denunciantes que prevé la modificación de la LTAIBG[104].

Pero el tiempo transcurre sin el desarrollo reglamentario de la ley, por lo que se plantea otra alternativa, y es no proceder al desarrollo reglamentario ya que La ley 19/2013, de 9 de diciembre se ha venido aplicando por los sujetos obligados sin desarrollo reglamentario, teniendo en cuenta lo dispuesto en la misma, así como los criterios adoptados por el CTBG. Sin embargo, razones de seguridad jurídica aconsejan proceder al citado desarrollo con el fin de asegurar una aplicación uniforme y eficaz de la ley. Por todo ello, se optó por proceder a la tramitación del borrador de reglamento de forma *ex novo*, pero teniendo en consideración los antecedentes e informes ya recibidos con ocasión de la tramitación que tuvo lugar entre 2014 y 2015.

Considero que, dado lo poco ambicioso que parece el reglamento estatal y las vueltas que ha dado, sería mejor redactar una reforma de la LTAIBG que podría tener en cuenta los reglamentos valenciano

[103] https://www.congreso.es/public_oficiales/L12/CONG/BOCG/B/BOCG-12-B-33-1.PDF

[104] BOCG, Congreso, XII Legislatura, 122/000022 Proposición de Ley Integral de Lucha contra la Corrupción y Protección de los Denunciantes. Núm. 33-1. 23 de septiembre de 2016 del Grupo Parlamentario Ciudadanos, conocida popularmente como "Ley ómnibus contra la corrupción", que finalmente no llegó a aprobarse en el Parlamento.

- CAMPOS ACUÑA, M. Concepción., (2018), "Modificación de la ley de transparencia en la propuesta de Ley de lucha integral contra la corrupción y protección de los denunciantes", en *Revista el consultor de los ayuntamientos*, núm. 2, pp. 119-126.

(Decreto 105/2017, de 28 de julio), especialmente relevante respecto de las causas de inadmisión, que es novedoso, avanzado en sus 87 artículos y catalán (Decreto 8/2021, de 9 de febrero), con 79 artículos, que tiene en cuenta la doctrina de la GAIP y sin duda resulta innovador y un referente para futuras reformas. O el último reglamento aprobado en Madrid (Decreto 76/2020, de 9 de septiembre) de Organización y Funcionamiento del Consejo de Transparencia y Participación, con una dimensión especialmente interna respecto de la tramitación de reclamaciones (arts. 37-52) o la capacidad sancionadora (arts. 53-67). El profesor MARTIN[105] considera que una ley mejorada puede traer consigo cambios relevantes y apuesta por la modificación de la ley.

3. Real Decreto 919/2014, de 31 de octubre por el que se aprueba el Estatuto del Consejo de transparencia y buen gobierno. El Titulo III (art. 33 a 40).

Según la disposición final séptima de la Ley de Transparencia el Real Decreto tendría que haberse aprobado tres meses después de la publicación de la ley, es decir, el 10 de marzo del 2014, sin embargo, el gobierno decidió postergar su aprobación alegando que no tenía sentido crear el órgano sin nombrar a su presidente ni pagar sus retribuciones nueve meses antes de la entrada en vigor de la ley por cuyo cumplimiento tenía que velar[106]; y el 31 de octubre se procedió a la aprobación del Real Decreto 919/2014, de 31 de octubre, por el que se aprueba el Estatuto del CTBG (publicado en el BOE del 5 de noviembre).

En realidad, y coincido con las manifestaciones de CIVIO[107], la excusa no es válida: "podían haber cumplido la obligación legal que ellos mismos incluyeron en la norma, ya que la aprobación del Estatuto no implica que el organismo se ponga a funcionar al día siguiente ni mucho menos tiene relación con el nombramiento de su presidente, que no se incluye en este texto. De hecho, el decreto, aunque ha sido publicado el día 5 en el BOE, incluye una disposición que retrasa su entrada en vigor hasta el 10 de diciembre. El decreto del Consejo de Transparencia llega al BOE con ocho meses de retraso y sin mejoras, además, el CTBG podría haberse implicado en la preparación para la entrada en vigor y para la implementación de la Ley de Transparencia.

El CTBG, regulado por el título III de la Ley, y desarrollado por el Real Decreto 919/2014, de 31 de octubre, constituye una nueva organización administrativa cuyo objetivo principal, conforme a lo previsto por el art. 34 de la LTAIBG, es promover la transparencia de la actividad pública, velar por el cumplimiento de las obligaciones de publicidad, salvaguardar el ejercicio del derecho de acceso a

---

105 MARTÍN DELGADO I., (2017) "La reforma de la Ley estatal de transparencia: retos y posibilidades. 10 propuestas para 10 carencias. V Congreso sobre Innovación Tecnológica y Administración Pública. UCLM. Toledo. p. 3. http://blog.uclm.es › ceuropeos › files › 2017/10

106 https://www.europapress.es/nacional/noticia-gobierno-ya-probando-portal-transparencia-tenerlo-listo-diciembre-cuando-entra-vigor-ley-20141102121640.html (2/09/2014)

107 https://civio.es/tu-derecho-a-saber/2014/11/05/el-decreto-del-consejo-de-transparencia-llega-al-boe (5/11/2014 ANDERIDA Victoria. "Lo que será y lo que podría haber sido el Consejo de Transparencia y Buen Gobierno. 5/11/204

la información pública, y garantizar la observancia de las disposiciones de buen gobierno. Desarrolla el RD la naturaleza, el mandato, las funciones, los recursos y el presupuesto de este organismo.

En cuanto al control de la publicidad activa, el Consejo de Transparencia y Buen Gobierno tiene conferidas competencias de control de la publicidad activa pero únicamente en el ámbito de la Administración General del Estado. Si una Administración no cumple con sus obligaciones de publicidad activa, la ley indica que se considera infracción grave a efectos disciplinarios. Sin embargo, el CTBG no puede controlar el cumplimiento de la publicidad activa de las Comunidades Autónomas con las que tenga firmado convenio. Según la LTAIBG -artículo 24.6 y Disposición Adicional cuarta- las competencias del Consejo respecto de las CCAA con las que se haya firmado convenio se limitan a resolver las reclamaciones que se presenten.

El texto no aporta muchas novedades a la ley, respecto a las funciones, sistema de nombramiento y organización; observamos más debilidades que elementos positivos en el RD, como positivo recoge, que se redactará una memoria anual que se expondrá al Congreso de los Diputados y publicará en el BOE sobre el cumplimiento de la ley de transparencia. Esta práctica es importante para comprobar los avances en la implementación del derecho de acceso a la información. También que se dota al CTBG de presupuesto e independencia para gestionarlo. Después comprobaremos que no siempre suficiente. Como negativo o debilidades que continúan a pesar del RD: Sigue sin detallarse en que ámbito ha de tener la experiencia el presidente, ni cuántos años, no hace referencia a que no tenga vínculos políticos y su nombramiento depende el ministerio competente. A los miembros de la Comisión no se les exige, ni tan siquiera, reconocido prestigio y experiencia profesional, aunque sus funciones son importantes. Las dudas sobre la independencia del órgano son muy razonables. En el texto también podemos leer que el organismo deberá articular mecanismos de participación ciudadana, pero no aclara qué mecanismos ni cómo se pondrán en marcha.

II.- REGULACIÓN AUTONÓMICA

Una vez que el Estado da el paso, la mayoría de las CCAA se sube a la llamada "moda de la transparencia"[108], para aprobar sus propias leyes de transparencia y España pasa de ser el único país europeo de cierto tamaño desprovisto de una Ley de Transparencia, a ser uno de los países del mundo con mayor número de leyes: con dieciséis leyes autonómicas aprobadas[109].

Adelantamos en este apartado como al analizar las distintas leyes autonómicas que regulan la transparencia, el derecho de acceso y el buen gobierno observamos que difiere enormemente el contenido y el alcance de tales normas autonómicas; en buena parte reproducen o complementan la ley estatal, pero también existen normas más avanzadas, que suponen mejoras sustantivas de la

[108] BLANES, M.Á, "La transparencia informativa…" Op. Cit., p. 630, CAMPOS ACUÑA, C y MARTÍN, I,., han calificado como "moda de la transparencia.

[109] RIDAO MARTÍN, J., "La regulación de la transparencia y del acceso a la información pública en la esfera autonómica. Un estudio comparado" en *Revista General de Derecho Constitucional.* Núm. 19, 2014, pp.1-21
- RUÍZ-RICO C., (2014). "Transparencia y participación en el derecho autonómico: un análisis constitucional", en *Revista Internacional de Doctrina y Jurisprudencia,* núm. 6.

regulación estatal. Lo que no pueden hacer las leyes autonómicas es, mermar las garantías mínimas contenidas en la ley estatal[110].

Recordemos que la LTAIBG se dictó al amparo de lo dispuesto en los párrafos 1.º, 13.º y 18.º del artículo 149.1 de la Constitución, y a excepción de determinados preceptos identificados en la disposición final octava, posee carácter básico, lo que determina que la mayoría de sus previsiones resulten de aplicación en todo el territorio nacional y hayan de ser tenidas en cuenta por las Comunidades Autónomas que aborden la regulación de esta materia, debiendo ajustar sus respectivas legislaciones a lo que ésta disponga, y en defecto de normativa propia deberán aplicarla directamente.

Aunque en el proceso de elaboración las CCAA no participaron (hecho que denunció el Consejo Estado) tuvieron un plazo de dos años para adaptar su estructura y su normativa a lo que dispone la LTAIBG 19/2013, que determina el mínimum de igualdad requerido constitucionalmente respecto a la posición de los ciudadanos en el sistema y, tienen margen[111] las CCAA para aprobar regulaciones en materia de transparencia, derecho de acceso y buen gobierno más favorables en cuanto al reconocimiento de derechos a los ciudadanos o más avanzadas respecto al grado de apertura de la información (respetando los límites fijados por la legislación básica) o estableciendo, por ejemplo, plazos más cortos para la resolución del procedimiento de acceso.

En mi opinión el margen debería haberse ampliado a incrementar las medidas tendentes a garantizar la transparencia, la publicidad activa y el buen gobierno, ya que tales cuestiones son de organización interna y funcionamiento de los respectivos gobiernos autonómicos, y acaban afectando a los derechos e intereses de los ciudadanos. Además, puesto que la Ley estatal no establece limitación sobre los tipos de información que han de ser objeto de publicidad activa, las CCAA en su normativa propia podrían aumentar el conjunto de materias sujetas a este régimen. Por otro lado, existe una serie de cuestiones sobre las que la Ley no se pronuncia, como son, por ejemplo, la promoción de la cultura de la transparencia entre la ciudadanía, las medidas de formación u otras actividades de fomento en la materia, cuestiones que quedarían reservadas a las CCAA.

En la actualidad, todas ellas, a excepción del País Vasco, han aprobado sus propias normas de transparencia y se han adaptado poco a poco al nuevo modelo de gestión. Lo primero que puede destacarse al observar el panorama normativo autonómico en materia de transparencia, es que algunas CCAA ya habían aprobado legislación al respecto, con anterioridad a la promulgación de la Ley estatal:

---

110 Esta idea se recoge en la exposición de motivos de la Ley Foral 11/2012 de Transparencia y del Gobierno Abierto de Navarra, cuando declara lo siguiente: "Navarra respeta los límites de la legislación básica del Estado en materia de procedimiento administrativo común, dado que los derechos de acceso y el procedimiento y régimen de su ejercicio, amén de circunscribirse a su ámbito organizativo no suponen quiebra alguna de tales límites, sino antes bien, van más allá del mínimo impuesto por dicha legislación. En materia de transparencia, configurar un derecho de acceso a la información de la que dispone la Administración con carácter menos restrictivo y, por tanto, más amplio, supone una *mejora* para todas las personas que se relacionan con ella". En la misma línea, la exposición de motivos de la Ley 7/2016, de 18 de mayo, de reforma de la Ley 12/2014, de 16 de diciembre, de Transparencia y Participación Ciudadana de la Comunidad Autónoma de la Región de Murcia.

111 VELASCO RICO, C.I., "Análisis en clave competencial del Proyecto de Ley estatal sobre transparencia, acceso a la información pública y buen gobierno", en *Revista d'Estudis Autonòmics i Federals, núm. 17*, 2013, págs. 279-328.

la Ley 4/2006 de transparencia y buenas prácticas en la Administración Pública Gallega, la Ley 4/2011, de 31 de marzo, de la buena administración y del buen gobierno de las Illes Balears, Ley Foral 11/2012 de la transparencia y del gobierno abierto de Navarra, seguida de la Ley 4/2013, de 21 de mayo, de gobierno abierto de Extremadura.

Después de la LTAIBG, en el año 2014, aprobaron sus leyes Andalucía (1/2014, de 24 de junio), La Rioja (3/2014, de 11 de septiembre), Comunidad Autónoma de la Región de Murcia (12/2014, de 16 de diciembre), Canarias (12/2014, de 26 de diciembre) y Cataluña (19/2014, de 29 de diciembre).
Les siguieron Castilla y León (Ley 3/2015, de 4 de marzo), Aragón (8/2015, de 25 de marzo) y la Comunidad Valenciana (2/2015, de 2 de abril, posteriormente desarrollada por Decreto 105/2017, de 28 de julio y Ley 1/2022, de 13 de abril), así como Galicia (1/2016, de 18 de enero) y Castilla-La Mancha (4/2016, de 15 de diciembre). Finalmente, en el año 2018 aprobaron sus leyes Cantabria (Ley 1/2018, de 21 de marzo), la Comunidad Foral de Navarra (Ley foral 5/2018, de 17 de mayo), Asturias (Ley 8/2018, de 14 de septiembre) y la Comunidad de Madrid (Ley 10/2019, de 10 de abril).
La Ciudad de Melilla, por su parte, aprobó mediante Decreto n.º 43, de 14 de julio de 2016, el Reglamento de Transparencia y Acceso a la Información Pública de la Ciudad de Melilla.

LEYES de TRANSPARENCIA de las COMUNIDADES AUTÓNOMAS	
Extremadura	Ley 4/2013, de 21 de mayo, de Gobierno Abierto de Extremadura. (***Convenio***)
La Rioja	Ley 3/2014, de 11 septiembre, de Transparencia y Buen Gobierno de La Rioja (***Convenio***)
Cantabria	Ley de Cantabria 1/2018, de 21 de marzo, de Transparencia de la Actividad Pública (***Convenio***)
1. Andalucía	Ley 1/2014, de 24 de junio, de Transparencia Pública de Andalucía Decreto 434/2015, de 29 de septiembre, por el que se aprueban los Estatutos del Consejo de Transparencia y Protección de Datos de ANDALUCÍA (CTPDAn)
2. Aragón	Ley 8/2015, de 25 de marzo, de Transparencia Pública y Participación Ciudadana de Aragón Decreto 32/2016, de 22 de marzo, del Gobierno de Aragón, por el que se aprueba el Reglamento de Organización y de Funcionamiento del Consejo de Transparencia de ARAGÓN (CTAr)
3. Canarias	Ley 12/2014, de 26 de diciembre, de transparencia y de acceso a la información de Canarias Comisionad@ de Transparencia y Acceso a la Información Pública de CANARIAS (CTCn)
4. Cataluña	Ley 19/2014, de 29 de diciembre, de transparencia, acceso a la información pública y buen gobierno de Cataluña Decreto 111/2017, de 18 de julio, por el que se aprueba el Reglamento de la Comisión de Garantía del Derecho de Acceso a la Información Pública de CATALUÑA (CGAIP)

5. Navarra	Ley Foral 5/2018, de 17 de mayo, de Transparencia, acceso a la información pública y buen gobierno. Ley Foral 11/2012 de la Transparencia y del Gobierno Abierto de Navarra Modificada por la Ley Foral 5/2016, de 28 de abril Acuerdo de 26 de junio de 2017, del Consejo de Transparencia de Navarra, por el que se aprueban las normas de organización y funcionamiento del Consejo de Transparencia de NAVARRA (CTNv)
6. Valencia	Ley 1/**2022**, de 13 de abril, de la Generalitat, de Transparencia y Buen Gobierno de la Comunitat Valenciana Decreto 105/2017, de 28 de julio, del Consell, de desarrollo de la Ley 2/2015, de 2 de abril, de la Generalitat, en materia de transparencia y de regulación del Consejo de Transparencia, Acceso a la Información Pública y Buen Gobierno de la Comunidad VALENCIANA (CTCV) Ley 2/2015, de 2 de abril, de Transparencia, Buen Gobierno y Participación Ciudadana de la Comunidad Valenciana
7. País Vasco	Decreto 128/2016, de 13 de septiembre, de la Comisión Vasca de Acceso a la Información Pública Comisión Vasca de Acceso a la Información Pública PAIS VASCO (CVAIP)
8. Murcia	Ley 7/2016, de 18 de mayo, de Reforma de la Ley 12/2014, de 16 de diciembre, de Transparencia y Participación Ciudadana de la Comunidad Autónoma de la Región de Murcia Ley 12/2014, de 16 de diciembre, de Transparencia y Participación Ciudadana de la Comunidad Autónoma de la Región de Murcia Consejo de Transparencia de la Región de MURCIA (CTMu)
9. Baleares	Ley 4/2011, de 31 de marzo, de la buena administración y del buen gobierno de las Illes Balears (***Convenio***) Decreto 1/2019, de 11 de enero, regulador de la Comisión para las Reclamaciones de Acceso a la Información Pública ILLES BALEARSS (CRAIPIB)
10. Castilla-La Mancha	Ley 4/2016, de 15 de diciembre, de Transparencia y Buen Gobierno de Castilla-La Mancha. (***Convenio***) Reglamento de Organización y Funcionamiento del Consejo Regional de Transparencia y Buen Gobierno de CASTILLA-LA MANCHA (CRTBGCM)
11. Asturias	Ley del Principado de Asturias 8/2018, de 14 de septiembre, de Transparencia, Buen Gobierno y Grupos de Interés. (***Convenio)*** Consejo de Transparencia y Buen Gobierno del Principado de ASTURIAS (CTBGAs)
12. Madrid	Ley 10/2019 de 10 de abril, de Transparencia y de Participación de la Comunidad de Madrid Decreto 58 /2020, de 29 de julio, de Consejo de Gobierno, por el que se crea el Registro de solicitudes de acceso a la información pública y reclamaciones de la

	Comunidad de Madrid y se aprueba su Reglamento de Organización y Funcionamiento. Consejo de Transparencia y Participación de MADRID (CTPM)
13. Castilla y León	Ley 3/2015, de 4 de marzo, de transparencia y participación ciudadana de Castilla y León Decreto 7/2016, de 17 de marzo, por el que se regula el procedimiento para el ejercicio del derecho de acceso a la información pública en la Comunidad de Castilla y León. Comisión de la Transparencia y sus funciones atribuidas al Procurador del Común
14. Galicia	Ley 1/2016, de 18 de enero, de transparencia y buen gobierno de Galicia Resolución de 1 de diciembre de 2016 por la que se dispone la publicación de la modificación del Reglamento interno de la Comisión de la Transparencia de GALICIA, órgano independiente adscrito al Valedor do Pobo.
Ciudad de Melilla	Reglamento de Transparencia y Acceso a la Información Pública de la Ciudad Autónoma de Melilla. (***Convenio***)
Ciudad de Ceuta	(***Convenio***)

Cuadro resumen de la normativa autonómica y numeración del 1 al 14 de los órganos de garantía que estudiaremos.

Estudiaremos cómo la legislación autonómica no es homogénea y algunas CCAA siguiendo criterios razonables se han alejado del modelo estatal, por ejemplo, en cuanto al tratamiento conceptual, la ley autonómica de Andalucía que solo regula la transparencia (1/2014, de 24 de junio, de Transparencia Pública de Andalucía, que cuando configura el órgano de control unirá transparencia y protección de datos aludiendo con ello a la interconexión entre ambas materias); otras, sin embargo, insertan esa normativa de transparencia dentro de un enunciado más genérico en el que incorporan a veces el buen gobierno (siguiendo el modelo estatal)[112], otras suman transparencia con participación ciudadana como algo relacionado[113] y en otros casos siguen nominalmente el enunciado de la ley básica estatal, diferenciando entre transparencia y derecho de acceso a la información pública (aunque VELASCO RICO opina que es algo que conceptualmente no debería hacerse[114]) - Ley 12/2014, de 26 de diciembre, de transparencia y de acceso a la información de Canarias y Ley Foral 5/2018, de 17 de mayo, de Transparencia, acceso a la información pública y buen gobierno Navarra-. Otras sumando el

[112] La Ley 3/2014, de 11 de septiembre, de transparencia y buen gobierno de La Rioja; la Ley 1/2016, de 18 de enero, de transparencia y buen gobierno de Galicia; o la Ley 4/2016, de 15 de diciembre, de Transparencia y Buen Gobierno de Castilla-La Mancha.

[113] Ley 3/2015, de 4 de marzo, de Transparencia y Participación Ciudadana de Castilla y León; la Ley 12/2014, de 10 de diciembre de transparencia y participación ciudadana de la Región de Murcia; o la Ley 8/2015, de 25 de marzo, de transparencia de la actividad pública y participación de Aragón. Ley 10/2019 de 10 de abril de Madrid. Una Ley que aunaba transparencia, buen gobierno y participación ciudadana era la de la Comunidad Valenciana 2/2015, de 2 de abril, la Ley 1/2022, de 13 de abril suprime participación ciudadana en su enunciado.

[114] VELASCO RICO, Clara Isabel, "La cuestión competencial en la Ley 19/2013, de 9 de diciembre: ¿de qué margen disponen las CCAA en materia de transparencia, acceso a la información pública y buen gobierno?" *Revista Jurídica de Castilla y León. Núm. 33.* mayo 2014, número monográfico. págs. 28-34.

discutido concepto de buen gobierno, [Ley 3/2014, de 11 septiembre, de Transparencia y Buen Gobierno de La Rioja, Ley 1/2016, de 18 de enero, de transparencia y buen gobierno de Galicia y Ley 1/2022, de 13 de abril, de Transparencia y Buen Gobierno de la Comunidad Valenciana]; aunque, si analizamos cada una, el alcance que se le da en ellas no es uniforme. Nos lleva a concluir sobre la gran confusión conceptual en todo este marco normativo.

En cuando al derecho de acceso a la información pública, hay regulaciones autonómicas que modifican sustancialmente la regulación o régimen jurídico básico, como el carácter del silencio administrativo, que es negativo en la legislación básica y en algunos casos se estima como positivo (Cataluña, Aragón)[115]. También en la ley de Cataluña se lleva a cabo una regulación diferenciada entre transparencia y derecho de acceso a la información pública, es la primera normativa que en el ámbito del Estado regula los grupos de interés en el marco de una política de transparencia, posteriormente se suman otras CCAA, como Castilla la Mancha y Asturias lo que supone en mi opinión, un paso adelante importante.

Incorpora la regulación catalana una noción de buen gobierno más precisa y acertada que la existente en la regulación estatal (donde incluye la obligación de elaborar códigos de conducta, cartas de servicio e incorpora el principio de mejor regulación) y prevé asimismo algunos principios relacionados con el gobierno abierto, especialmente, en materia de participación ciudadana.

En otros supuestos se han redefinido las causas de inadmisión, los límites materiales del ejercicio del derecho de acceso a la información pública o, incluso, algunos de los elementos de ponderación cuando se pueda producir una colisión potencial entre el derecho de acceso a la información pública y la protección de datos personales. Habrá que estar atentos a lo que decidan los tribunales de justicia, si alguna de estas leyes de transparencia es objeto de recurso de inconstitucionalidad ante el Tribunal Constitucional o se pueda elevar, puntualmente, alguna cuestión de inconstitucionalidad; o que se llegue a plantear, en su caso, un recurso de amparo en relación con una hipotética vulneración del derecho a la protección de datos personales.

También ha sido distinta la regulación del órgano de control que ha de velar por el cumplimiento de la Ley. Así, hay CCAA que han decidido crear su propio organismo independiente para garantizar el cumplimiento de la Ley, otras han encomendado esta función a organismos ya existentes y algunas han decidido firmar convenio.

En los casos en los que las CCAA hayan optado por crear un órgano homólogo al CTBG, la competencia para conocer de las resoluciones dictadas por la Administración autonómica y su sector público y por las entidades locales comprendidas en su ámbito territorial corresponderá a aquél; así en Andalucía, Aragón, Cataluña, Canarias, Comunidad Valenciana, Región de Murcia, Comunidad Foral de Navarra, País Vasco, Asturias, Castilla-La Mancha y Madrid han creado su propio órgano de garantía. Illes Balears (hasta el 2019 que aprueba la CRAIP), han encomendado las funciones a

[115] Ley 8/2015 de Aragón (artículo 31.2), 19/2104, de Cataluña (artículo 35) y Ley 2/2015, de la Comunidad Valenciana (artículo 17.3) (entre otros casos)

organismos propios que ya existían: Castilla y León, se reclama ante la Comisión de Transparencia, estas funciones se han atribuido al Procurador del Común y en Galicia ante la Comisión de la Transparencia como órgano independiente adscrito al Valedor do Pobo.

Se prevé, además, la posibilidad de que las propias CCAA atribuyan la competencia para resolver este tipo de reclamaciones al propio Consejo de Transparencia, para lo cual, tal y como establece la Disposición adicional cuarta LTAIBG, será necesaria la celebración de un convenio en el que se estipulen las condiciones bajo las cuales la CCAA sufragará los gastos derivados de esta asunción de competencias. Interesante resulta, en este sentido, el Informe de la Abogacía del Estado (R-384-2015) en el que se analizan las consecuencias que se derivarían de un eventual incumplimiento por parte de las Comunidades Autónomas de su obligación de contar con un órgano especializado de control de la legalidad de las decisiones administrativas en el ámbito de la transparencia (autonómico o el propio CTBG). En él se concluye que, en ausencia de convenio entre la respectiva Comunidad Autónoma y el CTBG, éste no será competente para conocer de las reclamaciones frente a resoluciones autonómicas en materia de acceso, y se llega incluso a invocar el art. 155 CE[116].

Estas Comunidades Autónomas que –bien por Ley o bien porque así ha sido decidido por parte de sus gobiernos de manera provisional o definitiva en ausencia de norma propia– han optado por encomendar al CTBG la resolución de las reclamaciones en materia de acceso, así el Consejo de Transparencia y Buen Gobierno asume las reclamaciones de los ciudadanos del Principado de Asturias, Castilla-La Mancha, Madrid (hasta 2020), Cantabria, La Rioja, Extremadura, Ceuta y Melilla. Desde 2021 también de las Islas Balears, ya que firma convenio.

1. Ciudades Autonómicas SIN leyes: Ciudad de Ceuta, Ciudad de Melilla.

La Comunidad de Cantabria ha estado sin cumplir la LTAIBG hasta la publicación de la Ley de Cantabria 1/2018, de 21 de marzo, de Transparencia de la Actividad Pública.

En cuanto a las dos ciudades con Estatuto de Autonomía: La competencia en materia de organización de sus instituciones de autogobierno es de la Ciudad de CEUTA, pero de momento no ha legislado, por lo que el Consejo de Transparencia y Buen Gobierno estatal, será el encargado de resolver las reclamaciones. Para ello ha firmado el correspondiente convenio.

MELILLA si ha publicado su Reglamento de Transparencia y Acceso a la Información pública de la Ciudad Autónoma de Melilla (Decreto núm. 43 de 14 de julio de 2016[117], que tiene por objeto garantizar la transparencia en la actuación de la Ciudad Autónoma de Melilla y el derecho de las personas a acceder a la información pública en aplicación de la LTAIBG 19/2013, de 9 de diciembre, estableciendo las normas que articulen los medios necesarios para ello, que serán preferiblemente electrónicos.

---

[116]Informe de la Abogacía del Estado (R-384-2015), pág. 11.
file:///C:/Users/casa/Downloads/2INFORME_AE_competenciasCTBG_CCAA.pdf

[117] Reglamento de Transparencia y Acceso a la Información Pública de la Ciudad Autónoma de Melilla.
BOME núm. 5.357, de 19 de julio de 2016

El Título V de dicho Reglamento, regula la posibilidad de la Ciudad Autónoma de Melilla de crear un órgano propio de carácter colegiado integrado por representantes de determinadas instituciones y cuyos miembros no tendrán dedicación exclusiva. Regula su composición y competencias facultando al Consejo de Gobierno para aprobar un Reglamento de organización, estructura y funcionamiento del citado órgano, teniendo como principio básico su independencia en el funcionamiento, aun cuando orgánicamente figure adscrito a una Consejería. A mi juicio, continúa un error de otros órganos al no tener dedicación exclusiva y si una composición muy política.

2. Comunidades Autónomas con leyes en TRAMITACIÓN: País Vasco

En 2018 cuatro parlamentos autonómicos quedaban sin dar el paso de aprobación de una ley. La Junta General del Principado de Asturias, la Asamblea de Madrid, la Asamblea Regional de Cantabria y el Parlamento Vasco. Las ciudades autónomas de Ceuta y Melilla también carecían de articulado propio. Desde noviembre de 2019 en tramitación EUSKADI: concluida la fase de aportaciones al Proyecto de Ley de Transparencia, Participación ciudadana y Buen Gobierno del Sector Público Vasco (10/11/2015) y tras el análisis de las alegaciones recibidas, se elaboró el texto definitivo que se remitiría para su aprobación al Consejo de Gobierno Vasco; pero que de momento no se ha aprobado.

Si recoge este Proyecto en su Título V.- Organismos e Instituciones para la transparencia, la Agencia Vasca de Transparencia-GARDENA en su Cap. I Art. 67.- Se crea, como organismo autónomo, que se relacionará con la Administración de la Comunidad Autónoma de Euskadi a través del departamento competente en materia de administración pública. Con personalidad jurídica propia y plena capacidad de obrar. Actuará con autonomía y plena independencia en el cumplimiento de sus fines.[118]

Curiosamente Euskadi cuenta con su propio órgano colegiado encargado de resolver las reclamaciones, la Comisión Vasca de Acceso a la Información Pública. Con el Decreto 128/2016, de 13 de septiembre[119] se pretende, -tal como se dice en él-, cumplimentar una opción revestida de cierta provisionalidad, desarrollando el esquema operativo esencial de la Ley 19/2013, de 9 de diciembre, de TAIBG, en cuanto a la disponibilidad de un órgano específico para el control de la transparencia y, en particular, para conocer de las reclamaciones que, con carácter potestativo y previo a la jurisdicción contencioso-administrativa, se interpongan frente a toda resolución denegatoria, expresa o presunta, en materia de acceso por la ciudadanía a la información pública, dictada por las Administraciones públicas vascas de su ámbito de actuación.

[118] Proyecto de Ley de Transparencia, Participación ciudadana y Buen Gobierno del Sector Público Vasco. 10 de nov. 2015
https://www.irekia.euskadi.eus/uploads/attachments/7235/Anteproyecto_LTPBG.pdf?1447244088
Proyecto de Ley de Transparencia, Participación Ciudadana y Buen Gobierno del Sector Público Vasco

[119] DECRETO 128/2016, de 13 de septiembre, de la Comisión Vasca de Acceso a la Información Pública. (BO núm. 177 de 16/9/2016) https://www.euskadi.eus/y22-bopv/es/bopv2/datos/2016/09/1603956a.shtml
Decreto 128/2016, de 13 de septiembre, de la Comisión Vasca de Acceso a la Información Pública

Sin embargo, en la Ley 2/2016, de 7 abril, de Instituciones Locales de Euskadi, si se contempla la transparencia, concretamente en su art. 65 se refiere a las reclamaciones ante el órgano competente en materia de control de la transparencia[120].

3. Comunidades Autónomas con leyes ANTERIORES a la Ley 19/2013: Galicia, Islas Baleares, Comunidad Foral de **Navarra, Extremadura**.

GALICIA: La Ley 4/2006, de 30 de junio, de Transparencia y de Buenas prácticas en la Administración Pública Gallega (BOE 198, de 19 de agosto. DOG 136, de 14 de julio). Derogada por la Ley 1/2016, de 18 de enero, de Transparencia y Buen gobierno GALICIA[121], que en su art. 32 crea el Comisionado de la Transparencia como órgano independiente de control del cumplimiento de las obligaciones de transparencia y se atribuyen las funciones al Valedor do Pobo.
Y se crea (art. 33) la Comisión de la Transparencia como órgano colegiado independiente adscrito al Valedor del Pueblo. A dicha Comisión, corresponde la resolución de las reclamaciones frente a las resoluciones de acceso a la información pública que establece el artículo 28 de la ley. En caso de empate, el presidente o presidenta (Valedor) tendrá voto dirimente.
El Comisionado de la Transparencia y la Comisión de la Transparencia actuarán con separación de sus funciones respecto a las otras que corresponden al Valedor del Pueblo, si bien contarán con los medios personales y materiales asignados a esta institución.

Las ILLES BALEARS parten de una LEY 4/2011, de 31 de marzo,[122] de la Buena administración y del Buen gobierno de las Islas Baleares (BOE 103 de 30 de abril BOIB 53, de 30 de abril) que no incorpora un procedimiento específico que permita ejercitar el derecho de acceso. En 2016 se aprueba la Ley 16/2016 de 9 de diciembre, de creación de la Oficina de Prevención y Lucha contra la Corrupción en las Illes Balears. También en 2016 el Gobierno de las Illes Balears decide crear un órgano específico para la resolución de las reclamaciones de la ciudadanía balear en materia de acceso

---

[120] Ley 2/2016, de 7 abril, de Instituciones Locales de Euskadi, Art. 65.1 Las reclamaciones previas a la interposición de un recurso contencioso-administrativo como consecuencia de la denegación expresa o tácita del derecho de acceso a la información pública por parte de una entidad local o asociación de entidades locales, serán conocidas y resueltas por el consejo o autoridad independiente de transparencia y acceso a la información pública de la Comunidad Autónoma u órgano que se prevea en la legislación correspondiente.
2. El órgano ejercerá, en relación con las entidades locales y sus asociaciones, el resto de funciones que le asigne su normativa de creación y, particularmente, todas las derivadas de la publicidad activa, el derecho de acceso a la información pública y el buen gobierno.
(Título VI. Gobierno abierto. Transparencia, datos abiertos y participación ciudadana),

[121] Ley 1/2016, de 18 de enero, de transparencia y buen gobierno
Resolución de 1 de diciembre de 2016 por la que se dispone la publicación de la modificación del Reglamento interno de la Comisión de la Transparencia de Galicia.
(DO de Galicia número 30, de 15 de febrero de 2016) (BOE núm. 81, de 4 de abril de 2016 BOE-A-2016-3190).

[122] Ley 4/2011, de 31 de marzo, de la buena administración y del buen gobierno de las Illes Balears. BOE núm. 103, de 30 de abril de 2011, páginas 44048 a 44078 (31 págs.). BOE-A-2011-7709. TÍTULO III Artículo 50.1. Con la finalidad de coordinar y desarrollar las acciones de evaluación de políticas, planes y programas, organizaciones y servicios públicos de las instituciones públicas y sus entes instrumentales de las Illes Balears se crea la Oficina de Evaluación Pública de las Illes Balears (OAPIB, por sus siglas en catalán), bajo la dependencia directa de la Consejería competente en materia de calidad de los servicios, como órgano de ejecución, de coordinación y de consulta.

a la información pública. Lo hizo mediante el Decreto 24/2016, de 29 de abril, de creación y de atribución de competencias a la Comisión para la resolución de las reclamaciones en materia de acceso a la información pública[123], al amparo de las previsiones contenidas en el artículo 24.6 y en el apartado 1 de la disposición adicional cuarta de la Ley 19/2013, de 9 de diciembre, de transparencia, acceso a la información pública y buen gobierno.

Según el texto del Decreto 1/2019[124] de 11 de enero (BOIB núm. 006) la coyuntura presupuestaria, así como la urgencia de poner en marcha un mecanismo propio de salvaguardia del derecho de acceso a la información pública en el ámbito de las Illes Balears, aconsejaron en aquel momento que dicha Comisión fuera, con carácter provisional, un órgano adscrito a la Abogacía de la CCAA e integrado por tres de sus letrados, designados por sorteo, que tenía que actuar con autonomía e independencia de criterio en el ejercicio de sus funciones.

Posteriormente, se considera oportuno establecer con carácter permanente, un órgano resolutorio de las reclamaciones de acceso a la información pública dotado –se alega- de más independencia del aparato administrativo, en sintonía con los modelos de otras CCAA. El refuerzo de la independencia del órgano se materializa especialmente en el art. 3, que prevé la designación por un periodo de tres años de tres juristas de reconocido prestigio, con más de cinco años de experiencia en el ámbito del derecho público, y en el art. 4, que garantiza la inamovilidad de los miembros del órgano. La adscripción de la Comisión a la Consejería de Presidencia se adopta de acuerdo con las competencias que esta tiene atribuida actualmente en materia de transparencia. La denominación del órgano es CRAIP = Comisión para las Reclamaciones de Acceso a la Información Pública que funciona desde el año 2019 al 2021 en que se firma un convenio para que se ocupe el CTBG estatal.

COMUNIDAD FORAL DE NAVARRA: Ley Foral 11/2012, de 21 de junio, de la Transparencia y del Gobierno Abierto de Navarra[125], que si regula de forma detallada el procedimiento de acceso a la información pública y fija un nuevo modelo de administración, actuando su potestad de auto organización. Los actos u omisiones de la Administración Pública que vulneren los derechos reconocidos en materia de información y participación y colaboración públicas serán objeto de los recursos administrativos regulados en la normativa básica sobre procedimiento administrativo común y en Ley Foral de la Administración de Navarra. Modificación: 22 de noviembre de 2016. Derogada por la Ley Foral 5/2018, de 17 de mayo, de Transparencia, acceso a la información pública y buen gobierno de Navarra[126]. Recoge en el Título VI, Art. 63 el Consejo de Transparencia de Navarra como órgano independiente destinado a promover la transparencia en la Comunidad Foral de Navarra, velará

---

[123] https://www.boe.es/boe/dias/2011/04/30/pdfs/BOE-A-2011-7709.pdf

[124] Decreto 1/2019, de 11 de enero, regulador de la Comisión para las Reclamaciones de Acceso a la Información Pública (Esta Comisión está en suspenso mientras dure la vigencia del convenio firmado con el CTBG, de acuerdo con la disp. final segunda del Decreto 47/2021, de 3 de diciembre) https://boe.es/buscar/act.php?id=BOE-A-2017-267

[125] Ley Foral 11/2012 de la Transparencia y del Gobierno Abierto Modificada por la Ley Foral 5/2016, de 28 de abril (BOE-A-2012-9370) (BOE 168 de 14 de julio BON 125 de 28 de junio). Entra en vigor a los seis meses de su publicación en el BO.

[126] Ley Foral 5/2018, de 17 de mayo, de Transparencia, acceso a la información pública y buen gobierno.

por el cumplimiento de las obligaciones de publicidad activa y garantizará el derecho de acceso a la información pública.

EXTREMADURA: LEY 4/2013, de 21 de mayo, de Gobierno Abierto de Extremadura[127]. incluye algunas previsiones que no se ajustan a las equivalentes incluidas en la norma estatal. En este caso, y sólo a título de ejemplo, destacamos que el plazo para resolver las solicitudes de acceso es de treinta días hábiles (art. 23), cuando la previsión de la Ley estatal es de un mes (contando días naturales), lo que favorece al ciudadano y conlleva que la norma autonómica deba adaptarse, necesariamente, a lo previsto en la ley básica. Por otro lado, en lo relativo a los mecanismos de garantía y tutela del derecho de acceso a la información pública, esta ley autonómica, al haber sido tramitada casi de manera simultánea a la Ley estatal, incorpora previsiones perfectamente sincronizadas con ella. Así, el artículo 25 de la Ley extremeña dispone el régimen de impugnaciones contra las resoluciones del órgano decisor en materia de acceso a la información pública remitiéndose a la "legislación básica del Estado", y, por tanto, respetando el ámbito de competencia estatal.
Se establece una remisión genérica a la normativa estatal en cuanto a las reclamaciones de acceso y señala en su Título IV, art. 43 que la Administración de la Comunidad Autónoma podrá suscribir un convenio con el CTBG estatal, para la resolución de las reclamaciones que presenten los ciudadanos en relación con las resoluciones que se dicten en el ejercicio de acceso a la información, sin perjuicio de la potestad de la Comunidad Autónoma de Extremadura para crear o atribuir a un órgano propio el ejercicio de tal competencia, posibilidad que no ha sido desarrollada de momento. Actualmente el Consejo de Transparencia y Buen Gobierno será el encargado de resolver las reclamaciones ya que se firmó el convenio.

En el contenido de las Leyes originales de Galicia, Navarra y Extremadura, no aparece un órgano de control al respecto, si bien en el caso de extremeño su Ley recoge claramente la posible firma de un convenio, para que se encargue el Consejo estatal de la Transparencia.

4. Comunidades Autónomas con leyes POSTERIORES a la Ley 19/2013: Andalucía, La Rioja, **Región de Murcia, Canarias, Cataluña, Comunidad Valenciana, Aragón, Castilla y León,** Castilla-La Mancha, Asturias, Cantabria, **Madrid.**

En estas Leyes Autonómicas nos encontramos la creación de sus respectivos organismos de control, en el caso de Andalucía, su autoridad de transparencia asume también la protección de datos[128].

LEY 1/2014, de 24 de junio, de Transparencia Pública de ANDALUCIA[129], en el capítulo segundo crea el Consejo de Transparencia y Protección de Datos de Andalucía como entidad dotada de

[127] Ley 4/2013, de 21 de mayo, de Gobierno Abierto de Extremadura (BOE 136, de 7 junio DOE 99, 24 mayo)

[128] Sobre la asignación de la función de control de transparencia administrativa existen dos modelos en Europa y Sudamérica: atribuirlo a una Agencia de Protección de Datos (por ejemplo, el Information Commissioner del Reino Unido o el Instituto Federal de Acceso a la Información de México), o crear un organismo independiente para esta función (por ejemplo, Portugal, tiene su órgano de transparencia y su Agencia de Protección Datos).

autonomía e independencia para actuar como autoridad independiente de control[130] tanto en el ámbito de la transparencia como en el de la protección de datos, unifica las dos materias bajo la misma entidad. En su exposición de motivos se justifica esta unión: "*La identidad de personas y la coincidencia en muchos aspectos de su trabajo, con el que debe asumir la autoridad independiente en materia de transparencia, así como la evidente interconexión entre ambas materias, hacen aconsejable la unificación bajo una misma autoridad de ambas funciones. Con ello se conseguirá no sólo una economía organizativa, ineludible por otra parte, sino también y sobre todo la coherencia en la aplicación de los criterios que deben regir el actuar de las personas y entidades obligadas por la Ley cuando facilitan información pública a la ciudadanía*".

LEY 3/2014,[131] de 11 de septiembre de Transparencia y Buen Gobierno de La RIOJA, en el art.16 recoge la reclamación previa y nos dice que, "*Será competente para conocer de la reclamación previa frente a las resoluciones expresas o presuntas de las solicitudes de derecho de acceso a la información pública el Consejo de Transparencia y Buen Gobierno integrado en la Administración general del Estado, conforme a lo establecido en el apartado 2 de la disposición adicional cuarta de la Ley 19/2013, de 9 de diciembre, de transparencia, acceso a la información pública y buen gobierno*". No contempla órgano de control.

Ley 12/2014, de 16 de diciembre, de Transparencia y Participación Ciudadana de la Comunidad Autónoma de la Región de MURCIA[132]. Tít. IV Cap. II Art. 38 Consejo de la Transparencia de la Región de Murcia: "*1. Se crea el Consejo de Transparencia de la Región de Murcia como órgano independiente de control en materia de transparencia en la Comunidad Autónoma de la Región de Murcia, que velará por el cumplimiento de las obligaciones de publicidad activa y garantizará el derecho de acceso a la información pública. Se configura como un ente de los previstos en la disposición adicional quinta de la Ley 7/2004, de 28 de diciembre, de Organización y Régimen Jurídico de la Administración Pública de la Comunidad Autónoma de la Región de Murcia*".
La modificación viene con la aprobación de la **Ley 7/2016**, de 18 de mayo, de Reforma de la Ley 12/2014, de 16 de diciembre, de Transparencia y Participación Ciudadana de la Comunidad Autónoma

---

[129] Ley 1/2014, de 24 de junio, de Transparencia Pública de Andalucía * La presente ley entrará en vigor al año de su publicación en el BO de la Junta de Andalucía. Las entidades locales andaluzas dispondrán de un plazo máximo de dos años, desde la entrada en vigor de la Ley 19/2013, de 9 de diciembre, para adaptarse a las obligaciones contenidas en esta ley) (BOE 172, de 16 de julio BOJA 124 de 30 de junio.

[130] Se ha configurado como órgano de los previstos en la disposición adicional segunda de la Ley 9/2007, de 22 de octubre, de la Administración Pública, es decir, como una más de aquellas entidades con régimen de independencia funcional o de especial autonomía.

[131] Ley 3/2014, de 11 de septiembre, de Transparencia y Buen Gobierno de La Rioja
(BOE 1 de octubre. BOR 115, de 17 de septiembre. El título II "Transparencia" –que contiene normas sobre publicidad activa, derecho de acceso a la información pública y derecho de participación ciudadana- entra en vigor el 10 de diciembre de 2014. No obstante, todos los sujetos incluidos en el ámbito de aplicación disponen hasta el día 10 de diciembre de 2015 para adaptarse a las obligaciones derivadas de la misma).

[132] Ley 12/2014, de 16 de diciembre, de transparencia y participación ciudadana de la Comunidad Autónoma de la Región de Murcia (BORM núm. 290, de 18 de diciembre de 2014 BOE núm. 8, de 9 de enero de 2015)

de la Región de Murcia[133], y según su preámbulo tiene por objeto "*garantizar de forma más efectiva: la transparencia en la actividad de la Comunidad Autónoma de Murcia y la obligación de informar a la ciudadanía sobre la planificación del gobierno y sus compromisos estratégicos; el derecho de los ciudadanos a acceder a la información pública, consolidando el principio de publicidad activa; el derecho, asimismo, de todos los ciudadanos a participar en la toma de decisiones, favoreciendo la generación de una cultura y hábitos de participación corresponsables en los asuntos públicos; y la evaluación de las políticas públicas, determinando la obligación de evaluar y la de comunicar los resultados de la misma.*" Como complemento necesario para el establecimiento del "Gobierno Abierto", regula también mecanismos para que la Administración pública se dote de estructuras y procedimientos simplificados e innovadores que la hagan más cercana y accesible.
La modificación configura al Consejo como un ente de los previstos en la disposición adicional quinta de la Ley 7/2004, de 28 de diciembre, de Organización y Régimen Jurídico de la Administración Pública de la Comunidad Autónoma de Murcia e introduce cambios en su composición, en la designación del titular de la presidencia, en la propuesta de sus miembros y en sus obligaciones.

LEY **12/2014, d**e 26 de diciembre, de transparencia y de acceso a la información pública CANARIAS[134]. El título IV. Art. 58-65 recoge la regulación del Comisionado de Transparencia y Acceso a la Información Pública, configurado como autoridad independiente elegida por el Parlamento de Canarias entre personas de reconocido prestigio y competencia profesional, al que se encomienda el fomento, análisis, control y protección de la transparencia pública y del derecho de acceso a la información pública en el ámbito de la Comunidad Autónoma de Canarias elegido por mayoría de tres quintas partes del Parlamento de Canarias, conforme al procedimiento que se establezca por el mismo, por un período de cinco años no renovable, entre personas de reconocido prestigio y competencia profesional.

LEY 19/2014, de 29 de diciembre, de transparencia, acceso a la información pública y buen gobierno de CATALUÑA[135] El título II "De la transparencia" –con normas sobre transparencia en la actividad pública, publicidad activa, transparencia en la gestión administrativa y reutilización de la información pública- entra en vigor al cabo de un año de que la Ley haya sido publicada en el DO de la Generalitat de Catalunya en lo referente a los entes que integran la Administración local, y en el artículo 39: La Comisión de Garantía del Derecho de Acceso a la Información Pública, es la encargada de velar por

---

[133] Ley 7/2016, de 18 de mayo, de Reforma de la Ley 12/2014, de 16 de diciembre, de Transparencia y Participación Ciudadana de la Comunidad Autónoma de la Región de Murcia (BORM nº 116, 20 de mayo de 2016)

[134] Ley 12/2014, de 26 de diciembre, de transparencia y de acceso a la información pública (BOE 32, de 6 de febrero BOC 5 de 9 de enero. La ley entrará en vigor el día siguiente de su publicación en el BO de Canarias, salvo el título II, que entrará en vigor a los seis meses de su publicación en dicho Boletín)

[135] Ley 19/2014, de 29 de diciembre, de transparencia, acceso a la información pública y buen gobierno. (BOE 18, de 21 de enero de 2015 DOGC 6858, de 24 de abril. Entra en vigor a los seis meses de su publicación en el DO de la Generalitat de Catalunya.

el cumplimiento y las garantías del derecho de acceso a la información pública que regula el Título III Cap. IV[136]
Integrada por un mínimo de tres miembros y un máximo de cinco, designados por mayoría de tres quintas partes de los diputados del Parlamento de Cataluña.

LEY 2/2015, de 2 de abril, de Transparencia, Buen Gobierno y Participación Ciudadana VALENCIANA[137], y en el Título IV bajo el nombre de Garantías de transparencia y buen gobierno, el Art. 39-42 se crea el Consejo de Transparencia, Acceso a la Información Pública y Buen Gobierno, que actuará con plena independencia funcional para el cumplimiento de sus fines.
En la LEY 2/**2016**, de 4 de marzo, de la Generalitat, de modificación de la Ley 2/2015, de 2 de abril, de Transparencia, Buen Gobierno y Participación Ciudadana de la Comunitat Valenciana[138], el punto 1 de su art. 41 queda redactado de la siguiente manera: "1. *La comisión ejecutiva estará constituida por un número de miembros igual al número de grupos parlamentarios con representación en Les Corts. En la composición final se respetará la paridad entre mujeres y hombres. De entre sus miembros se designará la persona que ocupe la presidencia. Los integrantes de la comisión, después de su comparecencia en la comisión correspondiente, serán elegidos por el Pleno de Les Corts por mayoría de tres quintos de entre expertos de competencia o prestigio reconocido y con más de diez años de experiencia profesional. El mandato de la comisión tendrá una duración de cinco años*".

En el Decreto 105/2017, de 28 de julio, del Consejo[139], se desarrolla la Ley 2/2015, y con ella la regulación del Consejo de Transparencia, Acceso a la Información Pública y Buen Gobierno (Tít. V, Cap. I. Disposiciones generales Art. 73)
Por último la Ley **1/2022**, de 13 de abril, de la Generalitat, de Transparencia y Buen Gobierno de la Comunitat Valenciana[140], pretende promover la transparencia de la actividad pública, en su doble vertiente de publicidad activa y de derecho de acceso a la información pública, así como la reutilización de la información y la rendición de cuentas en la acción de gobierno y la actividad administrativa. También regula el Consejo Valenciano de Transparencia –Título II, art 47 a 53-y de forma específica

---

136 Decreto 111/2017, de 18 de julio, por el que se aprueba el Reglamento de la Comisión de Garantía del Derecho de Acceso a la Información Pública

137 Ley 2/2015, de 2 de abril, de Transparencia, Buen Gobierno y Participación Ciudadana de la Comunitat Valenciana (BOE 100, de 27 de abril DOCV 7500, de 8 de abril. Esta ley entra en vigor: Las siguientes disposiciones, a los 6 meses de su publicación en el DO de la Comunitat Valenciana. El Capítulo I "Publicidad activa" del Tít. I "Transparencia de la actividad pública". El resto, al día siguiente de su publicación).

138 Ley 2/2016, de 4 de marzo, de la Generalitat, de modificación de la Ley 2/2015, de 2 de abril, de Transparencia, Buen Gobierno y Participación Ciudadana de la Comunitat Valenciana.

139 Decreto 105/2017, de 28 de julio, del Consell, de desarrollo de la Ley 2/2015, de 2 de abril, de la Generalitat, en materia de transparencia y de regulación del Consejo de Transparencia, Acceso a la Información Pública y Buen Gobierno (PDF)

140 Ley 1/2022, de 13 de abril, de la Generalitat, de Transparencia y Buen Gobierno de la Comunitat Valenciana (Con esta nueva Ley, la Ley 2/2015, de 2 de abril, de la Generalitat, de transparencia, buen gobierno y participación ciudadana: se modifica su título, pasando a denominarse **Ley de participación ciudadana** de la Comunitat Valenciana. Además, con la entrada en vigor de la norma **se derogan** sus artículos 2 a 6, ambos incluidos; los títulos I, II, III y IV en su totalidad y las disposiciones adicionales. También se derogan los apartados 1 y 2 de su artículo 1, cuyo contenido pasa a ser párrafo único.

el texto recoge sus funciones, composición y estatuto personal, estructura y funcionamiento, la prestación de asistencia jurídica por la Abogacía General de la Generalitat, la prestación de colaboración por la administración de la Generalitat y la dotación presupuestaria de que dispone. Los miembros del Consejo continuarán en su actual régimen jurídico hasta la conclusión de su periodo de mandato y el nombramiento de los nuevos miembros del Consejo. Como novedad contiene la regulación del procedimiento de **mediación** que podrá solicitarse al Consejo Valenciano de Transparencia cuando se presente una reclamación de derecho de acceso a la información pública o en el plazo de cinco días desde el momento en el que se haya tenido conocimiento de la interposición de la reclamación. En los casos en que las partes intervinientes lo decidan, podrán adoptarse acuerdos de mediación parciales y limitar expresamente su alcance a una parte del objeto de la reclamación. Mantiene la vigencia de los decretos dictados en despliegue de la Ley 2/2015, de 2 de abril, en todo lo que no se oponga a esta ley.

Ley 8/2015, de 25 de marzo de Transparencia de la Actividad Pública y Participación Ciudadana de ARAGÓN[141]. El Título II, Cap. IV art. 37 crea el Consejo de Transparencia de Aragón como órgano destinado a promover la transparencia de la actividad pública, velando por el cumplimiento de las obligaciones de publicidad activa y garantizando el ejercicio del derecho de acceso a la información pública. Se regula la constitución del Consejo en el Decreto 32/2016, de 22 de marzo, del Gobierno de Aragón, por el que se aprueba el Reglamento de Organización y de Funcionamiento del Consejo de Transparencia de Aragón. El Consejo se compone de Presidencia, Vicepresidencia, Pleno (un representante de cada uno de los Grupos Parlamentarios de las Cortes de Aragón, del Justicia, del Consejo consultivo, Cámara de Cuentas, Universidad, agentes sociales); y Secretaría.

Ley 3/2015, de 4 de marzo, de Transparencia y Participación Ciudadana de CASTILLA Y LEÓN[142]. El Título II. Artículo 11-15 crea el Comisionado de Transparencia y se atribuyen sus funciones al Procurador del Común que tiene por finalidad velar por el cumplimiento de las obligaciones de publicidad activa y salvaguardar el ejercicio del derecho de acceso a la información pública. En el art. 12 se crea la Comisión de Transparencia, como órgano colegiado adscrito al Procurador del Común, que resolverá las reclamaciones potestativas que se presenten contra las resoluciones de las solicitudes de acceso a la información de los órganos y entidades del sector público autonómico, de las Entidades Locales de Castilla y León y de su sector público. Integrada por el Comisionado de Transparencia, que la presidirá, el Adjunto al Procurador del Común, cuando exista, y en su defecto por la persona al servicio de la Institución que designe el Procurador del Común y el secretario, con voz y voto, que será designado por el Procurador del Común entre las personas al servicio de la Institución.

---

[141] Ley 8/2015, de 25 de marzo, de Transparencia Pública y Participación Ciudadana de Aragón (BOE 115 de 14 de mayo y BOA 68 de 10 de abril. Entra en vigor a los tres meses de su publicación en el BOA)

[142] Ley 3/2015, de 4 de marzo, de transparencia y participación ciudadana de Castilla y León (BOE 74, de 27 de marzo BOCyL49, de 12 de marzo. La entrada en vigor de esta ley se producirá de acuerdo con las siguientes reglas: Las disposiciones previstas en el TÍTULO III, "Participación ciudadana a través del Portal de Gobierno Abierto" las DDTT y las DDFF entrarán en vigor el día siguiente al de su publicación en el BO de Castilla y León. La DA 3ª entra en vigor a los tres meses de su publicación en el Boletín. El resto de la norma entra en vigor el 10 de diciembre de 2015.)

Esta CCAA tiene en tramitación el Anteproyecto de Ley de Transparencia, Acceso a la Información Pública y Reutilización de la Comunidad de Castilla y León[143], que fue informado por el Consejo Consultivo en junio de 2021 y fue sometido a consulta pública. En él se derogan expresamente la Ley 3/2015, de 4 de marzo, de Transparencia y Participación Ciudadana de Castilla y León, a excepción de su título III, y el Decreto 7/2016, de 17 de marzo, por el que se regula el procedimiento para el ejercicio del derecho de acceso a la información pública en la Comunidad de Castilla y León.

Ley 4/2016, de 15 de diciembre, de Transparencia y Buen Gobierno de CASTILLA-LA MANCHA[144], en su Título IV Cap. II Art. 61 se crea el Consejo Regional de Transparencia y Buen Gobierno de Castilla-La Mancha como órgano adscrito a las Cortes de Castilla-La Mancha, con plena capacidad, autonomía e independencia, para garantizar los derechos de acceso a la información pública, velar por el cumplimiento de las obligaciones de publicidad activa y garantizar y promover la observancia de las disposiciones de buen gobierno en el ámbito de aplicación de esta ley o de aquellas otras que le puedan atribuir competencias. El 12 de julio de 2018 se publicó el Reglamento de Organización y Funcionamiento del Consejo Regional de Transparencia y Buen Gobierno[145]. De momento y aunque la competencia es de Castilla-La Mancha, incluso existiendo el Reglamento, el CTBG Estatal, será el encargado de resolver las reclamaciones.

Recientemente ha sido modificada la Ley 4/2016, de 15 de diciembre, por la disposición final 11.1 de la Ley 4/2021, de 25 de junio de Medidas Urgentes de Agilización y Simplificación de Procedimientos para la Gestión y Ejecución de los Fondos Europeos de Recuperación, modificando la composición del Consejo de Transparencia y Buen Gobierno en ella prevista -en aras alegan, de su puesta en funcionamiento-. Se modifican los apartados 1 y 2 del artículo 61 También el artículo 62 y las funciones en el artículo 63.

"Artículo 61. Naturaleza jurídica y órganos. 1. Se crea el Consejo Regional de Transparencia y Buen Gobierno de Castilla-La Mancha como órgano colegiado adscrito a las Cortes de Castilla-La Mancha, con plena capacidad, autonomía e independencia, para garantizar los derechos de acceso a la información pública, velar por el cumplimiento de las obligaciones de publicidad activa y garantizar y promover la observancia de las disposiciones de buen gobierno en el ámbito de aplicación de esta ley o de aquellas otras que le puedan atribuir competencias. Asimismo, al Consejo Regional le corresponde la creación, gestión y control de un registro sobre las declaraciones responsables a que se refiere el artículo 36 de la presente ley, así como de aquellos otros que se le encomienden y sean necesarios para asegurar una correcta aplicación de las disposiciones en materia de transparencia y buen gobierno.

2. El Consejo Regional de Transparencia y Buen Gobierno estará compuesto por una Presidencia y dos Adjuntías."

El artículo 62. Designación, nombramiento y cese de las personas que componen el Consejo Regional de Transparencia y Buen Gobierno.

1. Las personas que hayan de ejercer la Presidencia y Adjuntías del Consejo Regional de Transparencia y Buen Gobierno serán propuestas, elegidas y nombradas por las Cortes de Castilla-

---

143 http://participa.jcyl.es/forums/929860-anteproyecto-de-ley-detransparencia-acceso-a-la

144 Ley 4/2016, de 15 de diciembre, de Transparencia y Buen Gobierno de Castilla-La Mancha (BOE Nº36 de 11 de febrero de 2017)

145 Reglamento de Organización y Funcionamiento del Consejo Regional de Transparencia y Buen Gobierno

La Mancha, por mayoría de tres quintos en primera votación y por mayoría absoluta en segunda, de entre personas de reconocido prestigio y competencia profesional.

Sus mandatos tendrán una duración de seis años, pudiendo ser renovados por una sola vez por idéntico periodo."

La norma de esta CCAA, va "más allá" de la legislación estatal sobre transparencia de 2013, con cuestiones clave como la creación de registro de lobbies y de un código ético para cargos públicos.

Ley 1/2018, de 21 de marzo, de Transparencia de la Actividad Pública de CANTABRIA[146], en su Título III Auditoría, seguimiento y control de la transparencia. Artículo 33.1.-35 se recoge que una Ley de Cantabria creará el Consejo de Transparencia de Cantabria como órgano con personalidad jurídica propia y plena capacidad de obrar. Actuará con autonomía y plena independencia en el cumplimiento de sus fines. De momento y aunque la competencia es de la CCAA, el CTBG estatal, será el encargado de resolver las reclamaciones, para ello se firmó el Convenio.

Ley 8/2018 del PRINCIPADO DE ASTURIAS[147] de 14 de septiembre, de Transparencia, Buen Gobierno y Grupos de Interés. Título V Arts. 63-73, se crea el Consejo de Transparencia y Buen Gobierno del Principado de Asturias como ente público con personalidad jurídica propia, sus fines promover la transparencia de la actividad pública, velar por el cumplimiento de las obligaciones de publicidad activa, salvaguardar el ejercicio del derecho de acceso a la información pública y garantizar la observancia de las disposiciones de buen gobierno y grupos de interés. Aún no ha sido constituido y requiere el apoyo de una mayoría cualificada de la Junta (dos tercios), por lo que la competencia es del Principado de Asturias, pero de momento, mediante convenio, el CTBG estatal será el encargado de resolver las reclamaciones.

Por otro lado, depende directamente del Consejo de Transparencia y Buen Gobierno, la Oficina de Buen Gobierno y Lucha contra la Corrupción - Título II – que actuará sobre la Administración del Principado. La Oficina se configura con nivel orgánico de Servicio, lo que no quiere decir que sea un Servicio de la Administración, sino que quien esté al frente de la Oficina tendrá nivel de Jefe de Servicio.

La ley, se presentó como una norma mucho más ambiciosa que la nacional para luchar contra la corrupción y recuperar la confianza de la sociedad en la clase política y en mi opinión lo es en cuestiones como: obliga a los grupos de presión a inscribirse en un registro y exige a los cargos públicos que declaren los encuentros que mantengan con estos y el objeto y resultado de las reuniones. Igualmente, prevé un sistema de "cuentas abiertas" en el Principado, que permita un control mensual sobre las cuentas bancarias de la administración autonómica. También habilita una vía segura para que

---

[146] Ley de Cantabria 1/2018, de 21 de marzo, de Transparencia de la Actividad Pública.
Cantabria y el Consejo de Transparencia y Buen Gobierno han firmado un convenio para la resolución de las reclamaciones

[147] Ley del Principado de Asturias 8/2018, de 14 de septiembre, de Transparencia, Buen Gobierno y Grupos de Interés. (BOPA núm. 222, de 24/09/2018, BOE núm. 253, de 19/10/2018. En vigor 24/12/2018)
El Principado de Asturias y el Consejo de Transparencia y Buen Gobierno han firmado un convenio

los empleados públicos y cualquier persona puedan denunciar situaciones relacionadas con la corrupción. Concretamente, se crea un canal de lucha contra la corrupción y se incluye un estatuto del denunciante a fin de que, dejando a salvo la posibilidad de denuncias anónimas si así se prevé en la legislación estatal, los datos resulten protegidos y no se produzcan represalias. Establece además límites a las "puertas giratorias", con restricciones a los altos cargos para ejercer la actividad privada durante dos años en determinados casos y revisión de su patrimonio al finalizar su mandato.
Aunque la norma sigue sin desarrollarse ni aplicarse puesto que corresponde al Consejo de Transparencia, no ya solo velar por el cumplimiento de la misma, sino también aprobar los planes de prevención contra la corrupción, la elaboración de los planes estratégicos de transparencia o la apertura de expedientes en caso de incumplimiento. Se prevén multas que pueden llegar a los diez mil euros y sanciones a altos cargos que pueden derivar en su destitución e inhabilitación para ocupar cargo público entre cinco y diez años.

Ley 10/2019, de 10 de abril de transparencia y participación de la Comunidad MADRID[148] en el Título V art. 72-79, la ley establece la creación del Consejo de Transparencia y Participación, órgano adscrito a la Asamblea "para el fomento, análisis, control y protección de la transparencia pública y la participación en el ámbito de la Comunidad de Madrid.
La Comunidad de Madrid[149] y el CTBG firmaron un convenio para la resolución de las reclamaciones, y aunque la competencia es de la Comunidad Autónoma de Madrid, el CTBG estatal ha sido el encargado de tramitar, resolver y notificar las reclamaciones hasta 2021 que se pone en marcha el Consejo de Transparencia y Buen Gobierno de Madrid.

III.- RECAPITULACIÓN

Teniendo claro que cuanto mayor sea el conocimiento de la ciudadanía de la acción pública, mayor será su participación en la toma de decisiones y su confianza en la Administración y el gobierno; que la transparencia y la rendición de cuentas son garantías para un mejor desempeño del servicio público y, que ambas -participación ciudadana y transparencia- refuerzan la integridad democrática; que además el derecho de acceso a la información pública es garantía de transparencia para que la

148 Ley 10/2019 de 10 de abril, de Transparencia y de Participación de la Comunidad de Madrid (BOCM núm. 94 de 22 de Abril de 2019 En vigor en 2020) Decreto 58 /2020, de 29 de julio, de Consejo de Gobierno, por el que se crea el Registro de solicitudes de acceso a la información pública y reclamaciones de la Comunidad de Madrid y se aprueba su Reglamento de Organización y Funcionamiento

149 Antecedentes: LEY 4/2014, de 22 de diciembre, de Medidas Fiscales y Administrativas. BOE 49 de 26 de febrero. Sin perjuicio de las competencias atribuidas en este Título a otros órganos, en la Comunidad de MADRID corresponde a la Consejería competente en materia de calidad de los servicios promover la transparencia de la actividad pública y velar por el cumplimiento de las obligaciones de publicidad en los términos previstos en la Ley 19/2013, de 9 de diciembre, de transparencia, información pública y buen gobierno. (La ley entrará en vigor el día 1 de enero de 2015).
Posteriormente se elabora el Proyecto de Ley 3/2016 de gobierno abierto, participación ciudadana y transparencia de la Comunidad de MADRID. (BOAM Número 54 de 14 de abril de 2016 X Legislatura; rechazado por la mayoría del PSOE, Podemos y Ciudadanos, que votan a favor de la enmienda a la totalidad del PSOE que arrastró a las presentadas por Podemos y Ciudadanos (6-10-2016) considerando que existe un fallo importante en el texto del Gobierno PP como es que todo el régimen sancionador depende del Gobierno (del Consejero de Justicia). También prevé la creación de una Comisión para la Transparencia presidida por el consejero de Presidencia, Justicia y Portavoz del Gobierno regional y vicepresidida por la directora general de Calidad de los Servicios y Atención al Ciudadano.

ciudadanía pueda fiscalizar y exigir cuentas a los servidores públicos y constituye un medio eficaz contra la corrupción; la Ley 19/2013, de 9 de diciembre, de transparencia, acceso a la información pública y buen gobierno (LTAIBG) puede no evitar la corrupción -perseguida por el código penal u otras leyes- pero si puede favorecer la eficiencia, porque todos los servidores públicos se deberían sentir observados.

Sin entrar a valorarlo en este momento, habría que hacer un recordatorio del Informe CORA[150] que impulsó el gobierno estatal (PP 2012) donde se sugiere que las CCAA eliminen lo que se ha denominado como "duplicidades administrativas", incluyendo las Agencias de Protección de Datos autonómicas. Es decir, propone eliminar organismos en base a la austeridad; y a la vez cuando el contexto es preocupante debido a la corrupción ese mismo gobierno, impulsa una Ley de Transparencia que da vía libre para crear diecisiete autoridades de control de transparencia en el ámbito autonómico.

Tras un largo proceso de gestación, las Cortes Generales a finales de 2013 promulgaron la Ley 19/2013, de 9 de diciembre, de Transparencia, Acceso a la Información Pública y Buen Gobierno. Lo cierto es que, anteriormente ya existían en nuestro ordenamiento jurídico normas que obligaban a la publicidad activa de información administrativa en distintos ámbitos y también normas que recogían y desarrollaban, el derecho de acceso a archivos y registros públicos (Ley 30/1992 de 26 de noviembre, de Régimen Jurídico de las Administraciones Públicas y del Procedimiento Administrativo Común). Desde 1995, existe una ley estatal básica en relación con el derecho de acceso a la información pública, de contenido medioambiental, ley actualizada en 2006[151], que podríamos decir son equiparables a la Ley 19/2013, de 9 de diciembre, e incluso en algunos aspectos más avanzada, aunque sólo sea porque debía transponer las directivas europeas 2003/4/CE. Sin embargo, y tal como analiza FERNÁNDEZ RAMOS[152], estas leyes "tenían unos pies de barro: debido al tradicional respeto de las instituciones europeas a la autonomía institucional de los Estados miembros, las directivas europeas no impusieron la creación de un órgano independiente de garantía, y el legislador español, se limitó a remitirse a los recursos administrativos ordinarios. La consecuencia es una ley avanzada pero casi desconocida y menos aún aplicada, y casi exclusivamente a instancia de grandes organizaciones de defensa del medio ambiente, únicas capaces de soportar contenciosos ante los tribunales".

[150] *Comisión para la Reforma de las Administraciones Públicas (CORA),* ofrece abundante información sobre la Comisión para la Reforma de las Administraciones Públicas, más conocida por el acrónimo CORA, que fuera creada en octubre de 2012 por la Vicepresidenta del Gobierno para dar cumplimiento a un acuerdo de la Conferencia de Presidentes de las CCAA. El acuerdo contenía el compromiso del Gobierno de efectuar un estudio integral del funcionamiento de las AAPP cuyos resultados permitieran elaborar un programa de racionalización administrativa para eliminar duplicidades entre el Estado y las Comunidades, reducir cargas burocráticas a los administrados, mejorar la eficacia en la gestión y analizar los entes administrativos para plantear las modificaciones necesarias en cuanto a su número y configuración jurídica. La Comisión CORA fue la encargada de elaborar el informe. El sitio proporciona accesos al documento y a los correspondientes informes de seguimiento.

[151] Ley 27/2006, de 18 de julio, por la que se regulan los derechos de acceso a la información, de participación pública y de acceso a la justicia en materia de medio ambiente, y su predecesora la derogada la Ley 38/1995, de 12 de diciembre, sobre el derecho de acceso a la información en materia de medio ambiente

[152] FERNÁNDEZ RAMOS, S., "Los órganos de garantía ante la revisión judicial", *Revista Española de la Transparencia. RET núm. 7.* Segundo Semestre de 2018, pág. 21. www.revistatransparencia.com

También la Ley 7/1985, de 2 de abril, reguladora de las Bases del Régimen (LRBRL –art. 77 -) reconoce a los miembros de las Corporaciones Locales, en el marco del estatuto propio de los electos locales, un específico derecho de acceso a la información en poder de su respectiva corporación, y que la jurisprudencia considera integrado, en sus elementos fundamentales, en el derecho a acceder a funciones y cargos públicos –art. 23.2 CE-. Por tanto, había referencias sobre este derecho de acceso anterior a la ley 19/2013.

La Constitución Española no incluye la palabra transparencia, son los artículos 149.1.1.ª, 149.1.18.ª y 149.1.13.ª los que sustentan la ley 19/2013, de 9 de diciembre, de transparencia, acceso a la información pública y buen gobierno, su interpretación en la jurisprudencia constitucional, así como el margen que explícitamente se reserva a las CCAA en esta materia. No fundamenta el derecho de acceso en el artículo 20.1.d de la CE, con lo que no lo reconoce como un Derecho Fundamental, hecho que, en la mayoría de los casos, hará que prime la protección de datos sobre la transparencia en los casos de conflicto. Por ello, sería aconsejable una reforma constitucional o un reconocimiento jurisprudencial, apoyado por una ratificación del Convenio 205 y una modificación de la ley de transparencia que suprimiera el actual artículo 105.b) CE, y se reconociera expresamente que el derecho de acceso a la información pública forma parte natural del conjunto de derechos informativos del artículo 20 CE. 2.

Dentro del proceso de aprobación de la Ley, podemos destacar el procedimiento de consulta pública al que se sometió el anteproyecto gracias a las TIC o la creación de grupos de expertos que debatieron diversos puntos conflictivos como el reconocimiento o no el acceso a la información como un derecho fundamental vinculado al de libertad de información, los sujetos incluidos en el ámbito subjetivo de la ley, la necesidad de incluir sanciones y, en su caso, incentivos, para fomentar el cumplimiento de la ley; la previsión del silencio como positivo o negativo, la necesidad de garantizar la creación de un órgano de control independiente.

En la Ley no se hace mención en ningún momento a conceptos como "corrupción", "desafección" "legitimidad" o "confianza", a pesar de que, como se comprobó en el debate, entre sus objetivos está la recuperación de la confianza de la sociedad y prevenir la corrupción. Por otro lado, regula la transparencia y el acceso a la información, además del buen gobierno, que, si bien son conceptos relacionados, el buen gobierno se puede entender como un principio más amplio y que incluye dentro de sí a los otros dos. Su entrada en vigor a los dos años, como máximo, para la adaptación de los órganos de las CCAA y Entidades Locales es de vital importancia a la hora de analizar los efectos que la Ley pudiera tener sobre la opinión pública.

La nueva Ley 19/2013 pretende consolidar la "cultura de la transparencia" que no logró la normativa anterior puesto que, la administración y las instituciones públicas continuaron llevando a cabo prácticas tendentes a la opacidad y a la interpretación restrictiva del derecho de acceso a los archivos y registros. Una vez más, el tiempo dirá si su aprobación ha sido suficiente para modificar patrones de

conducta profundamente arraigados, aunque pasados unos años, las opiniones de los expertos, al respecto no pueden ser más negativas[153].
Incluye parcialmente al poder legislativo, aunque en un nivel medio y referido a sólo actividades sujetas a derecho administrativo, lo cual puede producir muchos conflictos o ser una barrera de opacidad. Lo mismo sucede con el poder judicial, del que incluye únicamente al Consejo General del Poder Judicial.

En definitiva, apunta el profesor MARTIN DELGADO, nos encontramos ante un sector del ordenamiento jurídico identificado y ante una cuestión necesitada de especial protección mediante órganos de carácter independiente. Es la clave del éxito de la opción del legislador por vías alternativas de impugnación[154].

En los casos en los que las CCAA han optado por crear un órgano homólogo al CTBG, la competencia para conocer de las resoluciones dictadas por la Administración autonómica y su sector público, y las entidades locales comprendidas en su ámbito territorial corresponderá a ese nuevo órgano. La normativa autonómica es heterogénea, aunque forma parte de la autonomía organizativa; hay CCAA que en sus leyes no recogen la figura del órgano de control y trasladan sus reclamaciones al CTBG estatal como LA RIOJA, en el caso de CANTABRIA plantea hacer una Ley de creación del órgano de control o en el caso de Andalucía su autoridad de transparencia asume también la protección de datos.

Podemos adelantar que la sustitución de los recursos ordinarios por la reclamación ante el Consejo estatal y los Consejos, Comisiones y Comisionados autonómicos, reúne requisitos para un adecuado funcionamiento del sistema de impugnación, si bien se pueden apreciar algunas carencias:

- El Estatuto del CTBG es aprobado por el Consejo de ministros y no por el propio Consejo de Transparencia, (como sería deseable si se desea atribuir al órgano un mayor nivel de autonomía) y añade en su art. 11 que desempeñará su cargo con dedicación absoluta, plena independencia y total objetividad, sin estar sujeto a mandato imperativo alguno, ni recibir instrucciones de autoridad alguna; pero se adscribe al Ministerio competente en la materia. Igualmente, la mayoría de los órganos de garantía autonómicos se adscriben al departamento del gobierno competente en la materia.

- Un ámbito de aplicación limitado: el Consejo de la Transparencia solo conocerá los casos que afecten a la Administración General del Estado. Cada CCAA podrá crear su sistema de recurso y cada

[153] Entre otros: ARAGUÁS GALCERÀ, I., "Los diez aspectos clave de la Ley 19/2013, de 9 de diciembre, de transparencia, acceso a la información pública y buen gobierno", (última consulta, 10/04/2020) disponible en: http://blocs. gencat.cat/blocs/AppPHP/eapc-rcdp/2014/01/13/deu-aspectes-clau-de-la-llei-192013-de-9-de-desembre-detransparencia-acces-a-lainformacio-publica-i-bon-govern-irene-araguas-cat-es

- PÉREZ VELASCO, M.M., "La Ley 19/2013, de 9 de diciembre, de transparencia, acceso a la información pública y buen gobierno: una ocasión perdida en la equiparación a los estándares europeos". Texto disponible en: http://idpbarcelona.blogspot.com.es/2014/01/la-ley-192013-de-9-de-diciembre de.html

[154] MARTIN DELGADO, Isaac., "La configuración legal de las autoridades de transparencia". *Fundación Democracia y Gobierno Local Serie: Claves del Gobierno Local, 27* ISBN: 978-84-120267- pp. 1-9.

organismo deberá crear el suyo propio. Esto puede provocar una situación de desconcierto para el ciudadano y diferencias en la interpretación de la ley de transparencia.

- Un proceso de nombramiento del presidente extremadamente dependiente: El presidente es propuesto por el Ministro de Hacienda y Administraciones Públicas al Congreso de los Diputados que, por acuerdo adoptado por mayoría absoluta, deberá refrendar la propuesta de nombramiento. Por lo que pueden tener fuertes vinculaciones políticas que llevará a una falta de independencia del presidente del órgano de control. Prevaleciendo la lógica partidista. Se traslada a los órganos o autoridades CCAA.

– Falta de potestad sancionadora, cuando se aprobó la Ley de transparencia 19/2013, una de las críticas que se le hizo fue la ausencia de un sistema de sanciones para las entidades y sujetos de la ley que no cumplieran con la publicidad activa y el acceso a la información. Podemos añadir la falta de potestad sancionadora que tienen todos los órganos de garantía. Se produce así una falta de confianza de la ciudadanía ya que pueden ver que su reclamación es estimada pero nunca cumplida. El riesgo está en que los sujetos obligados perciban la debilidad de los órganos de garantía, y que sus incumplimientos no comportan consecuencias desfavorables o, al menos, valoradas las ventajas y los inconvenientes, puedan considerarse mayores las ventajas derivadas del incumplimiento.

Carencias también, en cuanto a su funcionamiento, derivadas de la insuficiencia de los medios humanos y económicos que llevarán a que, muchas denegaciones de información pueden acabar sin una debida motivación de por qué no se publica la información[155], -provocándose un doble silencio negativo-, como se verá más adelante.

Es verdad que se ha tardado años en aprobar una ley, que sitúa el derecho de acceso a la información fuera del derecho fundamental, vinculándolo al art. 105-b) CE (acceso de los ciudadanos a los archivos y registros administrativos) que al art. 20.1 d) (libertad de expresión) con la consiguiente menor protección judicial; que ha sido complejo en cuanto a la entrada en vigor escalonada, con tres momentos diferenciados: al día siguiente, al año y a los dos años de la publicación en el BOE y que por tanto la ley básica estatal 19/2013 es manifiestamente mejorable, pero ha introducido en nuestro Derecho Administrativo, el principio de transparencia de la actividad pública, elevado al mismo plano que el principio de legalidad y de eficacia. Además, la creación de una institución o autoridad como los órganos de garantía del derecho de acceso a la información pública, deberán ser fundamentales para prestar servicio a la ciudadanía y a nuestra democracia, aunque sea dependiente del Ministerio de Hacienda y Administraciones Públicas. Considero, por tanto, que es de valorar el esfuerzo por redactar esta ley, aunque sea mejorable y deba remediar todas las carencias mencionadas. Veremos eso sí, que la adecuada configuración del órgano independiente de garantía y la ordenación también adecuada de una reclamación ante el mismo, serán sustanciales en el resultado del ejercicio de derecho de acceso a la información pública.

---

155 MARTÍN DELGADO, I., "La configuración legal de los consejos autonómicos de transparencia...", Op. Cit., pág. 5

III.- EL ÓRGANO GARANTE DEL DERECHO DE ACCESO A LA INFORMACIÓN PÚBLICA A NIVEL ESTATAL

EL CONSEJO DE TRANSPARENCIA Y BUEN GOBIERNO (CTBG)

CAPITULO TERCERO

EL ÓRGANO GARANTE DEL DERECHO DE ACCESO A LA INFORMACIÓN A NIVEL ESTATAL: EL CONSEJO DE TRANSPARENCIA Y BUEN GOBIERNO (CTBG)

"…la transparencia entre los políticos es una palabra y una bandera en la que se envuelven mucho, pero a la hora de apostar por ella, dar ejemplo, hacerla algo vivo, no veo mucha iniciativa".
ARIZMENDI[156]

Estudiamos en este capítulo la estructura administrativa y el modelo de organización y de gestión del órgano garante de transparencia de la actividad pública, encargado de velar por el cumplimiento de las obligaciones de publicidad, salvaguardar el ejercicio del derecho de acceso a la información pública y garantizar la observancia de las disposiciones de buen gobierno: el Consejo de Transparencia y Buen Gobierno, (CTBG). Se abordan aspectos esenciales de su funcionamiento, presupuesto, recursos humanos, y comunicación. El análisis tiene el objetivo de identificar las lagunas y posibles soluciones que, en términos de diseño administrativo y de gestión, se pueden encontrar para ejercer de manera efectiva las distintas atribuciones específicas que les confiere la ley (de manera más exhaustiva la garantía del derecho de acceso y la resolución de reclamaciones), los objetivos y orientación del CTBG, así como identificar sus posibles retos. También ese cumplimiento depende de que cuente con una organización eficiente, recursos suficientes y personal capacitado. Por ello se analizarán igualmente estos elementos.

I.- CONFIGURACIÓN LEGAL

En la Ley 19/2013, de 9 de diciembre, de Transparencia, Acceso a la Información y Buen Gobierno (LTAIBG)[157], se establece un régimen especial de impugnaciones ante denegaciones de solicitudes acogidas al derecho acceso a la información. Esta regulación contenida en su artículo 24.6, prevé las reclamaciones ante un órgano de control que crea la propia ley bajo la denominación de Consejo de la Transparencia y Buen Gobierno (CTBG)[158]. Dicho Consejo posee unas funciones que no se limitan a la resolución de reclamaciones respecto al derecho de acceso a la información, ya que ejerce otras en materia de publicidad activa y además posee atribuciones que van más allá del control y que forman parte de la esfera del asesoramiento técnico y del fomento de la transparencia. No obstante, en este análisis-estudio nos centraremos en esa función principal de garante del derecho de acceso a la información, por ser la que ejerce primordialmente en la práctica.

---

[156] ARIZMENDI, Esther. El país: 28 sep16 (entrevista de Elena G. Sevillano a la Presidenta del Consejo de la Transparencia) https://elpais.com › hemeroteca › 2016-09-28, pág. 4. Totalmente de acuerdo con las declaraciones de la Presidenta cuando asegura que a los políticos les falta compromiso. En mi opinión se necesita una voluntad política clara y sincera, una nueva forma de ejercer y entender el poder público para fortalecer la democracia, considerando valoraciones éticas, articulando el derecho a la información con la práctica de la transparencia y la rendición de cuentas.

[157] Ley 19/2013, de 9 de diciembre, de transparencia, acceso a la información pública y buen gobierno ,

[158] Estatuto, aprobado por Real Decreto 919/2014 de 31 de octubre.

Desde su puesta en funcionamiento, en diciembre de 2014, el CTBG ha resuelto a favor de los ciudadanos 6.643 reclamaciones (hasta febrero 2022) tanto del Estado como de las CCAA con las que ha firmado convenio y ha atendido diferentes consultas sobre asuntos de transparencia y de aplicación de la ley contabilizadas desde el 2015.

ACTIVIDAD CTBG	2015 a 2021	%	2022 (en-feb 2022)	%
Reclamaciones	**9.937**	53,1%	396	62,0%
Denuncias	548	2,9	0	
Quejas y sugerencias	129	0,7	1	0,2
Consultas sobre la ley	653	3,5	19	3,0
Informaciones al ciudadano	7.445	39,8	233	34,9
TOTAL	18.712		639	

Web CTBG: Datos globales sobre reclamaciones de la Administración del Estado y de las Administraciones Territoriales

1. Órgano de control de transparencia administrativa en el Estado

1.1. Antecedentes

Las normas internacionales ofrecen la posibilidad de apelar ante un órgano externo como un mecanismo de supervisión independiente e imparcial, es decir un órgano que no haya participado en la decisión de la denegación (completa o parcial) de la información solicitada. La experiencia internacional demuestra que hay una serie de modelos posibles que podrían utilizarse: 1. Una Comisión o Comisionado de Información o Tribunal de Apelaciones con la finalidad de fomentar, supervisar y proteger el derecho de acceso a la información y con el poder de emitir órdenes vinculantes (Escocia, Reino Unido, Eslovenia) Comisiones o Institutos (Chile, México, Francia) 2. Una Comisión o Comisionado de Información atribuyendo las funciones de órgano garante a la Defensoría del Pueblo/ Ombudsman con el poder de emitir recomendaciones (Perú, Suecia, Nueva Zelanda) 3. La revisión judicial[159].

El modelo que se elige en cada país va a depender de la cultura y del contexto (político, económico y burocrático) específico del país, así como de los aspectos presupuestarios; en cualquier caso, la independencia es fundamental. A este respecto, en algunos países se ha previsto la formulación de una queja ante el Defensor del Pueblo o figura similar (Unión Europea). Sin embargo, la dependencia de este órgano de la Asamblea Legislativa plantea dudas acerca de la corrección del criterio de atribuir a estos comisionados parlamentarios facultades decisorias o coercitivas frente a la Administración. Otros países[160] han optado por la constitución de Comisiones de Acceso a los Documentos Administrativos

[159] GUICHOT REINA, Emilio., "El Anteproyecto de Ley de Transparencia. El sentido de la Transparencia y el Estado de la cuestión en el Derecho comparado", publicado en *El Cronista núm. 30* (junio 2012) (fecha de consulta agosto 2021)

[160] En Francia, la Comisión de Acceso a los Documentos Administrativos (CADA) desempeña un papel central, que la Ley 2000-321 vino a potenciar, ampliando su ámbito de actuación. En Portugal, la CADA fue creada a imagen y semejanza de su homónima gala, definiéndose como una "entidad pública" independiente, vinculada a la Asamblea de la República –art. 18.2 Ley 65/1993-, y ha creado una doctrina netamente favorable al principio de transparencia. En Italia, la Ley de 7 agosto 1990, n. 241 no atribuyó a la CADA italiana competencias en materia de reclamaciones contra denegaciones de peticiones

(CADA) como órganos dotados de autonomía funcional –Francia y, en menor medida, Italia-, e, incluso, configurada como organismo con personalidad jurídica propia e independiente –caso de Portugal-. En España los primeros borradores de anteproyecto de Ley de Transparencia no se decidían por ninguno de esos modelos.

Utilizando el cuadro anexo, observamos que cuando se impulsa en 2012 la Ley de Transparencia, Acceso a la Información Pública y Buen Gobierno -por primera vez en diez legislaturas democráticas- y termina su tramitación parlamentaria a finales de 2013, se generaron esperanzas de que nuestro país avanzase hacia un gobierno más abierto, participativo y transparente; pero la realidad es más compleja de lo que parecía. La transparencia como materia, dependía de cinco entidades adscritas bien al Ministerio de Hacienda y Administraciones Públicas o al Ministerio de la Presidencia: la Oficina para la Ejecución de la Reforma de la Administración, creada en 2012 para vigilar las medidas -(por ejemplo, gobierno electrónico, relaciones de gobernanza multinivel, buena regulación, reformas presupuestarias, junto con las iniciativas paralelas en áreas como estabilidad presupuestaria, transparencia y regeneración democrática)- incluidas en la Comisión para la Reforma de las Administraciones Públicas (CORA), dependía orgánicamente del Ministerio de la Presidencia y su funcionamiento tanto de Presidencia como del gabinete de Hacienda y Administraciones Públicas. La Oficina de la Transparencia y el Acceso a la Información se encargaba de actuar como unidad de información del Ministerio de la Presidencia y coordinaba la información de la Administración General del Estado y la elaboración y control de los informes que se remitían al Portal que diseñó en 2014, también se encargaba de atender a los ciudadanos sobre el modo de acceso a los servicios y procedimientos en materias propias del departamento, así como de tramitar las quejas y sugerencias que pudieran derivarse de su funcionamiento. Debajo ese Portal de la Transparencia, que dependía directamente de las dos oficinas anteriores y debía contener la mayor información posible; el Consejo de Transparencia que, tras diferentes opciones, se distinguía como independiente jurídicamente y trataba de velar por el acceso a la información de los solicitantes; y, finalmente, la Oficina de Conflicto de Intereses, adscrita al Ministerio de Hacienda y lugar al que llegaban las solicitudes de los cargos públicos para poder pasar a la actividad privada.

El Consejo de Ministros de 29 de julio de 2011[161] aprobó un anteproyecto que nunca llegó al Congreso porque ese mismo día el Presidente Zapatero (PSOE) anunció el adelanto de las elecciones, la competencia en ese anteproyecto se atribuía a la Agencia Española de Protección de Datos AEPD. Un mes antes el PP había registrado su propia proposición de ley, ya que los dos partidos mayoritarios llevaban este compromiso en sus programas electorales.

---

de acceso, sino que su función se centró en el asesoramiento a las Administraciones Públicas, fundamentalmente mediante el dictamen de las normas de desarrollo de la Ley 241/1990. Sin embargo, en la práctica la CADA italiana desarrolló una actividad más amplia de la inicialmente prevista (principalmente mediante la emisión de "directivas" y, finalmente, la Ley de 11 febrero de 2005, n.15, por la que se modificó la Ley 241/1990, atribuyó también a la CADA italiana la competencia para intervenir en vía administrativa, siguiendo de nuevo el ejemplo francés.

[161] La Moncloa. Referencia del Consejo de Ministros. Viernes 29 de julio de 2011.
https://www.lamoncloa.gob.es/consejodeministros/referencias/Paginas/2011/refc20110729.aspx

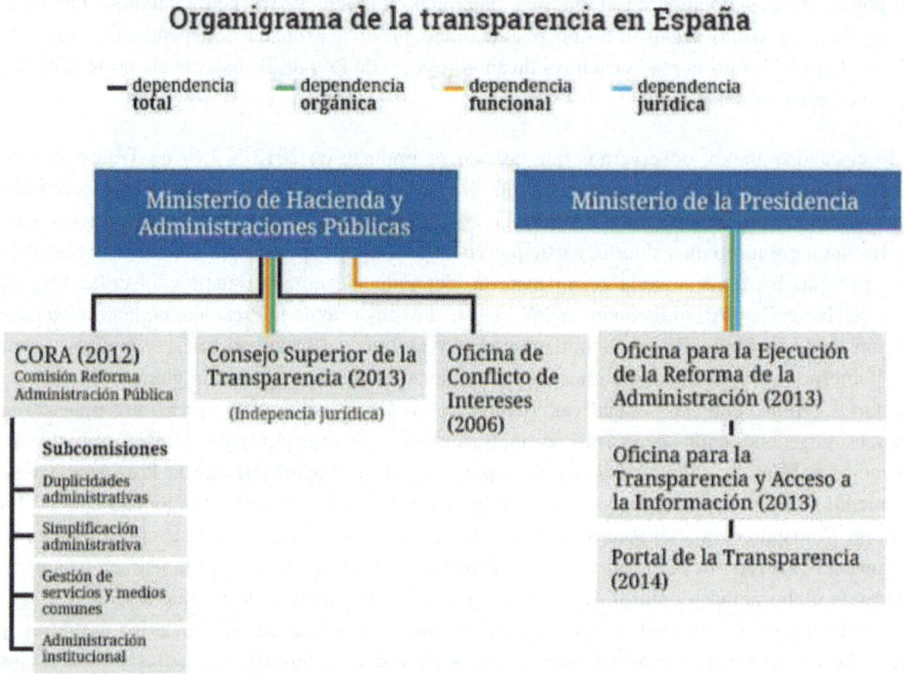

CUADRO: Organigrama de la transparencia (2012-2013) hasta la aprobación de la Ley 19/2013, de 9 de diciembre, de Transparencia, Acceso a la Información y Buen Gobierno (LTAIBG) [162].

Durante la X Legislatura -13/12/2011 a 2015-, el primer anteproyecto de Ley impulsado por el Gobierno de Rajoy en el Parlamento -23 marzo de 2012-, no contemplaba el órgano de control actual: CTBG. Se optaba por crear una Comisión de Transparencia y Acceso a la Información, como órgano colegiado encargado de fomentar la transparencia y velar por la protección del derecho de acceso, desde la adopción de recomendaciones y posicionamientos o criterios y a través de la evaluación del cumplimiento de la Ley, remitiendo el control de las resoluciones administrativas en materia de derecho de acceso al régimen ordinario -el mismo órgano que denegó la solicitud (recurso de reposición) o por su superior jerárquico (recurso de alzada), y de recursos contencioso-administrativos. Tras la valoración de la consulta pública[163], el Gobierno modifica el 18 de mayo de 2012 el

---

[162] https://www.eldiario.es/politica/laberinto-transparencia_0_418908403.html (publicado 11/08/2015 Cristina Armunia Berges)

[163] El Anteproyecto fue sometido a consulta pública, algo novedoso en nuestro país, entre el 26 de marzo y el 10 de abril. Sin embargo, las aportaciones ciudadanas [3.683] no tuvieron publicidad directa alguna, sino que se compendiaron en el referido Informe, que puede consultarse en http://www.accessinfo.org/documents/105482716-Informe-del-Ministerio-de-Presidencia.pdf.
Dice al respecto dicho informe (p. 2): "un significativo número de observaciones señalan la necesidad de configurar el derecho de acceso como un derecho fundamental regulado, por tanto, por una norma de rango orgánico. Para apoyar su argumentación se basan en la configuración como fundamental que tiene el derecho de acceso a la información a nivel internacional (Convenio Europeo de Derechos Humanos y Carta Europea de Derechos Fundamentales)."

anteproyecto por las sugerencias recibidas a través de aquella y otras vías de debate e influencia, desde artículos hasta jornadas de estudio, mejorando sobre todo la configuración de la reclamación especial prevista en la versión inicial.

El Consejo de Ministros aprobó el 27 julio 2012 la remisión a las Cortes Generales del Proyecto de Ley de Transparencia, Acceso a la Información Pública y Buen Gobierno. En materia de impugnaciones, se añadió una reclamación potestativa y previa a la vía contenciosa, ante la Agencia Estatal de Transparencia, Evaluación de las Políticas Públicas y la Calidad de los Servicios (AEVAL)[164]. Pareció mejor solución que el criterio de anteriores anteproyectos que asignaban esta misión a la Agencia de Protección de Datos (APD), ya que era atribuir a una misma organización finalidades contrapuestas (privacidad y transparencia).

Se otorgaban las competencias para resolver las reclamaciones -art. 21- a un organismo ya existente en aras de la necesaria austeridad exigida por las actuales circunstancias económicas, reforzando su carácter independiente, mediante la modificación del sistema de nombramiento de su presidente, haciéndolo prácticamente idéntico al del presidente de la Agencia Española de Protección de Datos, y tasando las causas para el cese. Aunque se originaba otro problema, al encomendarle las dos funciones a la AEVAL, que no disponía de un estatuto que garantizara un mínimo de autonomía y, además, la posición de la Agencia frente al Gobierno era diferente en el caso de la evaluación de políticas públicas y en el caso de la transparencia.

Se optaba así, por un modelo donde el derecho del ciudadano a saber y a conocer qué hacen los gestores con los fondos públicos, estaba limitado por las decisiones administrativas de los propios gestores sobre las solicitudes de información que la ciudadanía presentase, decisiones que no admiten más control que el posterior por la vía jurisdiccional (y con carácter previo por un organismo administrativo no independiente, la desaparecida AEVAL[165], transformada en Agencia de Transparencia, Evaluación de Políticas Públicas y Calidad de los Servicios, en aras a una supuesta eficacia y protección de los intereses generales, que se presumía conocía mejor que los propios ciudadanos y sociedad a la que afectaban.

---

164 El Proyecto puede consultarse en BOLETÍN OFICIAL DE LAS CORTES GENERALES (2012), Congreso, Serie A, nº 19-1, 7 de septiembre:
http://www.congreso.es/public_oficiales/L10/CONG/BOCG/A/BOCG-10-A-19-_1.PDF ((Art. 21. Reclamación ante la Agencia Estatal de Transparencia, Evaluación de las Políticas Públicas y la Calidad de los Servicios)
Las enmiendas pueden verse en BOLETÍN OFICIAL DE LAS CORTES GENERALES (BOCG 2013a), Congreso de los Diputados, Seria A, nº 19-3, de 2 de julio
https://www.congreso.es/public_oficiales/L10/CONG/BOCG/A/BOCG-10-A-19-3.PDF
BOLETÍN OFICIAL DE LAS CORTES GENERALES (2013b), Senado, nº 248, de 11 de octubre: http://www.senado.es/legis10/publicaciones/pdf/senado/bocg/BOCG_T_10_248. PDF.
BOCG. Congreso de los Diputados, serie A, núm. 19-1, de 07/09/2012cve: BOCG-10-A-19-1 PDF
Dictamen: https://www.boe.es/buscar/doc.php?id=CE-D-2012- 707

165 Se produce la disolución de la AEVAL por el Real Decreto 769/2017, de 28 de julio (BOE núm. 180, de 29 de julio de 2017), pasando sus funciones a ser asumidas por la Secretaría de Estado de Función Pública, a través del Instituto para la Evaluación de Políticas Públicas y de la Dirección General de Gobernanza Pública.

1.2 Autoridad administrativa independiente de control

Desde las primeras redacciones del PL se echa en falta la declaración expresa de que la AEVAL actuaría en el desarrollo de su actividad y para el cumplimiento de sus fines con autonomía orgánica y funcional, y plena independencia del Gobierno y de las Administraciones Públicas, tal como se declaraba en relación con otros organismos reguladores como la Agencia de Protección de Datos.

Conforme reconocía en ese momento la doctrina más autorizada en la materia (GUICHOT, SÁNCHEZ DE DIEGO)[166] debía configurarse una Agencia alejada completamente de cualquier interferencia de los poderes públicos, esto es, que mantuviera una real y no solo formal imagen de imparcialidad y consideraban necesario que la ley que se aprobara estableciera una autoridad administrativa independiente de control que garantizara ese acceso a la información e hiciera efectivo el principio de transparencia de las entidades públicas. Esta era y es una pieza institucional nuclear en el sistema de garantía del derecho.

Ya desde el primer momento la redacción del anteproyecto centraba las garantías de independencia en la figura del presidente del órgano de control (la Agencia de Transparencia) al que se confiaba la competencia en exclusiva, obviando el estatuto de los consejeros, de modo que se configuraba una agencia presidencialista, al estilo de la APD. FERNÁNDEZ RAMOS[167] nos recuerda que: "Frente a este criterio debe observarse que la ya dilatada experiencia de otros países en materia de conflictos de acceso a la información recomienda la atribución de esta competencia a órganos colegiados de composición técnica y plural". Cabe también recordar que incluso una agencia de carácter tan presidencialista como la Agencia Española de Protección de Datos cuenta con un consejo consultivo de composición plural (art. 38), del cual se nombra su director (art. 36.1).

En definitiva, ni en los anteproyectos con un órgano de garantía como la desaparecida AEVAL, ni finalmente la Ley aprobada que recoge el Consejo de Transparencia y Buen Gobierno (CTBG), van a garantizar de modo suficiente la independencia de dicho órgano de control; si bien es verdad que el CTBG como principal garantía del cumplimiento de la Ley, responde a los estándares mínimos contenidos en el Convenio sobre acceso a los documentos públicos, adoptado por el Comité de Ministros del Consejo de Europa el 27 de noviembre de 2008.
En su estudio "Comentarios al Anteproyecto de Ley Española de Transparencia, Acceso a la Información Pública y Buen Gobierno" [168], la OSCE aseguraba que los mecanismos de supervisión y

---

[166] GUICHOT, Emilio, SÁNCHEZ DE DIEGO FERNÁNDEZ DE LA RIVA, Manuel: Propuestas de Cambio de Texto del Anteproyecto de Ley de Transparencia y Observaciones: No existe en el Anteproyecto un órgano independiente que realice funciones de Agencia de Acceso a la Información Pública, al estilo del IFAI mexicano. El órgano administrativo dependiente del Gobierno previsto en el Anteproyecto es claramente insuficiente e incluso inconveniente para la implantación y desarrollo del Derecho de Acceso a la Información Pública y la Transparencia de los poderes públicos. http://www.cepc.gob.es/actividades/grupo-de-expertos-proyecto-de-ley-de transparencia

[167] FERNÁNDEZ RAMOS, Severiano. "El acceso a la información en el Proyecto de Ley de Transparencia, Acceso a la Información Pública y Buen Gobierno. *Monografías de la Revista Aragonesa de Administración Pública* ISSN 1133-4797, XIV, Zaragoza, 2013, p. 285.

[168] OSCE, Organización para la Seguridad y la Cooperación en Europa Oficina del Representante para la Libertad de los Medios de Comunicación (Documento OSCE, –Cap. VIII- abril de 2012

recurso debían estar claramente definidos e incluir órganos independientes de supervisión; porque aunque en el art. 21 del anteproyecto de Ley se preveía (para aquellos que soliciten información y se les deniegue) la posibilidad de interponer un recurso administrativo ante un órgano independiente con plenos poderes para investigar y solucionarlo, antes de interponer recurso ante el poder judicial-; lo que se veía claramente es que el órgano encargado y al que se refiere el anteproyecto es la Agencia Estatal de Transparencia, que no ofrecía garantías suficientes de independencia, ya que actuaría en el marco de un Ministerio, de conformidad con la Disposición final tercera del anteproyecto de Ley. Además, el estatuto del supuesto órgano independiente, sería aprobado por el consejo de ministros. Por ello la recomendación que propone la OSCE es que: el art. 21 del anteproyecto de Ley española debería complementarse con disposiciones que confieran independencia real al órgano mencionado en él. Además, el artículo se podría ampliar dotando al órgano de la capacidad de dirimir las apelaciones, supervisar la aplicación de la Ley y fomentar el acceso a la información en el marco de la administración.

Esta recomendación parcialmente, se traslada a la Ley en vigor en cuanto a su naturaleza jurídica, actualmente el CTBG es un organismo público de carácter independiente de los previstos en la Disposición Adicional Décima de la Ley 6/1997 de 14 de abril, de Organización y Funcionamiento de la Administración General del Estado (LOFAGE). Ello le otorga, en teoría al menos, personalidad jurídica propia y plena capacidad de obrar, así como la posibilidad de ejercer con autonomía e independencia sus competencias. En la exposición de motivos se insiste hasta tres veces en la independencia.

Un Informe de la Abogacía del Estado mantiene la independencia de este Organismo, aunque cuestiona la palabra "adscrito a" (por parte del art. 33.1 de la LTAIBG), por entender que una Administración independiente no puede estar adscrita, en el sentido de sometida funcionalmente a un Ministerio y analiza, según su opinión, las diferentes garantías de independencia que articula tanto la Ley como el Estatuto del Consejo: régimen de nombramientos, duración y causas tasadas del presidente, autonomía financiera, régimen de recursos frente a los actos del Consejo (no cabe el recurso de alzada) y relaciones entre el Consejo y las Cortes[169].

En mi opinión, en la práctica, sin un procedimiento independiente de revisión de decisiones que garantice el derecho a la información -que permita a los ciudadanos hacer cumplir su derecho a la información cuando una solicitud de información es obviada o denegada, o cuando se les impide el ejercicio de sus derechos- rápidamente se volverá discrecional y basado en la voluntad del órgano que recibe la solicitud. La debilidad o ineficacia de los mecanismos encargados de hacer cumplir la ley (inexistencia de potestad sancionadora) pueden llevar a negar arbitrariamente, o bien a fomentar el

https://www.osce.org/es/fom/90791?download=true

[169] Ref.: A.G. ENTES PÚBLICOS 50115 (R — 446/2015) Informe de la Abogacía del Estado R-446/2015, respecto a la consulta del propio Consejo acerca de las competencias en materia de transparencia que la ley le atribuye. Así en este informe se recoge que en tanto que Organismo contemplado en la Disposición Adicional Décima de la LOFAGE, el Consejo es una administración independiente caracterizada por su independencia y autonomía funcional: "su caracterización como Administración independiente es incuestionable".
file:///C:/Users/casa/Downloads/4INFORME_AE_competenciasCTBG_OTAI.pdf

"silencio", según el cual no existe una negación explícita pero sí una situación en la que se hace caso omiso de la ley.

Por lo tanto, esas recomendaciones que se hicieron durante las consultas del anteproyecto para garantizar la eficacia general de la ley, la necesidad de un mecanismo apropiado de revisión externa y que el órgano encargado fuera independiente, tampoco se tuvieron totalmente en cuenta al aprobarse la Ley y existen elementos que podrían influir en la no independencia del órgano de garantía. Entre ellos estudiaremos a continuación, la forma en que se nombra la presidencia del CTBG, su sistema de elección, la duración del mandato, su carácter no renovable y los procedimientos de destitución, la autoridad o departamento del gobierno que le confiere sus poderes y a la que mantiene informada, y su autonomía presupuestaria.

1.3 Naturaleza jurídica

El Consejo de Transparencia y Buen Gobierno se crea por la Ley 19/2013, de 9 de diciembre, de Transparencia, Acceso a la Información Pública y Buen Gobierno y ha sido configurado por el legislador estatal como autoridad administrativa independiente (art. 33.1 LTAIBG); como un organismo público con capacidad de obrar, de los que están previstos en la DA-10 de la LOFAGE[170] - ubicación reservada para lo que doctrinalmente se califica como Administraciones Independientes-, y forma parte del sector público institucional estatal (actualmente art. 84.1.b), 109 y 110 de la Ley 40/2015, de 1 de octubre, de Régimen Jurídico del Sector Público).

Mediante Real Decreto 919/2014, de 31 de octubre, se aprueba el Estatuto del Consejo de Transparencia y Buen Gobierno. Y antes del 1 de octubre de 2019, para dar cumplimiento a lo dispuesto en la Ley 40/2015, de 1 de octubre, del Régimen Jurídico del Sector Público, se debe proceder a modificar el Estatuto del Consejo para incluir en su denominación la indicación de "Autoridad Administrativa Independiente", abreviatura AAI, modificación que se aprueba por la Comisión del CTBG.

En consecuencia, las autoridades administrativas independientes están configuradas para garantizar que el poder ejecutivo carezca sobre las mismas de las funciones de dirección y control, de iure o de facto, que caracterizan su relación con la mayoría de la administración institucional, lo que necesariamente debe proyectarse en todo su diseño y estructuración interna para garantizar

---

[170] El CTBG se rige además de la Ley 19/2013, (LTAIPBG), por las disposiciones que la desarrollen y por su Estatuto. Supletoriamente se regirá por la Ley 39/2015, de 1 de octubre, del Procedimiento Administrativo Común de las Administraciones Públicas; por la Ley 40/2015, de 1 de octubre, de Régimen Jurídico del Sector Público; por la Ley 47/2003, de 26 de noviembre, General Presupuestaria; por la Ley 33/2003, de 3 de noviembre, del Patrimonio de las Administraciones Públicas; por el RDL 3/2011, de 14 noviembre, por el que se aprueba el Texto Refundido de la Ley de Contratos del Sector Público, y por el RDL 5/2015, de 30 de octubre, por el que se aprueba el Texto refundido de la Ley del Estatuto Básico del Empleado Público; el RD 919/2014, de 31 de octubre, por el que se aprueba el Estatuto del CTBG, desarrolla la naturaleza, el mandato, las funciones, los recursos y el presupuesto. así como por las demás normas que resulten de aplicación.

eficazmente esa independencia[171]. El CTBG estatal está catalogado en el Inventario de Entes del Sector Público Estatal con el código OE154 como Autoridad administrativa independiente, junto con la Agencia Española de Protección de Datos, la Comisión de los Mercados y la Competencia, la Comisión Nacional de Mercado de Valores y el Consejo de Seguridad Nuclear, según recoge E. COCCIOLO[172].

La autonomía no es solamente una cuestión de calificaciones legales, sino de régimen jurídico, por ello estudiaremos si la normativa que regula este organismo le dota de las cualidades esenciales que permiten calificarlo como tal, analizaremos sus características generales, su composición, procedencia y designación, elementos que nos permitirán valorar y evaluar si esa presunta autonomía se da verdaderamente en el órgano de control. GARCÍA COSTA[173] califica este órgano como tendencialmente independiente.

La opción por la implantación de órganos de garantía independientes y especializados en el control de legalidad de las actuaciones administrativas en el ámbito del ejercicio del derecho de acceso, en sustitución del régimen ordinario de recursos administrativos, es también la solución más extendida en derecho comparado[174] y resulta conforme al Convenio 205 del Consejo de Europa[175] sobre acceso a documentos oficiales (todos los documentos en poder de las autoridades son, en principio, públicos y sólo pueden ser retenidos para proteger otros derechos e intereses legítimos; partiendo de esta idea, el Convenio 205 establece una regulación y principios mínimos, dejando un amplio margen a los Estados para su concreción, a la vez que admite la existencia de ciertas limitaciones al derecho de acceso a la información pública), es válida siempre que, cumpla su finalidad como instrumento de participación y control y responda a cuatro principios básicos: inmediatez, asequibilidad, independencia y efectividad, como señala E. GUICHOT REINA[176].

---

[171] SIERRA RODRÍGUEZ, Javier. "Una crítica al diseño de los organismos de garantía del derecho de acceso en las comunidades autónomas". *Revista Jurídica de Castilla y León, Valladolid, nº. 45*, págs. 81-82, mayo 2018.

[172] COCCIOLO, Endrius. "La arquitectura administrativa de la transparencia en España: regulation-inside-government y diseño institucional de las Autoridades de Transparencia". *Revista de INVESTIGAÇÕES CONSTITUCIONAIS., Curitiba, vol. 6, núm. 3, 2019*. p. 531.

[173] GARCÍA COSTA, Francisco Manuel. "*El Consejo de Transparencia y Buen Gobierno*". VALERO TORRIJOS, Julián, FERNÁNDEZ SALMERÓN, Manuel (Coords). Régimen jurídico de la transparencia del sector público: del Derecho de acceso a la reutilización de información. Navarra: Thomson Reuters, 2014, p. 491.

[174] GUICHOT REINA, Emilio. CERRILLO I MARTÍNEZ, Agustí y MARTÍN DELGADO, Isaac "Configuración legal, actuación y funciones de las autoridades de transparencia.". Capítulo III. "El ámbito de competencia de las autoridades de transparencia para conocer de reclamaciones en materia de derecho de acceso a la información". *Fundación Democracia y Gobierno Local Serie: Claves del Gobierno Local, 27* 2014, pág. 70.

[175] Este Convenio es el primer instrumento jurídico internacional vinculante que reconoce el derecho general de acceso a los documentos oficiales en poder de las autoridades públicas. En septiembre de 2020 la Ministra de Política Territorial, anunció el compromiso del gobierno español de firmar y ratificar -que se incluye en el nuevo Plan de Acción de la Alianza para el Gobierno Abierto (OGP, por sus siglas en inglés)-. Consulta en https://dhpedia.wikis.cc/wiki/Convenio del Consejo de Europa sobre el Acceso a los Documentos P%C3%BAblicos

[176] GUICHOT REINA, Emilio. Op. Cit. *Configuración legal, actuación y funciones...*" p. 333.

El Ministerio de Hacienda y Administraciones Públicas ha sido la entidad a la que ha estado adscrito orgánicamente, (Real Decreto 1061/2014, de 12 de diciembre, por el que se nombra Presidenta del CTBG a María Esther Arizmendi Gutiérrez) a través de la Secretaría de Estado de Administraciones Públicas y de la que ha dependido, hasta la restructuración de los departamentos ministeriales. El Real Decreto 863/2018, de 13 de julio, por el que se desarrolla la estructura orgánica básica del Ministerio de Política Territorial y Función Pública establece que la Autoridad Administrativa Independiente -CTBG- estará vinculada a dicho Departamento en los términos de los artículos 109 y 110 de la Ley 40/2015, de 1 de octubre, de Régimen Jurídico del Sector Público, como ya hemos comentado (art. 6).

Tras las segundas elecciones en 2019 (10-11-2019) y con el objeto de impulsar los objetivos prioritarios para España, desarrollar el programa político del Gobierno y lograr la máxima eficacia en su acción y la mayor eficiencia en el funcionamiento de la AGE, el presidente del Gobierno, Pedro Sánchez, considera necesario reformar la estructura ministerial: Real Decreto 2/2020, de 12 de enero, por el que se reestructuran los departamentos ministeriales; modificado por el RD 507/2021, de 10 de julio, donde en la disposición final primera, quedan suprimidos el Ministerio de Política Territorial y Función Pública, el Ministerio de Hacienda y la Secretaría de Estado de Política Territorial y Función Pública. Siendo el RD 139/2020, de 28 de enero, el que establece la estructura del nuevo Ministerio de Hacienda y Función Pública determinando sus órganos superiores y directivos hasta el nivel de dirección general (artículo 4) al que se adscribe el CTBG. Su disposición final segunda determina la necesidad de completar la organización de cada ministerio, adaptándola a su nueva estructura básica con un RD.

Así, el RD 682/2021, de 3 de agosto, por el que se desarrolla la estructura orgánica básica del Ministerio de Hacienda y Función Pública y se modifica el Real Decreto 139/2020, de 28 de enero, en su artículo 14 recoge que entre las funciones de la Secretaría de Estado de Función Pública. m) "*La coordinación de las unidades de información de la Administración General del Estado previstas en el artículo 21 de la Ley 19/2013, de 9 de diciembre, LTAIBG, así como dictar indicaciones para la dinamización e impulso del derecho de acceso.*

Cuadro: Línea temporal y adscripción del CTBG al Departamento en materia de transparencia según la estructura ministerial.

	Ley 19/2013, de 9 de diciembre			**Estatuto (Real Decreto 919/2014, de 31 de octubre**		
	CTBG fue creado formalmente el 12 de diciembre de 2014					
	Gobierno	Adscrito orgánicamente		Presidencia		
X Legislatura 13-12-2011 a 12-01-2016	Pte. Rajoy (PP)	Ministerio de Hacienda y Administraciones Públicas	Secretaría de Estado de Administraciones Públicas	RD 1061/2014, de 12 de dic. 1ª pta. Esther Arizmendi 2014-nov 2017	Retribución 97.988,35€ brutos al año	Presupuesto millones de euros 2,57 (2015)
XI Legislatura	Pte. Rajoy	"	"			

13-01-2016 a 18-07-2016				Fallecimiento 2017		2,97 (2016)
XII Legislatura 19-07-2016 a 20-05-2019	Pte. Rajoy* (PP) 29-10-2016 ——— Pte. Sánchez (PSOE) 01-06-2018	“ ——— 2018 Ministerio de Política Territorial y Función Pública	“ ——— 2018 Secretaría de Estado de Función Pública	El subdirector general CTBG, Javier Amorós, pte. de forma interina 2017 a oct 2020		2,91 (2017) ——— 2,27 (2018)
XIII Legislatura 21-05-2019 a 02-12-2019	Pte. Sánchez (PSOE)	“	“	“		Prorrogado (2019)
XIV Legislatura 03-12-2019 actualidad	Pte. Sánchez (PSOE)	2020 Ministerio de Hacienda y Función Pública.	Secretaría de Estado de Función Pública	RD 922/2020, de 20 de oct José Luis Rodríguez Álvarez el 2º presidente 2020-presente	Retribución mes del presidente 11.684,44€.	Prorrogado (2020) 2,38 millones de euros (2021)

*Su presidencia terminó tras la moción de censura que los socialistas registraron el 25 de mayo de 2018 como consecuencia de la sentencia del Caso Gürtel, que consideraba probado que el Partido Popular se había beneficiado a título lucrativo de dicha trama de corrupción desde 1989. La propuesta fue debatida y aprobada el 1 de junio de 2018 con 180 votos a favor (PSOE, Unidos Podemos, ERC, PDeCAT, PNV, Compromís, EH Bildu y NCa), 169 en contra (PP, Cs, UPN y FORO Asturias) y 1 abstención (CC)

Del Ministerio al que se adscribe depende la asignación presupuestaria para el funcionamiento del CTBG, lo que podría influir negativamente en su autonomía de funcionamiento[177]. A pesar de que la adscripción no es en sí misma determinante de la autonomía e independencia del CTBG, otra fórmula, como la adscripción a las Cortes generales en mi opinión, hubiera resultado una solución más garantista de su autonomía formal respecto del poder ejecutivo, especialmente a raíz del ejercicio del control de legalidad “cuasi judicial” con respecto a las reclamaciones planteadas en el ejercicio del derecho de acceso a la información pública sobre él, como señala MIR PUIGPELAT[178].

En la doctrina se ha criticado esta circunstancia en la medida en que se adscribe el CTBG en una de las estructuras que está llamado a controlar (GARCÍA COSTA, VALERO TORRIJOS, FERNÁNDEZ

177 MARTÍN DELGADO, Isaac. “La configuración legal de las autoridades de transparencia”. En: MARTÍN DELGADO, Isaac; GUICHOT REINA, Emilio; CERRILLO MARTÍNEZ, Agustí. “Configuración legal, actuación y funciones de las autoridades de transparencia. Algunas propuestas de mejora”. Barcelona-Madrid: *Fundación Democracia y Gobierno Local, 27* 2014, pág. 23.

178 MIR PUIGPELAT, Oriol. “Las autoridades autonómicas de garantía del derecho de acceso: una aproximación crítica a su diseño institucional”, en: TRONCOSO REIGADA, Antonio (Dir.) Comentario a la Ley de Transparencia, Acceso a la Información Pública y Buen Gobierno. Madrid: Civitas, 2017, pág. 1828.

SALMERÓN[179]; y otra parte considera la adscripción del CTBG como una cuestión meramente "formal" de la que no derivaría una incidencia negativa en su independencia efectiva, la cual quedaría garantizada por su configuración jurídica – SENDÍN GARCÍA[180].

II.- FUNCIONAMIENTO

1. Estructura administrativa y modelo de organización.

Su estructura y diseño se plasma en el organigrama, que se va modificando de acuerdo con cambios en sus necesidades, en base a sus funciones y sus objetivos, así como de otros factores específicos (tales como el contexto, su distribución, etc.) y ese organigrama representa la forma en que se han agrupado las tareas, actividades, o funciones del CTBG.
Como señalan los autores ORDUÑA PRADA Y SÁNCHEZ SAUDINÓS[181], "el legislador estatal ha configurado legalmente al CTBG como un órgano de marcado carácter presidencialista".

1.1. Evolución del organigrama 2014 a 2021

1.1.1 Creación del CTBG (2013-2014)

En 2013 se define el primer organigrama del Consejo, organizado en la presidencia y en dos subdirecciones: la subdirección de Transparencia y Buen Gobierno y la subdirección de Reclamaciones, la oficina de Reclamaciones de Administraciones Territoriales, también la unidad de Apoyo. Además, existe un puesto de vocal asesora responsable de la comunicación; todos ellos dependen de la Presidencia. Cada subdirección cuenta con una unidad administrativa, integrada por su equipo de trabajo. Bajo cada una de estas subdirecciones, una por cada una de las dos grandes tareas encomendadas, se establecen responsables de las diversas unidades (jefes de servicio, sección, analistas de sistemas, dos de atención al ciudadano) adquiriendo una relación jerárquica directa. Un consejero técnico. En total 20 personas componían inicialmente el CTBG más el presidente: 21 personas.

---

[179] GARCÍA COSTA, Francisco Manuel., (2014), "El Consejo de Transparencia y Buen Gobierno". "Régimen jurídico de la transparencia del sector público: del Derecho de acceso a la reutilización de la información" / coord. por VALERO TORRIJOS, Julián y FERNÁNDEZ SALMERÓN, Manuel. Thomson-Aranzadi, Cizur Menor. pp. 483-504. p. 492.

[180] SENDÍN GARCÍA, Miguel Ángel. "El Consejo de transparencia y buen gobierno". *Revista Jurídica de Castilla y León*, Valladolid, n. 33, págs. 8-9, mayo. 2014.

[181] ORDUÑA PRADA, Enrique, SÁNCHEZ SAUNDINÓS, José Manuel. (2017), "La estructura orgánica del Consejo de Transparencia y Buen Gobierno, Comentario al artículo 37. Presidente del Consejo de Transparencia y Buen Gobierno". TRONCOSO REIGADA, Antonio (Dir.) Comentario a la Ley de Transparencia, Acceso a la Información Pública y Buen Gobierno, Madrid: Civitas, (págs. 1696-1717), p. 939

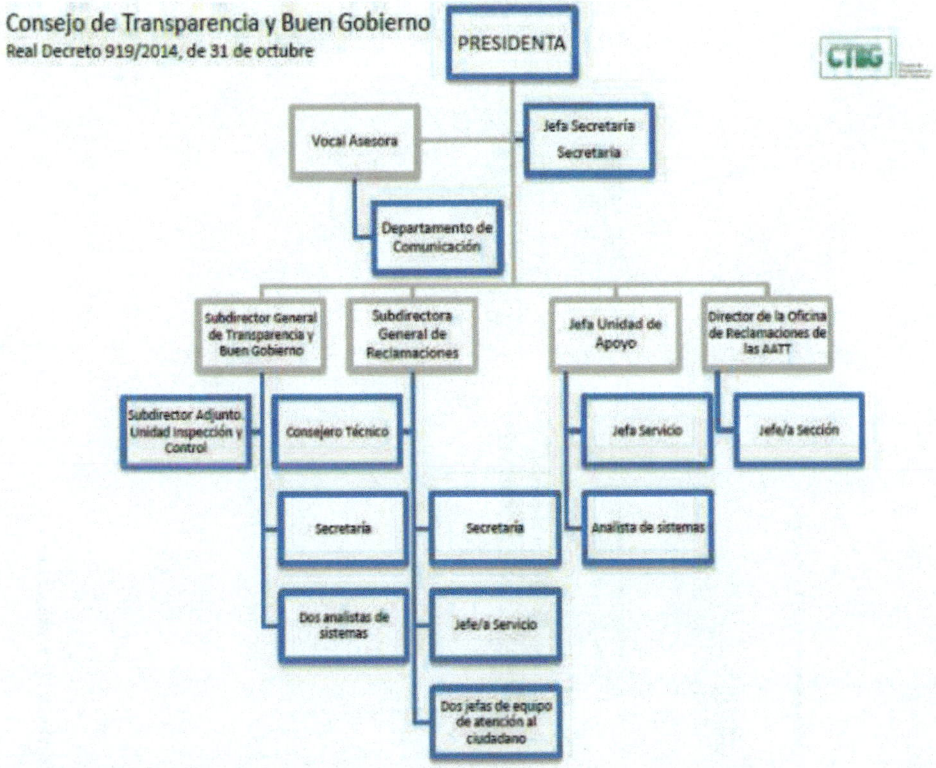

Organigrama del CTBG (2014)

1.1.2 Consolidación (2017-2018)

En 2017 observamos que el organigrama del Consejo, continúa organizado prácticamente igual, en la presidencia y en dos subdirecciones: la subdirección de Transparencia y Buen Gobierno y la subdirección de Reclamaciones, la oficina de Reclamaciones de Administraciones Territoriales, también la unidad de Apoyo. El puesto de vocal asesora nivel 30, tiene a su cargo además de un responsable de la comunicación, otra persona más; todos ellos dependen de la Presidencia. Cada subdirección cuenta con una unidad administrativa, la primera de inspección y control con un director adjunto N.29, integrada por dos puestos de analistas de sistemas N.22; la segunda unidad de atención al ciudadano y debajo del Subdirector general de Reclamaciones cuenta con el consejero técnico N.28, un jefe de servicio N.26 y dos jefes de equipo N.18 con relación jerárquica directa. En total: 20 personas componen el CTBG y 21 con el presidente.

ORGANIGRAMA A 31/12/2017

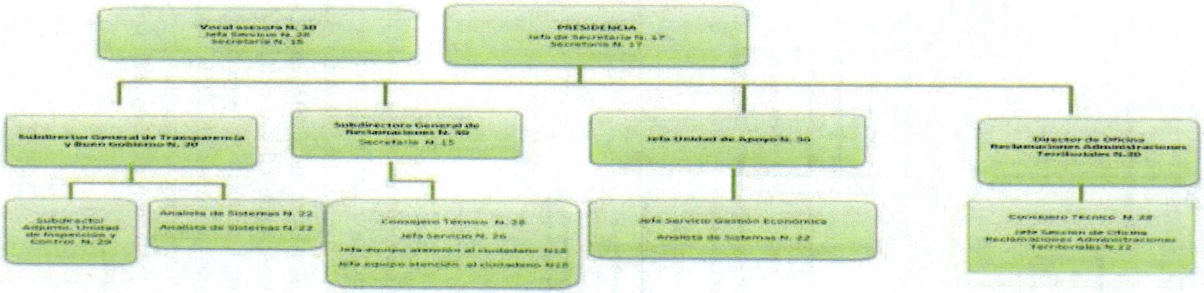

Organigrama del CTBG (2017)

BOE.es - Documento BOE-A-2019-10350 (BOE» núm. 166, de 12 de julio de 2019, pág. 75137

https://www.boe.es/boe/dias/2019/07/12/pdfs/BOE-A-2019-10350.pdf

CONSEJO DE TRANSPARENCIA Y BUEN GOBIERNO
ORGANIGRAMA A 31/12/2018

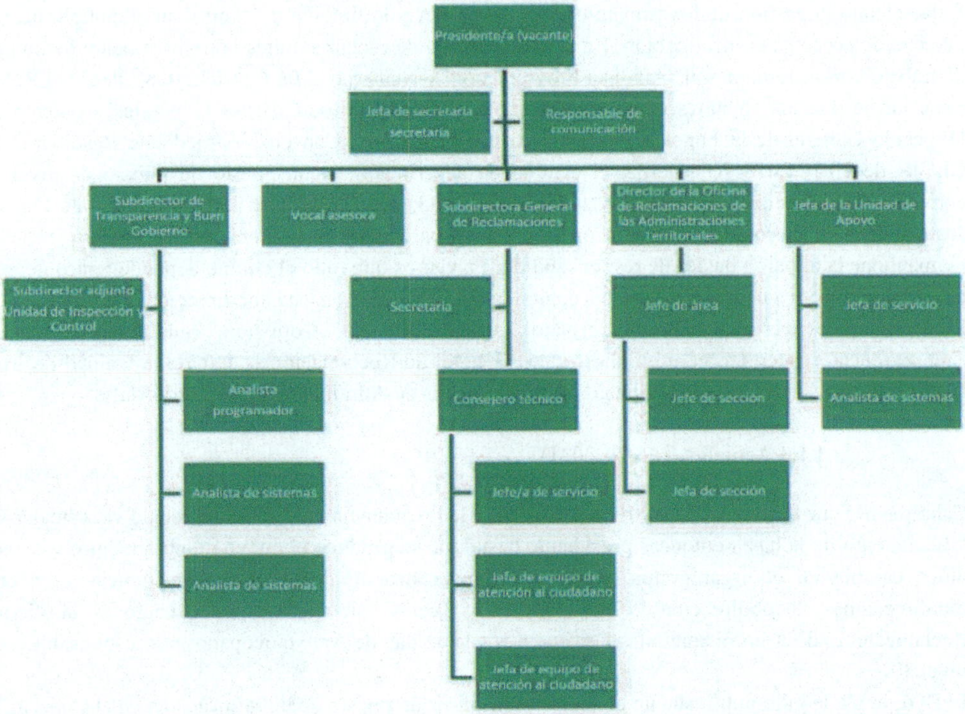

Organigrama del CTBG (2018)
BOE.es - Documento BOE-A-2019-10350 (BOE» núm. 166, de 12 de julio de 2019, pág. 75138
https://www.boe.es/boe/dias/2019/07/12/pdfs/BOE-A-2019-10350.pdf Publicación de las cuentas anuales 2018 y el informe de auditoría de cuentas realizado por la IGAE del CTBG, (*Resolución de 17 de junio de 2019, de la Presidencia del CTBG, por la que se publican las cuentas anuales del ejercicio 2018 y el informe de auditoría.*

La estructura administrativa del CTBG correspondiente al ejercicio 2018, registró una serie de cambios para mejorar su funcionamiento y sumar dos personas más (22). Se crean en la oficina de Reclamaciones de Administraciones Territoriales dos puestos, uno de jefe de área N. 28 y otro de sección N. 22, fortaleciendo la gestión de los convenios con las CCAA y la función de control en el cumplimiento del derecho de acceso a la información. En la subdirección de reclamaciones la redistribución de un puesto de trabajo con denominación "Analista Programador" y NCD 5.632,06 € (1/02/2018), desde la Relación Especial de puestos vacantes de oferta de empleo público de los Cuerpos Generales, existente en la Dirección General de la Función Pública, a la Presidencia del Consejo. Y, mediante Resolución de la CECIR de 20/12/2018 se acuerda, el cambio de adscripción de un puesto de trabajo de nivel 30 y complemento específico 33.016,55 €, código 05422483, y de su titular, de la Secretaria de Estado de Justicia del Ministerio de Justicia, al Consejo de Transparencia y Buen Gobierno.

Se mantiene la división básica de responsabilidades, vemos que todo el equipo depende jerárquicamente del subdirector y ya no del Consejero Técnico que se mantiene en esta subdirección.

Los principales responsables del órgano son: Presidencia, Comisión, Subdirector General de Transparencia y Buen Gobierno, Subdirectora General de Reclamaciones, Jefa de la Unidad de Apoyo, Vocal Asesora, Director de la Oficina de Reclamaciones de Administraciones Territoriales.

1.1.3 Actualidad (2020-2021)

Cabe señalar que desde el 19/11/2017 a 20/10/2020 la Presidencia del CTBG ha estado vacante debido al fallecimiento de la hasta entonces presidenta, hasta que se produce el nuevo nombramiento, y es este el único cambio en el organigrama, ya que continúa estructurado[182]. en la Presidencia y en cuatro Subdirecciones: la subdirección de Transparencia y Buen Gobierno, la de Reclamaciones, la oficina de Reclamaciones de Administraciones Territoriales y la unidad de Apoyo ocupados por responsables A1 de nivel 30.

El BOE del 7 de julio publicaba un concurso para cubrir un puesto de trabajo vacante en el Consejo, para un jefe de servicio que tramite reclamaciones y expedientes.

En estos más de tres años con el puesto vacante de la presidencia el funcionamiento del CTBG ha tenido consecuencias, entre otras pudo dificultar la relación interinstitucional, la difusión de la transparencia y la toma de decisiones en cuanto a los medios, -fundamentalmente de personal- que hubieran sido necesarios para mejorar el acceso de la ciudadanía a la información pública y que, aunque se han reivindicado por parte del Consejo en cada una de sus memorias, no se han tenido en cuenta. El organismo viene contando con una plantilla escasa para hacer frente al incremento anual de reclamaciones que reciben, ya que poco a poco la sociedad se va acostumbrando a pedir cuentas a las instituciones y a denunciar la opacidad de Gobiernos y administraciones públicas. Este organismo independiente es el encargado de decidir si una institución ha acatado la ley de transparencia o no. Sin embargo, el hecho de que no tenga capacidad sancionadora ha provocado que algunas administraciones desoigan sus advertencias.

---

[182] **Organigrama** completo en formato PDF ➡ Consulta: Actualizado a octubre de 2021.

Con la llegada de José Luis Rodríguez Álvarez al Consejo (Licenciado en Derecho) (RD 922/2020, de 20 de octubre BOE 278), tras conseguir en el Congreso de los Diputados la mayoría que exige la normativa, organizaciones que velan por el derecho de la transparencia esperan que asuma un liderazgo que visibilice la necesidad y la obligación que tienen las administraciones públicas de cumplir la ley, así como que se atiendan las necesidades propias del CTBG para ser más eficaz.
Los titulares de las 4 subdirecciones generales han cambiado[183] y el resumen de efectivos del CTBG a 31 de diciembre de 2020 en relación al Puesto, Grupo y Nivel, sigue siendo el mismo: Presidente. Subdirector general A1 30. Director Oficina de Reclamaciones de AATT A1 30. Jefe Unidad de Apoyo A1 30. Subdirector general adjunto A1 29. Consejero técnico A1 28. Jefe servicio de gestión A2 26. Jefe servicio A2 26. Jefe sección C2 22. Analista de sistemas C1 22. Puesto OEP nivel 18 A2 18. Jefe equipo de Atención al Ciudadano C2 18. Secretario de la Dirección General C2 17. Secretario de la Subdirección General C2 16. Total: 22.

2. Requisitos básicos de independencia

2.1 Composición y duración

Para desarrollar su modelo de gestión, los grandes ejes de actuación y el proceso de toma de decisiones, el máximo órgano de decisión del Consejo es la Presidencia, y el órgano de promoción y asesoramiento es la Comisión. Así el Consejo se compone de la Comisión de Transparencia y Buen Gobierno (art. 36 LTAIBG) y el/la Presidente del Consejo (también lo es de la Comisión, art. 35) que es nombrado por cinco años, con mandato no renovable, a propuesta del Ministerio de Hacienda, refrendado por mayoría absoluta por el Congreso[184].

A pesar de que, a diferencia del presidente del Consejo, el mandato de los vocales de la Comisión, de 5 años, podrá ser prorrogado por otro periodo de igual duración –previsión contenida en el art. 15 del

[183] Subdirección de Transparencia: Mercedes Caballud Hernándo (L Derecho), sustituye a Javier Amoros Subdirección de Reclamaciones: Marta Timón Herrero (Licenciada en Derecho)
Oficina de Reclamaciones de Administraciones Territoriales: Gonzalo Gómez de Villalobos (Licenciado en Derecho) nombramiento: Resolución de 8 de julio de 2019 Ha sido Subdirector General Adjunto en la Subdirección General de Transparencia y Buen Gobierno, Consejo de Transparencia y Buen Gobierno, desde abril 2015.
Unidad de apoyo: Isabel Lombardero Lasarte (licenciada derecho) Resolución de 8 /7/2019. Ha sido Subd.Gal Adjunta en la Subdirección General de Transparencia y Buen Gobierno del CTBG desde octubre 2018.
También uno de los dos vocales: Vocal asesora: Ana María Ruiz Martínez (Licenciada en Ciencias Políticas y Sociología) desde 2017. Vocal asesor: Enrique Orduña Prada (Licenciado en Derecho) Ha sido Director de la Oficina de Reclamaciones Territoriales del Consejo de Transparencia y Buen Gobierno.

[184] La Comisión de Transparencia y Buen Gobierno está regulada en el artículo 36 de la Ley 19/2013, de 9 de diciembre, ➡ y en el artículo 12 del Real Decreto 919/2014, de 31 de octubre, por el que se aprueba el Estatuto del Consejo de Transparencia y Buen Gobierno. ➡ op.ct.
La presidencia del Consejo de Transparencia regulada en el artículo 35 de la Ley 19/2013, de 9 de diciembre, de transparencia, acceso a la información pública y buen gobierno ➡ op.ct.

Estatuto del CTBG- que podría ser interpretada como garantía de continuidad en el desempeño de las funciones, es decir, como un intento de lograr cierta continuidad en la labor de impulsar la transparencia por vía de recomendaciones y dictámenes–, teniendo en cuenta quiénes la integran, vocales todos ellos que pueden no reunir la condición de representatividad (por cese o por agotamiento de mandato) y, por tanto, verse obligados a dejar el cargo, lo cierto es que esa garantía queda muy limitada.

2.1.1 El Presidente

La Ley le atribuye las funciones de mayor relevancia al presidente[185] del CTBG y esta situación contrasta con una regla general de las Administraciones independientes, en las que lo usual es que el órgano que ejercita las funciones más relevantes tenga carácter colegiado.[186] Por ello y desde la perspectiva competencial, llama la atención el hecho de que la competencia para resolver las reclamaciones en materia de acceso a la información se atribuya no al órgano colegiado, sino a su presidente, que actúa aquí a título individual, como órgano unipersonal. Se ha seguido con ello el modelo de la agencia española de protección de datos[187]

[185] Art. 38.2 Son las siguientes: a) la representación legal e institucional del Consejo, b) adoptar criterios de interpretación uniforme de las obligaciones contenidas en la LTAIBG; c) velar por el cumplimiento de las obligaciones de publicidad contenidas en el capítulo II del título I de acuerdo con lo previsto en el artículo 9 de la LTAIBG; d) conocer de las reclamaciones que se presenten en aplicación del artículo 24 LTAIBG; e) responder las consultas que, con carácter facultativo, le planteen los órganos encargados de tramitar y resolver las solicitudes de acceso a la información; f) instar el inicio del procedimiento sancionador previsto en el título II LTAIBG; el órgano competente deberá motivar, en su caso, su decisión de no incoar el procedimiento; g) aprobar el anteproyecto de presupuesto; g) aquellas otras que le sean atribuidas por norma de rango legal o reglamentario (art. 38.2 LTAIBG), h) formar, aprobar y actualizar el inventario, i) elaborar y proponer a la Comisión de Transparencia y Buen Gobierno para su aprobación el proyecto de memoria anual, j) convocar y presidir las reuniones de la Comisión de Transparencia y Buen Gobierno, k) ser el órgano de contratación del organismo, aprobar los gastos y ordenar los pagos y movimientos de fondos correspondientes así como efectuar la rendición de cuentas del organismo de acuerdo con la Ley 47/2003, de 26 de noviembre, l) suscribir convenios con entidades públicas y privadas, m) formular y aprobar las cuentas anuales del organismo, n) aprobar, en el marco de la normativa reguladora de la función pública, las propuestas de relaciones de puestos de trabajo, convocar y resolver los procesos de provisión de puestos de trabajo que integren al personal del Consejo de Transparencia, ejercer la potestad disciplinaria, así como las competencias que, en materia de personal, atribuye la normativa de la función pública a los Subsecretarios de los Departamentos ministeriales, o) proponer, previo informe de la Comisión de Transparencia y Buen Gobierno, modificaciones a la normativa de rango legal o reglamentario que regule las materias de competencia del Consejo, p) proponer a la Comisión de Transparencia y Buen Gobierno la aprobación y la modificación del Reglamento de funcionamiento interno del Consejo de Transparencia y Buen Gobierno, q) resolver recursos contra actos y las decisiones adoptados en materias de su competencia, r) recabar de las distintas Administraciones Públicas la información necesaria para el cumplimiento de sus funciones. s) cualesquiera otras funciones de gestión necesarias para el eficaz cumplimiento de los fines del Consejo. (Art 8 del Real Decreto 919/2014, por el que se aprueba el Estatuto del CTBG)

[186] VALERO TORRIJOS. J, "Los órganos colegiados. Análisis histórico de la colegialidad en la organización pública española y el régimen jurídico-administrativo vigente", Centro de Estudios Políticos y Constitucionales-Instituto Nacional de Administración Pública, Madrid, 2002. Págs. 372 y ss. (Es verdad que el carácter colegiado de un órgano no es garantía absoluta de independencia e imparcialidad ya que depende de la composición -y en este caso ya hemos dicho que la Comisión la forman en su mayoría cargos políticos -, pero siempre será más difícil que las decisiones de un órgano individual-presidente-.)

[187] arts. 35 y ss. de la Ley Orgánica 15/1999 y desarrollado en el Real Decreto 428/1993, de 26 de marzo, por el que se aprueba el Estatuto de la Agencia de Protección de Datos.

Sin embargo, una parte de la doctrina encabezada por GUICHOT[188] parece valorar favorablemente esta solución, en cuanto impide un reparto entre los distintos partidos políticos. Si bien advierte de la necesidad de llevar a cabo una elección correcta del presidente, dado el importante poder que concentra. Y otra parte de la doctrina planteaba que el órgano encargado de resolver las reclamaciones en materia de transparencia tuviera una composición mixta, con participación de la Administración y de especialistas externos a ella[189], como el Consejo de defensa del Contribuyente.

Esta última posición integrando a la Administración, depende de si se está refiriendo a funcionarios-profesionales de la misma o se refiere a representantes públicos-políticos, y en este caso mi reflexión y mi opinión es que no se estaría propiciando esa deseada autonomía del órgano.

2.1.2 La Comisión de Transparencia y Buen Gobierno

Se trata de un órgano mixto al estar integrado no sólo por representantes de la Administración, sino también de otros poderes del Estado y órganos constitucionales, aunque también se ha cuestionado dado que todos sus miembros son de origen político[190] y no se les exige tener conocimientos ni ser expertos en la materia y sin dedicación exclusiva. Este órgano colegiado está compuesto por el presidente, que será el del Consejo, y los vocales.
A mi juicio, sería deseable incorporar a la institución personas ajenas al ámbito público, representantes de la sociedad civil que estuvieran relacionados o formados en transparencia.

2.1.2.1 Nombramiento y cese

Los miembros son propuestos por: el Congreso de los Diputados un Diputado, por el Senado un Senador. El Tribunal de Cuentas propone a un consejero, el Defensor del Pueblo a un representante. La Agencia Española de Protección de Datos propone a su representante, el Ministerio de Hacienda y Administraciones Públicas propone un representante de la Secretaría de Estado de Administraciones Públicas y la Autoridad Independiente de Responsabilidad Fiscal propondrá a su vocal representante, entre personas que tengan, como mínimo, rango de Subdirector General en los cuatro últimos casos (art. 36.2 LTAIPBG). Las propuestas serán elevadas al Gobierno por conducto del Ministerio.

---

188 GUICHOT REINA, E., Coord: "Transparencia, acceso a la Información Pública y Buen Gobierno, Estudio de la Ley 19/2013, de 9 de diciembre", Ed. Tecnos, Madrid., 2014, pág. 45-58.

189 GARCÍA MARTÍN, José Aurelio., "Ponencia relativa a la ley de transparencia, acceso a la información pública y buen gobierno, en materia de acceso a la información pública" *Centro de Estudios Políticos y Constitucionales (CEPC), Ministerio de la Presidencia 17/05/2012*. Pág. 9.

190 NAVAS, VÁZQUEZ Rafael., "Infantil y politizada Ley de Transparencia", artículo consultado en *elEconomista.es* Andalucía de 20 de febrero de 2014.

Las causas de cese de los vocales de la Comisión son el nombramiento como presidente/a del CTBG, por renuncia anticipada, por perder la condición que le permitió ser propuesto, es decir, que pierda la condición de diputado, senador o consejero del Tribunal de Cuentas. Que las instituciones u órganos por las que fueron nombrados propongan su cese por incumplimiento sobrevenido de las condiciones que motivaron su nombramiento.
Las vacantes que se produjeren antes de expirar el plazo previsto deberán ser cubiertas dentro del mes siguiente a la fecha en la que la vacante se hubiera producido y por el tiempo que reste para completar el mandato de quien causó la vacante a cubrir. (Art 16 Real Decreto 919/2014, de 31 de octubre por el que se aprueba el Estatuto del CTBG).
Antes de que finalice el mandato de los miembros de la Comisión, el ministerio competente, requerirá a las instituciones y órganos para que, dentro del mes siguiente, comuniquen la identidad de las personas propuestas para un nuevo mandato en la Comisión.
El Gobierno nombrará a las personas propuestas como miembros de la Comisión, quienes tomarán posesión en la misma fecha en que expire el anterior mandato. Artículo 17 del RD 919/2014.

Por otro lado, y aunque existen dichos plazos en el Estatuto, no siempre son reales, ya que la composición de la Comisión a veces no está completa. En determinadas circunstancias (cese o término del mandato) están algún tiempo pendientes de propuesta por sus órganos, hasta completar la composición. De hecho, durante años y desde el primer nombramiento en 2014, no sólo ha persistido la situación de falta de renovación de los vocales, [191] sino que, además, en el mes de septiembre 2018, causaron baja en la Comisión los vocales representantes del Tribunal de Cuentas y de la Agencia Española de Protección de Datos (AEPD). Estas dos bajas provocaron, que la Comisión no pudiera reunirse durante el último trimestre de 2018 por falta de quórum necesario para su válida constitución. (Memoria 2018 del CTBG, pág. 243).

La fecha en la que expiró su mandato fue del 10 de diciembre de 2019 y supuesto la LTAIBG no dice nada al respecto y el Real Decreto 919/2014, únicamente establece que los Vocales de la Comisión desempeñarán su cargo durante cinco años, pudiendo prorrogarse su mandato por un período de igual duración, y relaciona las causas de cese, entre las que no se encuentra la expiración de mandato de modo

---

[191] ACUERDO 12/12/2014 Consejo de Ministros. Hacienda y Administraciones Públicas por el que se designan como vocales de la Comisión de Transparencia a las siguientes personas: **Dª Pilar Cortés Bureta**, diputada, a propuesta del Congreso de los Diputados. **D. Jokin Bildarratz Sorron**, senador, a propuesta del Senado. **Dª María José de La Fuente y de La De La Calle**, Consejera del Tribunal de Cuentas, a propuesta del Tribunal de Cuentas. **D. José Manuel Sánchez Saudinos**, Secretario general del Defensor del Pueblo, a propuesta de la Defensora del Pueblo. **D. Agustín Puente Escobar**, abogado del Estado Jefe del Gabinete Jurídico de la Agencia Española de Protección de Datos, a propuesta de la APD. **Dª María Pía Junquera Temprano**, directora general de Organización Administrativa y Procedimientos, representante de la Secretaría de Estado de Administraciones Públicas a propuesta del Ministerio de Hacienda y Administraciones Públicas. **D. José Luis Martínez Almeida Navasqües**, director de la División Jurídico Institucional de la AIREF, a propuesta de la Autoridad Independiente de Responsabilidad Fiscal. Y **Real Decreto 1061/2014, de 12 de diciembre, por el que se nombra presidenta del CTBG a doña María Ester Arizmendi Gutiérrez. BOE núm. 301, de 13/12/2014.**

automático (prevé la expiración del mandato por incumplimiento grave de sus obligaciones, incapacidad permanente para el ejercicio de su función, incompatibilidad sobrevenida o condena por delito doloso). Lo lógico es considerar que la Comisión continúe –con los miembros nombrados en su momento- dado que la norma no prevé una causa de cese específica de carácter automático por la expiración del mandato de cinco años y posibilita su prórroga. No obstante en el informe solicitado por el CTBG y emitido, el Abogado del Estado concluye que *"Llegada la expiración del mandato de los vocales de la Comisión de Transparencia y Buen Gobierno, y no habiéndose producido el nombramiento de nuevos miembros de la* misma *conforme al procedimiento previsto en el artículo 16 del Estatuto del CTBG, quienes estuvieran en* ese *momento en* sus *cargos deben continuar desempeñando* sus *cargos en funciones hasta la comunicación de* las *identidades de los nuevos vocales y* su *nombramiento por el Gobierno".*

El 12 de mayo de 2021, se publicaron los nombres de los nuevos vocales[192]. La propuesta del Defensor del Pueblo sigue siendo la misma persona desde el principio. La condición de miembro de la Comisión del CTBG no exige dedicación exclusiva ni da derecho a remuneración (a excepción del presidente que lo es del Consejo también)

La Comisión adoptará sus acuerdos en sesión plenaria, ostentando la Presidencia el presidente del Consejo. Actuará como secretario de la Comisión, con voz y sin voto, el subdirector general de Transparencia y Buen Gobierno. La Presidencia convocará a la Comisión al menos una vez al mes. También se reunirá cuando así sea solicitado por la mayoría de sus miembros.

2.1.2.2 Actas

Entre las funciones de la Comisión están, el estudio y aprobación de la Memoria de actividades del organismo, el informe de los criterios de interpretación uniforme del Consejo que pudieran elaborarse y, en general, la tramitación de las cuestiones esenciales para el funcionamiento del CTBG, régimen interior, que sean de competencia de la misma. Sugerencias en la planificación de la actividad del CTBG: seminarios, conferencias, coloquios….

Estudiando las Actas de sus reuniones destacamos lo siguiente:

---

[192] Disposición 7850 del BOE núm. 113 de 12 de mayo de 2021 (Orden TFP/459/2021, de 5 de mayo, por la que se publica el Acuerdo del Consejo de Ministros de 27 de abril de 2021, por el que se renueva el mandato y se nombran los vocales de la Comisión de Transparencia y Buen Gobierno). D. Odón Elorza González, a propuesta del Congreso de los Diputados. Dª. María Teresa Ruiz-Sillero Bernal, a propuesta del Senado. Dª Margarita Mariscal de Gante y Mirón, consejera del Tribunal de Cuentas (cesa 18 nov. 2021), a propuesta del Tribunal de Cuentas. D. José Manuel Sánchez Saudinós, secretario general del Defensor del Pueblo, a propuesta del Defensor del Pueblo. D. David Javier Santos Sánchez, abogado del Estado-Jefe del Gabinete Jurídico de la Agencia Española de Protección de Datos, a propuesta de la Agencia Española de Protección de Datos. Dª. Eloísa Paredes Bordegé, subdirectora general de Transparencia y Atención al Ciudadano en la Dirección General de Gobernanza Pública, a propuesta de la Secretaría de Estado de Política Territorial y Función Pública. D. Diego Pérez Martínez, director de la División Jurídico Institucional de la AIREF, a propuesta de la Autoridad Independiente de Responsabilidad Fiscal.
http://www.consejodetransparencia.es/ct_Home/consejo/El-Consejo/organizacion/comision.html

En primer lugar, que no están visibles las anteriores al año 2019 y hemos solicitado al CTBG que lo sean o las hagan llegar a través de mail.

Sabemos por la Memoria de 2018 que la Comisión ha celebrado seis reuniones en el año, incluida la reunión anual de cooperación institucional con los órganos de naturaleza análoga de las CCAA prevista en la LTAIBG.

Estudiadas las 8 ACTAS de 2019 (de la 33 a 40) de la reunión 31 a la 38, vemos cómo en todas ellas, subyace la situación de vacancia de la Presidencia y de las ocasiones que hace más aconsejable que, de modo transitorio y como alternativa, se proceda a retrasar o elaborar un plan operativo a corto plazo de tiempo, para muchos de los asuntos.
Prevalece en ellas la información del presidente en funciones –Subdirector de Transparencia- de diferentes temas y cómo los vocales escuchan sin mucha participación ni iniciativa, es más yo deduciría por las preguntas que realizan algunos de ellos, la falta de formación y de lectura sobre la transparencia. De las preguntas de dos vocales, llama la atención el representante de la secretaría de estado de Función Pública, Sr. González de Herrero que denotan por un lado desconocimiento del funcionamiento de la propia comisión y por otro una defensa del gobierno sin prepararla (por ejemplo, ante los datos de incumplimiento expresados por el presidente en funciones, este vocal, expresa ciertas dudas sobre los datos suministrados y se compromete a facilitar los datos disponibles en el Portal de Transparencia para su comprobación.
O cuando ante la información sobre la elaboración por parte del CTBG de un borrador de modificación de la Ley 19/2013, de 9 de diciembre de la LTAIBG, dejando a un lado esta última materia (buen gobierno), es el Vocal representante de la Secretaría de Estado de Función Pública, Sr. González de Herrero, quien pregunta si se pretende excluir esta materia de buen gobierno y su desconocimiento de que desde la aprobación de la Ley 3/2015, de 30 de marzo, reguladora del ejercicio del alto cargo de la Administración General del Estado, el CTBG carece de competencias en esta materia.
Es el representante del Consejo y presidente en funciones Sr. Amorós el que dirige y orienta la reunión incluso las decisiones finales, así vemos como, a iniciativa de él, un asunto como el Borrador de Real Decreto de desarrollo de la Ley 19/2013 elaborado por la Dirección general de gobernanza y función pública, en fase de audiencia pública hasta el 21 de marzo y que tendrá que aprobar la Comisión se deja, hasta tener el texto final del Consejo de Estado por indicación de él. O en un asunto como la Proposición de Ley Orgánica de medidas de lucha contra la corrupción y para la protección de los alertadores, presentada por el Grupo Parlamentario Ciudadanos, (15 de enero de 2021 BO Núm. 142-1) que significa cambios y que contiene normas que afectarían al Consejo otorgándole nuevas competencias (lobbies).

Sólo en una de las reuniones el vocal representante del Defensor del Pueblo, manifiesta su disconformidad con el criterio de CTBG de inadmitir las reclamaciones formuladas frente a la denegación de solicitudes de acceso a información pública medioambiental, en la medida que la LTAIBG es más garantista que la Ley 27/2006 de 18 de julio, por la que se regulan los derechos de acceso a la información, de participación pública y de acceso a la justicia en materia de medio ambiente, que no prevé expresamente la posibilidad de reclamar ante un órgano independiente y especializado como el Consejo.

En cuanto a las actas en 2020 (de la 41 a 42) de la reunión 39 a la 40. Se celebran sólo dos la primera el 05/03/2020, en la que el presidente en funciones del CTBG, Sr. Amorós, informa de la nueva estructura y equipo del Ministerio de Política Territorial y Función Pública, así como de la reunión mantenida con el Secretario de Estado de Política Territorial y Función Pública, de la que se muestra optimista porque según comenta ha mostrado una especial sensibilidad hacia los temas de transparencia, dada su dilatada experiencia en la materia, y también respecto de la situación en la que se encuentra el CTBG en cuanto a dotación de personal y económica, creyendo previsible la recuperación de parte del importe del presupuesto del Consejo que fue objeto de recortes así como un refuerzo adicional de personal.
En la segunda reunión de la Comisión de 25/11/2020 on-line por la pandemia, actúa ya como presidente el Sr. Rodríguez Álvarez donde anticipa que se va a operar un cambio en el planteamiento de las evaluaciones de publicidad activa que se irán publicando periódicamente a lo largo del año 2021, a medida que se realicen, para ganar en proximidad e inmediatez entre el momento de la evaluación y el de su publicación. De manera que la Memoria del ejercicio siguiente recoja un resumen agregado del resultado de todas las evaluaciones realizadas en año anterior. Otra de sus propuestas es la relativa a la fecha de elaboración y publicación de las Memorias: en el primer trimestre del año, siempre que sea posible.

Respecto al año 2021 tenemos cuatro actas (de la 1 a 4) de la reunión (29/6/21) Se celebra la primera reunión de constitución de la Comisión en el segundo mandato el día 25/05/21) tras el decreto de nombramiento de los nuevos vocales, donde el presidente reconoce problemas estructurales y comunica a la Comisión su voluntad de desarrollar una política proactiva frente a las Autoridades competentes del Ministerio de Hacienda y el Ministerio de Política Territorial y Función Pública en demanda de un incremento de los medios humanos y materiales adscritos al Consejo, tal es así que ya se ha producido el desplazamiento desde ese Ministerio de un funcionario de alta cualificación como apoyo a la Presidencia.

Leídas las cuatro actas tengo la impresión de que los nuevos vocales representantes de los dos partidos políticos mayoritarios van a hacer un seguimiento en este órgano mucho más exhaustivo que en la anterior etapa, pero puramente desde el punto de vista político-partidista.
La Senadora Ruiz-Sillero Bernal, solicita aclaración en todas las reuniones por ejemplo sobre la metodología de evaluación de la transparencia MESTA y al contenido y alcance de la versión 2.0 de la misma. Realiza preguntas sobre el proceso participativo del Plan Estratégico y su celebración. Preguntas referidas al incumplimiento por los órganos y entidades responsables de las resoluciones dictadas por el Consejo en vía de reclamación y a las medidas que el Consejo planea adoptar al respecto. Incluso solicita del Presidente una valoración de unas declaraciones del Secretario de Estado de Política Territorial y Función Pública a un medio de comunicación señalando que el acceso a la información pública no está siendo utilizado preferentemente por ciudadanos y ciudadanas de a pie sino por funcionarios, periodistas, sindicatos, etc., de acuerdo a sus intereses particulares y sin tener en cuenta para nada la rendición de cuentas (a lo que el presidente responde que no conoce las declaraciones y que, por tanto, no se considera capacitado para realizar ninguna valoración). Pregunta si en relación con los fondos europeos de reconstrucción y recuperación *"Next Generation"* se ha hecho alguna recomendación en cuanto a la creación de un portal específico de transparencia y la publicidad de la aplicación por el gobierno,

ligado a los fondos o se ha participado en alguna reunión. Pregunta si el Consejo forma parte de la Comisión Permanente sobre Desinformación de Presidencia del Gobierno[193]. El presidente responde negativamente a unas y otras.
Sin embargo, las preguntas del Diputado Elorza González dan pie a que el presidente exponga y explique diferentes temas con extensión –como si estuvieran preparadas con antelación – así por ejemplo sobre las relaciones del Consejo con la Red de Consejos y Comisionados y las perspectivas de la Presidencia en este sentido; sobre la presentación del Plan Estratégico 2021-2025 que sustituirá al Plan 2015-2020, elaborado para la primera Presidencia de la institución, y que contendrá las principales líneas estratégicas, metas y objetivos que se plantea el Consejo para el quinquenio de la Presidencia actual. O bien solicitando del Presidente un comentario sobre dos cuestiones, en principio ajenas al ámbito de actuación del Consejo, pero reflejadas en la Memoria: el elevado número de solicitudes de acceso a la información pública que se resuelven por la vía del silencio administrativo y la suspensión de la tramitación de las mencionadas solicitudes durante el período de confinamiento estricto dispuesto como medida preventiva en el marco del estado de alarma declarado a consecuencia de la emergencia sanitaria causada por la Covid-19. Da pie a que el Consejo defienda que no se aplicó la suspensión de plazos en aquellas reclamaciones directamente relacionadas con la crisis de la Covid.

Las dos actas del año 2022 (5 y 6) de febrero y marzo, siguen revelando la falta de personal y problemas de gestión. En definitiva, reuniones meramente informativas: datos de evaluación, actividades, fondos europeos, resultados del proceso participativo del Plan Estratégico 2022-25, en una Comisión a la que correspondería asesorar, evaluar, promover actividades, proponer recomendaciones, directrices…

A pesar de que se le encomiendan las funciones de asesoramiento y evaluación del grado de aplicación de la LTBG y la cooperación con los organismos creados por las CCAA, no se garantiza su especialización ya que sus componentes no son expertos en la materia y no tienen dedicación exclusiva, con lo que existe el riesgo de politizar las funciones del CTBG, entre ellas la de impulsar la transparencia a través de recomendaciones, dictámenes y criterios.

2.2 Elección, nombramiento y cese

El presidente es nombrado mediante Real Decreto, por un periodo no renovable de cinco años, por lo que no coindice con el mandato del Gobierno. Lo será a propuesta del titular del Ministerio competente (art.37.1) –Mº de Política Territorial, actualmente de Hacienda y Función Pública-, refrendado por mayoría absoluta por el Congreso; podría no ser relevante para garantizar su independencia, si se condicionara el nombramiento con mayores niveles de exigencia en el perfil profesional, de tal manera

[193] El Consejo de Transparencia no ve necesario que se identifique a los miembros de la Comisión Permanente contra la Desinformación, popularmente conocida como 'Ministerio de la Verdad', entidad sobre la que recae la potestad para controlar las 'fake news' y monitorizar las campañas de desinformación en España. Al contrario que en el caso del comité de expertos al que recurrió el Ministerio de Sanidad durante la pandemia donde reconocía un interés general y en este, que puede estar en juego una vulneración de la libertad de expresión, no. Miguel Ángel BLANES.

que se tenga una menor capacidad[194] de influencia sobre él. Aunque, es verdad que ese mandato no coincide con toda la legislatura del gobierno que le nombra (art. 37.1 LTAIBG) y por ello pudiera parecer que imposibilita que sus decisiones se puedan ver influenciadas.

El Consejo tiene presidente después de tres años con el cargo vacante, durante este periodo, el subdirector (Javier Amorós) asumió en funciones las competencias tras el fallecimiento de Esther Arizmendi en 2017, lo que posiblemente dificultó la relación interinstitucional y la toma de decisiones. Además, la pluralidad de fuerzas en el Parlamento indicaba que no iba a ser fácil consensuar el puesto de presidente porque hace falta mayoría, se efectúa el nuevo nombramiento[195] a José Luis Rodríguez Álvarez por Real Decreto 922/2020, de 20 de octubre.
De acuerdo con lo dispuesto en el artículo 37 de la Ley 19/2013, de 9 de diciembre, de transparencia, acceso a la información pública y buen gobierno, cumplido el trámite previsto en la disposición adicional tercera de la Ley 3/2015, de 30 de marzo, reguladora del ejercicio del alto cargo de la Administración General del Estado, a propuesta de la Ministra de Política Territorial y Función Pública y previa deliberación del Consejo de Ministros en su reunión del día 20 de octubre de 2020, se nombra el actual presidente.

El candidato propuesto comparece en el Congreso para su ratificación por mayoría absoluta en la comisión de Política Territorial y Función Pública de la cámara baja[196] en el plazo de un mes desde la comunicación (art. 37.1 LTAIPBG). Hay, no obstante, quien ha señalado como el profesor GUICHOT la conveniencia de que se requiriese una mayoría más amplia de tres quintos o dos tercios[197]. Durante su comparecencia en la comisión, Rodríguez Álvarez destacó la necesidad inmediata de fortalecer la institución ante la insuficiencia de medios materiales y humanos en los últimos años: "invertir en transparencia es invertir en calidad democrática".

---

[194] SÁNCHEZ MORÓN, M., Derecho administrativo. Parte General, 2.ª ed., Tecnos, Madrid, 2006, pág. 409. BILBAO UBILLOS, J. M., "Las Agencias Independientes: un análisis desde la perspectiva jurídico-constitucional", en Anuario de la Facultad de Derecho de la Universidad Autónoma de Madrid 3 (1999), pág. 164.

[195] Nombramiento discutido ya que fue alto cargo en los Ejecutivos de Zapatero, Director de la Agencia Española de Protección de Datos (AEPD), hasta 2014. Anteriormente ocupó puestos de confianza durante los gobiernos de Zapatero y fue Director de gabinete con el exministro Francisco Camaño, primero secretario de Estado de Relaciones con las Cortes del que fue Director de Gabinete. Este ha sido el motivo que ha puesto en duda su idoneidad para un cargo al que se le presupone independencia y en el que tendrá que defender los intereses de los ciudadanos frente a la misma Administración que le ha propuesto en materia de acceso a la información. Y así se lo han recordado PP y Vox, los grupos más críticos con este nombramiento, que se ha saldado en votación con 21 apoyos, 14 en contra y 2 abstenciones.
[196] Comparecencia del presidente en la Comisión de Política Territorial y Función Pública el 14 de octubre. Consulta: https://app.congreso.es/AudiovisualCongreso/audiovisualdetalledisponible?&codSesion=5&codOrgano=375&fechaSesion=14/10/2020&mp4=mp4&idLegislaturaElegida=

[197] GUICHOT REINA, E. Op.cit: "Transparencia, acceso a la Información …" pág.53

También es importante en la configuración de una Administración[198] que se dice independiente que se asegure la autonomía del órgano que esté al frente del mismo reconociéndole un estatuto de inamovilidad, de tal modo que sólo pueda ser removido de su cargo si concurren determinadas causas expresamente previstas en su normativa reguladora. El presidente del CTBG, sólo cesará en su cargo por la expiración de su mandato, a petición propia o por separación acordada por el Gobierno, previa instrucción del correspondiente procedimiento por el titular del Mº de Hacienda y Administraciones Públicas, por incumplimiento grave de sus obligaciones, incapacidad permanente para el ejercicio de su función, incompatibilidad sobrevenida o condena por delito doloso (art. 37.2 LTAIPBG).

Pero en mi opinión tiene razón el profesor GUICHOT, al cuestionar que el Gobierno pueda adoptar esta resolución sin ninguna participación del Congreso. Por todo ello, se podría haber optado por un sistema abierto y participativo[199] que permitiera elegir entre varios candidatos e incluir a la sociedad civil en el proceso de selección y no por el más afín (político-partidista), faltando así esa reiterada independencia, por tanto, del presidente del CTBG.[200]

2.3 Dedicación exclusiva

El presidente del CTBG, según refleja la LTAIBG, desempeña su cargo con dedicación absoluta, plena independencia y total objetividad.
En la no renovación en el cargo del o la presidente, incluso en la competencia profesional exigida, la doctrina percibe cierta independencia, además de que debe desempeñar su cargo con dedicación exclusiva[201] (art.11 del Real Decreto 919/2014, de 31 de octubre, por el que se aprueba el Estatuto CTBG)) plena independencia y total objetividad, sin estar sujeto a mandato imperativo alguno ni recibir instrucciones de autoridad alguna. Pero al mismo tiempo podemos cuestionar esa independencia y

---

198 JIMÉNEZ DE CISNEROS CID, Fco. Javier., "Los organismos autónomos en el Derecho público español: tipología y régimen jurídico". INAP, Madrid, 1987, pág. 340. SÁNCHEZ MORÓN, Miguel
"Derecho administrativo. Parte General". Tecnos 2005, pág. 411.

199 FERNÁNDEZ-VILLAVERDE, Jesús: Catedrático de Economía en la Universidad de Pensilvania desde 2007. *Fundación Rafael del Pino*. blog (https://hayderecho.expansion.com/author/jesus-fernandez-villaverde/ y en *El País*: (https://elpais.com/elpais/2014/01/06/opinion/1389035083_354889.html "*la mayoría de los políticos españoles nunca ha interiorizado el espíritu del Estado de derecho y la idea de controles y contrapesos. Mientras que formalmente proclaman su adhesión a tales principios (…) nuestros políticos piensan que las normas, como en el viejo pase foral, se acatan, pero no se cumplen". Lo que ha dado lugar a una política de nombramientos para los altos cargos que dirigen los organismos de control que asegurara la dependencia de estos órganos del gobierno de turno fuera del partido que fuera.*

200 ORDUÑA PRADA E. y SÁNCHEZ SAUDINÓS J. M., "La estructura orgánica del Consejo de Transparencia y Buen Gobierno", Op. cit. Como dicen estos mismos autores, "el legislador estatal ha configurado legalmente al Consejo como un órgano de marcado carácter presidencialista".

201 El último dato público corresponde al sueldo de la ex presidenta en 2017, un total de 97.988,35 euros brutos al año, según viene recogido en el portal de transparencia del Estado.

autonomía, si vemos que el Estatuto es aprobado por el Consejo de Ministros y no se otorga esa potestad al propio Consejo de Transparencia.

Dedicación absoluta ya que asume diversas funciones (art. 8) además de representar legal e institucionalmente al Consejo, adoptar criterios de interpretación uniforme de las obligaciones contenidas en la Ley, aprobar directrices, recomendaciones o guías relativas a la aplicación o interpretación de dichos criterios, competencias en materia de personal, velar por el cumplimiento de las obligaciones de publicidad de las Administraciones y conocer las reclamaciones que se presenten contra la denegación expresa o presunta del derecho al acceso a la información, entre otras.

2.4 Perfil profesional

La presidencia será ocupada por una persona de reconocido prestigio y competencia profesional previa, aunque no consta exigencia de ser experto en la materia. Rodríguez Álvarez es jurista y profesor de Derecho Constitucional, además fue director de la Agencia Española de Protección de Datos entre 2011 y 2015, con José Luis Rodríguez Zapatero como presidente del Gobierno. Esther Arizmendi Gutiérrez, primera presidenta del Consejo fue abogada, jurista, funcionaria de carrera y directora general de Modernización Administrativa, Procedimientos e Impulso de la Administración Electrónica con el gobierno de Rajoy.

No hay ninguna referencia en la normativa a que su presidente deba ser un profesional acreditado y no de cualquier ámbito, sino de uno ligado a la transparencia. Tampoco se dice nada respecto a un número mínimo de años de experiencia profesional para acceder al cargo. Estas omisiones pueden posibilitar el nombramiento de una persona no idónea para este cargo. Siendo, sin embargo, esencial[202] en una Administración autónoma e independiente que el nombramiento recaiga sobre expertos de reconocido prestigio.

También es para reflexionar respecto a la composición de la Comisión como órgano consultivo y la presencia o no en la misma de expertos. Sus miembros son representantes de instituciones y órganos políticos, sin dedicación exclusiva y sin tener que ser expertos en transparencia; bien es verdad que si vemos el art. 15 del Estatuto contempla como causa de cese en el mandato de sus miembros, el nombramiento como presidente del Consejo, apuntando así una posibilidad: que uno de los miembros de la Comisión pueda ser nombrado presidente del Consejo, posibilidad que responde a un cierto criterio de especialización, pero que, salvo para los miembros nombrados en representación de los órganos independientes, no incorpora la nota de la independencia, existiendo el riesgo de que se politicen sus funciones.

---

[202] ARIÑO ORTIZ, Gaspar., "Regulación económica y modelo de Administración. La necesaria reforma institucional", *en Administración Instrumental.* Libro Homenaje al Profesor Manuel Clavero Arévalo, tomo I, Madrid 1993, p. 70.

Por tanto, a diferencia de lo que ocurre con la presidencia del CTBG, los miembros de la Comisión ni son inamovibles ni reúnen garantías de independencia.

Comparto la opinión del profesor Isaac MARTÍN, cuando dice que "no puede, afirmarse que, con una composición de este tipo, la Comisión pueda garantizar las notas de especialización y profesionalidad con carácter general" [203]

Composición	**Retribución**	**Duración**	**Nombramiento**	**Ratificación**
Presidente del Consejo	Si dedicación Prestigio reconocido	5 años no renovable	A propuesta del Gobierno	Por el Congreso, mayoría absoluta
Comisión de Transparencia y Buen Gobierno	No dedicación No expertos	5 renovable	A propuesta de órganos políticos e instituciones	Por el Consejo de Ministros

Cuadro resumen, elaboración propia.

2.5 Incompatibilidades

Podemos entender que son garantías de independencia la intervención parlamentaria en el nombramiento y la fijación de unas causas de cese tasadas que pueden evitar discrecionalidad en la remoción del puesto. En este sentido, y siendo el principal órgano de decisión, la imparcialidad del presidente del CTBG en el ejercicio de sus competencias deberá quedar demostrada a través de las resoluciones de las reclamaciones frente a decisiones administrativas en materia de acceso, y de los criterios interpretativos y las actuaciones para la garantía del cumplimiento de las obligaciones de publicidad activa que adopte y lleve a cabo, al menos esta era la voluntad de la presidenta Arizmendi en todas sus declaraciones públicas, la imparcialidad. [204]

El legislador podría haber pensado en la Comisión como órgano colegiado para la función más debatida del CTBG (el control de legalidad) y sin embargo, siguiendo el modelo de la Agencia Española de Protección de Datos[205], el art. 38 otorga como órgano unipersonal al presidente, la principal responsabilidad del CTBG: de adoptar criterios de interpretación uniforme de las obligaciones contenidas en la Ley, la relativa a garantizar el cumplimiento de las obligaciones de publicidad activa, y la de resolver las reclamaciones en ejercicio del derecho de acceso.

Ello, en principio, reflexionamos con el profesor VALERO "conlleva la pérdida de las ventajas que puede suponer la necesidad de deliberar en órganos colegiados"[206], y el profesor MARTÍN "sin embargo, debe

[203] MARTÍN DELGADO, Isaac., "La reclamación ante el Consejo de Transparencia y Buen Gobierno: un instrumento necesario, útil y ¿eficaz", F. López Ramón (Coord.), "Las vías administrativas de recurso a debate", *Instituto Nacional de Administración Pública*, Madrid 2016, pp. 369-430.

[204] TVE1 20/01/2015: Esther Arizmendi: "*Fortalecer y ayudar entre todos a mejorar". "Los ciudadanos son los dueños de la administración. "El Consejo es transparente, autónomo y su independencia está garantizada, yo misma no pertenezco a ningún partido. Es de todos, es independiente, se juega mucho el Consejo si no garantiza que lo somos y que lo ejercemos*".

[205] Arts. 35 y ss. de la Ley Orgánica 15/1999 y desarrollado en el Real Decreto 428/1993, de 26 de marzo, por el que se aprueba el Estatuto de la Agencia de Protección de Datos.

tenerse en cuenta que la colegialidad, en sí misma, no es garantía absoluta de imparcialidad, pues esta depende de la composición del órgano y de la forma concreta de ejercer su función." [207]

3. Otros mecanismos de garantía de independencia e imparcialidad

3.1 Recursos humanos

La disponibilidad y la suficiencia de los recursos humanos es clave para el funcionamiento de cualquier órgano y con ello la gestión en cuanto se refiere a las prácticas y políticas para atraer, motivar y retener a sus empleados, que trabajarán para la consecución de los objetivos del órgano de control. De acuerdo con la Ley de Transparencia, toda la plantilla del CTBG está formada por funcionarios/as de carrera. No hay personal eventual ni personal externo.

El Consejo como organización autónoma que es, en la gestión de recursos humanos -perfil, retribución, acceso, capacitación-, se rige por los arts. 78 y ss. del Texto Refundido de la Ley del Estatuto del Empleado Público. En cuanto a los medios humanos, cuenta con un total de 22 trabajadores (incluyendo sus cargos directivos) y con el Plan estratégico[208] 2015-2020 vigente hasta 2019, continuado en 2020 por un Plan Anual de Objetivos hasta la elaboración del Plan 2022-2025 para ir implementando los diferentes programas que ha puesto en marcha para el ejercicio de sus competencias; se ha firmado y ratificado el 31 de diciembre de 2021 un nuevo plan de Acción para el Gobierno Abierto[209]. Es claro y, -coinciden todos los analistas-, que la actual plantilla del Consejo resulta insuficiente para abordar el incremento del número de reclamaciones que se van generando con los años y la asunción de la competencia para resolver reclamaciones presentadas frente a las resoluciones en materia de acceso dictadas por los órganos de las

---

[206] VALERO TORRIJOS, Julián. "Los órganos colegiados. Análisis histórico de la colegialidad en la organización española y régimen jurídico-administrativo vigente". Colección Estudios. Instituto Nacional de Administración Pública 2009, p 637.

[207] MARTIN DELGADO, Isaac. Op.Cit: "La configuración legal de las autoridades de transparencia. *Fundación Democracia y Gobierno Local Serie: Claves del Gobierno Local*, 27. 1-9.

[208] Plan Estratégico 2015-2020. aprobado en la Comisión de Hacienda del Congreso en 2014, diseñado con la participación de la sociedad civil y de los agentes sociales expertos en el impulso del derecho a la información y la cultura de la transparencia . file:///C:/Users/casa/Downloads/Seguimiento_PE_Informe_final.pdf
Plan de objetivos 2022 (1292 KB)
Plan estratégico 2022-2025 (1229 KB)
Objetivos superar las dos principales debilidades que marcan actualmente su situación: 1º.- La más que evidente precariedad de medios humanos y materiales en que se encuentra el Consejo a fecha de hoy y que le impide cumplir con plena eficacia todas las funciones que tiene encomendadas y 2º.- El déficit de regulación del procedimiento de tramitación de las reclamaciones de la ciudadanía frente a la vulneración de su derecho de acceso a la información pública por parte de las Administraciones y entidades públicas comprendidas en su ámbito de competencia.

[209] El IV Plan de Gobierno Abierto 2020-2024 se aprobó el 29 de octubre de 2020. Recoge 10 compromisos que asumen las Administraciones públicas para reforzar la transparencia y la rendición de cuentas, mejorar la participación, establecer sistemas de integridad pública, y formar y sensibilizar a la ciudadanía y al personal empleado público en materia de Gobierno Abierto, con el objetivo de contribuir a una sociedad más justa, pacífica e inclusiva. Última consulta en el Portal de transparencia marzo2021.

CCAA que firman el oportuno convenio; por ello, como hemos visto, se integra a su organigrama una Oficina de Reclamaciones de Administraciones Territoriales para conocer de las reclamaciones, tramitaciones, resoluciones, notificaciones y control del cumplimiento en el ámbito de las CCAA con convenio, así como de las entidades locales que se adhieran. Su objetivo está siendo poco a poco, avanzar en la fijación de criterios comunes con las CCAA y las entidades locales, gestionar los diferentes aspectos incorporados en los convenios firmados y medir el cumplimiento de la Ley por unas y otras.

Observamos también que la queja del Consejo en todas sus Memorias[210] (analizadas las de los años 2016 a 2021) es que la dotación de medios humanos es "insuficiente" para la carga de trabajo y las competencias que asume. A mayor abundamiento, las comunidades autónomas de Asturias, Cantabria, Castilla-La Mancha, Extremadura, La Rioja y Madrid[211] y las dos ciudades autónomas encargaron al CTBG que atienda las reclamaciones de sus ciudadanos sobre transparencia: desde el Ayuntamiento que no contesta a una petición hasta el Gobierno regional que deniega el acceso a un documento. El CTBG ha asumido esa carga extra de trabajo -ya se ocupaba de las reclamaciones contra la Administración General del Estado- con dos personas (el director de la Oficina de Reclamaciones Territoriales y un administrativo). Después de muchas quejas al Ministerio de Hacienda, se convoca un concurso para sumar una tercera persona -un funcionario trasladado desde otro servicio-.

Desde su creación el Gobierno se ha negado a que el CTBG supusiese un coste adicional en los presupuestos. En el Real Decreto que lo regula de diciembre de 2014 ya se establece que la creación de este ente "*no podrá suponer incremento de dotaciones, retribuciones, u otros gastos de personal ni, por otros conceptos, incremento neto de estructura o de personal al servicio del sector público estatal*". Aquel decreto estipulaba que "*el Consejo se dotará exclusivamente mediante la redistribución de efectivos del Ministerio de Hacienda y Administraciones Públicas, sus organismos y entidades públicas, y su funcionamiento se atenderá con los medios materiales y personales de que dispone actualmente la Administración*".

Sin embargo, año tras año los informes y memorias se imponen y es un hecho que con su actual estructura el Consejo pueda seguir haciendo frente a todas las funciones impuestas por la ley. En cuanto a su modelo

---

[210] Memoria del año 2016 completa (4077 KB)
Memoria del año 2017 completa (10571 KB)
Memoria del año 2018 completa (6922 KB)
Memoria del año 2019 completa (6629 KB)
Memoria del año 2020 completa (3751 KB)
Memoria del año 2021 completa (7163 KB) disponibles en:
https://www.consejodetransparencia.es/ct_Home/Actividad/memorias_planes.html

[211] El Consejo de Transparencia y Participación de la Comunidad de Madrid recupera la competencia, al no ser renovado el convenio que venció el 2 de noviembre de 2021. Por el contrario, el 13 de diciembre de 2021 las Illes Balears y el Consejo de Transparencia y Buen Gobierno han firmado un convenio para la resolución de las reclamaciones. La competencia es de Islas Baleares, pero el Consejo de Transparencia y Buen Gobierno estatal, será el encargado de resolver las reclamaciones.

de gestión y teniendo en cuenta la importancia de sus funciones y la necesidad de procurar el cumplimiento más eficiente y eficaz de las mismas, se estableció en el CTBG una planificación estratégica de su actividad, que se concretó en aquel primer plan Estratégico para el período 2015-2020, coincidente con el mandato de la Presidencia del CTBG, y que contenía los grandes ejes de actuación con sus correlativos retos y objetivos estratégicos: ACTIVA, RESUELVE, COLABORA, INTERPRETA, SUPERVISA, FORMA, COMUNICA y RINDE. Y que continúa con el Plan actual, para el cuatrienio 2022-2025[212], con la segunda Presidencia y cuyos objetivos específicos se incardinan en los Ejes: INSTITUCIONAL, TRAMITACIÓN, EVALUACIÓN, ASESORAMIENTO, IMPULSO, FORMACIÓN, COOPERACIÓN.

Concretando, el aumento de tareas desarrolladas por el Consejo no se ha visto acompañado del correspondiente incremento de medios humanos y materiales, de forma que la plantilla del organismo no ha alcanzado el tamaño óptimo de acuerdo con las funciones asignadas. A 31 de diciembre de 2016, la relación de puestos de trabajo comprendía 20 puestos de trabajo, de los que tres se encontraban vacantes por traslados. A efectos prácticos, el organismo contaba con 17 efectivos -18, sumando a su presidenta - lo que representa un 85% de cobertura en una coyuntura de aumento de funciones". El Consejo contó con un presupuesto ese año de 2,9 millones de euros. Tomando como referencia la Memoria a 31 de diciembre de 2018 el CTBG contaba con 22 efectivos, funcionarios, si bien la plantilla real del organismo era de 20 efectivos al cierre del ejercicio; prácticamente la misma que se asignó al organismo al inicio de su actividad en 2015, aun cuando la carga de trabajo se había incrementado significativamente a través del crecimiento de las reclamaciones del artículo 24 de la Ley de Transparencia y la asunción de nuevas tareas y actividades. Cuenta actualmente -2022- además de su presidente, con una plantilla de 23 personas, integrada por 11 funcionarios o funcionarias de carácter técnico y 12 de carácter administrativo y de apoyo

TIPO DE PERSONAL	Hombres	Mujeres	TOTAL
Altos Cargos	1	0	1
Funcionarios Grupo A1	4	3	7
Funcionarios Grupo A2	1	4	5
Funcionarios Grupo C1	2	4	5
Funcionarios Grupo C2	1	4	4
TOTAL	**8**	**15**	**23**

Cuadro elaboración propia, en base a las Memorias 2018-2021 CTBG.

Teniendo en cuenta esta situación, el CTBG realizó a fines de 2018 y en el ámbito de la fiscalización de su actividad por el Tribunal de Cuentas (TCU), un estudio de cargas de trabajo y necesidades de personal del que resulta que la dotación de efectivos del Consejo debería incrementarse en la suma de 33 –el 150 %– hasta llegar a 55, cifra que permitiría: - mantener el nivel de actividad, atendiendo al crecimiento "vegetativo" de las iniciativas planteadas por la ciudadanía; - desarrollar adecuadamente las funciones menos prioritarias y acometer las todavía no abordadas y - desarrollar eficientemente las nuevas funciones que pueden asignarse a medio plazo al organismo. (pág. 135).

---

[212] file:///C:/Users/casa/Downloads/PlanEstrategico2022_2025W%20(2).pdf

La insuficiencia de los efectivos asignados para atender adecuadamente la suma de sus funciones y tareas obliga al Consejo a priorizar sus actuaciones y a administrar los recursos disponibles, centrando su actividad, en las que pueden considerarse sus áreas primordiales de actuación.
Por reseñar algunos datos que permiten evaluar la carga de trabajo que soporta el organismo, pueden destacarse los referidos a las funciones de evaluación del grado de cumplimiento de la Ley de Transparencia por la totalidad de los sujetos comprendidos en su ámbito de aplicación (en torno a 100.000) y de resolución de reclamaciones en materia de acceso a la información, número de reclamaciones cuya tendencia es de incremento continuado, tanto en su volumen como en su complejidad técnica.

En 2020, según la Memoria, en respuesta a las demandas del Consejo y a través de la Secretaría General de Función Pública se inician las actuaciones necesarias con el fin de incrementar la dotación de efectivos del CTBG con la adscripción al mismo de funcionarios de nuevo ingreso, así como para determinar el número y la categoría de funcionarios que se incorporarían a la institución de acuerdo con las disponibilidades presupuestarias existentes en el ejercicio. No obstante, las dificultades ocasionadas en el normal desarrollo de los procesos selectivos para el acceso a la Función Pública y la cobertura de las plazas de la OPE por las limitaciones de movimientos y de otra naturaleza relacionadas con la crisis sanitaria impidieron que la incorporación de los nuevos funcionarios al Consejo se produjera en 2020 tal y como estaba previsto.

Y es que de la lectura de la lista de funciones y tareas encomendadas al Consejo de Transparencia y Buen Gobierno (arts. 38 de la LTAIBG, art. 12 del Estatuto del CTBG y el plan estratégico 2015-2020 del organismo) fácilmente se comprende que la plantilla de efectivos que tiene asignada ya es insuficiente para acometer adecuadamente el desarrollo de estas funciones. El propio CTBG en todas sus Memorias duda de que con su actual estructura pueda hacer frente a todos los retos impuestos por la ley; tanto por la falta de recursos humanos en general, como por carencia de perfiles concretos de empleados públicos en su plantilla (en particular, especialistas en informática y comunicaciones). En concreto, la primera de las conclusiones de la Memoria de 2017 denuncia la insuficiencia de la dotación de recursos humanos como "una de las principales debilidades del organismo" (pág. 140), conclusión que se irá trasladando a las siguientes Memorias.

3.1.1 Consecuencias en su actividad

3.1.1.1Función de evaluación del grado de aplicación

Aunque no nos ocupemos de analizar en profundidad, en cuanto a su función de evaluación del grado de aplicación y cumplimiento de la ley de transparencia esta falta de recursos provoca que sea parcial, ya que deberían revisar a unas 100.000 entidades, según los cálculos del propio CTBG. Este problema es especialmente relevante cuando se trata de las entidades privadas afectadas por la ley: por un lado, los partidos políticos, las organizaciones sindicales y las organizaciones empresariales; y, por otro, las entidades privadas que reciban subvenciones de más de 100.000 euros o que supongan más del 40% de sus ingresos. El dictamen del año 2016 llama la atención sobre su falta de medios y admite que ha tenido que renunciar a evaluar el cumplimiento de la ley en los entes privados por no disponer de medios para llevarlo a cabo.

En el ejercicio 2018, 2019 y 2020 y teniendo en cuenta la magnitud de este censo y los recursos disponibles en el Consejo, las evaluaciones de cumplimiento de la LTAIBG por esta categoría de sujetos obligados se abordan mediante el uso de técnicas de muestreo y la evaluación se ha realizado con medios propios del Consejo y se ha aumentado el tamaño de la muestra frente a las de los tres años precedentes, seleccionada aleatoriamente a partir de INVESPE, examinando la totalidad de las obligaciones de transparencia definidas por la Ley de Transparencia para cada tipo de organismo. La medición se realiza aplicando la metodología MESTA íntegramente y ha alcanzado a 15 entidades de derecho público de diferente tipología, agrupadas en dos grupos, entre ellos, los cuatro principales partidos políticos de ámbito estatal.

La evaluación del Portal de Transparencia de la AGE realizada por el CTBG detecta deficiencias y, aunque asegura el Consejo en las diferentes Memorias que ha habido mejoras por los responsables del Portal de Transparencia, previstas en el III Plan de Acción 2017-2019 para España de la OGP[213] en fase de implantación, recuerda que algunas carencias detectadas en 2016 aún no han sido resueltas.
Se muestra que una de las dificultades existentes para el cumplimiento de la Ley es el escaso conocimiento de ésta por parte de la ciudadanía que, según el diagnóstico del Consejo, constituye una de las causas del uso relativamente bajo dado por los ciudadanos a las herramientas e instrumentos jurídicos establecidos por la Ley desde su entrada en vigor hasta el momento actual.[214]

3.1.1.2 Función de resolución de reclamaciones

Lo mismo sucede en relación con los ejes RESUELVE y TRAMITA, y su función de resolución de reclamaciones que constituyen el núcleo de los cometidos institucionales del Consejo. La falta de recursos también provoca que, su función de garantizar el derecho de acceso a información tanto en el ámbito estatal como autonómico, sea menos satisfactorio en cuanto a tiempos de resolución y en cuanto a número. A lo largo del informe sobre el año 2016 el CTBG apela varias veces a su falta de efectivos, como un problema que es urgente resolver. Referencia que se expone anualmente en los siguientes informes y memorias.

---

[213] Open Government Partnership desde 2011. III Plan de Acción de España -junio 2017-2019- de la Alianza para el Gobierno Abierto (OGP). Actualmente IV Plan 2020-2024 de 29 octubre con 10 compromisos.

[214] En materia de publicidad activa, se ha detectado en 2018 un notable incremento del número de visitantes (60 %) y del número de páginas visitadas (49,35 %).
En materia de acceso a la información, se observa un incremento considerable de las solicitudes, que se cifra en un 40,52 % de 2018 respecto de 2017 y que, a su vez, supone un incremento de un 88,76 % respecto de 2015, primer año completo de funcionamiento del Portal. Este crecimiento, que se ha acelerado en 2018 respecto de 2017, y representa la consolidación de una tendencia de incremento (2020-2021) y hacia el futuro.

Personal del CTBG

2015	2016	2017	2018	2019	2020	2021	2022
20 puestos de trabajo (incluyendo la presidenta y 2 vacantes)	20 puestos de trabajo (incluyendo la presidenta y 2 vacantes)	20	22	22	22	22	23

Cuadro elaboración en base a las Memorias 2018-2021CTBG.

Observamos cómo la plantilla es similar a la asignada al CTBG por Resoluciones de la Comisión Ejecutiva de la Comisión Interministerial de Retribuciones (CECIR) de 2 de febrero y 26 de marzo de 2015 y que constituyó la dotación inicial de recursos del organismo. La dotación comprendía 20 efectivos, dos menos de los existentes a 31 de diciembre de 2018, 2019 y 2020 e igual al número de efectivos realmente disponibles. Todos ellos funcionarios de carrera (a excepción de su Presidente, con consideración de alto cargo) -, una plantilla de 23 personas en 2022 además de su presidente, integrada por 11 funcionarios de carácter técnico y 12 de carácter administrativo y de apoyo

Y vemos como, con estos recursos humanos el dato acumulado de solicitudes de acceso a la información dirigidas a la Administración General del Estado (AGE) es de 47.932, con diferentes variaciones mensuales. Se observa un incremento del 40,52 % de 2018 respecto de 2017 incremento de un 88,76 % respecto de 2015 y crecimiento también de 2019 que se ha incrementado de manera exponencial a partir del segundo semestre de 2020 y se mantiene en 2021 y actualidad.

Solicitudes de derecho de acceso presentadas **en el Portal** (diciembre 2014-2021) + enero a junio 2022

2014	2015	2016	2017	2018	2019	2020	2021	**TOTAL**	2022	**TOTAL**
608	3.151	3.340	4.230	5.955	7.449	11.453	11.745		6.085	
TOTAL								**47.932**		**54.068**

Cuadro elaboración en base al Portal de Transparencia: https://transparencia.gob.es/transparencia/dam/jcr:2079f240-9975-43ab-b415-2179cd8af8a0/2021_12_Boletin_Portal_en_cifras.pdf

Según se indicó en el *Informe CIJA 2020*, la única novedad que podría explicar el incremento a partir de 2019 está relacionada con la decisión del Ministerio de Política Territorial y Función Pública de flexibilizar las exigencias relativas a la identificación electrónica para presentar solicitudes de acceso a través del Portal de Transparencia, al abrir la posibilidad de identificarse y firmar, junto con el sistema cl@ve, por medio de un código que se genera mediante un registro previo. Si bien, el número de solicitudes de acceso planteadas a través del sistema simplificado oscila entre el 7,55 y el 15,55 %, en función de los meses; en cómputo global (febrero-agosto de 2021) implica solamente un 10,67 %. Ello permite confirmar que este medio de identificación no ha supuesto un cambio particularmente significativo en la dinámica de los solicitantes y no tiene una influencia decisiva como incentivo para incrementar el número de solicitudes de acceso.[215]

[215] Informe CIJA 2020. MARTIN DELGADO I. "Análisis de la Litigiosidad Administrativa y Contencioso-Administrativa" Centro de Investigación sobre Justicia Administrativa de la Universidad Autónoma de Madrid (CIJA-UAM) Jesús Redondo Martín (coord.) https://cija-uam.org/informe-sobre-la-justicia-administrativa-2020/

Sobre estas solicitudes y su resultado (información o no) se han presentado **5.348** reclamaciones ante el Consejo, lo que supone un 11,15% de solicitudes reclamadas sobre el total **47.932** (hasta2021). Podemos concluir que, aunque aumenta el número de solicitudes de acceso a la información, no está suponiendo un aumento proporcional del número de reclamaciones, que se mantiene en el rango del 12-14% (el porcentaje en 2018 era del 14,11% y en el 2019 (927 reclamaciones sobre un total de 7.449 solicitudes) el mismo es de 12,44%), pero el trabajo del personal del CTBG es considerable.

Reclamaciones anuales presentadas ante el CTBG frente a la **AGE** (2015-2021) + (enero a marzo 2022)

2015	2016	2017	2018	2019	2020	2021	**Total**	2022	**Total**
517	557	557	755	927	949	1.086		307	**5.655**
TOTAL							**5.348**		

Cuadro elaboración en base a los datos del CTBG.

En cuanto a los datos de solicitudes del derecho de acceso a la información son relativos, unas veces están referidas a once organismos y entidades de ámbito autonómico y otras veces a nueve de ellos, además de que no todas las Comunidades Autónomas remiten información (sí lo hicieron en 2018) ni se encuentra en sus respectivas webs institucionales en todos los casos.

Solicitudes de derecho de acceso presentadas a organismos de las **CCAA** (dic2014-2021) +

		2016	2017	2018	2019	2020	2021	**TOTAL**	2022	**TOTAL**
		3.438	5.289	6.840	7.449					
TOTAL								**15.567**		

Cuadro elaboración en base al Portal de Transparencia

Y por otro lado con estos recursos humanos señalar, en el caso de las reclamaciones ante el CTBG presentadas frente a decisiones de las Administraciones Territoriales, al igual que ocurre con las reclamaciones frente a la AGE, el incremento que se produce al tercer año de puesta en funcionamiento del sistema de control, necesitando ese periodo de tres años para asentar el mecanismo de control.

Reclamaciones presentadas ante el CTBG frente a las **AATT** (2016-2021) + (enero y febrero 2022)

	2016	2017	2018	2019	2020	2021	**Total**	2022	**Total**
	333*	510	583	853	755	1.159	**4.193**	196	**4.389**
TOTAL							**4.193**		

**Encontramos a veces diferencias en los datos de la página web del Consejo de Transparencia, aquí en el número de reclamaciones presentadas en 2016 ya que en el espacio de datos de ese año en la web no coincide con el que se deriva del listado Excel disponible en ese mismo espacio (que muestra un total de 327).*

Cuadro elaboración en base a los datos del CTBG.

Vemos en estos cuadros, cómo el número de reclamaciones al CTBG es mayor en el caso de las Comunidades Autónomas (entre 37-24, 35%), que en relación con la AGEstado (ente 12-14%)

Reclamaciones Totales ante el CTBG **frente a la AGE y AATT** (2015-2021) + (enero a febrero 2022)

2015	2016	2017	2018	2019	2020	2021	**Total**	2022	**Total**

517	890	1.067	1.338	1.780	1.704	2.245		396	**9.937**
TOTAL							**9.541**		

Las cifras reflejan un incremento constante de reclamaciones que llegan al CTBG, el incremento de reclamaciones que se produce en 2016 respecto de 2015 obedece también a la entrada en vigor de la Ley en las autonomías y a la llegada de las reclamaciones (333 en total) planteadas frente a resoluciones de las CCAA que han suscrito convenios con el Consejo para el traslado de la competencia de resolución de las reclamaciones del art. 24 LTAIBG.

En la Memoria de 2018 se afirma que “el motivo de alza de las reclamaciones está más vinculado al uso habitual en caso de conflicto de la vía de recurso del art. 24 de la LTAIBG, por parte de los solicitantes de información pública más familiarizados o movilizados en el ámbito de la transparencia, que con la mejora del grado de conocimiento de la legislación de transparencia entre los ciudadanos, parámetro que (…) ha permanecido estable en este ejercicio” (pág. 84) y mantiene la idea reiterada en el año anterior (pág. 152).

En la Memoria de 2019 el tenor literal es muy similar, no en 2020 con una clara alteración de la línea ascendente en cuanto al número de reclamaciones que, respecto de AATT, llega incluso a ser menor que en 2019. El propio CTBG lo relaciona en su última Memoria con la suspensión de los plazos administrativos y, en general, con las medidas organizativas adoptadas durante la pandemia (COVID) y continúa la tendencia ascendente en 2021 y los primeros meses de 2022.
En cuanto al tiempo medio de resolución de las solicitudes, este se sitúa en 127,54 días, oscilando los datos entre los 259 y 51 días de resolución.

Reclamaciones anuales **resueltas** ante el CTBG frente a la AGE (2015-2021) + (enero a febrero 2022)

2015	2016	2017	2018	2019	2020	2021	**Total**	2022	
415 80,27%	502 90,13%	518 93%	682 90,33%	900 97,09%	876 92,31%	911 98,2 %		205 66,77%	
TOTAL							**4.904 (99,7%)**		

Cuadros elaboración en base a los datos del CTBG y en base a los datos del Informe CIJA 2021.

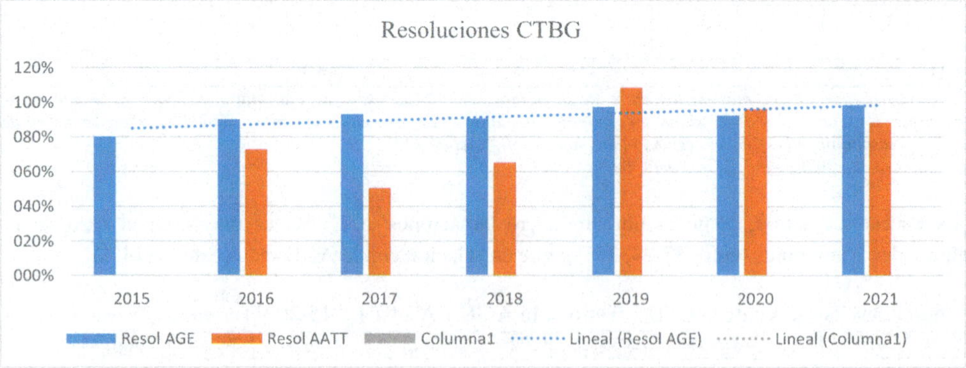

En los años de 2015-2019, la tasa de resolución ha estado siempre por encima del 80% y ha ido mejorando incluso año a año, (80,27% en 2015, 90,33% en 2018; 97,09% en 2019 y 98,2% en 2021). A pesar del incremento también progresivo de reclamaciones, el trabajo de los técnicos (igual número) del Consejo ha sido de dedicación máxima y eficacia, ya que la tasa de resolución es muy positiva, seguro tiene que ver ese buen ritmo de resolución -como recoge el Informe CIJA 2021[216]- con la consolidación de criterios interpretativos y jurisprudenciales, que hacen más sencillo resolver.
Ahora bien, si no se aumentan medios humanos y materiales, la tasa puede disminuir, como ha ocurrido ya en 2020 que ha descendido hasta el 92,31% como consecuencia del hecho de que se ha registrado el mayor número de reclamaciones de la serie y, en cambio, el número de resoluciones ha bajado ligeramente, aunque puede haber influido también la suspensión de la tramitación llevada a cabo durante la pandemia.

En cuanto a las reclamaciones presentadas frente a decisiones de Administraciones Territoriales la tasa de resolución es muy inferior, así en los tres primeros años de funcionamiento no superó el 75%, en 2016 alcanzó el 72,67 %, en 2017 descendió hasta el 50,39 % y subió ligeramente en 2018 hasta el 65,01 %. Sin embargo, se puede apreciar un considerable incremento a partir del año 2019, donde ascendió al 108,38 %. En 2020, aunque ha disminuido, alcanza el 95,89 % y el 92,31% en 2021.

Reclamaciones anuales **resueltas** ante el CTBG frente a las AATT (2015-2021)

2015	2016	2017	2018	2019	2020	2021	**Total**	2022	
	242 72,67%	257 50,39%	379 65,01%	866 108,38%	724 95,89%	1.021 88,09 %		196	
TOTAL							**3.489 (91,7%)**		

Cuadro elaboración en base a los datos del Informe CIJA 2021.

Aunque internamente los dos órganos que tienen encomendada la tarea de tramitar reclamaciones (la Subdirección General de Reclamaciones y la Oficina de Reclamaciones de Administraciones Territoriales) poseen autonomía de funcionamiento y actúan con medios humanos diferenciados, resulta evidente que la sobrecarga de trabajo en cada uno de ellos afecta negativamente al organismo en su conjunto, dado que las resoluciones son adoptadas por el presidente.

En cualquier caso, es preocupante e igualmente indicativo de la tensión que está afrontando el sistema de control, por el volumen de trabajo que entra en el Consejo sin aumentar los recursos humanos, ello va generando una suma de asuntos pendientes (tasa de congestión)[217] indicativa de una sobrecarga de trabajo

---

[216] Informe CIJA 2021, MARTIN DELGADO I. "Análisis de la Litigiosidad Administrativa y Contencioso-Administrativa", pp. 301 a 362 https://cija-uam.org/informe-sobre-justicia-administrativa-2021/

[217] CIJA 2021. Op. cit.. La tasa de congestión (que resulta de la suma de asuntos pendientes y asuntos nuevos dividida entre los asuntos resueltos en un concreto periodo, multiplicado por 100), apunta igualmente la capacidad de decisión del Consejo. p. 315
La tasa de 2015 fue del 124,58 %, y aumentó en 2016 hasta el 131,27 %, si bien en 2017 se redujo ligeramente hasta el 118,15 %, la más baja de la serie a pesar del aumento del número de reclamaciones producido ese año. Sin embargo, en 2018 la tasa

que viene anunciando el Consejo en todas sus Memorias e informes. Lo cual permite extraer una conclusión evidente: a pesar del esfuerzo que el CTBG está realizando, con sus insuficientes medios, el riesgo de congestión amenaza gravemente al sistema de control.

En todas sus Memorias el propio CTBG ha insistido en la insuficiencia de recursos manifestando que algunas de las actividades que deberían realizarse y de las herramientas que habrían de implementarse se encuentran paralizadas por falta de medios materiales y humanos e indicando, además, que la plantilla debería incrementarse en 33 efectivos más (esto es, en un 150%) (en particular, especialistas en informática y comunicaciones) para poder cumplir todas las funciones que tiene encomendadas y las nuevas funciones asignadas por Leyes aprobadas tras la entrada en vigor de la LTAIBG.[218] Está suponiendo un riesgo de colapso, ya que los datos en relación a la tasa de congestión en relación con las resoluciones autonómicas, también son muy altos: del 137,60% en 2016 ascendió al 233,85% en 2020 el 135,77%.

3.2 Recursos económicos

El CTBG elabora y aprueba anualmente su anteproyecto de presupuesto, con las indicaciones del Ministerio al que se adscribe, que posteriormente recibe el documento para que sea incluido en los Presupuestos Generales del Estado.
En cuanto al régimen económico-financiero, el CTBG cuenta con patrimonio propio, independiente del de la Administración General del Estado y presupuesto limitativo por su importe global y carácter estimativo para la distribución de los créditos por categorías económicas, con excepción de los correspondientes a gastos de personal que, en todo caso, tendrán carácter limitativo y vinculante por su cuantía total, y de las subvenciones nominativas y las atenciones protocolarias y representativas, que tendrán carácter limitativo y vinculante cualquiera que sea el nivel de la clasificación económica al que se establezcan.

Cuenta el Consejo como fuente de ingresos, para el cumplimiento de sus fines con una asignación anual en la ley presupuestaria, con cargo a los Presupuestos Generales del Estado, asignaciones que proceden del Ministerio de Hacienda[219].

---

de congestión superó la de todos los años anteriores como consecuencia del aumento de reclamaciones: 135,48 %. Aunque este incremento continuó en 2019, aquella descendió al 121,78 %27, Esa idea se confirma en 2020: la tasa de congestión vuelve a subir considerablemente, hasta llegar al 130,71 %

[218] Ley 9/2017, de 8 de noviembre, de Contratos del Sector Público, art. 154.7 encomienda al Consejo la función de emitir informe (en el plazo de 10 días) en los casos en los que el órgano de contratación se plantee tomar la decisión de no publicar determinados datos relativos a la celebración del contrato, con el fin de apreciar si el derecho de acceso a la información pública prevalece o no frente a los bienes que se pretenden salvaguardar con su no publicación.

[219] LTAIBG art. 38.2 f). 39.4 establece que el Consejo contará para cumplir sus fines con una serie de bienes y medios económicos determinados. En relación con ello, la Disposición Adicional Primera del Real Decreto por el que se crea el Estatuto del Consejo dispone que no podrá suponer incremento de gasto público ni su creación ni su funcionamiento.

El Presupuesto de Gastos desde la puesta en marcha del CTBG está destinado prácticamente a gastos de personal (Capítulo I). Así si desglosamos por ejemplo el PG para 2017 que ascendía a 2,92 millones de euros, el 99%, 1,35 millones son destinados a gastos de personal, es decir al pago de las nóminas y de las cuotas y cotizaciones a la Seguridad Social de su personal; y al pago de los gastos necesarios para su funcionamiento. En Capítulo II ("Gastos Corrientes") consigna, 1,26 millones de euros, que se distribuyen: 0,30 millones para el pago del arrendamiento de la sede del Consejo; 0,07 millones para reparaciones, mantenimiento y conservación del inmobiliario, el mobiliario y los elementos patrimoniales adscritos al mismo; 0,76 millones para material, suministros, comunicaciones y otros; 0,07 millones para pago de indemnizaciones, dietas y gastos de desplazamiento del personal del organismo y 0,05 millones para las publicaciones efectuadas por este. El crédito consignado en Capítulo IV ("Transferencias Corrientes"): 0,09 millones de euros, que se distribuyen: 0,08 millones para el pago de las becas convocadas por el Consejo y 0,01 millones para el pago de la adhesión del organismo a organizaciones internacionales. Capítulo VI ("Inversiones Reales"): 0,21 millones de euros, que se distribuyen: 0,16 millones para la financiación de nuevas inversiones asociadas al funcionamiento de los servicios y 0,05 millones para el pago de la adhesión del organismo a organizaciones internacionales. Capítulo VIII ("Activos Financieros"): 0,003 millones de euros para el pago de anticipos de nómina, de carácter personal.

Presupuesto global por años correspondientes a cada ejercicio

2015	2016	2017	2018	2019prorrogado	2020prorrogado	2021	2022
2.577.200 €	2.975.540 €	2.919.020€	2.276.860 €	2.276.860	2.276.860€	2.386.150€	3.003.250€

Cuadros elaboración propia, en base a las Memorias CTBG.

En 2018 vemos como su financiación ha vuelto a caer por segundo año consecutivo (22% menos de presupuesto), ya que ha contado con un presupuesto inicial de 2.276.860 euros, lo que ha supuesto una reducción del 22% (642.160 €) con respecto al ejercicio anterior. Prácticamente el 95% del presupuesto para 2018 ha estado destinado al pago de las nóminas de su personal y al pago de los gastos necesarios para su funcionamiento. En cuanto a su ejecución asciende a 1.744.770,80 euros (76,63%), produciéndose un remanente de 532.089,20 euros (23,37%) ya que no se ajusta a las necesidades reales por capítulos y así se siguen previendo las inversiones del principio –medios tecnológicos – que no se ejecutan al serle suministrados por la Secretaría General de Administración Digital (SGAD) del Ministerio en cumplimiento de la política de reutilización y austeridad en el gasto que el Consejo ha emprendido desde el inicio de su actividad. El nivel de ejecución alcanzado en 2018 supera el del ejercicio 2017. En los años 2019 y 2020 se prorroga.

En cuanto al formato se mantiene el esquema estándar elaborado inicialmente en 2015 por el entonces Ministerio de Hacienda y Administraciones Públicas, que respondía al esquema estándar de los organismos supervisores existentes e incluía los servicios, conceptos y artículos presupuestarios propios de estos. En consecuencia, los presupuestos siguientes del organismo son todavía, en buena medida, prolongación del proyecto formulado en 2015, lo que explica las mayores desviaciones detectadas en su ejecución: "Inversiones Reales".

En el proceso de elaboración del proyecto fallido de presupuestos para 2019 se realizó una reconfiguración completa de las dotaciones y créditos incorporados. Tras la celebración de las elecciones generales en 2020, contó con un presupuesto prorrogado de 2,27 millones de euros, una cifra que aumenta en un 4,8% en 2021[220] -en cifras absolutas suponen 109.286 euros (los primeros presupuestos de la coalición de gobierno PSOE y Unidas Podemos, 155 escaños) que recogen 2,38 Mll de euros – y que son aprobados por ERC (13 escaños), PNV (6), EH-Bildu (5), PDeCAT (4) y Más País (2), así como los únicos diputados de Compromís, Nueva Canarias, Partido Regionalista de Cantabria (PRC) y Teruel Existe-. Para el año 2022 el incremento ha sido de 617.100€ (26%) y el capítulo I el que más crece.

Cuenta con las subvenciones y aportaciones que se puedan conceder a su favor, procedentes de fondos específicos de la Unión Europea o de otros organismos internacionales, y los bienes, derechos y valores integrantes de su patrimonio, así como las rentas y productos derivados de ellos. Además de cualesquiera otros que legalmente puedan serle atribuidos.

3.2.1 Consecuencias en su actividad

Inicialmente puede que el montante presupuestario haya sido suficiente para su funcionamiento, pero cada año el trabajo para consolidar el órgano crece y los recursos son los mismos prácticamente; es más, ya hemos dicho que la disposición adicional primera del RD por el que se aprueba el Estatuto del Consejo recoge claramente que su creación y funcionamiento no podrá suponer incremento del gasto público.

---

220 Consulta en la web: https://www.hacienda.gob.es/ (noviembre 2020)

Consecuencias en lo que se refiere a la actividad de contratación[221], destacamos, la suscripción de un contrato de servicios de representación jurídica entre el organismo y la firma Escárate Asesores SLP en 2018, cuyo objeto es la representación en juicio del CTBG en los litigios abiertos en la jurisdicción contencioso-administrativa a consecuencia de la impugnación de sus resoluciones por los organismos y entidades del Estado emplazados a su ejecución y disconformes con su contenido. Porque, aunque el CTBG cuenta con un convenio con la Abogacía del Estado para que esta le represente ante los tribunales, por el que paga 20.000 euros anuales, solo puede usar estos servicios cuando litiga contra particulares, empresas o entidades autonómicas y locales. Si el conflicto es entre Estado (o entidades públicas estatales) y CTBG, la situación se complica: la Abogacía del Estado no puede defender a ambos. Así, en estos casos el órgano debe contratar abogado y procurador privados. Y es que el diseño del Consejo no estaba pensado para tener que litigar y esto afecta a su funcionamiento, ya que existe una elevada litigiosidad.
Además, en 2018 y 2021, el CTBG firmó con el presidente de la Sociedad Estatal de Gestión Inmobiliaria de Patrimonio S.E.A. (SEGIPSA), propietaria del inmueble en que se encuentra su sede, una novación del contrato de arrendamiento de esta. En 2021 se licita de nuevo el servicio de defensa jurídica G Cueto Legal, S.L y se realiza contratación de un tramitador electrónico para el tratamiento automatizado de las reclamaciones.

La congelación del presupuesto durante dos años contrasta con el incremento de la carga de trabajo que el CTBG viene soportando de forma ininterrumpida año tras año y la plantilla actual formada por 23 empleados (tres más que cuando este organismo se creó en 2015). Lo vemos claramente en los siguientes cuadros relacionando: Presupuesto, Reclamaciones, Resoluciones y Recursos

Presupuesto global

2015	2016	2017	2018	2019prorrogado	2020prorrogado	2021	2022
2.577.200 €	2.975.540 €	2.919.020€	2.276.860 €	2.276.860	2.276.860€	2.386.150€	3.003.250€

Reclamaciones totales ante el CTBG **frente a la AGE y AATT** (2015-2021) + (enero a febrero 2022)

2015	2016	2017	2018	2019	2020	2021	Total	2022	Total
517	890	1.067	1.338	1.780	1.704	2.245		396	**9.937**
TOTAL							**9.541**		

Resueltas ante el CTBG frente a la AGE y frente a las AATT (2015-2021) + (enero a febrero 2022)

Resoluciones	2015-2019	2020	2015-2020	2021	2015-2021	%	2022 ene-feb	%

[221] La actividad contractual del Consejo de Transparencia y Buen Gobierno se rige por lo dispuesto en la Ley 9/2017, de 8 de noviembre, de Contratos del Sector Público, por la que se trasponen al ordenamiento jurídico español las Directivas del Parlamento y del Consejo Europeo 2014/23/UE y 2014/24/UE, de 26 de febrero de 2014.

Admitidas					6.361	72.8%	282	90,5%
Inadmitidas					1.777	20,4%	14	4,5%
Archivadas					593	6,8%	19	6,0%
Total	**3.808**	**1.218**	**5.026**	**1.335**	**6.361**		315	
					8.731			

Recursos totales contra las Resoluciones del CTBG (2015-2021) + (enero a febrero 2022)

2015	2016	2017	2018	2019	2020	2021	**Total**	2022	**Total**
5	27	52	47	77	55	28		3	**294**
TOTAL							**291**		

Cuadros elaboración en base a las Memorias CTBG.

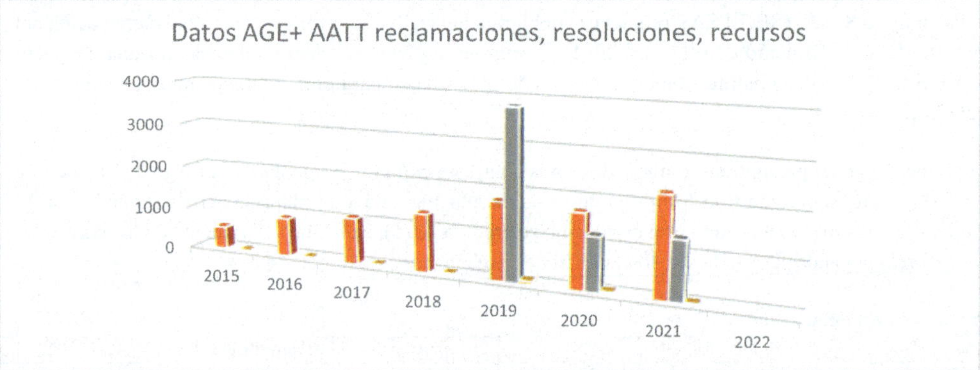

En 2019 el CTBG dedica el 60,55% de sus ingresos (1.378.730 euros) a gastos de personal. Los gastos corrientes en bienes y servicios se fijaron en 779.880 euros, mientras que las inversiones reales se habían calculado en 105.250 euros. Del presupuesto 2021: 2.386.010 €, el CTBG dedica el 68% de sus ingresos (1.628.730 euros) a gastos de personal. Los gastos corrientes en bienes y servicios se fijaron en 701.680 euros, el 29%, mientras que las inversiones reales se han calculado en 42.000 euros el 2%.

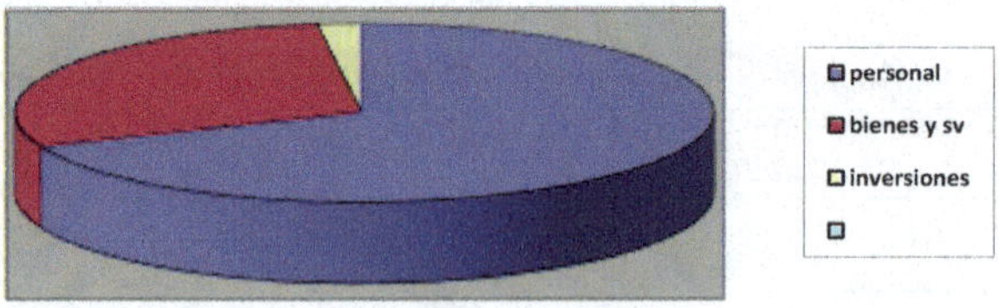

Por contra, el número de resoluciones se ha multiplicado por cuatro. Si en 2015 tramitó 517 reclamaciones, en el 2019 aumentaron hasta las 1.780, un 33% más que el ejercicio anterior (1.338). En el 2020 se presentaron un número muy igual 1.704 (de enero a junio de 2020 se contabilizaron 597, si bien hay que tener en cuenta que los plazos administrativos estuvieron suspendidos durante dos meses y medio -desde el 14 de marzo hasta el 1 de junio- debido a la declaración del estado de alarma con la que el Gobierno buscaba contener la propagación de la COVID-19). Y ya en 2021 con 2.245, vemos que va en aumento. También los recursos han significado gasto y trabajo.

Javier Amorós -subdirector- como responsable del CTBG 2017 a 2020 reconoce: "estamos dejando de hacer cosas"[222]. Y es que los recursos económicos y una plantilla que no crece, pese a su carga de trabajo en aumento, son insuficientes incluso para desarrollar el Plan estratégico aprobado para acometer acciones en relación con sus competencias.

El nuevo presidente del CTBG Rodríguez Álvarez en su comparecencia el 14 de octubre 2020 ante la Comisión de Política Territorial y Función Pública del Congreso, que evaluó su idoneidad para el cargo como paso previo a su nombramiento, llamó la atención sobre la escasez de medios que sufre la institución y dijo que revertir esta situación era su "principal fuente de preocupación y advirtió de que, de no corregirse esta insuficiencia presupuestaria, "estaría comprometido el normal cumplimiento de sus funciones básicas y sería muy difícil."

3.3 Información y Comunicación

Tras las áreas sobre las que pivotan toda la actividad del CTBG, debería en mi opinión, ponerse el acento en potenciar las relaciones con la ciudadanía que es la que justifica la propia existencia de la estructura administrativa de la transparencia y abrir canales de comunicación fáciles y accesibles para que las personas interesadas puedan ejercer sus derechos con las mayores garantías. El Plan de Gobierno Abierto 2020-2024, contempla las acciones que se ejecutarán para la difusión del Consejo y de sus funciones con el fin de incrementar el nivel de conocimiento de la ciudadanía sobre el CTBG.

Es verdad que el Consejo intenta ser ejemplo de transparencia, publicando en su Web los criterios, recomendaciones, relaciones con otros organismos, actas de la Comisión, actas del Comité territorial, acuerdos con organismos públicos y universidades, acuerdos/informes de las Comisiones de seguimiento de todos los Convenios que se firman, así como, las resoluciones en respuesta a las reclamaciones por acceso a la información, informes, agenda de la presidencia, planes, gastos… para crear esa cultura de transparencia que ya reconoce su presidenta en las primeras entrevistas concedidas al acceder a este cargo[223]; así como la presentación de la memoria anual.

---

[222] El país 2/07/2018 entrevista. *Recoge FEDECA núm. 16.* https://fedeca.es/sites/default/files/Boletin%20noticias%202Jul2018-16.pdf

[223] Hoy por Hoy. SER 20/08/2015 – Esther Arizmendi: "*Tenemos sólo 2.000 preguntas en los 6 primeros meses, falta cultura de la transparencia. En Reino Unido 45.000 preguntas*."

En sus informes el CTBG subraya que incluso entre la población más formada, aquellas personas con título universitario, el grado de conocimiento de la ley no pasa del 70%. Los datos efectivamente revelan, que tras años de funcionamiento del CTBG y de entrada en vigor de la ley apenas la conoce la mitad de la población. Un 49% de la sociedad española ignora los derechos que reconoce la norma para acceder a la información pública ni las obligaciones de Gobiernos e instituciones.

Es un hecho que la relación del Consejo con la ciudadanía a través de los dominios webs y correos electrónicos son un elemento más para valorar su independencia, porque todas estas herramientas TICs no sólo facilitan el ejercicio del derecho, reducen los costes de presentar y responder solicitudes de información y publicar información de modo activo, sino que, además, facilitarán que el órgano pueda comprobar el cumplimiento de la legislación por parte de los organismos públicos, e intervenga de modo más eficiente para garantizar el efectivo funcionamiento del régimen de transparencia y acceso a la información pública. No obstante, no es fácil solicitar información, mientras "en otros países las solicitudes de información están siendo el motor del cambio cultural en materia de transparencia, en España se pierde este tipo de presión positiva por las dificultades" [224].

El CTBG ha desarrollado, por tanto, distintas acciones para trasladar a los medios de comunicación y la ciudadanía en general las novedades producidas en el ámbito de la transparencia, los principales datos de la actividad pública en la materia y, especialmente, la actividad de este Consejo y su perfil institucional. Esta estrategia de comunicación se ha desarrollado envuelto tanto en el ámbito de Internet y las redes sociales como en el de los medios de comunicación (radio, prensa-noticias sobre temas de actualidad del Consejo; semanalmente se han publicado las agendas de los niveles 29 y 30 del Consejo; y mensualmente se han conocido las estadísticas de su actividad, las resoluciones a las reclamaciones que se reciben y los recursos judiciales contra resoluciones del Consejo.

Sin embargo, ejemplo de posible falta de independencia fue que en el transcurso del desarrollo parlamentario del proyecto de ley de presupuestos 2015 la oposición solicitaba la comparecencia de la presidenta del CTBG en el Congreso y el Grupo Parlamentario Popular no lo permitió. Por lo que ante la presión también de los medios, a petición propia, la presidenta solicitó su comparecencia que finalmente tuvo lugar el 23 de septiembre, después de nueve meses de su constitución, en la Comisión de Hacienda y no en la de Presupuestos, describiendo fundamentalmente el proceso de puesta en marcha del Consejo.[225] Y ejemplo de falta de transparencia es que en la propia web del CTBG desaparezcan las primeras Memorias presentadas por el mismo, así como las Actas y que el presidente no conceda entrevistas a los medios de comunicación.

---

224 Access Info.Org.es: Para pedir información al portal hay que tener un certificado digital o una clave que dura doce horas y que otorga Hacienda. "Cada vez que lo quieres utilizar hay que poner tu DNI y datos de tu cuenta bancaria. Esto es una valla enorme entre nosotros y la administración", directora Helen DARBISHIRE. *El País 11 julio 2011.*
DARBISHIRE, Helen. UIMP Santander 2017: "Una ley de transparencia debe implicar un cambio cultural"

225 vídeo: https://www.youtube.com/watch?v=bFraliHKqiE
http://www.congreso.es/public_oficiales/L10/CONG/DS/CO/DSCD-10-CO-893.PDF

Es imprescindible un esfuerzo de formación, comunicación, sensibilización y divulgación de la cultura de la transparencia y sus principios y valores concretos, ya que cuánto más se conozca la labor del Consejo de Transparencia, más confianza trasladará a la ciudadanía y más esfuerzo hará en motivar sus resoluciones. Por ello, hemos de estar atentos al desarrollo de ese IV Plan de Gobierno Abierto 2020-2024[226] que se aprobó el 29 de octubre de 2020 y que recoge 10 compromisos que deben asumir las Administraciones públicas para reforzar la transparencia y la rendición de cuentas, mejorar la participación, establecer sistemas de integridad pública, y formar y sensibilizar a la ciudadanía y al personal empleado público en materia de Gobierno Abierto, con el objetivo de contribuir a una sociedad más justa, pacífica e inclusiva.

Por otro lado, el Consejo ha aprobado un nuevo Plan Estratégico 2022-2025[227] para el nuevo mandato de los órganos superiores de la institución, la Presidencia y la Comisión, que se prolonga hasta 2025, que si bien da continuidad a las principales líneas y ejes de actuación que viene desarrollando el CTBG desde su puesta en funcionamiento, establece ahora objetivos estratégicos renovadores e inicia nuevas líneas de actuación con siete ejes: Institucional, Tramitación, Evaluación, Asesoramiento, Impulso, Formación y Cooperación, ya que se propone dos metas fundamentales, que introducen en la gestión del CTBG una dimensión proactiva y se enfocan a superar las dos principales debilidades que marcan actualmente su situación: en primer lugar, la más que evidente precariedad de medios humanos y materiales en que se encuentra el Consejo a fecha de hoy y que le impide cumplir con plena eficacia todas las funciones que tiene encomendadas y en segundo lugar, el déficit de regulación del procedimiento de tramitación de las reclamaciones de la ciudadanía frente a la vulneración de su derecho de acceso a la información pública por parte de las Administraciones y entidades públicas comprendidas en su ámbito de competencia (tanto en la fase de tutela del derecho como en la de cumplimiento de las resoluciones adoptadas).

Vamos a comprobar examinando la actividad del CTBG, cómo todos estos elementos de su organización y estructura -composición, medios humanos, presupuesto- son cuestiones que pueden poner en riesgo su autonomía y su eficacia.

---

[226] Compromisos: Eje de transparencia y rendición de cuentas: 1. Reforma del marco regulatorio de la transparencia. 2. Plan de mejora y refuerzo de la transparencia.
Eje de participación: 3. Plan de mejora de la participación ciudadana en los asuntos públicos. 4. Huella normativa.
Eje de integridad: 5. Sistemas preventivos de integridad pública. 6. Protección de denunciantes
Eje de sensibilización y formación: 7. Educación y formación en Gobierno Abierto. 8. Comunicación inclusiva sobre Gobierno Abierto. 9. Observatorio sobre Gobierno Abierto.
Eje autonómico y local. 10. Iniciativas de las CCAA y de la FEMP.

[227] Op. cit. file:///C:/Users/casa/Downloads/PlanEstrategico2022_2025W%20(2).pdf

III.- EVALUACIÓN DE LA ACTIVIDAD DEL CTBG

Si analizamos la actividad de resolución de reclamaciones en sustitución del régimen ordinario de recursos administrativos por parte del CTBG, en base al Portal de Transparencia, las Memorias que el órgano presenta anualmente en las Cortes Generales, su página web, así como los informes de litigiosidad en materia de transparencia (CIJA 2019, 2020 y 2021); nos permiten ir evaluando su grado de eficacia, así como su consolidación y las líneas que se van marcando año a año, destacando sus fortalezas y debilidades.

— **Solicitudes Portal de Transparencia**

Evolución mensual del número de solicitudes información PORTAL Transparencia (dic. 2014-2021)

MES-AÑO	2014	2015	2016	2017	2018	2019	2020	2021	TOTAL mes	2022	TOTAL mes
Enero		331	201	379	519	711	790	1.199	4.130	1.131	5.261
Febrero		267	320	441	558	627	967	1.131	4.311	940	5.251
Marzo		322	290	460	498	669	729	1.215	4.183	1.266	5.449
Abril		297	311	376	504	556	586	869	3.499	807	4.306
Mayo		251	325	451	486	533	619	1.045	3.710	1.102	4.815
Junio		263	300	350	404	506	777	1.023	3.623	839	4.462
Julio		225	301	338	581	708	751	915	3.819		3.819
Agosto		154	200	242	532	460	1.655*	769	4.012		4.012
Septiembre		246	288	226	419	570	1.092	795	3.636		3.636
Octubre		327	315	282	533	760	1.282	941	4.440		4.440
Noviembre		235	250	321	482	780	984	987	4.039		4.039
Diciembre	608	233	239	364	439	569	1.221	851	4.524		4.524
TOTAL	608	3.151	3.340	4.230	5.955	7.449	11.453	11.745	**47.932**	6.085	**54.068**

* En agosto de 2020 se recibieron más de 1.000 solicitudes sobre el estado de tramitación de expedientes personales de petición de Ingreso Mínimo Vital.

Se aprecia un incremento en el número de solicitudes de acceso a la información, que ratifica su tendencia al alza y que la mayoría de las solicitudes se cursan por medios electrónicos (92,07%). Desde la perspectiva de género, se mantiene el mayor número de visitas de las mujeres (55,79%) respecto de los hombres (44,21 %), al contrario de lo que sucede en las solicitudes de información (69,10% hombres y 25,37% mujeres; el 5,53% restante se corresponde con personas jurídicas). En 2019 se cambia al nuevo sistema de presentación electrónica de solicitudes de acceso a la información (antes sistema Cl@ave) ahora con un nº de referencia que se solicita vinculado al DNI. Aunque no parece existir correlación entre este medio de identificación y el incremento del número de solicitudes de acceso.

Tramitación de expedientes

Estado de tramitación del expediente	*Núm. de solicitudes* 2021	*2022(junio)*	*Porcentaje sobre total*	
Expedientes finalizados	*46.710*	*52.698*	*97,45%*	*97,47%*

Expedientes en tramitación	*669*	*724*	*1,40%*	*1,34%*
Expedientes en silencio administrativo	*553*	*646*	*1,15%*	*1,19%*
Total solicitudes derecho de acceso	***47.932***	***54.068***	***100%***	

Tipos de resolución	***Núm. solicitudes*** *2021*	*2022 (junio)*	***Porcentaje***	
Inadmitidas	*9.795*	*11.028*	*20,97%*	*20,93%*
Admitidas a trámite	*36.915*	*41.670*	*79,03%*	*79,07%*
Total expediente finalizados	***46.710***	***52.698***	***100%***	

Se resuelve: admitidas a trámite, según el resultado de la resolución, esto es: concesiones; denegaciones; desistimientos y otras formas de finalización.

***Admitidas a trámite**, formas de finalización*				
Tipos de resolución	*2021*	*2022 (junio)*		
Concesión	*27.920*	*31.645*	*75,63%*	*75,94%*
Denegación	*1.318*	*1.502*	*3,57%*	*3,60%*
Desistimiento y otras formas de finalización	*7.677*	*8.523*	*20,80%*	*20,45%*
Total admitidos a trámite finalizados	***36.915***	***41.670***	***100%***	

***Admitidas a trámite**, CONCESIÓN*				
	2021	*2022 (junio)*		
Concesión	*24.361*	*27.561*	*87,25%*	*87,09%*
Concesión parcial Art. 14.1	*620*	*747*	*2,22%*	*2,36%*
Concesión parcial Art. 18.1	*2.379*	*2.728*	*8,52%*	*8,62%*
Concesión parcial Art. 15	*351*	*373*	*1,26%*	*1,18%*
Otros	*209*	*236*	*0,75%*	*0,75%*
Total	***27.920***	***31.645***	***100%***	

****En relación con el total de expedientes admitidos a trámite y finalizados, el resultado de las resoluciones administrativas de concesión de la información, completa o parcial, conforme a la clasificación establecida por la Ley 19/2013, de 9 de diciembre.***

Art. 14.1: concesión parcial por aplicación de los límites al derecho de acceso.
Art. 15: concesión parcial por protección de datos personales.
Art. 18.1: concesión parcial por estar incursa parte de la información solicitada en causas de inadmisión.
Otros: incluye concesión con oposición de terceros, concesiones por resolución del CTBG, concesiones por resolución CTBG con oposición de terceros, concesiones parciales por resolución CTBG y concesiones parciales por DA 1ª (Solicitudes de información de interesados en un procedimiento administrativo en curso sobre documentos que se integren en el mismo o con un régimen específico de acceso a la información).
Datos a 31 de diciembre de 2021.

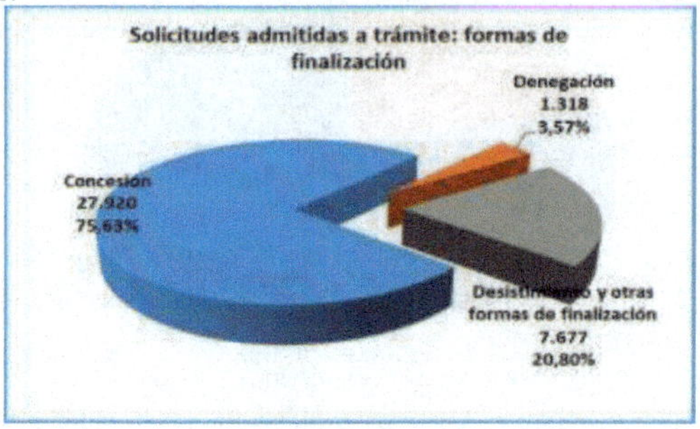

Admitidas a trámite, *DENEGACIÓN*				
	2021	*2022*		
Art. 14.1	*943*	*1.084*	*71,55%*	*72,17%*
Art. 15	*267*	*292*	*20,26%*	*19,44%*
Art. 19.4	*108*	*126*	*8,19%*	*8,39%*
Total	***1.318***	***1.502***	***100%***	

**En relación con el total de expedientes admitidos a trámite y finalizados con denegación de la información solicitada, la causa de la misma conforme al articulado de la Ley 19/2013.*
Art. 14.1: Solicitud de información afectada por los límites del derecho de establecidos en la Ley 19/2013, de 9 de diciembre. (seguridad nacional, intereses comerciales…
Art. 15: Solicitud de información afectada por la protección de datos personales.
Art. 19.4: Solicitud de información generada por un órgano diferente a aquél al que fue dirigida.

Tipos de resolución	***Núm. solicitudes***		***Porcentaje***	
	2021	***2022***		
Inadmitidas	*9.795*	*11.028*	*20,97%*	*20,93%*
causa:				
Art. 18.1	539	*702*	5,50%	*6,37%*
Art. 18.1 a	*740*	*847*	*7,55%*	*7,68%*
Art. 18.1 b	*322*	*360*	*3,29%*	*3,26%*
Art. 18.1 c	*1.083*	*1.162*	*11,06%*	*10,54%*
Art. 18.1 d	*2.145*	*2.415*	*21,90%*	*21,90%*
Art. 18.1 e	*1.600*	*1.813*	*16,33%*	*16,44%*
D.A 1ª 1	*1.206*	*1.326*	*12,31%*	*12,02%*
D.A.1ª 2	2.022	*2.249*	*20,64%*	*20,39%*
Otros	*138*	*154*	*1,41%*	*1,40%*
Total	***9.795***	***11.028***	***100%***	***100%***

Fuente. Portal de Transparencia. https://www.consejodetransparencia.es/ct_Home/transparencia/portal-transparencia/informacion-econ/presupuestos.html

Datos a diciembre de 2021. *https://transparencia.gob.es/transparencia/dam/jcr:47d2a01b-038f-40a0-9939-42b84b06ace6/2021_09_Boletin_Portal_en_cifras.pdf*

1. Reclamaciones

El siguiente cuadro nos muestra las reclamaciones interpuestas ante el CTBG y resueltas por éste, frente a solicitudes de información de la Administración General del Estado tramitadas a través del Portal de la Transparencia de acuerdo con el procedimiento establecido en la LTAIBG 19/2013, de 9 de diciembre, que va creciendo progresivamente en los últimos tres años. Vemos que el dato total a junio de 2022 es de 54.068 y 5.655 (el 10,9%) reclamadas ante el CTBG, por tanto, aunque aumenta el número de solicitudes de acceso a la información ante las Administraciones, no está suponiendo un aumento proporcional del número de reclamaciones, que se mantiene entre el (7,55 y el 15,55 %,). El marco temporal en cuanto a los datos abarca desde diciembre de 2014 hasta el 31 de diciembre de 2021, no obstante, se hará uso, a veces, de otras referencias temporales teniendo en cuenta datos de enero a febrero o marzo 2022.

Por otra parte, la situación provocada por el COVID-19 implicó la paralización de la actividad en materia de transparencia entre el 14 de marzo y el 31 de mayo de 2020, como consecuencia de la suspensión de los plazos de tramitación, apreciándose algunas consecuencias, que se irán exponiendo. En 2020 observamos un aumento de solicitudes de acceso a la información pública que afectan a diferentes ámbitos relacionados con la gestión de la pandemia por parte del Gobierno y la Administración estatales y un aumento en el número de solicitantes únicos, la mayoría ciudadanos cualificados que piden información, periodistas, sindicatos, asociaciones. Así, de las 11.446 solicitudes presentadas por 4.553 solicitantes, 3.889 lo hicieron por primera vez, es decir, un 85,42%. Junto con ello, ha de tenerse presente que, en la serie histórica, el 66,04% de los solicitantes son únicos, es decir, han planteado una sola solicitud de acceso, que se mantiene en los siguientes años.
Este hecho nos lleva a la idea de que, en los últimos años, el ejercicio del derecho de acceso posee un carácter instrumental no necesariamente vinculado a la lucha contra la corrupción ni al control de la acción administrativa, sino al ejercicio de otros derechos e intereses de los solicitantes, excediendo así los fines formalmente declarados como tales en la LTAIBG. La tendencia se aprecia igualmente a nivel autonómico

Número de SOLICITUDES de acceso a la información pública tramitadas a través del Portal de la Transparencia por periodos anuales (diciembre2014 a 2021) + (enero a junio 2022).										
2014	2015	2016	2017	2018	2019	2020	2021	**TOTAL**	2022	**TOTAL**
608	3.151	3.340	4.230	5.955	7.449	11.453	11.745	**47.932**	6.085	**54.068**

En el siguiente cuadro contemplamos los datos globales sobre reclamaciones de la Administración del Estado y de las Administraciones Territoriales y resoluciones del consejo y vemos cómo en el año 2021 se acentuó la tendencia ascendente de años anteriores, al producirse un incremento del 31,7% sobre las habidas en 2020, hasta alcanzar la cifra de 2.245; de las cuales, el 48,38% correspondieron a organismos y entidades de ámbito estatal y el 51,62% estuvieron dirigidas a organismos y entidades de ámbito autonómico y local.

Reclamaciones totales ante el CTBG **frente a la AGE y AATT** (2015-2021) + (enero a febrero 2022)

	2015	2016	2017	2018	2019	2020	2021	**Total**	2022	**Total**
	517	890	1.067	1.338	1.780	1.704	2.245		396	**9.937**
	TOTAL							**9.541**		

Resueltas por el CTBG frente a la AGE y frente a las AATT (2015-2021) + (enero a febrero 2022)

Resoluciones	2015-2021	%	2022 ene-feb	%
Admitidas	6.361	72.8%	282	90,5%
Inadmitidas	1.777	20,4%	14	4,5%
Archivadas	593	6,8%	19	6,0%
Total	**8.731**		**315**	

El CTBG, basándose en una interpretación discutible de lo previsto en la D.A. 1ª LTAIBG, continúa rechazando (hasta la STS 1033/2022 de 10 de marzo que establece que el Consejo no es incompetente para conocerlas) su competencia en relación con determinados sectores del ordenamiento jurídico en los que existe una normativa propia con un régimen específico de acceso a la información pública, es decir el Consejo no se considera competente [CI008/2015] para conocer de una parte nada irrelevante de las solicitudes contabilizadas por el Departamento encargado de la gestión del Portal de Transparencia –actualmente, tras los últimos cambios realizados en el Gobierno, el Ministerio de Hacienda–, con lo que no todas las resoluciones dictadas en el marco de los procedimientos tramitados como consecuencia de las mismas son susceptibles de reclamación.

En el total acumulado, de las 8.731 reclamaciones presentadas, 1.777 han sido inadmitidas (si bien no todas ellas lo han sido en aplicación de la citada disposición), lo que supone un 20,35 %. En 2020 alcanzó el 20,76 % y en 2019 fue ligeramente superior: un 22,59 %.

Resoluciones admitidas (2015-2021) + (enero a febrero 2022)

Resoluciones	2015-2021	%	2022 ene-feb	%
Estimadas (totales, parciales o por motivos formales)	4.404	62,9%	243	86,2%
Desestimadas	2.244	35,3%	37	13,1%
Otras: suspendidas, retrotraer actuaciones, etc.	113	1,8%	2	0,7%
Total	**6.361**		**282**	

Cuadros elaboración en base a las Memorias CTBG.
https://www.consejodetransparencia.es/ct_Home/Actividad/Resoluciones/resoluciones_AGE.html

Si nos remitimos al Informe CIJA 2021, los datos globales para el conjunto del Estado revelan que el Consejo recibió en la serie 2015-2021 hasta 3.288 reclamaciones respecto a administraciones territoriales, tanto CCAA como entidades locales y 4.582 que se dirigían a la administración estatal.

1.1 En el ámbito estatal

Anualmente en la evolución de las reclamaciones puede apreciarse un aumento progresivo del número de reclamaciones consolidándose el sistema de acceso y de la vía de impugnación, podría ser porque a mayor conocimiento de la posibilidad de ejercer el derecho de acceso, aumenta el número de solicitudes y, con ello, el número de reclamaciones, aunque no de forma proporcional; o bien como recoge la Memoria 2018 (pág. 84) que el motivo de alza de las reclamaciones esté más vinculado al uso habitual en caso de conflicto por parte de los solicitantes de información pública más familiarizados o movilizados en el ámbito de la transparencia que con la mejora del grado de conocimiento de la legislación de transparencia.

Reclamaciones totales ante el CTBG **frente a la AGE** (2015-2021) + (enero a marzo 2022)

	2015	2016	2017	2018	2019	2020	2021	**Total**	2022	**Total**
	517	557	557	755	927	949	1.086		307	**5.655**
	TOTAL							**5.348**		

A) Causas

Hay que destacar que la causa más frecuente de reclamación ante el Consejo es el silencio administrativo del órgano responsable de suministrar la información.

Cuestiona MARTIN DELGADO el dato que aparece en el Portal de Transparencia del Gobierno, (1,25%) ya que como bien dice él, estudiando las tablas excell que aparecen en la página web del Consejo y que contienen el listado de resoluciones, comprobamos que es mucho más numeroso el número de registros (más del 40%).

Portal de transparencia

Estado de tramitación del expediente	***Núm. de solicitudes***			***Porcentaje sobre total***		
	2020	***2021***	***2022(junio)***			
Expedientes en silencio administrativo	*659*	*553*	*646*	*1,25%*	*1,15%*	*1,19%*

[CIJA 2021] Tablas excell. Reclamaciones presentadas frente a desestimación presunta de la solicitud de acceso en el caso de la AGE (2015-2020)

	2015	2016	2017	2018	2019	2020	2021	**Total**	2022	**Total**
	22,15%	23,26%	30,53%	34,57%	41,64%	45,91%				

La segunda causa más frecuente es la respuesta parcial a la solicitud de información y la disconformidad con la información que se ha proporcionado, un 21,1 %. A distancia, en tercer lugar, se encuentran las causas de inadmisión.

En las tablas que publica el Consejo no se ofrecía como dato segregado la concreta causa de inadmisión y en 2021 ha empezado a incorporarlo en sus Memorias Anuales e Informes de Evaluación. En 2019, los casos de aplicación de la Disposición Adicional 1ª en reclamaciones AGE implicaron un 29,83 % de las inadmisiones; el resto de supuestos tienen que ver o con la extemporaneidad en la presentación o con el hecho de que la información solicitada no es información pública de conformidad con lo previsto por la Ley. En relación con este último extremo, debe destacarse que el CTBG está aplicando este límite muy a menudo –supone un 22,58 % de las inadmisiones–, sobre todo por falta de conexión entre la información pedida y la finalidad de la LTAIBG expresada en su Exposición de Motivos, algo que no está justificado en absoluto, porque nada hay en el articulado que permita llegar a tal conclusión[228].

En julio de 2021 se ha publicado un Informe de evaluación sobre la gestión del derecho de acceso de la Administración General del Estado como complemento de la Memoria en el que se reflejan las causas de inadmisión invocadas por los diferentes órganos competentes para resolver las solicitudes de acceso, recoge que del total de solicitudes inadmitidas por diferentes motivos en 2020 (2.193), 569 lo fueron en aplicación del primer apartado de la D.A.1ª (los solicitantes tenían la condición de interesados) y 439 como consecuencia de lo previsto en el segundo apartado (régimen jurídico específico de acceso). Suponen un 45,96% de las inadmisiones.

Recordamos que el borrador de modificación de la Ley 19/2013, de 9 de diciembre de la LTAIBG remitido a todos los Consejos, Comisiones y Comisionados de Transparencia de ámbito autonómico para observaciones y según recoge un acta de la Comisión, no están dispuestos a asumir alguna de las propuestas, en concreto, la que se refiere al apartado primero de la disposición adicional primera de la LTAIBG, que establece que la normativa reguladora del correspondiente procedimiento administrativo será la aplicable al acceso por parte de quienes tengan la condición de interesados en un procedimiento administrativo en curso a los documentos que se integren en el mismo. El problema es que con la interpretación que se mantiene por parte Cataluña, Navarra y Aragón, se hace de mejor derecho al tercero frente al interesado en su expediente.

Y es que efectivamente esta disposición adicional primera, en su apartado primero, parece dar más derechos a un tercero que al interesado respecto de su propio expediente en trámite, de acuerdo con la Ley 39/2015, de 1 de octubre, del Procedimiento Administrativo Común de las Administraciones Pública. No parece que la cuestión esté bien resulta en ninguna de las dos leyes.

En el CIJA 2021 se califica esta situación como contraria al espíritu y a la letra de la LTAIBG, cuestión que debería corregirse: de un lado, las inadmisiones, por constituir una excepción al ejercicio del derecho de acceso, han de aplicarse restrictivamente; de otro, aun cuando exista régimen específico de acceso en el caso concreto, el CTBG debería considerarse competente para resolver las reclamaciones planteadas en tales supuestos.

---

[228] CIJA (UAM) Centro de Investigación sobre Justicia Administrativa
Informe sobre la Justicia Administrativa 2020. Op.cit. Cap. IX. ANÁLISIS DE LA LITIGIOSIDAD ADMINISTRATIVA Y CONTENCIOSO ADMINISTRATIVA EN MATERIA DE TRANSPARENCIA pág. 295 MARTÍN DELGADO, I.

B) En cuanto al asunto o materia de las reclamaciones, de ámbito estatal

Tramitadas en los primeros años sobre información institucional, organizativa y de planificación; información de relevancia jurídica; e información económica, presupuestaria y estadística, el Ministerio del Interior era el organismo que recibía más peticiones de información (5.947) –según datos del Portal-, seguida de la Agencia Tributaria, el Ministerio de Hacienda y el Ministerio de Defensa. En los últimos años de funcionamiento, el Ministerio de Sanidad y la Unidad de Información de Transparencia (UIT) de la Seguridad Social ha crecido del 4,90 % al 9,98% a consecuencia de la pandemia. Vemos como el interés de los ciudadanos excede de la finalidad del derecho de acceso en el escrutinio de la acción de los responsables públicos y en el funcionamiento y control de las actuaciones públicas cuando realizan sus reclamaciones.

1.2 En el ámbito territorial de las Comunidades Autónomas que han firmado convenio con el CTBG. (2016 a 2021)

El convenio con el Estado a través del CTBG, supone la gestión indirecta de las reclamaciones en materia de transparencia que plantean los ciudadanos y las entidades en las comunidades de: Asturias, Cantabria, Extremadura, Castilla La Mancha, Madrid (hasta 2020) Islas Baleares (desde 2021) y La Rioja. Y las ciudades de Ceuta y Melilla.

El organismo estatal recibe las peticiones de ciudadanos que han obtenido silencio o información insuficiente de la administración regional o local, se encarga de velar por el cumplimiento de la normativa de información accesible y también de mediar si las administraciones regionales no han hecho caso a las reclamaciones de los ciudadanos.

Reclamaciones totales ante el CTBG **frente a la AATT** (2016-2021) + (enero a febrero 2022)

	2015	2016	2017	2018	2019	2020	2021	**Total**		2022	**Total**
		333	510	583	853	755	1.159			196	**4.389**
		TOTAL						**4.193**			

Nota: El número de reclamaciones presentadas en 2016 ofrecido en la página web del Consejo de Transparencia no coincide con el del listado Excel (que muestra un total de 327).

Reclamaciones de las CCAA que han firmado convenio con el CTBG

CCAA	2016	2017	2018	2019	2020	2021	TOTAL	**Población** 2020	2022 (en-feb)	TOTAL
Madrid	56	228	242	409	301	382	**1.919**	6.757.042	No hay convenio	1.919
Castilla La-M	49	108	96	135	163	257	**808**	2.048.656	45	853
Cantabria	49	47	82	70	62	175	**485**	584.308	15	500
Extremadura	21	53	64	84	65	205	**492**	1.059.262	12	504

Principado de Asturias	26	36	52	82	58	79	**333**	1.015.454	20	353
La Rioja	13	4	15	27	57	42	**158**	316.125	8	166
Ceuta	14	27	12	3	13	0	**125**	83.959	0	125
Melilla	6	2	17	37	35	19	**116**	84.305	4	120
Baleares									9	9
TOTALES anuales	333	510	583	853	755	1.159 (96,7%)	4.193		113	4.306
TOTAL	(2016-2020= **2.885** (2016-2021= **4.193**									

Reclamaciones totales acumuladas desde 2016 a 2020

Totales acumuladas 2016-2020	Comunidad de Madrid	Castilla La-Mancha	Cantabria	Extremadura	Principado de Asturias	La Rioja	Ceuta	Melilla	
	1.236	55	310	287	253	116	69	97	**2.919**

La Comunidad Autónoma en cuyo ámbito se ha generado el mayor número de reclamaciones es la Comunidad de Madrid, seguida por la de Castilla-La Mancha y las Comunidades de Extremadura y Asturias; y se observa que, el número de reclamaciones producidas está en relación con el número de habitantes de los diferentes territorios, aunque la excepción, sería el relativamente elevado número de reclamaciones generadas por las resoluciones de los órganos de la Ciudad Autónoma de Ceuta, siendo el territorio con menos población del país.

A) Causas

El CTBG recibió en la serie histórica 2016-2021, 4.193 reclamaciones del ámbito territorial de estas CCAA, la mayoría de ellas iniciadas después de haber recibido el silencio como respuesta de la administración regional como de ayuntamientos; aunque también se han dado casos en los que el demandante no había quedado conforme con la información ofrecida y por eso apeló al consejo de transparencia estatal. Por ejemplo presentan reclamaciones ciudadanos asturianos al CTBG sobre medioambiente, con reclamaciones respecto a vertidos de la papelera Ence, necropsias a los osos aparecidos en Cangas del Narcea, vertederos varios, el uso del glifosato y también información sobre playas y derrumbes en el monte. Todas ellas fueron inadmitidas o desestimadas, en muchas ocasiones alegando quedar fuera del ámbito de la legislación de transparencia. Otras sí fueron estimadas: una de un ciudadano que reclamó información sobre las rutas de transporte de su hija y que había recibido el silencio de la administración del Principado; hay también dos reclamaciones aceptadas que atañen a entidades municipales en los que en un caso el ciudadano solicitó las tarifas de auto-taxi (en Oviedo) y en otro las actas de las comisiones municipales de agosto, septiembre, octubre y noviembre de 2017 (en Siero). En ambos casos los consistorios habían dado el silencio como respuesta. Se estimó sólo parcialmente una reclamación ante la CCAA sobre información de talas efectuadas en los montes; y varias más fueron archivadas.

B) En cuanto al asunto o materia de las reclamaciones, de ámbito territorial tramitadas, en general, vemos que la casuística territorial es diferente de la estatal:

MATERIAS	Reclamaciones	%
Información institucional, municipal	85-98	13,98
Información municipal /Jurídica	0-1	0,14
Información estadística	1-3	0,41
Información económica	20-25	3,45
Contratos	35-43	5,94
Convenios	0-2	0,28
Subvenciones Contabilidad	3-5	0,69
Presupuestos	35-38	5,25
Empleo público / Otros	60-68	10
Empleo público / RPT	3-5	0,69
Retribuciones	3-4	0,55
Medio Ambiente	25-27	3,73
Educación - Becas	25-26	3,59
Transportes	60-68	9,39
Sanidad	15-16	2,21
Covid-19	22-25	3,59

En la estadística de actividad del consejo se detalla que en la mitad de los casos se atiende a reclamaciones de ciudadanos, y un gran bloque (hasta el 39% del total acumulado) se refiere a peticiones de información. Las denuncias y quejas son más minoritarias.

2. Resoluciones

2.1 En el ámbito estatal

En cuanto al dato de resolución de asuntos en un año sobre la base del número de nuevas reclamaciones presentadas en el mismo, que se obtiene del cociente de dividir asuntos resueltos entre reclamaciones registradas multiplicado por 100, observamos que a pesar de la insuficiencia de recursos crece el dato.

Reclamaciones totales ante el CTBG **frente a la AGE** (2015-2021) + (enero a marzo 2022)

2015	2016	2017	2018	2019	2020	2021	**Total**	2022	**Total**
517	557	557	755	927	949	1.086		307	**5.655**
TOTAL							**5.348**		

Reclamaciones anuales **resueltas** del CTBG frente a la AGE (2015-2021) + (enero a febrero 2022)

2015	2016	2017	2018	2019	2020	2021	**Total**	2022	**Total**
415 80,27%	502 90,13%	518 93%	682 90,33%	900 97,09%	876 92,31%	911 98,2 %		205 66,77%	
TOTAL							**4.904 (91,7%)**		

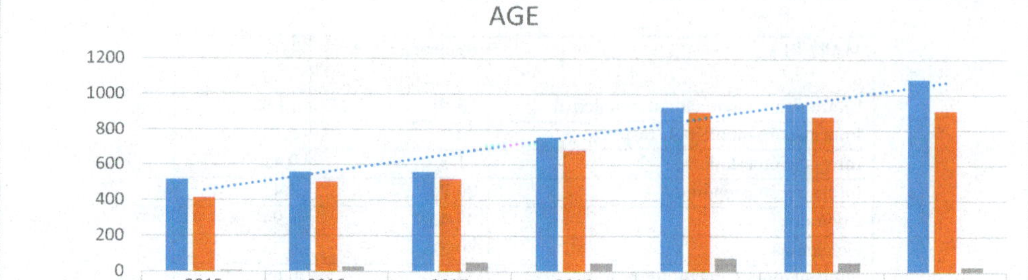

	2015	2016	2017	2018	2019	2020	2021
Reclamacs	517	557	557	755	927	949	1086
Resolucs	415	502	518	682	900	876	911
Recursos	5	27	52	47	77	55	28

Cuadros elaboración en base a los datos del CTBG y en base a los datos del Informe CIJA 2021.

A pesar de ese aumento de solicitudes, se mejoró la tasa de resolución hasta aproximarse al 100% en 2019 y 2021, habiendo aumentado en un 46,31 % las reclamaciones frente a decisiones de la Administración y en un 31,96 % las resoluciones adoptadas en 2019. Vemos en estos datos el esfuerzo del Consejo para responder al volumen anual de trabajo y, al mismo tiempo, de la relación existente entre ritmo de resolución y consolidación de criterios interpretativos y jurisprudenciales, con reducción de elementos novedosos.

La tasa de resolución ha estado siempre por encima del 80 % y ha ido mejorando incluso año a año, (desde 80,27 % en 2015 a 98,2% en 2021) y se han ido consolidando criterios interpretativos y jurisprudenciales, que facilitan la resolución rápida.

En 2020 ha descendido hasta el 92,31 % como consecuencia de la situación creada durante la pandemia (suspensión en la tramitación) y del hecho de que se ha registrado el mayor número de reclamaciones en relación a anteriores años y, en cambio, el número de resoluciones ha bajado ligeramente, y es que los medios humanos son los mismos y no cabe duda que afecta en los plazos de resolución; también ha existido una reorganización consecuencia del nombramiento presidente.

2.2 En el ámbito territorial de las Comunidades Autónomas que han firmado convenio con el CTBG. (2016 a 2021)

Sin embargo, en cuanto a las reclamaciones presentadas frente a decisiones de Administraciones Territoriales la tasa de resolución es muy inferior, así en los tres primeros años de funcionamiento no superó el 75%, en 2016 alcanzó el 72,67 %, en 2017 descendió hasta el 50,39 % y subió ligeramente en 2018 hasta el 65,01 %. Sin embargo, se pudo apreciar un considerable incremento de la misma en el año

2019, donde ascendió al 108,38 %. En 2020, aunque ha disminuido, alcanza el 95,89 %, no así en 2021 con un 88,09%.

Reclamaciones totales ante el CTBG **frente a la** AATT (2016-2021) + (enero a febrero 2022)

	2015	2016	2017	2018	2019	2020	2021	**Total**		2022	**Total**
		333	510	583	853	755	1.159			196	**4.389**
		TOTAL						**4.193**			

Nota explicativa: El número de reclamaciones presentadas en 2016 ofrecido en la página web del Consejo de Transparencia no coincide con el del listado Excel (que muestra un total de 327).

De ese número total de reclamaciones se han resuelto hasta el año 2021 el 83,21% de ellas:

Resueltas anuales por el CTBG frente a las AATT (2016-2021) + (enero a febrero 2022)

2015	2016	2017	2018	2019	2020	2021	**Total**	2022	**Total**
	242 72,67%	257 50,39%	379 65,01%	866 108,38%	724 95,89%	1.021 88,09 %		205 66,77%	**3.694**
TOTAL							**3.489** (83,21%)		

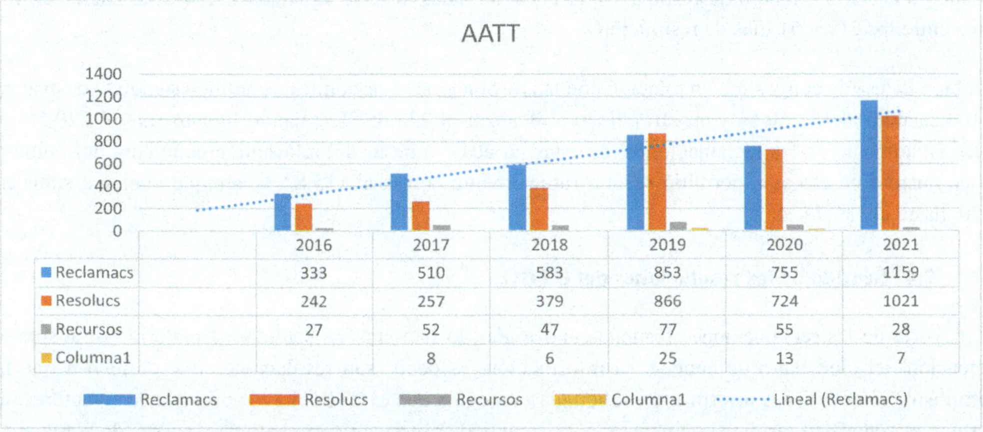

Cuadros elaboración en base a los datos del Informe CIJA 2021.

Si cogemos los últimos años 2020 y 2021 y realizamos el porcentaje: Madrid con 299 y 366 reclamaciones resueltas (el 41,30% y el 35,8% del total) es la Comunidad Autónoma que constituye el origen de la mayor parte de las reclamaciones; le siguen, por orden descendente, la Comunidad de Castilla-La Mancha con 168 y 169 reclamaciones resueltas (23,20% y 16,55%) y las Comunidades de Extremadura con 52 y 104 resueltas (7,18% y 10,18%), Cantabria con 62 y 166 reclamaciones en 2021 (un 8,56% y un 16,2% del total resueltas).

Resoluciones de las CCAA que han firmado convenio con el CTBG

	Comunidad de Madrid	Castilla La-Mancha	Cantabria	Extremadura	Principado de Asturias	La Rioja	Ceuta	Melilla	Total
2020	299 (41,30%	168 (23,20%	62 (8,56%	52 (7,18%					**724**
2021	366 (35,84%	169 (16,55%	166 (16,2%)	104 (10,18%)					**1.021**

A 28 de febrero de 2022, están pendientes de resolver 283 reclamaciones, según consta en la web.

2.3 Tasa de congestión

Lo que si observamos es que año tras año esa carga de trabajo nos da una suma de asuntos pendientes y asuntos nuevos o tasa de congestión[229] muy alta, en relación con las resoluciones estatales, del 124,58% en 2016, hasta llegar al 130,71% en 2020 una subida considerable. En relación con las resoluciones autonómicas que en 2016 fue del 137,60 %, en 2017 llegó a alcanzar el 233,85 %, bajando ligeramente al 220,58 en 2018 y 2019 al 115,82 %, volviendo a subir en 2020 hasta el 135,77 %.

En cuanto al tiempo medio de resolución de las solicitudes, este se sitúa en 127,54 días, oscilando los datos entre los 259 y 51 días de resolución.

También la tasa de congestión en relación con las resoluciones autonómicas, continúa siendo excesiva: en 2016 ascendió al 137,60 % y en 2017 llegó a alcanzar el 233,85 %, bajando ligeramente al 220,58 en 2018. El aumento de las reclamaciones resueltas en 2019, a pesar del relevante crecimiento del número de las mismas en ese año, permitió reducir radicalmente la tasa al 115,82 %, aunque vuelve a subir en 2020, hasta el 135,77 %.

2.4 Sentido de las resoluciones del CTBG

La mayoría de las reclamaciones resueltas año a año, lo han sido en sentido estimatorio (se acepta la pretensión del ciudadano de conocer la información, es decir, son resoluciones que obligan a que la Administración facilite la información solicitada) a medida que el CTBG ha ido afianzando su actuación, y la mayor seguridad jurídica que genera la existencia de criterios interpretativos y pautas de actuación, se aprecia como pasa a ser mayor el número de solicitudes estimadas que el de solicitudes desestimadas (no se acepta la pretensión de conocer la información). Aunque observamos un aumento del porcentaje de solicitudes desestimadas en los años 2018-2020 y un dato similar anualmente en cuanto al número de

[229] La suma de asuntos pendientes y asuntos nuevos dividida entre los asuntos resueltos en un concreto periodo, multiplicado por 100 nos da la llamada tasa de congestión: (P+N/R x 100) = C

reclamaciones inadmitidas. Algunas de ellas suspendidas (hay pendiente un procedimiento judicial en una reclamación de idénticas características).

Con los cambios de personas en la Presidencia y en la Subdirección de Reclamaciones veremos si hay modificación de criterios y si éstos implican alguna variación relevante en los próximos años.

Respecto al sentido de la resolución, en las reclamaciones acumuladas entre 2015-2020, el CTBG estimó la mayoría (un 58%) y desestimó un 39%. Y entre 2015-2021, el CTBG estimó el 45,5%) y desestimó el 26,8%. Pero hay diferencias respecto a los casos de reclamaciones al estado o ante las comunidades y ayuntamientos. El consejo fue más favorable para los ciudadanos en las demandas a administraciones locales y regionales, estimando el 70% de las reclamaciones. Ante el estado ese sentido favorable de la resolución cae hasta el 53%.

Resoluciones admitidas (2015-2021) + (enero a febrero 2022)

Resoluciones	2015-2021	%	2022 ene-feb	%
Estimadas (totales, parciales o por motivos formales)	4.404	62,9%	243	86,2%
Desestimadas	2.244	35,3%	37	13,1%
Otras: suspendidas, retrotraer actuaciones, etc.	113	1,8%	2	0,7%
Total	**6.361**		**282**	
Resoluciones inadmitidas (2015-2021) + (enero a febrero 2022)				
Inadmitidas	1.777	20,4%	14	4,5%
Archivadas	593	6,8%	19	6,0%
Total	**8.731**		**315**	

https://www.consejodetransparencia.es/ct_Home/Actividad/Datos-actividades/Estadisticas2021.html

Si estudiamos alguna de las memorias del CTBG, las reclamaciones formuladas por los ciudadanos en el año 2017[230] aumentaron un 50% con respecto al año anterior, siendo en total 1.067. Los Ministerios de Interior y de Hacienda y Función Pública, destacan por ser las Instituciones que más reclamaciones acumulan tanto en este año 2017, como en los dos anteriores, con 278 y 189 respectivamente. Aunque, el dato más señalado por el CTBG, es que, de las 1.067 reclamaciones, 544 fueron resoluciones estimadas que precisaban la ejecución por parte de los organismos y entidades responsables.

2.4.1 En el ámbito estatal (2015 a 2021)

[230] Memoria del año 2017 completa (10571 KB) pág. 99 a 103
file:///C:/Users/Usuario/Downloads/MEMORIA2017_V2.pdf

Si nos situamos en el ecuador de la puesta en funcionamiento del CTBG, en la memoria relativa a 2018, vemos que, de las 755 reclamaciones totales, 540 reclamaciones de ámbito estatal resultaron admitidas a 31 de diciembre, se habían resuelto 387 en sentido estimatorio, de las que 356 (el 73,51%), requieren ejecución por los órganos y organismos responsables de los actos objeto de reclamación (en las restantes, la estimación se ha debido a motivos formales y no ha requerido ninguna tramitación específica para su ejecución). 143 en sentido negativo.

De las 356 resoluciones dictadas por el CTBG que requieren ejecución por el órgano responsable, 87 habían sido iniciadas en años anteriores y han sido resueltas en 2018. De ellas, 77, el 88,51 %, se hallaban suspendidas en su ejecución –31 por haber sido la reclamación objeto de recurso ante los órganos de la jurisdicción contencioso-administrativa y 46 a la espera de la resolución de un recurso contencioso-administrativo sobre el mismo objeto de reclamación–. En las diez resoluciones restantes, el 11,49 % del total, de 9 no consta el cumplimiento y 1 fue archivada.
Las restantes 269 reclamaciones dictadas en 2018, 204 (el 75,83 %), habían sido cumplidas. De las 65 resoluciones restantes (24,17 %), 32 se encontraban suspendidas por haberse interpuesto recurso contencioso-administrativo por los órganos responsables de su ejecución, 9 permanecían pendientes y 24 permanecían incumplidas pese a las gestiones y requerimientos efectuados por este Consejo.

Reclamaciones anuales **resueltas** del CTBG frente a la AGE (2015-2021) + (enero a febrero 2022)

2015	2016	2017	2018	2019	2020	2021	**Total**	2022	**Total**
415 80,27%	502 90,13%	518 93%	682 90,33%	900 97,09%	876 92,31%	911 98,2 %		205 66,77%	**5.109**
TOTAL							**4.904** (91,7%)		

Cuadros elaboración en base a los datos del CTBG y en base a los datos del Informe CIJA 2021.

Sentido de la resolución del CTBG frente a **la AGE**

	Estimatoria %	Desestimatoria %	Inadmisión %	Otros %
2015	28,71%	35,45%	34,49%	1,35%
2016	39,38	40,49	17	3,13
2017	47,32	26,61	17,68	8,39
2018	45,01	31,67	14,22	9,1
2019	44,12	36,68	11,43	7,77
2020	43,89	33,38	17,81	4,92
2021	40,69	22,00	15,65	5,5
2022 (en-feb)	43,32	16,28	3,58	3,58

También observamos que es muy alto el dato relativo a las reclamaciones inadmitidas (extemporaneidad o información que no encaja en el concepto manejado por la LTAIBG), alrededor de una cuarta parte de las mismas han sido inadmitidas por existencia de régimen jurídico específico de acceso a la información pública*)* por parte del CTBG; en 2019 experimentó un cierto descenso, en 2020 ha vuelto a subir el dato.

Tomando como referencia los datos de 2021, sobre el total de 1.086 solicitudes, 170 = 11,29 % de las solicitudes se inadmiten por motivos formales y 4,84 en aplicación de los límites de la D.A. 1ª.

En 2015 tiene su explicación en las reclamaciones presentadas frente a decisiones de órganos de Administraciones territoriales, respecto de los que la LTAIBG no estaba aún en vigor, en los años sucesivos la mayor parte de las inadmisiones son consecuencia de una interpretación que hace el Consejo –posiblemente por falta de recursos- ha preferido no entrar a valorar el fondo del asunto en los supuestos en los que existe régimen específico de acceso a la información pública ya que aumentaría considerablemente la carga de trabajo, aprovechando que la Ley no dice que si existe régimen específico implique la incompetencia del Consejo ni la ausencia del derecho del solicitante a presentar reclamación ante el mismo.

2.4.2 En el ámbito territorial de las Comunidades Autónomas que han firmado convenio con el CTBG. (2016 a 2021)

Con respecto al ámbito autonómico y local, en el año 2018, el CTBG admitió 459 reclamaciones (de las 583) referidas a actos de organismos y entidades correspondientes a las CCAA que habían suscrito con él convenios para el traslado del ejercicio de la competencia revisora que les atribuye del artículo 24 de la LTAIBG, 326 resoluciones estimatorias. De ellas, 228, el 91,92 % del total, fueron estimadas en términos que requieren ejecución por los órganos y organismos responsables de los actos objeto de reclamación. De las 228 resoluciones que requieren ejecución, 74, el 32,46 % de total, correspondían a reclamaciones iniciadas con anterioridad a 2018, a final de año, no constaba el cumplimiento de 71 de ellas y se habían suspendido tres por causa de la interposición del correspondiente recurso contencioso-administrativo.

En relación con las 154 reclamaciones iniciadas en el 2018 y en las que se dicta resolución estimatoria este mismo año, a finales del año, 87 de ellas (56,49 %), habían sido cumplidas por los responsables. De las 67 resoluciones restantes (43,51 %), dos se encontraban suspendidas por haber interpuesto los órganos responsables de su ejecución los correspondientes recursos contencioso-administrativos y sobre 65 no consta su cumplimiento.

Reclamaciones anuales **resueltas** por el CTBG frente a las AATT (2016-2021) + (enero a febrero 2022)

2015	2016	2017	2018	2019	2020	2021	**Total**	2022	
	242 72,67%	257 50,39%	379 65,01%	866 108,38%	724 95,89%	1.021 88,09 %		205 66,77%	
TOTAL							**3.489 (83,21%)**		

Sentido de la resolución del CTBG frente a **las AATT**

	Estimatoria	Desestimatoria	Inadmisión	Otros
2016	37,61%	13,46%	43,73%	5,2%
2017	54,7	19,81	18,63	6,86
2018	52,66	16,81	20,75	9,78
2019	47,31	16,77	23,65	12,27
2020	48,52	21,39	20,52	9,57
2021	40,46	15,18	18,46	13,9
2022 (en-feb)	86,22	6,6	2,0	5,10

Cuadros elaboración en base a los datos del Informe CIJA 2021.

También es alto el dato respecto a las reclamaciones desestimadas frente a Administraciones Territoriales, aunque a medida que entra en funcionamiento la ORAT, sube el porcentaje de resoluciones estimatorias. En el año 2019 se muestra una disminución del número de estimaciones frente a un aumento del número de inadmisiones que supone una cuarta parte de las resoluciones del CTBG; dentro de ellas, en torno al 26 % de los casos invocan la D.A. 1ª; dato que se estabiliza en 2020 y baja en 2021: de 1159 resoluciones, 214 son inadmitidas (18,46%).

El CTBG ha destacado en su Memoria de Actividades de 2019 que las principales diferencias entre las reclamaciones AGE y las reclamaciones AATT radican en las desestimadas, precisando que "esta circunstancia puede ser indicativa de un mayor rigor por parte de los responsables de la ORAT en el juicio de admisión de las reclamaciones, pero también indica que, tal vez por la materia o por el origen de las reclamaciones, provenientes en mayor medida del medio local, los requisitos de procedimiento se conocen -y, en consecuencia, se observan- en menor medida en el ámbito territorial que en el del Estado". MARTIN DELGADO reflexiona sobre esta afirmación[231], porque ni la ORAT ni la Subdirección General de Reclamaciones poseen la competencia para resolver las reclamaciones, sino que la ostenta el presidente, que es quien firma las resoluciones, y la normativa aplicable es la misma, razón por la cual los criterios de admisibilidad deberían ser comunes. Sí es muy indicativo, por el contrario, el hecho, afirmado por el CTBG, de que en el ámbito territorial la ausencia de alegaciones del órgano reclamado es más frecuente.

Mi reflexión es, que las reclamaciones a la AGE se consideran por parte del CTBG más importantes porque son más notorias (pueden afectar a temas claves del gobierno "de turno") y por tanto los criterios no son los mismos, se desestiman.

IV.- GRADO DE EFICACIA Y DE EJECUCIÓN

Ya nos hemos referido a que el CTBG tiene personalidad jurídica propia y plena capacidad de obrar, y a que actúa con autonomía y plena independencia en el cumplimiento de sus fines. Su finalidad, (art.34) es promover la transparencia de la actividad pública, velar por el cumplimiento de las obligaciones de publicidad, salvaguardar el ejercicio de derecho de acceso a la información pública y garantizar la observancia de las disposiciones de buen gobierno. Estas acciones "velar", "salvaguardar", "garantizar"- presuponen también, una actividad previa de otros órganos e instituciones del Estado que ya vienen obligados positivamente por la LTAIBG a cumplir una serie de obligaciones e implantar una serie de medidas en los tres ámbitos materiales cubiertos por ésta: transparencia, información y buen gobierno.

---

[231] Informe sobre la Justicia Administrativa 2021, op. ct. [334]

Materias que gestiona	**Principios**
Transparencia (Publicidad Activa y Derecho de Acceso Buen Gobierno	

Web CTBG

Las funciones del CTBG vienen recogidas en el artículo 38 de la LTAIBG y en el artículo 3 del Real Decreto 919/2014,[232] de 31 de octubre, por el que se aprueba el Estatuto del Consejo de Transparencia y Buen Gobierno, en las letras a) a g), son funciones de carácter no decisorio. Se trata de un conjunto de funciones de diversa naturaleza, importantes, pero que no van más allá del asesoramiento, la colaboración y la promoción en sus diferentes variantes.

Como bien expone SENDÍN, solo a través de la cláusula de cierre que establece la letra h), esto es, "*aquellas otras que le sean atribuidas por norma de rango legal o reglamentario*", podemos saber el verdadero alcance de las funciones del Consejo. A lo que él da un primer juicio negativo en este aspecto a la LTAIBG, por su deficiente sistemática, pues parece oportuno que en esta enumeración de funciones se hubiesen hecho constar, cuando menos, las funciones decisorias y sancionadoras de esta nueva autoridad/organismo, cosa que, extrañamente, no se ha hecho.[233] Si bien es verdad que el art. 34 LTAIBG recoge varias funciones: promover, velar, salvaguardar y garantizar, dando a entender que se atribuye al Consejo todo el protagonismo en la labor de garantizar el cumplimiento de la Ley de Transparencia, lo cierto es que lo que se escapa de su ámbito de acción es mucho y más que cuestionable, y además se puede

---

[232] Artículo 3 Real Decreto 919/2014, de 31 de octubre por el que se aprueba el Estatuto del Consejo de Transparencia y Buen Gobierno. BOE-A-2014-11410

a) Adoptar recomendaciones para el mejor cumplimiento de las obligaciones contenidas en la ley de transparencia.

b) Asesorar en materia de transparencia, acceso a la información pública y buen gobierno.

c) Informar preceptivamente los proyectos normativos de carácter estatal que desarrollen la Ley de transparencia, acceso a la información pública y buen gobierno, o que estén relacionados con su objeto.

d) Evaluar el grado de aplicación de la Ley de transparencia, acceso a la información pública y buen gobierno. Para ello, elaborará anualmente una memoria en la que se incluirá información sobre el cumplimiento de las obligaciones previstas y que será presentada ante las Cortes Generales.

e) Promover la elaboración de borradores, de recomendaciones y de directrices y normas de desarrollo de buenas prácticas en materia de transparencia, acceso a la información pública y buen gobierno.

f) Promover actividades de formación y sensibilización para un mejor conocimiento de las materias reguladas por la Ley de transparencia, acceso a la información pública y buen gobierno.

g) Colaborar con órganos de naturaleza análoga en las materias que le son propias.

h) Aquellas otras que le sean atribuidas por norma de rango legal o reglamentario.

[233] SENDIN GARCÍA, Miguel Ángel., "El Consejo de Transparencia y Buen Gobierno". *Revista Jurídica de Castilla y León, núm. 33 mayo 2014,* p. 16.

ver obligado a compartir estas atribuciones con otros organismos. Insisto en que contrasta con la regla general de las Administraciones independientes, en las que lo normal es que el órgano que ejercita las funciones más relevantes tenga carácter colegiado y no unipersonal.

Aunque algunos autores PAUNER CHULVI[234] han señalado que es una nota característica de las Administraciones independientes que tengan competencia exclusiva sobre el sector que regulan, otros como SALVADOR MARTÍNEZ [235] han puesto de manifiesto que en la práctica estas autoridades u órganos tienen que compartir sus atribuciones con otros organismos.

Respecto a las obligaciones de publicidad activa, el art. 9.2 LTAIBG establece que, en ejercicio de su competencia esto es, controlar el cumplimiento por parte de la Administración General del Estado de las obligaciones que la ley establece en materia de publicidad activa, el CTBG, de acuerdo con el procedimiento que se prevea reglamentariamente, podrá dictar resoluciones en las que se establezcan las medidas que sea necesario adoptar para el cese del incumplimiento de la Administración.

Respecto a la resolución de las reclamaciones potestativas en el artículo 24 LTAIPBG, que tienen la consideración de sustitutivas de los recursos administrativos de conformidad con lo dispuesto en el artículo 107.2 LRJAP-PAC (art. 23.1 LTAIBG). Reclamación que cabe tan sólo respecto a actos que ya agotan la vía administrativa (art. 20.5 LTAIBG); aunque la ley no es muy clara al respecto, la doctrina sostiene que debe entenderse, como consecuencia de ese carácter sustitutivo de los recursos, que las resoluciones que dicte el CTBG en ejercicio de esta competencia son vinculantes[236].

También destaca una nota importante de las Administraciones independientes, según PAUNER, como es la imposibilidad de que sus resoluciones sean objeto de recurso en vía administrativa, debiendo poder ser impugnables únicamente en vía judicial[237].
Interpretación que refuerza el art. 24.1 LTAIBG, que establece que las "resoluciones dictadas en materia de acceso a la información pública son recurribles directamente ante la Jurisdicción Contencioso-administrativa, sin perjuicio de la posibilidad de interposición de la reclamación potestativa prevista en el artículo 24".

---

[234] PAUNER CHULVI, Cristina., La articulación del control parlamentario sobre los espacios libres de control gubernamental. Parlamento y Administraciones independientes. Revista Teoría y Realidad Constitucional núm. 19. p. 335.

[235] SALVADOR MARTÍNEZ, María. Autoridades independientes: Un análisis comparado de los EEUU, el Reino Unido, Alemania, Francia y España. Ariel Derecho 2019, p. 295.

[236] GUICHOT REINA, Op. Cit. *Transparencia y acceso…*, pp. 131-132. PIÑAR MAÑAS, *Seguridad, Transparencia*, pág. 56.

[237] PAUNER CHULVI, *Cristina.*, "La articulación del control parlamentario sobre los espacios libres de control gubernamental. Parlamento y Administraciones independientes". *Revista Teoría y Realidad Constitucional núm. 19. pág. 335.* SALVADOR MARTÍNEZ, María. "Autoridades independientes: Un análisis comparado de los EEUU, el Reino Unido, Alemania, Francia y España". Ariel Derecho 2019, págs. 297-298.

En cambio, no se establece nada expresamente respecto a las resoluciones que el Consejo puede dictar en materia de publicidad activa, respecto a las que no se aclara si agotan la vía administrativa o no. Carencia que, dado su carácter de Administración independiente, debería resolver afirmando la impugnabilidad también de estas decisiones únicamente en vía judicial. El legislador si ha atendido la petición de la doctrina recogiendo que el presidente del CTBG comunicará al Defensor del Pueblo las resoluciones que dicte en aplicación del art. 24.5 LTAIBG.

Nos centraremos en analizar el CTBG como órgano de garantía, al que el art. 24.6 LTAIBG, otorga la competencia para conocer de las reclamaciones presentadas frente a la resolución de solicitudes planteadas en ejercicio del derecho de acceso a la información pública; así como en su grado de eficacia y de ejecución por la falta de competencias para poder sancionar al incumplidor. BLANES[238], califica de "deliberada omisión" la no inclusión de sanciones en la LTAIBG de 2013.

1. Falta de cumplimiento de las resoluciones del CTBG

El Consejo de Transparencia y Buen Gobierno ejerce en cierto modo como un juez que dirime si un documento o una información debe ser pública o no. Desde su creación, a finales de 2014 a marzo de 2022, ha emitido 4.247 resoluciones estimatorias sobre conflictos en los que un ciudadano hace una solicitud a un ministerio o una empresa pública y estos no atienden. De ellas, 162 (AGE) + 501 (AATT) no se han cumplido, bien porque los organismos de la Administración las recurren en los tribunales (como ha ocurrido con el listado de las inmatriculaciones de la Iglesia), bien porque las ignoran, comprobando que es más eficiente incumplir que impugnar.
Datos globales sobre reclamaciones de la Administración del Estado y de las Administraciones Territoriales y resoluciones del Consejo:

Reclamaciones totales ante el CTBG **frente a la AGE y AATT** (2015-2021) + (enero a febrero 2022)

	2015	2016	2017	2018	2019	2020	2021	**Total**	2022	**Total**
	517	890	1.067	1.338	1.780	1.704	2.245		396	**9.937**
	TOTAL							**9.541**		

ADMITIDAS por el CTBG frente a la AGE y frente a las AATT (2015-2021) + (enero a febrero 2022)

Resoluciones	2015-2021	%	2022 ene-feb	%
Admitidas	6.361	72.8%	282	90,5%
Total	**6.361**		**282**	

ESTIMADAS frente a la AGE y frente a las AATT

	2015	2016	2017	2018	2019	2020	2021	**Total**	2022	**Total**
Estimadas	1.501				838	762	911		243	4.247
	TOTAL							**4.004**		

Cuadros elaboración en base a los datos del CTBG y en base a los datos del Informe CIJA 2021.

[238] BLANES, M. Ángel., (op. cit.)

Los ministerios tanto del gobierno anterior del Partido Popular como del actual socialista han recurrido a los tribunales, o directamente ignorado, 294 dictámenes de este órgano de garantía.
Como no tiene poder sancionador, el CTBG solo puede instar el cumplimiento de sus decisiones y cuando un Ejecutivo opta por no hacerle caso, la única actuación que puede llevar a cabo es defender su postura en los juzgados centrales de lo contencioso-administrativo. Eso cuando el ministerio en cuestión recurre. Cuando directamente le ignora, su último recurso es mandar una reiteración.

Las 162 (AGE) + 501 (AATT) resoluciones que no constan como cumplidas en las estadísticas del CTBG - web CTB – a febrero 2022 y que han sido ignoradas por la Administración, aparecen bajo el epígrafe "no consta cumplimiento". Contra las otras 195 + 41 los departamentos gubernamentales o empresas públicas han presentado recurso en los tribunales y Administraciones locales.
Es importante el número de incumplimientos no sólo de la Administración estatal sino a nivel autonómico y local, pero a la vez es difícil que el CTBG conozca con exactitud el número de resoluciones incumplidas ya que no tiene medios suficientes para monitorizar todas las variables, ni poder para obligar a cumplirlas. No obstante, se recogen los siguientes datos de cumplimiento – en la web del CTBG - de las resoluciones estimatorias de la Administración del Estado dictadas hasta febrero de 2022.

1.1 Cumplimiento en el ámbito estatal

Reclamaciones anuales **resueltas** del CTBG frente a la AGE (2015-2021) + (enero a febrero 2022)

2015	2016	2017	2018	2019	2020	2021	Total	2022	
415 80,27%	502 90,13%	518 93%	682 90,33%	900 97,09%	876 92,31%	911 98,2 %		205 66,77%	
TOTAL							**4.904 (91,7%)**		

ESTIMADAS frente a la AGE

	2015	2016	2017	2018	2019	2020	2021	**Total**	2022 (en-marz)	**Total**
Estimadas	149	257	276	351	414	375	442	**2.264**	133	2.397
	TOTAL							**2.264**		

Cuadros elaboración en base a los datos del Informe CIJA 2021 y Web CTBG.

	2015	2016	2017	2018	2019	2020	2021	**Total**	2022	**Total**
No consta cumplimiento	0	0	2 0,7%	22 6,3%	54 13,3%	34 7,9%	50 11,8%	**162** 7,1%		

El número y porcentaje de resoluciones en que no consta el cumplimiento fue, en el ámbito estatal, en 2015 de 0 (0%), en 2016 de 0 (0%) y en 2017 de 2 (0,7%). Puede decirse, pues, que, en ese período, el Gobierno y la AGE se sintieron vinculados por la obligación legal de acatar las resoluciones (o impugnarlas). El sistema funcionó. El cambio llegó a partir de 2018: ese año el número de incumplimientos fue de 22 (6,3%) y se ha mantenido entre el 7-13%.

Resoluciones del CTBG *(Estado/AGE*

	2015	2016	2017	2018	2019	2020	2021	**Total**	**Total**
Cumplida	138	226	235	291	306	373	339	**1.908**83,4%	
Contencioso-administr	0	0	1	7	15	11	12	**46** 2,0%	
Sentencia	11	29	38	31	30	10	0	**149** 6,5%	
No consta cumplimiento	0	0	2 0,7%	22 6,3%	54 13,3%	34 7,9%	50 11,8%	**162** 7,1%	
En tramitación	0	0	0	0	0	0	23	**23** 1,0%	
TOTAL	149	255	276	351	405	428	424	**2.288** 100%	

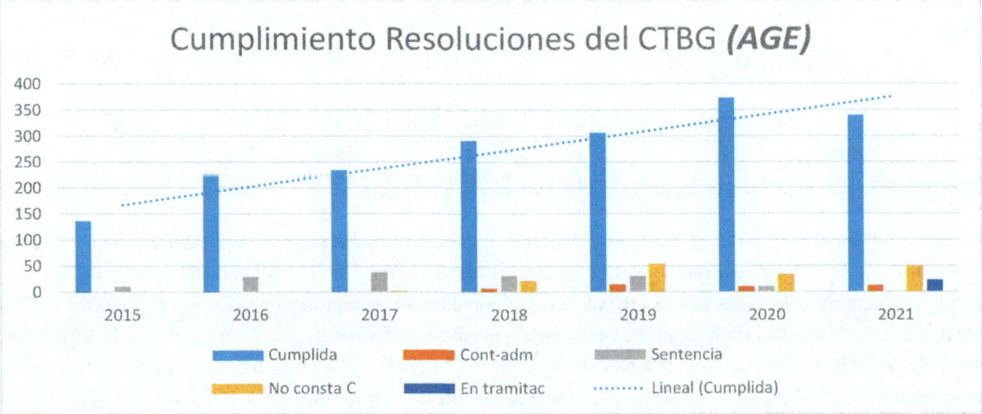

Tanto las que son contencioso-administrativo como las de sentencia, son resoluciones del CTBG que han sido impugnadas en vía judicial. Se refleja con "contencioso-administrativo" aquellas en las que está en marcha el proceso judicial y con "sentencia" aquellas en las que ya se ha terminado el proceso judicial y hay una sentencia firme. Por tanto, si se sumaran estos dos conceptos tendríamos el total de las resoluciones impugnadas ante los Tribunales de lo contencioso-administrativo 195. (*Última consulta web CTBG agosto 2022*)

Un total de 162 resoluciones dictadas frente a la AGE permanecen sin cumplir a fecha 2021, lo que supone un 7,1 % de tasa de incumplimiento respecto del total de resoluciones estimatorias 2015-2021 = (2.264)

El Ministerio de Interior es el departamento que más resoluciones ha incumplido (64 (15,5%)), seguido de la Secretaría General de la Presidencia del Gobierno (23) y de la Corporación Radio Televisión Española (10).

1.2 Cumplimiento en el ámbito territorial - Comunidades Autónomas que han firmado convenio con el CTBG.

Reclamaciones anuales **resueltas** por el CTBG frente a las AATT (2016-2021) + (enero a febrero 2022)

2015	2016	2017	2018	2019	2020	2021	Total	2022	Total
	242 72,67%	257 50,39%	379 65,01%	866 108,38%	724 95,89%	1.021 88,09 %		205 66,77%	**3.694**
TOTAL							**3.489** (83,21%)		

ESTIMADAS frente a la AATT

	2015	2016	2017	2018	2019	2020	2021	**Total**	2022 (en-marz)	**Total**
Estimadas		252		307	454	387	469	**1.869**	169	
	TOTAL									

	2015	2016	2017	2018	2019	2020	2021	**Total**	**Total**
No consta cumplimiento		8 6,2%	62 21,1%	80 25,6%	89 20,2%	83 30,7%	186 32,7%	**501** 24,0%	

En cuanto al cuadro de datos de cumplimiento – consultada la página web del CTBG - de las resoluciones de la ORAT estimatorias de la Administración territorial dictadas hasta marzo 2022. Son 501 resoluciones dictadas por la ORAT las que constan como incumplidas, lo que supone un 24,0%. En el año 2020, de las 363 reclamaciones estimadas, permanecen sin cumplir 98, esto es, un 27,0%. Sobre la base de los datos ofrecidos en el anterior *Informe CIJA2020*, salvo tres incumplimientos corregidos correspondientes al año 2018, en el resto de los casos o no ha habido novedades (2016) o la situación ha empeorado, aumentando los mismos. Aumenta el número en 2021 hasta el 32,7% sin cumplir.

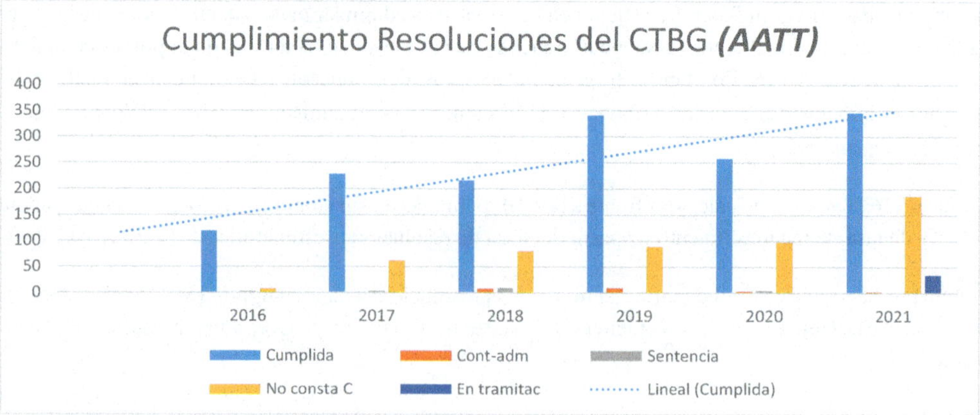

Resoluciones del Consejo *(AATT*

	2015	2016	2017	2018	2019	2020	2021	**Total**	**Total**
Cumplida		119 92,2%	228 77,6%	216 69,0%	341 77,5%	258 71,1%	346 60,9%	1.508	
Contencioso-administr		0	1	8	9	3	2	13	
Sentencia		2	3	9	1	4	0	28	
No consta cumplimiento		8 6,2%	62 21,1%	80 25,6%	89 20,2%	98 27,0%	186 32,7%	**501**	
								34	
En tramitación		0	0	0	0	0	34		
TOTAL		129	294	312	418	363	598	**2.084**	

Cuadros elaboración en base a los datos del Informe CIJA 2021 y Web CTBG.

Se refleja con "*contencioso-administrativo*" aquellas en las que está en marcha el proceso judicial y con "sentencia" aquellas en las que ya se ha terminado el proceso judicial y hay una sentencia firme. Por tanto, si se sumaran estos dos conceptos tendríamos el total 41 de las resoluciones impugnadas ante los Tribunales de lo contencioso-administrativo.

Los Ayuntamientos son los que presentan una mayor tasa de incumplimiento, que supone alrededor del 60 % de los casos, aunque la falta de medios técnicos y materiales para hacer un seguimiento efectivo del cumplimiento impide conocer la realidad relativa al grado de ejecución de sus resoluciones y en algunos casos o supuestos lo que ocurre es que el cumplimiento de la resolución no ha sido comunicado en tiempo y forma al Consejo.

Esta tendencia que se observa año a año (excepto en 2016) la ejecución de las resoluciones del CTBG tiene mayores dificultades en el ámbito autonómico y local que en el estatal, sin perjuicio del "efecto desplazamiento" que se va llevando al año siguiente lo que va quedando sin ejecutar, posiblemente por la falta de recursos humanos y materiales.

Aun cuando no se trata de actos administrativos que pueden imponerse en virtud del principio de jerarquía (como ocurriría en el caso no común de la estimación de un recurso de alzada), no menos cierto es que son actos administrativos y, como tales, gozan de la ejecutividad y de la posibilidad de hacer valer esa ejecutividad a través de medios de ejecución forzosa, con las modulaciones que se derivan de la naturaleza del destinatario de los actos. Efectivamente, la consideración de la reclamación como sustitutiva de los recursos administrativos y la remisión a la LPAC que hace el art. 23 LTAIPBG, permiten entender que sus resoluciones poseen el mismo carácter que las resoluciones del recurso al que sustituyen[239].

---

[239] MARTIN DELGADO, Isaac., "Las vías administrativas de recurso a debate: Actas del XI Congreso de la Asociación de Profesores de Derecho Administrativo (AEPDA)" Zaragoza 2016. "Una importante deficiencia: la falta de fuerza ejecutiva de las resoluciones del Consejo de Transparencia". "La reclamación ante el Consejo de Transparencia y Buen Gobierno: un instrumento necesario, útil y ¿eficaz?", p. 417

Junto con ello, habrá que tener en cuenta que su incumplimiento puede constituir infracción administrativa en determinadas circunstancias. Además, el art. 39 LPAC, en su cuarto apartado, establece que "*las normas y actos dictados por los órganos de las Administraciones públicas en el ejercicio de su propia competencia deberán ser observadas por el resto de los órganos administrativos, aunque no dependan jerárquicamente entre sí o pertenezcan a otra Administración*". Ese deber de observancia, aunque no deja de ser una declaración programática, daría fuerza a la idea de hacer uso de los medios de ejecución forzosa. En este sentido, la opción de algunas normativas autonómicas por declarar que las resoluciones de los consejos son de obligado cumplimiento, y que el control corresponde al propio órgano, junto con la posibilidad de instar procedimientos sancionadores ante incumplimientos, han de valorarse positivamente. Faltarían, sin embargo, la capacidad para imponer multas coercitivas como garantía del cumplimiento[240] y la atribución de potestad sancionadora para evitar que sea la Administración incumplidora la llamada a sancionar el incumplimiento de alguno de sus órganos[241], no bastando simplemente con considerar infracción administrativa el incumplimiento de sus resoluciones –aunque es un avance respecto de la normativa básica estatal–.

Al margen de los casos de incumplimiento y ejecución de las resoluciones adoptadas por este CTBG en vía de reclamación del artículo 24 de la Ley de Transparencia, tanto en el ámbito del Estado como en el autonómico y local se detectan bastantes casos en que la ejecución ha quedado suspendida por haber interpuesto el órgano responsable un recurso contencioso-administrativo contra la misma.
La ausencia de instrumentos coercitivos para obligar a adoptar las medidas necesarias para acatar las mismas está teniendo consecuencias desfavorables que afectan negativamente a la credibilidad del sistema de control. El sistema en su conjunto queda en entredicho.

También en mi opinión debería realizarse una interpretación favorable al carácter ejecutivo de las resoluciones de los órganos de control, así como la posibilidad de hacer uso de los medios de ejecución forzosa, que, no obstante, sabemos que necesita de una reforma de la LTAIPBG en esta línea. Considero que, faltaría contemplar una medida más ejemplarizante como sería la suspensión o cese del cargo público responsable del incumplimiento y la imposibilidad de ocupar responsabilidad pública en unos años.

1.3 Información demandada y organismo incumplidor

Los descriptores empleados por el Consejo-Subdirección General de Reclamaciones-y recogidos en las Memorias, (ejemplo 2019), no se corresponden exactamente con las tres categorías de publicidad activa:

---

[240] FERNÁNDEZ RAMOS, Severiano. "Los órganos de garantía ante la revisión judicial de su actuación". Universidad de Cádiz Núm. 7 (2018): *Revista Española de la Transparencia núm. 7* (segundo semestre 2018) / pp. 19-36;

[241] BLANES CLIMENT, M.A., "Comentarios al artículo 24 –reclamación ante el consejo de transparencia y buen gobierno– y a la disposición adicional primera –regulaciones especiales del derecho de acceso a la información pública", A. Troncoso (Dir.), "Comentario a la Ley de Transparencia, Acceso a la Información Pública y Buen Gobierno", Thomson Civitas, Madrid 2017, pp. 1405-1406.

información institucional, organizativa y de planificación; información de relevancia jurídica; e información económica, presupuestaria y estadística. Sin embargo, constituye el único elemento objetivo que nos permite conocer, en fase de reclamación, el tipo de información a la que se quiere acceder por parte del reclamante.

El Ministerio del Interior es el organismo que recibe más peticiones de información (5.947) –según datos del Portal- y con más resoluciones del CTBG que le instan a dar información que han quedado sin cumplir. Son 30. De ellas, solo en tres casos Interior ha recurrido a los tribunales para defender su postura frente a los argumentos del CTBG. En 27 de ellas ha hecho caso omiso. La información que pedían los ciudadanos va desde la publicidad institucional, hasta datos sobre menores inmigrantes rescatados, pasando por saber con quién se reúnen los altos cargos.

El Ministerio de Sanidad ha duplicado en 2021 el número de solicitudes (2.158) respecto de marzo de 2020, pasando de un 3,97 % a un 5,43 %. La Unidad de Información de Transparencia (UIT) de la Seguridad Social ha crecido del 4,90 % al 9,98%. Son dos de las consecuencias de la pandemia; aunque según el CTBG tan solo 19 reclamaciones guardan relación directa con el COVID-19[242].

Destacar que de conformidad con los datos que se analizan en las Memorias de los últimos años, resulta claro que el interés de los ciudadanos excede de la finalidad del derecho de acceso en el escrutinio de la acción de los responsables públicos y en el funcionamiento y control de las actuaciones públicas cuando realizan sus reclamaciones. Ello, según MARTÍN DELGADO (pág. 33 CIJA 2021) debería conducir a un replanteamiento de los fines de la LTAIBG y de la forma en que queda configurado el derecho de acceso y definido el propio concepto de información pública para ir avanzando progresivamente hacia un acceso libre a la misma con el único límite de los derechos e intereses que pudieran verse afectados por la eventual publicidad de la información, así como la transformación de la Ley en norma general de aplicación transversal en el conjunto del ordenamiento jurídico desde la perspectiva de la transparencia, con la excepción de otra Ley y de forma motivada, sin posibilidad de establecer regímenes de acceso menos favorables que el contemplado en la misma. Si realmente se desea que la información sea accesible a los ciudadanos y dar respuesta a sus demandas, la única posición coherente con este planteamiento es una interpretación extensiva de la LTAIBG que permita consolidar el interés demostrado en la práctica y evite la inercia de los órganos.

Tras Interior, la Agencia Tributaria y el Ministerio de Hacienda ocupan el segundo lugar con 17 resoluciones incumplidas. En este caso, todas ellas han sido contestadas en los tribunales. El Ministerio de Defensa acumula 12 resoluciones sin cumplir desde la creación del Consejo. Ocurre que la mayoría han sido ignoradas sin más, como con Interior. Aquí se encuentran peticiones de información sobre el uso

---

[242] Informe Sobre la Justicia Administrativa 2021 Op.cit. Sin embargo, señala el profesor MANTIN DELGADO que de conformidad con los datos ofrecidos por la Subdirectora de Reclamaciones del CTBG en el marco del VI Congreso de Transparencia celebrado en la Universidad de Alicante, las reclamaciones frente a la AGE con temática COVID representan un 21 % del total en el año 2020 y un 12 % en 2021. Ello pone de manifiesto la necesidad de revisar la forma en la que se hace constar la información en los ficheros Excel que el órgano pone a disposición de la ciudadanía.

del helicóptero en viajes oficiales de los presidentes del Gobierno Rajoy y Sánchez, y sobre el coste de celebración de los Consejos de Ministros fuera de La Moncloa.

1.4 Comportamiento ante la resolución estimatoria del CTBG

Ya nos hemos referido a que ante las resoluciones del Consejo que estiman la ejecución de la solicitud de información de ciudadanos, que insta a la Administración -ya que no puede obligar- a dar dicha información, nos encontramos[243] en ocasiones, que aquella o bien alarga plazos o hace una interpretación extensiva de las limitaciones del art 14 de la LTAIBG o bien recurre para no tener que dar la información. Tenemos ejemplos varios con administraciones de uno y otro signo político, concretamente en relación a información sobre los viajes de los presidentes del gobierno. Todas ellas tienen dos puntos perfectamente diferenciados: por un lado, se requiere información relativa al coste de determinados viajes realizados por el presidente del Gobierno y, por otro, la identidad de los participantes en dichos viajes. En lo relativo a la primera de las cuestiones, recordamos lo razonado por el CTBG en el expediente R/0488/2018.[244] La solicitud de acceso se refiere al gasto desglosado que supuso el viaje del presidente del Gobierno Sánchez a Castellón el fin de semana del 20 al 22 de julio 2018; e igualmente el expediente R/0439/2017[245], relativo al coste que ha tenido el alquiler del tráiler y los dos remolques colocados el 26 de julio de 2017, frente a la sede de la Audiencia Nacional de San Fernando de Henares, con motivo de la visita del Presidente del Gobierno Mariano Rajoy.
Por una parte, la Administración entiende que es de aplicación el Acuerdo del Consejo de Ministros, de 28 de noviembre de 1986, adoptado en aplicación de la Ley 9/1968 de 5 de abril, reguladora de los Secretos Oficiales, por lo que no cabe facilitar más información que la que se proporciona en el enlace que lleva a la Agenda del presidente del Gobierno.

En cuanto al fondo del asunto, valora el CTBG si el secreto oficial es predicable en estos casos, así como si corresponde la protección de datos respecto a los acompañantes. El CTBG entiende que los gastos de viajes de los miembros del Gobierno constituyen información de carácter económico y se nutren de partidas presupuestarias establecidas en los presupuestos generales del Estado; es pues dinero público y su manejo y destino debe ser conocido por la ciudadanía. Este es uno de los principios que justifican la LTAIBG, cuyo Preámbulo señala que la transparencia, el acceso a la información pública y las normas de buen gobierno deben ser los ejes fundamentales de toda acción política.

---

[243] A título de ejemplo de las resistencias de los sujetos obligados, véase la sentencia del Juzgado Central de lo Contencioso-Administrativo nº 10, nº 19/2017, de 7 de febrero, procedimiento ordinario 35/2016, y anulada parcialmente en apelación por la sentencia de la Sección Séptima de la Sala de lo Contencioso Administrativo de la Audiencia Nacional, de 23 de octubre de 2017, recurso núm. 54/2017. (Corporación RTVE)
https://www.poderjudicial.es/search/AN/openCDocument/47c54a4d73e1a19608edc0d7f106b1b19522b1a9352775d2

[244] R/0488/2018 file:///C:/Users/Usuario/Downloads/R-0488-2018.pdf

[245] R/0439/2017 file:///C:/Users/casa/Downloads/R-0439-2017.pdf

En este sentido, son numerosos los expedientes relativos al acceso a este tipo de información relativa a miembros del Gobierno (R/0309/2018, R/0310/2018 o R/0473/2018, R/0577/2019)[246]. El consejo estima que la Administración debe proporcionar los datos globales de los viajes del presidente del Gobierno a Chile, Bolivia, Colombia y Costa Rica del 27 al 31 de agosto de 2018 y Cuba 10219.

Respecto al acceso solicitado sobre los acompañantes - Nombre y cargo de las personas (empleados públicos, empresarios, periodistas, familiares…) que hayan formado parte de la delegación oficial de dicho viaje, también analizada en antecedentes tramitados por el CTBG y, más concretamente, en el expediente R/0509/2015, dictado frente a una resolución del Ministerio de DEFENSA. En dicho expediente se concluía lo siguiente: "3. respecto al listado de los pasajeros que han acompañado a las autoridades transportadas por la flota del Grupo 45 de la Fuerza Aérea u otras unidades que han transportado autoridades españolas, es información que el Ministerio deniega en base a que afecta a los datos personales de las personas que viajan en esos vuelos y a que es información que se ha calificado de clasificada en el Mº de Defensa".

Entiende el CTBG que los datos que se solicitan, nombre y apellidos de los pasajeros, **no son** especialmente protegidos por la normativa de protección de datos, dado que no se refieren a ideología, afiliación sindical, religión, creencias, origen racial, salud, vida sexual o comisión de infracciones penales o administrativas. Esta afirmación permite concluir que una solicitud de datos meramente identificativos dirigidos a conocer información de las personas que han sido transportadas entraría dentro de su actividad pública y, por lo tanto, en el marco de la previsión del artículo 15.2 LTAIBG.

A juicio del CTBG, por parte del Ministerio, no se aporta ni normativa concreta ni acto de clasificación expreso que permita fundamentar que el listado de pasajeros que viajen junto a autoridades sea una materia de naturaleza clasificada o que haya sido objeto de un acto expreso de clasificación y no procede la aplicación de ningún límite al acceso a esta información. (…)

En el supuesto de los viajes, la Secretaría General de Presidencia pretende dotar la consideración de clasificada, con carácter general, a la información sobre viajes del presidente del Gobierno; argumento que, no considera válido el Consejo: ["Así, no podemos entender que partimos de una clasificación previa de la información relativa al viaje desarrollado y que, por lo tanto, no pudiera proporcionarse los datos de los participantes en el mismo. Por el contrario, entendemos que los datos solicitados, de indudable interés público, obedecen a los principios en los que se basa la LTAIBG y a la finalidad para la que la misma ha sido adoptada: la rendición de cuentas por la actuación de los responsables públicos.

Sólo cuando la acción de los responsables públicos se somete a escrutinio, cuando los ciudadanos pueden conocer cómo se toman las decisiones que les afectan, cómo se manejan los fondos públicos o bajo qué criterios actúan nuestras instituciones podremos hablar del inicio de un proceso en el que los poderes

---

[246] file:///C:/Users/casa/Downloads/RT_0309_2018.pdf.
file:///C:/Users/casa/Downloads/R-0473-2018.pdf (Mº de la Presidencia, Relaciones con las Cortes e Igualdad, el 4 de julio de 2018 Los gastos por parte del Gobierno en hoteles, dietas y viajes desde el 2015
file:///C:/Users/casa/Downloads/R-0577-2019.pdf

públicos comienzan a responder a una sociedad que es crítica, exigente y que demanda participación de los poderes públicos) así como con la interpretación de los Tribunales de Justicia y específicamente el Tribunal Supremo [STS 3530/2017 (16/10/2017)] en el sentido de que:
"Esa formulación amplia en el reconocimiento y en la regulación legal del derecho de acceso a la información obliga a interpretar de forma estricta, cuando no restrictiva, tanto las limitaciones a ese derecho (…) como las causas de inadmisión de solicitudes de información (...) sin que quepa aceptar limitaciones que supongan un menoscabo injustificado y desproporcionado del derecho de acceso a la información".][247]

En atención a los argumentos reproducidos y que, forman parte de la argumentación mantenida por el CTBG, en los diversos expedientes de reclamación que han sido tramitados en los que el objeto de la solicitud era información sobre los gastos ocasionados por viajes del Presidente del Gobierno, y en los cuales la Administración hacía una extensión interpretando los artículos 14 y 15 de la LTAIBG, entendemos que los mismos son de aplicación a otros casos, y han servido para aprobar diferentes criterios interpretativos; pero no ha tenido capacidad para que se cumplan sus resoluciones sin ser recurridas.

También observamos que existe un interés general en conocer cuánto dinero público recaudado con el pago de los impuestos se destina a sufragar los gastos de personal -retribuciones, dietas, viajes, etc.-, y la voluntariedad de las personas que deciden libremente trabajar al servicio público desempeñando un cargo político o funcionarial, son motivos más que suficientes para justificar que la publicación de los nombres y apellidos de las personas que reciben emolumentos públicos no supone ninguna injerencia en la protección de su intimidad y de sus datos personales[248].

A la casuística ya mencionada en años anteriores se suma la del año 2020 (desde marzo estado alarma por la pandemia COVID 19) en relación con el cumplimiento de las resoluciones del CTBG, ya que trece de las 17 resoluciones emitidas por el CTBG respecto de peticiones al Ministerio de Sanidad cursadas durante este tiempo y analizadas son estimatorias, es decir, dan la razón a quien pedía la información, los datos e instan al Ministerio de Sanidad a cumplir. Pero como el CTBG solo puede instar, y no obligar, el departamento dirigido por el ministro Salvador Illa no entregaba la información.

---

[247] https://www.poderjudicial.es/search/AN/openCDocument/47c54a4d73e1a19608edc0d7f106b1b19522b1a9352775d2
Solicitud de información sobre los gastos de la corporación radiotelevisión española en relación con la participación de España en el concurso de Eurovisión 2015. CTBG. St. dictada en apelación, no ha lugar al recurso de casación.

[248] STJCE, asuntos acumulados C-465/00, C-138/01 y C-139/01, Caso Rechnungsof y otros contra Österreichischer Rundfunk, de 20 de mayo de 2003. El pronunciamiento del TSJCE resulta de aplicación a todos los empleados al servicio de entidades públicas: cargos políticos, eventuales, funcionarios y contratados en régimen de Derecho laboral. Su impecable razonamiento fue el siguiente: "no se puede negar que para controlar la buena utilización de los fondos públicos (...) se necesita conocer el importe de los gastos afectados a los recursos humanos en las distintas entidades públicas. A ello se suma, en una sociedad democrática, el derecho de los contribuyentes y de la opinión pública en general a ser informados de la utilización de los ingresos públicos, especialmente en materia de gastos de personal".

Por todos estos ejemplos y razones, el hecho de que el propio CTBG pudiera controlar la ejecución de sus decisiones, así como capacidad de instar procedimientos sancionadores y ejemplarizantes es muy necesario, sobre todo en un contexto de aumento de la litigiosidad por parte de las Administraciones controladas.

GUICHOT cree que habría que modificar la ley para dar al Consejo de Transparencia la potestad de imponer sanciones. Pero más allá de las normas, afirma, "la clave en esta materia es de cultura política de la transparencia, de si el Gobierno y la Administración están dispuestos a cumplir con la ley o a sabotearla"[249].

El profesor I. MARTÍN mantiene que la propuesta de reglamento que desarrolle la ley de transparencia no solucionará el problema porque solo mejorará aspectos muy concretos que no tienen que ver con la falta de cumplimiento. Tampoco la promulgación de una nueva norma, anunciada para 2023. "La mejor opción es una reforma parcial de la actual ley de transparencia para dotar al Consejo de poderes coercitivos y para habilitar una vía de reclamación preferente frente a los casos de silencio administrativo".

No podemos compartir la idea "proteccionista y paternalista" del gobierno de ocultar información a la ciudadanía por muy dura que ésta sea -como ha sucedido en los años de pandemia-, ya que surge la duda razonable de si es con intención de protegernos o de esconder su gestión.

Y es que el derecho de acceso a la información pública contenido en la LTAIBG, es la vía más importante de materialización del principio de transparencia, por su potencial transformador del ordenamiento y de la práctica administrativa en orden a visibilizar la actuación pública, lo que constituye una exigencia de primer orden en un Estado democrático.

1.4.1 La demora en las respuestas y alegaciones reclamadas por el Consejo de Transparencia y Buen Gobierno

Aunque sabemos que el eje de la actuación[250] de las Administraciones es servir con objetividad los intereses generales (artículo 103 CE), comprobamos cómo en cuestión de transparencia la Administración se intenta desligar de ese fin. Para ello utiliza recursos tales como la demora, la falta de alegaciones, la opacidad y sobre todo el silencio administrativo.

— Demora

---

[249] GUICHOT Emilio., "La ley de transparencia sometida al test de la covid-19". *Revista española de derecho administrativo.* Núm. 212, 2021, ISSN 0210-8461 págs.11-54

[250] El Tribunal Constitucional ha señalado que estos principios (eficacia) son aplicables a todas las Administraciones Públicas (STC 85/1983).

Estudiando las resoluciones recogidas en la web del CTBG, observamos la demora en las respuestas reclamadas por el mismo, a las Administraciones públicas. Así incluimos dos ejemplos significativos ya que fueron noticia y provocaron incertidumbre en la ciudadanía:
En mayo de 2018, el Consejo insta al Ministerio del Interior a entregar unos datos sobre bajas de policías y guardias civiles heridos durante el referéndum del 1 de octubre de 2017 en Cataluña. La respuesta, que debía haber llegado a principios de junio, se demoró hasta finales de agosto. Además de saltarse las indicaciones del CTBG ya que, reprodujo la misma respuesta que ya había sido reclamada. El Consejo reitera al Ministerio que cumpla la resolución en sus términos o acuda al contencioso.

Sucede igual, con el acta de una reunión en la Dirección General de Tráfico (DGT) con motivo del colapso de la AP-6 los días 6 y 7 de enero 2018 por las nevadas en Segovia, Ávila y Madrid, que Interior tenía que entregar, por decisión del CTBG, a finales de mayo y que se retrasó hasta el mes de agosto. En ambos casos, Interior se excedió casi tres meses del plazo y sus respuestas no se ajustaban a las directrices del Consejo de Transparencia.

Algunos departamentos alegan que los cambios ministeriales -tras la investidura de Pedro Sánchez-alargaron los procedimientos. Sin embargo, varias de esas resoluciones debían haberse firmado meses antes de la moción de censura a Rajoy (31 de mayo y el 1 de junio de 2018).

Pasado el plazo, el CTBG da un periodo de algunas semanas antes de reclamar a los Ministerios que ejecuten sus resoluciones. Aun así, muchas de las instrucciones acatadas por entidades estatales se cumplen después de ese periodo. Con todo, no parece que la Administración se tome muy en serio las resoluciones del Consejo de Transparencia.

Respecto a los tiempos de cumplimiento y cogiendo el listado que solicitó CIVIO[251] –y ha hecho público-, con resoluciones a reclamaciones por derecho de acceso a la información pública iniciadas desde el año 2017; existen 276 expedientes en los que admite la reclamación de la ciudadanía e insta a la Administración a actuar, ya sea a entregar una documentación o dando marcha atrás al procedimiento. Hasta el 25 de septiembre de 2018 eran 15 los expedientes pendientes de su cumplimiento. De las 276 resoluciones (quitando los 38 asuntos que fueron llevados a los juzgados de lo contencioso-administrativo y 7 que no incluyen plazo o que se dieron por finalizadas sin haber sido posible su cumplimiento) tenemos en cuenta 231 resoluciones.

Las cifras de los tiempos de cumplimiento son estimativas, puesto que el CTBG, en su respuesta a CIVIO, solo informa de la fecha de cada resolución, el plazo para su ejecución y la fecha en la que la Administración cumplió, pero no de cuándo envió cada resolución a la administración (la fecha de la notificación). Sin este último dato no se puede conocer de forma precisa, cuándo comienza a correr el tiempo para el cumplimiento de sus indicaciones. Aun así, para poder tener una estimación, se utiliza la

[251] https://civio.es/tu-derecho-a-saber/2018/09/28/las-costuras-de-la-ley-de-transparencia-cuando-las-administraciones-ignoran-al-consejo/28/09/2018

diferencia entre el número de días hábiles (de los que son festivos, sábados y domingos) entre la fecha de cumplimiento -o desde el día de visualización el 25 de septiembre, en el caso de las 10 resoluciones ignoradas- y la fecha de la firma de la resolución. Ya que el plazo correría un día después de su notificación y que no conocemos dicho plazo, se utilizan solo aquellos con una diferencia de más de 10 días hábiles, que son 62 del total de 231 resoluciones.

— Alegaciones

El Consejo no ofrece plazo máximo para que la Administración reclamada presente alegaciones, sino que se limita a indicar que sean remitidas en 15 días. Se encuentran casos en los que son remitidas un mes después de que el Consejo se dirija a ella: R/0169/2015 de 2 de septiembre (información de las obras de la Autovía A-8, en tramo Villalba-Touzas), R/0171/2015 de 4 de septiembre (información sobre reuniones del Ministerio de Economía y Competitividad (MINECO y empresas de la industria tabaquera) (insiste el CTBG en que el plazo entre la presentación de la solicitud de información y su entrada en el órgano encargado de resolver debe reducirse al mínimo (F.J.6º)); así como en que, el solicitante debe estar informado de la situación en la que se encuentra su expediente y, sobre todo, conocer el inicio del cómputo del plazo máximo para resolver su solicitud previsto en la norma (F.J.5º)

Más de un mes R/0124/2015 de 8 de julio (Ministerio de Sanidad, Servicios Sociales e Igualdad. Dinero aportado por el Gobierno a las clínicas sanitarias privadas que realizan el IVE (interrupción voluntaria del embarazo) en el periodo 2004-2014), con la consecuente falta de efectos del silencio administrativo - aunque entre la presentación de la solicitud y la resolución expresa transcurrieron 41 días; el propio Consejo entiende necesario señalar que resulta excesivo el plazo de un mes desde la presentación de la solicitud hasta que fue remitida al órgano competente para resolver, una duración innecesaria del procedimiento para la interesada, asegura pero no se deriva ninguna consecuencia, puesto que desestima la solicitud por haber sido dictada resolución expresa en plazo y se limita a instar al Ministerio de Sanidad a que se reduzcan los plazos de tramitación, especialmente en lo relativo a la remisión de la solicitud al órgano competente para su conocimiento.

El profesor MARTÍN, entiende demostrado el fraude de ley, y considera vulnerada la letra y el espíritu de la Ley de Transparencia después de que él mismo presentara solicitud de acceso a los textos de las resoluciones dictadas hasta la fecha en aplicación del Real Decreto 515/2013, de 5 de julio, por el que se establecen los criterios y el procedimiento para determinar y repercutir las responsabilidades por incumplimiento del Derecho de la Unión Europea, así como las alegaciones planteadas por las CCAA en el trámite de audiencia que contempla el citado procedimiento, el 11 de agosto a través del Portal de la Transparencia. Con fecha 22 de septiembre se le notifica resolución en la que se indicaba que, dado que la consulta afectaba a varios Ministerios, se procedía a duplicar la solicitud y se informa a través del Portal, de que "a partir de la fecha indicada, comienza el computo del plazo para resolver la solicitud".
Sigue narrando MARTÍN Delgado que una de ellas, la que llegó al Ministerio de Hacienda si fue resuelta el día 11 y notificada el 22. Es decir, había tenido conocimiento con carácter previo a la fecha en la que formalmente se estaba notificando el inicio del cómputo del plazo para resolver y, de hecho, había resuelto.

Es la consecuencia de la falta de previsión de plazos máximos entre la entrada de la solicitud en el Portal y la entrada en el registro del órgano competente para resolver. Entiende que resulta imprescindible la reacción contundente del Consejo.

El CTBG afea la opacidad del gobierno por ignorar peticiones de información en diferentes ocasiones y ha mostrado su "preocupación" ante el hecho de que la Secretaría General de la Presidencia del Gobierno ignore de forma reiterada, tanto las peticiones de informaciones que formula la ciudadanía, como los ofrecimientos que se le hacen para presentar alegaciones cuando un solicitante reclama al no ver atendida su solicitud o no satisfacerle la respuesta. Y sin alegaciones faltan elementos de juicio precisos para resolver por parte del CTBG y que la resolución atienda a todas las circunstancias que sean de aplicación al caso.

Uno de esos casos es el del 13 de diciembre de 2018, una periodista del periódico "El Independiente" que demanda información sobre el coste que supuso el almuerzo ofrecido el día 12/12/18 en La Moncloa por el presidente del Gobierno y la relación de asistentes a dicha comida. Con fecha 20 de diciembre de 2018, la Presidencia del Gobierno, le comunica la ampliación del plazo máximo para resolver. Dado que, aunque la ampliación del plazo fue notificada previamente, esta no está motivada, debe entenderse no efectuada, venciendo el plazo de resolución y notificación el 12 de enero de 2019, y desestimada así por silencio negativo. El 1 de febrero de 2019, al amparo de lo dispuesto en el artículo 24 de la LTAIBG, presenta una Reclamación ante el Consejo. Con fecha 6 de febrero de 2019, el CTBG remitió el expediente a la Secretaria General de la Presidencia del Gobierno, al objeto de que se pudieran hacer las alegaciones que se considerasen oportunas, sin que se presentara ninguna en el plazo concedido al efecto. El 11 de marzo de 2019, se reiteró la solicitud de alegaciones, con el mismo resultado negativo.
El Consejo en su resolución[252] (R/0072/2019) estima la reclamación planteada por la periodista, y concede diez/quince días hábiles a la Presidencia del Gobierno para que facilite la información solicitada o acuda a los juzgados centrales de lo contencioso-administrativo a interponer recurso en caso de estar en desacuerdo. En la citada resolución, el Consejo recuerda que la Ley de Transparencia, en su artículo 20.6, establece que el incumplimiento reiterado de la obligación de resolver en plazo tiene la consideración de "infracción grave a los efectos de la aplicación a sus responsables del régimen disciplinario previsto en la correspondiente normativa reguladora". También considera que la petición para conocer los gastos de la

[252] Resolución de abril 2019. Resolución 072/2019 N/REF: R/0072/2019 100T002123 Fecha: 15 de abril de 2019 Coste celebración Consejos de Ministros

R/0072/2019	S.G. de Presidencia del Gobierno	Coste celebración Consejo de Ministros	Silencio

R/0072/2019: "Este Consejo de Transparencia quiere poner de manifiesto que viene observando, con cierta preocupación, que la Secretaría General de la Presidencia del Gobierno desatiende tanto las solicitudes de acceso a la información que le dirigen los ciudadanos como los requerimientos que, en vía de reclamación (…), le realiza este CTBG para que presente alegaciones que ayuden a clarificar los contenidos de los expedientes de los que es parte", expone el organismo en la resolución. El CTBG afea la opacidad de Moncloa por ignorar peticiones de información: El 28 de marzo 2019, tras haber transcurrido 97 días -el plazo máximo que prevé la ley es de un mes, ampliable en otro atendiendo al volumen o complejidad de la petición- y no haber obtenido respuesta, la solicitante formuló reclamación ante el Consejo de Transparencia.

comida del presidente del Gobierno con los líderes territoriales en La Moncloa es relevante por cuanto afecta al "control de los fondos públicos" -como han dejado por sentado diversos pronunciamientos judiciales y es "posición consolidada" del Consejo- y lamenta que, al no atender las "dos solicitudes de alegaciones", no se hayan podido conocer sus argumentos.

Sin embargo, la Secretaría General de la Presidencia del Gobierno asegura que carece de los datos solicitados por tratarse de un almuerzo que se circunscribe a la "esfera privada" de Pedro Sánchez. La comida tuvo lugar en el Palacio de la Moncloa, donde tiene su residencia el jefe del Ejecutivo.

1.4.2 Cómputo de los plazos, vacío legal

— Ampliación

La Administración es dueña del inicio del cómputo del plazo, agarrándose al plazo de un mes (art.20.1 LTAIBG) desde la recepción de la solicitud por el órgano competente para resolver; ya que en muchos casos, se dilatan los plazos en la tramitación de la solicitud de acceso a la información; y es que tanto si el ciudadano presenta solicitud de información por escrito en primera instancia a un órgano que no es competente para pronunciarse respecto a la misma, éste debe remitirla a quien si lo sea (art. 19.1), y si no lo conociera informar de ello al solicitante (art. 18.1) inadmitiendo a trámite si se alega que desconoce al órgano competente, aunque debería indicar quién cree que es el que posee la información, el competente (lo sea o no) para conocer de la solicitud. Como si se presenta solicitud de información por medios electrónicos en el portal de transparencia, marcando el solicitante el órgano al que se dirige sin ser el correcto, será la Oficina de Transparencia la que remita al órgano competente; en ninguno de los dos casos, la Ley prevé el plazo máximo para proceder a la remisión y este vacío legal está siendo utilizado para dilatar los plazos de resolución, transcurriendo semanas entre la recepción en un órgano no competente y la recepción y registro en el competente para resolver..

Contradiciendo la garantía debida a la ciudadanía - respecto a un proceso ágil y sin dilaciones-, con esta excepción a la regla general del procedimiento administrativo (LRJAP y PAC art.42.3b), donde comienza el cómputo desde el momento de entrada en el registro del órgano que es competente para tramitar[253]

El CTBG defiende (Resolución 412/2015, de 25 de enero de 2016. Resolución 277/2017, de 4 de septiembre) la necesidad de que se acorte el plazo de remisión al mínimo posible, ya que cualquier dilación en este sentido "no es buena práctica" y "de hecho es disconforme con el espíritu de la Ley, basado en una tramitación ágil y rápida de las solicitudes de información" (Resolución 412/2015, de 25 de enero de 2016), El CTBG en muchas de sus resoluciones[254] expresa que "El solicitante debe estar informado de la

[253] Resolución de 16 abril (R/0041/2015), la solicitud fue presentada el 16 de enero y no tuvo entrada en el registro de la DG de Industria hasta el 6 de febrero.

[254] Resolución 19/2017 de 7 de abril. Resoluciones 100/2016 de 14 de junio, 354/2016 de 27 de octubre, 423/2017 de 11 de diciembre o 517/2017 de 20 de febrero. Resoluciones 171/2015 de 4 de septiembre, 288/2015 de 13 de noviembre o 308/2015 de 11 de noviembre.

situación en la que se encuentra en el expediente y, sobre todo, conocer el inicio del cómputo del plazo máximo para resolver su solicitud previsto en la norma", pues solo así "se garantizan adecuadamente los derechos que tanto la LTAIBG" como la del procedimiento administrativo común le reconocen".

No están siendo pocos los casos en los que la administración no resuelve en plazo las solicitudes de acceso a información pública planteadas en virtud de lo previsto en la LTAIBG, a pesar de que tanto el art. 21.4, como art. 42.4 de la anterior LRJ-PAC, es clara en su exigencia de que se comunique al solicitante la fecha en la que su petición tiene entrada en el registro del órgano competente para resolver. El problema que de ello se deriva radica no tanto en la falta de resolución expresa como en la práctica que se estaba consolidado por parte del CTBG[255], quien no estaba entrando a resolver cuando, producido el silencio por transcurso de un mes desde el inicio del procedimiento, la administración resuelve expresamente antes de que el CTBG dicte resolución en vía de reclamación. En estos casos, el Consejo estaba rechazando valorar el fondo del asunto; se remitía a esa resolución expresa, inadmitiendo la reclamación (o la desestima, según el caso) e invitando a presentar una nueva frente a ésta, si el ciudadano sigue sin estar conforme; pero esto cambia con el CI-1/2016 y la reclamación por silencio, no estará sujeta a plazo.[256]

Resolución 469/2015, de 4 de febrero de 2016, en la leemos que "es habitual, durante la tramitación de las solicitudes de información, que el solicitante reciba una comunicación en la que se le indique la fecha del inicio del cómputo del plazo para resolver la solicitud", comunicación que "evitaría, por ejemplo, que el solicitante entendiera desestimada su solicitud en aplicación de lo dispuesto en el artículo 20.4 cuando tal desestimación por silencio no se habría producido".
Resolución 67/2017, de 11 de mayo, afirma entender "la confusión" que el cómputo de los plazos ha podido generar en el solicitante, "ya que, si bien la remisión al órgano competente se hizo en un plazo que puede considerarse razonable", él no "tuvo conocimiento en ningún momento de que la solicitud ya había tenido entrada en el órgano que iba a atenderla y, por lo tanto, del inicio del cómputo de los plazos para resolver", ante lo que "considera que una adecuada tramitación de una solicitud de acceso y, por lo tanto, una manera de evitar las confusiones que se han detectado en el presente expediente, sería informar al solicitante del estado en que se encuentra su solicitud y, en concreto, el inicio de los plazos para resolver".
La Resolución 277/2017, de 4 de septiembre vuelve a declarar el CTBG que, "hubiera sido deseable la comunicación al interesado del comienzo del cómputo para resolver… de tal manera que el interesado tenga una idea de cuando se produce el silencio administrativo en su solicitud".

[255] Resolución (R/0016/2015) de 17 de marzo, Desestimada (Puertos del Estado. Copia del informe sobre el tráfico terrestre en los puertos de interés general) en la que se deniega la reclamación presentada por silencio administrativo alegado por el interesado. El Consejo no entiende que haya habido silencio dado que, de lo que se desprende de las alegaciones del organismo administrativo recurrido, si se había dictado resolución. En lugar de averiguar en qué fecha ha tenido lugar la notificación de la misma (para ver si hay o no silencio), considera el Consejo que el argumento para presentar la reclamación, no puede ser la ausencia de respuesta ya que se produjo, si la consideraría si el reclamante lo que argumenta es que la respuesta no le satisface. En este caso, desde el momento en el que no había recibido notificación de la resolución, estaba el ciudadano facultado para presentar reclamación ante el Consejo. El que se haya dictado con anterioridad, pero haya sido notificada con posterioridad no habilita al Consejo para denegar la reclamación, puesto que si hubo silencio.

Resolución (R/0004/2015) de 18 de marzo, Desestimada (Ministerio de Asuntos Exteriores y Cooperación. Plan de mejora de la transposición de directivas de la UE) la solicitud de acceso se presenta el 11 dic 2014, se registra el 7 de enero 2015 en el órgano competente (es ahora cuando empieza a contar el plazo) para resolver después de pasar por diferentes órganos… el solicitante entiende que al mes de presentar ya puede reclamar por silencio

[256] Criterio 1/2016: Reclamación ante del Consejo frente a la desestimación de una solicitud de acceso a la información por silencio (376 KB) (17 de febrero 2016)
file:///C:/Users/casa/Downloads/C1_2016_Desestimacion_silencio%20(1).pdf

En definitiva, el Consejo considera que en los supuestos en los que, aún transcurrido el plazo máximo para resolver sin que se haya dictado y notificado resolución expresa, siempre que el órgano administrativo competente emane resolución con anterioridad al momento en el que el CTBG se pronuncie sobre la reclamación recibida, no existe silencio administrativo. Lo lógico y en base al principio de economía procesal, sería dar al reclamante la posibilidad de ampliar su reclamación para completarla con la resolución expresa dictada fuera de plazo, salvo que dicha respuesta le satisfaga.
Esta circunstancia es consecuencia de un déficit y es que el Consejo no pide el expediente completo, ni se da la posibilidad al interesado de responder a las alegaciones del órgano administrativo recurrido.

— Ausencia de respuesta [257].

Y una vez más, la ampliación del plazo, que no cumple con los requisitos mínimos de motivación (no se ha argumentado ninguna restricción o límite que sea aplicable a la información solicitada), se convierte así en una mera formalidad de la que la Administración se aprovecha para demorar sin justificación alguna la tramitación del expediente, incumpliendo lo que pide el Consejo. Este criterio fue mantenido, entre otros, en los expedientes R/0573/2018 y R/0652/2018. El CTBG se expresa en estos términos también el 4 de julio de 2019, en una resolución con la que resuelve la reclamación planteada por otro solicitante que había recibido el silencio por respuesta, el Consejo censuró que la Secretaría General de la Presidencia del Gobierno hubiera desatendido la solicitud de alegaciones que le había formulado pese a tener conocimiento de los "requerimientos efectuados".

[257] Resolución del CTBG en la que se afea la forma de proceder de la Secretaría General de la Presidencia del Gobierno:

4. **Ahondando en lo expuesto, este Consejo de Transparencia quiere poner de manifiesto que viene observando, con cierta preocupación, que la SECRETARÍA GENERAL DE LA PRESIDENCIA DEL GOBIERNO desatiende tanto las solicitudes de acceso a la información que le dirigen los ciudadanos como los requerimientos que, en vía de Reclamación (recientemente por ejemplo en los expedientes R/060/2019, R/061/2019, R/072/2019, R/073/2019[6] y R/188/2019), le realiza este Consejo de Transparencia para que presente alegaciones que ayuden a clarificar los contenidos de los expedientes de los que es parte.**

   Por ello, debemos recordar que esta circunstancia que no cumple, a nuestro juicio, con la consideración de ejes fundamentales de toda acción política de la transparencia, el acceso a la información pública y las normas de buen gobierno, tal y como predica el Preámbulo de la LTAIBG, es contraria a una adecuada protección y garantía del derecho constitucional a acceder a la información pública, interpretado por los Tribunales de Justicia como de amplio

[5] https://www.consejodetransparencia.es/ct_Home/Actividad/recursos_jurisprudencia/Recursos_AGE/2016/16_particular_7_tributos.html
[6] https://www.consejodetransparencia.es/ct_Home/Actividad/Resoluciones/resoluciones_AGE/AGE_2019/04.html

En ese caso, se advertía de que la ausencia de respuesta se estaba convirtiendo "en práctica no infrecuente en determinados organismos ministeriales", lo que no casa con la consideración de eje fundamental que la transparencia, el acceso a la información púbica y las normas de buen gobierno tienen en teoría en la acción política del Gobierno.
Sin embargo, el Gobierno sostiene que responde la mayoría de las peticiones y considera que el CTBG "se excede" al aplicar la ley, ya que no es un tribunal.

En otras resoluciones, el CTBG censura otra práctica de los organismos ministeriales, que comunican que amplían un mes el plazo para resolver su solicitud de acceso a la información y terminan denegando tal petición: un caso que también trascendió a la sociedad es el relativo al intercambio epistolar con la Santa Sede que se produce a principios de año, cuando el Ejecutivo viajó al Vaticano para lograr la autorización necesaria para acceder a la basílica del Valle de los Caídos a fin de llevar a cabo la exhumación del dictador, ante la negativa del prior a dar el preceptivo consentimiento. En una resolución fechada el día 19/06/2019 (R 194/2019)[258], el Consejo estima la reclamación presentada por el abogado Isaac Ibáñez y reconoce a éste el derecho a conocer el contenido de las cartas que la Vicepresidenta Carmen Calvo envió y recibió del secretario de Estado del Vaticano, Pietro Parolin entre enero y febrero 2019. Calvo dispone de dos meses para presentar recurso ante los Juzgados Centrales de lo Contencioso-Administrativo de Madrid si no está de acuerdo con la decisión.
El 22 de febrero, Ibáñez presentó una petición de información ante la unidad de transparencia del Ministerio de Presidencia, Relaciones con las Cortes e Igualdad para conocer "toda la correspondencia entre el Gobierno y el Vaticano (Santa Sede) relativa a la exhumación de Francisco Franco del Valle de los Caídos"; puesto que las versiones que trascienden a la prensa, de uno y otra son diferentes. Lejos de la versión que el Gobierno había trasladado, el *número dos* de la Santa Sede dejó claro en su carta de 14 de febrero, que Roma "no quiere intervenir en una cuestión que está sujeta a la jurisdicción española" y que era el Tribunal Supremo el órgano que tendría que resolver si el dictador ha de salir de Cuelgamuros. El Consejo da diez días a Presidencia para entregar la correspondencia con el "número dos" de la Santa Sede a un ciudadano
El 19 de marzo, tres días antes de que expirara el plazo que tenía Presidencia para contestar, el departamento que dirige Carmen Calvo comunica al solicitante que le denegaba el acceso a la información al concurrir -en su opinión- uno de los 12 límites establecidos en el artículo 14.1.c) de la LTAIBG. En concreto, la causa alegada es: "Las relaciones exteriores". Para justificar la denegación, el Ministerio de Presidencia, razona en su resolución que uno de los principios básicos de las relaciones internacionales entre estados es el "carácter confidencial de las comunicaciones que mantienen entre ellos", articuladas con frecuencia "a través de cartas o notas verbales". "La publicación de dichas comunicaciones sería susceptible de comprometer las relaciones con el país en cuestión y, en todo caso, afectaría a la confianza mutua en la que deben desarrollarse las relaciones diplomáticas entre países".

[258] Resolución 194/2019 de 19 junio. Administración/Organismo: Ministerio de la Presidencia, Relaciones con las Cortes e Igualdad. Información solicitada: Comunicaciones con la Santa Sede sobre la exhumación de Franco. Sentido de la resolución: Estimatoria file:///C:/Users/casa/Downloads/R-0194-2019.pdf

El CTBG no acepta el argumento de que la difusión de las misivas podría "implicar un perjuicio a las relaciones exteriores" con varios razonamientos inapelables. Así, el Consejo llama la atención sobre el hecho de que el Gobierno niegue dichas cartas cuando integrantes del gobierno de Pedro Sánchez habían hecho referencia al "contenido de la correspondencia" con el Vaticano en manifestaciones públicas.

En una entrevista publicada en *La Vanguardia* el 17 de febrero 19, la Vicepresidenta Calvo, se manifestó en los siguientes términos a la pregunta de si se materializaría el traslado de los restos del dictador antes de las elecciones generales del pasado 26 de abril: "El secretario de Estado del Vaticano, Pietro Parolin, me escribió el jueves diciendo que está a favor de que se exhumen los restos de Franco y que eso lo tiene que hacer la autoridad competente. Lo dice literalmente. Y la autoridad competente es el Gobierno" [259].

1.4.3 La opacidad

Es representativa la R 194/2019 de 19 junio - por la que ha estimado la reclamación presentada por Isaac Ibáñez sobre el contenido epistolar del gobierno con la Santa Sede -, el Consejo deja claro la opacidad con la que ha actuado el Ministerio de la Presidencia. "Si bien pudiera tenerse en cuenta que la naturaleza del objeto de las comunicaciones debiera verse en el marco de las relaciones exteriores de nuestro país y, por tanto, analizarse su acceso desde la perspectiva de un eventual perjuicio a las mismas, podemos concluir que la pretendida confidencialidad que la Administración (...) quiere conferir a la documentación solicitada no ha sido por ella misma preservada. Y ello debido a las declaraciones públicas hechas por miembros del Gobierno en las que se apuntaba el contenido de dicha correspondencia. No parecería lógico, por lo tanto, afirmar la confidencialidad de las conversaciones mantenidas -y reflejadas en unas cartas- cuando se realizan declaraciones que desgranan el contenido de las mismas o, al menos, la postura en ellas recogidas".

El CTBG reprocha que el Gobierno invocara el carácter "confidencial" para denegar el acceso a las cartas y sin embargo hablara de su contenido en público. No pasa por alto tampoco el hecho de que, cuando el departamento de la Vicepresidenta Primera -Carmen Calvo- denegó el acceso a la información, hacía ya más de tres semanas que *El Independiente*[260] había reproducido el contenido íntegro tanto de la carta que la vicepresidenta le había enviado al cardenal Parolin el 18 de enero -en la que le instaba a evitar un "conflicto jurídico y político" indeseado- como el de la misiva con la que el secretario de Su Santidad le había respondido 27 días después.

"En una búsqueda en internet puede accederse a la nota remitida por el Vaticano con ocasión de una reunión mantenida por ambas partes a finales de octubre de 2018, así como lo más relevante en lo que a la presente reclamación concierne: el texto completo de la carta remitida por el Vaticano en respuesta a la misiva enviada anteriormente por el Gobierno español", añade el Consejo de Transparencia.

[259] https://www.lavanguardia.com/politica/20190217/46506354199/hay-que-seguir-hablando-con-catalunya-de-salidas-politicas.html (consulta mayo 2020)

[260] El Independiente 17/02/2019, Entrevista a la Vicepresidenta del Gobierno, Enric Juliana, JCarlos Merino. Madrid

1.4.4 El silencio administrativo

Hemos hecho anteriormente referencia a que es una constante que la Administración ignora las solicitudes de información, los ministerios y empresas públicas no dan respuesta a ellas y recurren al silencio administrativo como fórmula para retrasar la obligación de dar acceso a la información, es el principal límite al derecho de acceso en la práctica.

Por ello, en cuanto al sentido del silencio administrativo –negativo o positivo- cuando transcurre el plazo máximo para resolver sin que se haya notificado resolución expresa, las discrepancias se dan entre la doctrina que opina que la Ley acierta al considerar el silencio como desestimatorio, y los representantes de la sociedad civil preocupada por la transparencia que entienden que ha de ser estimatorio con el fin de mover a los órganos gestores a cumplir los plazos.

Señala el profesor MARTÍN[261] que "En algún caso concreto, la falta de respuesta en plazo puede deberse a la falta de dotación de medios adecuados en las unidades de transparencia, pero en la inmensa mayoría de los casos, sencillamente, la no respuesta es la manera de retrasar la obligación de dar acceso a la información. Y lo ilustra con un ejemplo: en 2019, más del 40% de las reclamaciones que presentaron los ciudadanos ante el CTBG lo hicieron por desestimación presunta, es decir, por silencio administrativo. Un dato que no coincide con el del Portal de Transparencia, donde se indica que solo el 1,93 % de las solicitudes incurren en silencio. Las estadísticas de este portal están muy cuestionadas porque, por ejemplo, la Administración suele responder que estima la solicitud, pero no facilita la información requerida. En la estadística computa simplemente como pregunta que se ha respondido satisfactoriamente.

Causa de rechazo de la solicitud de acceso por el órgano administrativo correspondiente en el caso de reclamaciones frente a la AGE (2015-2020)

	2015	2016	2017	2018	2019	2020	2021	2022
Silencio administrativo	22,15%	23,26%	30,53%	34,57%	41,64%	45,91%	41,4%	
Límite legal	2,12	5,37	5,71	5,96	10,57	9,07	10,7	
Límite formal	15,42	22,15	18,04	18,15	14,13	12,99	11,8	
Límite sustancial	9,64	7,84	11,07	12,18	14,02	7,05	6,4	
Otros	50,67	41,38	34,64	29,14	19,64	24,98	21,3%	

Cuadro elaboración en base a los datos del Informe CIJA 2021 y Memorias CTBG.

En otros: Cuando es "información parcial" (esto es, sólo se da una parte de toda la información solicitada). En "límite legal" se incluyen tres tipos de casos: los casos de aplicación de la DA 1ª, los supuestos en los que lo solicitado no entra dentro del concepto de información de la LTAIBG y aquellos otros en los que el órgano que ha recibido la solicitud no posee la información planteada.

---

261 MARTÍN DELGADO, I. "Transparencia y acceso a la información en tiempos de Covid-19 Coronavirus. La medición de los límites al acceso y los límites efectivos y procedimentales". *V Congreso de Buen gobierno y transparencia de la Comunitat Valenciana*, mayo 2020.

En el listado disponible en la web del CTBG aparecen un total de 893 reclamaciones resueltas en 2020 – y no las 900 que se señalan en el resumen estadístico–, puesto que se integran en el mismo resoluciones adoptadas en 2020 de reclamaciones presentadas en años anteriores que estaban suspendidas. Los porcentajes relativos al año se han obtenido sobre la base de esa cantidad.

El elevado porcentaje de "otros" motivos correspondientes a 2015 se debe a la inadmisión de solicitudes de acceso referidas a información autonómica y local, dado que la LTAIBG aún no estaba en vigor para CCAA y entes locales; en el caso de 2016, 2017, 2018, 2019 y 2020 la causa predominante es que solo se concede parte de la información solicitada y no a toda.

Reclamaciones presentadas frente a desestimación presunta de la solicitud de acceso en el caso de la **AGE** (2015-2020) [en porcentaje]

	2015	2016	2017	2018	2019	2020	2021
Silencio administrativo	22,15%	23,26%	30,53%	34,57%	41,64%	45,91%	41,4%

Reclamaciones presentadas frente a desestimación presunta de la solicitud de acceso en el caso de **Administraciones Territoriales** (2016-2020) [en porcentaje]

	2015	2016	2017	2018	2019	2020	2021
Silencio		81,34%	63,13%	70,32%	67,08%	70,43%	73,75%

Cuadros elaboración en base a los datos del Informe CIJA 2021 y Memorias CTBG.

En el conjunto de las 1.021 reclamaciones de ámbito territorial, 753 -un 73,75% del total- se han planteado en casos en que las solicitudes han sido desestimadas por silencio administrativo.

Recurriendo al silencio administrativo, como ejemplo nos referiremos a cómo la Secretaría General de la Presidencia del Gobierno ante la solicitud de información de una ciudadana intentando conocer los medios oficiales utilizados por el presidente del Gobierno en sus viajes, ni le facilitó la información -después de comunicarle que se ampliaba el plazo de un mes que prevé la LTAIBG para responder- ni le aportó los informes justificativos de la necesidad de utilizar dichos medios, como subsidiariamente planteaba la solicitud. La sentencia fechada 20/11/2020, del Juzgado Central Contencioso-Administrativo2 desestima el recurso que la Administración General del Estado interpuso contra la resolución por la que el CTBG estimó la reclamación presentada por una ciudadana que había intentado conocer los medios de transporte oficiales utilizados por el presidente del Gobierno entre el 1 de enero y el 20 de mayo de 2019 en sus viajes privados por España (concierto Valencia).
El juez avala el derecho a conocer los viajes privados del presidente del Gobierno en aeronaves del Estado y respalda en su sentencia la posición del Consejo, no considerando las alegaciones con las que la Abogacía del Estado trataba de anular la resolución dictada por el CTBG el 22 de octubre de 2019. Este órgano entendía que la petición tenía pleno encaje en el espíritu de la ley y le daba diez días hábiles a

Presidencia del Gobierno para que o bien facilitara a la solicitante los datos que inicialmente no le había entregado o bien acudiera a los tribunales, esto fue lo que hizo, recurrir.

Esta práctica se agudiza en el marco del ESTADO DE ALARMA decretado para afrontar la pandemia por la COVID, una de las medidas extraordinarias de mayor calado de entre las adoptadas, es la "suspensión" de la actividad del Portal de Transparencia de la Administración General del Estado. La medida está prevista en la Disposición Adicional Tercera del Real Decreto 463/2020[262], de 14 de marzo, de declaración del estado de alarma, amparada en una inédita situación de emergencia sanitaria. La suspensión del cómputo de los plazos administrativos para la tramitación de los procedimientos, tal y como aclara el apartado 2, se extendía a "todo el sector público definido en la Ley 39/2015, de 1 de octubre, del Procedimiento Administrativo Común de las Administraciones Públicas". La suspensión de los plazos administrativos también afectaba de lleno a las solicitudes de acceso a la información pública y ello, a pesar de que el procedimiento se tramita de manera telemática.

El profesor BAÑO LEÓN[263], indica que no existe una relación lógica entre la amenaza para la salud pública y la suspensión generalizada de los plazos procesales por la sencilla razón de que su cumplimiento no exige, salvo contadas excepciones, presencia física en las dependencias administrativas. Independientemente de que se mantenga el estado de alarma, debe reanudarse la actividad ordinaria administrativa y judicial. En la misma línea MESTRE DELGADO[264] para quien "no se atisba ninguna razón que justifique la suspensión o limitación de la efectividad del derecho de acceso a la información pública en el contexto de la declaración del estado de alarma por el coronavirus.

Un ejemplo muy significativo por el interés público, fue con el ministerio de Sanidad, ya que con la entrada en vigor del estado de alarma y los plazos administrativos de respuesta suspendidos hasta el 1 de junio supuso que, aunque la ciudadanía enviara solicitudes de información para conocer las actas del comité de expertos, preguntar por su composición y por los informes que elaboraban y en los que el Gobierno basaba sus decisiones, pedir copia del contrato de compra de los 640.000 test chinos defectuosos, solicitar datos estadísticos como el número de test que hace cada comunidad autónoma, cifra que Sanidad no incorporaba a su portal, la mayoría de las solicitudes fueron ignoradas, sin reconocer que en una crisis sanitaria, las libertades de expresión y de información resultan una herramienta esencial para la toma de decisiones

---

[262] Real Decreto 463/2020, de 14 de marzo, por el que se declara el estado de alarma para la gestión de la situación de crisis sanitaria ocasionada por el COVID-19 (BOE núm. 67, de 14/03/2020).

[263] BAÑO LEÓN, José M., "Por qué debe alzarse la suspensión de plazos procesales y administrativos, aunque continúe el estado de alarma". *Artículo Diario del Derecho*. Edición 11/ mayo/2020. https://www.iustel.com/diario_del_derecho/noticia.asp?ref_iustel=1198066

[264] MESTRE DELGADO, J. F. "La transparencia de las Administraciones públicas en tiempos de coronavirus (COVID-19)", *La Administración al día, INAP*, 29-abril-2020 http://laadministracionaldia.inap.es/noticia.asp?id=1197545 (consulta el 20 de marzo de 2021),

individuales de autoprotección y colectivas de protección de la salud pública, para combatir la desinformación, así como un mecanismo de prevención de prácticas corruptas[265].

Por otro lado, y a pesar de ser considerados trabajadores esenciales[266] en el Anexo del Real Decreto Ley 10/2020, los periodistas se vieron directamente afectados en el desarrollo de su labor por las restricciones de movimiento así como en el acceso a las fuentes.
En relación con ellos, BLANES[267] lanzaba una pregunta muy sensata "¿cómo van a desarrollar su trabajo los periodistas si se considera que los plazos de tramitación de las solicitudes del derecho de acceso a la información pública están suspendidos durante el estado de alarma? No tiene ningún sentido. Lo lógico sería al revés. No solo que no estuvieran suspendidos, sino que los plazos se hubieran acortado por razones de urgencia".

En este tiempo, el CTBG ha dejado en sus resoluciones a las reclamaciones que presentaron algunos ciudadanos y varios medios de comunicación, una crítica al Ministerio de Sanidad, responsable de la gestión de la pandemia, ya que considera y así lo manifiesta que está "dificultando la adecuada protección y garantía del derecho constitucional a acceder a la información pública". Este ministerio no solo está ignorando la gran mayoría de las peticiones de información de la ciudadanía, sino que tampoco contesta al propio CTBG, que forma parte de la misma Administración.

Un análisis de las 17 resoluciones emitidas por el CTBG respecto de peticiones al Ministerio de Sanidad cursadas desde marzo muestra que en 15 de ellas la respuesta fue el silencio administrativo. En una de las que sí tuvo contestación, Sanidad se limitó a enviar un enlace[268] que no respondía a lo que pedía el

---

[265] Informe de Transparencia Internacional-España, "Transparencia y publicidad activa: Covid-19": "La crisis sanitaria global ha acentuado y propiciado un escenario idóneo también para la corrupción privada. Los gobiernos se han visto obligados a decretar la flexibilización de las normas de control en la contratación pública con los riesgos que ello conlleva, justificada sin duda por la necesidad de contratar con urgencia material sanitario. Como consecuencia de ello, se ha evidenciado la existencia de algunas conductas empresariales antiéticas; de proveedores desleales o no autorizados; de acaparamiento de mercancías críticas; de suministros defectuosos y de incremento de los precios de venta al público del material sanitario de primera necesidad, entre tantas otras. Esta situación no solo resulta en perjuicio de los recursos del Estado y de los ciudadanos, sino que implica también conductas lesivas de la competencia empresarial leal y de una manifiesta falta de integridad en el sector privado". pág. 4

[266] El apartado 11 del Anexo del Real Decreto-ley 10/2020, de 29 de marzo por el que se regula un permiso retribuido recuperable para las personas trabajadoras por cuenta ajena que no presten servicios esenciales, con el fin de reducir la movilidad de la población en el contexto de la lucha contra la Covid-19 (BOE 87, domingo 29 de marzo de 2020) incluye: a "Las personas que trabajan en los medios de comunicación y en las agencias de noticias de titularidad pública y privada han sido consideradas como servicios esenciales".

[267] BLANES CLIMENT, M.A., "El derecho de acceso a la información pública sobre el coronavirus durante el estado de alarma". En: https://miguelangelblanes.com/2020/03/31/elderecho-de-acceso-a-la_informacion-publica-sobre-el-coronavirus-durante-el-estado-de-alarma/

[268]

R/0253/2020	Ministerio de Sanidad	Expedientes de compra de material sanitario	Información parcial

solicitante, que eran expedientes de compra de material sanitario (el CTBG estimó su reclamación). En 11 casos el ministerio ni siquiera mandó alegaciones cuando se las solicitó el Consejo, es decir, ignoró a un organismo público que depende orgánicamente del Ministerio de Política Territorial y Función Pública. Entre la información que no ha respondido Sanidad durante los meses de la pandemia figuran cuestiones como las reuniones que mantuvo el ministro, Salvador Illa; con quién y cuándo mantuvo encuentros Fernando Simón, director del Centro de Coordinación de Alertas y Emergencias Sanitarias; los expedientes de compra de material sanitario; informes o protocolos sobre cuándo pueden los miembros del Gobierno saltarse la cuarentena; actas de reuniones de comités creados para luchar contra la COVID19 y diversa información estadística relacionada con el coronavirus.

Evolución mensual del número de solicitudes información PORTAL Transparencia **(2020)**

AÑO 2020	**ene.**	**feb**	**mar**	**abr**	**may.**	**jun.**	**jul.**	**Ago ***	**sep**	**oct**	**nov**	**dic.**	**TOTAL**
solicitudes	790	967	729	586	619	777	751	1.655	1.092	1.282	984	1.221	11.453
Solicitantes totales 4.553													
Nuevos solicitantes 3.889													

Portal en cifras 2021 * *En agosto de 2020 se recibieron más de 1.000 solicitudes sobre el estado de tramitación de expedientes personales de petición de Ingreso Mínimo Vital.*

Entradas al Consejo por meses (2020)

AÑO 2020	**ene.**	**feb**	**mar**	**abr**	**may.**	**jun.**	**jul.**	**ago**	**sep**	**oct**	**nov**	**dic.**	**TOTAL**
RECLAMACIONES	145	202	83	9		158	237	229	144	137	178	182	**1.704**

Web CTBG datos 2020

Con los datos que se ofrecen en el Portal de Transparencia, vemos que la inmensa mayoría de los solicitantes son nuevos, en 2020, ante la situación de pandemia, de las 11.446 solicitudes presentadas por 4.553 solicitantes, 3.889 lo hicieron por primera vez, es decir, un 85,42 %. Junto con ello, en la serie histórica, el 66,04 % de los solicitantes son únicos, es decir, han planteado una sola solicitud de acceso. Ello apunta otra idea, que se viene reiterando, y es que el ejercicio del derecho de acceso posee un carácter instrumental no necesariamente vinculado a la lucha contra la corrupción ni al control de la acción administrativa, sino al ejercicio de otros derechos e intereses de los solicitantes, excediendo así los fines formalmente declarados como tales en la LTAIBG.

---

enlace https:l/contrataciondelestado.es/wps/portal

En la Memoria del Consejo correspondiente a 2020, en la que se han introducido algunos cambios metodológicos justificados en la necesidad de reajustar los tiempos del proceso de evaluación, no se hace mención al nivel autonómico.

Resueltas por el Consejo (2020)

AÑO 2020	Estimadas	%	Desestimadas	%	Suspendidas	%	TOTAL ADMITIDAS
RESOLUCIONES	762	62,6%	431	35,4%	25	2,0%	**1.218**

Recursos judiciales contra las resoluciones del Consejo (2020)

AÑO 2020	55	TOTAL acumulados 263

Emilio GUICHOT[269] ha calificado de "patológico" el comportamiento del ministerio. "La Administración está obligada a contestar; el silencio no es una opción, sino una patología, un incumplimiento de un deber". Cuando se produce acerca de información "de la máxima relevancia" como la relacionada con la COVID-19, "es lamentable, máxime cuando, de forma criticada y criticable, se suspendió el plazo para responder durante todo el anterior período de estado de alarma".

Tras el primer mes de estado de alarma, desde la Secretaría General de Función Pública (Ministerio de Política Territorial y Función Pública) se publicó el 17 de abril de 2020, una nota informativa[270] en relación con el funcionamiento del Portal de la Transparencia durante este tiempo, refiriéndose a las obligaciones de transparencia activa, sobre las que textualmente señalaba que "el Portal de la Transparencia de la AE está funcionando con normalidad en lo referente a la publicidad activa, publicando la información legalmente exigida". Lo cierto es que en la práctica ni recogía ni actualizaba[271] la información que debía ser publicada de conformidad con lo que exige la Ley de Transparencia, como por ejemplo, los contratos

---

269 GUICHOT, E., "Transparencia post-COVID GT21-09". *VI Congreso Internacional de Transparencia. UA.* Alicante 27 septiembre 2021. Ponencia on-line. GUICHOT, Emilio. "La ley de transparencia sometida al test de la covid-19". *Revista Española de Derecho Administrativo* 212. Abril-junio 2021. Pág. 11-54

270 https://transparencia.gob.es/transparencia/dam/jcr:f3abf704-ff10-4dbd-b80a be6bf36a22d5/Nota%20informativa%20funcionamiento%20del%20Portal%20Transparencia.pdf

271 BLANES CLIMENT, M. A., "Comentarios a la Nota del Portal de Transparencia (17/4/2020): se confirma el apagón informativo sobre el Covid-19 durante el estado de alarma". Accesible en: https://miguelangelblanes.com/2020/04/18/comentarios-a-la-nota-del-portal-de-transparencia-17-4-2020-se-confirma-el-apagon-informativo-sobre-el-covid-19-durante-el-estado-de-alarma/

BLANES CLIMENT, M. A, "La necesidad y las dificultades para el acceso a la información pública en tiempos del COVID-19", en OTINO, L. y BOIX, A., "Los límites del derecho de acceso a la información pública", Tirant lo Blanch, Valencia, 2021, p. 341, (considerándolo un "apagón informativo").

adjudicados –también los que se tramitaron por vía de urgencia[272]- con motivo de la covid-19 por los distintos Ministerios, en particular, por el de Sanidad para el suministro de material sanitario, fue otro foco de opacidad. Tampoco el Portal estuvo operativo en lo que al derecho de acceso a la información pública se refiere, aunque la Nota en su apartado 5) hablaba de suspensión temporal o de que las unidades de transparencia estuvieran "trabajando de manera activa en la tramitación interna de las solicitudes para evitar que se produjera acumulación y estar en disposición de responder lo antes posible".

Sostiene MESTRE DELGADO[273] que aun sin haberlo establecido de forma expresa, el Real Decreto habría producido el efecto de suspender en la realidad de las cosas, y con carácter general el derecho de acceso a la información, como consecuencia de la decisión de paralización de las actuaciones de tramitación de los procedimientos administrativos y judiciales -contencioso administrativo- ya que ni las solicitudes de acceso que se presentan en el portal de transparencia se tramitan, ni tampoco las reclamaciones que resuelve el CTBG ni los recursos contencioso administrativos que hubiesen sido interpuestos frente a alguna de aquellas. En definitiva, la suspensión del ejercicio del derecho y, sobre todo, la debilidad de su propia función, pues no se oculta que el retraso excesivo en la respuesta, aun cuando finalmente esta se produzca, devalúa claramente el valor de la información solicitada, lo mismo que su operatividad práctica. En definitiva, una gran ocasión perdida para haber adoptado una decisión también constitucional que, afianzando el carácter fundamental del derecho de acceso, habría sido desde luego mucho más respetuosa con la libertad de información.

En la nota apartado B).1 se señala que la suspensión de los plazos afecta a "todos los procesos administrativos", una mención genérica que afecta de lleno a las solicitudes de acceso a la información pública, aunque se omite que la misma Disposición adicional del Decreto que declara el estado de alarma también excepciona algunas materias (entre las que no se encuentra el derecho de acceso) y que el Real Decreto que lo modifica (R.D. 465/2020, de 17 de marzo) dejaba en manos de las entidades del sector público la decisión sobre la continuación o la suspensión. MESTRE DELGADO da cuenta en su artículo de 28 de abril 2020, del levantamiento de la suspensión o interrupción de los plazos en algunos casos[274].

---

[272] La Ley 19/2013, de 9 de diciembre, de Transparencia, Acceso a la Información Pública y Buen Gobierno en su artículo 8.1.a) obliga a publicar esta información sobre los contratos, también los de emergencia. Una información, por otra parte, con relevancia sobreañadida si atendemos al contexto de grave crisis sanitaria y escasez de medios de protección.

[273] MESTRE DELGADO, J. F., "La transparencia de las Administraciones Públicas en tiempos de coronavirus (COVID19)", *Diario del Derecho*, Iustel, 28 de abril 2020

[274] MESTRE DELGADO, J. F., "La transparencia de las Administraciones Públicas en tiempos…", *óp. cit.* Estos casos son: los procedimientos para solicitar y conceder la gracia del indulto, procedimientos tramitados por la CNMV, procedimientos de adquisición de la nacionalidad española, procedimientos tramitados por la Agencia Estatal de Seguridad Aérea, procedimiento de convocatoria para 2020 de la concesión de las subvenciones destinadas a asociaciones, fundaciones y demás entidades sin ánimo de lucro, cuyo objeto sea la representación y defensa de las víctimas del terrorismo, y actividades de fabricación e importación de productos cosméticos.

Desde el punto de vista material, y partiendo de que el confinamiento que se deriva del estado de alarma hace incompatible el normal desarrollo del trabajo vinculado a dar respuesta a una solicitud de información, la subdirectora de Transparencia del CTBG Esperanza ZAMBRANO apuntó como "deseable una identificación de las solicitudes vinculadas a esta crisis y darles prioridad en la respuesta[275]".

La realidad es que el Estado no tramitó las solicitudes de acceso y una vez se reabren los plazos ha de transcurrir el plazo de entrada en el registro competente y el de resolución, que puede ampliarse al doble, y, si no se facilita la información, después los plazos de reclamación ante el Consejo y de resolución, e incluso, si sus resoluciones son recurridas, los plazos judiciales, hasta obtener una sentencia firme, esto son meses en conocerse la información no publicada y solicitada.

Estudiando las resoluciones, al menos seis de ellas dictadas entre septiembre y octubre de 2020 incluyen el párrafo con el que el CTBG afea a Sanidad su opacidad. Los textos, en los que se dirime si la información solicitada debe entregarse o no, dedican varios párrafos a recordarle al ministerio sus obligaciones: la ley "dispone que la Administración está obligada a dictar resolución expresa y a notificarla. También critica que no mande alegaciones, algo que "garantiza el principio de contradicción en la tramitación del procedimiento" y permite al CTBG "obtener todos los elementos de juicio necesarios, de tal forma que la resolución atienda a todas las circunstancias que sean de aplicación al caso concreto".

Lo cierto es que vemos muchos ejemplos, en los que una resolución calificada por la Administración como de concesión de la información que se reclama por un ciudadano, recogiendo los razonamientos jurídicos que imposibilitan a su juicio que los datos solicitados se proporcionen, en realidad y a juicio del CTBG, lo que se proporcionan son argumentos para, precisamente, denegar la información solicitada -no serían sino los fundamentos jurídicos que toda resolución administrativa debe recoger, según el art. 88 de la Ley 39/2015, de 1 de octubre, del Procedimiento Administrativo Común de las Administraciones Públicas.

Y es que como señala MESTRE, no solo hay una obligación de facilitar información y un derecho a obtenerla, sino que, desde el punto de vista de la "táctica" política[276], está acreditado que la transparencia es muy valorada por la ciudadanía, que las posibles disfunciones, en la mayoría de los casos, acaban sabiéndose, y que se paga más cara la ocultación que la impericia, que una comunicación que pone al ciudadano ante la realidad de los datos ayuda en muchos casos a comprender la complejidad de las decisiones y también, sí, a conocer los errores, que, confesados, son más disculpables, más en situaciones críticas que llaman a la unidad de acción.

---

[275] ZAMBRANO, E.: "Crisis sanitaria, no crisis en transparencia".
En: https://investigacionapi.com/portada/2020/03/30/crisis-sanitaria-no-crisis-entransparencia/

[276] MESTRE DELGADO, JF. "Transparencia y Pandemia", Diario EL PAÍS, 23 de abril de 2020.
http://laadministracionaldia.inap.es/noticia.asp?id=1197545

La profesora en Ciencias de la Información MORETÓN TOQUERO, en su artículo "Estado de alarma y libertad de información" opina que esta crisis sanitaria ha comprometido irremediablemente la confianza y la seguridad que habíamos construido, poniendo a prueba nuestra organización social, política y también jurídica[277]. Y en una mayoría de la ciudadanía así es.

A mi juicio, no resulta operativo que la Administración utilice una y otra vez el silencio como respuesta, pero además no es razonable que -en una pandemia que afecta a toda la ciudadanía- el conocimiento dependa de la obtención de información por un solicitante después de meses, y no, como establecen las normas de transparencia y de salud pública, se ponga a disposición pública por los ministerios, máxime cuando esta información es relevante.

El artículo 116 de la Constitución recoge que -los poderes públicos tienen que seguir con el funcionamiento ordinario- y el artículo primero de la Ley orgánica 4/1981 de 1 de junio, de los estados de alarma, excepción y sitio -las medidas a adoptar así como la duración de los estados, serán en cualquier caso las estrictamente indispensables para asegurar el restablecimiento de la normalidad y su aplicación se realizará de forma proporcionada a las circunstancias-, por lo que estar mes o mes y medio sin acudir al Congreso, sin dar respuestas en una situación excepcional, conculca lo que establece la CE. No tiene mucha coherencia en mi opinión.

2. Falta de potestad sancionadora

Ante los posibles incumplimientos de la LTAIBG o ante la falta de ejecución de las resoluciones de los órganos de control, nos encontramos con la inexistencia de un régimen sancionador.
Respecto a la potestad sancionadora en el ámbito de la obligación de publicidad pasiva, la ley se limita a señalar, sin más, que el "incumplimiento reiterado de la obligación de resolver en plazo tendrá la consideración de infracción grave a los efectos de la aplicación a sus responsables del régimen disciplinario previsto en la correspondiente normativa reguladora" (art. 20.6 LTAIPBG).

Destacar una tendencia y es que en el año 2017 el mayor porcentaje de incumplimientos de las resoluciones del Consejo eran causa de la interposición de recursos contencioso-administrativos, observándose un incremento de 9 puntos porcentuales entre 2017 (1,9%) y 2018 (10,1%) e idéntico incremento entre este último año y 2019 (19,1%), aunque en el año 2018 la mitad de esos incumplimientos se corresponden con resoluciones que no se cumplen pero que tampoco se impugnan en vía jurisdiccional y en estos casos, el CTBG sólo puede recordar la obligación de cumplimiento.

Esta problemática se abordó en el VI Coloquio sobre la Transparencia junio de 2019, sobre la "Ejecución de las resoluciones de los órganos garantes, que contó, entre otros, con la participación de uno de los

[277] MORETÓN TOQUERO, M. Aranzazu: "Libertad de información y transparencia pública bajo el estado de alarma decretado para afrontar la pandemia por Covid19". BIGUINO CAMPOS, P.; DURÁN ALBA, F. "Los Efectos Horizontales de la COVID sobre el sistema constitucional", *Colección Obras Colectivas, Fundación Manuel Giménez Abad*, Zaragoza. (2020).

cuatro Consejeros que integran el Consejo de Transparencia de Chile (Mario Drago), órgano que cuenta con facultades sancionatorias, que se traduce en un sistema de multas coercitivas en caso de infracción de normas de publicidad activa, denegaciones infundadas de acceso a la información e incumplimiento de las resoluciones dictadas por el Consejo en fase de reclamación. La multa puede oscilar entre un 20 y un 50% del salario del mes correspondiente a ejecutar la sanción y se impone al "responsable": Jefe del Servicio o primera autoridad (Subsecretario en el ámbito Ministerial, Rector en las Universidad, Comandante en Jefe en el Ejército). No se dirige contra un funcionario intermedio, salvo que se acredite que el responsable adoptó todas las medidas necesarias para que la infracción no se cometiera. Y si se persiste en el incumplimiento, cabe incrementar la sanción con 5 días de suspensión de empleo y sueldo. El procedimiento sancionador es un procedimiento que lleva a cabo el propio Consejo.

La cuestión se centraría, en determinar la legitimación del Consejo para impugnar y es el Consejo de Transparencia y Protección de Datos de la Comunidad Autónoma de Andalucía el que parece ha dado el primer paso en ese sentido. El CTPD cuenta con un régimen sancionador en su legislación de transparencia, en la que se tipifica como falta muy grave el incumplimiento de las resoluciones del Consejo. El Consejo insta el inicio del procedimiento sancionador del órgano competente, que viene obligado a su incoación. La sanción consiste en una declaración de incumplimiento que se publica en el Boletín Oficial correspondiente y **cese en el cargo** del responsable, con prohibición de ser nombrado en un cargo similar durante un período de tres años. Este sistema no contempla multas para el sector público, pero sí para el sector privado.

Para que el ejercicio de la función de control de legalidad sea eficaz, resulta determinante un mecanismo efectivo que haga valer el sentido de las resoluciones del CTBG como órgano de garantía y con ello, la ejecutividad de sus resoluciones y la previsión de la existencia de un régimen sancionador frente a los incumplimientos de esas resoluciones, en tanto que instrumentos imprescindibles. La LTAIPBG no regula consecuencias desfavorables ante incumplimientos de la misma ni ante la falta de ejecución de las resoluciones de los órganos de control, no contiene previsión alguna sobre la naturaleza de las resoluciones del CTBG ni sobre su fuerza ejecutiva[278].

El CTBG, cuando estima la reclamación, "insta" a la entidad obligada a que en plazo variable (a veces de 15 días, que en ocasiones son hábiles, y otras el plazo es de un mes) proporcione al reclamante la información solicitada y no satisfecha, y remita al propio CTBG copia de la información enviada al reclamante, práctica que en muchos casos no se cumple[279]: "De este modo, cuando el órgano administrativo desobedece una resolución del mismo, negándose a ofrecer la información requerida o a hacerlo en la forma indicada por el Consejo, la vía administrativa de impugnación resulta inservible (el

---

[278] TEIJEIRO LILLO, Mª Eugenia. "El régimen sancionador: una deficiencia pendiente en la Ley de Transparencia estatal", Actualidad Administrativa, Especial "Transparencia y lucha contra la corrupción" núm. I, 1 de abril de 2019.

[279] MARTÍN DELGADO, I. "La reclamación ante el Consejo de Transparencia y Buen Gobierno: un instrumento necesario, útil y ¿eficaz?". Las vías administrativas de recurso a debate, Actas del XI Congreso de la Asociación Española de Profesores de Derecho Administrativo, INAP, (2016): Madrid, pág. 51.

solicitante tiene la razón, pero seguiría sin poder tener acceso a la resolución) y sólo queda la vía judicial (de alcance muy limitado tal y como está configurado en la actualidad el proceso contencioso-administrativo), cuyo acceso ha sido dilatado en el tiempo al haberse presentado reclamación ante el Consejo".

La inexistencia de régimen sancionador ni consecuencias desfavorables ante incumplimientos ni ante la falta de ejecución de las resoluciones lleva a una consecuencia práctica concreta: provoca en el órgano competente para resolver la tendencia a reservar la información, aunque debiera ser accesible, pues no está sancionado, en lugar de optar por darla con riesgo de infracción de derechos o intereses, lo que sí está sancionado.

Para realizar funciones de inspección y control del cumplimiento de la ley, el Consejo se encuentra con una dificultad muy grande, que es la falta de competencias para poder sancionar al incumplidor, así lo recoge también Francisco DELGADO[280], politólogo y experto en transparencia, ex-Presidente de ACREDITRA: "…cuando emite una resolución no tiene la capacidad de hacerla cumplir y se ha convertido en un déficit que desde el propio Consejo y el ecosistema transparente se viene reivindicando desde hace tiempo".

Ante estas omisiones, surge la duda de qué ocurre en el supuesto en el que las resoluciones del CTBG que estiman solicitudes de acceso sean incumplidas por las Administraciones y sus organismos públicos, y tampoco llevan a los tribunales el asunto del que se trate. Esta situación no está contemplada en la LTAIBG ni en el Real Decreto 919/2014, de 31 de octubre, por el que se aprueba el Estatuto del CTBG, no existe precepto alguno que garantice el seguimiento y ejecución de la resolución. El Consejo reclama capacidad sancionadora para evitar este tipo de casos, al igual que la APD[281].

Se debería reforzar la colaboración de los sujetos obligados con el CTBG como órgano de control, para hacer efectivo el principio según el cual las Administraciones públicas deben respetar el ejercicio legítimo por las otras Administraciones de sus competencias [art. 141.1.a) LRJSP] y [art. 39 LPAC], contemplándose la obligatoriedad de la remisión del expediente y la potestad de imponer multas coercitivas,[282] como mecanismo para garantizar el cumplimiento de sus resoluciones, lo cual exige, como es sabido, de una expresa cobertura en norma con rango de ley [art. 103.1 LPAC]. Y ello sin perjuicio de la tipificación como infracción administrativa –tal como se contempla en algunas leyes autonómicas-, del incumplimiento de las resoluciones del órgano de garantía[283].

---

[280] https://www.frandelgado.es/

[281] El Real Decreto 1720/2007, de 21 de diciembre, de desarrollo de la LOPD, establece que se requerirá al responsable del fichero para que, en el plazo de diez días siguientes a la notificación, haga efectivo el ejercicio de los derechos objeto de la tutela, debiendo dar cuenta por escrito de dicho cumplimiento a la Agencia Española de Protección de Datos en idéntico plazo –art. 119 -.

[282] MARTÍN DELGADO, I. Op. cit., "La reclamación ante el Consejo …" pág. 52.

[283] PÉREZ MONGUIÓ, J. Mª. "Régimen sancionador", *en VV AA*, Estudios sobre la Ley de Transparencia Pública de Andalucía, IAAP, Sevilla 2015, pp. 291 y ss.; VILLALBA CANO, L.: "El régimen sancionador en la Ley 1/2014, de 24 de

A falta de tales mecanismos frente al incumplimiento, se puede presentar un recurso contencioso-administrativo contra la inactividad del sujeto obligado: cuando la Administración esté obligada en virtud de un acto (en este caso la resolución del órgano de garantía) a realizar una prestación concreta en favor de una o varias personas determinadas [art. 29.1 LJCA]. Pero hay que tener en cuenta que la LJCA faculta a "quienes tuvieren derecho a la prestación" no ejecutada, de tal modo que tal actuación no está en manos del CTBG ya que no está legitimado para impugnar, sino del interesado, por lo que al Consejo no le queda otra fórmula que, al igual que los defensores y comisionados parlamentarios, dar publicidad a las resoluciones incumplidas, como afirman RAMS RAMOS y MARTIN DELGADO.[284]

Tal situación nos lleva a preguntarnos de qué sirve haber legislado para que se atribuya el control del cumplimiento de la LTAIBG a un organismo que puede contar con los requisitos necesarios de autonomía que corresponden a esta función, si ese órgano carece de la fuerza suficiente para obligar a llevar a la práctica las medidas previstas en dicha ley, ni el cumplimiento de sus resoluciones.

Coincido con PAUNER y SALVADOR cuando refiriéndose a las Administraciones independientes, destacan que la característica principal es que se le atribuyan facultades para hacer cumplir sus resoluciones y capacidad sancionadora, aunque la Ley no sea tampoco muy clara en este punto, y sus facultades sean bastante limitadas.[285]

Para PIÑAR MAÑAS no sólo sus resoluciones deben ser vinculantes, sino que debería suponer igualmente que esté dotado de capacidad para imponer sanciones[286].

El cumplimiento de las resoluciones estimatorias adoptadas por el CTBG en vía de reclamación se concreta en el traslado al interesado de la información pública que este había solicitado de la administración o entidad pública titular en ejercicio de su derecho de acceso a la información y que le fue denegada. Dado que la información a suministrar a los reclamantes no obra en poder del Consejo sino del órgano o entidad reclamada, la ejecución o cumplimiento de la resolución corresponde a dicho órgano o

---

junio, de Transparencia Pública de Andalucía y en la actividad del Consejo de Transparencia y Protección de Datos de Andalucía", *en VV AA.*, "Transparencia pública y Comunidades Autónomas", *Tirant lo Blanch*, Valencia 2018, pp. 653ss
Tras la Ley 1/2014, de 24 de junio, de Transparencia Pública de Andalucía, la mayoría de las leyes autonómicas sobre transparencia han incorporado un régimen sancionador, que en general sigue de cerca el establecido en la ley andaluza, salvo la Ley 19/2014, de 29 de diciembre, de transparencia, acceso a la información pública y buen gobierno de Cataluña, que contiene un diseño propio del régimen sancionador.

284 RAMS RAMOS L. "Los derechos e intereses de terceros en las reclamaciones ante el Consejo de Transparencia y Buen Gobierno", Las vías administrativas de recurso a debate, Actas del XI Congreso de la Asociación Española de Profesores de Derecho Administrativo, INAP, Madrid. pág. 587, señala que el único recurso jurídico viable será recurrir, en su caso, la inactividad material de la Administración. MARTÍN DELGADO, I. Op. cit., "La reclamación ante el Consejo ..." (2016), pág. 52.

285 PAUNER CHULVI, Cristina., Op. cit., La articulación del control ... pág. 335. SALVADOR MARTÍNEZ, María. Op. cit., Autoridades independientes .... pág. 298.

286 PIÑAR MAÑAS, Op. cit., Seguridad, Transparencia y..., pág. 56.

a dicha entidad, con la supervisión del Consejo, legalmente obligado a garantizar el cumplimiento de sus resoluciones.

Pero como el CTBG carece legalmente de facultades coercitivas para exigir el cumplimiento de sus resoluciones, sus actuaciones en este ámbito (eje supervisa) se concretan en la monitorización de los actos de ejecución realizados por los sujetos responsables de las decisiones objeto de reclamación y en el envío de los oportunos requerimientos en caso de incumplimiento o cumplimiento insatisfactorio de las resoluciones -Memoria de Actividades del año 2019-. Las actuaciones de seguimiento comprenden también la publicación en el portal web del organismo de los resultados de esta labor de monitorización, destacando a los órganos o entidades que persisten en el incumplimiento después de haber sido requeridos.

Contundente, Víctor ALMONACID[287] respecto a la pregunta de qué opinión le merece la actuación de los organismos garantes del control de la transparencia en general y en particular del Consejo estatal, responde que “Son organismos que nacen ya con las alas cortadas, aunque por supuesto tengan toda la legitimidad y la buena voluntad del mundo. España es un país que necesita instituciones fuertes para que funcionen. Aquí si no hay consecuencias nadie te toma en serio. Por ejemplo, el Tribunal de Cuentas tiene la Sección de Enjuiciamiento que, por decirlo de manera coloquial, da mucho más miedo que un informe del Defensor del pueblo, en el que uno puede salir más o menos mal parado y puedes tener una sanción estética.”

Según AMORÓS[288], -en una entrevista del año 2018- el Consejo de Transparencia estaba valorando la posibilidad de publicar en su página web este tipo de casos, “los más recalcitrantes, como medida de presión, para retratar a aquellas administraciones estatales que ignoran las resoluciones”. Reitera, además, la necesidad de cambiar la ley para poder multar a las autoridades que incumplen determinados plazos. Desde 2019 ya se están publicando. No obstante, y pese a que también algunos de estos incumplimientos han sido objeto de difusión a través de medios de comunicación, ello no ha conllevado coste reputacional.

Coincido en que el CTBG adolece de una potestad sancionadora que, si la tuviera, sería mucho más efectivo, aunque si leemos sus resoluciones vemos que su voluntad es hacer su labor aún con la carencia de medios que tiene; así pone de manifiesto en sus resoluciones que el incumplimiento reiterado de la obligación de resolver en plazo tiene la consideración de “infracción grave a los efectos de la aplicación a sus responsables del régimen disciplinario previsto en la correspondiente normativa reguladora y afea a la administración sus comportamientos; entre ellos la demora sin justificación de la tramitación del expediente, incumpliendo lo que pide el CTBG y aprovechando la ampliación de plazo en las alegaciones y la opacidad.

---

287 ALMONACID, Víctor. Entrevista: www.revistatransparencia.com. Segundo Semestre de 2019, (Revista Española de la Transparencia. RET núm. 8.) pp. 15-32

288 AMORÓS JAVIER, presidente en funciones del Consejo critica que “*Este caso es el peor de todos, ya que no tenemos potestad para actuar*”: 28/09/2018 civio.es/tu-derecho-a-saber/las-costuras-de-la-ley-de-transparencia.

Y si leemos la Memoria de Actividades del año 2019 recoge lo que se ve en la práctica y es que la ejecución de algunas resoluciones tiende a demorarse en el tiempo y a producirse después de uno o varios requerimientos expresos practicados de oficio o a instancia de parte por este Consejo. Observamos cómo, en la Memoria de 2020, ya no se destaca el aumento de los incumplimientos en las conclusiones finales, en las que se muestran las principales carencias detectadas por el Consejo. Es más, ni siquiera se hace un análisis al respecto, más allá de ofrecer los datos, desconocemos si por olvido o intencionadamente lo que afectaría a la propia transparencia del Consejo. A 31 de diciembre de 2021, de las 258 resoluciones que requerían ejecución, 203 (el 78,68% del total) había sido cumplida por el órgano responsable; 4 (el 1,55%), se encontraban en trámite de resolución; 8 (el 3,1%), se hallaban suspendidas por haber sido objeto de recurso contencioso-administrativo y haberse dictado la medida cautelar de suspensión; y, por último, 39 (el 15,12%), estaban pendientes de ejecución, sin que hubiera constancia de su cumplimiento.
Por tanto, la tasa de resoluciones con ejecución correspondientes a 2021 que se habían cumplido a 31 de diciembre (87,56%) se ha incrementado respecto a la obtenida a dicha fecha para las resoluciones de la misma naturaleza de 2020 (71,96%). En un año no sólo no se han corregido los incumplimientos detectados, sino que han aumentado

En el ámbito territorial, de las 475 resoluciones estimatorias en 2021, 394 (el 82,95% del total) requerían para su ejecución una actuación positiva por parte de la entidad que debía facilitar el acceso a la información solicitada. De las 394 resoluciones que requerían ejecución, a 31 de diciembre de 2021, se hallaban ejecutadas 239 (el 60,66% del total); 4 (el 1,02%) se encontraba en trámite de ejecución; 1 (el 0,25%) había sido suspendida por la interposición de un recurso contencioso-administrativo y la adopción de la oportuna medida cautelar; y, finalmente, en 150 casos (el 37,97%) no existía en este Consejo constancia de su cumplimiento.
En este ámbito territorial, a diferencia de lo que sucede en el estatal, la tasa de resoluciones con ejecución correspondientes a 2020 que se habían cumplido a 31 de diciembre de dicho año (67,37%) es muy similar a la obtenida a dicha fecha para las resoluciones de la misma naturaleza de 2021 (69,39%).

Comprobamos, por tanto, la resistencia a dar información, la necesidad de aumentar los medios del CTBG para poder hacer seguimiento y, junto con ello, de dotarle de poderes coercitivos para forzar la ejecución de sus resoluciones en los casos en los que ésta no se produzca de forma voluntaria por las entidades afectadas.

3. Litigiosidad sobre el sentido de sus resoluciones

El CTBG, como órgano de garantía del derecho de acceso a la información revisa las denegaciones expresas o presuntas de las solicitudes de acceso a la información, aunque la última palabra la tienen los jueces y tribunales en caso de litigiosidad sobre el sentido de sus resoluciones.

Cuando el CTBG estima una reclamación y la Administración incumple, algo que se ha incrementado en los últimos años, la única posibilidad para el solicitante es acudir a los tribunales con el consiguiente gasto económico y retraso en la obtención de la información. El proceso para obligar a un ministerio a entregar un informe o unos datos que el CTBG considera que deben ser públicos puede prolongarse durante años. Esto explica que, de los 216 recursos ante los Juzgados Centrales de lo Contencioso-administrativo presentados contra resoluciones de Transparencia en 2020 sobre la Administración central, solo 32 los hayan presentado particulares.

Reclamaciones anuales **resueltas** del CTBG frente a la AGE (2015-2021) + (enero a febrero 2022)

2015	2016	2017	2018	2019	2020	2021	**Total**	2022	**Total**
415 80,27%	502 90,13%	518 93%	682 90,33%	900 97,09%	876 92,31%	911 98,2 %		205 66,77%	**5.109**
TOTAL							**4.904** (91,7%)		

Recursos sobre Resoluciones de la AGE (2015-2021) + (enero a febrero 2022)

2015	2016	2017	2018	2019	2020	2021	**Total**	2022	**Total**
5	27	44	41	54	42	21		5	**239**
TOTAL							**234**		

En 2021 el CTBG ha estimado 442 reclamaciones de ámbito estatal, cifra que supone que el 40,69% del total de reclamaciones tramitadas ha sido estimado, total o parcialmente, no así cumplidas.

En los tres primeros años el número en ascenso que se consolida en 2018 y 2019, bajando en 2020 y 2021. Disminuye también el número en el ámbito territorial, ha coincidido con el periodo de pandemia y habrá que estar atentos si puede ser o no la razón.

La evolución de la tasa de litigiosidad (2015-2021) sobre el número de reclamaciones resueltas frente a la AGE porcentualmente es el siguiente:

2015	2016	2017	2018	2019	2020	2021	**Total**	2022	
1,20%	5,38%	8,49%	6,1%	5,7%	4,79%	2,30%	**4,77%**	0,004%	

Cuadros elaboración en base a los datos del CTBG y en base a los datos del Informe CIJA 2021 y Memorias.

A fecha diciembre 2021, sobre un total de 234 recursos contencioso-administrativos ordinarios presentados frente a resoluciones AGE, se han dictado (197) resoluciones judiciales en primera instancia por los Juzgados Centrales de lo Contencioso-Administrativo, Un número importante llega a la Audiencia Nacional a través de recurso de apelación (91) y (37) en casación (solo 9 son sentencias, los demás autos de inadmisión); así de los 5 recursos presentados y resueltos el primer año 2015, 4 de las sentencias fueron recurridas en apelación y uno llegó a casación; y de los 25 recursos el último año 2021, en segunda instancia (12) y en casación los mismos.

AGE	1ª instancia	Apelación	Casación	
2015	5	4	1	
2016	27	21	8 (2admitidos=2 ST	
2017	44	22	6 (2admitidos=2 ST	
2018	41	19	5 (5admitidos=5 ST	
2019	52 (15 por particulares y asociaciones)	10	0	
2020	42 (10 por particulares y asociaciones)	7	2 (2admitidos=2 ST	
2021	25	12	12 (7admitidos=7 ST	
2022 (en-feb)	7			

Sobre la tramitación de las solicitudes de acceso a la información pública se indica que, en el total acumulado, la tasa de litigiosidad se sitúa en el 4,77 % en relación con la AGE y en 1,69% en AATT

En la Web del CTBG se puede leer que se pueden consultar todos los recursos y todas las sentencias que se han dictado sobre sus resoluciones en el apartado “Recursos y Jurisprudencia”; pero no es así, no aparecen las sentencias. Es en el informe CIJA 2021 al que venimos refiriéndonos en el que se han analizado, y por él sabemos que en las sentencias analizadas se observa que los temas recurridos son de información económica en las primeras de ellas, en 2019 respecto a solicitantes de información jurídica; en los últimos años las Administraciones Públicas presentan mayor resistencia a ofrecer información organizativa, institucional y de planificación años anteriores información de tipo económico. Ello conduce a afirmar al profesor MARTIN[289] que no existe una tendencia clara desde esta óptica de mayor o menor combatividad respecto al tipo de información solicitada.

Posteriormente en las tablas excelll de la web del Consejo hemos podido encontrar referencia a esos autos y sentencias en observaciones, que vamos analizando, pero únicamente el dato anual.

Como venimos indicando, es la Administración que posee la información solicitada, habitualmente, la que discrepa de su propio órgano especializado en transparencia y lleva el caso a los tribunales -en el 69,4 % de los casos (30,6 % Ministerio y 38,8% ente con personalidad jurídica propia integrante del sector público estatal, autonómico y local)-, algo que resulta paradójico cuando en casi todos los casos, previamente ha guardado silencio y ni siquiera ha hecho alegaciones cuando el Consejo de Transparencia se las ha pedido. Si es la Administración la que recurre, le representa la Abogacía del Estado y el CTBG debe buscar y

[289] Informe CIJA 2021, Op.cit. p. 155.

pagar abogados externos. La consecuencia[290] de todo ello es que solo años más tarde, se obtendrá información que habrá perdido ya el valor para el conocimiento y control de la actuación pública a los que pretende servir la ley de transparencia.

En el resto de los casos, el recurrente es quien ha solicitado la información (16,3 % ciudadano ordinario; 12,2 % persona jurídica; y 2 % organización especializada en el ámbito de la transparencia).

Aunque accediendo a las tablas Excel de la web del Consejo y abriendo el listado y cada una de las celdas que corresponde a cada uno de los recursos, mis datos serían los que se contemplan en las siguientes tablas elaboradas. Los datos no siempre coinciden (Memorias), (tablas excel de la página Web) o (Estadísticas de la pág. Web) dependiendo posiblemente de cuando se tomen los datos si se van arrastrando y cuando se arrastran los anteriores, hecho que ya es una constante en este estudio. Finalmente, de una manera u otra, podemos sacar las mismas conclusiones ya que las diferencias no son significativas:

Recursos judiciales contra resoluciones emitidas por el **CTBG:** (ADMON, ORGANISMOS-EMPRESAS -CORPORACIONES PÚBLICAS y PARTICULARES **(2015-2021)**

Año	Interpuestos por Ministerios	Interpuestos por organismos públicos, empresas públicas y corporaciones de derecho público	Interpuestos por particulares y empresas	TOTAL (2015-2021)
2015		**4** (RTVE, FNMT, TRAGSA)	**1**	**5**
2016	**9**	**11** (RTVE, TEAC, AEAT, INECO)	**7**	**26**
2017	**24**	**10** (RTVE, CNMV, AEMPS)	**9**	**43**
2018	**14**	**18** (RTVE, RENFE, AEMPS)	**8**	**40**
2019	**35**	**13** (RTVE, RENFE, CNMV)	**4**	**52**
2020	**26**	**7** (RTVE, FNMT, CSIC)	**9**	**42**
2021	**12**	**5** (ADIF, RENFE, RTVE)	**5**	**22**
TOTAL	120	68	43	TOTAL **230**

Cuadro elaboración propia. Página web del Consejo de Transparencia y Buen Gobierno Tablas excel

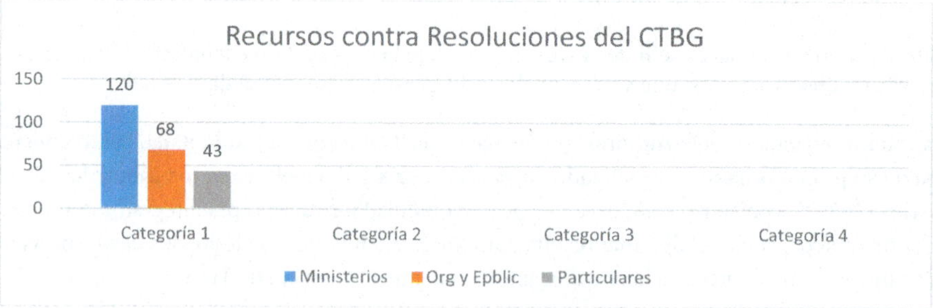

[290] GUICHOT, Emilio. Centro de Estudios Europeos Luis Ortega Álvarez Toledo, 22 de noviembre de 2018. Transparencia y acceso a la información pública: algunos retos a los cinco años de la LTAIPBG. Los límites a la transparencia.

Desde la puesta en funcionamiento a la actualidad, siempre han prevalecido claramente los recursos presentados por la Administración (el 76,19 %), en contraposición el solicitante de información encuentra un claro incentivo para impugnar/reclamar en vía administrativa ante el CTBG, mientras que en vía contencioso-administrativa desiste por el gasto que le supone recurrir. Por otra parte, hay que destacar que el propio CTBG en su función de garantizar la transparencia, es parte apelante en un número significativo de supuestos (38%).

Ya hemos recogido que el profesor GUICHOT, aunque es legal, califica de "patológico" la judicialización del derecho a la información y el hecho de que el 76% de los recursos contra resoluciones del Consejo no provenga de ciudadanos sino de la propia Administración,– ya que lo deseable es que, si la ley crea un órgano independiente especializado, la Administración confíe en el acierto de sus decisiones.[291] –

En cuanto al ámbito territorial, se han presentado un total de 59 recursos que han derivado hasta la fecha en 47 resoluciones judiciales en primera instancia (38 sentencias y 11 autos de inadmisión) y 12 sentencias en apelación.

Reclamaciones anuales **resueltas** por el CTBG frente a las AATT (2016-2021) + (enero a febrero 2022)

2015	2016	2017	2018	2019	2020	2021	**Total**	2022	**Total**
	242 72,67%	257 50,39%	379 65,01%	866 108,38%	724 95,89%	1.021 88,09 %		205 66,77%	**3.694**
TOTAL							**3.489** (83,21%)		

Recursos sobre Resoluciones de la AATT (2016-2021) + (enero a febrero 2022)

2015	2016	2017	2018	2019	2020	2021	**Total**	2022	**Total**
		8	6	25	13	7		1	**60**
TOTAL							**59**		

Cuadros elaboración en base a los datos del CTBG y en base a los datos del Informe CIJA 2021.

La evolución de la tasa de litigiosidad (2016-2021) sobre el número de reclamaciones resueltas frente a la AATT porcentualmente es el siguiente:

	2016	2017	2018	2019	2020	2021	**Total**	2022	
	0%	3,11%	1,58%	3,12%	1,8%	0,68%	**1,69%**	0,48%	

[291] GUICHOT, Emilio. "La ley de transparencia sometida al test de la covid-19". Revista Española de Derecho Administrativo 212. Abril-junio 2021. Pág. 11-54

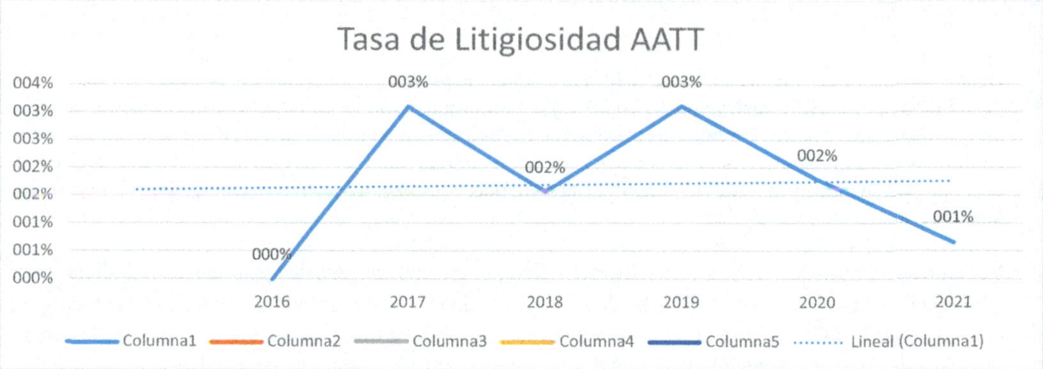

El mayor número de recursos de las AA.TT, son de la CCAA de Madrid (29), le sigue la JCCM (11), el Principado de Asturias (10), La Rioja (3), Ceuta (2), Extremadura (1), Melilla /1), Cantabria (1).

RECURSOS judiciales de **AA.TT** contra resoluciones del CTBG: **2016-2021**							
Madrid	JCCM	Asturias	Rioja	Ceuta	Extremad	Melilla	Cantabria
29	11	10	3	2	1	1	1
							TOTAL 59

Cuadros elaboración propia. Página web del Consejo de Transparencia y Buen Gobierno

RECURSOS contencioso-administrativos de las **AATT** contra resoluciones del CTBG

Año	Interpuestos por CCAA/Ayuntamientos	Interpuestos por organismos públicos, empresas públicas y corporaciones de derecho público	Interpuestos por particulares y empresas	**Total**
2017	**1** (CCAA de Madrid)	**2** (Universidad Politécnica Madrid	**5** (Madrid: 3Mercantil, , 1colegio abogados, 1ciudadano)	**8**
2018	**1** (Ayt Torrejón Madrid)	**1** (RTVAsturias)	**4** (1Sindicato Asturias, 1ciudadano Asturias, 2ciudadano Madrid,)	**6**
2019	**1** (Ayt Carreño Asturias)	**5** (2 Agencias Dig Madrid, UNIV ReyJC, EMSV Getafe, UCLMClm)	**19** (3 ciudadanos Madrid, 1ciudCLM, [13 Asoc Enfermeria de Melilla, Ceuta, Rioja, CLM, Extremad, Madrid], (1 Empresa de Rioja)	**25**
2020	**6** (2 Ayt Gozón Asturias, 2 Ayt Cabanillas y Pastrana CLM y 2 GobAsturias)	**6**(1EntidadpbMadrid,4RTVMadrid, 1Fundac UNIV Asturias)	**1** (1ciudCLM)	**13**

2021	**1** (Ayt FontanarCLM	**1** (SocMercantil Cantabria)	**5** (3 ciudadanos de Madrid) (1 ciud Asturias) y (1 ciudadano de CLM)	**7**
TOTAL	**10**	**15**	**34**	**59**

Cuadro elaboración propia. Página web del Consejo de Transparencia y Buen Gobierno

En el caso de los contenciosos suscitados frente a resoluciones del CTBG en reclamaciones de ámbito territorial, observamos cómo el número de ciudadanos que recurren es mayor proporcionalmente que en el Estado, tal vez por la cercanía a las instituciones locales y a sus problemas más inmediatos. En cuanto a porcentaje si nos fijamos en 2020, de los 13 contenciosos suscitados, 12 (el 84,61% del total) fueron promovidos por organismos y entidades públicas y 1 (el 7,69% del total) por particulares, personas físicas. En los 13 litigios, la defensa y representación de esta Autoridad ha sido ejercida por la Abogacía del Estado.

Por tanto, desde el inicio de su actividad resolutoria, septiembre de 2015 a diciembre 2021, el CTBG ha sido demandado en 293 ocasiones (234 + 59) -recursos judiciales- ante los órganos de la Jurisdicción contencioso-administrativa en la mayoría de los casos, por los organismos y entidades estatales llamados a ejecutar sus resoluciones.

A medida que se han consolidado los criterios de aplicación de la Ley por parte del CTBG y de los Jueces y Tribunales. aumenta la confirmación de la posición del Consejo en vía contencioso-administrativa 67,3% de casos.

Como queda reflejado en los Informes CIJA y en las Memorias del CTBG, la conflictividad judicial en el ámbito de la transparencia afecta a la labor del Consejo cuando ha de dedicar también esfuerzos a defender sus planteamientos como parte en un proceso judicial, Y es que la opción de recurrir de la Administración, que parecía iba a ser residual, se ha convertido en habitual.

Concluimos por tanto que, de los datos contemplados en los Informes CIJA y Memorias se estima que frente a las solicitudes totales de información (54.068) que se han presentado (hasta junio de 2022) las reclamaciones ante el CTBG son 9.937, lo que supone un 18,37% de solicitudes reclamadas sobre el total. En el 2019 el porcentaje era del 24,02% y en 2021, ascendía al 19,03%). Puede afirmarse, en consecuencia, que la litigiosidad en vía administrativa se mantiene estable sin oscilaciones relevantes; es decir, que, aunque está aumentando considerablemente el número de solicitudes de acceso a la información, ello no está suponiendo un aumento proporcional del número de reclamaciones, que se mantiene en el rango del 18-20%. Y la litigiosidad en vía judicial del 4,77% en el ámbito AGE y del 1,69% en el ámbito territorial.

Cuestionar y recurrir las resoluciones del organismo de control, establecido por la Ley para garantizar su cumplimiento es una muestra clara de lo que cuesta cambiar las dinámicas e introducir la cultura de transparencia en nuestros servidores públicos; lo que considero como un gran déficit.

3.1 Pleitos de particulares que han ido a juicio

El número total (2021) desde la puesta en marcha del CTBG interpuestos por particulares y empresas a nivel estatal es relativamente bajo (43), si comparamos con los que mantiene la administración (187). Son (34) en relación con AATT.

Hemos querido destacar algunos de ellos que creemos significativos para la sociedad por los temas que abordan, por ejemplo un particular interpone recurso contra la R-0369-2017 del CTBG de fecha 24/10/2017 (solicitud de acceso a la información pública que formuló el 6 de junio de 2017 ante la Jefatura de Costas -Instalación de un restaurante en la playa-, demanda la copia del expediente del procedimiento en curso que se había iniciado a sus instancias; reclamación que el Consejo inadmite porque la petición se encuentra fuera del ámbito competencial del Consejo (materia relacionada con el medioambiente) (ST 61/2019 de 5/04/2019 Juzgado Central de lo Contencioso-administrativo núm. 12 desestima el recurso.) [292]

Otro particular contra la R-0753-2018 del CTBG de fecha 16/05/2019 (solicitud de publicación de todas las resoluciones de las reclamaciones económico administrativas dictadas por el Tribunal Económico-Administrativo Regional de la Región (TEAR) de Murcia, el CTBG deduce mala fe y carácter abusivo, la ST 10/2020 de 03/02/2020 desestima el recurso. [293]

Civio es autor de algunas de las solicitudes de información que han acabado en los tribunales. Están personados en dos juicios a favor de las resoluciones del Consejo y lideran un tercero. Por el otro lado, en 2019 han presentado un recurso, en este caso en contra del CTBG, por su negativa al acceso al código fuente de la herramienta en manos de las eléctricas, para solicitar el bono social.

La sentencia del Tribunal Supremo de 16 de septiembre de 2019, (Rec.316/2018)[294], estima el recurso contencioso-administrativo formulado por la Fundación Ciudadana Civio en materia de derecho de acceso a los datos relativos a la identidad del personal eventual del Tribunal de Cuentas que realizaba funciones de secretaría en el período comprendido entre 2010 y 2018 y reconocer el derecho de la recurrente a que se le faciliten los datos. Dicho pronunciamiento también se opone a limitar el ámbito temporal de la aplicación de la Ley 19/2013, al considerar injustificada dicha limitación.

---

[292] Sentencia nº 61/2019 del Juzgado Central contencioso ...
https://www.consejodetransparencia.es › dam › r7...

[293] Sentencia nº 10/2020, del Juzgado Central de lo Contencioso ...
file:///C:/Users/Usuario/Downloads/r129_Sentencia_10_2020_Particular.pdf

[294] STS3968/2019 https://www.poderjudicial.es/search/AN/openCDocument/47c54a4d73e1a196d4b27000bc7b5614acd34c6d7493e68d
Roj: STS 3968/2019 - Poder Judicial

Con otra sentencia el Tribunal Supremo, da la razón al recurso de casación presentado por la fundación "Civio" y depone la sentencia de la Audiencia Nacional que limitó el derecho a la información de la ciudadanía, tras una lucha de cinco años: En 2015, comenzó un litigio con el Ministerio de Defensa por los nombres de los acompañantes de altos cargos públicos en viajes oficiales.[295] Defensa se negó a facilitar la información de forma completa. En 2017 El juzgado central de lo contencioso-administrativo desestima el recurso de Defensa contra la resolución del Consejo. La Abogacía del Estado, en representación de Defensa, recurre la sentencia de primera instancia. La Audiencia Nacional estimó que el ministerio debía hacer públicos los nombres, pero con una grave salvedad: que una institución pública sólo tenía obligación de proporcionar información generada tras la entrada en vigor de la LTAIBG, (en diciembre de 2014). Interpretar la ley así suponía dejar a todos los ciudadanos ciegos a cualquier información creada o recogida antes de la entrada en vigor de la ley, y de cualquier tema. Por eso era tan grave.

En 2020 el Supremo admite a trámite el recurso de la fundación contra la sentencia de la Audiencia Nacional y sienta jurisprudencia sentenciando que todas las administraciones tendrán que dar acceso a información anterior a la entrada en vigor de la ley de transparencia. Civio solicita la ejecución de la sentencia ante la inacción del Gobierno; por lo que en 2021 el Juzgado central de lo contencioso-administrativo da una orden al Ministerio de Defensa: O ejecuta la sentencia firme o habrá multas a altos cargos o empleados públicos, además de responsabilidades penales. En mayo, al fin, Defensa entrega la información. Dos años después.

Es relevante en este asunto por tanto esa Sentencia núm. 306/2020 del Tribunal Supremo (Sala de lo Contencioso-Administrativo. Sección Cuarta), de 3 de marzo de 2020 (recurso de casación 600/2018), que estima el recurso contencioso-administrativo en materia de derecho de acceso a información pública elaborada con anterioridad a la entrada en vigor de la Ley 19/2013, de 9 de diciembre. Dicho pronunciamiento es contrario a limitar el ámbito temporal de la aplicación de la Ley 19/2013, al considerar injustificada dicha limitación e improcedente crear por vía jurisprudencial una limitación que la ley no establece y que tampoco cabe inferir de su preámbulo, "ni del régimen jurídico que alumbra", respecto del derecho de acceso.

Sabiendo que afecta a muchos ciudadanos el bono social de electricidad[296], la fundación "Civio" también presentó en 2019 solicitud de acceso a la información, dirigida al Ministerio para la Transición

---

[295]https://consejodetransparencia.es/ct_Home/Actividad/recursos_jurisprudencia/Recursos_AGE/2016/15_Defensa_1.html
Tribunal Supremo. Sentencia 600/2018 sobre el recurso de casación (1867 KB)

STS 306/2020, 3 de Marzo de 2020 - Jurisprudencia - vLex

[296]https://www.consejodetransparencia.es/ct_Home/Actividad/recursos_jurisprudencia/Recursos_AGE/2019/128_particular_35.html

Ecológica, para conocer las especificaciones técnicas, el resultado de las pruebas y el código fuente de la aplicación telemática (BOSCO el *software* que usan las eléctricas para determinar si un usuario en situación de vulnerabilidad, de acuerdo con la normativa, puede beneficiarse o no de descuentos en su factura de luz), sostienen que niega la ayuda a personas que tienen derecho a ellas y por tanto no funciona el bono social, entendiendo que el derecho a saber también alcanza a aquellos programas informáticos que ayudan a tomar decisiones sobre la vida de los ciudadanos. El Ministerio no contestó la solicitud. Presentada la reclamación, el CTBG la estimó en parte, dado que entienden que el código fuente de la aplicación, expresado de forma escrita, está protegido por las leyes de propiedad intelectual y por los derechos de autor en diversos tratados internacionales.

Civio recurrió la resolución del CTBG, porque están convencidos de que la opacidad impide que las ayudas lleguen a quienes más las necesitan. Tras la sentencia del Juzgado Central de lo Contencioso-Administrativo[297] núm. 8, en febrero 2021 presentó su recurso de apelación contra esta ST que les denegó el acceso al código fuente de BOSCO. En junio de 2022 una de las dos partes involucradas, el Ministerio para la Transición Ecológica y el Consejo de Transparencia, ambas representadas por la Abogacía del Estado y que, durante todo este proceso, se han opuesto, ha cambiado su posición y no se opone ahora a la apelación presentada por Civio a la ST del Juzgado Central de lo Contencioso-Administrativo "por entender que dicha sentencia no se ajusta a derecho", según un escrito por los abogados que representan ahora al CTBG. Lo hace "por la existencia de un conflicto de intereses", según este mismo documento, al no poder defender dos posturas que, ahora sí, son distintas.

Por su parte, en su escrito de oposición, la defensa del Ministerio para la Transición Ecológica, la abogada del Estado rechaza la petición de entrega parcial de aquella información que no suponga un perjuicio para la seguridad pública o la defensa nacional, como podría ser la parte del código que determina si un usuario merece o no el bono social y, por tanto, obviando aquella en la que se describe cómo se conecta a las distintas bases de datos protegidos. El próximo paso le corresponde a la Sala de lo Contencioso-Administrativo de la Audiencia Nacional. Esta tendrá que decidir si admite a trámite o desestima el recurso de apelación.

Generalmente el CTBG decide recurrir[298] ante la Audiencia Nacional para que sea una sentencia la que permita aclarar qué debe estar protegido y qué debe ser de acceso público.

Resolución del Consejo de Transparencia y Buen Gobierno (133 KB)

[297] Sentencia nº 143/2021 del Juzgado Central Contencioso-Administrativo nº 8 de Madrid (179 KB)

[298] El País 28/09/2016 "*Apelamos en defensa de nuestra resolución, pero también porque entendemos que aunque una parte de la información tributaria debe ser protegida, no se puede dejar fuera de la rendición de cuentas a todo un sector*", asegura Esther Arizmendi, presidenta del CTBG ().
https://www.elconfidencial.com/tags/otros/ley-transparencia-8519/

3.2 Pleitos de la Administración: ministerios y empresas públicas que han ido a juicio

Contra resoluciones del Consejo de Transparencia, 299 recursos presentados desde septiembre de 2015 hasta febrero de 2022, de los cuales la gran mayoría los ha interpuesto el Gobierno o alguna empresa pública, que llevan las resoluciones del CTBG a los tribunales para evitar dar a la ciudadanía la información que reclama, cuando el Consejo resuelve que sí tiene derecho a hacerlo. Entidades públicas (estatales, como ministerios y entidades como RTVE), según los datos de la página web del CTBG, y el resto de empresas y particulares.

Fue en 2019[299], el año en que se interpusieron más recursos (77) contencioso-administrativos contra resoluciones del CTBG: 52 respecto de reclamaciones presentadas frente a órganos y entidades de la AGE (5,7%) y el sector público estatal y 25 respecto de reclamaciones presentadas frente a resoluciones de órganos y entidades públicas autonómicas y locales; aunque 2018 proporcionalmente superó respecto a reclamaciones resueltas (6,1%).

También socialmente y mediáticamente importantes, destacamos algunos de ellos:[300] el recurso del Ministerio de Justicia para no dar acceso al expediente sobre la exhumación de Franco o las comunicaciones con la Santa Sede, o el de la CNMV para ocultar el informe completo sobre la sanción impuesta a Josep Borrell alegando datos personales. El recurso del Ministerio de Sanidad para no dar acceso al expediente sobre vacunación.

Durante el año 2020 En lo que se refiere a la actividad de las Administraciones e instituciones públicas y, con ellas, la propia del Consejo, la emergencia socio-sanitaria ocasionada por el virus y las medidas

---

[299] file:///C:/Users/casa/Downloads/Memoria2019-completa%20(1).pdf

[300] R-0220-2019 Expediente administrativo de exhumación (Demandante: Ministerio de Justicia) (1ª Instancia: Archivo (desistimiento.) (Apelación: No) (Casación: No) Firme

R-0222-2019 y R-0194-2019 Comunicaciones con la Santa Sede sobre la exhumación de Franco Ministerio de la Presidencia, (Demandante: Relaciones con las Cortes e Igualdad) (1ª Instancia: contraria CTBG (Apelación: Pendiente)
https://www.consejodetransparencia.es/ct_Home/Actividad/recursos_jurisprudencia/Recursos_AGE/2019.html
R-0174-2019 Acceso al expediente sancionador contra Banco Popular Español en 2016 (Demandante: Comisión Nacional del Mercado de Valores (CNMV)) (1ª Instancia: Favorable CTBG) (Apelación: 2020) Tribunal Supremo. Sentencia 871/22 sobre el recurso de casación nº 148/21 (223 KB) Desestima el recurso interpuesto por el representante legal de la Comisión Nacional del Mercado de Valores
https://www.consejodetransparencia.es/ct_Home/Actividad/recursos_jurisprudencia/Recursos_AGE/2019/131_CNMV_3.html

R-0473-2019 Calendario vacunal y compra de vacunas (Demandante: Ministerio de Sanidad, Consumo y Bienestar Social) (1ª Instancia: Pendiente)
Resolución del Consejo de Transparencia y Buen Gobierno (217 KB) estima
Sentencia nº 30/2021 del Juzgado Central contencioso-administrativo nº10 (296 KB) (pendiente apelación

extraordinarias adoptadas para paliar sus consecuencias por los gobiernos del Estado, las CCAA y EELL, cada uno dentro de su particular ámbito competencial, han ido introduciendo diferentes restricciones y limitaciones que han modulado tanto su desarrollo como sus objetivos y prioridades, que han tenido un efecto directo sobre la actividad administrativa como la necesaria aplicación de medidas preventivas de higiene y distanciamiento, la suspensión de los plazos procesales y administrativos durante la vigencia establecida por el Real Decreto 463/2020, de 14 de marzo, por el que se declaró el estado de alarma, y sus prórrogas, hasta el 1 de junio de 2020 .

Se interpusieron en ese año de pandemia 42 recursos contencioso-administrativos contra resoluciones del Consejo respecto de reclamaciones presentadas frente a órganos y entidades de la AGE y el sector público estatal y 13 respecto de reclamaciones presentadas frente a resoluciones de órganos y entidades de las CCAA y las EELL. Entre las 42 resoluciones impugnadas de ámbito estatal 22 corresponden a expedientes resueltos en 2019 y 20 a expedientes de 2020; en las de ámbito territorial, 6 corresponden a 2019 y 7 a 2020.

De los 42 recursos planteados frente a las resoluciones del CTBG en reclamaciones de ámbito estatal, 32 (el 76,19% del total) fueron promovidos por organismos y entidades públicas y 9 (el 23,81% del total) por particulares, tanto personas físicas como jurídicas. En relación con estos 10 recursos la asistencia letrada se ejerce por la Abogacía del Estado, mientras que en los 32 recursos planteados por organismos y entidades públicas la defensa y representación del CTBG ha sido ejercida por abogados privados al incurrir la Abogacía del Estado en conflicto de intereses.

Estatal **2020**	Ministerios **26**	**7** (RTVE, FNMT, CSIC)	9 particulares	**42**

En el caso de los 13 contenciosos suscitados en 2020 frente a resoluciones del CTBG en reclamaciones de ámbito territorial, 12 (el 84,61% del total) fueron promovidos por organismos y entidades públicas y 1 (el 7,69% del total) por particulares, personas físicas. En los 13 litigios, la defensa y representación de esta Autoridad ha sido ejercida por la Abogacía del Estado.
En cuanto al seguimiento de las resoluciones estimadas de ámbito territorial a 31/12/2020: Cumplidas 204 69%. Suspendidas (contencioso-administrativo) 12 4%. No consta cumplimiento 65 22%. En tramitación 13 5%.

Autonómico **2020**	**6** (2 Ayt. Gozón Asturias, 2 Ayt. Cabanillas y Pastrana CLM, 2 Gobierno Asturias)	**6** (1 Entidad pública Madrid, 4 RTVMadrid, 1Fundac UNIV Asturias)	**1** (1 ciudadano de CLM)	**13**

En cuanto a los Ministerios y empresas públicas que han presentado más recursos contra decisiones de Transparencia (2015 a 2021):

Corporación RTVE

22								
2015	2016	2017	2018	2019	2020	2021	2022 (jun)	TOTAL
2	4	4	6	1	2	3		22

Ministerio de Fomento (incluidas las autoridades portuarias, Renfe y Adif)

21								
2015	2016	2017	2018	2019	2020	2021	2022	TOTAL
	3	2	8	4	3	1		21

Ministerio de Justicia

21								
2015	2016	2017	2018	2019	2020	2021	2022(jun)	TOTAL
1	1	2	1	9	7	1	2	24

Ministerio de Sanidad, Servicios Sociales e Igualdad

16								
2015	2016	2017	2018	2019	2020	2021	2022 (jun)	TOTAL
		3	6	3	3	1	3	19

Ministerio del Interior

13								
2015	2016	2017	2018	2019	2020	2021	2022	TOTAL
	5	1	4	2	1			13

Ministerio de Hacienda y Función Pública

8								
2015	2016	2017	2018	2019	2020	2021	2022 (jun)	TOTAL
	2	4		1	1		1	9

Ministerio de Defensa

4								
2015	2016	2017	2018	2019	2020	2021	2022	TOTAL
	1	1	1	1				4

Ministerio de Economía y Competitividad

4								
2015	2016	2017	2018	2019	2020	2021	2022 (jun)	TOTAL
		1		3			1	5

Agencia Tributaria

4								
2015	2016	2017	2018	2019	2020	2021	2022	TOTAL

	3	1						4

Ministerio de Asuntos Exteriores y Cooperación

3

2015	2016	2017	2018	2019	2020	2021	2022	
		1		3				

Agencia Efe

2

Comisión Nacional del Mercado de Valores (CNMV)

2

Educación, cultura y deporte

2

Correos

2

* Elaboración propia. Fuente: Consejo de Transparencia y Buen Gobierno

Sobresale el Ministerio de Fomento, que acumula 21 procedimientos en los tribunales. Tres de ellos en nombre de Renfe (sobre retribuciones de los directivos y expedientes de contratación), dos de Adif -en 2019 y en 2021- (sobre las condiciones laborales de los directivos de la empresa pública) y varios más presentados por autoridades portuarias (Barcelona, Gijón, Baleares…), que se niegan, entre otras cosas, a hacer públicas las actas de sus consejos. Información que debería ser pública por defecto. En este caso se han presentado recursos durante el Gobierno tanto del PP y del PSOE.

El Ministerio de Justicia acumula recursos en el año 2019 y 2020, entre ellos una periodista presentó solicitud de acceso a la información dirigida al Ministerio de Justicia para conocer el informe sobre la regulación del taxi[301], un ciudadano pleitea para tener acceso a todos los documentos del expediente administrativo de la exhumación de Francisco Franco[302], y Mº de Sanidad sobre todo en los años 2018, 2019 y 2020, varios de ellos respecto a conocer las condiciones de financiación de fármacos, como el Kymriaha[303], o el acceso a datos sobre el sistema de contratación y precios de algunos medicamentos[304]

[301] Resolución del Consejo de Transparencia y Buen Gobierno (145 KB)
Sentencia nº 137/2019 del Juzgado Central contencioso-administrativo nº 1 de Madrid (158 KB)

[302] Resolución del Consejo de Transparencia y Buen Gobierno (187 KB)

[303] Resolución del Consejo de Transparencia y Buen Gobierno (128 KB)
Sentencia nº 42/2020 del Juzgado Central de lo Contencioso-Administrativo nº 1 (188 KB)

[304] Resolución del Consejo de Transparencia y Buen Gobierno (189 KB)
Sentencia nº 25/2021 del Juzgado Central contencioso-administrativo nº4 (304 KB)

El Ministerio del Interior (13 pleitos), el de Defensa (4 contenciosos) y la Agencia Tributaria (también 4) son otros organismos públicos que también pleitean en los tribunales para no dar la información. Como las resoluciones del CTBG no son vinculantes y no tiene capacidad sancionadora, hay casos en los que el Gobierno ha decidido ignorarlas sin más, sin siquiera pelearlos en los tribunales (por ejemplo, los gastos de los viajes del presidente).

Destacamos algunos de ellos: La empresa pública Ingeniería y Economía del Transporte, S.A. (INECO), adscrita al Ministerio de Fomento, denegó la solicitud de un ciudadano de conocer las retribuciones de su equipo directivo[305] (ST 138/2016 de 17/10/2016). Alegó que solo estaba obligada a publicar el sueldo del presidente, pero un juzgado dio la razón al Consejo, que en una resolución instó a INECO a contestar al ciudadano.

El Ministerio del Interior no quiere desvelar a un ciudadano información sobre la entrevista que hizo en un proceso de selección de la Guardia Civil (Sentencia 159/2016 de 28/11/2016 Juzgado Central de lo Contencioso nº10)[306] Un juzgado avala la resolución del Consejo de Transparencia, frente a la posición del Ministerio, que deniega la solicitud al considerar que tenía carácter auxiliar o de apoyo y para garantizar la confidencialidad.

Renfe se sigue negando a publicar las condiciones de licitación para el suministro de 15 trenes de Alta Velocidad que le pidió un ciudadano y también ha presentado recurso contencioso administrativo. Son algunos ejemplos de información que, por ahora, siguen fuera del alcance del público, aunque el CTBG, como órgano encargado de interpretar la Ley de Transparencia diga que sí deberían conocerse. (ST 29/2017 de 22/06/2017 JDO. CENTRAL CONT/ ADMVO. N. 11)[307]
El Consejo insta al Ministerio del Interior a facilitar al ciudadano el número de funcionarios destinados en el centro penitenciario de Sevilla que disfrutaron en el año 2004 el permiso previsto en el art. 30.a) de la ley 31/1984, recurre el Ministerio del Interior, Instituciones Penitenciarias. (ST nº 47/2017 de fecha 1/06/2017 del Juzgado de los Contencioso Administrativo nº 6) [308]

El Ministerio de Empleo y Seguridad Social denegó el acceso consistente en detallar todos los accidentes de trabajo con baja, registrados en el año 2016 en el sistema Delta@, solicitando una información muy pormenorizada de cada accidente. (ST 82/2018 de 14/06/2018 Juzgado de lo Contencioso Administrativo núm. 9) [309]

Del análisis de los años de gobierno de Mariano Rajoy (últimos meses de su mandato) y de los que lleva gobernando Pedro Sánchez (febrero-2019-2022), los recursos contencioso-administrativos que ha

[305] file:///C:/Users/Usuario/Downloads/r9_sentencia_138_2016_INECO.pdf
[306] file:///C:/Users/Usuario/Downloads/r10_sentencia_159_2016_Interior%20(1).pdf
[307] file:///C:/Users/Usuario/Downloads/r18_sentencia_98_2017_RENFE.pdf
[308] file:///C:/Users/Usuario/Downloads/r32_sentencia_47_2017_IIPP%20(1).pdf
[309] file:///C:/Users/Usuario/Downloads/r57_sentencia_82_2018_MEmpleoySS.pdf

presentado la administración -ministerios y empresas públicas- contra resoluciones del CTBG son una cantidad considerable para evitar dar información.

- La Corporación Radio Televisión Española **(CRTVE)**

22

Otro dato sobre el que el Consejo llama la atención es que los organismos de la administración general del Estado registran una gran "tasa de discrepancia" en la ejecución de sus resoluciones, siendo especialmente señalado el caso de la Corporación Radio Televisión Española (CRTVE) por discrepar en el 100% de los casos.

RTVE ante el mandato del CTBG instándole a poner a disposición del solicitante lo que había pedido, siempre opta por el silencio de unos datos que deberían ser públicos para la ciudadanía o por interponer recurso contencioso-administrativo. Desde la entrada en vigor de la ley hasta fecha (26/12/2018), el ente público RTVE ha recibido un total de 86 solicitudes, se han tramitado 83 y de ellas, se han aceptado y contestado 48.

De las 36 solicitudes denegadas o inadmitidas 19 no fueron recurridas, 1 fue desestimada por el Consejo y 15 fueron recurridas mediante procedimiento contencioso-administrativo por parte de RTVE. De estos procedimientos, que han tenido para el contribuyente un coste de 7.730,73€, sin tener en cuenta los gastos a los que ha hecho frente el Consejo de Transparencia, RTVE ha perdido 3 casos con sentencia firme y ganado 2. Además, ha desistido de uno de ellos y está a la espera de sentencia firme en 15.
Como resultado de los casos perdidos y desistidos han tenido que contestar tres solicitudes sobre costes de Eurovisión y una sobre la auditoría pública de la Intervención General del Estado realizada en RTVE. [310]
Siete de las peticiones respecto a RTVE fueron solicitadas por Samuel Parra, director de ePrivacidad y especialista en protección de datos, privacidad y transparencia en la Administración Pública. Vemos que el ente fue recurriendo hasta última instancia, el Supremo, que terminó fallando en favor del CTBG y condenando a RTVE al pago de todas las costas[311].

En 2016 febrero, el CTBG de nuevo, emitió un fallo en favor de Parra, instando al ente público a dar la información respecto a la compra - copia del contrato- de 100 películas de cine español, a la empresa de Enrique Cerezo y al coste del programa de Carlos Herrero, "Como lo ves?", pues tal y como recoge el

[310] Tribunal Supremo. Sentencia 1547/2017 sobre el recurso de casación 75/2017: "La información solicitada a RTVE, y que dicha corporación niega alegando intereses económicos y comerciales, es una información de carácter público", asegura la sentencia.

[311] Sobre este punto, hay que recordar que la condena en pago de costas no sale del bolsillo de RTVE, sino del de todos los contribuyentes, que son los que la financian con sus impuestos. Además, su defensa se ejerce por parte de la abogacía del Estado, lo que aumenta el coste de la factura y disminuye el dinero en el bolsillo del ciudadano, víctima doble de la negativa del ente a ceñirse a la ley de Transparencia y a los dictámenes del Consejo.

apartado a) del artículo 8 del Capítulo segundo de la LTAIBG, "*todos los contratos públicos, con indicación del objeto, duración, el importe de licitación y de adjudicación y el procedimiento utilizado para su celebración son "sujeto" de publicación*". RTVE recurrió la resolución al Juzgado Central del Contencioso-Administrativo, que, falló en favor de la petición de Parra en febrero 2019. Ambas llevan el mismo camino, terminar en el Supremo, a no ser que RTVE desista en el procedimiento y acceda a dar los datos.

Y estos no son los únicos recursos que tiene pendientes. El 5 de octubre de 2018, la Audiencia Nacional desestimó el recurso de apelación de RTVE contra el fallo del Juzgado Central de lo Contencioso-Administrativo número 6 de Madrid, que insta a RTVE a publicar la información sobre las retribuciones percibidas en 2014 y 2017 por su personal directivo, tal y como se señala en el Apartado f) de la Sección 1, Artículo 8, Título II de la citada ley. Por otro lado, en enero 2019, RTVE interpuso otro recurso, este en el Juzgado Central Contencioso Administrativo número 4, contra un dictamen del CTBG, que reclamaba la publicación de las actas de su Consejo de Administración.

En 2020 y 2021, RTVE continúa interponiendo recursos a cada resolución que se produce por parte del CTBG, a raíz de reclamaciones por falta de información del ente público.

RTVE **RECURSOS** judiciales contra resoluciones del CTBG

2015	Coste de los canales de televisión.
	Gastos Festival Eurovisión 2015
2016	Copia del contrato entre RTVE y la productora VIDEO MERCURY FILMS
	Cuentas anuales e informe de auditoría de cuentas de la Corporación RTVE.
	Corporación RTVE. Gastos totales de la gala especial fin de año 2015
	Información respecto a la compra - copia del contrato- de 100 películas de cine español
2017	Gastos Festival de Eurovisión 2016
	Retribución bruta anual del personal directivo durante 2014 y 2015
	Juegos Olímpicos Coste del programa de Carlos Herrero, ¿Como lo ves?
	Coste especial Nochebuena y Campanadas 2016
2018	Contrato de compraventa con Video Mercury Films
	Acceso a la información de un contrato
	Inversiones publicitarias en los centros territoriales de RTVE
	Lista de colaboradores y gasto realizado
	Información económica MASTERCHEF
	Información sobre las retribuciones percibidas en 2014 y 2017 por su personal directivo
2019	Publicación de las actas de su Consejo de Administración.
2020	Contrato del programa "A partir de hoy" (Días de Verano)
	Caché presentador y datos sobre producción de programas
2021	Retribuciones de directivos de la Corporación RTVE
	Retribuciones del personal que haya ocupado un puesto de dirección y subdirección en RTVE
	Retribuciones del personal directivo CRTVE

Cuadro elaboración propia. Fuente Página web del Consejo de Transparencia y Buen Gobierno

- Información tributaria. **Amnistía fiscal**

4

Así, a base de recursos se va creando jurisprudencia sobre lo que debe ser transparente. Los dos primeros años de vigencia de la Ley, se dictan 11 sentencias (30/06/2016); una de las más relevantes respalda al Ministerio de Hacienda, que no acepta la resolución del CTBG que le instaba a publicar la lista de sociedades regularizadas gracias a la amnistía fiscal; defiende Hacienda que toda la información tributaria está protegida, incluso el Ministro Montoro presenta su plan presupuestario donde una de las medidas es modificar el artículo 95 de la Ley General Tributaria, que establece el carácter reservado de los datos tributarios, para incluir a los responsables solidarios y subsidiarios en la lista de morosos, es decir, que está dispuesto a excluir de la lista negra a todos aquellos que estén dispuestos a liquidar las deudas con independencia de que haya pasado el plazo para hacerlo.[312]

La sentencia[313] del Juzgado Central de lo Contencioso Administrativo número 5 de Madrid, contra la que cabe recurso, ampara la preferencia de la reserva de datos tributarios en detrimento del acceso a la información pública. "El derecho a la información no puede entenderse con carácter absoluto ni preferente a otros derechos. Estamos ante una regulación general cuya finalidad es el acceso a la información pública, pero que ha de adaptarse a cada caso", señala el fallo. Para la magistrada, la información solicitada por El Confidencial corresponde a "datos obtenidos por la Administración Tributaria, que, a tenor del artículo 95 de la Ley General Tributaria, tienen carácter reservado, y, por tanto, no incluido en la obligación de información pública".

Se desestima el recurso de apelación número 71/2016[314], interpuesto contra la sentencia desestimatoria, de fecha 28 de octubre de 2016 y el CTBG decide no presentar recurso de casación ante el Tribunal Supremo contra la sentencia dictada el 2 de febrero por la Audiencia Nacional y que, rechazó el recurso presentado por el CTBG contra otro fallo judicial favorable a Hacienda. La sentencia de la Sección Séptima de la Sala de lo Contencioso Administrativo de la Audiencia Nacional ha devenido así firme. Este organismo público independiente, que está adscrito, "a efectos puramente organizativos", al Ministerio de

---

312 El País 9/12/2016 Presentación del Plan Presupuestario donde Hacienda publicará los nombres de los directivos de empresas morosas. El gobierno pretende recaudar 150 millones más con una modificación en la lista de deudores con la Agencia Tributaria.

313 El Juzgado Central de lo Contencioso Administrativo número 5, dictó sentencia 145/2016 en fecha 28 de octubre de 2016, cuyo fallo dice: "Que estimando el recurso contencioso administrativo interpuesto por la AGENCIA ESTATAL DE LA ADMINISTRACION TRIBUTARIA (AEAT), frente a la resolución de 4/2/16 del CTBG... Declaro que dicha resolución no es ajustada a Derecho, y en consecuencia procede anularla y dejar sin efecto lo acordado en la misma."

314 Audiencia Nacional. Sala de lo Contencioso Sede: Madrid Sección: 7 Fecha: 06/02/2017 Nº de Recurso: 71/2016 Nº de Resolución: 46/2017 Procedimiento: APELACIÓN [SAN 251/2017 - ECLI:ES:AN:2017:251 - Poder Judicial] https://www.poderjudicial.es/search/openDocument/1d759b50dc43286a/20170223

Hacienda, ha preferido no llevar el caso al Supremo, según fuentes del CTBG, ante el riesgo de que un nuevo fallo desfavorable en el Alto Tribunal sentase jurisprudencia y perjudicase a otros casos en el futuro.

La Agencia Tributaria ha logrado así bloquear en los juzgados la publicación de los beneficiarios de la amnistía que puso en marcha en 2012 el ministro Cristóbal Montoro.

En el año 2020 se observa un cambio de tendencia en cuanto a los asuntos respecto del tipo de información afectada por la solicitud, en los que la Administración recurre, pasando a ser predominante la de carácter organizativo, en lugar de la de carácter económico.

El jurista Miguel Ángel Blanes señala que "La litigiosidad va en aumento por una razón muy sencilla: la Administración busca ganar tiempo". En su opinión, este es el mejor ejemplo de cómo los Gobiernos se toman poco en serio la transparencia y la "falta de respeto" que tienen a las resoluciones del Consejo[315].

Que la propia Administración pleitee en los tribunales contra sí misma, es absurdo, pero lo apreciamos muy claramente en la documentación judicial[316], donde en muchos casos el recurrente y el demandado son el mismo.

En declaraciones de la subdirectora general de Reclamaciones[317] del CTBG ve este aumento de la litigiosidad "con preocupación" ya que, "supone un desembolso de dinero público por ambas partes, además del bloqueo y el colapso organizativo para atender estos recursos".
La subdirectora de Reclamaciones del Consejo de Transparencia de 2014 a 2021, Esperanza Zambrano asegura que "los datos hablan por sí solos". "Lamentamos que la litigiosidad frente a resoluciones del CTBG, después de cinco años de entrada en vigor de la Ley de Transparencia y la consolidación de los criterios del Consejo, no haya disminuido"[318].

---

[315] BLANES M.A. Op.Cit. "La transparencia informativa…" p. 53. "Desde que se solicita la información hasta que finalmente le llega al ciudadano, transcurren casi dos años y medio. Una auténtica barbaridad. Luego se preguntan algunos: ¿por qué los periodistas no hacen más uso de la ley de transparencia? Si el interés público de la noticia se tiene que mantener dos años, estamos perdidos", añade.

[316] RF EXPTE ADMTVO: R/0286/2017. Juzgado Central CONT/ADMO núm. 8 Procedimiento Ordinario 54/2017-F: Sentencia reciente sobre transparencia en la que recurrente es el Ministerio de Hacienda cuyo representante es la abogada del Estado y demandado: el Consejo de Transparencia y Buen Gobierno que es Ministerio de Hacienda, cuyo representante es el Procurador.

[317] https://elpais.com › 3 de marzo 2019. A Esperanza ZAMBRANO, le preocupa también el hecho de que los recursos que plantea la Administración no sean para obtener una interpretación de la ley de transparencia por parte de los jueces, sino que en muchos casos versan sobre "cuestiones para las que ya hay un criterio establecido".

[318] ZAMBRANO, Esperanza., https://elpais.com 26 nov 2019

Concluye que debería valorarse la posibilidad de introducir un procedimiento específico en el ámbito de la jurisdicción contencioso-administrativa para tramitar con carácter preferente y sumario los recursos administrativos en el sector de la transparencia.

3.3 Los costes derivados de los procedimientos contencioso-administrativos, recursos públicos

La creciente judicialización ha supuesto un problema añadido: el coste. En la Memoria 2017[319] se afirma que "únicamente en ese año el gasto del CTBG en servicios jurídicos de particulares ha superado los 37.000 euros", un gasto que afirma poder evitar si se allanara a las pretensiones de las partes demandantes o absteniéndose de comparecer, pero concluye que descarta esta posibilidad porque entre sus fines legales y estatutarios se encuentra "el impulso de la transparencia y el acceso a la información".
El CTBG tiene que emplear dinero público también en 2018, (más de 25.000 euros) en contratar abogados privados para pleitear contra la Administración a la que, en realidad, también pertenece. El coste acumulado por el pago de estos servicios, más el coste del convenio de colaboración del organismo con el Servicio Jurídico-Abogacía del Estado –que, además de realizar la asesoría jurídica del CTBG le representa en los recursos promovidos por ciudadanos o por órganos de las AA.TT., respecto de los que no se plantea conflicto ninguno asciende a la cantidad de 287.159,46 euros (Desde su puesta en marcha al 31 de diciembre de 2018)[320].
No solo eso; sino que se da una situación "kafkiana", ejemplo es el caso de la amnistía fiscal en ese año 2018, tanto la Agencia Tributaria, a quien se le pide la información, como el propio CTBG dependen en ese momento, del mismo Ministerio, el de Hacienda. Los abogados del Estado -con los que el Consejo tiene convenio firmado- no pueden defender al Consejo porque ya lo hacen con el Gobierno.

Este no es el único gasto de las arcas públicas que se destina a estos juicios, puesto que a esta cifra habría que sumarle el coste para las propias Administraciones públicas que recurren. Así, una de las conclusiones de la memoria 2018 del CTBG, es que "es necesario reducir la litigiosidad de los organismos públicos contra las resoluciones del organismo, que en la gran mayoría de casos se plantea para impedir que la ciudadanía acceda a información".

La importancia de este gasto y el hecho de que se trata de recursos públicos que se consumen en la resolución de discrepancias de criterio entre organismos públicos, aconseja el CTBG ya en la Memoria

---

319 Memoria del año 2017 completa (10571 KB)

320 Memoria del año 2018 completa (6922 KB)

Memoria de 2018: https://boe.es/boe/dias/2019/11/30/pdfs/BOE-A-2019-17283.pdf - BOEn

El País 1/07/2018: "Comparecemos en estos pleitos para defender nuestras resoluciones porque entendemos que es nuestra obligación, aunque si esto sigue así a lo mejor vamos a tener que dejar de hacerlo", dice AMORÓS (Pte. en funciones del CTBG. https://elpais.com

2019[321] y siguientes, abordar la cuestión de una forma decidida para reducir en lo posible la litigiosidad, "potenciando al máximo nivel la autoridad del CTBG como órgano responsable de garantizar el cumplimiento de la Ley de Transparencia a nivel estatal y legalmente autorizado (art. 38 de la LTAIBG) para adoptar criterios de interpretación de la Ley y recomendaciones para su mejor aplicación".

Así mismo, organizaciones como Access Info, atribuyen estos problemas al papel del CTBG, desde su creación: "Si el Consejo como organismo supervisor pudiese establecer resoluciones vinculantes, y se le dotase de poder inspector y sancionador, se desincentivaría el recurso ante los tribunales y el gasto de recursos públicos para desacreditar decisiones del organismo garante de la transparencia", señala su portavoz, Alba Gutiérrez[322].

Podemos señalar los gastos por los primeros recursos de RTVE:

JUZGADO CENTRAL CONTENCIOSO-ADMINISTRATIVO (*)	AUTOS PROCED. ORDINARIO	DERECHOS PROCURADOR (**)	SUPLIDOS	IVA	COSTAS	SUBTOTALES
6	57/15	1.003,15 €	170,00 €	210,66 €		1.383,81 €
11	50/16	705,91 €	20,00 €	148,24 €		874,15 €
9	60/16	705,91 €	20,00 €	148,24 €		874,15 €
4	51/16	371,53 €	10,00 €	80,12 €		461,65 €
2	18/17	371,53 €	10,00 €	80,12 €		461,65 €
4	28/16	1.077,73 €	100,00 €	220,02 €	2.277,57 €	3.675,32 €
					TOTAL	7.730,73 €

(*) Sólo se hace referencia al Juzgado y nº de procedimiento de primera instancia, sin mencionar apelaciones o recursos de casación, si bien los gastos se refieren a los de todas las instancias.
(**) Los abogados intervinientes son de la plantilla de CRTVE.

Tabla de costes desglosados derivados de los procedimientos contencioso-administrativos Fuente: datos de **Maldita.es** **26/12/2018** (última consulta 20/6/2020)

El CTBG se ve obligado, por tanto, a hacer seguimiento de todos estos pleitos, a presentar los expedientes en el juzgado, a redactar conclusiones. Y también a pagar asesoramiento legal (contrato con una empresa de abogados privada). Porque, aunque tiene firmado un acuerdo con la Abogacía del Estado para que le represente, la otra parte también es Administración pública y acude al tribunal con abogados del Estado, lo que obliga al CTBG a contratar sus propios abogados externos.

321 Memoria del año 2019 completa (6629 KB) p. 220 y ss.

322 El País 27 dic 2016. La transparencia acaba en los tribunales.
30-11-2019https://civio.es/el-boe-nuestro-de-cada-dia/2019/11/30/el-consejo-de-transparencia-ha-gastado-mas-de-287.000euros-en-defenderse-de-recursos-la-mayoria-de-administraciones-publicas/

Nos recuerda GUICHOT que, el CTBG al no tener un servicio jurídico propio, ni abogados del Estado asignados con autonomía funcional que puedan defender al organismo frente a los abogados del Estado que defienden en estos casos a la Administración, deberá pagar de su exiguo presupuesto representación legal externa. "Del incremento progresivo de la litigiosidad resulta que todos los ciudadanos pagamos a los abogados del Estado que utiliza la propia Administración para litigar contra el Consejo contra las resoluciones que le obligan a dar información, mientras que el CTBG, con un presupuesto que sufre recortes, no tiene medios humanos ni materiales para garantizar su defensa de forma solvente, lo que le lleva, en algunos casos, a tener que seleccionar qué decisiones judiciales en su contra recurre y cuáles no".

El CTBG cuenta con un convenio con la Abogacía del Estado para que esta le represente ante los tribunales, por el que paga 20.000 euros anuales. Pero solo puede usar estos servicios cuando litiga contra particulares, empresas o entidades autonómicas y locales. Y es que, si el pleito es entre Estado (o entidades públicas estatales) y CTBG, la Abogacía del Estado no puede representar procesalmente al Consejo mientras se encarga de la defensa de otro ministerio u organismo estatal. Así, en estos casos (la mayoría, por el momento) el organismo debe contratar abogado y procurador privados.[323] En total, la suma de los contratos asciende a 192.582 euros con los que el CTBG se ha defendido de 165 de los 230 procedimientos que le han enfrentado con la Administración central en los últimos seis años.

FERNÁNDEZ RAMOS[324] aboga por la necesidad de profundizar en el perfeccionamiento jurídico de la tramitación de las reclamaciones y de la fundamentación de las resoluciones de los órganos de garantía, de manera que, en caso de litigio, no se falle en contra de su postura y se pueda defender eficazmente el acceso a la información pública.
Además, considera la necesidad de dotar de homogeneidad a la instancia jurisdiccional que debe revisar las reclamaciones de los órganos de garantía, ya que hoy en día existe una amplia dispersión de la competencia para conocer las reclamaciones judiciales en materia de derecho de acceso dependiendo de la naturaleza jurídica del órgano de garantía que las dicta, como hemos visto en los recursos estudiados.
Aunque, en mi opinión y respetando los motivos de la litigiosidad y discrepancias, que puedan tener sobre todo el Gobierno y las distintas Administraciones públicas, considero que la cuestión está en que el Ejecutivo entienda y se comprometa con los objetivos de la política de transparencia y la garantía del derecho de acceso a la información, y colabore con el órgano de control, ya que esta "conflictividad procesal" frente a las resoluciones del CTBG incide desfavorablemente en el funcionamiento del mismo, primero porque crea dudas sobre su eficacia y segundo por el gasto de letrados particulares para asumir su defensa en juicio.

---

[323] Contrato con la firma Escárate Asesores. Actualmente contrato con la empresa G. Cueto por 58.078€, es el 5º que tiene que firmar el CTBG para para su defensa legal ante los recursos planteados por el Gobierno cuando no se entrega una información a la que está obligado por la ley de transparencia.

[324] FERNÁNDEZ RAMOS, S. "Los órganos de garantía ante la revisión judicial de su actuación". Universidad de Cádiz: *Revista Española de la Transparencia* núm. 7 (segundo semestre 2018) / pp. 19-28

V.- RECAPITULACIÓN

Recordamos que el derecho de acceso a la información pública se contemplaba en una ley estatal básica desde 1995, de contenido medioambiental, renovada en 2006, equiparable en su contenido a la Ley 19/2013, de 9 de diciembre, (LTAIBG) incluso en algunos aspectos más avanzada; leyes que debieron transponer directivas europeas, que sin embargo y debido al tradicional respeto de las instituciones europeas a la autonomía institucional de los Estados miembros, no impusieron la creación de un órgano independiente de garantía, y el legislador español se limitó a remitirse a los recursos administrativos ordinarios. La consecuencia es que tenemos una ley avanzada pero casi desconocida y menos aún aplicada, y casi exclusivamente a instancia de grandes organizaciones de defensa del medio ambiente, capaces de plantear contenciosos ante los tribunales.

Siendo la transparencia un tema no muy conocido[325] por la ciudadanía y poco habitual en una Administración reacia a la hora de ofrecer información solicitada por el ciudadano, cuando el legislador optó por la creación de este órgano -el CTBG- "independiente" para que funcione un sistema de impugnación sustitutivo de los recursos tradicionales u ordinarios, indiferente -en teoría- a intereses políticos, rápido y gratuito, pretendía que su uso para los ciudadanos, cuando deciden acudir al CTBG sea un auténtico órgano de control, operativo y eficaz. Estaríamos ante reclamaciones en vía administrativa que sustituyen a los recursos de alzada y de reposición inoperantes en esa Administración opaca y, por tanto, la principal función que se encomienda al CTBG es de control de legalidad.

1. Autoridad administrativa independiente de control, o no tanto.

1.1 Garantía del sistema de control en vía administrativa

En la actualidad, la jurisdicción contencioso-administrativa es lenta y cara para los ciudadanos, son pocos los que pueden acudir a la misma, y cuando se obtiene una sentencia favorable en el mejor de los casos, la información ya ha perdido utilidad o interés porque ha transcurrido una media de año y medio / dos años desde que se solicitó por primera vez hasta que la sentencia finalmente se cumple por la Administración.

Por lo que a medida que se va conociendo la posibilidad de ejercer el derecho de acceso, aumenta el número de solicitudes y, con ello, el número de reclamaciones ante el CTBG, consolidando poco a poco un sistema garantista y rápido, además de gratuito, al que acuden los solicitantes de acceso que no ven

[325] En la memoria de cumplimiento de la LTAIBG, y de actividades del CTBG durante el ejercicio 2018 y anteriores, se aprecia que una de las dificultades para el cumplimiento de la Ley es "el escaso conocimiento de la norma por parte de la ciudadanía" y para confirmarlo, el Consejo solicitó una encuesta al Centro de Investigación Sociológicas –CIS- para medir esta situación con precisión. En la web del CIS se puede acceder al Estudio nº 3817, publicado en septiembre de 2017, revela que el **47%** de los encuestados no conoce o no ha oído hablar de la Ley de transparencia; que el 68% no conoce o no ha oído hablar del Consejo; que el **75%** no conoce o no ha oído hablar de la página web del Portal de transparencia de la Administración del Estado.

satisfecha su demanda de información. Su carácter potestativo hace que resulte un instrumento de control complementario al que ofrece la jurisdicción contencioso-administrativa, al menos en teoría.

Sin embargo, y como vamos demostrando a lo largo de las páginas que preceden, la regulación de la Transparencia y su órgano de control, si bien produce una significativa mejora respecto de la situación anterior, también tiene algunas lagunas o debilidades que nos hacen dudar de su nivel de eficacia en la práctica. Podemos hacer el ejercicio de situar en una balanza las cuestiones que podríamos denominar fortalezas y debilidades, para concluir sobre el grado de independencia que caracteriza al CTBG, a la vez que su grado de eficacia respecto de la finalidad resolutiva que tiene.

1.2 Fortalezas

En el lado de las fortalezas, situamos al CTBG como el órgano "efectivo" para la interposición de reclamaciones en materia de acceso a la información y sustitutivo del sistema ordinario de los recursos administrativos; aunque, se excluyen de su competencia los recursos contra las resoluciones dictadas por la Casa Real, el Congreso de los Diputados, el Senado, el Tribunal Constitucional, el Consejo General del Poder Judicial, el Banco de España, el Consejo de Estado, el Defensor del Pueblo, el Tribunal de Cuentas, el Consejo Económico y Social e instituciones análogas, contra los que sólo cabrá la interposición de recurso contencioso-administrativo (art. 23 1 y 23.2).

En cuanto a las reclamaciones, la disposición adicional cuarta permite que las CCAA atribuyan la competencia para la resolución a dicho consejo por medio de convenio con la Administración General del Estado, si no han creado órgano propio.

También en este lado de las fortalezas situamos el hecho de que el presidente del CTBG es nombrado por un período no renovable de cinco años (art. 37.1 LTAIBG), se cumple la conveniencia de que el plazo del mandato de las personas que están al frente de un órgano o Autoridad "independiente" no coincida con el tiempo de la legislatura, determinando así que un Gobierno tenga que convivir con los titulares que fueron nombrados por el Gobierno que les precedió.

De manera que se introducen dos cautelas que pueden incrementar los niveles de independencia y autonomía, especialmente importante en un órgano de naturaleza controladora y garantista de derechos, la no renovabilidad del mandato, en la medida que las decisiones adoptadas no tomarán como elemento de análisis una posible nueva designación, no se verán influenciadas por el temor porque no hay esa posibilidad de continuar; en segundo lugar, la exigencia de que el candidato a presidir el CTBG deba ser persona de reconocido prestigio y competencia profesional previa.

Entre las funciones del presidente, figuran las de adoptar recomendaciones para el mejor cumplimiento de las resoluciones de la ley y asesorar en materia de transparencia, lo que es positivo. A la vez que el presidente percibirá retribución económica, lo que consideramos lógico por su responsabilidad y funciones.

Otro elemento positivo es que el consejo cuenta con un portal específico de transparencia donde cumple con su obligación (art. 6.2) de publicar los planes y programas anuales de objetivos, su cumplimiento y resultados; publica información institucional, organizativa y de planificación; de relevancia jurídica, y económica, presupuestaria y estadística. Documentos similares a los que recogen otras instituciones como contratos, subvenciones y presupuestos, o la estructura orgánica de la institución. También hace pública la agenda de sus altos cargos, cuándo, dónde y con quién se reúnen. Se puede consultar información acerca de cómo se ejerce la transparencia en otras CCAA con sus correspondientes órganos. Todo ello en formatos reutilizables (csv-xls).

Bien es verdad que el Consejo en (mayo 2021) no había publicado en su Portal el sueldo del nuevo presidente, José Luis Rodríguez Álvarez, cuando pinchábamos en *retribución,* encontrábamos un mensaje "página en construcción". En agosto 2021 si podemos leer que las retribuciones anuales brutas del presidente para el ejercicio 2020 han sido fijadas por Resolución de la Secretaría de Estado de Presupuestos y Gastos en 110.688,20 euros, firmada el 26/02/2020.

Muy importante es que el CTBG permite descargar, y en formato reutilizable, las resoluciones emitidas cada mes por la Administración General del Estado y las CCAA. Y podemos destacar que ha demostrado en muchas ocasiones su defensa del derecho de acceso de los ciudadanos e incluso su independencia con el carácter general de sus criterios interpretativos a favor de la transparencia y en sus pleitos con la propia Administración cuando ésta se ha negado a cumplir sus resoluciones.

Y es que el grado de transparencia en el CTBG, su propia actuación con previsión de publicidad de todas sus resoluciones constituye también una nota positiva, puesto que no solo ha de cumplir con las obligaciones a las que está sometido, en cuanto que le resulta de aplicación la normativa de transparencia, sino que debe igualmente permitir el escrutinio de su actuación precisamente por la función que desempeñan. Así como su relación con la ciudadanía a través de los dominios webs y correos electrónicos es otra de las cuestiones que puede afectar su autonomía de funcionamiento y un elemento más para valorar su independencia, su facilidad o no para presentar la reclamación. En mi opinión el hecho de que el Consejo cuente con una identidad digital propia es necesario y da sensación de independencia a la ciudadanía.

Es importante la elaboración del informe anual que presenta al Congreso sobre el cumplimiento de la ley de transparencia, ya que va a servir para monitorizar los avances en la implementación del derecho de acceso a la información y los déficits con los que se encuentra el Consejo. Conocemos por sus memorias que el CTBG tiene intención de hacer más comunicación con la ciudadanía, pero reconoce sus recursos limitados, y el Gobierno no ha hecho nada para potenciarlo.

Por último y muy importante ha sido, como ya dijimos, la consolidación en estos años de funcionamiento del Consejo como sistema de control en vía administrativa formando poco a poco sus criterios interpretativos que dan credibilidad y confianza; y es que el valor de los criterios interpretativos radica en proporcionar pautas para aplicar la LTAIBG, y aunque no dejan de ser pautas, son útiles.

1.3 Debilidades

Se dice que el Consejo tiene personalidad jurídica propia y plena capacidad de obrar y que actúa con autonomía y plena independencia en el cumplimiento de sus fines (LTAIBG: art. 33.2), sin embargo, en el artículo 33.1 encontramos que no es plenamente independiente ya que está adscrito al Ministerio competente, lo que implica entre otras cosas la sujeción de su presupuesto al ministerio.

Si bien es verdad que el art. 34 LTAIBG recoge varias funciones: promover la transparencia de la actividad pública, velar por el cumplimiento de las obligaciones de publicidad, salvaguardar el ejercicio de derecho de acceso a la información pública y garantizar la observancia de las disposiciones de buen gobierno, dando la idea de que se atribuye al CTBG todo el protagonismo en la labor de garantizar el cumplimiento de la Ley de Transparencia, lo cierto es que lo que se escapa de su ámbito de acción es mucho y más que cuestionable, y además se puede ver obligado a compartir estas atribuciones con otros organismos ya que el engranaje burocrático de la transparencia es complicado: el Ministerio de Hacienda, la Secretaría de Estado de Función Pública, Dirección General de Gobernanza, la Oficina de la Transparencia, el Portal de la Transparencia, las Unidades de la transparencia, el CTBG, la Oficina de Conflicto de Intereses. Demasiadas estructuras para un fin, que confunden al ciudadano.

En cuanto a su estructura, el legislador ha optado en la composición del CTBG por un modelo institucional conformado a su vez por dos órganos, uno que es dominante -la Presidencia- con carácter unipersonal y otro colegiado -la Comisión de Transparencia- con presencia de representantes políticos, a los que correspondería asesorar, promover actividades, proponer recomendaciones, directrices…y que comprobamos su poca o nula participación en las Actas de reuniones meramente informativas.

Leemos cómo la Presidencia dispone de una independencia funcional, que pretende verse avalada por el sistema de nombramiento y por el relativo blindaje frente a ceses marcados por la discrecionalidad, pero como la propuesta de la persona titular de la presidencia procede del Ministerio (art. 37.1), empaña inicialmente esa teórica independencia del órgano –siendo "juez y parte" a la hora de decidir en un asunto-. Con carácter previo a su nombramiento, el candidato propuesto deberá comparecer ante la comisión competente del Congreso de los Diputados que, por acuerdo adoptado por mayoría absoluta, deberá refrendar la propuesta de nombramiento en el plazo de un mes natural desde que se haya recibido la correspondiente comunicación. Estas comparecencias, tal como han sido configuradas, carecen de la más mínima efectividad ya que se trata de pasar un trámite frente a nombramientos in péctore. Por tanto, vemos como, en el proceso de designación del presidente de la institución, hay una importante intervención del Gobierno. Tan es así que, durante años se ha mantenido la situación vacante de la Presidencia del CTBG, que puede haber respondido a las variables existentes en el Parlamento o a la nula voluntad de potenciar el Consejo. Ello ha obligado a limitar el proceso de toma de decisiones a aquellas exclusivamente relacionadas con el mantenimiento de la actividad del organismo y ha condicionado la representatividad institucional y la capacidad de interlocución de este, especialmente a la hora de solicitar de las autoridades competentes mayores dotaciones de recursos presupuestarios y humanos.

Respecto a los requisitos o exigencias para el nombramiento del presidente, en la Ley estatal solo se requiere que la persona propuesta tenga "reconocido prestigio y competencia profesional" (art. 37), pero no el sector en el cual haya desarrollado su trabajo anteriormente.

Por otro lado, no parece muy acertado que no se incorpore en la Comisión a ninguna persona que proceda de fuera del ámbito público. Componen el órgano personas relevantes de diversos instituciones y órganos del Estado que restan objetividad e independencia al Consejo, además de que en el ejercicio de sus funciones pueden primar en estos vocales intereses corporativos más que criterios tendentes a una aplicación objetiva de la LTAIBG; dando poca credibilidad por su falta de independencia formal en la ley y en la práctica un carácter muy político y poco técnico.

Además, a diferencia del presidente del consejo, el mandato de los vocales de la comisión, de 5 años, podrá ser prorrogado por otro periodo de igual duración y esta previsión, contenida en el art. 15 del estatuto del Consejo, que podría interpretarse como garantía de continuidad en el desempeño de las funciones, no obstante, teniendo en cuenta que los vocales pueden verse obligados a dejar el cargo, por cese en su organismo de origen, no es una justificación suficiente.

A los miembros de la Comisión no se les exige ningún tipo de preparación específica en la materia de la que se van a ocupar, algo que es claramente cuestionable en un órgano que desde su calificación como independiente parece prometer una gestión eminentemente técnica y profesional. Por el contrario, basándome en el estudio de las Actas de la Comisión, considero que la aplicación de una normativa de esta naturaleza requiere de un grado de formación-especialización y dedicación que es incompatible con la solución del artículo 36.3 de la LTAIBG que dispone que no será exigible a los integrantes de la Comisión una dedicación exclusiva (art. 36.3). No puede, en consecuencia, afirmarse que con una composición de este tipo el CTBG pueda garantizar la especialización y profesionalidad con carácter general.

En su funcionamiento, comprobamos que apenas se desarrollan las facultades del presidente de adoptar recomendaciones para el mejor cumplimiento de las resoluciones de la ley y asesorar en materia de transparencia (una en 2017 sobre información de las agendas de los responsables público)

Las funciones atribuidas a la Comisión son de asesoramiento y residuales. Un carácter secundario respecto al presidente que en mi opinión es un problema de configuración claro para su independencia (la no colegialidad).

Respecto de la organización interna del CTBG creo que no resulta del todo acertada la decisión del legislador contenida en el artículo 39.2 de la LTAIBG de encargar al Consejo de Ministros y no al propio

Consejo como sería deseable, aprobar mediante Real Decreto el Estatuto de Consejo, en donde se establece su organización, estructura y funcionamiento, así como todos los aspectos que sean necesarios para el cumplimiento de sus funciones. Si se reconoce al Consejo personalidad jurídica y autonomía funcional (art. 11) dedicación absoluta, plena independencia y total objetividad, sin estar sujeto a mandato imperativo alguno, ni recibir instrucciones de autoridad alguna, resulta negativo que se le prive de la facultad de dictar sus propios estatutos.

En el régimen jurídico se recoge que el CTBG anualmente elaborará un anteproyecto de presupuesto con la estructura que establezca el Ministerio para su elevación al Gobierno (art.39.1a), así la asignación presupuestaria procede de los recursos del Ministerio al que se adscribe formalmente; y, de conformidad con lo previsto en la disposición adicional primera del Real Decreto por el que se aprueba el Estatuto del Consejo, su creación y funcionamiento no podrá suponer incremento del gasto público. Por lo tanto, los Planes estratégicos que deben contar con presupuesto para ir implementando los diferentes programas para el ejercicio de sus competencias están en la práctica muy limitados. No parece, por tanto, un sistema presupuestario independiente puesto que rinde cuentas ante el Gobierno, en lugar de hacerlo ante el Parlamento representante de la ciudadanía.

La plantilla del Consejo cuenta con un total de 23 empleados (incluyendo sus cargos directivos) en su RPT y aunque ha sido aumentada en dos personas y nombrado ya el nuevo presidente, resulta claramente insuficiente para abordar el trabajo que desde la entrada en vigor de la Ley de Transparencia se va creando sobre todo en la competencia para resolver reclamaciones del artículo 24 de la LTAIBG y la asunción de nuevas tareas y actividades. Sin recursos humanos para desempeñar sus funciones con eficacia, tanto las que derivan de la Ley, del Estatuto del Consejo y de los planes estratégicos del organismo, como aquellas otras relacionadas con la Comisión de Transparencia y Buen Gobierno, que carece de estructura propia. Y sin olvidar la nueva función de informe asignada al Consejo por el artículo 154.7 de la Ley 9/2017, de 8 de noviembre, de Contratos del Sector Público (LCSP), que entró en vigor en febrero de 2018.

Lo comprobamos entre otras cosas en el incremento anual de la duración media de los procedimientos en vía administrativa y acumulación por falta de medios. A pesar de que se ha logrado en 2020 y 2021 reducir la tasa de congestión respecto del año 2019, que alcanzó el porcentaje más alto desde su puesta en funcionamiento, se mantiene el riesgo de colapso del sistema por falta de medios, evidenciado tanto en la duración de los procedimientos y en la existencia de casos en los que no se resuelve la reclamación en plazo, como en el ritmo de resolución en relación con las nuevas reclamaciones que se reciben.

Son notas formales que nos crean dudas razonables respecto a una falta de medios humanos ya que se mantiene la plantilla a pesar del aumento de la carga de trabajo, falta de autonomía presupuestaria y financiera con reducción del presupuesto que hace peligrar la eficacia del CTBG como instrumento alternativo de impugnación.

Estas variables relacionadas con la estructura y organización del CTBG, como la financiación, el presupuesto y la existencia de un plan estratégico fundamental para su consolidación, los medios humanos disponibles, las condiciones profesionales de acceso para formar parte del CTBG, la competencia profesional, la información vinculada con las retribuciones o compensaciones económicas de los miembros del CTBG, son indicadores relevantes para medir la no siempre independencia del órgano en gestionar sus recursos y la no siempre eficacia de su tarea.

2. Facultades, poderes, competencias

Es cierto que el CTBG tiene facultades resolutorias o decisorias y no solo asesoras o consultivas, pero no se le ha dotado de la fortaleza que le corresponde. Más bien se encuentran importantes puntos débiles en su estructura, que van a añadir dificultad a que la Administración sea un servicio público verdaderamente transparente.

Un organismo que se ha creado forzado por la ciudadanía y los grupos sociales de presión, vistos los innumerables casos de mala praxis de representantes públicos, conociendo cómo los datos del CIS revelan que los políticos y la corrupción ocupan dos de las primeras preocupaciones de la ciudadanía, solo por detrás del paro y por delante incluso de la economía y que la desconfianza hacia la clase política ha crecido, además, porque, paradójicamente, la falta de información se produce en plena era de la sociedad de la información, debería garantizar ese control de legalidad que se espera de él; y ciudadanía que en los últimos años ha modificado sus solicitudes haciéndolas más "personales" (ej.: la solicitud del Ingreso Mínimo Vital a la Seguridad Social no respondida o no concedida).

Sin embargo, encontramos un CTBG debilitado, porque así lo quieren los responsables públicos, "la coyuntura socio-política" impuso su existencia pero que no tuviera un papel decisivo, ni se le da la importancia, ni el refuerzo, ni los medios materiales y humanos que le corresponden; al CTBG ni lo nombra el Parlamento, ni es responsable ante él, ni su presupuesto depende del legislativo, ni su composición es ajeno a los partidos y al que se exija una sólida experiencia profesional (que es sólo un requisito para el presidente, pero no para los miembros de la Comisión). Otro índice de esa debilidad política para una parte de la doctrina es que no se ha garantizado el derecho de acceso como un Derecho Fundamental[326].

En primer lugar, se podría haber optado por un sistema abierto y participativo que permitiera elegir entre varios candidatos e incluir a la sociedad civil en el proceso de selección y no por el más afín (político-partidista). Pero el presidente es nombrado por el Gobierno, faltando así esa reiterada independencia, a pesar de establecer en el articulado que el CTBG actuará de manera independiente, no se establecen los requisitos necesarios para que así sea. Y a pesar de que la primera presidenta[327] tuvo voluntad de trasladar

[326] JIMÉNEZ SÁNCHEZ, Fernando, "El Consejo de la Transparencia en la ley española: una visión comparativa", Tiempo de Paz, núm. 114, pág. 17-23. https://hayderecho.com/2014/06/11/que-cabe-esperar-del-consejo-de-transparencia-y-buen-gobierno/

[327] Cadena Ser 8/06/2015, declaraciones de la presidenta del Consejo, Esther ARIZMENDI, afirma que el Consejo es "el guardián de la transparencia en España" y "nuestra misión es atender a los ciudadanos en sus reclamaciones y trabajar por la

y hacer cultura de la transparencia. Un requisito esencial desde mi punto de vista es que se impida a aquellos que tienen fuertes vinculaciones políticas ser presidente; aunque sea un hecho que son muchas las instituciones públicas españolas cuyos dirigentes están politizados.

En el ejercicio de sus funciones y en sus primeros años el CTBG y su actuación en ocasiones se ha distanciado del Ejecutivo (mediante una actuación imparcial), dada la relativa independencia que el tener la condición de autoridad independiente le otorga; y es que como dice el profesor Rafael JIMÉNEZ ASENSIO "Una autoridad independiente de la transparencia no puede ser por definición amiga del poder"[328].

Se perciben carencias (cierta falta de poder real, excesiva limitación de su ámbito de acción, carácter unipersonal de su órgano principal…) que pueden perjudicar el cumplimiento de su tarea. Entre otras cuestiones tenemos que la LTAIBG no menciona qué recursos humanos se destinarán al CTBG para conocer y resolver las reclamaciones que se planteen. Todos los expertos reconocen que también es insuficiente el número de trabajadores y así la Ley reconoce un doble silencio administrativo negativo con lo que, de no dotarlo de recursos suficientes, muchas denegaciones de información pueden acabar sin una debida motivación de por qué no se resuelve ni se da la información.

Por tanto, son elementos necesarios -como recoge la teoría del RD de funcionamiento-, dotar al CTBG de suficiente personal y de autonomía presupuestaria y suficiencia económica para asegurar una mayor independencia a la hora de repartir y gestionar sus recursos.

Tampoco el CTBG puede revisar la documentación que se deniega para comprobar si debe ser publicada o denegada, ni obligar a desclasificar información, es el Consejo de ministros el único organismo con potestad para hacerlo y esto es otro problema. Hasta la adopción de los CRITERIOS Interpretativos 6 y 7 del año 2015[329] como doctrina consolidada del órgano, no había un criterio claro sobre qué se considera documento "auxiliar o interno" o qué es "reelaboración", cuestiones clave que alega el Gobierno para denegar información y rechazar peticiones de datos de la ciudadanía, abiertas a la interpretación por su poca concreción.

---

cultura de la transparencia", afirma que "el Consejo de la Transparencia ve con alarma los pretextos para no publicar datos oficiales", y concluye la Presidenta "cuando hay preguntas o reclamaciones de los ciudadanos, encontramos que, en ocasiones, ante situaciones difíciles intentan buscar excusas para no darlas, porque la ley también las tiene".

[328] JIMÉNEZ ASENSIO, Rafael., Op.Cit.
"https://rafaeljimenezasensio.com/2017/02/02/instituciones-de-garantia-de-la-transparencia1/

[329] CRITERIO 7/2015. Causas de inadmisión de solicitudes de información que requieran para su divulgación una reelaboración (2620 KB) PDF
* CRITERIO 6/2015: Causas de inadmisión de solicitudes de información: información auxiliar o de apoyo (303 KB) PDF

De acuerdo con esta doctrina por tanto en que, para un buen funcionamiento del Consejo es esencial que esté dotado de ciertos poderes, facultades, capacidades, competencias que le atribuirán fortaleza y una mayor fuerza para resistir posibles presiones externas.[330]
Por último, cabe destacar como una de sus grandes debilidades la inexistencia de régimen sancionador, cuando no se cumple la ley o no se cumplen las resoluciones del Consejo.

2.1 Poder de inspección y capacidad decisoria

Es imprescindible que el CTBG tenga poder de inspección y pueda revisar in situ la información en posesión de las Administraciones y entidades públicas a la hora de decidir sobre el acceso a la información; ya que muchas veces tiene que resolver sin saber si existe la información o sin tener conocimiento de su contenido.

Es necesario que se le dote de capacidad decisoria y fuerza para hacer cumplir sus resoluciones, que deben ser vinculantes pues en otro caso no podrá llevar a cabo su labor de control. Esencial igualmente, es que esté dotado de capacidad para imponer sanciones, como cualquier otra Administración independiente, ya que existe un elevado número de incumplimientos de sus resoluciones por parte de la Administración del Estado, pero también y en aumento a nivel autonómico y local, muchos de ellos ni siquiera puede contabilizarlos el CTBG ya que no se le facilita constancia de una cosa u otra, evidenciando no solo la ausencia de instrumentos efectivos para monitorear el mismo, sino también la necesidad de dotar al organismo de poderes coercitivos para forzar la ejecución de las decisiones que adopta en materia de acceso.

Del análisis de la LTAIBG y especialmente del artículo 38 – que establece en sus dos apartados las funciones encomendadas tanto al Consejo como al presidente del mismo (principalmente de asesoramiento, colaboración y promoción- se desprende que el Consejo carece de esas facultades sancionadoras, situación que lo pone en una clara desventaja como órgano encargado de velar por el cumplimiento de su normativa.

Por tanto, para realizar funciones de inspección y control del cumplimiento de la ley, el CTBG se encuentra con un déficit fundamental que es la falta de competencias para poder sancionar al incumplidor, así cuando emite una resolución no tiene la capacidad de hacerla cumplir, siendo una necesidad la de dotar al organismo de poderes coercitivos para forzar la ejecución de las decisiones que adopta en materia de acceso.

Es el caso del presidente que tiene la competencia para resolver una reclamación potestativa en relación con el artículo 24 de la LTAIBG, la que tiene condición sustitutiva de los recursos administrativos. En

---

330 PIÑAR MAÑAS, Seguridad, Transparencia y…, Op. cit. pág. 56.
PAUNER CHULVI, La articulación del poder…, Op. cit. p. 335. SALVADOR MARTÍNEZ, Autoridades…, Op. cit. p. 298.

este sentido se percibe alguna competencia decisoria radicada en el Consejo, pero sin la facultad de aplicar sanciones, esta facultad puede resultar irrelevante.

En la misma línea, también y según lo dispuesto en el artículo 23 de la LTAIBG, si el solicitante que no ha obtenido la información requerida puede interponer una reclamación ante el Consejo o bien recurrir a la vía contenciosa administrativa, aunque no lo diga expresamente la Ley, la resolución emitida por el CTBG debería ser ejecutiva.

Con esta laguna de la ley básica (LTAIBG), las leyes autonómicas de transparencia pueden ordenar un régimen sancionador propio, si bien ese régimen se limita a su ámbito subjetivo de aplicación, lo que excluye la protección sancionadora del ejercicio del derecho de acceso frente al sector público estatal y demás entidades vinculadas al mismo (como las Corporaciones de Derecho Público de competencia del Estado). Sin embargo, lo cierto es que una buena parte de las leyes autonómicas, siguiendo la ley estatal, han omitido también tal régimen sancionador -Ley Foral Navarra 11/2012, Ley 4/2013 Extremadura, Ley 3/2014 La Rioja, Ley 3/2015 Castilla y León, Ley 8/2015 Aragón y Ley 1/2016 Galicia-.

2.2 Necesidad de potestad de ejecución forzosa

La ejecución de las resoluciones del Consejo tiene mayores dificultades en el ámbito autonómico y local que en el estatal, primero por la falta de recursos humanos y materiales y sobre todo por la falta de potestad ejecutora.

Es por tanto básico atribuirle potestad de ejecución forzosa después del apercibimiento, imposibilitar la revisión de oficio y dejar sólo la opción de la impugnación en los tribunales para recurrir sus decisiones, todo con el objetivo de que sus resoluciones se ejecuten siempre.

Si, como sucede, carece de fuerza suficiente para obligar a llevar a la práctica las medidas previstas en la ley, su función de control de la LTAIBG queda desnaturalizada. El Consejo, por tanto, sin capacidad de poner en marcha el proceso sancionador, depende de la decisión de otros sujetos.

Porque los organismos afectados por dichas resoluciones, o bien recurren la decisión del CTBG, o tardan en cumplirla porque saben que el Consejo carece de medios de ejecución forzosa, de tal manera que sus resoluciones no son realmente ejecutivas

Entiendo que difícilmente, van a poder hacer cumplir la Ley sin los recursos suficientes, ejercer su labor de control, sin potenciarse su independencia jerárquica del poder ejecutivo, con poca competencia técnica en su composición y sin autonomía presupuestaria y de funcionamiento, así como con la ausencia de un mecanismo realmente efectivo que permita hacer valer el sentido de sus resoluciones; todos ellos son elementos clave para la efectividad y funcionamiento del sistema de impugnación de este organismo de control y autoridad de garantía.

Es importante la coordinación entre el CTBG estatal y los consejos y comisionados autonómicos, para acordar unos procedimientos comunes, una unificación de criterios (límites o excepciones y delimitar las causas de inadmisión tan numerosas, amplias y ambiguas.

Partiendo de que siempre es mejor que existan órganos garantes de la transparencia a que no existan, ya que en sus resoluciones orientan, aperciben, establecen cómo hubiera debido tratarse debidamente la solicitud y pese a todas las carencias, sólo la actividad del CTBG nos va diciendo si está desarrollando un papel clave en la consolidación de una cultura de la transparencia en los asuntos públicos en nuestro país; y en este momento mi valoración es que la mayoría de las veces pensamos que con normas y con instituciones se puede resolver todo, y es ahí donde considero que está el principal error, es necesaria la voluntad de querer implantarlas, la transparencia también es una actitud. (Es significativo que desde que en 2017 falleció la presidenta del CTBG, el Gobierno no fuera capaz de nombrar un nuevo titular del CTBG hasta el año 2020).

Además de vez en cuando existen casos muy mediáticos como el contrato de la aplicación Radar COVID y los gastos del rey emérito en el extranjero, ambas cuestiones solicitadas por Newtral.es, que el Gobierno no ha facilitado y que la ciudadanía cuestiona y espera que el CTBG desempeñe su papel como órgano de garantía.

3.- Propuestas de mejora

Tanto la transparencia como el Consejo se enfrenta a nuevos retos, con la aprobación del IV Plan de Gobierno Abierto de España[331] (2020-2024), resultado de un proceso de consenso entre administraciones y sociedad civil para mejorar la transparencia en España, uno de los principales compromisos es la reforma de la LTAIBG de 2013 fortaleciendo el CTBG, hacerlo más independiente y darle más recursos para afrontar el trabajo que tienen.

Debería ser modificada, antes de iniciar el procedimiento para aprobar el desarrollo reglamentario de la Ley 19/2013, y debería contemplar como mínimo en mi opinión:

En lo referente al CTBG:

a) Desde la perspectiva competencial, llama la atención el hecho de que la competencia para resolver las reclamaciones se atribuya no al órgano colegiado, sino a su presidente, que actúa aquí a título individual,

---

[331] IV Plan de Acción de la Alianza para el Gobierno Abierto 2020-2024 que se aprobó el 29 de octubre de 2020 es muy ambicioso en su alcance, pues incluye la reforma de la Ley de Transparencia, nuevas leyes sobre la regulación de los grupos de interés y la protección de alertadores, un proyecto piloto sobre huella legislativa, y la apertura de datos clave, como el registro mercantil y algunos datos de los servicios de salud. Muchos de los compromisos reflejan las propuestas de la sociedad civil. Incluye el compromiso de firma y ratificación del **Convenio 205** del Consejo de Europa sobre el Acceso a los Documentos Oficiales antes del 31 de diciembre de 2021.

como órgano unipersonal; modificar su configuración ya que el papel que tiene la Comisión de Transparencia y Buen Gobierno es secundario respecto al presidente; además de que no se incorpora a ninguna persona que proceda de fuera del ámbito público y esto sería deseable aún siendo un órgano unipersonal y presidencialista.

b) Recoger un proceso para el nombramiento del presidente más abierto, con más candidatos e incluir a la sociedad civil en el proceso de selección y no por el más afín (político-partidista) y con requisitos de formación en la materia y experiencia profesional con la idea de desarrollar una gestión de carácter técnico y profesional. Es esencial en un órgano que se dice independiente que el nombramiento recaiga verdaderamente sobre expertos en la materia (si tienen reconocido prestigio mejor). Así como que el cese acordado por el Gobierno se lleve al Parlamento para su aprobación.

c) También el nombramiento de los demás miembros tiene que ser resistente a la influencia política del Gobierno y más especialmente a la política partidista, asegurarse su permanencia en el cargo, protegidos contra el posible cese arbitrario una vez nombrados. Asegurar requisitos de experiencia profesional en materias relacionadas con las funciones, para ser nombrados miembros del Consejo.

d) Capacidad para autoorganizarse mediante la aprobación de su propio reglamento interno, recogiendo su organización, estructura y funcionamiento, así como todos los aspectos necesarios para el cumplimiento de sus funciones, no en vano se considera una autoridad independiente formalmente.

e) Independencia financiera, establecer las dotaciones presupuestarias mínimas que les deben ser asignadas tanto para gastos corriente y de inversión y que no dependa de la voluntad del poder a controlar. Un presupuesto suficiente en función de los objetivos que prevé la ley.

f) Poder necesario para desempeñar sus funciones, incluyendo potestad del presidente para inspeccionar documentos clasificados e instalaciones de los organismos públicos, así como dotar al Consejo de facultades para comprobar la información que se ha suministrado y si es cierto que no se dispone de más información cuando así se argumenta por las unidades responsables de dar cumplimiento a las resoluciones.

g) Tener la facultad de imponer y ejecutar multas coercitivas para lograr el cumplimiento efectivo de sus resoluciones por parte de la Administración, así como, no solo instar, sino instruir y resolver los procedimientos sancionadores ante los incumplimientos de la Ley. Ya hemos visto varios organismos estatales que recurren las resoluciones del CTBG ante la jurisdicción contencioso-administrativa (Ministerios y RTVE, los casos más sonados) y ni siquiera tienen que pedir la suspensión cautelar de la resolución del CTBG. Simplemente no la cumplen hasta que haya sentencia firme que así lo ordene y el CTBG no puede hacer nada más. Y si no recurren la decisión del CTBG, tardan en cumplirla porque el Consejo carece de medios de ejecución forzosa, de tal manera que sus resoluciones no son realmente ejecutivas.

h) El órgano competente para incoar y resolver los procedimientos para sancionar las infracciones de la Ley de Transparencia no puede ser la propia Administración responsable de su incumplimiento; ya que apenas se sancionará. El órgano competente debe ser el CTBG y sus homólogos territoriales. Es la mejor forma de reconocer su verdadera independencia. Por tanto, además de la publicación en el portal web del CTBG de los resultados de su labor de monitorización, destacando a los órganos o entidades que persisten en el incumplimiento después de haber sido requeridos, se debe otorgar al CTBG en la futura reforma de facultades coercitivas para exigir el cumplimiento de sus resoluciones. O bien determinar la legitimación del Consejo para impugnar por inactividad frente a sus resoluciones, ante la jurisdicción contencioso-administrativa.

En mi opinión es una laguna importante la de crear un órgano encargado de velar por la transparencia y no dotarlo de medios jurídicos eficaces para que sus resoluciones se cumplan y no queden en nada. Es urgente modificar la Ley de Transparencia para atribuir al CTBG la potestad de imponer sanciones y multas coercitivas, pero no a la Administración incumplidora, cuyo importe pagamos entre todos los ciudadanos, sino al patrimonio personal de los responsables políticos y funcionarios responsables, como ya existe en la Ley de la Jurisdicción Contencioso-Administrativa. Además, se debería incluir una medida ejemplarizante como sería la suspensión o cese del cargo público responsable del incumplimiento y la imposibilidad de ocupar responsabilidad pública en unos años.

i) Debería valorarse la posibilidad de introducir un procedimiento específico en el ámbito de la jurisdicción contencioso-administrativa para tramitar con carácter preferente los recursos administrativos en el sector de la transparencia, ya que el nivel de litigiosidad en vía contencioso-administrativa es relevante y fundamentalmente la vía del recurso jurisdiccional es empleada por la Administración que posee la información con la finalidad de retrasar el acceso a la misma.

j) Se consolida el silencio administrativo – tanto en AGE como las AATT- como la principal causa de rechazo del derecho de acceso, empleado por la Administración que posee la información como herramienta para obstaculizar el acceso en un importante número de supuestos. Por ello, resulta aconsejable, a través de un cambio normativo, articular un procedimiento de control preferente y sumario por parte del CTBG para estos supuestos, con el fin de que, en ausencia de resolución administrativa que proceda a la ponderación de intereses, sea el propio CTBG el que valore el fondo del asunto a la mayor brevedad posible y en un tiempo menor. Crear un grupo de trabajo o comisión entre el ministerio y el consejo con facultades de coordinación que evite que ese silencio afecte al ciudadano.

k) Trámite de audiencia al solicitante, obligatorio al menos en los casos en los que el órgano va a desestimar su petición, lo que le impide participar en la ponderación de la decisión del CTBG.

l) Establecer un sistema de mediación como el que dispone la Comisión de Garantía del Derecho de Acceso a la Información Pública de Cataluña que está funcionando.

m) Tras las dos recientes sentencias del TS de la sección tercera de la Sala de los Contencioso de 10 de marzo de 2022, que en casación dictan doctrina en relación con la Disposición Adicional Primera apartado 2) de la LTAIBG, que corrige la doctrina que venía aplicando el consejo inadmitiendo la reclamación cuando había regulación específica, por tanto, el CTBG debe considerarse competente para resolver las reclamaciones planteadas aun cuando exista régimen específico de acceso (DA 1ª LTAIBG) en el caso concreto y no inadmitir la reclamación -en materia ambiental, concejales y cargos electos, urbanismo, contratación, función pública, etc.-, salvo que esa normativa específica resulte más favorable para el ciudadano que la contenida en la propia Ley 19/2013.

n) También el CTBG debería considerar las reclamaciones que se formulen por parte de interesados en procedimientos aún en tramitación.

ñ) Permitir un sistema sencillo de solicitud, de preguntas y respuestas, por correo electrónico, o como ya operan en algunos organismos que se permiten por teléfono. Sistemas de una sociedad moderna, abierta e informatizada; ya que para la mayoría de las personas es confuso comprender cómo funciona la transparencia y por eso hay pocas solicitudes de la ciudadanía.

Considero, por tanto, que sería imprescindible abordar todas estas cuestiones y en todo caso los recursos asignados a la política de transparencia y acceso a la información si se quiere facilitar su despliegue e impulsar definitivamente el cambio cultural que supone para nuestro sistema socio-político, entre otras cosas porque al mismo tiempo, la transparencia redunda en una mejor gestión de los recursos públicos. Pero en mi opinión sobre todo y fundamentalmente es necesaria la voluntad de los representantes públicos para conseguir una auténtica transparencia y que comprendan que es algo en lo que merece la pena dedicar esfuerzos e invertir.

Concluyo el capítulo con el pensamiento del primer presidente del Consejo de Transparencia de Murcia[332] que resume la filosofía de este trabajo (es necesario que exista voluntad de ser transparentes por parte de los poderes públicos):
"Pienso que no tendremos nunca libertad y justicia, si no tenemos instituciones independientes, fuertes y con medios, por ese motivo desde las incipientes instituciones independientes y desde los movimientos ciudadanos que nos apoyan, debemos ser muy exigentes, para que nuestras instituciones sean cada día más independientes y para erradicar comportamientos que se han percibido y hasta escuchado, en los que prima más la defensa de "los nuestros" frente a los intereses de "los otros" y en definitiva frente al "interés general" que debería ser el objetivo de quienes nos gobiernan."

---

332 MOLINA MOLINA, José. (1er presidente del Consejo de la Transparencia de la Región de Murcia) "Cómo ser un Consejo de transparencia independiente para la ciudadanía" *Apuntes sobre la transparencia.* Complutense de Madrid – Instituto de Derecho Comparado Asociación de Profesionales e Investigadores de la Transparencia. *ACREDITRA.* Coordinador: Manuel Sánchez de Diego Fernández de la Riva. Madrid. Septiembre 2018. pág. 131.

IV.- LOS ÓRGANOS GARANTES DEL DERECHO DE ACCESO A LA INFORMACIÓN PÚBLICA EN LAS COMUNIDADES AUTÓNOMAS

CAPITULO CUARTO

LOS ÓRGANOS GARANTES DEL DERECHO DE ACCESO A LA INFORMACIÓN PÚBLICA EN LAS COMUNIDADES AUTÓNOMAS

"La buena política, la buena justicia y los buenos negocios se hacen siempre a la luz del día"
VOYENNE[333]

Centraremos este capítulo en analizar el modelo institucional en materia de transparencia que se plantea en cada CCAA, desde el punto de vista de las garantías de su independencia y objetividad de su actuación, mediante un análisis sistemático de su regulación y del derecho comparado. Se realiza una descripción de los aspectos más importantes que caracterizan a los órganos garantes o autoridades especializadas en materia de acceso a la información, donde las situaciones son diversas y nos dan como resultado un sistema institucional de geometría variable[334], de lo que es la garantía de la transparencia en nuestro país -un conjunto heterogéneo de Consejos, Comisiones y Comisionados a los que se han encomendado funciones de control y a los que nos referiremos como "órganos o autoridades de transparencia"-.

Los diferentes estudios sobre la transparencia de los profesores VILLORIA o GUICHOT,[335] entre otros, han insistido en la necesidad de garantizar la efectividad de la transparencia en el sector público por medio de la conformación de instituciones u órganos independientes del poder político y de la Administración Pública. La doctrina ha destacado la necesidad de que se cumplan tres requisitos[336] para la aplicación efectiva de la transparencia, que estén influidos por los principios de independencia, imparcialidad y especialización.

Una configuración institucional que garantice la independencia de las autoridades de transparencia también en estos órganos en las CCAA, no es una cuestión solo deseable, sino que constituye un requisito

---

333 VOYENNE, BERNARD periodista, escritor y profesor del Centro de Formación de Periodistas francés (CFJ). Activista europeo. 1920-2003. "Le droit à l'information". Recherches économiques et sociales 1970, p. 224.

334 JIMÉNEZ ASENSIO, Rafael: "Instituciones de Garantía de la Transparencia". *EL Cronista del Estado Social y Democrático de Derecho.* Nº 68, pág-61

335 VILLORIA MENDIETA, Manuel. GUICHOT REINA, Emilio., "Transparencia y Acceso a la Información en España: análisis y propuestas legislativas", *Fundación Alternativas*, Madrid, 2011. "El sentido, el contexto y la tramitación de la Ley de transparencia, acceso a la información pública y buen gobierno", en GUICHOT. E. (coord.), Transparencia, Acceso a la Información Pública y Buen Gobierno. Estudio de la Ley 19/2013, de 9 de diciembre", Ed. Tecnos, Madrid, 2014, pág. 22.

336 BELARRA GORROCHATEGUI, Javier. "Los consejos de transparencia autonómicos en España: ¿Marketing político o vectores de buen gobierno?". *Revista Internacional de Transparencia e Integridad*, Barcelona, n. 6, pág. 12, ene./abr. 2018.
MARTÍN DELGADO, Isaac. "La reclamación ante el Consejo de Transparencia y Buen Gobierno: un instrumento necesario, útil y ¿eficaz?" In: LÓPEZ RAMÓN, Fernando (Coord.)." Las vías administrativas de recurso a debate", Madrid, pág. 291-328. 2016.

legal imprescindible, además de convertirse en un elemento fundamental para considerar estos órganos de control como mecanismos alternativos a las vías jurisdiccionales[337], puesto que su validez estará en función del reconocimiento y credibilidad que la ciudadanía les otorgue. Estas garantías se requieren, además, por el derecho internacional: el Convenio del Consejo de Europa sobre Acceso a los Documentos Públicos[338] establece que los estados firmantes deberán contar con "un procedimiento de reclamación ante un tribunal u otra institución independiente e imparcial establecida por la ley" (art. 8).

Seguiremos evaluando, ahora en los órganos autonómicos, cómo la independencia y plena autonomía de las autoridades de transparencia, así como el cumplimiento efectivo de las funciones que tienen encomendadas no viene determinado por un solo factor organizativo o de diseño institucional, sino por un conjunto de ellos: su naturaleza jurídica con personalidad propia o no, su composición, nombramientos y perfil de sus miembros, el régimen de incompatibilidades durante el desempeño del cargo, los medios para el desarrollo de las funciones que tienen encomendadas, personal capacitado, recursos económicos…, la Ley prefigura ya algunos de los elementos fundamentales que deben regir su organización y funcionamiento. Elementos que son, precisamente, los que nos ayudarán en este momento a aproximarnos a su estudio. Por ello, se analizará la estructura, organización y funcionamiento administrativo de todos los órganos-autoridades garantes de transparencia y acceso a la información pública en las CCAA.

La elección de estos elementos de tipo personal en este trabajo está razonada en que son los que en mayor medida podrían condicionar la actuación y criterio de las personas que los integran en el desarrollo de sus funciones.

Más allá de las fórmulas empleadas por los legisladores y de la diversidad de los órganos, con base en factores que no siempre se corresponden a sus atribuciones, tamaño, o entorno institucional, sabemos que estos requisitos y elementos correctamente empleados pueden influir en la independencia e imparcialidad de las autoridades u órganos de transparencia.

A partir del modelo de la Ley Estatal para la creación del CTBG, se analizarán los 14 órganos que se han regulado en las CCAA, aunque algunos no se han puesto en funcionamiento y comprobaremos si alguno de los diseños que se ha planteado es el más eficaz para asegurar su independencia respecto a la función de garantes del control de transparencia y su eficacia como garante del derecho de acceso.

---

[337] RAMS RAMOS, Leonor. "Las medidas alternativas de resolución de conflictos en el ámbito de la transparencia". In: CÁMARA, Pablo Chico de la (Dir.), "Una propuesta para la introducción en nuestro sistema administrativo y tributario de medidas alternativas de resolución de conflictos" (ADR), Madrid, pág. 169-210. 2017.

[338] https://www.oas.org/es/sla/ddi/docs/acceso_informacion_desarrollos_convenio_consejo_europeo.pdf El Convenio fue firmado por el representante de España ante el Consejo de Europa, el pasado 23 de noviembre de 2021. El próximo paso en la tramitación del Convenio será su elevación al Consejo de Estado por parte del Ministerio de Asuntos Exteriores, Unión Europea y Cooperación para recabar el informe sobre el proceso de ratificación.

No obstante, considero que cualquiera que sea la estructura administrativa y el modelo o diseño adoptado, la opción de los Consejos y Comisionados de Transparencia cumplen una función decisiva en la implantación efectiva de la transparencia, que en nuestro país va reafirmándose e incrementando el uso y el conocimiento de las herramientas e instrumentos que se ponen a disposición de la ciudadanía para ejercitar sus derechos. Eso sí, necesitan ser potenciados para garantizar que están contribuyendo efectivamente a lograr el objetivo de facilitar el derecho a saber; ya que la transparencia, el acceso a la información y los propios órganos garantes continúan estando ausentes de la agenda de los gobernantes y los grupos políticos; se unieron a "la moda/coyuntura socio-política" creándolos, pero falta la voluntad de que funcionen, dotándolos de los medios precisos.

Avanzaremos en ellos en función de su diseño o configuración y en el siguiente capítulo analizaremos la actividad llevada a cabo, la cual constituye una función de control que ostenta un claro valor constitucional, descubriendo si existe relación entre el número de reclamaciones según si la CCAA tiene órgano propio y su fortaleza es mayor o menor.

Clasificaremos para estudiarlos según sean de nueva creación - colegiados, unipersonales-, los incardinados en las instituciones que ya existían y asumen esta autoridad y aquellos que firmaron convenio con el consejo estatal, numerados del 1 al 14 según han ido regulando el tema de la transparencia y el derecho de acceso a la información.

Del estudio se extraen múltiples propuestas de mejora que pasan por la obtención de personalidad jurídica, dependencia del parlamento autonómico, modificación de la composición y un refuerzo de las incompatibilidades y exigencias del perfil de todos sus componentes.

I.- CONFIGURACIÓN LEGAL

Para las CCAA, la Ley de Transparencia, Acceso a la Información y Buen Gobierno, entró en vigor el 10 de diciembre de 2015. De conformidad con lo previsto en el Art. 24.6 LTAIBG, la competencia para conocer de las reclamaciones presentadas frente a la resolución de solicitudes planteadas en ejercicio del derecho de acceso a la información pública corresponde al CTBG, "salvo en aquellos supuestos en que las Comunidades Autónomas atribuyan competencia a un órgano específico".

Con carácter general, todas las CCAA han cumplido con sus obligaciones y se han adaptado poco a poco al nuevo modelo de gestión. Algunas de ellas, han decidido regular en sus propias leyes unas obligaciones más amplias que las exigidas por la legislación básica (acortar plazos o incrementar el estándar de garantías); otras reproducen básicamente la legislación del Estado. Ha sido, por tanto, distinta la regulación, unas CCAA han decidido crear su propio organismo independiente, otras han encomendado esta función a organismos ya existentes, apoyándose en los Defensores del Pueblo (Galicia, Castilla y León) y otras han decidido firmar un convenio con el CTBG como establece la disposición adicional cuarta LTAIBG en el que se estipulan las condiciones bajo las cuales la CCAA sufragará los gastos derivados de esta asunción de competencias.

El grupo más numeroso no cuenta con personalidad jurídica diferenciada y están adscritos a los Ejecutivos autonómicos, tres son las autoridades autonómicas de transparencia que tienen adscripción o dependencia orgánica de sus respectivos parlamentos: se trata de los casos de Canarias, Castilla-la Mancha y Madrid.

En principio considero que esta fórmula resulta de mayor interés en la medida en que, al menos desde una perspectiva formal, supone alejar las autoridades u órganos de control de la administración sobre cuyas resoluciones tendrán que pronunciarse, pero cuando analicemos la actividad de cada órgano podremos tener argumentos para mantener esta consideración.

El Informe de la Abogacía del Estado (R-384-2015) en el que se analizan las consecuencias que se derivarían de un eventual incumplimiento por parte de las CCAA de su obligación de contar con un órgano especializado de control de la legalidad de las decisiones administrativas en el ámbito de la transparencia (autonómico o el propio CTBG). En él se concluye que, llegado el caso, y en ausencia de convenio entre la respectiva CCAA y el CTBG, éste no será competente para conocer de las reclamaciones frente a resoluciones autonómicas en materia de acceso.

1. Órganos de control de transparencia administrativa en las CCAA

1.1 Comunidades que han creado su propio organismo independiente en materia de transparencia

1. Andalucía	Consejo de Transparencia y Protección de Datos de ANDALUCÍA (CTPDAn)
2. Aragón	Consejo de Transparencia de ARAGÓN (CTAr)
3. Canarias	Comisionad@ de Transparencia y Acceso a la Información Pública de CANARIAS (CTCn)
4. Cataluña	Comisión de Garantía del Derecho de Acceso a la Información Pública de CATALUÑA (CGAIP)
5. Navarra	Consejo de Transparencia de NAVARRA (CTNv)
6. Valencia	Consejo de Transparencia, Acceso a la Información Pública y Buen Gobierno de la Comunidad VALENCIANA (CTCV)
7. País Vasco	Comisión Vasca de Acceso a la Información Pública PAIS VASCO (CVAIP)
8. Murcia	Consejo de Transparencia de la Región de MURCIA (CTMu)
9. Illes Balearss	Comisión para la resolución de las reclamaciones en materia de acceso a la información pública ILLES BALEARSS (CRAIPIB) [9. *Oficina de Evaluación Pública-Abogacía de las ILLES, BALEARS, hasta que se crea una* Comisión de Transparencia por el Decreto 1/2019 y no por la LBAIB)]
10. Castilla-La Mancha	Consejo Regional de Transparencia y Buen Gobierno de CASTILLA-LA MANCHA (CRTBGCM)
11. Asturias	Consejo de Transparencia y Buen Gobierno del Principado de ASTURIAS (CTBGAs)
12. Madrid	Consejo de Transparencia y Participación de MADRID (CTPM)

Estas doce CCAA han regulado su órgano de garantía, aunque las numeradas como 10, 11 y 12 no lo habían puesto en funcionamiento cuando se inició este trabajo.

1.2 Comunidades que encargan la competencia a organismos que ya existían

13. Galicia	Comisionado de la Transparencia (CTVP) y se le atribuyen sus funciones al Valedor de Pueblo de GALICIA. Comisión de Transparencia (CTGa)
14. Castilla y León	Comisión de Transparencia de CASTILLA y LEÓN como órgano colegiado adscrito al Procurador del Común (CTCL). Comisionado de Transparencia y se atribuyen sus funciones al Procurador del Común (CTPC)

1.3 Comunidades que han firmado convenios con el CTBG, que asume las reclamaciones de los ciudadanos de las siguientes CCAA

Cantabria, La Rioja, Extremadura, Ceuta, Melilla, Castilla-La Mancha, Asturias, (Madrid= hasta 2021), Islas Baleares = desde 2021

De los convenios en vigor entre Consejo estatal de Transparencia y Buen Gobierno y las Comunidades Autónomas, los de Castilla-La Mancha y Asturias son los que tenían una fecha de fin más próxima: enero de 2022 *(se han renovado).* El resto –los de Cantabria, La Rioja, Extremadura, Ceuta y Melilla– vencen en 2024.

La Comunidad de Madrid recupera parte de sus competencias en materia de transparencia, finalizada la prorroga en noviembre de 2021, ha constituido su Consejo de Transparencia y Participación (CTyP) de Madrid que debe resolver las reclamaciones sobre derecho de acceso a la información pública que impliquen a sus instituciones. Por el contrario, Islas Baleares ha firmado convenio en 2021.

II.- FUNCIONAMIENTO EN COMUNIDADES CON ÓRGANO PROPIO

Tratar de clasificar los órganos de control, resulta difícil ya que han adoptado diversas configuraciones, estructuras distintas, funciones asimétricas y competencias diferentes. Hubiera sido deseable[339] para evitar la heterogeneidad existente en ellos, que en la Ley estatal se hubiera establecido una regulación básica de requisitos mínimos de forma (naturaleza, composición, nombramiento de sus miembros, duración del mandato) y de funcionamiento que debieran cumplir los órganos autonómicos de control. Respecto a este margen de configuración de sus órganos que tienen las CCAA, no quiere decir que no existan en la normativa estatal algunos criterios y elementos relativos a la organización que deben ser tomados en consideración y que se van a ir analizando: independencia, especialización y carácter colegiado; y uno relativo al ejercicio de la función: el respeto a las normas y procedimientos.

[339] FERNÁNDEZ RAMOS, Severiano y PÉREZ MONGUIÓ, J. María; "Transparencia, acceso a la información y buen gobierno. Ley 19/2013 de 9 de diciembre. Monografías Aranzadi de Derecho Administrativo. 2014. Pág. 336.

Pero ya iremos viendo cómo las reclamaciones de la ciudadanía no siempre son resueltas por un órgano independiente, sin instrucciones jerárquicas, especializado y colegiado, aunque si confiamos en que sus resoluciones sigan las pautas procedimentales en materia de recursos, garantías y plazos que la propia Ley reconoce a los ciudadanos e interesados en el contexto de todo procedimiento administrativo. –y que analizaremos en el próximo capítulo-.

Y es que a mi juicio hubiera sido deseable que la Ley 19/2013 delimitara las exigencias mínimas de independencia, tanto en su aspecto orgánico (prohibiendo el cese "libre" del titular durante su mandato), como en su dimensión funcional (prohibiendo solicitar o recibir instrucciones por parte del gobierno, prohibiendo que la Administración estatal o autonómica pueda revisar de oficio las resoluciones de los órganos de garantía, debiendo así en todo caso acudir a la interposición del correspondiente recurso contencioso-administrativo), así como también debería explicitarse el deber de los sujetos obligados de colaborar con los órganos de garantía, tanto en la instrucción de las reclamaciones y denuncias, como en la ejecución de las resoluciones de los órganos de garantía, atribuyendo a éstos, poderes coercitivos e, incluso, ante incumplimientos graves, potestad sancionadora. Sería preciso atribuir la competencia para instruir y sancionar al órgano o autoridad de control.

Dentro de la gran disparidad que existe entre ellos en muchos de sus rasgos definitorios, algunos autores -SIERRA, JIMÉNEZ, FERNÁNDEZ Y PÉREZ- han intentado establecer un esquema que permita hablar de modelos de organismos de garantía; así SIERRA RODRÍGUEZ[340] establece cuatro tipos: el modelo del CTBG, organismos colegiados, órganos unipersonales, y los adheridos a las instituciones del defensor del pueblo autonómico.

Para todos ellos, Consejo o Comisión en las CCAA, la finalidad como para su homólogo estatal es la de velar por el cumplimiento de la normativa de transparencia de la actividad pública, tanto en lo que se refiere a publicidad activa como a la defensa y salvaguarda del derecho de acceso a la información pública, y al que corresponde -como medio alternativo de impugnación- resolver las reclamaciones que se interpongan contra las resoluciones en materia de acceso a dicha información pública, con carácter potestativo y previo a su impugnación en vía contencioso-administrativa. Estas reclamaciones en vía administrativa sustituyen a los recursos de alzada y de reposición y, por tanto, la principal función que se encomienda a los mismos es de control de legalidad[341].

[340] SIERRA RODRÍGUEZ, Javier., "Modelos de Organismos de Garantía de la Transparencia en las Comunidades Autónomas" Revista Española de la Transparencia. núm. 4. Primer Semestre 2017.

[341] El art. 23 LTAIBG, efectivamente, sustituye el régimen ordinario de recursos administrativos por una reclamación potestativa ante un órgano independiente de control. Y lo hace como concreción de la genérica previsión del art. 112 de la Ley 39/2015, de 1 de octubre, del Procedimiento Administrativo Común de las Administraciones Públicas (LPAC).

Hay una excepción: en Cataluña, la CGAIP[342] sólo conoce de las reclamaciones del derecho de acceso a la información pública, y la política de transparencia se impulsa por las instancias gubernamentales - hay un gran listado de instituciones encargadas del seguimiento y fiscalización de las obligaciones de transparencia-. Y una particular: en Murcia su propia ley en el título IV, capítulo l, regula las funciones del titular de la consejería competente en materia de transparencia, creando una comisión interdepartamental encargada de la planificación, coordinación e impulso en la Administración regional de las medidas que en materia de transparencia se derivan de la ley, una Oficina de la Transparencia y la Participación Ciudadana como órgano de gestión y ejecución de tales medidas que se desarrollan por el Consejo de Gobierno conforme a lo dispuesto en esta ley.

Podemos ir desglosando una a una las CCAA con órgano propio creado y en funcionamiento o no, y ver esas similitudes y diferencias que pueden afectar a la independencia en su función y a la eficacia en su actividad, así como fortalezas y debilidades; siguiendo el orden de fecha de publicación de su primera norma, aunque posteriormente se haya actualizado.

1.- Consejo de Transparencia y Protección de Datos de ANDALUCÍA (CTPDAn)

La regulación contenida en el Capítulo II del Título V de la Ley 1/2014, de 24 de junio, de Transparencia Pública de Andalucía establece en su artículo 46.2 que la constitución efectiva del Consejo de Transparencia y Protección de Datos tendrá lugar conforme a lo que determinen sus estatutos, que serán aprobados por el Consejo de Gobierno y que contendrán en todo caso su estructura, competencias, organización y funcionamiento.

El Consejo se rige por el Decreto 434/2015, de 29 de septiembre, por el que se aprueban los Estatutos del Consejo de Transparencia y Protección de Datos de Andalucía, y por lo establecido en la normativa relacionada.[343]

---

[342] CERRILLO I MARTÍNEZ, A., "La difusión de información pública como instrumento para la prevención de la corrupción: una aproximación desde la legislación autonómica". *Revista catalana de dret públic*, núm. 52 (2016)
Un modelo estructural atípico es por el que apostó la Ley catalana de transparencia. Por un lado, configuró un órgano colegiado de garantía compuesto de cinco miembros con dedicación exclusiva (y con retribuciones asimiladas a director general), que proyecta sus funciones sobre un ámbito específico (como es el de acceso a la información pública). Pero, por otro, atribuyó las funciones de transparencia-publicidad activa a cada estructura de gobierno, si bien con un papel determinante de la Generalidad de Cataluña (que gestiona un portal de transparencia común), y, diseñó un complejo sistema institucional de seguimiento, supervisión y control de la transparencia por medio de un amplio número de instituciones dedicadas a esa finalidad (*Sindic de Greuges*, Oficina Antifraude, Sindicatura de Cuentas, Autoridad Catalana de Protección de Datos, etc.), añadiendo a todo ello un duro régimen sancionador aplicable a infracciones sobre la transparencia cometidas por altos cargos y empleados públicos; régimen de sanciones que, dicho sea de paso, no está siendo aplicado, pues si lo fuera la transparencia se convertiría fácilmente en un arma política de alto contenido demagógico. El modelo catalán, por tanto, es "altamente difuso" en cuanto a instituciones de garantía de la transparencia respecta; lo que confronta con otros modelos "más concentrados". pág. 4

[343] **Ley 1/2014, de 24 de junio, de Transparencia Pública de Andalucía** Arts. 43.2 a 46
Decreto 434/2015, de 29 de septiembre, por el que se aprueban los Estatutos del Consejo de Transparencia y Protección de Datos de Andalucía
Web Consejo de Transparencia y Protección de Datos de Andalucía

1.1 Naturaleza Jurídica.

El artículo 43 de la Ley 1/2014, de 24 de junio, de Transparencia Pública de Andalucía crea el Consejo de Transparencia y Protección de Datos (CTPDAn) como la autoridad independiente de control en materia de protección de datos y de transparencia en la Comunidad Autónoma de Andalucía, como su propio órgano independiente para la resolución de las reclamaciones en materia de acceso a la información pública, junto con la previsión del artículo 41 de la Ley Orgánica 15/1999, de 13 de diciembre, de Protección de Datos de carácter personal.

El CTPDAn tiene la consideración de Administración Institucional[344], lo que significa que se configura como una entidad pública y posee personalidad jurídica propia, plena capacidad y autonomía e independencia orgánica y funcional para el ejercicio de sus funciones (art. 43.2 y 46 LTAN). Suma en un mismo órgano de control, la función de protección de datos y la función de promoción de la transparencia y de garantía del derecho de acceso. Tiene carácter unipersonal a los efectos de resolver reclamaciones y cuenta con patrimonio-tesorería propios y autonomía de gestión, siendo el primero de esta naturaleza en funcionamiento a nivel autonómico (después lo contempla la ley en Asturias en 2018 y en el País Vasco).

1.2 Estructura

El Consejo andaluz (CTPDAn), posee una Comisión Consultiva de la Transparencia y la Protección de Datos colegiada, pero asigna a la figura unipersonal de su Director, la capacidad de resolución, siguiendo la línea de la LTAIBG 19/2013 que atribuye la resolución de las reclamaciones del derecho de acceso a la figura del Presidente del CTBG estatal y no a su órgano plenario.

Aunque el Consejo de Andalucía no está adscrito formalmente a ningún departamento del Gobierno, se establece que su relación con la Administración de la Junta de Andalucía se llevará a cabo a través de la Consejería de la Presidencia.

Su estructura se compone de las áreas de Transparencia (que desarrolla las tareas de ordenación, tramitación, gestión y propuesta, de las funciones relacionadas con la materia de transparencia pública), y

---

344 a) La Ley 1/2014, de 24 de junio, de Transparencia Pública de Andalucía, y su normativa de desarrollo. Art. 44. Régimen jurídico: 1. El Consejo tendrá la consideración de Administración institucional a los efectos previstos en la disposición adicional segunda de la Ley 9/2007, de 22 de octubre de la Administración de la Junta de Andalucía. 2. El Consejo se regirá por lo dispuesto en esta ley, por lo establecido en la disposición adicional segunda de la Ley 9/2007, de 22 de octubre, y, supletoriamente, por lo dispuesto en la misma ley para las agencias administrativas, así como por lo que dispongan sus estatutos en materia organizativa y de funcionamiento.

b) La Disposición adicional segunda de la Ley 9/2007, de 22 de octubre, de la Administración de la Junta de Andalucía, y supletoriamente por lo dispuesto en la misma Ley para las agencias administrativas.

c) La Ley 19/2013, de 9 de diciembre, de transparencia, acceso a la información pública y buen gobierno, y su normativa de desarrollo, en aquellos artículos que tengan el carácter de básico.

d) La Ley Orgánica 15/1999, de 13 de diciembre, de Protección de Datos de Carácter Personal y su normativa de desarrollo.

e) La Ley 30/1992, de 26 de noviembre, de régimen jurídico de las Administraciones Públicas y del procedimiento administrativo común, y en su normativa de desarrollo.

f) Las demás normas que resulten de aplicación.

de Protección de Datos (que desarrolla las tareas de ordenación, tramitación, gestión y propuesta de las funciones relacionadas con la materia de protección de datos):

- Dirección. Órgano Unipersonal con funciones ejecutivas
  - Persona adjunta a la Dirección
  - SECRETARIA GENERAL
    - Servicio de Asuntos Generales y Gestión Económica
    - Servicio de Informática y Telecomunicaciones
  - ÁREA DE TRANSPARENCIA
    - Gabinete de Reclamaciones y Consulta
    - Gabinete de Publicidad Activa
  - ÁREA DE PROTECCIÓN DE DATOS
    - Gabinete de Cumplimiento
    - Gabinete de Investigación y Correctivo
  - ASESORÍA JURIDICA
  - DEPARTAMENTO DE COMUNICACIÓN
- Comisión Consultiva. Órgano colegiado de participación y consulta
  - Presidencia
  - Personas miembros de la Comisión
  - Secretaría

Y de dos unidades administrativas, la Secretaría General, responsable de la gestión interna y asuntos de la administración general y de funcionamiento del CTPDAn, de los servicios informáticos y telecomunicaciones. Y la Asesoría Jurídica, que asesora jurídicamente al Consejo.

Las distintas unidades ejercerán sus funciones coordinadamente, especialmente en la ponderación de los derechos, principios e intereses relacionados con la transparencia pública y la protección de datos, en los términos de la Ley 1/2014, de 24 de junio, la Ley 19/2013, de 8 de diciembre, y el resto de normativa sectorial en esas materias. Para ello, la Dirección podrá crear grupos o comisiones de trabajo para mejorar la coordinación de sus actividades, así como asignar provisionalmente al personal del Consejo a dichos grupos o comisiones.

Tanto las áreas como las unidades se adscriben a la Dirección que nombra a las personas responsables de cada área, así como a la secretaría, que sustituirá al responsable de las Áreas en caso de vacante, ausencia o enfermedad.

La Asesoría Jurídica y la representación y defensa jurisdiccional del Consejo podrán ser encomendadas al Gabinete Jurídico de la Junta de Andalucía, mediante el correspondiente convenio, que, en su caso, deberá incluir una cláusula para los supuestos en los que exista confrontación de intereses, de conformidad con lo previsto en el artículo 44.2 de la Ley 1/2014, de 24 de junio, en conexión con el artículo 41.3 de la Ley 9/2007, de 22 de octubre.

1.3 Requisitos básicos de independencia

La normativa de la Comunidad andaluza, contempla que el CTPDAn ejercerá sus funciones con objetividad, profesionalidad, sometimiento al ordenamiento jurídico y plena independencia de las Administraciones Públicas en el ejercicio de las mismas, pero como ya anunciaba, habrá que estudiar si esa independencia es real valorando distintos elementos:

1.3.1 Elección, nombramiento y cese

La elección (art. 11) de la Dirección corresponde al Parlamento de Andalucía[345] por mayoría absoluta de sus miembros, por el procedimiento que determine la Cámara a propuesta de la Consejería competente en materia de transparencia. Una vez elegido se nombra por decreto del Consejo de Gobierno.
La persona nombrada ejercerá sus funciones con plena independencia, neutralidad, dedicación exclusiva y objetividad, no estando sujeta a instrucción o indicación alguna en el desempeño de aquellas. No obstante, la Dirección deberá oír a la Comisión Consultiva en los supuestos en los que esta deba ser o sea consultada. (art. 11 Decreto 434/2015 por el que se aprueban los Estatutos).

En cuanto al cese o destitución de los miembros del Consejo, tanto de la Dirección como de la Comisión, la Ley y el Decreto andaluz contempla (artículo 11.3) la relación de causas tasadas previstas ya en la LTAIBG: expiración del mandato, muerte o incapacitación judicial declarada en sentencia firme, renuncia, incumplimiento grave de sus obligaciones, incapacidad sobrevenida para el ejercicio del cargo e incompatibilidad. Las funciones del cargo serán desarrolladas por la persona titular de la Secretaría General hasta la efectividad del nuevo nombramiento.

El órgano o institución que lleva a cabo la separación o cese es el Consejo de Gobierno en Andalucía. Incluso si el cese es por incumplimiento grave de las obligaciones, el expediente se incoa y tramita por la Consejería competente -Consejería de Presidencia- en materia de transparencia. La Consejería informará al Parlamento del fin del mandato ordinario con una antelación de tres meses a que este se produzca.

La Dirección del CTPDAn decidirá sobre la concurrencia de causa de recusación en cualquiera de los miembros o de la persona que ejerza la Secretaría, o bien la mayoría absoluta de miembros si fuera la persona que ejerza la Presidencia en la que concurra la posible causa.

Los miembros de la Comisión Consultiva cesarán anticipadamente por los mismos supuestos de cese del Director previstos en el artículo 11.3, y también por decisión de la entidad proponente o por la pérdida de la condición que habilite su designación. La entidad proponente comunicará el cese anticipado a la Consejería competente en materia de transparencia e incluirá una nueva propuesta de nombramiento.

1.3.2 Perfiles profesionales

[345] Con fecha de 24 de febrero de 2021, en el transcurso de la sesión celebrada los días 24 y 25, el Parlamento de Andalucía designó, por mayoría absoluta, a Jesús Jiménez López quien sustituye al primer presidente del CTPDAn Manuel Medina Guerrero (2015-2021).

En el CTPDAn al igual que en el Estado, respecto al Director se exige que sea una persona de reconocido prestigio y competencia profesional, si se incluye que cuente con una experiencia mínima de quince años, no se precisa que sea en el ámbito jurídico, pero si en materias relacionadas con la administración pública y que no esté incursa en las incompatibilidades que se contemplan en el art. 9 Decreto.
Por otra parte, las propuestas de las entidades para componer la Comisión Consultiva del CTPDAn, deben recaer en personas con conocimiento en las materias competencia del Consejo. Y se garantizará el principio de representación equilibrada entre hombres y mujeres.

1.3.3 En cuanto a **Incompatibilidades**

En Andalucía aun habiendo depositado las funciones en el órgano unipersonal -el Director-, hay que ir a los Estatutos del Consejo (Decreto 434/2015, de 29 de septiembre, art. 9) siendo de aplicación las incompatibilidades que afectan a los altos cargos de la Junta de Andalucía y otras establecidas en los Estatutos, como el ejercicio de cargo electo o de designación política o puesto/cargo en la Administración pública o sus entidades públicas o privadas adscritas o dependientes, la afiliación o realización de actividades de dirección en partidos políticos, organizaciones sindicales o empresariales, así como cualquier cargo o puesto de dirección o ejecutivas en fundaciones, asociaciones o empresas relacionadas con las competencias del Consejo; ya que en la ley no se establece un régimen de incompatibilidades específicas acorde a la responsabilidad que se desempeña.

1.3.4 Dedicación exclusiva

El Director del CTPDAn tiene una dedicación exclusiva y percibe una retribución similar a la de los altos cargos del gobierno regional andaluz, con rango asimilado a Viceconsejero.
Por otra parte, el desempeño de la condición de miembro o asesor de la Comisión Consultiva no conlleva retribución alguna, sin perjuicio de las indemnizaciones previstas para la asistencia a sus sesiones, que se regirá por lo dispuesto en la normativa de la Administración de la Junta de Andalucía. La Comisión Consultiva se reunirá con carácter ordinario cada tres meses, la Dirección remitirá trimestralmente en formato electrónico a los miembros de la Comisión Consultiva información sobre la actividad del Consejo y las materias de su competencia.

1.3.5 Composición y duración

En cuanto a la duración del mandato, la persona que ejerza la Dirección será nombrada por un período de cinco años no renovable, y con los efectos previstos en el artículo 17.4 de la Ley 9/2007, de 22 de octubre. También los miembros de la Comisión Consultiva de la Transparencia y la Protección de Datos desempeñarán su cargo durante cinco años desde la publicación de su nombramiento, aunque su mandato podrá ser prorrogado por una sola vez, salvo comunicación de propuesta de nueva persona titular o suplente con una antelación de un mes a la expiración del mandato.
En cuanto a su composición, este órgano de control que ha intentado en sus normas la ausencia del componente político y de cargos de la Administración (CTPDAn), (arts. 46, 47 y 49 Ley) está formado

por dos órganos, la Dirección, unipersonal a la que se encomienda la resolución de las reclamaciones en materia de acceso y la Comisión Consultiva como órgano de participación y consulta en materia de transparencia pública y protección de datos, integrada por quince miembros de las entidades[346] a quienes corresponde proponerlos - persona titular y otra suplente- incluido el Director que la preside; y que serán nombrados por la persona titular de la Consejería competente en materia de transparencia, que además deberá garantizar la representación equilibrada de mujeres y hombres.

Ley Andalucía	**Organismo** CTyPD	Designación	**Composición**
Ley 1/2014, de 24 de junio, de Transparencia Pública de Andalucía	Dirección	Propone el Consejo Gobierno Elección: Parlamento de Andalucía, por mayoría absoluta.	Persona de reconocido prestigio y competencia profesional (15 años) 5 años no renovable
	Comisión Consultiva	Instituciones y Entidades 5 años renovable	▪ La Administración de la Junta de Andalucía. 2 ▪ El Parlamento de Andalucía. 1 ▪ Las administraciones locales andaluzas. 1 ▪ Las universidades públicas andaluzas. 1 ▪ Las entidades representativas de las personas consumidoras y usuarias. 1 ▪ Las entidades representativas de los intereses económicos y sociales. 3 ▪ Personas expertas en la materia. 3 ▪ Un representante de la Oficina del Defensor del Pueblo Andaluz. 1 ▪ Un representante de la Cámara de Cuentas de Andalucía. 1

Tras el acta de constitución del Consejo en sesión 15 de mayo de 2017 y la aprobación del Reglamento de Funcionamiento interno de la Comisión Consultiva, los puntos del orden del día de todas y cada una de las sesiones celebradas por la Comisión,[347] son además de la aprobación de los informes anuales y el Plan

[346] Decreto 434/2015 (art. 12.3) Las entidades proponentes serán: a) La Junta dos miembros designados por la Consejería competente en materia de transparencia. b) El Parlamento de Andalucía, un miembro, que deberá tener la condición de Diputado o Diputada. c) La Oficina del Defensor del Pueblo Andaluz, un miembro. d) La Cámara de Cuentas de Andalucía, un miembro, Consejero/a de la misma. e) Las Administraciones Locales andaluzas, un miembro, a través de la asociación de municipios y provincias de carácter autonómico de mayor implantación. f) El Consejo Andaluz de Universidades. un miembro. g) Las entidades representativas de las personas consumidoras y usuarias, un miembro, a través del Consejo de Personas Consumidoras y Usuarias de Andalucía. h) Las entidades representativas de los intereses sociales, dos miembros, en representación de las organizaciones sindicales más representativas de Andalucía. i) Las entidades representativas de los intereses económicos, un miembro, en representación de las organizaciones empresariales más representativas de Andalucía. j) Tres personas expertas en la materia de transparencia o de protección de datos, designadas por la Consejería competente en materia de transparencia, que podrán provenir de entidades que representen a colectivos de profesionales de archivos, de la documentación, de entidades dedicadas al fomento de la transparencia, de entidades relacionadas con la protección de datos, y del ámbito universitario, entre otras.

[347] En la página web podemos leer las actas de las 4 sesiones en 2017, 5 en 2018, 2 en 2019, 4 sesiones en 2020, 5 en 2021 y 3 en 2022 (en- abril).

de Actuación Bienal correspondiente, la aprobación de Informes a anteproyectos de leyes y proyectos de disposiciones de carácter general, proyecto de Decreto- art. 15.1.d) de los Estatutos del Consejo.

1.4 Otros mecanismos de garantía de independencia e imparcialidad

El régimen presupuestario, patrimonial, económico-financiero, de contabilidad e intervención del Consejo será el establecido en el Texto Refundido de la Ley General de la Hacienda Pública de la Junta de Andalucía y en las demás disposiciones que le sean de aplicación. El régimen de contratación será el establecido para las administraciones públicas en el texto refundido de la Ley de Contratos del Sector Público, aprobado por Real Decreto Legislativo 3/2011, de 14 de noviembre. (art. 44.3 Ley 1/2014, de 24 de junio, de Transparencia Pública de Andalucía, y su normativa de desarrollo).
Las funciones de control interno y contabilidad del Consejo corresponderán a una Intervención Delegada, en los términos previstos por la normativa vigente. (art. 20 Decreto)

1.4.1 Recursos económicos

Para facilitar la puesta en marcha, funcionamiento y ejercicio de las competencias del CTPDAn, el Decreto por el que se aprueba el Estatuto de su creación habilita al Gobierno regional, mediante la DF1ª, a realizar las actuaciones necesarias; a la Consejería de Hacienda -dentro de las disponibilidades presupuestarias- a habilitar los créditos necesarios y las modificaciones presupuestarias y a realizar las adaptaciones de las RPTs y plantilla presupuestaria, así como a realizar las creaciones, supresiones y modificaciones precisas en cualquiera de los puestos de trabajo, atendiendo a los principios de eficacia, austeridad, racionalización y reducción del gasto público.

El CTPDAn dispone en su web de una planificación y presupuesto anual con cargo al Presupuesto de la Comunidad Autónoma, corresponde a la Dirección del Consejo aprobar el Anteproyecto, remitirlo a la Consejería de Hacienda, para su incorporación como sección del proyecto de Ley del Presupuesto de la CCAA para el año que corresponda (art. 20); también al Director del Consejo le corresponde la ordenación de gastos y las relativas a la ejecución y liquidación del presupuesto, y donde los pagos serán ordenados y realizados por la Consejería de Hacienda a instancia del Director del Consejo. Así mismo asume las atribuciones en materia de contratación.

Podemos encontrar su evolución desde el año 2015 en que su presupuesto es de 60.000 (de los cuales en gastos personal 57.688 (96,1%)) al año 2022 que es de 3.887.887 (gastos de personal 3.067.627 (78,9%).

Anualidad	Presupuesto CTPDAn	Gastos de Personal
2015	60.000	57.688 (96,1%)
2016	1.241.806	687.806
2017	1.313.509	530.884
2018	2.660.590	1.791.996 (67,3%)
2019	2.479.963	1.843.813
2020	3.993.534	3.043.459

2021	3.831.881	2.911.921
2022	3.887.887	3.067.627 (78,9%)

https://www.ctpdandalucia.es/transparencia-del-consejo/informacion-economica-financiera-presupuestaria/presupuestos

El patrimonio del Consejo estará integrado por los bienes y derechos que le sean adscritos o cedidos por la CCAA de Andalucía o cualquier otra Administración Pública, así como por todos aquellos bienes y derechos que adquiera o reciba por cualquier título (art. 18). El Consejo tiene la consideración de administración pública a efectos de la legislación de contratos del sector público.

Andalucía es la CCAA más poblada de España, con una población de 8.501.450 personas en 2020 creciendo en 2021 en 15.836 hasta los 8.518.053.

1.4.2 Régimen de Personal

Andalucía[348] a diferencia de otras CCAA, cuenta con un Decreto, que prevé la elaboración y aplicación de las relaciones de puestos de trabajo, y recoge que la propuesta de RPT se elabora por la Dirección -con la colaboración de la Consejería competente en materia de Administración Pública- y constarán los puestos que deban ser desempeñados en exclusiva por personal funcionario, así como la determinación de los puestos, los grupos de clasificación profesional, los cuerpos o escalas, en su caso a que estén adscritos, los sistemas de provisión de puestos y las retribuciones complementarias. Las personas responsables de las Áreas y de la Secretaría General serán nombradas por la Dirección, de entre personas que ostenten la condición de personal funcionario de carrera del Subgrupo A1, a través del procedimiento de libre designación. La propuesta la remitirá al órgano competente para su aprobación.
Tanto las áreas como unidades administrativas que se incluyan en la relación de puestos de trabajo, y que tendrán asignadas la gestión de las competencias, de la que dependerán orgánica y funcionalmente, se adscriben a la Dirección.

El Portal del Consejo nos da información y un listado de 8 personas responsables de las distintas unidades administrativas del mismo, listado de los procesos de selección de personal del Consejo (concurso de méritos, libre designación), listado de personal del Consejo con contrato eventual (Asesora de documentación), listado de personal laboral del Consejo (1 conductor). En resumen, la información sobre los puestos de trabajo del personal funcionario adscritos al Consejo es de 38 personas[349]. Aunque

[348] Decreto 390/1986, de 10 de diciembre, por el que se regula la elaboración y aplicación de las relaciones de puestos de trabajo. Artículo 16.3. El ejercicio de funciones que impliquen la participación directa o indirecta de potestades públicas o salvaguardia de interés general será exclusivamente atribuido al personal que ostente la condición de funcionario de carrera. 4. Todo el personal del Consejo estará obligado a guardar reserva sobre las informaciones que conozcan en el ejercicio de sus funciones, incluso después de haber cesado en las mismas. 5. El personal funcionario del Consejo cuando realice funciones de investigación en materias propias de la competencia del Consejo, tendrán el carácter de agente de la autoridad. El Consejo tiene la consideración de administración pública a los efectos de la legislación de contratos del sector público, según lo previsto en el artículo 3.2 d) del Texto Refundido de la Ley de Contratos del Sector Público, aprobado por Real Decreto Legislativo 3/2011, de 14 de noviembre.
https://www.ctpdandalucia.es/

[349] http://datosabiertos.ctpdandalucia.es/catalogo-de-datos/group/informacion-institucional

estudiando los informes vamos viendo la evolución, así en 2016 el Consejo cuenta con 15 puestos de trabajo para atender las funciones encomendadas, que son esencialmente de carácter jurídico y que el CTPDAn considera insuficiente, hasta que la RPT que se aprobó en agosto de 2017, respondiendo a las necesidades que planteó el organismo y compuesta por personal de alto perfil profesional, creando y modificando varios puestos de trabajo en las distintas áreas adscritas a la Dirección del Consejo, Secretaría General, Área de Transparencia y Asesoría Jurídica. Se han ocupado unas plazas por libre designación como sistema de provisión y el resto por el sistema de concurso (convocado por la Junta de Andalucía), hasta un total de 29 entre personal funcionario, laboral o eventual En 2019 se modifica de nuevo la RPT y se incluyen hasta 47 puestos de trabajo. (BOJA 22 noviembre 2019)

1.5 Funciones y ámbito de control

El Consejo ejercerá sus funciones a través de la Dirección, cuyos actos serán ejecutivos y pondrán fin a la vía administrativa. El CTPD de Andalucía es el único que acumula las funciones en materia de transparencia y de protección de datos y es claro que existe una relación entre ambos derechos, ya que una de las razones por las que la administración no autoriza la información que se solicita, es ese derecho fundamental a la protección de datos de terceras personas.

Hasta el año 2020, el CTPDAn no realiza en la práctica actividad respecto a protección de datos, las denuncias eran remitidas y tratadas por la Agencia Estatal de Protección de Datos; porque no se habían completado las previsiones de la Disposición Transitoria tercera del Decreto 434/2015, por el que se aprueban los estatutos del Consejo. Mientras tanto se previó un régimen que permitiría la asunción gradual de competencias dado que la Agencia Española de Protección de Datos viene ejerciendo estas funciones y queda asegurada su correcta ejecución sin pérdida en la seguridad jurídica; siendo imprescindible para el ejercicio por la CCAA de competencias en protección de datos, la tramitación y aprobación de los instrumentos que sean necesarios de acuerdo con el bloque de la constitucionalidad, produciéndose así una transición ordenada en la asunción y aplicación de las mismas.

Hasta que se ha producido la asunción efectiva del ejercicio de las competencias en materia de protección de datos, el CTPDAn y la Agencia Española de Protección de Datos[350] han adoptado en el ámbito de la cooperación institucional **los criterios** de aplicación, en su ámbito de actuación, de las reglas contenidas en el artículo 15 de la Ley 19/2013, de 9 de diciembre (LTAIBG), en particular en lo que respecta a la ponderación del interés público en el acceso a la información derivado de los principios de publicidad y transparencia de la actuación de los poderes públicos, con el derecho de las personas afectadas cuyos datos aparezcan en la información publicada o solicitada, en particular su derecho fundamental a la protección de datos de carácter personal, de conformidad con dicha Ley y la LPD 15/1999, de 13/12 de diciembre.

---

[350] La Dirección del Consejo representará a la CCAA de Andalucía en el Consejo Consultivo de la Agencia Española de Protección de Datos, en aplicación de la disposición adicional tercera de la Ley 1/2014, de 24 de junio, de Transparencia Pública de Andalucía.

De esta manera, el Consejo ha ejercido plenamente las competencias en materia de transparencia desde el inicio, también extiende su control sobre la publicidad activa y gradualmente en materia de protección de datos.

Hay que destacar que, se trata de un caso singular, al sumar la transparencia y la protección de datos, siendo así el único caso que recogía la propuesta que formularon Guichot y Piñar[351] sobre la conveniencia de unir estos dos ámbitos a la hora de implementar el desarrollo de sus estructuras autónomas.
Tanto la Ley Orgánica 3/1981, de 6 de abril, del Defensor del Pueblo, como el Tribunal Constitucional en su STC 290/2000[352], admiten que, a falta de atribución de las competencias sobre acceso a la información a autoridades independientes autonómicas, estas podrían recaer en la AEPD.

El primer Plan de Actuación Bienal del Consejo de Transparencia y Protección de Datos de Andalucía 2017 finalizó su periodo de vigencia en diciembre de 2018, y en enero de 2019 entró en vigor un nuevo Plan de Actuación del CTPDAn 2019-2020, haciendo notar que se completaría la etapa iniciada con el nombramiento del director en enero de 2016 y coincidiría, con la asunción efectiva por parte del Consejo de la competencia en materia de protección de datos, pero no fue así, causando -en palabras del CTPDAn- una notable **erosión de la imagen institucional del Consejo**. Más allá de la distorsión que conlleva la imposibilidad de llevar a efecto una función que le ha encomendado el legislador, se han defraudado las expectativas de la ciudadanía andaluza, que en decenas de ocasiones ha acudido a él en tutela de su derecho a la protección de datos personales y se ha visto en la obligación de decirles que, pese a los inequívocos términos de la LTPDAn, solo de Madrid a través de la Agencia Española, pueden esperar la protección de un derecho que su propio Estatuto de Autonomía les reconoce de forma explícita (art. 32). La ciudadanía que demanda la tutela del Consejo no alcanza a entender cómo una institución que se presenta ante la opinión pública como el Consejo de Transparencia y Protección de Datos de Andalucía sencillamente no responde a tal nombre; con el consiguiente deterioro de la imagen institucional que se había proyectado.

Tras la asunción de competencias en materia de protección de datos en **2020,** el director del Consejo, durante su comparecencia parlamentaria en la Comisión de Turismo, Regeneración, Justicia y Administración Local (02/12/2021, ha presentado el Informe de Actuación 2020 superando los 1.000 asuntos registrados, un 5% más en relación al ejercicio anterior.

---

[351] GUICHOT op.cit., "Transparencia y acceso a la información pública en España: análisis y propuestas legislativas", pág. 45 (2011). PIÑAR MAÑAS, J.L. "Seguridad, transparencia y protección de datos: el futuro de un necesario e incierto equilibrio" en Documentos de trabajo (Laboratorio de alternativas), núm. 147, pág. 88 (2009): Consideran que podría funcionar de forma económica y jurídicamente muy eficaz la fusión de sus competencias con las agencias de protección de datos. Todo ello al margen de la posibilidad de queja ante el defensor del pueblo y de la garantía judicial última) y en base a los modelos inglés y alemán, que se han mostrado sumamente eficaces. En Andalucía no se ha creado, si se han creado tres APD en CCAA, la madrileña, la catalana y la vasca, aunque no unen las funciones de transparencia.

[352] https://vlex.es/vid/ri-56-29-106371 ST. 290/2000 de 30 de noviembre.

En este sentido, y a fecha febrero 2022, el 60% de los municipios andaluces aún no había comunicado el Delegado de Protección de Datos al Consejo. Para revertir estas cifras, el Consejo ya puso en marcha en 2021 una campaña informativa para aquellos ayuntamientos que aún no contaban con Delegado de PD o bien no lo habían comunicado oficialmente, con objeto de recordarles la obligatoriedad de contar con esta figura, exigencia fijada en el Reglamento General de Protección de Datos.

Plan Estratégico

El Consejo ha preparado su Plan Estratégico, con un horizonte de 2025 cuyo objetivo es consolidar al Consejo como "una institución abierta y cercana, que continúe tendiendo puentes de comunicación con todos los interlocutores, con la determinación de ofrecer una mejor y más rápida respuesta a los ciudadanos otorgarles mayor protección y una garantía efectiva de sus derechos. En este ámbito tiene especial importancia atender a aquellos obstáculos que pueden impedir la igualdad en el acceso a la protección que el Consejo ofrece, ya sea de carácter tecnológico, o de otro orden.

El Plan estratégico aborda también la actuación del Consejo ante los desafíos tecnológicos y de innovación a los que se enfrenta el sector público, como garantía de calidad en la prestación de los servicios y para la realización del interés general, particularmente en caso de actuaciones automatizadas, haciendo uso de algoritmos y sistemas de inteligencia artificial. Para cumplir su objetivo final, se propone preservar a la persona, consolidar los deberes de transparencia y garantizar la protección de sus datos personales. En ese contexto, se compromete a prestar atención a la infancia, particularmente en el entorno educativo, y a las personas integradas en colectivos vulnerables.

1.5.1 Potestad sancionadora

El CTPD cuenta con un régimen sancionador[353] en su legislación de transparencia, en la que se tipifica como falta muy grave el incumplimiento de las resoluciones del Consejo. El Consejo cuando constate incumplimientos en esta materia susceptibles de ser calificados como alguna de las infracciones, insta el inicio del procedimiento sancionador del órgano competente, que viene obligado a su incoación y a comunicar al Consejo el resultado del mismo. En concreto es la Dirección la que insta la incoación de expedientes disciplinarios o sancionadores.

Entre las infracciones tipificadas como muy graves imputables a las autoridades, directivos y personal de las entidades, está el incumplimiento de las resoluciones dictadas en materia de acceso, la falta de colaboración en la tramitación y el no suministrar la información. Cuando las infracciones sean imputables a autoridades y directivos, la sanción consiste según el grado, en una amonestación, declaración de incumplimiento que se publica en el Boletín Oficial y **cese en el cargo** del responsable, con **prohibición de ser nombrado** en un cargo similar durante un período de tres años. Este sistema no contempla multas para el sector público, pero sí para el sector privado, sanciones de amonestación y multa comprendida entre 200 y 400.000 euros.

---

[353] El título VI (art. 50 a 57) Ley 1/2014, de 24 de junio, de Transparencia Pública de Andalucía.

Con ello, se trata de dar respuesta a una cuestión ampliamente demandada por las organizaciones promotoras de la transparencia y por la ciudadanía, pero que en la práctica no está dando los resultados que se deseaba ya que, la potestad sancionadora será ejercida por la Consejería de la Junta de Andalucía competente en materia de transparencia (Presidencia) o por la entidad local titular del servicio público afectado, quedando en una mera declaración de intenciones.

1.6 Fortalezas

Destacar entre los puntos fuertes del CTPDAn, que cuenta con personalidad jurídica y capacidad suficiente para contraer obligaciones y realizar actividades que generan plena responsabilidad jurídica, frente a sí mismos y frente a terceros, y permite actuaciones con plena validez jurídica.

También que la persona que ejerce la Dirección se nombra por un período de cinco años no renovable, con lo que sobrepasa el número de años de la legislatura del gobierno que le nombró, además de reconocida experiencia y aunque no jurídico si tener conocimiento en las materias relacionadas. Al mismo tiempo, las propuestas de las entidades para componer la Comisión consultiva también deben recaer en personas con conocimiento en las materias competencia del Consejo. Además, se garantizará el principio de representación equilibrada entre hombres y mujeres.

En el ámbito material, la Dirección del Consejo aprueba el anteproyecto de Presupuesto, para su incorporación como sección del proyecto de Ley del Presupuesto de la CCAA, y le corresponde instar a la Consejería la ordenación de gastos y las relativas a la ejecución y liquidación del presupuesto; también asume las atribuciones en materia de contratación. Cuenta con una plantilla más que numerosa y con un presupuesto mayor que el del Consejo estatal (23 personas y 3.003.250€ en 2022), frente a (47 personas y 3.887.887€ de presupuesto en esta anualidad del CTPDAn).

Existe potestad sancionadora en el CTPDAn, el legislador establece un régimen sancionador, arbitrando los mecanismos necesarios y adecuados para que la cultura de la transparencia no quede en una mera declaración de intenciones, trasladando a la ley el decidido compromiso de la CCAA con la transparencia, la democracia y la ciudadanía estableciendo sanciones que van desde la amonestación al cese, que según leemos en el prólogo, persigue no tanto actuar como mecanismo coercitivo o represor, como garantizar y hacer efectivo el derecho de la ciudadanía a la transparencia pública.

1.7 Debilidades

En el ámbito normativo, aunque se contempla su no adscripción formal a ningún departamento del Gobierno autonómico, su director es elegido por el Parlamento, pero a propuesta de la Consejería de Presidencia, competente en materia de transparencia, ya que se establece que su relación con la Administración de la Junta de Andalucía se llevará a cabo a través de ella. Es más, es el Consejo de Gobierno el órgano que separa o cesa de su cargo al director. Incluso si el cese es por incumplimiento grave de las obligaciones, el expediente se incoa y tramita por la Consejería de Presidencia.

Como vemos, el mecanismo de destitución y sus causas son fundamentales para esa independencia de la que hacen gala todas las leyes autonómicas, para evitar el cese por razones políticas o de desacuerdo con las decisiones tomadas por los consejos.

Por otro lado, se exige que sea una persona de reconocido prestigio y competencia profesional, se incluye que cuente con una experiencia mínima de quince años, pero no se precisa que sea en el ámbito jurídico.

Una dificultad añadida es respecto a la Asesoría Jurídica y la representación y defensa jurisdiccional del Consejo que podrán ser encomendadas al Gabinete Jurídico de la Junta de Andalucía, mediante el correspondiente convenio, que, en su caso, deberá incluir una cláusula para los supuestos en los que exista contraposición de intereses.

Hemos de reconocer que la unión en un mismo órgano de control de las competencias sobre acceso a la información y sobre protección de datos puede tener puntos positivos como la economía de recursos y que se aportaría una perspectiva de conjunto, pero también negativos como el que uno tenga más importancia que otro para la persona que los representa (Director) y que lo que podría ser una respuesta coordinada a las cuestiones que se planteen no siempre se consiga y prime más la protección que la transparencia -más que probable- y se lleve a cabo por ello una interpretación restrictiva del principio de transparencia y publicidad cuando la información contiene datos personales. Los datos analizados nos dicen que la protección de datos es la principal limitación a la transparencia.
Optando por este modelo, sería necesario una evaluación sensata de medios personales y tal vez materiales, y sobre todo una nueva cultura que fuera acompañada de una nueva organización interna que reflejara esta dualidad.

CUADRO RESUMEN

Ley	CTyPD	Designación	Composición
Ley 1/2014, de 24 de junio, de Transparencia Pública de Andalucía Decreto 434/2015, de 29 de septiembre, por el que se aprueban los Estatutos del Consejo	**Dirección** Órgano Unipersonal ejecutivo	Propone el Consejo Gobierno Elección: Parlamento de Andalucía, por mayoría absoluta.	Persona de reconocido prestigio y competencia profesional (15 años) 5 años no renovable
	Comisión Consultiva Órgano colegiado con funciones de asesoramiento Personalidad Jca. Potestad sancionadora	Instituciones y Entidades 5 años renovable	▪ La Administración de la Junta de Andalucía. 2 ▪ El Parlamento de Andalucía. 1 ▪ Las administraciones locales andaluzas. 1 ▪ Las universidades públicas andaluzas. 1 ▪ Las entidades representativas de las personas consumidoras y usuarias. 1 ▪ Las entidades representativas de los intereses económicos y sociales. 3 ▪ Personas expertas en la materia. 3 ▪ Un representante de la Oficina del Defensor del Pueblo Andaluz. 1 ▪ Un representante de la Cámara de Cuentas de Andalucía. 1

2. Consejo de Transparencia de ARAGÓN (CTAr) [354]

Se crea el Consejo de Transparencia de Aragón como órgano destinado a promover la transparencia de la actividad pública en la Comunidad Autónoma, velando por el cumplimiento de las obligaciones de publicidad activa y garantizando el ejercicio del derecho de acceso a la información pública (art. 37).
La LTAR en el capítulo IV sobre la Organización, fomento y control de la transparencia recoge que la designación, organización y funcionamiento del Consejo se regularán mediante reglamento aprobado por decreto del Gobierno de Aragón, en cuya elaboración participarán las instituciones que tienen representación en el Consejo; ese reglamento se aprueba por Decreto 32/2016, de 22 de marzo.

2.1 Naturaleza Jurídica.

El Consejo de Transparencia de Aragón (CTAr) no tiene personalidad jurídica propia, pero sí carácter colegiado. Actúa con independencia orgánica y funcional y está adscrito al departamento competente en materia de transparencia del Gobierno, que ha de poner a su disposición los medios y recursos necesarios para el ejercicio de sus funciones.

2.2 Estructura

Se estructura en una Presidencia, Vicepresidencia, Pleno y Secretaría que da apoyo administrativo y asistencia técnica al Pleno del CTAr y al resto de sus órganos y será ejercida, con voz y sin voto, por un funcionario superior designado por el titular del departamento competente en materia de transparencia de entre los pertenecientes al mismo. (art. 6.1 Decreto)
El Consejo de la Transparencia de Aragón sigue el modelo estatal del CTBG con una composición colegiada y una presidencia u órgano ejecutivo, pero se diferencian ya que resuelve su órgano colegiado (Pleno).
El Presidente[355] elegido por el Pleno, por mayoría, de entre sus miembros, representa legal e institucionalmente al CTAr y estará asistido en el ejercicio de sus funciones por la Vicepresidencia, le

---

[354] Ley 8/2015, de 25 de marzo, de Transparencia Pública y Participación Ciudadana de Aragón Art. 37

Decreto 32/2016, de 22 de marzo, del Gobierno de Aragón, por el que se aprueba el Reglamento de Organización y de Funcionamiento del Consejo de Transparencia de Aragón

Consejo de Transparencia de Aragón

[355] Decreto 32/2016, de 22 de marzo (artículo 7.2). Son funciones de la Presidencia del Consejo de Transparencia de Aragón las siguientes: a) Ostentar la representación legal e institucional del Consejo y dirigir, promover y coordinar sus actuaciones. b) Fijar el orden del día, convocar, presidir y moderar las sesiones del Pleno, en las que contará con voto de calidad. c) Autorizar con su firma las actas de las sesiones y certificaciones de acuerdos y disponer su cumplimiento. d) Dirigirse en nombre del Consejo a instituciones, organismos, entidades, asociaciones, autoridades y particulares. e) Velar por el cumplimiento de los fines propios del Consejo y de la adecuación de su actuación a lo dispuesto en este Decreto y en el resto de la normativa vigente de aplicación. f) Disponer lo necesario para el exacto cumplimiento de los acuerdos del Consejo. g) Ejercer cuantas otras funciones sean inherentes a la condición de la Presidencia.

prestará el apoyo necesario en las sesiones del Consejo, supliéndolo en caso de vacante, ausencia o enfermedad, o asumiendo el ejercicio de sus funciones por delegación.
El Pleno, como órgano superior del Consejo, está bajo la dirección y coordinación de la Presidencia, e integrado por la totalidad de sus miembros, con voz y voto. El presidente podrá incorporar, con voz y sin voto, a expertos o personal técnico por razón de los asuntos a tratar por el Pleno. Lo mismo podrá ser acordado por la mayoría del Pleno. Se reunirá, con carácter ordinario, cuatro veces al año, con una periodicidad trimestral. Podrá reunirse, con carácter extraordinario, mediante convocatoria acordada por su presidente, por propia iniciativa o a propuesta de un tercio de los miembros del Pleno (art. 8 DecretoR).

Presidente
- Vicepresidente

Pleno Órgano de resolución
- Presidente
- Miembros

2.3 Requisitos básicos de independencia

2.3.1 Elección, nombramiento y cese

Destaca, singularmente, este Consejo de Transparencia de Aragón (CTAr) por ser el único en el que en el nombramiento del Presidente no interviene el Parlamento autonómico; el Presidente del CTAr es elegido **por el Pleno del Consejo** por mayoría simple de entre sus miembros (art. 7 Reglamento); los miembros del Pleno serán nombrados por orden del titular del departamento competente en materia de transparencia, previa designación de cada una de las instituciones representadas.

El Consejo de Gobierno por orden del titular del departamento con competencia en materia de transparencia, es quien lleva a cabo la separación o cese, por causas objetivas tasadas[356] (art 10.5) o a petición de la entidad que los hubiera designado, pero el Reglamento no dice nada respecto a las causas para esa petición de destitución por parte de la entidad que propuso, de manera que tendrán libertad para quitar y poner dichas instituciones.
Las vacantes que se produjeran antes de expirar el plazo previsto se cubren por el tiempo que reste para completar el mandato de quien sustituyen, por el suplente que se designó al mismo tiempo.

---

[356] Art. 10.5. Reglamento La condición de miembro del Consejo de Transparencia de Aragón podrá perderse cuando así se acuerde por orden del titular del departamento con competencia en materia de transparencia, por alguna de las causas siguientes: a) Por cesar en el desempeño del cargo o empleo público, en aquellos miembros cuyo nombramiento se produzca por razón de tal circunstancia. b) Por revocación o cese acordado por el ente que lo designó, debidamente comunicada a la Secretaría del Consejo. c) Por renuncia del interesado, comunicada a los órganos y entidades que lo designaron y a la Secretaría del Consejo. d) Por fallecimiento, incompatibilidad sobrevenida o incapacidad permanente para el ejercicio de su función. e) Por resolución firme, de carácter judicial o administrativo, que conlleve la inhabilitación o suspensión para el ejercicio de cualquier cargo público.

2.3.2 Perfiles profesionales

No se requiere ningún tipo de especialización, ni siquiera al presidente (desde 2016 a la actualidad es un Funcionario de Habilitación Nacional, perteneciente a la Subescala de Secretaría -Jesús Colás Tenas-, representante de las Entidades Locales en el CTAr), no aparece ningún requisito sobre el perfil profesional en los procesos de elección y nombramiento de sus componentes en el Reglamento de desarrollo de la Ley de Aragón.

2.3.3 En cuanto a **Incompatibilidades**

La Ley aragonesa también es escueta en esta cuestión, no se establece ningún requisito de permanencia o incompatibilidades.

2.3.4 Dedicación parcial o simbólica

El art. 15.2 Decreto CTAr solo da derecho a percibir indemnización por los gastos de desplazamiento desde la localidad de residencia, con arreglo a las cuantías establecidas por tal concepto para los funcionarios públicos de la Administración de la CCAA y el art. 8.3 prevé que los miembros solo se reúnan de forma ordinaria una vez al trimestre.
También se recoge que la condición de miembro del Consejo de Transparencia no exigirá dedicación exclusiva (art. 6.3). Y en la Web del Consejo aparece el certificado de Secretaría por el que "*Ninguno de los cargos (Presidente, Vicepresidenta, Secretaria y miembros del Pleno) tiene retribución*" [357].

2.3.5 Composición y duración

Los miembros del CTAr serán nombrados por cuatro años renovables – con posibilidad de designación por otro periodo de igual duración (artículo 10 2).
Este órgano colegiado está compuesto por el Presidente, Vicepresidente, Pleno y Secretaría; los miembros del Pleno (un número no menor de 14) son nombrados por orden del titular del departamento competente en materia de transparencia, previa designación de cada una de las instituciones representadas[358], el Pleno

---

[357] Certificado de la secretaria del CTAR sobre percepción de retribuciones de los miembros (PDF, 40KB) Consejo de Transparencia de Aragón

[358] Art..6.2. Decreto 32/2016) Su composición será la siguiente: a) Un representante de cada uno de los Grupos Parlamentarios de las Cortes de Aragón. b) Un representante del Justicia de Aragón. c) Un miembro del Consejo Consultivo de Aragón. d) Un representante de la Cámara de Cuentas. e) Un representante de las entidades locales. f) Un representante del departamento del Gobierno de Aragón competente en materia de transparencia. g) Un miembro nombrado por la Universidad de Zaragoza. h) Dos representantes de los agentes sociales, colectivos o asociaciones con mayor representatividad en la CCAA de Aragón. i) Dos representantes de las organizaciones y asociaciones de defensa de los consumidores y usuarios legalmente constituidas.

ORDEN CDS/472/2016, de 19 de mayo, por la que se nombran los miembros del Consejo de Transparencia de Aragón. (B.O.A. nº 102 de 30/05/2016

elige al Presidente del CTAr, por mayoría, de entre sus miembros; al igual que el titular de la Vicepresidencia elegido también por el Pleno, por mayoría, de entre sus miembros.

2.4 Otros mecanismos de garantía de independencia e imparcialidad

El art. 2. Decreto 32/2016, de 22 de marzo, del Gobierno de Aragón, por el que se aprueba el Reglamento de Organización y de Funcionamiento del Consejo de Transparencia de Aragón señala que el CTAr se encuentra adscrito al Departamento competente en materia de transparencia, el cual habrá de poner a su disposición los medios personales, técnicos y materiales necesarios para el ejercicio de sus funciones.

2.4.1 Recursos económicos

El Decreto también nos avisa en la Disposición adicional cuarta, de que la creación y puesta en funcionamiento del Consejo de Transparencia de Aragón no podrá suponer incremento de dotaciones, retribuciones u otros gastos de personal ni, por otros conceptos, incremento neto de estructura o de personal al servicio de la Administración de la Comunidad Autónoma de Aragón. Por lo que, para ejercer sus funciones, el CTAr se financiará con cargo a los presupuestos del Departamento competente en materia de transparencia. (art. 15). No tiene presupuesto propio.
No podemos consultar directamente cual es la financiación concreta del CTAR anual, ya que la página Web del CTAr en su apartado "Información Presupuestaria", enlaza con la web específica en la que se pueden consultar y comparar los datos del Gobierno de Aragón (Ley Ley 9/2021, de 30 de diciembre, de Presupuestos de la Comunidad Autónoma de Aragón para el ejercicio 2022.), pero no como un apartado concreto del CTAR, en su dirección https://transparencia.aragon.es/CTAR, por tanto no sabemos cuánto se destina a su funcionamiento.

2.4.2 Régimen de Personal

Como ya observábamos en el anterior apartado, tampoco en la web del Consejo se encuentran datos, si se hace una definición de empleados públicos como todas aquellas personas que desempeñan funciones retribuidas en las Administraciones Públicas al servicio de los intereses generales, y se especifican los diversos modelos de empleados públicos, pero no se publica la RPT ni los procedimientos de acceso al CTAr.
Un dato relevante es que la Secretaría que da apoyo administrativo y asistencia técnica al Pleno del CTAr y al resto de sus órganos ocupa la Jefatura de Servicio de Transparencia del Gobierno de Aragón desde abril de 2016.

2.5 Funciones y ámbito de control

El art. 36 de la Ley 8/2015, de 25 de marzo, de Transparencia de la Actividad Pública y Participación Ciudadana de Aragón atribuye al CTAr la función de resolver las reclamaciones que se interpongan contra las resoluciones en materia de acceso a la información pública, con carácter potestativo y previo a su impugnación en vía contencioso-administrativa.

También tiene encomendada la promoción de la transparencia de la actividad pública en la CCAA, velando por el cumplimiento de las obligaciones de publicidad activa y garantizando el ejercicio del derecho de acceso a la información pública. (art. 37)

Se completa con las reflejadas en el Decreto de desarrollo art. 5): b) Formular resoluciones para el mejor cumplimiento de las obligaciones de transparencia. c) Informar preceptivamente proyectos normativos que desarrollen la ley en materia de transparencia o estén relacionados con esta materia. d) Evaluar el grado de aplicación y cumplimiento de las obligaciones en materia de transparencia. e) Promover actividades de formación y sensibilización, así como actividades de investigación, análisis y evaluación. f) Colaborar con órganos de naturaleza análoga. g) Tomar conocimiento del informe anual contemplado en el artículo 38 de la Ley 8/2015, de 25 de marzo, que elabora el departamento competente en materia de transparencia. h) Ejercer la función de control sobre las Administraciones públicas aragonesas a que se refiere el artículo 41 de la Ley 8/2015, de 25 de marzo. i) Aquellas otras que le atribuyan otras disposiciones de rango legal o reglamentario.

No recoge potestad sancionadora, el CTAr no insta el inicio del procedimiento sancionador del órgano competente, que pudiera venir obligado a la incoación de expedientes disciplinarios o sancionadores.

2.6 Fortalezas

Podemos situar en el lado de las fortalezas que el Consejo de la Transparencia de Aragón, sigue el modelo estatal del CTAIBG con una composición colegiada y una presidencia, pero se diferencian ya que resuelve su órgano colegiado (Pleno) lo que puede tener una parte positiva, y es que asegura múltiples puntos de vista y evita las posibles presiones a las que podría estar sometido.
Además, es el único órgano de garantía en que la elección de su presidente es por el Pleno del Consejo por mayoría simple de entre sus miembros, como fórmula novedosa.

2.7 Debilidades

En el ámbito normativo: Su composición colegiada puede tener una parte negativa porque las distintas entidades que poseen representación en estos plenarios en muchos casos son instituciones con ciertas vinculaciones políticas, son directamente representantes parlamentarios o de organizaciones económicas y sociales que pueden tener relaciones de interdependencia e intereses en relación al gobierno y las administraciones a las que pretenden controlar, a la vez que un representante del propio gobierno. 14 miembros entre ellos también un representante del departamento del Gobierno de Aragón y de los grupos políticos (un representante de cada uno de los Grupos Parlamentarios de las Cortes, uno de las entidades locales)

Destaca, singularmente, este Consejo, por ser el único en el que la elección del presidente es por el Pleno del Consejo por mayoría simple de entre sus miembros (no interviene el Parlamento autonómico), aunque los miembros del Pleno son nombrados por el Consejero del departamento competente en materia de transparencia, previa designación de cada una de las instituciones representadas. Se suma a esta debilidad que la secretaría la ejerce un funcionario superior designado por orden del titular del departamento competente en materia de transparencia de entre los pertenecientes al mismo.
No obstante, no se exige ningún requisito sobre el perfil profesional en los procesos de elección y nombramiento de sus componentes. Tampoco se establece ningún requisito de permanencia o incompatibilidades.

Los miembros del CTAr son nombrados por cuatro años renovables, con lo cual coinciden con la legislatura del gobierno que los ha nombrado, la independencia aconseja que los mandatos sean superiores a la legislatura y no sean renovables o lo sean de forma limitada. No tienen dedicación exclusiva, solo derecho a percibir indemnización por los gastos de desplazamiento desde la localidad de residencia, y se prevé que los miembros solo se reúnan de forma ordinaria una vez al trimestre; -lo aconsejable o habitual en las instituciones u organismos es reunión una o dos veces al mes-.

Carece de potestad sancionadora, de sede, de presupuesto, de personal y de página web propia. Se incluye en la web del gobierno.

CUADRO RESUMEN

Ley ARAGÓN	**Organismo CTAr**	Designación	**Composición**
Ley 8/2015, de 25 de marzo, de Transparencia Pública y Participación Ciudadana de Aragón Decreto 32/2016, de 22 de marzo, por el que se aprueba el Reglamento de Organización y de Funcionamiento del Consejo	Presidente	Elección: por el Pleno del Consejo por mayoría simple de entre sus miembros.	Ningún tipo de especialización 4 años renovable
	Vicepresidente	Elección: por el Pleno	
	Pleno (resuelve) Órgano colegiado	Instituciones y Entidades Sin dedicación exclusiva Indemnización por los gastos Carece de potestad sancionar	▪ Un representante de cada uno de los Grupos Parlamentarios de las Cortes de Aragón ▪ Un representante del Justicia de Aragón. ▪ Un miembro del Consejo Consultivo de Aragón. ▪ Un representante de la Cámara de Cuentas. ▪ Un representante de las entidades locales. ▪ Un representante del departamento del Gobierno de Aragón ▪ Un miembro nombrado por la Universidad de Zaragoza. ▪ Dos representantes de los agentes sociales, colectivos o asociaciones con mayor representatividad en la Comunidad Autónoma de Aragón.

3. El Comisionado de Transparencia y Acceso a la Información Pública de CANARIAS[359] (CTCn)

El comisionado o comisionada de Transparencia y Acceso a la Información Pública es el órgano de fomento, análisis, control y protección de la transparencia pública y del derecho de acceso a la información pública en el ámbito de la Comunidad Autónoma de Canarias.[360]
La organización y funcionamiento del Comisionado de Transparencia y Acceso a la Información Pública se regirá por el reglamento aprobado por la Mesa del Parlamento, a propuesta del Comisionado. A día de hoy no se ha publicado Reglamento.

3.1 Naturaleza Jurídica

El CTCn no tiene ni personalidad jurídica propia ni carácter colegiado, es unipersonal, actúa con autonomía y plena independencia. Para el ejercicio de sus funciones, cuenta con el apoyo jurídico, técnico y administrativo del Parlamento de Canarias, así como con los medios personales y materiales que sean necesarios. Junto al Consejo Consultivo, la Audiencia de Cuentas y el Diputado el Común, el Comisionado de Transparencia es uno de los cuatro órganos del sistema público canario que no tienen adscripción o dependencia del Gobierno de Canarias, al que controlan, sino que están vinculados al Parlamento de Canarias, ante el que rinden cuentas.

3.2 Estructura

Sigue la línea de la LTAIBG, el Comisionado canario es unipersonal y es quien resuelve las reclamaciones del derecho de acceso. Tiene el apoyo de dos unidades administrativas de servicio.

Comisionado. Órgano unipersonal resolutorio.

-Servicio de Reclamaciones y de Asuntos Generales.
-Servicio de Evaluación y Control de la Transparencia.

El Servicio de Reclamaciones y Asuntos Centrales que formula las propuestas de resolución de las reclamaciones por derecho de acceso a la información pública y gestiona el registro de reclamaciones y

359 Título IV Arts. 58 y 62 Canarias. Ley 12/2014, de 26 de diciembre, de transparencia y de acceso a la información pública

https://www.transparenciacanarias.org.

360 INFORME ANUAL DE EVALUACIÓN DEL CUMPLIMIENTO DE LA LEY 12/2014, DE TRANSPARENCIA DE CANARIAS 2016 En el caso del Comisionado de Transparencia de **Canarias**, el primer recurso se ha presentado ante un Juzgado Provincial de lo Contencioso-administrativo, que se ha inhibido a favor del Tribunal Superior de Justicia de Canarias, órgano que ha aceptado la competencia.
https://transparenciacanarias.org/wpcontent/uploads/2017/12/MEMOTRANS_2016_WEB_BAJA.pdf

resoluciones del comisionado, tramita los expedientes. Y el Servicio de Evaluación y Control de la Transparencia que controla y evalúa el cumplimiento de la normativa de transparencia activa en el conjunto de las administraciones públicas canarias y demás sujetos obligados. También tramita las denuncias por incumplimiento de las obligaciones de publicidad activa.

3.3 Requisitos básicos de independencia

3.3.1 Elección, nombramiento y cese

El CTCn es un órgano, elegido por el Parlamento -70 diputados- de la CCAA por una mayoría de tres quintas partes, conforme al procedimiento que se establezca por el mismo[361], por un período de cinco años no renovable. La elección de nuevo comisionado garantizará que sea una persona de sexo distinto a la cesante (art. 59).

La persona elegida por el Parlamento será nombrada por decreto del presidente de la Comunidad Autónoma. En cuanto al cese o destitución de los miembros del Comisionado y la relación de causas están previstas y tasadas (art. 61): expiración del mandato, muerte, renuncia, incumplimiento grave de sus obligaciones, incapacidad sobrevenida para el ejercicio del cargo, incompatibilidad y condena por delito.

El Parlamento también es el órgano o institución que lleva a cabo la separación o cese y se acordará por mayoría de tres quintas (3/5) partes del mismo.

3.3.2 Perfiles profesionales

Conviene destacar, que al igual que en el Estado se exige que el Comisionado, sea una persona de reconocido prestigio y competencia profesional, pero no se menciona en qué ámbito, ni precisan que sea en el ámbito jurídico.
De hecho, el Comisionado desde el 15 de mayo 2015, es un licenciado en Ciencias de la Información, profesional de la comunicación, que ocupó previamente el cargo de Director General de Radio-Televisión canaria.
Si se les exige un proceso de evaluación individual mediante la comparecencia en Comisión Parlamentaria de Gobernación, Justicia y Desarrollo Autonómico, encargada de analizar su idoneidad para el desempeño de dicho cargo, sometiéndose a las preguntas de los portavoces de los grupos parlamentarios. La Comisión lo propone finalmente al Pleno.

[361] La designación se sometió al Pleno del Parlamento de Canarias del día 21 de abril de 2015, mediante votación secreta en urna. El resultado fue de 43 votos a favor, cuatro en blanco y ninguno en contra. Por lo tanto, se superó la mayoría legal requerida de tres quintos de los miembros de la Cámara y resultó elegido Comisionado de Transparencia y Acceso a la Información Pública Daniel Cerdán. El nombramiento decidido por el Parlamento se publicó mediante el Decreto 54/2015, de 8 de mayo, aparecido en el Boletín Oficial de Canarias núm. 91, de 14 de mayo de 2015.

3.3.3 Incompatibilidades

Una de las características del Comisionado canario es la extensa lista de incompatibilidades, para garantizar esa pretendida autonomía e independencia, que se regula en el artículo 60 de su Ley de Transparencia, y que prohíbe todo mandato representativo, cualquier actividad política, laboral y sindical, inclusive la afiliación a un partido político o sindicato o la realización de propaganda política, asociación o fundación y con el empleo al servicio de los mismos, con el ejercicio de las carreras judicial y fiscal y con cualquier actividad profesional, mercantil o laboral.

3.3.4 Dedicación exclusiva

El CTCn tiene una dedicación exclusiva y percibe una retribución similar a la de los altos cargos del gobierno canario.

3.3.5 Composición y duración

Duración por un periodo de 5 años renovable por una sola vez, ya que la independencia aconseja que los mandatos sean superiores a la legislatura, aunque también que no sean renovables o lo sean de forma limitada.
En cuanto a su composición, tenemos un órgano de control, el Comisionado que ha intentado en sus normas la ausencia del componente político y de cargos de la Administración.

LTAI	Organismo	Designación
Canarias Ley 12/2014 de 26 dic de transparencia y acceso a la información pública	Comisionado de Transparencia y Acceso a la Información Pública	Elegido por mayoría de tres quintas partes del Parlamento. 3/5 Persona de reconocido prestigio y competencia profesional 5 años renovable

3.4 Otros mecanismos de garantía de independencia e imparcialidad

3.4.1 Recursos económicos.

Los Presupuestos del Comisionado de Transparencia y Acceso a la Información Pública de Canarias cuentan con un programa presupuestario propio y se integran en los del Parlamento de Canarias como el resto de los órganos e instituciones dependientes del mismo.
Si dispone en su web de la información de esos presupuestos anuales con cargo al Presupuesto de su Parlamento y aparecen datos relativos a la ejecución presupuestaria del Comisionado de Transparencia, se informa trimestralmente de los créditos iniciales, las modificaciones presupuestarias, los créditos definitivos, la ejecución presupuestaria en sus distintas fases, las obligaciones reconocidas, pagadas y pendientes y los créditos disponibles en cada periodo.

Durante el año 2015, el CTCn careció de programa y dotación presupuestaria ya que la Ley 12/2014, de transparencia y de acceso a la información pública se aprobó con posterioridad a la Ley de Presupuestos Generales de la Comunidad Autónoma de Canarias para 2015. En 2015, el Comisionado funcionó con dotaciones del programa "Actuación Legislativa y de Control", integrado en el Servicio "SERVICIOS GENERALES" del Parlamento de Canarias.

Para 2016, se elaboró una propuesta inicial de presupuesto que ascendía a un total de 930.903 euros, con partidas destinadas a personal, divulgación y fomento, portal web del Comisionado, aplicativos informáticos, actividad de formación, así como el alquiler de una oficina y los gastos de funcionamiento del inmueble, de forma que se pudiera constituir verdaderamente este órgano de control. Dado que el marco presupuestario del Parlamento para 2016 no permitía ese nivel de nuevos gastos [sobre todo por la incorporación de dos nuevos grupos parlamentarios en esta legislatura] se procedió a eliminar algunos de ellos (alquiler y gastos inherentes) y a recortar otros (divulgación y fomento, gastos de portal y aplicaciones informáticas constitutivas de la administración electrónica del órgano). Después de esos ajustes, la propuesta definitiva que se elevó a la Mesa del Parlamento en octubre de 2015 se cifró en 694.003 euros y el Presupuesto finalmente aprobado se concretó en 477.702 euros.

En 2017, los presupuestos no experimentaron variación alguna respecto al año anterior.

Las actividades que se han visto más comprometidas por el ajuste han sido la labor de divulgación y fomento, y la de personal.

En 2018, el presupuesto ascendió a 550.468 euros, tras la creación de la plaza de técnico jurídico, no cubierta.

En el año 2019 el presupuesto fue de 707.352 euros. Se habilitaron los créditos necesarios para dotar adecuadamente la plaza del Técnico-Jurídico, que se encontraba infradotada en el presupuesto de 2018 y se amplió la dotación presupuestaria de becas al personal para incorporar una segunda plaza de becario.

Para 2020 el presupuesto ascendió a 809.379 euros con la incorporación en el capítulo 1 de recursos para la dotación de una plaza de personal eventual. Para el capítulo 2 se asignan créditos para gastos del programa de mantenimiento de la Sede Electrónica del Comisionado y los nuevos contratos en tramitación de asistencia a la evaluación T-Canaria; y en 2021 para esos contratos externos con 879.980 totales.

Anualidad	Presupuesto del CTCn	Gastos
2015 No hubo presupuesto propio	Servicios Generales Parlamento	Los gastos imputados una fotocopiadora, material de oficina, gasto postal, telecomunicaciones y viajes puntuales del Comisionado.
2016	477.702 €	Divulgación y fomento, gastos de portal y aplicaciones informáticas.
2017	477.702	
2018	550.468	Creación plaza personal técnico
2019	707.352	Becas
2020	809.379	Creación plazas personal eventual
2021	879.980	Contratos externos, mantenimiento informático

Fuente: Portal de transparencia https://transparenciacanarias.org/

El Comisionado de Transparencia y Acceso a la Información Pública de Canarias no es titular de bienes muebles e inmuebles ni de vehículos oficiales y tampoco tiene gastos en concepto de arrendamiento de bienes muebles o inmuebles, se encuentra en el Edificio del Parlamento de Canarias.

3.4.2 Régimen de Personal

Para el ejercicio de las funciones de transparencia, el Comisionado de Canarias contará con el apoyo jurídico, técnico y administrativo del Parlamento de Canarias, así como con los medios personales y materiales que le sean necesarios (art. 62).

Encontramos en su web[362] el portal de transparencia y en él, un apartado que especifica que no dispone de personal propio, sino de los medios personales y materiales del Parlamento, que sean necesarios. También que el CTCn no cuenta con más altos cargos que el propio Comisionado, ni tampoco con personal directivo, pero si con personal de confianza eventual un "Asesor Técnico sobre evaluación telemática de los portales de transparencia". De esta forma, en la Plantilla Orgánica y en la Relación de Puestos de Trabajo del Parlamento de Canarias figuran actualmente seis puestos de trabajo adscritos al Comisionado de Transparencia, dos de ellos vacantes. También se puede consultar más información relativa a la Plantilla Orgánica y a la RPT del Parlamento de Canarias en los Acuerdos de la Mesa del Parlamento de Canarias, que enlaza a este portal.

Cuenta con el apoyo técnico de dos unidades administrativas a nivel de servicio: el Servicio de Reclamaciones y Asuntos Centrales que formula las propuestas de resolución de las reclamaciones por derecho de acceso a la información pública y gestiona el registro de reclamaciones y resoluciones del comisionado, tramita los expedientes. Y el Servicio de Evaluación y Control de la Transparencia que controla y evalúa el cumplimiento de la normativa de transparencia activa en el conjunto de las administraciones públicas canarias y demás sujetos obligados a que se refiere la Ley 12/2014. También tramita las denuncias por incumplimiento de las obligaciones de publicidad activa.
Ambos servicios comparten la responsabilidad de elaboración de la propuesta del informe anual del órgano, la formulación de recomendaciones de cumplimiento e interpretación uniformes de las obligaciones establecidas en Ley de Transparencia de Canarias relativas al derecho de acceso a la información y la publicidad activa a través de los portales de transparencia; y el asesoramiento a las instituciones y ciudadanos sobre las materias de su competencia.

Su plantilla en la RPT de 2019 (7 personas) representa el 5,8 % del personal Parlamento de Canarias y menos del 3% de la plantilla total de la Cámara y el conjunto de sus órganos auxiliares (Consejo Consultivo, Audiencia de Cuentas, Diputación del Común y Comisionado de Transparencia); una precaria situación.

---

[362] https://transparenciacanarias.org/transparencia/personal-de-libre-nombramiento/

3.5 Funciones y ámbito de control

Sólo contempla, a diferencia de la ley estatal, la transparencia y el derecho de acceso a la información pública, entendiendo que el buen gobierno, aunque pueda tener relación, es una materia completamente distinta, más propia del régimen jurídico de los miembros del Gobierno y de los altos cargos.

Por tanto extiende su control el CTCn, asumiendo dos atribuciones, la resolución de las reclamaciones que se interpongan contra los actos expresos o presuntos resolutorios de las solicitudes de acceso a la información (de las entidades y organismos incluidos en el ámbito de aplicación de la ley, así como de los cabildos insulares, ayuntamientos y entidades dependientes y vinculadas de los mismos) y publicidad activa sin exceder más esferas que la transparencia (obligación de publicar la información que se relaciona en el título II de la ley por los organismos y entidades sujetos a la misma).

Además, se impone a las Administraciones y demás entidades incluidas en el ámbito de aplicación de la ley el deber de facilitarle al comisionado toda la información que les solicite, así como la obligación de prestarle la colaboración necesaria para el desarrollo de sus funciones. Por otra parte, el comisionado viene obligado a presentar anualmente un informe al Parlamento de Canarias sobre la aplicación y cumplimiento de las obligaciones de transparencia por las distintas entidades públicas y privadas de la Comunidad Autónoma, con el contenido mínimo que se recoge en la ley.

Muy relevante es que, como sucede en la mayoría de los órganos/autoridades de control, carece de potestad sancionadora y de competencia para iniciar procedimiento sancionador ante el incumplimiento por parte de las entidades de la CCAA.

3.5 Fortalezas

Se ha configurado por un periodo de 5 años de duración renovable, y esto es positivo ya que la pretendida independencia aconseja que los mandatos sean superiores a la legislatura, pero también aconseja el que no sean renovables o lo sean de forma limitada.
A la vez que el nombramiento del comisionado es incompatible con todo mandato representativo, cualquier actividad política, laboral y sindical, inclusive la afiliación a un partido político o sindicato o la realización de propaganda política, asociación o fundación y con el empleo al servicio de los mismos, con el ejercicio de las carreras judicial y fiscal y con cualquier actividad profesional, mercantil o laboral; tratando de evitar cualquier influencia en su actividad que desarrolla con dedicación exclusiva.

Hay claridad en cuanto a los presupuestos del CTCn ya que, cuentan con un programa presupuestario propio y se integran en los del Parlamento de Canarias. Tiene el apoyo técnico de dos unidades administrativas a nivel de servicio: el Servicio de Reclamaciones y Asuntos Centrales y el Servicio de Evaluación y Control de la Transparencia.

3.6 Debilidades

En el ámbito normativo no se ha aprobado Reglamento de organización y funcionamiento, aunque no parece estar generando disfunciones en su labor. Por otro lado, se exige que el Comisionado sea una persona de reconocido prestigio y competencia profesional, pero no se menciona en qué ámbito, ni precisan que sea en el ámbito jurídico.

En la Relación de Puestos de Trabajo del Parlamento de Canarias figuran solamente seis puestos de trabajo adscritos al Comisionado de Transparencia, y dos de ellos siguen vacantes y su presupuesto es claramente escaso si se pretende ser eficaz fundamentalmente en el conocimiento del mismo.

La Ley Canaria 12/2014, de 26 de diciembre, de transparencia y de acceso a la información pública no regula la ejecutividad de sus resoluciones y como enfrentarse al incumplimiento de las mismas. Esta situación, ante el caso de un incumplimiento puede convertir a los órganos garantes en unos instrumentos poco eficientes en esos supuestos, tanto para la publicidad activa como en derecho de acceso, a la vez que desvalorizan la Ley por la falta de consecuencias ante su incumplimiento (circunstancia que se da en la mayoría de ellos, la no ejecutividad).

La única posibilidad que se abre en este tipo de supuestos es la presentación de un recurso contencioso-administrativo por inactividad de la institución o ente afectado por la resolución, en su versión de falta de ejecución de un acto firme; posibilidad que dilata la respuesta al ciudadano y que no encaja en los objetivos de estas normas. Creemos más viable desarrollar en la normativa un modelo específico de medios de ejecución forzosa que prevé la Ley 39/2015 de 1 octubre, de Procedimiento Común de las AAPP.

CUADRO RESUMEN

<table>
<tr><th>LTAI</th><th>Comisionado de Transparencia Acceso a la Información Pública</th><th>Designación / Composición</th></tr>
<tr><td rowspan="2">Canarias
Ley 12/2014 de 26 dic de transparencia y acceso a la información pública</td><td rowspan="2">Unipersonal

Integrado en el Parlamento

Carece de potestad sancionadora</td><td>Elegido por mayoría de tres quintas partes del Parlamento. 3/5</td></tr>
<tr><td>Persona de reconocido prestigio y competencia profesional
Dedicación exclusiva
5 años renovable
Extensa lista de incompatibilidades</td></tr>
</table>

4.- Comisión de Garantía del Derecho de Acceso a la Información Pública de CATALUÑA[363] (CGAIP)

En la Comunidad Autónoma Catalana también las resoluciones expresas o presuntas en materia de acceso a la información pública y, en su caso, las que resuelvan el recurso de reposición pueden ser objeto de reclamación gratuita y voluntaria ante un órgano garante: la CGAIP, encargada de velar por el cumplimiento y las garantías del derecho de acceso a la información pública. La organización y el funcionamiento de la Comisión se establecen por reglamento.
Reglamento que recoge en su preámbulo que, tiene como objetivo garantizar y potenciar la independencia de la Comisión, asegurándole con esta finalidad el ámbito funcional que le corresponde, así como la estructura y los medios necesarios a fin de que pueda ejercer con eficacia las responsabilidades que le atribuye la Ley 19/2014, del 29 de diciembre, de transparencia, acceso a la información pública y buen gobierno.

4.1 Naturaleza Jurídica

Es el órgano colegiado encargado de velar por el cumplimiento y las garantías del derecho de acceso a la información pública en Cataluña. Aunque no posee personalidad jurídica propia, la CGAIP si ejerce sus funciones con independencia orgánica y funcional, sin sumisión a instrucciones jerárquicas de ningún tipo. Está adscrita al departamento de la Administración de la Generalitat competente en materia de políticas de transparencia, quien le ha de proporcionar la información y el apoyo necesarios para garantizar el cumplimiento de la normativa presupuestaria, de personal, patrimonial, de contratación y análogas por parte de la Comisión. (arts. 1 y 4 Decreto).

La Comisión debe ejercer sus funciones mediante actos y acuerdos de carácter técnico-jurídico, que en ningún caso pueden ser motivados por criterios de oportunidad o de conveniencia. Reitera esa

---

363 Ley 19/2014, de 29 de diciembre, de transparencia, acceso a la información pública y buen gobierno.

Decreto 111/2017, de 18 de julio, por el que se aprueba el Reglamento de la Comisión de Garantía del Derecho de Acceso a la Información Pública

Decreto 102/2015, de 11 de junio, de nombramiento de los miembros de la Comissió de Garantia del Dret d'Accés a la Informació Pública designados por el Parlament de Catalunya

Comissió de Garantia del Dret d'Accés a la Informació Pública .

El que vigila la publicidad activa en Cataluña es el Síndic de Greuges
(((((Art. 8.2 Cataluña Decreto 111/2017, de 18 de julio, por el que se aprueba el Reglamento de la Comisión de Garantía del Derecho de Acceso a la Información Pública no contempla la existencia de ningún otro órgano de carácter político-representativo en el seno de la CGAIP que asuma funciones)

independencia en el art. 13 del Reglamento cuando recoge los deberes de los miembros de la CGAIP; entre ellos: actuar con imparcialidad y neutralidad.

La Ley regula que la organización y el funcionamiento de la Comisión deben establecerse por reglamento, para ello el Gobierno debe remitir el proyecto al Parlamento antes de su aprobación por decreto, de acuerdo con lo establecido por el artículo 149 del Reglamento del Parlamento. El Parlamento debe pronunciarse sobre la propuesta presentada por el Gobierno y, en su caso, puede formular recomendaciones con relación al texto. Las recomendaciones relativas a la garantía de la independencia orgánica y funcional de la Comisión son vinculantes para el Gobierno.

El profesor SIERRA, cuestiona este modelo, según él, el esquema que podría haber cerrado un diseño más coherente conllevaría que la provisión de medios, la aprobación de su reglamento y su propia dependencia fuese del Parlamento, ya que la designación si lo es. No obstante, se entiende que todo queda condicionado en el momento en el que se crea como órgano administrativo que no posee personalidad jurídica y que se integra a efectos organizativos en la Administración de la Generalitat de Cataluña[364].

4.2 Estructura

En la CGAIP se resuelven las reclamaciones colegiadamente, actúa en pleno, aun teniendo un presidente integrado en ese órgano colegiado y nombrado por mayoría absoluta de sus miembros, y un vicepresidente que puede nombrar el presidente, entre los miembros de la Comisión. (artículo 14 y 15)
El Presidente firmará las resoluciones emitidas por la CGAIP. (art.10.2. f)

- Presidenta
  - Vocal
  - Área Funcional de apoyo:
    - Asesores Jurídicos
    - Técnico de gestión
    - Administrativo.
- Secretaría Técnica. Funcionario A1

[364] SIERRA RODRÍGUEZ, Javier. "Una crítica al diseño de los organismos de garantía del derecho de acceso en las Comunidades Autónomas". *Revista Jurídica de Castilla y León,* núm. 45. mayo 2018, p.100.

En la web[365] leemos (agosto 2022) que los miembros fueron elegidos el 30 de abril de 2015 (2 personas presidenta y vocal) más la secretaría. Y a continuación se reflejan los nombres de tres antiguos miembros (2015 a 2017). No ha habido renovación en 2019 como hubiera correspondido.
Presta apoyo la Secretaria Técnica que se provee por el sistema de libre designación, a propuesta del presidente de la CGAIP, entre funcionarios del grupo A1, con una antigüedad superior a diez años, con titulación en derecho o en archivística y gestión documental y con pleno respeto a la normativa vigente en materia de función pública y, en particular, a los principios de igualdad, mérito y capacidad. Se configura como un área funcional de la Comisión con funciones relacionadas con la tramitación de las reclamaciones, el apoyo jurídico y la secretaría del Pleno.

Ya lo anuncia CERRILLO que el modelo estructural por el que apostó la ley catalana de transparencia, es atípico y “altamente difuso” en cuanto a instituciones de garantía de la transparencia respecta; lo que confronta con otros modelos “más concentrados”[366]; por un lado, configuró un órgano colegiado de garantía, la CGAIP, que proyecta sus funciones sobre un ámbito específico (como es el de acceso a la información pública), pero, por otro, atribuyó las funciones de transparencia-publicidad activa a cada estructura de gobierno, si bien con un papel determinante de la Generalidad de Cataluña (que gestiona un portal de transparencia común), y diseñó un complejo sistema institucional de seguimiento, supervisión y control de la transparencia por medio de un amplio número de instituciones dedicadas a esa finalidad (*Sindic de Greuges*, Oficina Antifraude, Sindicatura de Cuentas, Autoridad Catalana de Protección de Datos, etc.). Añadiendo a todo ello un duro régimen sancionador aplicable a infracciones sobre la transparencia cometidas por altos cargos y empleados públicos; régimen de sanciones que, dicho sea de paso, no está siendo aplicado, pues si lo fuera la transparencia se convertiría fácilmente en un arma política de alto contenido demagógico.

La CGAIP puede mantener reuniones periódicas con personas externas a través de un Comité Asesor formado por personas expertas, especialistas en materia de acceso a la información, gestión documental y archivo y representantes de las administraciones y otros sujetos incluidos dentro de su ámbito de actuación, que podrán proponer recomendaciones y sugerencias para la mejora del acceso a la información a las administraciones y entidades públicas, proponer criterios para la resolución de los procedimientos de reclamación o impulsar estudios e investigaciones para profundizar en el conocimiento del régimen aplicable al acceso a la información. Los miembros del Comité Asesor no pueden percibir dietas o indemnizaciones por su asistencia o participación en el Consejo.

4.3 Requisitos básicos de independencia

365 http://www.gaip.cat/es/qui-som/que-es-la-gaip/equip/vocals/

366 CERRILLO I MARTÍNEZ, A., La difusión de información pública como instrumento para la prevención de la corrupción: una aproximación desde la legislación autonómica. Revista catalana de dret públic, núm. 52 (2016). p. 4

4.3.1 Elección, nombramiento y cese

La CGAIP es un órgano designado por el Parlamento de Cataluña por una mayoría de al menos tres quintas partes; en cuanto al cese o destitución de los miembros de la CGAIP, las causas de pérdida de condición de miembro, no se especifican en la Ley catalana, si en su reglamento[367] y se añade un supuesto, el del art. 12. g) "Llegar a la edad de 70 años"; podría ser en base a la edad de jubilación en los funcionarios. Es el Parlamento también, el órgano o institución que lleva a cabo la separación o cese. En caso de perder la condición de miembro por incumplimiento grave de los deberes, debe ser apreciado por el Parlamento, previa audiencia de la persona afectada. Una vez producido el cese, el Parlamento inicia el proceso de designación de un nuevo miembro con el mismo procedimiento.

4.3.2 Perfiles profesionales

La Ley 19/2014, de 29 de diciembre en Cataluña es la más exigente respecto al perfil del presidente, se exige que sea una persona de reconocido prestigio y competencia profesional de alto nivel técnico -juristas especialistas en derecho público y técnicos en materia de archivos o gestión documental, elegidos entre expertos de reconocida competencia y prestigio y con más de diez años de experiencia profesional, aunque no dice con qué preferencia-, se les exige un proceso de evaluación individual mediante la comparecencia en Comisión Parlamentaria, lo que por otra parte es acorde al nivel técnico que en todo momento se deduce del literal del art. 39.3 de la ley, para que la Comisión ejerza "sus funciones mediante acuerdos de carácter técnico-jurídico, que en ningún caso pueden ser motivados por criterios de oportunidad o de conveniencia".

4.3.3 Incompatibilidades

Los miembros de la Comisión están asimilados a la condición de alto cargo, y quedan sujetos a las obligaciones de declaración de actividades, de bienes patrimoniales y de intereses establecidos por la legislación específica, y al régimen de incompatibilidades previsto por la Ley 19/2014, (les son aplicables las normas sobre incompatibilidades del personal al servicio de las administraciones públicas), por lo que no se establecen las prohibiciones que serían deseables, como la no vinculación con organizaciones políticas.

4.3.4 Dedicación exclusiva

---

[367] Reglamento (artículo 12): Pérdida de la condición de miembro 1. Los miembros de la Comisión de Garantía del Derecho de Acceso a la Información Pública pierden su condición en los casos siguientes: a) Expiración del mandato. b) Renuncia escrita dirigida al Parlamento. c) Incompatibilidad sobrevenida. d) Incumplimiento grave de los deberes establecidos en el artículo 13.2 de este decreto, en el ejercicio de las funciones. e) Condena, por sentencia firme, a pena privativa de libertad o de inhabilitación absoluta o especial para empleos o cargos públicos. f) Incapacidad permanente. g) Llegar a la edad de 70 años. h) Defunción.

Tienen una dedicación exclusiva y perciben una retribución similar a la de los altos cargos del gobierno de la Generalitat, Director General. Sus retribuciones se fijan anualmente en la Ley de presupuestos de Cataluña: (87.456,36€)

4.3.5 Composición y duración

Al igual que se encuentran diferencias en lo referente a la designación del presidente/a de estos órganos garantes, también las hay en quién va a formar parte de los mismos, así el número reducido de la CGAIP integrada por un mínimo de 3 a 5 miembros. Corresponde al Parlamento la determinación del número de miembros y su designación.

La duración del mandato quedó en la Ley 19/2014 pendiente hasta la redacción de su Reglamento – 2017- que recoge por un periodo de 5 años no renovables y se renueva parcialmente cada dos años y medio. Dos meses antes de la finalización del mandato, se debe realizar un sorteo para determinar los dos miembros que continuarán en el cargo y el presidente de la CGAIP debe comunicarlo al Parlamento de Cataluña y a la persona titular del departamento de la Administración de la Generalitat al que está adscrita.
La elección del presidente por mayoría absoluta de sus miembros, se debe producir cada vez que la Comisión sea renovada parcialmente. (art. 10.2.)

Los miembros de la CGAIP, compuesta por -entre 3 y 5 juristas especialistas en derecho público y técnicos en materia de archivos o gestión documental, son elegidos el 30/04/2015 tras su comparecencia ante la Comisión;[368] y con fecha 30/06/2017 salen del órgano tres de esos miembros[369], entre ellos, Mir PUIGPELAT[370], que opina que el hecho de que parte del régimen jurídico de sus miembros se haya remitido al desarrollo reglamentario y no se haya blindado por ley resulta, cuanto menos, criticable.

Actualmente son dos los miembros que componen la CGAIP, lo que provocó una anomalía que tuvo que abordarse, por lo que, ante esta situación la CGAIP aprobó en el Pleno de 20 de noviembre de 2017 una Nota sobre la validez del funcionamiento de la GAIP con dos miembros.

---

[368] Art. 40 Ley 19/2014, de 29 de diciembre, de transparencia, acceso a la información pública y buen gobierno. http://www.parlament.cat/web/canalparlament/sequencia/index.html?p_cp1=7466084 Elegidos el 30/04/2015 comparecencia de los miembros ante la Comisión.

[369] Este año 2017, un miembro de la CGAIP renuncia y dos perdieron la condición de miembro de la Comisión (artículo 12.1.g RGAIP llegar a la edad de 70 años). Ante esta situación, la CGAIP ha aprobado en el Pleno de 20 de noviembre de 2017 una Nota sobre la validez del funcionamiento de la GAIP con dos miembros ya que la presidenta del Parlamento en una carta informa a la GAIP que habida cuenta de que se ha producido la disolución del Parlamento por convocatoria de elecciones, resulta imposible hasta emprender la nueva legislatura que el Parlamento designar nuevos miembros de la Comisión, en el número fijado por el LTAIPBG. http://www.gaip.cat/es/qui-som/que-es-la-gaip/actes-de-ple/

[370] MIR PUIGPELAT, Oriol., "El acceso a la información pública en la legislación española de transparencia: crónica de un cambio de paradigma". Revista Catalana de Dret Públic, núm. 55, 2017, pág. 1835.

Los vocales se identifican con las responsabilidades específicas especializadas de la CGAIP atribuidas de forma singular. La persona titular de una vocalía hará el seguimiento y gestión de los asuntos correspondientes e informa al pleno que será quien las crea y asigna las funciones.

La Vocalía de Mediación tiene por objeto impulsar y supervisar la tramitación de los procedimientos de mediación, ejercer las funciones mediadoras y las que se le atribuyan por el Manual de Mediación.

La Comisión se reúne semanalmente, sin perjuicio de reuniones extraordinarias del Pleno y de la asistencia ordinaria y diaria de los miembros de la Comisión en su sede. Las actas correspondientes estas sesiones se hacen públicas en la web de la CGAIP Las decisiones en el Pleno se toman como órgano colegiado y se hace constar expresamente si las resoluciones, acuerdos o dictámenes se han aprobado por mayoría o por unanimidad.

4.4 Otros mecanismos de garantía de independencia e imparcialidad

La CGAIP debe crear un portal que cumpla las obligaciones de transparencia, a la vez, en uno de sus apartados tiene que recoger el presupuesto y los datos relativos a su ejecución. (art. 25) http://www.gaip.cat/es/inici/index.html

4.4.1 Recursos económicos

Será el Gobierno el que dotará a la CGAIP de los medios personales y materiales necesarios para garantizar su independencia orgánica y funcional en el ejercicio de sus funciones; los necesarios y suficientes para el ejercicio correcto de sus funciones con independencia orgánica y funcional (art. 39 ss.). A partir del año 2017 en que se produce la aprobación del Reglamento[371] de la CGAIP y de cara a la aprobación del presupuesto de la Generalitat de Catalunya, se elaboró un borrador de presupuesto para la CGAIP que persigue tener un apartado propio dentro del presupuesto del departamento al que está adscrita, en base a los datos e indicadores objetivos y su presidente lo eleva al gobierno de la Generalitat de Catalunya para garantizar el cumplimiento de la normativa presupuestaria.

Durante el 2018 y 2019 con la prórroga de los presupuestos de la Generalidad se le reservan a la CGAIP 10.000€ en el presupuesto del Departamento de Acción Exterior, Relaciones Institucionales y Transparencia de la Generalitat, para costes de funcionamiento, formación, publicaciones y representación. En 2020 se aprobó la Ley 4/2020, del 29 abril, de presupuestos de la Generalitat de

[371] El Reglamento de la Comisión, aprobado en julio de 2017 (Decreto 111/2017, del 18 de julio), estableció en el artículo 52 una previsión en relación con la dotación y autonomía presupuestaria de la GAIP, previendo que corresponda a la GAIP la elaboración de un anteproyecto de presupuesto propio anual, que debe someterse a la aprobación del departamento de la Generalitat al que se adscribe y que, una vez aprobado, debe constar en un apartado propio dentro del presupuesto de aquel departamento del gobierno. Pese a ello, no se ha asignado un presupuesto fijo a la CGAIP. http://www.gaip.cat/web/.content/pdf/Memories/Memoria_2020/01_**Memoria_2020**_GAIP

Catalunya, que cuenta con una reserva de 25.000€ para fines diversos de la CGAIP.

En el Proyecto de Ley Presupuestos de la Generalitat para el año 2022, el presupuesto aprobado y asignado a la transparencia consta en un apartado dentro del presupuesto de Departamento de Acción Exterior aparece lo siguiente:

Nom Programa	**Ingrés / Despesa**
Transparència i Govern Obert	3.460.200,00€

Se recoge en la Ley (art. 21) y se insiste en todas sus Memorias en los medios electrónicos que utiliza en el ejercicio de sus funciones; por ello el gobierno de la Generalitat debe facilitar a la CGAIP la disponibilidad de medios electrónicos que garanticen la autenticación e identificación de las personas y entidades, la constancia de las comunicaciones y la seguridad, la integridad y la disponibilidad de los datos y documentos transmitidos. También debe establecer mecanismos de apoyo a la tramitación electrónica para las entidades que no dispongan de ellos.

4.4.2 Régimen de personal

Los puestos de trabajo en la Comisión constan en la RPT del Departamento de Asuntos y Relaciones Institucionales, Exteriores y Transparencia, con la naturaleza, la denominación, el número de plazas por grupos y niveles, la forma de provisión y el resto de elementos que hay que incluir, determinados de acuerdo con la normativa aplicable al personal al servicio de la Administración de la Generalitat.
En este apartado de personal, si recoge algunos datos la web de la CGAIP, http://www.gaip.cat/es/inici/index.html) la naturaleza, la denominación, el número de plazas por grupos y niveles, la forma de provisión, las retribuciones brutas anuales, el horario y la formación específica; el equipo humano que presta apoyo a la GAIP es personal funcionario de la Generalitat de Catalunya.

El equipo de la Comisión está integrado por la secretaría técnica, con funciones relacionadas con la tramitación de las reclamaciones, el apoyo jurídico y la secretaría del Pleno, y por el personal funcionario del cuerpo administrativo y auxiliar. Si se puede consultar en este apartado el perfil profesional de la persona que ocupa la secretaria técnica. Por otra parte, se han incorporado como personal de refuerzo seis personas: cuatro personas como técnico jurista, una persona como técnico de gestión y una persona como personal administrativo:

Puesto de trabajo	núm.	Provisión	Formación específica
Responsable administrativa de apoyo a la gestión del gasto	1	Definitiva	Bachillerato
Secretario/a de miembro de la Comisión	2	Comisión de servicios	Bachillerato

Técnico/a superior	4	Interino	Titulación de acceso al cuerpo superior de administración de la Generalitat de Catalunya
Técnico/a de gestión	1	Interino	“
Administrativo/a	1	Interino	Bachillerato
9			
Presidenta, Vocal y Secretaría (Técnico con Titulación en Derecho o en archivística y gestión documental) **3**			
(Fecha última consulta 16/8/2022) **12**			

La Comisión propone anualmente los medios personales y materiales necesarios para desarrollar su actividad en función de las reclamaciones tramitadas y de la actividad desarrollada de acuerdo con las directrices de la Presidencia de la Comisión. Articula una previsión en la Disposición transitoria Segunda y es la revisión y adaptación de medios y su modelo organizativo, una vez haya transcurrido un año desde la primera constitución efectiva de la Comisión, y a propuesta de esta, a la vista de los datos y los indicadores objetivos de su finalidad, con la finalidad de adaptarlos a sus necesidades, se tramitarán las propuestas de modificación que correspondan ante los órganos competentes. (art 53-54)

4.5. Funciones y ámbito de control

Las funciones se atribuyen a la Comisión de Garantía (CGAIP), a través de su Reglamento de organización y funcionamiento, a pesar de que no esté explícitamente prevista esta posibilidad en la correspondiente Ley de transparencia. De las 9 funciones atribuidas a la GAIP, 2 se le atribuyen en la Ley 19/2014, de 29 de diciembre, de transparencia, acceso a la información pública y buen gobierno Cataluña, y 7 a través del Decreto 111/2017, de 18 de julio, por el que se aprueba su Reglamento.

Entre los órganos que tienen atribuciones más reducidas, que solo resuelven las reclamaciones del derecho de acceso, que se interpongan contra las resoluciones en materia de acceso a dicha información pública, con carácter potestativo y previo a su impugnación en vía contencioso-administrativa, que es lo que justifica su creación, siguiendo la LTAIBG, está la CGAIP de Cataluña.

También en la Ley 19/2014, de 29 de diciembre, LTAIBGCat, como en otras, se lleva a cabo una regulación diferenciada entre transparencia y derecho de acceso a la información pública, si bien es la primera normativa que en el ámbito del Estado regula los grupos de interés de modo innovador[372] en el marco de una política de transparencia. Iniciativa a la que se han sumado otras CCAA, en la Ley Foral Navarra y la de Castilla la Mancha. También parte la regulación catalana de una noción de buen gobierno más precisa y acertada que la existente en la regulación estatal (donde incluye la obligación de elaborar

[372] BARTLETT CASTELLÁ y VÈRNIA TRILLO: “La regulación del registro de grupos de interés en la ley 19/2014, del 29 de diciembre, de transparencia, acceso a la información pública y buen gobierno”, Revista catalana de dret públic, núm 51, 2015, pp. 191 ss.

códigos de conducta, cartas de servicio e incorpora el principio de mejor regulación) y prevé asimismo algunos principios relacionados con el gobierno abierto (especialmente, en materia de participación ciudadana).
Mientras las obligaciones de publicidad activa, están en el Síndico de Greuges, la Sindicatura de Cuentas y la Oficina Antifraude de Cataluña (art. 75 La Ley 19/2014, de 29 de diciembre LTAIBGCat).

4.5.1 La mediación

No obstante, el alcance de sus funciones, abarcan de forma más general velar por las garantías del derecho, disponiendo de procedimientos de tutela específicos como la mediación[373] que supone una novedad de la normativa administrativa catalana[374] y que persigue que las partes construyan por sí mismas una solución a la controversia relativa al acceso a la información pública. En este sentido, según VILALTA "la mediación destaca por su capacidad para buscar soluciones prácticas, efectivas y menos costosas, ya que, consistirá en la intervención de un profesional neutral – la Comisión de Garantía – que no impone su decisión – a diferencia de lo que sucede con los procedimientos de arbitraje – sino que facilita el acercamiento y la resolución del conflicto por las propias partes". En el caso de que las partes no acepten la mediación o no se llegue a un acuerdo, en el plazo de un mes desde su aceptación, la reclamación debe tramitarse mediante un procedimiento ordinario con resolución de la Comisión, de acuerdo con las normas reguladoras de los recursos administrativos.

El profesor de Sociología del Derecho en la UAB, CASANOVAS[375] define la mediación como un proceso voluntario de resolución o gestión de conflictos donde interviene un tercero que asiste a las partes para que puedan superar el conflicto en cuestión mediante los acuerdos que ellas mismas construyen.

Ni la ley de transparencia estatal, ni ninguna de las otras leyes autonómicas prevén esta posibilidad (Posteriormente al modificar sus leyes, Valencia y Castilla y León introducen esta fórmula). Sin embargo, el apartado 1 del Manual de mediación de la CGAIP, define: "La mediación es el procedimiento mediante el cual se promueve el diálogo y se facilita la negociación entre la Administración y la otra o las otras partes afectadas por una solicitud de acceso a la información pública, con el objeto de alcanzar un acuerdo consensuado entre todas ellas sobre el alcance y la concreción del derecho de acceso en el caso de que se trate". [376]

---

[373] Las reclamaciones pueden tramitarse mediante un procedimiento de mediación o un procedimiento ordinario con resolución. (art 42 LTAIPBG) y el RCGAIP; el cual en su artículo 35 lo reitera- sección segunda del capítulo IV.

[374] VILALTA REIXACH, Marc. (2017). "La aplicación del Derecho de acceso a la información pública en Cataluña: balance de actuación de la Comisión de Garantía del Derecho de Acceso a la Información Pública. *GIGAPP" Estudios Working Papers*, *4* (60-65), pág. 144. Y (VILALTA 2015, págs. 246-247).

[375] CASANOVAS i ROMEU, Pompeu; MAGRE, Jauma; LAUROBA, MElena. "Libro Blanco de la Mediación en Cataluña". Barcelona: Departament de Justícia de la Generalitat de Catalunya. 2010. p. 170.

[376] El Manual de Mediación de la CGAIP, aprobado por el Pleno de la CGAIP el día 17.09.2015:

El Manual asume como principios informadores de la mediación: voluntariedad y libre disposición, igualdad de las partes, imparcialidad de la persona mediadora, neutralidad y confidencialidad; a los que añade los de legalidad, celeridad y buena fe. Sin embargo, el Decreto 111/2017, de 18 de julio, que aprueba el Reglamento de la CGAIP (RCGAIP), siendo posterior al Manual, no recoge los principios de legalidad y celeridad.

Mercé PIDEMONT[377] nos hace algunas aclaraciones para según ella diferenciar la mediación de otros instrumentos; así en la mediación, a diferencia de la conciliación (donde la persona conciliadora propone una o varias propuestas de resolución para el conflicto que, de ser aceptada por ambas partes, las vincula), el papel del mediador es el de acercar las posturas de las partes implicadas en el conflicto para que lleguen a un acuerdo gestionando, por sí mismas, la resolución de la controversia en materia cooperativa.
También se distingue la mediación del arbitraje (en el que las partes enfrentadas deciden, de forma libre, expresa y voluntaria, encomendar a una tercera persona la solución de la divergencia, comprometiéndose a cumplir la resolución que esta dicte en forma de laudo arbitral).

Por otro lado, el apartado 9.1 del Manual de Mediación de la CGAIP detalla que pueden solicitar la mediación: la persona reclamante; la Administración reclamada; y, en su caso, las terceras personas que tengan intereses afectados por la información solicitada.

El procedimiento de mediación suspende el plazo para resolver. El acuerdo fruto de la mediación debe ser aprobado por el reclamante, por la Administración afectada y, en su caso, por los terceros que hayan comparecido en el procedimiento. Este acuerdo pone fin al procedimiento y en ningún caso puede ser contrario al ordenamiento jurídico (art. 42. 5). También existe la posibilidad de lograr acuerdos parciales de mediación, supuestos en los que la CGAIP únicamente se pronuncia respecto a aquellos aspectos de la reclamación sobre los cuales no ha sido posible llegar a un acuerdo entre la parte reclamante y la administración reclamada.

Si se analizan los datos desde su creación en 2015 la CGAIP,[378] aproximadamente una de cada cuatro reclamaciones que se presentan ante la CGAIP opta por la mediación. Pero solo una pequeña parte de estas solicitudes terminan la mediación y alcanzan acuerdos, fundamentalmente porque la Administración reclamada facilita la información solicitada una vez iniciado el procedimiento.

---

http://www.gaip.cat/web/.content/pdf/Reglamentinormativainterna/Manual-de-mediacion GAIPanexo pdf.

[377] PIDEMONT PUJOL, Mercè,"La posibilidad de acogerse a la mediación en las reclamaciones en materia de acceso a la información pública". *Revista Española de la Transparencia*, núm. 11. Segundo Semestre, julio-diciembre de 2020, pp. 309-330. www.revistatransparencia.com

[378] Análisis de la mediación en la GAIP": http://www.gaip.cat/web/.content/pdf/20200131_DADES_2019_MEDIACIO.pdf

No obstante, son varios los autores (GIL-ROBLES[379], IGLESIAS,[380] MIR BAGÓ[381]…) que han advertido de las dificultades que encuentra la aplicación de la mediación en el sistema de control de los actos administrativos, así como la necesidad de introducir modificaciones en la norma para encajar en nuestro ordenamiento.
También IGLESIAS SEVILLANO discute la compatibilidad de la mediación con el principio de legalidad de la Administración, la posibilidad o no de confluir los intereses generales con el interés particular, la igualdad de los interesados en distintos procedimientos tras la transacción, la designación y el estatuto del mediador, proponiéndose habitualmente al Defensor del Pueblo para esta tarea, y se cuestiona la misma utilidad de los preceptos que ya existen en el Derecho administrativo español para amparar la mediación o la solución transaccional de controversias. Y MIR BAGÓ enmarca esta clase de procedimientos como "punto de encuentro y diálogo", y pone sobre la mesa la necesidad de revisar su regulación; entre otros motivos, porque según señala: "no existen dos procedimientos diferentes para tramitar las reclamaciones de la CGAIP, sino uno solo, en el cual se puede incardinar (o no) una pieza separada de mediación y que puede finalizar con un acuerdo de mediación o con una resolución del Pleno de la CGAIP. Ahora bien, el procedimiento es único: el de reclamación ante la CGAIP."

Si nos paramos a reflexionar, encontramos que algunos principios de la mediación (igualdad o confidencialidad), son complicados de trasladar a las relaciones entre la Administración y la ciudadanía. Como sabemos, la Administración pública ocupa una posición singular en el ordenamiento jurídico, que le atribuye facultades como, por ejemplo, las de autotutela declarativa y ejecutiva. Esto impide garantizar que ambas partes, intervienen con plena igualdad de oportunidades y manteniendo un equilibrio entre sus posiciones. También implica que las partes no pueden revelar la información obtenida en el procedimiento de mediación, por lo tanto, existe otra disfunción con la confidencialidad[382] y a la vez yo diría que con la transparencia (se publican o no las resoluciones o los documentos y las actas previas).

Pero quizás el reto más importante reside en la idea de que la mediación, como fórmula de componer la situación por la mera voluntad de las partes -autocomposición-, es un instrumento eficaz para la resolución de controversias cuando el conflicto jurídico afecta a derechos subjetivos de carácter disponible. De manera que, en el caso de la Administración, los acuerdos no solo no pueden ser contrarios al ordenamiento jurídico, sino que también deben versar sobre materias susceptibles de transacción.

---

[379]GIL ROBLES, Álvaro. "La mediación administrativa como alternativa." 2012. Foro de Opinión 90, págs. 40-43.

[380] IGLESIAS SEVILLANO, Héctor. "La mediación en los recursos administrativos", en Cabrera Mercado, R., *La mediación como método para la resolución de conflictos.* 2017. Jaén: Dykinson, págs. 347-362.

[381] MIR BAGÓ, Josep. "La mediación en les reclamacions d'accés a la informació pública." 2020. *Blog de la Revista Catalana de Dret Públic.*

[382] En este sentido, hay que tener presente que sobre la información contenida en los procesos de mediación podrían concurrir algunos de los límites regulados en el artículo 14 de la Ley 19/2013 como, por ejemplo, el de "La garantía de la confidencialidad o el secreto requerido en procesos de toma de decisión"; o el de "Los intereses económicos y comerciales"; entre otros.

En mi opinión la eficacia de la mediación como herramienta de resolución de conflictos (nacida en el ámbito del derecho privado y adaptada al ámbito del derecho público), facilitando el acercamiento y ayudando a la CGAIP a proponer la resolución más justa para la reclamación, se debe medir en función de las ventajas que puede o no ofrecer respeto de otros mecanismos previstos a este efecto por la legislación, como es el caso de las distintas herramientas de participación y transparencia previstas tanto para el procedimiento administrativo como para las decisiones administrativas en general. Además, hay que tener en cuenta que la utilización adecuada de los mecanismos de participación por parte de la Administración también puede contribuir, de manera indirecta, a evitar futuros litigios[383].

4.5.2 Potestad sancionadora

Las resoluciones que dicta la CGAIP sobre la reclamación planteada, así como los acuerdos alcanzados por mediación deberían ejecutarse, tienen carácter vinculante y poseen eficacia inmediata. De ahí que, como prevé el art. 43.3 LTAIBGCat la desatención de este requerimiento puede dar lugar a responsabilidad, de acuerdo con lo establecido por el título VII. Igualmente, el art. 77.2 de la Ley tipifica como infracción muy grave el hecho de impedir u obstaculizar deliberadamente el acceso a la información pública en el caso de resolución estimatoria.

Recoge la Ley un duro régimen sancionador aplicable a infracciones sobre la transparencia cometidas por altos cargos y empleados públicos, aunque no se esté cumpliendo.

Aun así, la capacidad de la CGAIP para forzar o asegurar el cumplimiento por parte del resto de entidades públicas es muy débil, limitándose únicamente a requerir a la administración afectada.

En este sentido, VILALTA[384] plantea que para asegurar una mayor eficacia de sus decisiones habría sido preferible que, la Ley de Transparencia y Buen Gobierno de Cataluña le atribuyera a la Comisión, de forma expresa la capacidad para incoar el procedimiento sancionador en contra de este incumplimiento.

El artículo 87 de la LTBGCat si prevé la posibilidad que el Síndic de Greuges, la Sindicatura de Cuentas o el director de la Oficina Antifraude de Cataluña puedan instar a los órganos competentes la incoación del procedimiento sancionador. Sin embargo, queda al margen de dicha posibilidad la CGAIP, será después de unos años (2020) cuando el TSJC[385] reconoce la competencia de la CGAIP para adoptar

[383] El art. 133 de la Ley 39/2015, de 1 de octubre, de Procedimiento Administrativo Común de las Administraciones Públicas (LPAC), y la nueva versión del art. 26 de la Ley 50/1997, de 27 de noviembre, del Gobierno (LG) –referido específicamente a los reglamentos estatales–, prevén tres vías de participación de los ciudadanos en el procedimiento normativo: una consulta pública, una información pública y una audiencia personalizada.

[384] VILALTA REIXACH, Marc. "La aplicación del Derecho de acceso a la información pb en Cataluña". *Op cit,* pág. 146.

[385] Sentencia 4293/2020 **Texto de la sentencia STSJ CAT 4293/2020** de 26 octubre.
El Tribunal Superior de Justicia de Cataluña ha desestimado el Recurso contencioso-administrativo n.º 95/2018, interpuesto por el Ayuntamiento Lleida, contra el Acuerdo 112/2017/PS de la GAIP de 15 de febrero

acuerdos que requieren la incoación de expedientes sancionadores por el incumplimiento de las resoluciones de la Comisión (Sentencia 4293/2020)

La sentencia deja bien claro que la desatención de los requerimientos de la Comisión puede dar lugar a la exigencia de responsabilidad, de acuerdo con lo que establecen los arts. 77-86 de la Ley Catalana. A este efecto, la Comisión puede poner estos hechos en conocimiento de los órganos competentes para ordenar la incoación del procedimiento sancionador correspondiente.

Por otra parte, se puede valorar el grado de cumplimiento de las resoluciones dictadas por la CGAIP por la información publicada en su página web ya que dispone de un apartado específico en el que se detalla el cumplimiento de éstas. En su mayoría han sido objeto de cumplimiento íntegro o parcial.

4.6 Fortalezas

La Comisión recoge un sistema de designación cualificado, no sólo porque la designación de sus miembros no recae directamente en el Gobierno, sino que se atribuye al Parlamento autonómico y, sobre todo, porque se exige un cierto consenso entre los diferentes grupos parlamentarios en el nombramiento de estos miembros, requiriéndose el acuerdo de tres quintas partes de los diputados.

Respecto al perfil del presidente, es de las más exigentes ya que especifica, además del reconocido prestigio y competencia profesional de alto nivel técnico -que sean juristas especialistas en derecho público y técnicos en materia de archivos o gestión documental, elegidos entre expertos de reconocida competencia y prestigio y con más de diez años de experiencia profesional, aunque no dice con qué preferencia. También respecto a la Secretaria Técnica que presta el apoyo a la CGAIP, a propuesta del presidente de la CGAIP, pero entre funcionarios del grupo A1, con una antigüedad superior a diez años, con titulación en derecho o en archivística y gestión documental.

La duración del nombramiento de los miembros supera la legislatura ya que son 5 años no renovables, por lo que, con ello se presume independencia.

La legislación catalana prevé la posibilidad de que las reclamaciones en materia de acceso a la información pública sean resueltas mediante un proceso de mediación (mecanismo de resolución de conflictos muy conocido en algunos ámbitos del derecho privado, pero de aplicación menos frecuente a asuntos administrativos). Es uno de los pocos ejemplos del uso de la mediación extrajudicial en el ámbito administrativo en el ordenamiento español.

---

por el que se rechaza el requerimiento previo formulado por el Ayuntamiento de Lleida respecto del Acuerdo 112/2017/PS, de 15 de febrero de 2018, por el que se rechaza el requerimiento previo formulado por el Alcalde de Lleida el 1 de febrero de 2018, respecto del Acuerdo de 4 de enero de 2018, que pide la incoación del procedimiento sancionador por el incumplimiento de ejecución de la Resolución 117/2017, de 20 de abril, que estimó la Reclamación 57/2017 (Ayuntamiento de Lleida).

La CGAIP se ha esforzado en mantener adecuadamente informados y actualizados los contenidos de su web con el personal propio, a pesar de que no dispone de personal con funciones y formación de gestión de contenidos web como correspondería.

Dispone de un apartado en la web que recoge la media, actualizada mensualmente, de las evaluaciones de calidad con cinco indicadores de servicio a través del cual se puede observar la valoración media obtenida hasta la actualidad, para cada uno de los aspectos por los que se pide valoración. Esta memoria incorpora un apartado específico relativo a las evaluaciones de la calidad del servicio de la Comisión, que analiza también las observaciones recogidas con las respuestas expresadas por las partes reclamantes.

4.7 Debilidades

En cuanto a debilidades, sobre todo en el ámbito normativo:

El Reglamento nos dirige a la LTAIBGCat para ver el procedimiento de elección, pero lo que no mencionan ninguno de los dos, es quien propone a los tres-cinco miembros de la CGAIP, deducimos que como en la mayoría de los órganos garantes es el gobierno autonómico, por lo demás se integra a efectos organizativos en la Administración de la Generalitat de Cataluña; por tanto, condicionado inicialmente.

La estructura institucional de seguimiento, supervisión y control de la transparencia es difusa, en cuanto a instituciones de garantía de la transparencia por medio de un amplio número de instituciones dedicadas a esa finalidad (*Sindic de Greuges*, Oficina Antifraude, Sindicatura de Cuentas, Autoridad Catalana de Protección de Datos, etc.).

La Comisión se renueva parcialmente cada dos años y medio. La elección del presidente por mayoría de tres quintos de sus miembros se debe producir cada vez que la Comisión sea renovada parcialmente. No es tiempo suficiente para en mi opinión, abordar relaciones y para conocimiento de la ciudadanía.

Son aplicables las normas sobre incompatibilidades del personal al servicio de las Administraciones públicas, por lo que no se establecen las prohibiciones que serían deseables, como la no vinculación con organizaciones políticas.

Aunque se ha intentado en sus normas la ausencia del componente político y de cargos de la Administración en su composición y carácter colegiado del órgano (5 miembros inicialmente 2015, y 2 en la actualidad 2022), no impide "reparto de sillones" entre las distintas fuerzas políticas.

La Secretaria de la Comisión la ocupa la Jefa de Servicio del Departamento del Gobierno al que está adscrita.

En cuanto al proyecto de reglamento, el Gobierno remite al Parlamento antes de su aprobación por decreto, que debe pronunciarse sobre la propuesta y, en su caso, puede formular recomendaciones con relación al

texto. Las recomendaciones relativas a la garantía de la independencia orgánica y funcional de la Comisión son vinculantes para el Gobierno.
Aunque para el Gobierno sea vinculante y deba tener en cuenta las recomendaciones que haga el Parlamento respecto a garantías de independencia funcional y orgánica de la Comisión, vuelve a ser un paso dudoso de independencia, si lo que se intenta es una actuación técnica, porque es el Gobierno autonómico catalán quien elabora y aprueba por Decreto el proyecto de reglamento, en mi opinión debería haber sido la propia CGAIP quien hubiera realizado un borrador que se hubiera analizado en el Parlamento para su aprobación.

La verdad es que una vez más, en el momento en el que se crea como órgano administrativo sin personalidad jurídica y que se integra a efectos organizativos dentro de la Administración de la Generalitat de Cataluña; nos hace plantearnos dudas acerca de su verdadera autonomía e independencia respecto del Poder Ejecutivo.

A pesar de que, por ley, la CGAIP es un órgano independiente orgánica y funcionalmente de la Administración de la Generalitat, con la que no puede estar sujeto a instrucciones jerárquicas, no hay previsiones en el texto legal en relación con su autonomía presupuestaria, como tienen reconocida otros órganos de garantía de funciones similares, por lo que la CGAIP no dispone de presupuesto propio, y los gastos de personal y por cualquier otro concepto derivado de las funciones y actividades de la Comisión deben ser sometidos a la autorización previa del departamento de la Generalitat de adscripción, y asumidos con cargo al presupuesto del departamento mencionado.

El ordenamiento catalán no ha previsto efectivamente las condiciones jurídicas y materiales adecuadas para garantizar la independencia de la Comisión de Garantía, sigue habiendo algunos elementos que son todavía cuestionables: los recursos humanos y materiales a su disposición ya que el cumplimiento de las funciones de garantía de la CGAIP depende de los medios de que disponga y carece de un presupuesto propio. Por lo que los gastos de personal y los generados por cualquier otro concepto deben de ser autorizados previamente por el Departamento autonómico al que se adscribe. Supone también un elemento que puede afectar negativamente a la autonomía de funcionamiento de la CGAIP.

CUADRO RESUMEN

LTAIBG	**Organismo**	Designación	**Composición**
Ley 19/2014, de 29 de diciembre, de transparencia, acceso a la información pública y buen G Decreto 111/2017, de 18 de julio, por el que se aprueba el Reglamento de la Comisión	Comisión de Garantía del Derecho de Acceso a la Información Pública CGAIP (art. 39 al 44) Órgano colegiado Mediación	Designados por mayoría de tres quintas partes del Parlamento (3/5)	Entre 3 y 5 miembros
		Juristas especialistas en derecho público y técnicos en materia de archivos o gestión documental, elegidos entre expertos de reconocida competencia y prestigio y con más de diez años de experiencia profesional. 5 años no renovables Dedicación exclusiva Incompatibilidades del personal al servicio de las administraciones públicas	Desde 2017 a la actualidad 2022: **2** miembros

5. Consejo de Transparencia de NAVARRA[386] (CTNv)

El Consejo de Transparencia de Navarra, creado por Ley Foral 5/2016, de 28 de abril, de modificación de la Ley Foral 11/2012, de 21 de junio, de la Transparencia y del Gobierno Abierto (*Norma derogada, con efectos de 1 de julio de 2019, por la disposición derogatoria única de la Ley Foral 12/2019, de 22 de marzo. Ref. BOE-A-2019-5734*), es, conforme a lo dispuesto en la Ley Foral 5/2018, de 17 de mayo, de Transparencia, Acceso a la Información Pública y Buen Gobierno, el órgano colegiado destinado a promover la transparencia en la Comunidad Foral, velar por el cumplimiento de las obligaciones de publicidad activa y garantizar el derecho de acceso a la información pública. (Título VI, art. 63 y ss.)

La organización y funcionamiento del Consejo de Transparencia de Navarra se regirá por el reglamento que este órgano apruebe. (art. 67 LTAIBGNv); así a propuesta de su Presidenta, el Consejo de la Transparencia de Navarra, en su sesión de 26 de junio de 2017 aprueba el Acuerdo sobre las normas de funcionamiento del CTNv.[387]

5.1 Naturaleza Jurídica

La Ley Foral 5/2018, de 17 de mayo, de Transparencia, acceso a la información pública y buen gobierno navarra configura el CTNv como órgano autónomo, independiente, adscrito orgánicamente al Departamento de Presidencia, Función Pública, Interior y Justicia y, en el ejercicio de sus funciones, actuará con objetividad, profesionalidad, sometimiento al ordenamiento jurídico, autonomía y plena independencia funcional de las administraciones públicas. (art. 63 a 69)

5.2 Estructura

El Consejo de la Transparencia, sigue el modelo estatal del CTBG con una composición colegiada (Pleno que se compone de todos los miembros del CTNv) y una presidencia que representa al Consejo), pero se diferencian ya que resuelve las reclamaciones de los ciudadanos y ciudadanas en materia de acceso a la información pública, su órgano colegiado.

---

[386] Ley Foral 5/2018, de 17 de mayo, de Transparencia, acceso a la información pública y buen gobierno.

Ley Foral 11/2012 de la Transparencia y del Gobierno Abierto (legislación consolidada, ya incluidas las modificaciones) Modificada por la Ley Foral 5/2016, de 28 de abril

Decreto Foral 7/2017, de 1 de febrero, por el que se nombra a la Presidenta y a los miembros del Consejo de Transparencia de Navarra

[387] Acuerdo de 26 de junio de 2017, del Consejo de Transparencia de Navarra, por el que se aprueban las normas de organización y funcionamiento del Consejo de Transparencia de Navarra

Portal de Transparencia, Participación y Open Data.

Web Consejo de Transparencia de Navarra https://gobiernoabierto.navarra.es/es/consejo-transparencia/consejo-transparencia-navarra

Un miembro del propio órgano actuará como secretario y será el Pleno del Consejo de Transparencia de Navarra el que designe como responsable de la Secretaría del Consejo a ese miembro, que asistirá a las reuniones con voz y voto y redactará el acta.

Presidente

Pleno. Órgano colegiado resuelve

Presidente del Consejo
12 Miembros

1 miembro actúa como Secretario/a

En casos de vacante, ausencia, enfermedad u otra causa legal, la persona que desempeñe la Secretaría será sustituida por el miembro del CTNv de menor edad o por quien elija el Pleno para tal función.

El Pleno podrá constituir un grupo de trabajo o designar un ponente para el estudio de las reclamaciones que se presenten frente a resoluciones en materia de acceso a la información pública. Las propuestas de acuerdo que elaboren se someterán al Pleno

El CTNv se reunirá en sesión ordinaria, como mínimo una vez cada dos meses. Los acuerdos se adoptarán por mayoría simple de miembros presentes. La Presidencia dirimirá los empates con voto de calidad. (art. 13 Acuerdo de Funcionamiento).

En la primera reunión de constitución del CTNv –Acta 13-03-2017- la presidenta traslada a los miembros del Consejo su deseo de trabajar con independencia y propone en cuanto al funcionamiento y aun desconociendo el volumen de trabajo que se irá produciendo, que exista un equipo más reducido que pudiera recibir, ordenar y tramitar las reclamaciones que se presenten. En esta primera reunión se traduce el voluntarismo y disposición de los miembros.

5.3 Requisitos básicos de independencia

5.3.1 Elección, nombramiento y cese

El presidente del CTNv es elegido[388] por el Parlamento de Navarra por mayoría absoluta, de entre las candidaturas propuestas por los diferentes grupos parlamentarios y nombrada por el Gobierno de Navarra,

[388] Decreto Foral 7/2017 de 1 de febrero. (B.O.N. nº 30, de 13 de febrero de 2017), se nombró a la presidenta y a los miembros del Consejo de Transparencia de Navarra. (Pta. Pilar Yoldi renuncia agosto 2017)
Presidente del Consejo de Transparencia de Navarra. Decreto Foral 13/2018, de 28 de marzo. (B.O.N. nº 76, de 20 de abril de 2018). Juan Luis Beltrán Aguirre
Decreto Foral 304/2019, de 6 de noviembre, por el que se nombran miembros del Consejo de Transparencia. Habiéndose producido la circunstancia de desaparición del vínculo del representante con la entidad a la que representan en los miembros designados por el Parlamento de Navarra, por la Federación Navarra de Municipios y Concejos y la renuncia de los miembros

mediante decreto foral, pero el resto de miembros lo son por las entidades o instituciones a los que representan.

En casos de vacante, ausencia, enfermedad u otra causa legal, la persona titular de la Presidencia será sustituida por el miembro del Consejo de mayor edad que cumpla con el régimen de incompatibilidad establecido.
En cuanto al cese o destitución la Ley Navarra prevé las causas tasadas no solo en relación con el presidente del Consejo, sino también con los demás miembros, que representan a las entidades e instituciones ajenas (art. 65.2): expiración del mandato, muerte, renuncia, será cesada a petición del Parlamento de Navarra, por mayoría absoluta, en caso de incumplimiento grave de sus funciones, de incapacidad sobrevenida para el ejercicio de su función, de incompatibilidad o de condena por delito doloso. Para los demás miembros también por desaparición del vínculo del representante con la entidad a la que representa. Es el Consejo de Gobierno quien lleva a cabo la separación o cese en Navarra (art 73.3).

5.3.2 Perfiles profesionales

Se exige para nombramiento del presidente, reconocido prestigio y competencia profesional, nada a los demás miembros del órgano colegiado, que tienen carácter político o representativo de otras entidades (incluidas entre las sujetas a control por el Consejo).
No aparecen en la web del Consejo perfiles de los miembros que lo componen.

5.3.3 En cuanto a **Incompatibilidades**

En la redacción del texto de la Ley de Transparencia Navarra en este aspecto para el presidente, se fija la incompatibilidad con el desempeño de cargos a los que se refiere la legislación (art. 61) sobre incompatibilidad de los miembros del Gobierno de Navarra y de los altos cargos de la Administración Foral de Navarra, así como con la pertenencia a un partido político, incluyendo los 4 años anteriores a su elección. (Artículo 73.4 de la Ley Foral).

5.3.4 Dedicación exclusiva, parcial o simbólica

La condición de miembro del CTNv no exige dedicación exclusiva ni da derecho a remuneración, con la excepción de la percepción de dietas e indemnizaciones (art. 65.4 LTNv). Tampoco de la persona miembro que actúa como Secretaria del Consejo, aunque hace un trabajo administrativo fundamental para el funcionamiento del Consejo: convocatorias, actas, elaboración de la memoria anual. Consecuencia de la no exclusividad es que la primera presidenta meses después de su nombramiento, traslada su renuncia por

---

propuestos por la Universidad Pública de Navarra, procede modificar su composición. **Decreto Foral 21/2021** de 17 de marzo. (B.O.N. nº 79, de 9 de abril de 2021). Transcurridos cuatro años del nombramiento de los miembros del Consejo acordado por **Decreto Foral 7/2017**, de 1 de febrero, y finalizado el mandato de los miembros designados por el departamento competente en materia de transparencia, por la Federación Navarra de Municipios y Concejos, por la Cámara de Comptos y por el Defensor del Pueblo de Navarra, procede la renovación de estos miembros en el Consejo. Los últimos nombramientos

motivos profesionales en agosto de 2017[389]. En su Memoria 2020 (p. 12) afirma que la pertenencia al Consejo es una actividad gratuita y no retribuida. Desde su constitución, el Consejo tampoco ha aprobado indemnizaciones por asistencia a los plenos o por la redacción de ponencias.

5.3.5 Composición y duración

La duración del mandato será por un periodo de cuatro 4 años no renovable.
En cuanto a la composición, (art. 65 Ley) el presidente, cuatro miembros del Parlamento de Navarra para cuya designación se tendrá en cuenta el criterio de pluralidad respecto de los grupos presentes en el Parlamento de Navarra, un representante del Departamento competente en materia de transparencia del Gobierno, tres representantes de las entidades locales de Navarra designados a propuesta de las asociaciones o federación de municipios de mayor implantación en la Comunidad Foral de Navarra, un representante del Consejo de Navarra, un representante de la Cámara de Comptos, un representante del Defensor del Pueblo de Navarra, un representante de la Universidad Pública de Navarra.

Como órganos del Consejo, por tanto, solamente existen dos: Pleno y el Presidente. La Ley Foral 5/2018, de 17 de mayo, no prevé ningún otro órgano que complemente la estructura del Consejo, no se han creado otros órganos operativos para el funcionamiento ordinario del Consejo, como, por ejemplo, Comisiones (Ejecutiva, Permanente o Temporales) la figura del Secretario General, u otros de asistencia al Presidente como es un Vicepresidente.

5.4 Otros mecanismos de garantía de independencia e imparcialidad

La Ley Foral 11/2012, de 21 de junio, no prevé la asignación de medios propios al Consejo de Transparencia de Navarra para la realización de sus funciones (presupuesto, medios materiales, informáticos, humanos, local propio, archivo, etc.), lo que implica una dificultad para su funcionamiento cotidiano, haciéndolo, además, dependiente de una Administración a efectos de su actividad propia. Inicialmente no ha sido dotado con personal alguno, ni con presupuesto, estas carencias se irán supliendo en parte por la Administración de la Comunidad Foral de Navarra, a través del Servicio de Gobierno Abierto del Departamento de Presidencia, Función Pública, Interior y Justicia. (Art. 67.2.)
La primera presidenta del Consejo informa ya en la primera reunión, de que el Consejo no cuenta con una asignación presupuestaria concreta y da cuenta de las gestiones seguidas en orden a contar con un espacio físico para el Consejo de Transparencia de Navarra ante el Servicio de Patrimonio, y ante el Parlamento de Navarra. Durante buena parte del año 2020 tuvo un despacho sito en la Avda. Roncesvalles nº 4, Planta Baja, de Pamplona.

---

[389] Acta reunión 28 agosto 2017 Renuncia de la presidenta Pilar Yoldi López que fue acordada por Decreto Foral 77/2017, de 30 de agosto (BON 8/9/17). Acta reunión 9 abril 2018 nombramiento de Juan Luis Beltrán Aguirre. Decreto Foral 13/2018, de 28 de marzo. (B.O.N. nº 76, de 20 de abril de 2018).
https://gobiernoabierto.navarra.es/sites/default/files/archivos/acta_no_12_de_la_sesion_del_consejo_de_transparencia_de_navarra_de_9_de_abril_de_2018.pdf

5.4.1 Recursos económicos

Los gastos por cualquier concepto derivado de las funciones y actividades han requerido de la autorización previa por el Departamento de Presidencia, Función Pública, Interior y Justicia, y se han asumido con cargo al presupuesto del departamento mencionado. Tras su constitución el 13 marzo de 2017 –y según leemos en su Memoria- el CTNv dispuso de 10.000 euros, de los que 3000 quedaron reservados para afrontar aquellos gastos que pudieran acometerse en el Portal del Gobierno Abierto y los 7.000 euros restantes para afrontar otros gastos de funcionamiento. Para 2018 se le dota con dos partidas económicas: (Gastos de funcionamiento del Consejo de Transparencia: 10.000 euros y Equipos para procesos de información: 6.000 euros). En 2019 Gastos de funcionamiento del Consejo de Transparencia: 95.000 euros y Equipos para procesos de información del Consejo de Transparencia: 6.000 euros). Los Presupuestos Generales de Navarra para 2020 dotaron al Consejo de Transparencia con dos partidas económicas. (Gastos de funcionamiento del Consejo de Transparencia: 15.000 euros. Interoperabilidad informática: 40.000 euros).

Por tanto su Web[390] enlaza con la información del gobierno de la CCAA y se presenta la información correspondiente a los presupuestos y cuentas generales, junto con una herramienta de visualización que según la página es gráfica, pero que en realidad no lo es.

Tras la nueva ley, en 2019 se destinan al Consejo 101.000€ para gastos de funcionamiento e informáticos, si nos vamos al Presupuesto del ejercicio 2020, para encontrar un dato sobre el CTNv, en él hay que ir buscando primero, el Departamento al que está adscrito: (0) Departamento de Presidencia, Igualdad, Función Pública e Interior (317.356.217€); segundo (010005) Servicio de Gobierno Abierto (2.114.884€); tercero (010005 01700 2269 921100) Gastos de funcionamiento del Consejo de Transparencia de Navarra (15.000€). En el año 2022 se destinan 40.000€ al CTNV en los presupuestos generales del gobierno.

(0) Departamento de Presidencia, Igualdad, Función Pública e Interior		
(010005) Servicio de Gobierno Abierto		
2019	(010005 01700 2269 921100) Gastos de funcionamiento del Consejo	95.000
	Equipos para procesos Informáticos	6.000
2020	(010005 01700 2269 921100) Gastos de funcionamiento del Consejo	30.000€
	Interoperabilidad Informática	40.000
2021	Gastos Plan Reactivar gastos de funcionamiento del CTNv	30.000€
	Gastos Plan Reactivar interoperabilidad Informática del Consejo	25.000€
2022	Gastos Plan Reactivar gastos de funcionamiento del CTNv	15.000€
	Gastos Plan Reactivar interoperabilidad Informática del Consejo	25.000€

[390] Consejo de Transparencia de Navarra

https://gobiernoabierto.navarra.es/es/consejo-transparencia/consejo-transparencia-navarra

https://www.navarra.es/home_es/Gobierno+de+Navarra/Presupuesto/presupuestos/
Instituciones, Entes Públicos, Sociedades y Fundaciones Públicas

Sin embargo, encontramos dentro del Departamento el programa específico, con todas y cada una de las partidas de gastos, de Actividades del Tribunal Administrativo de Navarra (010007), de Juventud o el programa del Instituto de Igualdad. También el (060002) Portal navarra.es (283.718€).
Y en un apartado concreto y muy claro Instituciones, Entes Públicos, Sociedades y Fundaciones Públicas, apareciendo el presupuesto de cada una de ellas (Consejo de Estado, Defensor del Pueblo…)

5.4.2 Régimen de Personal

Como ya observábamos en el anterior apartado, tampoco en la web del Consejo se encuentran datos, ni se hace mención alguna a los empleados públicos que están a disposición del Consejo. Además, la web, está agregada a la del gobierno regional muy poco accesible (navarra.es), es decir que no es tal web del CTNv sino un enlace dentro de la del gobierno. Pinchando en ese enlace accedemos simplemente a la definición del Consejo (¿Qué es?), y a otros tres desplegables de información sobre: documentación, reuniones y reclamaciones.

Por sus Memorias sabemos que no ha sido dotado con personal alguno, si bien cuenta con el apoyo del Servicio de Gobierno Abierto y Atención a la Ciudadanía de la Dirección General de Presidencia y Gobierno Abierto, desde el que se presta apoyo en un despacho o sede destinado al Consejo. El almacenamiento de la información, archivos y datos de las actuaciones del Consejo se lleva a cabo mediante el uso de un disco virtual de red, de uso propio y exclusivo del CTNv.

5.5 Funciones y ámbito de control

El Pleno del Consejo es el único órgano colegiado existente y concentra todas las funciones que la Ley Foral 5/2018, de 17 de mayo, atribuye al Consejo (art. 64), recoge y amplía las funciones que desde su origen la Ley Foral 11/2012, de 21 de junio, en su artículo 72 atribuía al Consejo de Transparencia de Navarra[391]. Así, la función principal del CTNv es la de garantizar el derecho de acceso a la información

[391] artículo 64, de la Ley Foral 5/2018, al Consejo de Transparencia de Navarra le compete:
a) Conocer de las reclamaciones que se presenten contra las resoluciones expresas o presuntas en materia de acceso a la información pública.
b) Requerir, a iniciativa propia o como consecuencia de denuncia o reclamación, la subsanación de incumplimientos de las obligaciones recogidas en esta ley.
c) Informar preceptivamente proyectos normativos que desarrollen la ley en materia de transparencia o estén relacionados con esta materia.
d) E valuar el grado de aplicación y cumplimiento de las obligaciones en materia de transparencia por parte de las entidades e instituciones sujetas a ella, pudiendo formular recomendaciones para el mejor cumplimiento de tales obligaciones.
e) Adoptar criterios de interpretación uniforme de las obligaciones contenidas en esta ley foral.
f) Resolver las consultas que se formulen en materia de publicidad activa y derecho de acceso por las entidades e instituciones obligadas.
g) Elaborar anualmente una memoria específica sobre su actividad de velar por el cumplimiento de las obligaciones en materia de transparencia por parte de las entidades e instituciones, que será presentada ante el Parlamento de Navarra.
Esta memoria comprenderá, además de un apartado específico relativo al cumplimiento de las obligaciones derivadas de la Ley Foral 16/2016, de 11 de noviembre, de Cuentas Abiertas, las reclamaciones y consultas tramitadas, las recomendaciones o requerimientos que el Consejo haya estimado oportuno realizar en esta materia, así como referencia a los expedientes disciplinarios o sancionadores cuya incoación haya instado.

pública. Los acuerdos adoptados por el Consejo resolviendo las reclamaciones presentadas, al igual que las resoluciones de los recursos administrativos a los que sustituyen esas reclamaciones, tienen carácter ejecutivo.

Asume funciones especializadas en torno a la transparencia, el derecho de acceso a la información pública y la publicidad activa sin exceder más esferas que la transparencia. Algunas de las funciones que se le otorgan se proyectan de forma general a la ley que los regula, lo que podría tener consecuencias en el ámbito de sus atribuciones. No obstante, se trata de funciones secundarias.

La reclamación ante el Consejo de Transparencia de Navarra que pueda interponerse contra las resoluciones, expresas o presuntas, de los órganos de la Administración Pública, es compatible con la presentación de una queja al Defensor del Pueblo de Navarra en los casos en los que se impida o limite el derecho de acceso a la información, que se tramitará de forma independiente y sin suspensión de los plazos para presentar la reclamación o recurso contencioso-administrativo[392].

Asimismo, se contempla la creación de una unidad para informar todos los recursos administrativos en materia de información y participación y colaboración ciudadanas, con la intención de mantener una unidad de criterio.

5.5.1 Capacidad de imponer multas coercitivas

Ante un incumplimiento de los acuerdos resolutorios del Consejo, la Ley Foral 11/2012, de 21 de junio, no preveía mecanismos para forzar a la Administración o entidad afectada al cumplimiento de la decisión adoptada por el Consejo. La nueva Ley Foral 5/2018, de 17 de mayo, de Transparencia, acceso a la información pública y buen gobierno, incorpora un artículo (art. 69) destinado al "Cumplimiento de los actos y resoluciones del Consejo de Transparencia de Navarra" y atribuye a éste la capacidad de imponer multas coercitivas a las Administraciones o entidades, a las autoridades, a los empleados públicos o a los particulares que incumplan los actos o resoluciones del Consejo, pudiendo reiterar la multa cada diez días hasta el cumplimiento íntegro de lo mandado.

Recoge que los actos de petición de información y documentación y las resoluciones dictadas por el CTNv serán vinculantes para las Administraciones públicas, entidades y personas obligadas por ley foral, (con la excepción de las instituciones públicas de la Comunidad Foral de Navarra no sujetas a su conocimiento).

---

h) Instar la incoación de expedientes disciplinarios o sancionadores de acuerdo con las previsiones del título V.
i) Imponer multas coercitivas en los términos previstos en el artículo 69 de esta ley foral.
j) Promover actividades de formación y sensibilización
k) Colaborar, en las materias que le son propias, con órganos de naturaleza análoga.
l) Aquellas otras que le sean atribuidas por una norma de rango legal o reglamentario

[392] Título VI art. 63 y ss. contempla las garantías administrativas, judiciales y extrajudiciales que tienen los ciudadanos. Ley Foral 5/2018, de 17 de mayo, de Transparencia, acceso a la información pública y buen gobierno.

En caso de advertirse que un acto o una resolución dictada en el ámbito de su competencia pudiera estar siendo incumplido, el CTNv, de oficio o a instancia de alguna de las partes, requerirá a quienes corresponda que lleven a cabo su cumplimiento en el plazo que se les fije e informen al respecto. Transcurrido el plazo fijado y si el Consejo aprecia el incumplimiento total o parcial de su acto o resolución, podrá adoptar las medidas que van desde multa coercitiva de 500 a 5.000 euros, a publicar la actitud incumplidora de quienes resulten responsables en su página web, en su informe anual, en los medios de comunicación y dando traslado de la conducta al Parlamento de Navarra, para su conocimiento.

El CTNv podrá recabar el auxilio de cualquiera de las Administraciones y poderes públicos para garantizar la efectividad de sus resoluciones, que lo prestarán con carácter preferente y urgente.

5.6 Fortalezas

El Presidente del CTNv es elegido por el Parlamento de Navarra por mayoría absoluta, de entre las candidaturas propuestas por los diferentes grupos parlamentarios y la duración del mandato será por un periodo de cuatro 4 años no renovable que coinciden con la legislatura, pero no repiten.

Es un órgano colegiado el CTNv, lo que puede tener una parte positiva, ya que al menos en teoría, pueden concurrir no solo juristas y profesionales del Derecho, sino también del mundo universitario, alcaldes y políticos, una variedad que significaría la riqueza de muchos puntos de vista y podría evitar las posibles presiones a las que puede estar sometido.

El Parlamento, también será quien propondrá el cese de los miembros, aunque es el Consejo de Gobierno quien lleva a cabo la separación o cese. Vemos así, que el mecanismo de destitución y sus causas son fundamentales para esa independencia de la que hacen gala todas las leyes autonómicas, para evitar el cese por razones políticas o de desacuerdo con las decisiones tomadas por los consejos.

La Ley Foral si contempla expresamente la potestad del CTNv para sancionar queriendo obligar al cumplimiento de sus resoluciones con multas coercitivas a las Administraciones o entidades, autoridades, empleados públicos o a los particulares que incumplan, reiterando la multa cada diez días hasta el cumplimiento íntegro: pero en realidad son las medidas que pueden utilizar todos los órganos de control en las CCAA, reiterar y publicar, lo que no garantiza el cumplimiento íntegro de lo mandado.

5.7 Debilidades

En el ámbito normativo, se determinan dificultades en el funcionamiento a causa de su diseño en cuestiones transcendentales, tales como la dependencia orgánica, la personalidad jurídica, el nombramiento de los miembros y su dedicación.
Aunque su exposición de motivos lo define como órgano independiente de control que actúa con objetividad, profesionalidad y plena independencia funcional, se adscribe orgánicamente al Departamento de Presidencia y vemos claramente un mayor componente político que técnico en sus miembros, que

atribuyen la competencia para resolver las reclamaciones en materia de acceso a una comisión plural/pleno; el Legislador autonómico ha ido copiando el modelo de la Comisión de Transparencia del CTBG estatal pero atribuyéndole la competencia para resolver reclamaciones.

El que se contemple el CTNv como un órgano colegiado, también puede tener una parte negativa porque las distintas entidades que poseen representación en estos plenarios en muchos casos son instituciones con ciertas vinculaciones políticas, en este caso concreto son cuatro diputados parlamentarios y representante del gobierno autonómico, también representantes de organizaciones sociales que pueden tener relaciones de interdependencia e intereses relacionados con el gobierno y las administraciones a las que pretenden controlar (Las entidades locales, la Universidad Pública. Además, un plenario tan numeroso dificulta la agilidad para resolver.

Uno de los déficits es que sólo se exige para nombramiento del presidente, reconocido prestigio y competencia profesional, nada a los demás miembros del órgano colegiado, que tienen carácter político o representativo de otras entidades (incluidas entre las sujetas a control por el Consejo)

La condición de miembro del CTNv no exige dedicación exclusiva ni da derecho a remuneración, con la excepción de la percepción de dietas e indemnizaciones. No se puede entender la falta de retribución, sobre todo de la persona miembro que actúa como Secretaría ya que hace un trabajo administrativo fundamental para el funcionamiento del Consejo: convocatorias, actas, elaboración de la memoria anual… Aunque actualmente quien actúa como secretaria es la representante del gobierno foral.

En el ámbito material no aparecen en la web del Consejo perfiles de los miembros que lo componen, enlaza con la información del gobierno CCAA y se presenta la información correspondiente a los presupuestos (los gastos requieren de la autorización previa por el Departamento de Presidencia, no recoge la RPT…

CUADRO RESUMEN

LTAIBG Navarra	**Organismo colegiado**	Designación **Presidente**	**Composición CTNv**
Ley Foral 11/2012, de 21 de junio art. 73) Ley Foral **5/2018**, de 17 de mayo, de Transparencia, acceso a la información pública y buen gobierno Acuerdo de 26 de junio de 2017, del CTNv, por el que se aprueban las normas de organización y funcionamiento del Consejo	Consejo de la Transparencia **CTNv** Órgano colegiado Capacidad de imponer multas coercitivas	El Parlamento, por mayoría absoluta Personas de reconocido prestigio y competencia profesional (proponen los GP) No exige dedicación exclusiva. Régimen incompatibilidad Pte. art.61 4 años no renovable	Presidente nombrado por el Gobierno de Navarra + • 4 miembros del Parlamento de Navarra • 1 Representante del departamento competente en materia de transparencia. • 3 representantes de la Federación Navarra de Municipios y Concejos. • 1 Representante del Consejo de Navarra. • 1 Representante de la Cámara de Comptos. • 1 Representante del Defensor del Pueblo • 1 Representante de la Universidad Pública de Navarra.

6. Consejo Valenciano de Transparencia (CVT); sustituye al Consejo de Transparencia, Acceso a la Información Pública y Buen Gobierno **de la Comunidad VALENCIANA (CTV)**[393]

Tramitada por las Cortes Valencianas la Proposición de Ley de Transparencia y Buen Gobierno de la Comunidad Valenciana[394] propuesta por los grupos parlamentarios Socialista, Compromís y Unides Podem, el día 21 octubre de 2020, y cerrado el plazo de enmiendas en mayo de 2021, una vez sustanciadas las comparecencias de participación ciudadana ante la comisión correspondiente, se publica la nueva ley[395] el 13 de abril de 2022 que se debe considerar –exposición de motivos-, como una evolución natural en la tendencia que la Generalitat ha seguido en su política pública de mejorar las herramientas que hacen posible avanzar en un gobierno que pretende dialogar permanentemente con la ciudadanía, promoviendo y facilitando su colaboración. Así, una disposición derogatoria recoge la derogación parcial de la Ley 2/2015 de 2 de abril, de Transparencia, Buen Gobierno y Participación Ciudadana de la Comunidad Valenciana, y la cláusula general de derogación de las disposiciones de rango igual o inferior que se oponen al contenido de esta ley. A continuación, mediante tres disposiciones finales, se modifica el título de la Ley 2/2015, de 2 de abril, para adecuarlo a su contenido de acuerdo con la disposición derogatoria, se concreta el despliegue reglamentario correspondiente y se mantiene la vigencia de los decretos[396] dictados en desarrollo de la Ley 2/2015, de 2 de abril, en todo lo que no se oponga a esta ley. Finalmente, se establece el régimen de entrada en vigor de la ley.
El Consejo elaborará su reglamento de organización y funcionamiento, que deberá elevarse al Gobierno para su aprobación. Dentro del marco de las normas que establezca el reglamento de organización y

---

[393] Ley 2/2015, de 2 de abril, de Transparencia, Buen Gobierno y Participación Ciudadana de la Comunitat Valenciana (texto consolidado, con las modificaciones)

Modificación de la Ley 2/2015, de 2 de abril, de la Generalitat, de Transparencia, Buen Gobierno y Participación Ciudadana de la Comunitat Valenciana introducida por la Ley 10/2015, de 29 de diciembre, de medidas fiscales, de gestión administrativa y financiera, y de organización de la Generalitat.

Ley 2/2016, de 4 de marzo, de la Generalitat, de modificación de la Ley 2/2015, de 2 de abril, de Transparencia, Buen Gobierno y Participación Ciudadana de la Comunitat Valenciana.

DECRETO 105/2017, de 28 de julio, del Consell, de desarrollo de la Ley 2/2015, de 2 de abril, de la Generalitat, en materia de transparencia y de regulación del Consejo de Transparencia, Acceso a la Información Pública y Buen Gobierno (PDF)
Título V, Capítulos I y II, Arts. 73 al 87.
Consejo de Transparencia, Acceso a la Información Pública y Buen Gobierno

[394] https://www.cortsvalencianes.es/sites/default/files/initiative/doc/33_PL_TRANSPARENCIABOCV_110.pdf

[395] **Ley 1/2022**, de 13 de abril, de la Generalitat, de Transparencia y Buen Gobierno de la Comunitat Valenciana

[396] Permanecerán en vigor, en todo lo que no se oponga a la ley 1/2022 y hasta que no se deroguen expresamente, el DECRETO 105/2017, de 28 de julio, del CTV, de desarrollo de la Ley 2/2015, de 2 de abril, de la Generalitat, en materia de transparencia y de regulación del Consejo de Transparencia, Acceso a la Información Pública y Buen Gobierno [La organización interna, funcionamiento y oficina de apoyo del Consejo], y el DECRETO 56/2016, del Consejo, de 6 de mayo, por el cual se aprueba [el Código de buen gobierno de la Generalitat]. El Consejo tendrá que realizar, si procede, las modificaciones normativas necesarias para adaptar el contenido de estos decretos a lo que establece esta ley.

funcionamiento, el Consejo Valenciano de Transparencia podrá aprobar instrucciones, directrices, acuerdos y normas internas para organizar su actividad y la de su oficina técnica para el mejor cumplimiento de sus funciones, teniendo en cuenta su potestad de autoorganización.

Se introduce la posibilidad de articular la impugnación de las resoluciones de solicitudes de acceso a la información mediante un procedimiento de **mediación**[397], que debe finalizar con un acuerdo en el marco del Consejo Valenciano de Transparencia (art. 39). Ya sea por una reclamación o tras un procedimiento de mediación, las resoluciones del Consejo Valenciano de Transparencia **tendrán fuerza ejecutiva**.

El título II (arts. 47-53) se dedica al Consejo Valenciano de Transparencia, que se define como la autoridad de garantía en materia de transparencia en la Comunidad Valenciana y que sustituye al Consejo de Transparencia, Acceso a la Información Pública y Buen Gobierno. Con esta ley se ve reforzada su independencia al asegurar su capacidad para disponer de los recursos y medios personales, técnicos y materiales necesarios, y se le otorga la competencia para elaborar su reglamento de organización y funcionamiento, para aprobar directrices e instrucciones sobre su oficina técnica y para efectuar la propuesta de su presupuesto.

Se modifica el número de miembros que lo integran que pasa de los cinco a tres personas propuestas por los grupos parlamentarios por 5 años, cambia también el régimen de dedicación que se les exige, que ahora pasa a ser exclusiva, garantizando la continuidad y el buen funcionamiento del CVT en el ejercicio de sus diversas funciones.

La desatención de los requerimientos que efectúe el Consejo Valenciano de Transparencia para el cumplimiento de las resoluciones en materia de acceso a la información se considera infracción muy grave y podrá dar lugar a la exigencia de responsabilidad, de acuerdo con lo establecido en el artículo 68 de esta ley y sanciones (art. 71) a altos cargos y personal al servicio de las administraciones públicas **que podrán ser multa, cese en el cargo e incluso no poder ocupar cargo público en un periodo de 5 años.** El Consejo Valenciano de Transparencia podrá instar la incoación del procedimiento sancionador de acuerdo con lo previsto en el apartado 3 del artículo 74 de la ley.

6.1 Naturaleza Jurídica[398]

---

[397] La regulación de un nuevo procedimiento de mediación, responde a lo dispuesto en la disposición adicional segunda de la Ley 24/2018, de 5 de diciembre, de la Generalitat, de mediación de la Comunitat Valenciana, que establece que la Generalitat debe impulsar la incorporación de procesos de mediación en los procedimientos administrativos como forma de terminación convencional.

[398] art. 7 DECRETO 105/2017). Régimen jurídico y art. 47 Ley 1/2022 de Transparencia y Buen Gobierno
El Consejo de Transparencia se regirá por lo dispuesto en la Ley 1/2022, de 13 de abril, por lo dispuesto en este decreto y por los acuerdos y directrices que apruebe en virtud de su potestad de autoorganización. También se regirá, supletoriamente, por la normativa básica reguladora del funcionamiento de los órganos colegiados.
En lo no previsto por este decreto y por las normas de organización interna que se aprueben, será de aplicación el régimen jurídico previsto en la normativa básica sobre funcionamiento de los órganos colegiados.

El Consejo de Transparencia (CVT), actuará con autonomía orgánica y plena independencia funcional para el cumplimiento de sus fines, y, en el ejercicio de sus funciones, no estará sometido a instrucciones jerárquicas de ningún tipo. Está adscrito orgánicamente al departamento del gobierno competente en materia de transparencia, que pondrá a su disposición los medios personales y técnicos necesarios para el ejercicio de sus funciones; siempre con respecto a su independencia y de acuerdo con su presupuesto. A estos efectos se creará una oficina de apoyo que le prestará soporte administrativo con personal de la consejería.

En todas sus Memorias[399], el propio Consejo pone de manifiesto que su dependencia orgánica de la Consejería de Transparencia ha sido utilizada por esta para restringir su desarrollo e impedir su potenciación.

6.2 Estructura

Con la entrada en vigor de la ley 1/2022 quedan derogados los títulos y artículos que hacían referencia a la estructura: la Comisión Ejecutiva (art- 41.1 Ley 2/2015, de 2 de abril) constituida por un número de miembros igual al número de grupos parlamentarios con representación en Les Corts que resuelve las reclamaciones de acceso y cuyo presidente es también del Consejo, pasará a ser el Pleno con tres miembros (presidente y dos vocales); y en cuanto a la Comisión Consultiva que prestaría asesoramiento a la primera. (Art. 42.2 Ley 2/2015) [400], se suprime con la nueva ley.

La anterior Ley 2/2015, de 2 de abril de la Generalitat, de transparencia, buen gobierno y participación ciudadana de la Comunitat Valenciana, contenía la siguiente estructura:

- Comisión Ejecutiva. Órgano de resolución.
  - Presidente
  - Vocales (4)
  - Oficina de apoyo al Consejo de Transparencia
    - Jefe de servicio
    - Asesora Jurídica
    - Jefe de Sección

El título V establece una serie de disposiciones necesarias en diferentes aspectos para el funcionamiento del órgano, sin perjuicio de la normativa organizativa interna que el propio Consejo puede aprobar en virtud de su independencia y su facultad de autoorganización. Artículo 77.

399 https://conselltransparencia.gva.es/va/memorias

400 *(Art. 86)* La Comisión Consultiva se constituye como órgano de participación y consulta en materia de transparencia, acceso a la información pública y buen gobierno. DECRETO 105/2017, de 28 de julio,

- Jefe de Negociado

- Comisión Consultiva. Órgano de participación y consulta
  - Presidente del Consejo.
  - Un/a representante de la Administración de la Generalidad, nombrado/a por acuerdo del Consejo.
  - Un/a representante de las universidades públicas valencianas, nombrado/a por la Conferencia de Rectores de las Universidades Públicas Valencianas.
  - Un/a representante de la Federación Valenciana de Municipios y Provincias.
  - Un/a representante de la Sindicatura de Cuentas.
  - Un/a representante del Síndic de Greuges.
  - Un representante de las organizaciones empresariales, elegido en el seno del Comité Económico y Social.
  - Un/a representante de las organizaciones sindicales, elegido en el seno del Comité Económico y Social.
  - Un/a representante de las asociaciones de consumidores y usuarios.
  - Un/a representante del Consejo de Participación Ciudadana.
    - Secretaría.

La actual Ley 1/2022 de 13 de abril, de la Generalitat, de Transparencia y Buen Gobierno de la Comunitat Valenciana: (art. 50)

- **Pleno. Órgano de resolución.**
  - Presidente
  - Vocales (2)
  - Oficina de apoyo al Consejo de Transparencia (4)
    - Jefe de servicio
    - Asesora Jurídica
    - Jefe de Sección
    - Jefe de Negociado

La Secretaría del Consejo Valenciano de Transparencia será desempeñada por un funcionario o funcionaria de carrera y su provisión se realizará por el sistema de libre designación, una vez oído el presidente del Consejo.

Ejercerá la secretaría, con voz, pero sin voto, un funcionario de los adscritos a la Oficina de Apoyo administrativo al CTV -unidad administrativa con rango de servicio del departamento de la Consejería competente en materia de transparencia-, que prestará soporte administrativo al Consejo. (art. 40 Ley y 79 Decreto). La oficina se organiza de acuerdo con las directrices que establece (la Comisión Ejecutiva) el

Pleno y desempeña las siguientes actividades: la asistencia administrativa, tramitación de las alegaciones en periodo de audiencia a personas y entidades interesadas, el mantenimiento de la web, ordenación y custodia de los asuntos, gestión del funcionamiento diario.

La asistencia jurídica del CVT, asesoramiento jurídico y representación y defensa en juicio, corresponde a la Abogacía General de la Generalitat. Cuando haya conflicto de intereses por haber interpuesto recurso contencioso-administrativo contra una resolución del Consejo un órgano de la administración de la Generalitat o de su sector público instrumental, el CVT podrá celebrar contratos o convenios para la asistencia jurídica externa. (art. 51 Ley 2/2022)

6.3 Requisitos básicos de independencia

6.3.1 Elección, nombramiento y cese

Los integrantes o candidatos propuestos por los grupos parlamentarios, después de su comparecencia en la comisión correspondiente, serán elegidos por el Pleno de Les Corts por mayoría de tres quintos de entre expertos en transparencia, de competencia o prestigio reconocido en los ámbitos del Derecho Público o de la Administración pública y con más de diez años de experiencia profesional. Posteriormente nombradas por Acuerdo del Consejo de Gobierno. (art. 49)

En cuanto al cese o destitución de los miembros del CVT y las causas de pérdida de condición de miembro están tasadas art. 49.6: Extinción del mandato, muerte o incapacitación judicial declarada en sentencia firme, renuncia, que será comunicada a las Cortes. Por incompatibilidad declarada por el Pleno de las Corts, a propuesta del gobierno, una vez la Oficina de Control de Conflicto de Intereses de la Generalitat haya instruido el expediente sancionador correspondiente, con audiencia previa a la persona interesada, o por incumplimiento grave de sus funciones declarado por mayoría de tres quintas partes del Pleno de las Corts, previo informe favorable del Consejo de Transparencia y previa audiencia concedida a la persona interesada en la comisión parlamentaria correspondiente.

El presidente de la comisión informará a las Cortes y al titular de la Consejería, del fin del mandato ordinario de los miembros del CVT con una antelación de dos meses antes de que se produzca. Si la pérdida de la condición de miembro es anticipada, el presidente lo comunicará a las Cortes, en el plazo máximo de quince días hábiles desde que fuera efectiva, para que, se inicie el procedimiento de elección de un nuevo miembro por el tiempo que reste para completar el mandato.

6.3.2 Perfiles profesionales

Las candidaturas de los miembros serán propuestas por los grupos parlamentarios, de acuerdo con el procedimiento establecido por las Cortes, de entre personas expertas en el ámbito de las funciones del Consejo Valenciano de Transparencia, con competencia y prestigio reconocidos en los ámbitos del Derecho Público o de la Administración pública y con más de diez años de experiencia profesional.

6.3.3 En cuanto a **Incompatibilidades**

Estarán sometidas al régimen de incompatibilidades y conflictos de intereses previsto para los altos cargos de la Generalitat y deberán cumplir las obligaciones de transparencia y buen gobierno que se derivan de ello de acuerdo con la ley 1/2022 (art. 49.5).

6.3.4 Dedicación exclusiva, parcial o simbólica

Desde el año 2017 en todas sus memorias, el Consejo reiteraba la insuficiencia de retribuciones[401] ya que, argumentaba no sólo se trataba de la asistencia a las reuniones, sino que se requiere una preparación y estudio previos a cada informe o resolución, (300 € vocales y de 400 € presidente). En 2020 se tramitan unas cantidades de acuerdo con las circunstancias, así las cuantías eran (500€ y 600€) que se mantienen en 2021. Con la aprobación de la Ley 1/22 de 13 de abril se contempla dedicación exclusiva y tendrán la consideración de altos cargos con rango de director/a general (art. 49.5) no obstante, hasta que se efectúen los nuevos nombramientos, las personas integrantes del Consejo seguirán con indemnizaciones.

6.3.5 Composición y duración

Hasta la aprobación de la ley 1/2022, la Comisión Ejecutiva estaba constituida por un número de miembros igual al número de grupos parlamentarios con representación en Les Corts. En la décima legislatura 2019-2022: Grupo parlamentario Socialista 27, Popular 19, Compromís 17, Ciudadanos 13, VOX 9.

En el momento en que finalice el periodo de mandato de las personas integrantes del Consejo de Transparencia, Acceso a la Información Pública y Buen Gobierno y se nombren los miembros del Consejo Valenciano de Transparencia que le sustituirá, los artículos 39 (procedimiento de mediación) y 49 (composición) entrarán en vigor.

---

[401] No tenía dedicación exclusiva ni daba derecho a remuneración (en ninguna de sus Comisiones), con la excepción de la percepción de dietas e indemnizaciones (art. 41.3 LTBGPVal) -no obstante, la posibilidad de percibir dietas e indemnizaciones por asistencia a las reuniones no fue introducida por la Ley, sino con el desarrollo reglamentario (art. 80) - (Y la modificación de la Ley 2/2015). **DECRETO 105/2017**, de 28 de julio, del Consell, de desarrollo de la Ley 2/2015, de 2 de abril, de la Generalitat, en materia de transparencia y de regulación del Consejo de Transparencia, Acceso a la Información Pública y Buen Gobierno (PDF) (*Artículo 80): Indemnizaciones* 1. Los miembros de las comisiones del Consejo de Transparencia tendrán derecho a las dietas establecidas en la normativa sobre indemnizaciones por razón del servicio y gratificaciones por servicios extraordinarios aplicable al personal empleado público de la Generalitat. 2. Además, los miembros de la Comisión Ejecutiva tendrán derecho a las indemnizaciones por asistencia establecidas en el anexo de este decreto.
(Disposición Adicional Cuarta): Indemnizaciones de la Comisión Ejecutiva del Consejo de Transparencia, Acceso a la Información Pública y Buen Gobierno. Asistencias, Presidencia: 400,00 euros. Vocalías: 300,00 euros.
Decreto 16/2021, de 29 de enero, del Consell (DOGV núm. 9012, de 03.02.2021) (400 y 500€)
Se modifica el art. 41 apartado 3 de la Ley 2/2015, de 2 de abril, de la Generalitat, de Transparencia, Buen Gobierno y Participación Ciudadana de la Comunitat Valenciana, (la condición de los integrantes del consejo no exige dedicación) por el art. 92 de la Ley 13/2016, de 29 de diciembre de Medidas Fiscales.

En la composición final se respeta la paridad entre mujeres y hombres. De entre sus miembros se designa la persona que ocupe la presidencia que ejercerá durante un mandato y que ostentará la representación legal e institucional del CTV, cuyos actos serán ejecutivos y pondrán fin a la vía administrativa. En agosto de 2022 componen el Consejo el presidente y 4 vocales (3 formados en derecho y 1 periodismo) porque el órgano sigue en funciones ya que los grupos parlamentarios no han nombrado a los nuevos integrantes que pasarán a constituirlo **3** miembros.
El mandato de la Comisión Ejecutiva tendrá una duración de **5** años renovable por un periodo más.

En el preámbulo de la Ley 2/2016, de 4 de marzo, de modificación de la Ley 2/2015, de 2 de abril, de transparencia, buen gobierno y participación ciudadana de la Comunitat Valenciana encontramos que introducía esta declaración de intenciones: "*La pluralidad en su composición asegura la efectividad y la representatividad del conjunto de la ciudadanía en un órgano que afecta al ejercicio de sus derechos civiles. Es por todo ello que la modificación del artículo 41.1, con el fin de conseguir la incorporación a la comisión de todas las sensibilidades políticas con representación a Les Corts, supone una garantía democrática para la consecución de los objetivos previstos legalmente. Así, una composición numérica flexible permitirá, a lo largo del tiempo, la adaptación de su estructura a los cambios en la representatividad.*"

Pero lo cierto es, que en cuanto a la Comisión Consultiva que estaría integrada por 10 miembros, (Título V. Art. 73-83 ley 2/2015 y decreto 105/2017, de 28 de julio), a fecha diciembre 2021 seguía sin constituirse, y podría haber ayudado sobre todo en los inicios a la actuación y conocimiento del Consejo, sin necesidad a esperar la aprobación del reglamento –ya que éste era el argumento esgrimido en 2015-. Aprobado el mismo 2017, tampoco se constituyó; y con la ley aprobada en abril LTBG 1/2022, se suprime dicha comisión.

En los supuestos de vacante (art.49.3), ausencia o enfermedad o causa de abstención o recusación del titular, este será sustituido por el miembro suplente. La presidencia decidirá sobre la concurrencia de causa de recusación o abstención en cualquiera de los miembros o de la persona que ejerza la secretaría, o bien la mayoría absoluta de miembros si fuera la persona que ejerza la presidencia en la que concurra la posible causa. (art. 86.5 Decreto)

LTBG	**Organismo**	Designación	**Composición**
Ley 1/2022, de 13 de abril, de la Generalitat, de Transparencia y Buen Gobierno de la Comunitat Valenciana	CVT Pleno: presidente y dos vocales	Elegidos por el Pleno de Les Corts por mayoría de tres quintos	**3** miembros propuestos por los grupos parlamentarios
		Expertos, competencia o prestigio reconocido en los ámbitos del Derecho Público o de la Administración pública y con más de diez años de experiencia Dedicación exclusiva	Paridad entre mujeres y hombres 5 años renovable

6.4 Otros mecanismos de garantía de independencia e imparcialidad

El Decreto de desarrollo o Reglamento recoge en el art. 77 que el departamento del gobierno competente, dotará al CVT de los medios económicos y materiales necesarios y suficientes para el correcto ejercicio de sus funciones. Para ello se financiará con cargo a las asignaciones presupuestarias establecidas en el presupuesto de la Generalitat, contando con un programa presupuestario propio.

6.4.1 Recursos económicos.

Si comparamos con los distintos Consejos de transparencia para cumplir sus funciones, en materia de presupuesto nos da una idea de la infraestructura y personal que se va a poner a disposición del CTV, así hay que señalar que, aunque todos tienen medios insuficientes, el Consejo estatal maneja un presupuesto anual de 2,9Millones de euros; el de Andalucía comenzó con 1,2M y aumentó a 3M; el Comisionado canario cuenta con medio millón de euros. En el caso de la Comunidad Valenciana no existe ni una partida presupuestaria asignada al CTV en su puesta en marcha, con muchas más funciones y más administraciones a las que controlar y un número poblacional significativo al que atender.

Anualmente el CTV propone los recursos necesarios para desarrollar su actividad de acuerdo con las funciones encomendadas por la ley. Dicha propuesta se formula al departamento competente en materia de transparencia del gobierno, de acuerdo con el calendario fijado por las normas de elaboración de los presupuestos de la Generalitat. El Consejo puede adoptar una instrucción en el ámbito de su organización interna con los indicadores a seguir para definir dicha propuesta.

En cuanto al año 2016 no cuenta con partida propia, si prevista para 2017 aunque claramente insuficiente (90.000€). Durante el año 2018 va a disponer de 155.000€ lo que supone un incremento respecto al anterior de 65.000€ (72,22%), en 2019 cuenta con (100.000€), y en la memoria anual del año 2020, leemos que durante el año 2020 el CTV va a disponer de una partida presupuestaria propia de 100.000 €.

Anualidad	2016	2017	2018	2019	2020	2021
Presupuesto €	0	90.000	155.000	100.000	100.000€	135.000€

El Decreto también prevé que el CTV dispondrá de un portal en el que se deberán cumplir las obligaciones de transparencia, pero solo encontramos la relación de resoluciones, no hay datos económicos, si dentro de la web/portal del Gobierno de la Generalitat Valenciana, accedemos a la web del Consejo que no recoge el Presupuesto del Consejo de Transparencia financiado con cargo a las asignaciones presupuestarias establecidas en el presupuesto de la Generalitat. http://conselltransparencia.gva.es/va/

La ley aprobada en 2022 recoge que el Consejo Valenciano de Transparencia contará con un programa presupuestario propio dentro del presupuesto de la Generalitat, que incluirá la dotación suficiente para llevar a cabo sus funciones con independencia.

6.4.2 Régimen de Personal

Como ya observábamos en el anterior apartado, tampoco en la web del Consejo de Transparencia de Valencia se encuentran datos, si se hace una definición de empleados públicos como todas aquellas personas que desempeñan funciones retribuidas en las Administraciones Públicas al servicio de los intereses generales, y se especifican los diversos modelos de empleados públicos, pero no se publica la RPT ni los procedimientos de acceso al CTV. http://conselltransparencia.gva.es/va/

La Oficina de apoyo en su inicio, contó con –tres funcionarios adscritos a la Dirección General de Transparencia y Participación de la Consejería y en 2017 se refuerza con un asesor jurídico- que cesa en 2019 y hasta marzo de 2020 no se cotempló la plantilla de la oficina; reconoce el Consejo en su Memoria de 2020 que con ello se están intentando paliar los retrasos ocasionados por la falta de recursos, si bien continúan siendo insuficientes tanto los materiales como los de personal para cumplir todas las competencias que tanto la Ley 2/2015 como el Decreto 105/2017 atribuyen a la Comisión ejecutiva, advirtiendo que no se ha podido cumplir la función de velar por el cumplimiento de las obligaciones de publicidad activa, ni mantener actualizada la web del Consell, ni cumplir los plazos de resolución de las reclamaciones. En 2021 la oficina cuenta con cuatro personas.

6.5 Funciones y ámbito de control

El Consejo tiene como finalidad garantizar los derechos de acceso a la información y velar por el cumplimiento de las obligaciones de publicidad.

Tanto en la ley como en el Decreto se recogen las funciones específicas -16-, desde resolver las reclamaciones contra las resoluciones, con carácter previo a su impugnación en la jurisdicción contencioso-administrativa, las derivadas de la inactividad de la administración por no proporcionar la información solicitada o velar por el cumplimiento de las obligaciones de publicidad activa – en torno a 600 administraciones locales y autonómicas-, resolver las consultas, adoptar criterios de interpretación, promover la elaboración de recomendaciones, elaborar y remitir a les Corts y al Consell, una memoria específica sobre su actividad, así como informar preceptivamente los proyectos normativos de la Generalitat en materia de transparencia, desempeñar la función de mediación o hacer el seguimiento de la ejecución de las resoluciones.[402]

---

[402] (art. 48 Ley 1/2022) 1. Resolver las reclamaciones contra las resoluciones, con carácter previo a su impugnación en la jurisdicción contencioso-administrativa

2. Desempeñar la función de mediación cuando se impugnen por este procedimiento las resoluciones en materia de acceso a la información pública, en los términos que disponga esta ley y su desarrollo reglamentario.

3. Hacer el seguimiento de la ejecución de las resoluciones que resuelvan reclamaciones en materia de acceso a la información y de los acuerdos de mediación.

4. Velar por el cumplimiento de las obligaciones de publicidad activa contenidas en esta ley por parte de los sujetos obligados de los artículos 3 y 4.

Se corre el riesgo de que muchas de estas funciones acaben siendo puramente nominales y de las que realmente son imprescindibles no puedan cumplirse en términos razonables. Las funciones asignadas son de las más numerosas de todos los Consejos autonómicos.

Es destacable que solo la Comunidad Valenciana, Castilla-La Mancha y Galicia comparten con el CTBG estatal la extensión de su ámbito de control desde la transparencia al buen gobierno, no se ha reproducido en exceso la incorporación de la tutela de esta materia en la configuración de los organismos de control, ya que los demás obvian esta materia recogida en la LTAIBG.

6.5.1 Procedimiento de mediación

Con la ley aprobada en abril LTBG 1/2022, ante las resoluciones, expresas o presuntas, de las solicitudes de acceso a la información, las personas interesadas podrán presentar ante el CVT, con carácter potestativo y antes de su impugnación ante la jurisdicción contencioso-administrativa, una reclamación en un procedimiento ordinario (art. 38) con resolución o, en su caso, solicitar el inicio de un procedimiento de mediación en las reclamaciones de derecho de acceso a la información pública, siendo el plazo máximo para resolver y notificar la resolución de tres meses y transcurrido dicho plazo, la persona solicitante podrá considerar desestimada su reclamación a efectos de recurso.

Por otro lado, cualquiera de las partes podrá solicitar al CVT el inicio del procedimiento de mediación cuando se presente la reclamación o en el plazo de cinco días desde el momento en el que se haya tenido

5. Requerir de oficio, a iniciativa propia o como consecuencia de denuncia, la enmienda de incumplimientos de las obligaciones de publicidad activa que recoge esta ley por parte de los sujetos obligados de los artículos 3 y 4 y hacer el seguimiento de su cumplimiento.
6. Instar la incoación de expedientes disciplinarios o sancionadores de acuerdo con las previsiones del título V.
7. Resolver las consultas que, en materia de transparencia, le planteen las administraciones públicas y otras entidades sujetas a esta ley.
8. Adoptar criterios de interpretación uniforme de las obligaciones en materia de transparencia recogidas en esta ley y aprobar directrices, recomendaciones o guías para la aplicación o interpretación para su mejor cumplimiento.
9. Evaluar el grado de aplicación y de cumplimiento de las obligaciones contenidas en esta ley en materia de transparencia.
10. Colaborar, en materia de transparencia, con órganos de naturaleza análoga, tanto estatales como autonómicos.
11. Aprobar y remitir, en el primer trimestre de cada año, a las Corts Valencianes y al Consell una memoria específica sobre su actividad durante el año anterior. Esta memoria comprenderá, como mínimo, las reclamaciones y consultas tramitadas, los criterios doctrinales establecidos, las recomendaciones y requerimientos que el Consejo Valenciano de Transparencia haya estimado oportuno transmitir, de forma que se identifique el nivel de cumplimiento por parte de las entidades obligadas.
12. Informar preceptivamente sobre los proyectos normativos de la Generalitat en materia de transparencia.
13. Promover actividades de formación y sensibilización en las materias que le son propias.
14. Elaborar su reglamento de organización y funcionamiento, que se elevará al Consell para que lo apruebe, y aprobar las directrices, instrucciones y normas internas que sean necesarias para garantizar su buen funcionamiento y el de su oficina técnica.
15. Elaborar anualmente una propuesta de presupuesto que incluya los recursos necesarios para el cumplimiento de sus funciones y formularla a la conselleria competente en materia de transparencia para que se incluya en el anteproyecto de presupuestos de la Generalitat.
16. Aquellas otras que le atribuyan otras disposiciones de rango legal o reglamentario, o bien que sean menester para el cumplimiento eficaz de sus fines.

conocimiento de la interposición de la reclamación. El Consejo debe comunicarlo a todas las partes intervinientes para que se pronuncien sobre la solicitud y la administración no podrá oponerse.
El procedimiento de mediación se sustancia en el plazo máximo de un mes a contar desde su aceptación y mientras dure el procedimiento queda suspendida la tramitación de la reclamación en el procedimiento ordinario. Si no se alcanzara un acuerdo de mediación, continuaría la tramitación de la reclamación por el procedimiento ordinario a partir del punto en que se hubiera suspendido.

La persona mediadora con formación y conocimientos específicos en materia de mediación administrativa se designa por el CVT de entre el personal de su oficina técnica de apoyo y deberá contar.

El acuerdo fruto de la mediación tiene que ser aprobado por la persona reclamante, la administración afectada y, en su caso, las terceras personas que hayan comparecido en el procedimiento. El acuerdo adoptado, pone fin al procedimiento y no podrá ser contrario al ordenamiento jurídico.

También podrán adoptarse acuerdos de mediación parciales y limitar expresamente su alcance a una parte del objeto de la reclamación si las partes intervinientes lo deciden. En este caso, el resto de la reclamación continuará la tramitación por el procedimiento ordinario de resolución por parte del Consejo Valenciano de Transparencia.

Este procedimiento de mediación entrará en vigor en el momento en que finalice el periodo de mandato de las personas integrantes del CTV actual. (art. 39).

6.5.2 Potestad sancionadora

La resolución del CVT se considera ejecutiva. En el supuesto de que sea estimatoria, se comunicará a la entidad encargada de su cumplimiento efectivo y se indicará, como mínimo, el alcance del acceso a la información, el plazo para cumplirla y las condiciones en que se haya de hacer efectiva, y, si no cumpliera, la persona interesada podrá comunicarlo al Consejo para que este requiera su cumplimiento.
La desatención de los requerimientos que efectúe el Consejo Valenciano de Transparencia para el cumplimiento de las resoluciones en materia de acceso a la información pueden dar lugar a la exigencia de responsabilidad; considerándose infracciones muy graves imputables a altos cargos y asimilados y al personal al servicio de las entidades sujetas a obligación de publicidad, el incumplimiento de las resoluciones definitivas y firmes dictadas por el CVT que resuelvan reclamaciones en materia de acceso y de los acuerdos de mediación; a los que se podrá aplicar una o más sanciones que van desde: su publicación en el diario oficial, multa de entre 6.001 y 12.000 euros, cese en el cargo, o bien el no poder ocupar ningún puesto de alto cargo o asimilado por un periodo de hasta cinco años con la ley aprobada en abril LTBG 1/2022.

Aunque también recoge la ley que, en todo caso, se tendrán en cuenta la gravedad del incumplimiento, el principio de proporcionalidad, la intencionalidad y los medios materiales y personales disponibles, sin

perjuicio de otros criterios de graduación que puedan determinarse en el reglamento de organización y funcionamiento del Consejo Valenciano de Transparencia.
El Consejo podrá instar la incoación del procedimiento sancionador (art.74 ley).

6.6 Fortalezas

Se introducen con la Ley 1/22, si hay voluntad de consenso y de que funcione el órgano considero que puede ser una fortaleza que las candidaturas de los miembros para el CVT sean propuestas por los grupos parlamentarios, de entre personas expertas en el ámbito de las funciones del Consejo Valenciano de Transparencia, con competencia y prestigio reconocidos en los ámbitos del derecho público o de la administración pública y con más de diez años de experiencia profesional. Al igual que si los integrantes o candidatos al consejo son elegidos por el Pleno de las Corts y cesados también por ellas.

Se ha logrado que el régimen de dedicación que se les exige, pasa a ser exclusiva, garantizando la continuidad y el buen funcionamiento del CVT en el ejercicio de sus diversas funciones. También ahora si la ley, establece requisito de permanencia e incompatibilidades.

Se otorga al consejo potestad de autoorganización, pudiendo aprobar instrucciones, directrices, acuerdos y normas internas para organizar su actividad y la de su oficina técnica para mejorar su actuación; así como competencia para elaborar su reglamento de organización y funcionamiento; y se ve reforzada su independencia al asegurar su capacidad para disponer de los recursos y medios personales, técnicos y materiales necesarios.

Se reconoce la fuerza ejecutiva de las resoluciones del CVT, otorgándole competencia para instar la incoación del procedimiento sancionador ante incumplimientos de la Ley de Transparencia. El incumplimiento de las resoluciones en materia de acceso a la información se considera infracción muy grave y podrá dar lugar a la exigencia de responsabilidad, desde multa al cese en el cargo o inhabilitación para ocuparlo en cinco años.

Introduce la nueva ley la posibilidad de articular la impugnación de las resoluciones mediante un procedimiento de mediación.

6.7 Debilidades

En el ámbito normativo, si a causa de un diseño inadecuado en la Ley del Consejo de Transparencia del 2015 ha determinado dificultades en el funcionamiento en cuestiones transcendentales, tales como la dependencia orgánica, la personalidad jurídica, el nombramiento de los miembros y su dedicación, y a pesar de un avance sustancial en la nueva redacción de la Ley 1/2022, se siguen manteniendo algunos de esos elementos:

Aunque se recoge claramente que actuará con autonomía orgánica y plena independencia funcional para el cumplimiento de sus fines, y, en el ejercicio de sus funciones, no estará sometido a instrucciones jerárquicas de ningún tipo, continúa el CVT teniendo dependencia orgánica que condiciona entre otras cosas sus recursos personales y materiales.

El hecho de que las candidaturas de los miembros para el CVT sean propuestas por los grupos parlamentarios, también puede convertirse en más negativo que positivo, repartiéndose la representatividad en los vocales, eso sí deben proponer personas expertas, aunque no menciona perfil jurídico en mi opinión necesario.

El órgano colegiado tiene 16 funciones específicas en el decreto, y en la ley, desde resolver las reclamaciones contra las resoluciones expresas, o velar por el cumplimiento de las obligaciones de publicidad activa, así como informar preceptivamente los proyectos normativos de la Generalitat en materia de transparencia, acceso a la información pública y buen gobierno, y todo ello con plazos, por lo que no puede ser eficiente en la práctica, sin personal suficiente y sin remuneración, es necesario dotar de más personal técnico y jurídico la Oficina de apoyo, si se quiere cumplir con sus competencias.

El problema fundamental consiste en el hecho de que la Ley ha atribuido ese gran número de responsabilidades, mientras que el diseño orgánico y funcional del órgano dificulta la posibilidad de cumplirlas adecuadamente.

En cuanto al ámbito material, la independencia funcional aconsejaba que el Consejo también pudiera organizar con autonomía la composición de la oficina de apoyo, la organización y asistencia de sus miembros a eventos considerados beneficiosos para el mejor funcionamiento del CTVa etc., y todo dentro de los límites presupuestarios. Con la nueva ley 1/2022 se ha recogido esta necesidad.

Dentro de la web/portal del Gobierno de la Generalitat Valencia, accedemos a la web del Consejo que no recoge el presupuesto del CTVa, ni tampoco datos relativos al personal.

Dificultades que siguen presentes y su dependencia orgánica al departamento del gobierno competente de Transparencia –incluso se manifiesta en la Memoria- ha sido utilizada por aquel para restringir el desarrollo del consejo e impedir su potenciación. Estaremos atentos a la actuación del consejo cuando empiece a regirse con la nueva ley y sus modificaciones.

CUADRO RESUMEN

LTBG	Organismo	Designación	Composición
Ley 1/2022, de 13 de abril, de la Generalitat, de Transparencia y Buen Gobierno de la Comunitat Valenciana	CVT Pleno: presidente y dos vocales Procedimiento de Mediación Potestad sancionadora	Elegidos por el Pleno de Les Corts por mayoría de tres quintos Expertos, competencia o prestigio reconocido en los ámbitos del Derecho Público o de la Administración pública y con más de diez años de experiencia	**3** miembros propuestos por los grupos parlamentarios Paridad entre mujeres y hombres Dedicación exclusiva 5 años renovable

7.- Comisión Vasca de Acceso a la Información Pública PAIS VASCO (CVAIP) [403]

La Ley 2/2016, de 7 de abril, de Instituciones Locales de Euskadi (Título VI. Gobierno abierto. Transparencia, datos abiertos y participación ciudadana), hace referencia a un consejo o autoridad independiente de transparencia y acceso a la información pública de la Comunidad, que conocerá y resolverá las reclamaciones previas a la interposición de un recurso contencioso-administrativo como consecuencia de la denegación expresa o tácita del derecho de acceso a la información pública por parte de una entidad local o asociación de entidades locales. (art. 65)

Este órgano ejercerá, en relación con las entidades locales y sus asociaciones, el resto de funciones que le asigne su normativa de creación y, particularmente, todas las derivadas de la publicidad activa, el derecho de acceso a la información pública y el buen gobierno.

A propuesta del Consejero de Administración Pública y Justicia, previa aprobación del Lehendakari y posteriormente del Consejo de Gobierno, se aprueba el Decreto de la Comisión Vasca de Acceso a la Información Pública (CVAIP). Con el Decreto 128/2016, de 13 de septiembre, de la Comisión, se desarrolla en el ámbito de la Comunidad Autónoma de Euskadi el esquema operativo esencial de la Ley 19/2013, de 9 de diciembre, (LTAIBG), en cuanto a la disponibilidad de un órgano específico para el control de la transparencia y, en particular, para conocer de las reclamaciones que se interpongan frente a toda resolución denegatoria, expresa o presunta, en materia de acceso por la ciudadanía a la información pública, dictada por las Administraciones públicas vascas de su ámbito de actuación.

Desde la perspectiva competencial, esta norma también activa la potestad auto organizativa de la Administración pública vasca reflejada en el artículo 10.2 del Estatuto de Autonomía, según el cual es competencia exclusiva de la Comunidad Autónoma la "organización, régimen y funcionamiento de sus instituciones de autogobierno dentro de las normas del presente Estatuto".

7.1 Naturaleza Jurídica

Con la estabilidad que proporcionaría la regulación en una norma con rango de Ley, y mientras tanto se apruebe, se pretende, -tal como se dice en el preámbulo del Decreto 128/2016, de 13 de septiembre -, cumplimentar una opción revestida de cierta provisionalidad, y se crea la Comisión Vasca de Acceso a la

[403] Proyecto de Ley de Transparencia, Participación Ciudadana y Buen Gobierno del Sector Público Vasco

Decreto 128/2016, de 13 de septiembre, de la Comisión Vasca de Acceso a la Información Pública

Ley 2/2016, de 7 de abril, de Instituciones Locales de Euskadi (Título VI. Gobierno abierto. Transparencia, datos abiertos y participación ciudadana)

Comisión Vasca de Acceso a la Información Pública

Información Pública (CVAIP), con personalidad jurídica propia y plena capacidad de obrar. Actuará con autonomía y plena independencia en el cumplimiento de sus fines como órgano colegiado de carácter independiente, quedando adscrita a la Viceconsejería de Función Pública del Gobierno Vasco, competente en materia de transparencia, aunque sin integrarse en su estructura jerárquica, en los términos previstos por el artículo 15 de la Ley 40/2015, de 1 de octubre, de Régimen Jurídico del Sector Público. La Comisión asume sus funciones con plena autonomía jerárquica y funcional, y vehiculiza sus relaciones con la Administración general a través de la Dirección de Atención a la Ciudadanía e Innovación y Mejora de la Administración. (Disposición Adicional. –Adaptación de la estructura orgánica y funcional vigente-.)

7.2 Estructura

La CVAIP se encuadra en el grupo de órganos encargados de resolver las reclamaciones previas a la jurisdicción contencioso-administrativa en materia de acceso a la información pública colegiadamente, aun teniendo un presidente integrado en ese órgano colegiado, presidencia que recae en la Directora de Gobierno Abierto (anteriormente Director de Atención a la Ciudadanía e Innovación y Mejora de la Administración); y dos vocales, que son funcionarios de carrera de la Administración general de la CCAA, nombrados por el Consejero o Consejera del Departamento de Administración Pública y Justicia previa convocatoria pública. Uno de esos dos vocales ejerce la tarea de secretaría.

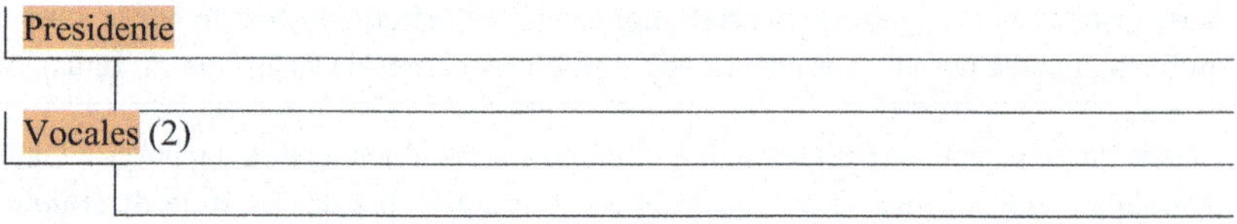

7.3 Requisitos básicos de independencia

7.3.1 Elección, nombramiento y cese

En el caso del País Vasco la elección del presidente de la Comisión de control, se realiza por el Gobierno, siendo el titular de la Dirección General de la Consejería competente en la materia (Administración Pública y Justicia) y será esta Consejería la que nombre a los dos vocales funcionarios, previa su convocatoria pública.

En cuanto al cese o destitución, los funcionarios únicamente podrán ser cesados por la expiración del mandato o previa instrucción del correspondiente procedimiento por la Presidencia, por incumplimiento grave de sus obligaciones, incapacidad permanente para el ejercicio de su función, incompatibilidad sobrevenida o condena por delito doloso.

Por tanto, vemos que el presidente de la Comisión (alto cargo del gobierno) tiene la potestad de cesar a los otros dos componentes en supuestos determinados. (art. 2.3)

7.3.2 Perfiles profesionales

La Comisión del País Vasco compuesta por la Directora General de Gobierno Abierto del gobierno y dos funcionarios de carrera de la CCAA no contempla si deben pertenecer a un cuerpo determinado, ni que tengan especialidad o experiencia jurídica alguna.

7.3.3 Incompatibilidades

La presencia de un alto cargo del Gobierno con las incompatibilidades inherentes a ellos según la normativa aplicable.

7.3.4 Dedicación exclusiva, parcial o simbólica

El desempeño de las funciones por los funcionarios miembros de la CVAIP no conllevará dedicación exclusiva (art 2.2 Decreto CVAIP), alternando con el desempeño de las tareas propias de su puesto de trabajo y siendo considerado como jornada laboral efectiva. Serán compensados económicamente en la forma y condiciones que se determinen, en función del tiempo y dedicación, así como por el número de asuntos asignados.

7.3.5 Composición y duración

La CVAIP estará compuesta por tres miembros: su Presidencia (desde fecha de 24/04/2021 la titular de la Dirección de Gobierno Abierto es Miren Martiarena Barkaiztegi); y dos vocales funcionarios de carrera de la Administración regional, nombrados por el Gobierno previa convocatoria pública. (art 2 Decreto CVAIP). En el BOPV 13/10/2016 se publica la Orden de nombramiento del presidente anterior y las dos vocalías que continúan (funcionarias).

Señala el Decreto como garantía de su autonomía, que los funcionarios serán nombrados por cuatro años y cuyo carácter independiente reside, entre otras cualidades, en la garantía de desempeño inamovible de sus miembros, personal empleado público que alternará sus funciones con la de su propio puesto de trabajo durante el tiempo de mandato.

Ley	**Organismo**	Designación	**Composición**
Ley 2/2016, de 7 de abril, de Instituciones Locales de Euskadi País Vasco Decreto 128/2016, de 13 de septiembre de la CVAIP	Comisión Vasca de Acceso a la Información Pública	Gobierno vasco No dedicación exclusiva 4 años	**3** miembros Presidencia, que recaerá en la persona titular de la Dirección Gral. correspondiente 2 vocales, funcionarios, nombrados por el Consejero

7.4 Otros mecanismos de garantía de independencia e imparcialidad

7.4.1 Recursos económicos.

El Decreto que desarrolla la Comisión en el País Vasco nos indica expresamente que no cuenta con un presupuesto específico, que utiliza los locales y equipamientos del Gobierno Vasco, y que tan sólo genera gastos vinculados con la compensación económica a percibir por los miembros de la Comisión vasca, el presidente no percibe ninguna compensación económica y no realiza viajes en relación con su cargo, salvo desplazamientos en coche del Gobierno Vasco a reuniones de la red de órganos de garantía de la transparencia de las Comunidades Autónomas y del estado.
Si tiene Portal de Transparencia http://www.euskadi.eus/k28aVisWar/k28aPrin.jsp aunque aparecen datos del Presupuestos del Gobierno Vasco y la información económica, presupuestaria y estadística que aparece es escasa. Si se refleja la declaración del presidente[404]-director general.

DECLARACIÓN DEL VALOR DE LAS BASES IMPONIBLES (2017) DE LOS CARGOS PÚBLICOS DE LA ADMISTRACIÓN DE LA COMUNIDAD AUTÓNOMA DE EUSKADI (Fecha: 08/04/2019)				
2- Gobernanza Pública y Autogobierno	Dirección de Atención a la Ciudadanía e Innovación y Mejora de la Administración	DIRECTOR General (hasta 2021)	BIKANDI IRAZABAL, JAVIER	61.447,58 €

Y posteriormente un Acuerdo[405] sobre la compensación económica a percibir por los miembros de la Comisión Vasca de Acceso a la Información Pública, en los siguientes términos: "Primero.- La asistencia a las reuniones de la CVAIP y la dedicación a la instrucción de los expedientes de reclamación que se reciban, darán derecho a percibir, por cada vocal, una compensación económica por los siguientes conceptos y cuantías: Por asistencia a las reuniones celebradas por la Comisión: 80 euros y por cada expediente de reclamación resuelto: 60 euros.

7.4.2 Régimen de Personal

Podemos acceder al Portal de transparencia del Gobierno Vasco, con la RPT de funcionarios/as, personal laboral y eventuales al servicio de la Administración General de la Comunidad Autónoma de Euskadi, no a la CVAIP aunque si sabemos que la Comisión está compuesta por su Presidencia que recae en la persona titular de la Dirección de atención a la ciudadanía e Innovación y Mejora de la administración, actualmente (2021) de Gobierno Abierto; y dos vocales, funcionarios de carrera de la Administración General de la

---

404 https://www.gardena.euskadi.eus/inicio/ es el portal del Gobierno. La Información Económica, presupuestaria y estadística que aparece es escasa y referida a Declaración del valor de las Bases Imponibles (2017) de las personas cargo público de la Administración de la Comunidad Autónoma de Euskadi (Fecha: 08/04/2019) - Declaración del Presidente: 61.447,58 euros. Declaración de la renta del Presidente 2017. Declaración de la renta del Presidente 2018. Compensación económica de los miembros. La Comisión no ha contratado ningún servicio externo, no ha suscrito ningún Convenio y no ha otorgado subvenciones.

405 Acuerdo de Consejo de Gobierno de 20 de febrero de 2018 sobre la compensación económica a percibir por los miembros de la Comisión Vasca de Acceso a la Información Pública

CCAA, nombrados por el consejero del Departamento de Administración Pública y Justicia previa convocatoria pública. https://www.gardena.euskadi.eus/inicio/ http://conselltransparencia.gva.es/va/

7.5 Funciones y ámbito de control

Corresponde a la Comisión resolver las reclamaciones que se presenten, en aplicación del régimen de impugnaciones previsto en materia de ejercicio del derecho de acceso a la información pública regulado en el artículo 24 de la Ley 19/2013, de 9 de diciembre, de Transparencia, Acceso a la Información Pública y Buen Gobierno, en relación con las denegaciones expresas o presuntas de las Administraciones públicas y demás entidades del sector público vasco, que pertenezcan a las Instituciones comunes y locales de la Comunidad Autónoma de Euskadi (art. 3). La Comisión asume asimismo las funciones citadas en relación con la regulación que establece el artículo 65 de la Ley 2/2016, de 7 de abril, de Instituciones Locales de Euskadi. Mientras las obligaciones de publicidad activa están en el Síndico de Greuges.

Carece de potestad sancionadora.

7. 6 Fortalezas y Debilidades

En cuanto a puntos positivos únicamente subrayaría la propia creación del órgano/autoridad de garantía al que puede dirigir sus reclamaciones la ciudadanía y tal vez su estructura simple y con perfiles técnicos en los vocales-

Tengo que destacar sobre todo puntos negativos y es que la Comisión Vasca con la presencia de un alto cargo del Gobierno -Director General- y en el marco de un número reducido de integrantes -dos vocalías, queda condicionada totalmente. La capacidad del director como presidente, de cesar a los otros dos componentes y en cuanto a las incompatibilidades se recogen las inherentes a los altos cargos según la normativa aplicable, pero no la incompatibilidad con la pertenencia a un partido político en años anteriores a su elección ya que como miembro del gobierno de Euskadi entendemos que pertenece al partido político gobernante y esto puede condicionar esa independencia y objetividad deseada.

Dos vocalías (ocupadas por personal funcionario de carrera que, en teoría podría garantizar la independencia del órgano, aunque son nombrados por el Consejero de Administración Pública y Justicia (previa convocatoria pública), pero no se contempla si deben pertenecer a un cuerpo determinado, ni que tengan especialidad o experiencia jurídica alguna. En mi opinión si algo resulta fundamental es reforzar la idea de independencia de sus miembros.

Señala el Decreto como garantía de su autonomía, que los funcionarios serán nombrados por cuatro años y cuyo carácter independiente reside, entre otras cualidades, en la garantía de desempeño inamovible de sus miembros, personal empleado público que alternará sus funciones con la de su propio puesto de trabajo durante el tiempo de mandato.

Ni la presidencia ni los funcionarios miembros de la CVAIP tienen dedicación exclusiva (art 2.2 Decreto CVAIP), alternan el trabajo en la Comisión, con el desempeño de las tareas propias de su puesto de trabajo y siendo considerado como jornada laboral efectiva.

La información económica, presupuestaria y estadística que aparece es escasa y referida a la Declaración del valor de las Bases Imponibles de las personas cargo público de la Administración de la Comunidad Autónoma de Euskadi.

7.7 Proyecto de Ley en 2015[406]

Se redactó un Proyecto de Ley de Transparencia, Participación Ciudadana y Buen Gobierno del Sector Público Vasco, que terminado el plazo de información pública para que pudieran realizar sus aportaciones diversas entidades relacionadas con la materia y aprobación por el Consejo de Gobierno, se remitió al Parlamento en noviembre de 2015 donde no siguió su curso de tramitación y cuyo Título V.- Organismos e Instituciones para la Transparencia y el Buen Gobierno, en el Capítulo I.- crea la Agencia Vasca de Transparencia-GARDENA (art. 67) con la naturaleza jurídica y los fines que ya se mencionan en la Comisión CVAIP existente.
Cambia en este proyecto la composición, con una presidencia de la AVT-Gardena- a propuesta de la persona titular del departamento de Administración Pública y Justicia, entre personas de reconocido prestigio y competencia profesional, y un Consejo Vasco de Transparencia, como órgano asesor de la presidencia, siguiendo la línea del Consejo estatal; a su vez compuesto por miembros de Entidades. Con una duración de 5 años, pudiendo ser objeto de renovación sin dedicación exclusiva. A pesar de elementos positivos, persistían las carencias o debilidades que venimos reflejando en los órganos de control existentes en las CCAA y en la Comisión vasca actual. No se tramitó.

CUADRO RESUMEN

Ley	**Organismo**	Designación	**Composición**
Ley 2/2016, de 7 de abril, de Instituciones Locales de Euskadi País Vasco Decreto 128/2016, de 13 de septiembre de la CVAIP	Comisión Vasca Acceso a la Información Pública Órgano colegiado Carece de potestad sancionadora	Gobierno vasco No dedicación exclusiva 4 años	**3** miembros Presidencia, que recae en la persona titular de la Dirección General del Gobierno Vasco 2 vocales, funcionarios, nombrados por el Consejero

[406]https://www.euskadi.eus/contenidos/proyecto_ley/xleg_pyley_30/es_pyley_30/adjuntos/Anteproyecto%20LTPBG%20a%20Consejo%20de%20Gobierno%20cast.pdf

8.- Consejo de Transparencia de la Región de MURCIA (CTRMu)[407]

El capítulo II de la Ley 12/2014, de 16 de diciembre, de transparencia y participación ciudadana de la Comunidad Autónoma de la Región de Murcia, crea el Consejo de la Transparencia de la Región de Murcia (CTRMu), como órgano independiente de control que velará por el cumplimiento de las obligaciones de publicidad activa y por la garantía del derecho de acceso a la información pública.

El Consejo de Gobierno, a propuesta de la consejería competente en materia de transparencia, aprobará las normas sobre estructura, competencias y funcionamiento del Consejo que sean necesarias para el desarrollo de lo dispuesto en el artículo 38 de la Ley que regula el CTMu.

La regulación concreta del Consejo (art. 38 LTPC) ha sido afectada por dos modificaciones parciales de la LTPCMu. La primera, mediante la Ley 7/2016, de 18 de mayo, de reforma de la LTPC. Esta ley introdujo algunas reformas en el art. 38 LTPC: se configuró al Consejo como un ente de los previstos en la disposición adicional quinta de la Ley 7/2004, de 28 de diciembre, de Organización y Régimen Jurídico de la Administración Pública de la Comunidad Autónoma de la Región de Murcia, se modificó la representación de la Asamblea en el Consejo, atribuyendo a cada grupo parlamentario constituido en la misma, una representación. Con ello, los Diputados presentes en el Consejo pasaron de dos a cuatro.

Se amplió la composición del Consejo, mediante un representante del Consejo de Participación Ciudadana, designado por dicho órgano, un representante de la Federación de Municipios de la Región de Murcia, dos representantes sindicales, uno por cada una de las centrales sindicales mayoritarias y un representante de las organizaciones empresariales.

Se modificó el régimen de designación del presidente del Consejo, al establecer que el candidato designado debe obtener una mayoría de 2/3 de los miembros de la Asamblea Regional en una primera votación o mayoría absoluta en una segunda votación. Se modificó el régimen de nombramiento de los miembros del Consejo de la Transparencia, al establecer que serán nombrados por el Consejo de Gobierno, a propuesta del presidente del Consejo de la Transparencia.
Se establecieron unas obligaciones de transparencia a los miembros del Consejo, estando obligados a realizar de manera pública la declaración de su patrimonio al aceptar el cargo y al cesar.
Se modificó el régimen de incompatibilidades de los miembros del Consejo, al establecer la incompatibilidad con haber pertenecido a un partido político en los 4 años anteriores a su elección.

---

[407] Ley 12/2014, de 16 de diciembre, de transparencia y participación ciudadana de la Comunidad Autónoma de la Región de Murcia (texto consolidado, con las modificaciones incluidas) Título IV cap. II. art. 38 y 38 bis.

Ley 7/2016, de 18 de mayo, de Reforma de la Ley 12/2014, de 16 de diciembre, de Transparencia y Participación Ciudadana de la Comunidad Autónoma de la Región de Murcia

Consejo de la Transparencia de la Región de Murcia

Con posterioridad, ya en 2017 (desde el 12 de enero) y de la mano de la Ley de Presupuestos Generales de la Comunidad Autónoma, se creó el artículo 38 bis, mediante el que venía a paliar parcialmente el déficit organizativo del Consejo, atribuyendo al presidente del mismo determinadas funciones en gestión presupuestaria y del informe del consejo a la Asamblea sobre actuaciones en contratación y ello como solución de compromiso para poder gestionar el programa presupuestario (111C) creado ad hoc por la referida ley presupuestaria.
No se ha desarrollado la Ley con reglamento.

8.1 Naturaleza Jurídica

De acuerdo con lo dispuesto en el artículo 38 de LTPC, el Consejo es un órgano sin personalidad jurídica propia pero dotado de independencia orgánica y funcional para el ejercicio de sus funciones, aunque adscrito a la Consejería competente en materia de transparencia. Se crea el Consejo de la Transparencia de la Región de Murcia (CTMu) como órgano independiente de control en materia de transparencia, que va a actuar con objetividad, profesionalidad, sometimiento al ordenamiento jurídico y plena independencia orgánica y funcional de las administraciones públicas en el ejercicio de sus competencias.

Se configura como un ente de los previstos en la disposición adicional quinta de la Ley 7/2004, de 28 de diciembre, de Organización y Régimen Jurídico de la Administración Pública de la CCAA de Murcia.

8.2 Estructura

El CTMu sigue el modelo estatal del CTBG con una composición colegiada y una presidencia u órgano ejecutivo, pero se diferencian ya que resuelve su órgano colegiado lo que puede tener una parte positiva, ya que asegura múltiples puntos de vista y evita las posibles presiones a las que puede estar sometido y otra negativa porque las distintas entidades que poseen representación en estos plenarios en muchos casos son instituciones con ciertas vinculaciones políticas, son directamente representantes parlamentarios o de organizaciones económicas y sociales que pueden tener relaciones de interdependencia e intereses en relación al gobierno y las administraciones a las que pretenden controlar.

Señalar que la LTPC de Murcia, en lo relativo al CTRMu, no determinó la estructura de sus órganos de una manera jerárquicamente organizada, ni al presidente ni al Plenario, lo que obliga a llevar al Pleno del Consejo la resolución de todos los asuntos (informes, dictámenes, consultas, resolución de reclamaciones)

- Pleno. Órgano colegiado
  - Presidente
  - 17 miembros
  - Oficina del Consejo de Transparencia. 8 puestos de trabajo

Área Jurídica
- Técnico consultor
- Asesor jurídico

Área Administrativa
- Secretario del Pte.
- Jefe de Negociado
- Administrativo

Área Técnica
- 2 Técnicos de Transparencia
- 1 Técnico de Gestión de sistemas

8.3 Requisitos básicos de independencia

8.3.1 Elección, nombramiento y cese

El presidente del CTMu es designado por la Asamblea Regional de entre los candidatos propuestos por los diferentes grupos parlamentarios. El candidato[408] designado deberá obtener una mayoría de 2/3 de los miembros de la Asamblea Regional en una primera votación o mayoría absoluta en una segunda votación y será nombrado por el Consejo de Gobierno (art.38.6).

El cese del presidente, con anterioridad a la expiración de su mandato solo podrá producirse por renuncia, a petición propia, por muerte o incapacitación judicial, por separación, acordada por el Consejo de Gobierno, previa instrucción de expediente por la consejería con competencias en materia de transparencia, en el que será oído el Consejo en pleno, por incumplimiento grave de sus obligaciones, incapacidad sobrevenida para el ejercicio de su función, incompatibilidad o condena por delito doloso.

El resto de componentes serán nombrados por un período de cuatro años por el Consejo de Gobierno, a propuesta del presidente del Consejo de la Transparencia, previa designación por parte de las entidades e instituciones correspondientes.

Serán cesados por las mismas causas que la persona que ejerza la presidencia del Consejo de la Transparencia o a petición de la entidad que los hubiera propuesto.
El órgano o institución que lleva a cabo la separación o cese es el Consejo de Gobierno en la Región de Murcia (art. 38.7).
También como vemos, el mecanismo de destitución y sus causas son fundamentales para evitar el cese por razones políticas o de desacuerdo con las decisiones tomadas por los consejos.

[408] Actualmente desempeña el cargo de Presidente D. Julián Pérez-Templado Jordán, en virtud del nombramiento publicado en el B.O.R.M. nº 229 de 2 de octubre de **2020**. Licenciado en Derecho. Ingresó en la Carrera Judicial 1974. Magistrado 1981. Presidente del Tribunal Superior de Justicia de Murcia 1994, cargo que ostentó durante diez años, hasta el 11 de septiembre de 2004. Por acuerdo de 20 de mayo de 2020, del Consejo del Poder Judicial, es declarado en situación de jubilación forzosa por edad. De 2015 a 2020 el primer presidente José Molina Molina.

8.3.2 Perfiles profesionales

Se exige reconocido prestigio y competencia profesional al presidente, no a los demás miembros del órgano colegiado, que tienen carácter político o representativo de otras entidades (incluidas entre las sujetas a control por el Consejo)

8.3.3 En cuanto a **Incompatibilidades**

La Ley murciana en este aspecto fija para el presidente la incompatibilidad con el desempeño de cargos de gobierno y la pertenencia a un partido político en los cuatro años anteriores a su elección[409].

8.3.4 Dedicación exclusiva, parcial o simbólica

La Ley de Murcia (art. 38.8 LTMU), no exige dedicación exclusiva ni da derecho a remuneración, con la excepción de la percepción de dietas e indemnizaciones. Sus miembros están obligados a realizar declaración de su patrimonio.

8.3.5 Composición y duración

El Consejo de Transparencia de la Región de Murcia estará compuesto por 17 personas, en el pleno: el presidente y 10 entidades representadas:
a) Un diputado de cada grupo parlamentario constituido en la Asamblea Regional [28/9/2020 componen la Asamblea 5 grupos políticos] b) Un representante de la consejería competente en materia de transparencia. c) Un representante de la consejería competente en materia de hacienda. d) Un representante del órgano directivo encargado de la coordinación y el asesoramiento en materia de protección de datos de carácter personal en el ámbito de la Administración regional. e) Un representante por cada una de las universidades públicas de la Región de Murcia. f) Un miembro del Consejo Jurídico de la Región de Murcia. g) Dos miembros del Consejo Económico y Social de la Región de Murcia, en representación de las entidades representativas de los intereses económicos y sociales de la Región de Murcia, así como de los consumidores y usuarios. h) Un representante del Consejo de Participación Ciudadana, designado por dicho órgano. i) Un representante de la Federación de Municipios de la Región de Murcia. j) Dos representantes sindicales, uno por cada una de las centrales sindicales mayoritarias. k) Un representante de las organizaciones empresariales.

El mandato del presidente durará un periodo de 5 años no renovable. Y el resto de miembros serán nombrados por un periodo de 4 años.

---

409 SIERRA-RODRIGUEZ, Javier: "Los inicios del Consejo de Transparencia de la región de Murcia: diseño, rendimiento y propuesta de mejora", en Sánchez de Diego Fernández de la Riva, M. (coord.) 31 visiones actuales sobre la transparencia. Madrid: Universidad Complutense de Madrid: UCM, pp. 341-351.

8.4 Otros mecanismos de garantía de independencia e imparcialidad

La Ley en su artículo 38 bis, regula el régimen presupuestario, de gestión económica y de contratación del Consejo de la Transparencia de la Región de Murcia, y otorga la competencia al CTMu para elaborar y aprobar su anteproyecto de presupuestos, remitirlo a la Consejería de Hacienda, para su incorporación que figura como una sección dentro de los Presupuestos Generales de la Región de Murcia para el año que corresponda; también le corresponde la ordenación de gastos y las competencias relativas a la ejecución y liquidación del presupuesto.
Los pagos serán ordenados y realizados por la consejería competente en materia de hacienda a instancia del presidente del Consejo, que también asume las atribuciones en materia de contratación.

8.4.1 Recursos económicos

Por los informes anuales presentados en el Parlamento, sabemos que, en 2015, el CTMu no fue provisto de medios materiales ni personales algunos, habiéndose suplido parcialmente esos déficits por aportaciones personales y voluntarias de algunos de los miembros del mismo. En cuanto a disponibilidades presupuestarias, durante el ejercicio 2016, no ha dispuesto de un programa presupuestario propio, encontrándose incluido dentro del programa: 126K Transparencia y Participación Ciudadana, asignado a la D.G. de Participación Ciudadana, U.E. y A.E., compartiendo una dotación única e indicativa con el Centro Directivo mencionado, de 10.000 euros. Ha sido en 2017 el ejercicio en el que el Consejo ha contado con una Sección Presupuestaria propia (05), con un Programa de Gasto propio (111C) y con una dotación en el Capítulo II de 60.000 euros.

En su web[410], encontramos el acceso al programa específico e individualizado del CTRMu, "Estado de gastos por servicios y capítulos de los ejercicios presupuestarios 2017 a 2020, desplegando "*presupuesto*".

ESTADO DE GASTOS POR SERVICIOS Y CAPÍTULOS Sección: 05 CONSEJO DE LA TRANSPARENCIA REG MURCIA				
	Cap. 1 (personal)	Cap.2 (gasto corriente		Total
Presupuesto 2017	238.131	60.000		298.131
Presupuesto 2018	193.546	204.585		398.131
Presupuesto 2019	211.299	300.000		511.299
Presupuesto 2020	215.392	215.097		516.989
Presupuesto 2021	222.610	215.097		528.017

El Consejo de la Transparencia, dadas las competencias y funciones atribuidas, precisa de una mayor dotación presupuestaria, en cuantía similar a la de otros órganos consultivos de la Administración regional. Este incremento habría de producirse no solo en el existente capítulo II, sino también en el correspondiente a Inversiones (Cap.VI). La Ley de Presupuestos de 2018 ha sido sensible a esta necesidad y ha aumentado

410 Si se recoge específicamente en su web: 2017: Presupuesto 298.131,00 (gastos personal 238.131), 2018: (398,131 y personal 193,546), 2019: (511,299 personal 211,299) https://www.consejodetransparencia-rm.es/presupuesto-anual/

en 144.585 euros los créditos en el capítulo de gastos corrientes, sin embargo, ha reducido en 44.585 euros los gastos de personal y sigue sin dotar de los créditos necesarios para la realización de inversiones que permitan el adecuado desarrollo del Consejo.
También recoge la web el plan estratégico[411] del CTRMu, o planificación del periodo comprendido entre el año 2015 al 2020, que se corresponde con el mandato del primer presidente, y que se configura en torno a 7 ejes de actuación: Activación, resuelve, interpreta, supervisa, informa, comunica y rinde cuentas.

8.4.2 Régimen de Personal

La LTPC, en lo relativo al CTRM, no determinó la estructura de sus órganos ni el régimen del personal a su servicio. Esa omisión ha dificultado jurídicamente la posibilidad de aprobar una estructura de soporte administrativo del consejo, por lo que los puestos de trabajo creados en la referida RPT no son puestos de dirección sino puestos de naturaleza individual, técnica y de soporte, pero sin incardinar en una estructura subordinada o jerárquicamente organizada.

El hecho de su dependencia a la Administración regional hace que en materia de recursos humanos el consejo haya carecido de personal durante todo el ejercicio 2015 y que solamente desde febrero/marzo 2016, la Administración, a través de la Consejería de Presidencia a la que formalmente ha estado adscrito, haya puesto a disposición del CTMu, algunos efectivos personales.

El proceso ha estado condicionado por: a) La Relación de Puestos de Trabajo del Consejo. No es hasta el 31 de diciembre de 2016 cuando se aprueba y publica la primera relación de puestos de trabajo (RPT). Así encontramos en la web del CTMu[412], la información sobre la RPT del Consejo desde 2016 y los procesos de adscripción provisional y concursos, desplegando "*Recursos humanos*".

Se especifican los puestos de trabajo del CTMu, financiados con cargo al Programa Presupuestario 111C, Sección 05.01. Consejo de la Transparencia: (**3 personas** + 1 vacante) así como el personal funcionario que ha prestado algún servicio en el Consejo, en puestos de trabajo no incluidos en la RPT del mismo, mediante fórmulas de "Encargo Provisional de Funciones" o de "Interinidad", financiados con cargo a otros programas presupuestarios ajenos al CTMu: (2 funcionarios interinos que se han vuelto a su unidad administrativa de inicio, extinguiéndose la relación con el Consejo).

---

[411] https://www.consejodetransparencia-rm.es/plan-estrategico/

[412] https://www.consejodetransparencia-rm.es/recursos-humanos/ El Boletín Oficial de la Región de Murcia número 294 de fecha 22 de diciembre de 2021, publica la Resolución de 10 de diciembre de 2021 del Presidente del Consejo de Transparencia de la Región de Murcia, por la que se da publicidad al acuerdo del Pleno del Consejo adoptado en su sesión celebrada el día 23 de noviembre de 2021, aprobando la plantilla de dicho organismo.

La RPT del Consejo (28/09/2020):

Puesto	Nivel	€	Grupo
TÉCNICO/A CONSULTOR/A	28	53.217,32 €	GRUPO A
ASESOR/A JURIDICO	26	50.336,00 €	SUPERIOR ADM
JEFE/A NEGOCIADO	20	29.304,80 €	ADM
SECRETARIO/A PRESIDENTE	18	28.358,04 €	ADM-AUX. AD

A fecha 01/10/2020 vemos que se incluye en el "*organigrama*" un área técnica con un puesto llamado gestor de sistemas:

GESTOR DE SISTEMAS	

Y en la RPT publicada en diciembre de 2021, están previstos 3 puestos más: 8 puestos de trabajo, 4 de ellos vacantes (Asesor jurídico, técnicos y administrativo.

2 TÉCNICOS TRANSPARENCIA	24	42.249,02 €	SUPERIOR ADM
1 ADMINISTRATIVO	18	27,162,38 €	ADM
TOTAL			8

8.5 Funciones y ámbito de control

Son funciones del Consejo de la Transparencia de la Región de Murcia (38.4), entre otras, ejercer el control sobre la publicidad activa y conocer de las reclamaciones que se presenten contra las resoluciones expresas o presuntas en materia de acceso a la información.

El Pleno del Consejo es el único órgano colegiado existente y que concentra prácticamente todas las funciones que la Ley atribuye al Consejo. Esta circunstancia obliga a seguir un régimen de convocatorias del CTMu para poder despachar la totalidad de los asuntos que ha de resolver (propuestas de resolución de reclamaciones, propuestas de resolución de consultas, propuestas de acuerdos, etc.), resultando poco operativo. Ello evidencia la necesidad de reformar la LPTCMu o al menos desarrollarla vía reglamentaria para permitir la creación de otros órganos colegiados y unipersonales que agilicen la toma de decisiones, sin perjuicio del Pleno que sería informado periódicamente.

Tampoco recoge la ley potestad sancionadora al órgano de garantía.

8.6 Fortalezas

El presidente del CTMu es designado por la Asamblea Regional de entre los candidatos propuestos por los diferentes grupos parlamentarios por 2/3 de la Cámara y esto si hay voluntad de consenso para que funcione el consejo será positivo.

El mandato del presidente durará un periodo de 5 años no renovable, superando los años de legislatura y su nombramiento será incompatible con el desempeño de cargos de gobierno y la pertenencia a un partido político, todo ello muestra esa independencia deseada.

Se le dota de competencia al CTMu para elaborar y aprobar su anteproyecto de presupuestos y en su web, se encuentra el acceso al programa específico e individualizado del CTRMu, "Estado de gastos por servicios y capítulos de los ejercicios presupuestarios 2017 a 2021".

También encontramos en la web del CTMu, la información sobre la RPT del Consejo y los procesos de adscripción provisional y concursos, lo que comporta transparencia del órgano.

8.7 Debilidades

De la mano de la Ley de Presupuestos Generales de la Comunidad Autónoma, se creó el artículo 38 bis, mediante el que venía a paliar parcialmente el déficit organizativo del Consejo, ya que no se ha redactado reglamento de organización y funcionamiento del consejo.

Ninguna de las reformas ha resuelto los problemas de fondo para que el Consejo se convierta en un órgano auténticamente independiente de control, dentro de la normativa sobre transparencia. Esas deficiencias se manifiestan en dos ámbitos diferentes:

En el ámbito normativo, se evidencia un Consejo de la Transparencia, mal e insuficientemente regulado: La regulación actual no atribuye al CTMu personalidad jurídica propia, lo que dificulta de forma importante el funcionamiento cotidiano del organismo y lo supedita y subordina a la Administración en su actividad diaria. En esa subordinación administrativa se incardinan aspectos tan significativos y relevantes para el funcionamiento del Consejo como son la gestión de sus recursos humanos, la gestión presupuestaria, la contratación y el resto de cuestiones de soporte material, informático, etc. Tales peculiaridades han provocado que, por ejemplo, en materia de recursos humanos el Consejo haya carecido de personal durante todo el ejercicio 2015 y que solamente desde febrero/marzo 2016, la Administración, a través de la Consejería de Presidencia a la que formalmente ha estado adscrito, haya puesto a disposición del Consejo, algunos efectivos personales. No es hasta el 31 de diciembre de 2016 cuando se aprueba y publica la primera relación de puestos de trabajo (RPT)

La Ley no desarrolla su configuración y estructura de órganos propios del Consejo. Se precisa de una reforma legislativa, o de la aprobación de un Decreto de organización y funcionamiento, que, entre otros aspectos, estructure al Consejo.

Por otro lado, hay una gran concentración de competencias en el Pleno del CTMu que es el único órgano colegiado existente que reúne todas las funciones que la Ley le tribuye. Esta circunstancia obliga a seguir un régimen de convocatorias del Consejo, prácticamente mensual, para poder despachar la totalidad de los asuntos que debe resolver (propuestas de resolución de reclamaciones, propuestas de resolución de consultas, propuestas de acuerdos, etc.), supone un considerable retraso en orden a la agilización de las tareas resultando poco operativo

El CTMu, más político que técnico, lo forman diputados de la Asamblea, un representante de la Consejería competente en materia de Transparencia y otro representante de la competente en materia de Hacienda. Un representante del órgano directivo encargado de la coordinación y el asesoramiento en materia de protección de datos en el ámbito de la Administración Regional. Así difícilmente actuará con objetividad, profesionalidad y plena independencia orgánica y funcional, como dice su norma.

El cese del presidente es acordado por el Consejo de Gobierno, previa instrucción de expediente por la consejería de la materia, no se acuerda por el Parlamento como sería deseable.

Solo se exige reconocido prestigio y competencia profesional al presidente, y nada a los demás miembros del órgano colegiado, que tienen carácter político o representativo de otras entidades. Tampoco se menciona en qué ámbito ha de ser competente, ni se precisa que sea en el ámbito jurídico. A mi juicio si algo resulta fundamental es reforzar la idea de independencia de sus miembros y contar con jurídicos.

No exige dedicación exclusiva ni da derecho a remuneración. La pertenencia al Consejo es una actividad gratuita y no retribuida y además impone la obligación de hacer públicos los bienes e intereses de los miembros del Consejo (art. 38.8 LTPC). El régimen impuesto a los consejeros unido a las obligaciones de publicar datos de contenido personal (patrimonio) constituye una circunstancia disuasoria y con efectos indeseados en cuanto a grado de participación e implicación de los miembros del Consejo en las tareas de control y evaluación de las obligaciones de transparencia. Tampoco establece ni regula el régimen del personal al servicio del CTMu.

Limita su despliegue competencial ya que lo limita a la publicidad activa y a la publicidad pasiva y ello dentro del ámbito de la Administración regional, su Sector Público y algunas otras corporaciones de derecho público. Deja fuera a las entidades locales de la Región.

Carece de fuerza ejecutiva para obligar a cumplir sus resoluciones y de potestad sancionadora para castigar los incumplimientos reiterados. Resulta muy llamativo que, tampoco tenga potestad para fomentar la transparencia, difundir sus valores, participar en la enseñanza, organizar y colaborar con las asociaciones o simplemente relacionarse con otros órganos independientes de control de la transparencia.

En el ámbito material: la LTPC no asigna recursos ni económicos, ni materiales, ni personales al CTMu para que pueda cumplir con una mínima garantía las competencias y funciones que la propia Ley le atribuye. Para lograr un auténtico órgano independiente de control en materia de transparencia, es preciso dar respuesta a ambas cuestiones. Y es una dificultad adicional a las ya indicadas de ausencia de estructura orgánica.

Se precisa de una reforma legislativa -ya que la Ley de creación únicamente se ocupa de la composición del Pleno y de la Presidencia-, o de la aprobación de un Decreto de organización y funcionamiento, que, entre otros aspectos, estructure al Consejo en, al menos, un grupo/Comisión Ejecutiva o Permanente con 2 o tres miembros, y faculte la constitución de grupos de trabajo/comisiones específicas temporales, acotando también las facultades y competencias que se atribuyen a cada uno de los órganos, incluido el Pleno y el presidente.

Se precisan por tanto, mejoras en su regulación que pasan además por dotar al CTRMu de personalidad jurídica, desplazar hacia el Parlamento cualquier dependencia respecto a medios; reforzar sus atribuciones con capacidad sancionadora directa ante incumplimientos; ampliar su campo de actuación a los Ayuntamientos; reducir el número de miembros que lo integran, al tiempo que exigir un perfil técnico mayor y se establezcan condicionantes al modo de designación para asegurar su independencia y actuación con objetividad; y establecer mayores requisitos respecto a quien ocupe su presidencia, tanto previos al nombramiento, como incompatibilidades tras la finalización de su desempeño. No obstante, es difícil pensar que se vayan a formular nuevas mejoras en el diseño del CTRM, porque la ley de transparencia de la Región de Murcia ya ha experimentado una modificación de sus contenidos en el breve tiempo que ha transcurrido desde su publicación en 2014.

CUADRO RESUMEN

Ley MURCIA	Organismo	Designación Presidente	Composición Pleno
Ley 7/2016, de 18 de mayo, de Reforma de la Ley 12/2014, de 16 de diciembre, de Transparencia y Participación Ciudadana	Consejo de la Transparencia: Colegiado No potestad sancionadora	Designación por la Asamblea Regional por mayoría de 2/3 de los miembros 5 años no renovable Personas de reconocido prestigio. No exigirá dedicación exclusiva. Régimen incompatibilidad Presidente	Presidente • Un diputado de cada grupo parlamentario constituido en la Asamblea Regional. • Un representante de la consejería competente en materia de transparencia. • Un representante de la consejería competente en materia de hacienda. • Un representante del órgano directivo encargado de la coordinación y el asesoramiento en materia de protección de datos personales • Un representante por cada una de las universidades públicas de la Región de Murcia. • Un miembro del Consejo Jurídico de la Región de Murcia. • Dos miembros del Consejo Económico y Social de la Región de Murcia, en representación de las entidades representativas de los intereses económicos y sociales y de los consumidores y usuarios. • Un representante del Consejo de Participación Ciudadana, • Un representante de la Federación de Municipios • Dos representantes sindicales - Un representante de las organizaciones empresariales.

9.- Comisión para la resolución de las reclamaciones en materia de acceso a la información pública ILLES BALEARS (CRAIPIB)

El gobierno de las Islas Baleares no ha regulado la transparencia con una ley específica, ya se recogían principios en la Ley 4/2011, de 31 de marzo, de la buena administración y del buen gobierno de las Illes Balears, en la que el título I comprende las normas relativas a la buena administración, el capítulo I la Accesibilidad, administración electrónica y simplificación, que reconoce a la ciudadanía en su primera sección "Accesibilidad y ciudadanía", el derecho a la información administrativa y las vías de acceso a esta información a través de medios electrónicos, con respeto a los principios de igualdad y de universalidad y de conformidad con la normativa de protección de datos de carácter personal.

Por otro lado, tras aprobarse la LTAIBG estatal, la coyuntura presupuestaria, así como la urgencia de poner en marcha un mecanismo propio de salvaguardia del derecho de acceso a la información, aconsejaron la creación de la Comisión para la resolución de las reclamaciones en materia de acceso a la información pública Illes Balears (CRAIPIB) y que dicha comisión fuera, con carácter provisional, un órgano adscrito a la Abogacía de la CCAA e integrado por tres de sus letrados, que debían actuar con autonomía e independencia de criterio en el ejercicio de sus funciones. (Decreto 24/2016 de 29 de abril de creación)[413]

Transcurridos más de dos años desde la entrada en vigor del Decreto 24/2016, se considera oportuno establecer, con carácter permanente, un órgano resolutorio de las reclamaciones de acceso a la información pública dotado incluso de más independencia del aparato administrativo, en sintonía con los modelos existentes en otras CCAA. El refuerzo de la independencia del órgano se materializa especialmente en el

---

[413] El Decreto 1/2019, de 11 de enero, regulador de la Comisión para las Reclamaciones de Acceso a la Información Pública de Baleares, **DEROGA** el Decreto 24/2016 de 29 de abril, Núm. 4797 de creación y de atribución de competencias a la Comisión para la resolución de las reclamaciones en materia de acceso a la información pública: (recogía la elección por SORTEO) En su idea de carácter provisional, cuando se nombraron por primera vez, la duración de los miembros -abogados- es de solo un año, en caso de que pase ese año sin que se cree el órgano de control definitivo se sortea de nuevo.

Tal como prevé el artículo 3 y la disposición adicional primera del Decreto 24/2016, de 29 de abril, el día 5 de mayo de 2016 se realizó un sorteo público para determinar los miembros de la Comisión. acta del sorteo

Corrección de errores de la versión castellana del edicto 199 publicado en el Boletín Oficial de las Illes Balears nº 6 de 12 de enero de 2019 relativa al Decreto 1/2019, de 11 de enero, regulador de la Comisión para las Reclamaciones de Acceso a la Información Pública (,,,,,más de cinco años de experiencia en el ámbito del derecho público, y en el artículo 4, que garantiza la inamovilidad de los miembros del órgano.")

Decreto 1/2019, de 11 de enero, regulador de la Comisión para las Reclamaciones de Acceso a la Información Pública

Ley 3/2017, de 7 de julio, de modificación de la Ley 20/2006, de 15 de diciembre, municipal y de régimen local de las Illes Balears, para introducir medidas de transparencia y participación

Ley 16/2016, de 9 de diciembre, de creación de la Oficina de Prevención y Lucha contra la Corrupción en las Illes Balears.

Ley 4/2011, de 31 de marzo, de la buena administración y del buen gobierno de las Illes Balears

artículo 3, que prevé la designación por un período de tres años de tres juristas de reconocido prestigio, con más de cinco años de experiencia en el ámbito del derecho público, y en el artículo 4, que garantiza la inamovilidad de los miembros del órgano.

En diciembre de 2020[414] y en desarrollo de la disposición adicional cuarta, dos de la LTAIBG, el Consejo de Transparencia y Buen Gobierno y la Comunidad Autónoma de Illes Balears suscribieron el día 9 el correspondiente Convenio de colaboración que, una vez inscrito en el Registro Electrónico estatal de Órganos e Instrumentos de Cooperación del sector público estatal en esa misma fecha, se publica en el "Boletín Oficial del Estado" según determina el artículo 48.8 de la Ley 40/2015, de 1 de octubre, de Régimen Jurídico del Sector Público.

La Resolución de 13 de diciembre de 2021, del CTBG, por la que se publica el Convenio va a atribuir al Consejo el ejercicio de la competencia para la resolución de las reclamaciones del artículo 24 de la Comunidad Autónoma en los supuestos de resoluciones dictadas por la Administración de la CCAA de las Illes Balears, los consejos insulares y los ayuntamientos comprendidos en su ámbito territorial, y las entidades del sector público vinculadas o dependientes de estas administraciones de las Islas Baleares. Esta obligación comprende la de tramitar, resolver, notificar y hacer el seguimiento de dichas reclamaciones.

Del mismo modo comprende la obligación de notificar las resoluciones dictadas a los interesados, y de remitirlas a las administraciones implicadas, por vía electrónica y en un plazo de tres días. Cuando se trate de la Administración autonómica de las Illes Balears, la resolución deberá enviarse a la consejería o ente público directamente implicado. La Administración autonómica de las Illes Balears aportará al Consejo de Transparencia y Buen Gobierno la información de que disponga sobre los datos de contacto de los consejos insulares y ayuntamientos comprendidos en su ámbito territorial.

La Comunidad Autónoma se obliga a sufragar con cargo a sus propios recursos los gastos derivados de la ejecución del Convenio. El importe de los costes se determinará por el Consejo multiplicando el número de reclamaciones presentadas por el coste unitario de las resoluciones, calculado de acuerdo con el Modelo de Costes Estándar / Standard Cost Model (MCE/SCM) de la Unión Europea en la versión simplificada adoptada en España, aprobada por Acuerdo de Consejo de Ministros de 11 de diciembre de 2009.

El Convenio será administrado por una comisión de seguimiento, formada por dos representantes del Consejo y dos representantes de la Comunidad Autónoma, designados por cada una de las partes y

---

[414] Illes Balears y el Consejo de Transparencia y Buen Gobierno han firmado un **convenio** para la resolución de las reclamaciones. La competencia es de Illes Baleares, pero el Consejo de Transparencia y Buen Gobierno será el encargado de resolver las reclamaciones. BOE Núm. 302 de 18 de diciembre de 2021 Sec. III. Pág. 155318: BOE-A-2021-20894 consulta en https://www.boe.es

Comisión para las Reclamaciones de Acceso a la Información Pública. WEB

nombrados por el Consejo. Los representantes del Consejo asumirán la Presidencia y la secretaría de la comisión.

9.1 Naturaleza Jurídica

Diferente morfología, pero idéntica naturaleza que en la mayoría de las CCAA, en Islas Baleares el órgano competente creado para la instrucción y la resolución de las reclamaciones es la Comisión para las Reclamaciones de Acceso a la Información Pública (CRAIP) que actúa colegiadamente[415], con autonomía funcional e independencia de criterio. Se adscribe, a efectos del apoyo administrativo y sin dependencia jerárquica, a la Consejería competente en materia de transparencia y buen gobierno.

Sus miembros no pueden recibir órdenes o indicaciones de ninguna autoridad en el ámbito material regulado en el decreto regulador de la CRAIPIB. sus acuerdos toman la forma de resolución, son motivados y se adoptan exclusivamente de acuerdo con el ordenamiento jurídico. Contra las resoluciones solo es posible la impugnación en vía contencioso-administrativa.

9.2 Estructura

Se establece la CRAIP, con carácter permanente con tres miembros juristas, expresando el Decreto que el refuerzo de la independencia del órgano se materializa especialmente en el art. 3, que prevé la designación por un período de tres años de tres juristas de reconocido prestigio, con más de cinco años de experiencia en el ámbito del derecho público, y el art. 4, garantiza la inamovilidad. (Decreto 1/2019 de 11 enero)

Los miembros de la Comisión eligen a su presidente, que representa a la Comisión, dirige y coordina el funcionamiento del órgano.

Un secretario, designado por el consejero de Presidencia, entre funcionarios públicos de la consejería de adscripción de la Comisión que acrediten la licenciatura o el grado en Derecho y pertenezcan al grupo A1; presta asistencia a la Comisión, con voz, pero sin voto.

La CRAIPIB, se encuentra en el grupo de órganos que resuelven las reclamaciones colegiadamente.

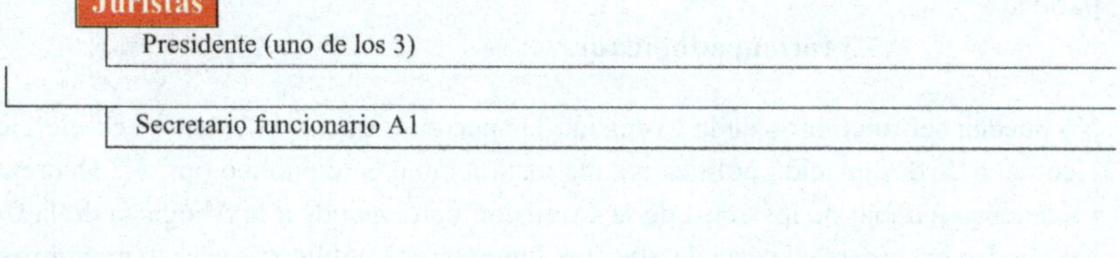

[415] El funcionamiento de la Comisión se rige por las normas relativas a los órganos colegiados de la Administración de la Comunidad Autónoma en todo lo que no prevé este decreto. (Art. 5 Decreto 1/2019)

9.3 Requisitos básicos de independencia

9.3.1 Elección, nombramiento y cese

El sistema más original lo teníamos en la creación y atribución de competencias a la CRAIPIB por Decreto 24/2016 (ya derogado), donde la elección de los tres miembros de la CRAIPIB se realizó en su inicio, por sorteo público entre los miembros de la abogacía regional.

Desde 2019 los miembros son nombrados por el Consejo de Gobierno de la CCAA, a propuesta del consejero de Presidencia. Los miembros de la Comisión eligen a su presidente y son inamovibles, (art. 4) si bien cesan o son removidos en su cargo por alguna de las siguientes causas recogidas en el Decreto:
a) Finalización del mandato sin renovación. b) Renuncia formalizada por escrito y aceptada por el consejero de Presidencia. c) Incumplimiento grave de sus obligaciones. d) Condena, por sentencia firme, a pena privativa de libertad o de inhabilitación absoluta o especial para empleos o cargos públicos. e) Incapacidad sobrevenida para el ejercicio del cargo. f) Pérdida de la nacionalidad. El cese o acto de remoción lo dictará el consejero de Presidencia, previa audiencia a la persona interesada.

En los casos de vacante, ausencia o enfermedad, el presidente será sustituido por el vocal de más edad, y en los casos de vacante, ausencia o enfermedad que afecte a alguno de los vocales, el presidente adoptará las medidas pertinentes de distribución de las ponencias. No obstante, en caso de que la ausencia del vocal se prevea de larga duración, el Consejo de Gobierno puede designar a un vocal sustituto con carácter temporal.

Y en el caso de vacante, ausencia o enfermedad del secretario de la Comisión, puede ser sustituido por un funcionario asignado temporalmente por la Secretaría General de la Consejería de Presidencia.
La designación de los miembros se realizará de acuerdo con el principio de presencia equilibrada de mujeres y hombres, en los términos que indica el artículo 4 de la Ley 11/2016, de 28 de julio, de igualdad de mujeres y hombres.

9.3.2 Perfiles profesionales

Tres juristas de reconocido prestigio, con más de cinco años de experiencia en el ámbito del derecho público.

9.3.3 Incompatibilidades

No pueden ser miembros de la Comisión las personas que se encuentren en ejercicio de cualquier cargo electivo o de designación política en una institución o ente público (art. 3.2 Decreto).
La defensa judicial de los actos de la Comisión corresponde a la Abogacía de la Comunidad Autónoma. No pueden encargarse de esta defensa los funcionarios públicos que sean miembros de la Comisión o que hayan formado parte de ella en los tres años anteriores a la fecha del acto impugnado (art. 9).

9.3.4 Dedicación exclusiva, parcial o simbólica

Es el Decreto 1/2019, de 11 de enero regulador de la CRAIPIB, el que, en la Disposición Adicional primera, especifica las indemnizaciones de los miembros de la CRAIPIB, así pues, tienen derecho a percibir una indemnización de 360 € por la asistencia a cada sesión formalmente convocada y certificada la misma, por el secretario de la Comisión con el visto bueno del presidente. También tienen derecho a ser indemnizados por los gastos de desplazamiento derivados de la asistencia a las sesiones, una vez verificadas las facturas correspondientes, conformadas por el secretario de la Comisión con el visto bueno del presidente. No obstante, solo son indemnizables los gastos de transporte aéreo o marítimo por asistencia a las sesiones que realicen los miembros del órgano que tengan su residencia habitual fuera de la isla de Mallorca.

Asimismo, los miembros de la Comisión que tengan su residencia habitual fuera de la isla de Mallorca tienen derecho a ser indemnizados por los gastos de manutención y alojamiento en los casos en los que sea necesario por razón del horario de las sesiones.
Y con respecto al secretario de la CRAIPIB tiene derecho a las indemnizaciones por asistencia a las sesiones en los mismos términos previstos en la normativa del personal al servicio de la Administración de la CCAA de las Illes Balears.

9.3.5 Composición y duración

La Comisión está formada por un presidente y dos vocales, que deberán ser juristas de reconocido prestigio, con más de cinco años de experiencia profesional en el ámbito del derecho público. Los miembros serán nombrados por el Consejo de Gobierno de la Comunidad Autónoma, a propuesta del consejero de Presidencia, por un período de tres años.
Los miembros de la Comisión eligen a su presidente. Este representa a la Comisión y dirige y coordina el funcionamiento del órgano.

Ley	**Organismo**	Designación	**Composición**
Decreto 1/2019, de 11 de enero, regulador de la Comisión	Comisión para la resolución de las reclamaciones en materia de acceso a la información pública. CRAIP Colegiado	Designación por el Gobierno, a propuesta de la consejería. Personas de reconocido prestigio y competencia profesional de 5 años en derecho público No exigirá dedicación exclusiva. Régimen incompatibilidad (cargo electivo) 3 años	Presidente Jurista 2 Vocales Juristas

9.4 Otros mecanismos de garantía de independencia e imparcialidad

Corresponde a la Consejería de Presidencia prever los gastos de la CRAIPIB y a la Secretaría General de la Consejería de Presidencia dar apoyo administrativo a la Comisión. (art. 8)
Desde el portal de transparencia del Govern Illes Balears, se anuncia que se puede acceder a la página web[416], pero es necesario la identificación con código.

9.4.1 Recursos económicos.

La CRAIPIB aparece en el Portal de Gobierno Balear como un apartado donde consultar la normativa relativa, su composición, cómo realizar las reclamaciones y las resoluciones que ha dictado la Comisión, en él, aparecen los presupuestos generales del Gobierno, pero no existen datos específicos. Si podemos leer lo siguiente:
"La Comisión no cuenta con un presupuesto específico más que una partida para dietas y gastos de desplazamiento de los miembros que en 2020 asciende a 20.000 € y utiliza los locales y equipamientos de la Consejería de Administraciones Públicas y Modernización" [417].

9.4.2 Régimen de Personal

Ausencia total de datos relativos al personal, en el portal del Gobierno.

9.5 Funciones y ámbito de control

Corresponde a la Comisión la instrucción y la resolución de las reclamaciones que, en materia de acceso a la información pública, se interpongan contra las resoluciones expresas o las desestimaciones presuntas dictadas o producidas por la Administración de la Comunidad Autónoma de las Illes Balears, los consejos insulares, los ayuntamientos y el resto de entidades del sector público dependientes o vinculadas a estas administraciones de las Illes Balears comprendidos en el ámbito de aplicación de la Ley 19/2013, de 9 de diciembre, de transparencia, acceso a la información pública y buen gobierno.
Se encuentra entre las tres CCAA en las que su órgano de control tiene atribuciones más reducidas, solo resuelven sobre el derecho de acceso a la información pública, siendo el caso de, Cataluña, País Vasco y la Comisión de Baleares. Carece de potestad sancionadora.

---

416 página web: http://www.caib.es/sites/informaciopublica/es/inici/

417 (en **Baleares** la coyuntura presupuestaria, así como la urgencia de poner en marcha un mecanismo propio de salvaguardia del derecho de acceso a la información pública, aconsejaron en aquel momento que dicha comisión, fuera, con carácter provisional, un órgano adscrito a la Abogacía de la CCAA. Posteriormente, la Comisión se adscribe, a efectos del apoyo administrativo y sin dependencia jerárquica, a la Consejería de Presidencia, como competente en materia de transparencia y buen gobierno.

www.caib.es/sites/transparencia/es Portal de Gobierno Abierto-Inicio

9.6 Fortalezas

Actúa este Órgano colegiadamente con tres miembros juristas de reconocido prestigio, con más de cinco años de experiencia en el ámbito del derecho público, e inamovilidad garantizada; con una designación por un período de tres años
La designación de los miembros se realizará de acuerdo con el principio de presencia equilibrada de mujeres y hombres, en los términos que indica el artículo 4 de la Ley 11/2016, de 28 de julio, de igualdad de mujeres y hombres.

Entre los miembros de la Comisión eligen a su presidente, que representa a la Comisión, dirige y coordina el funcionamiento del órgano. También el secretario que presta asistencia a la Comisión, acreditará la licenciatura o el grado en Derecho y pertenecerá al grupo A1.

Es de importancia para el funcionamiento independiente que no pueden ser miembros de la Comisión las personas que se encuentren en ejercicio de cualquier cargo electivo o de designación política en una institución o ente público.

9.7 Debilidades

En el ámbito normativo y en cuanto a su composición, en un primer momento de constitución se apostó por la presencia de juristas de la abogacía de la Comunidad en la Comisión de Reclamaciones, y la función de los letrados es defender a la Administración, aunque en la norma se dijera que en cuanto que actúan como miembros de la Comisión lo hacen con independencia y autonomía; de hecho, no estaba resuelto qué ocurrirá en los casos en los que se decida recurrir por parte de la Administración autonómica las resoluciones de la CRAIPIB.

Con el Decreto 1/2019 se resuelve este último problema, ya que en su art. 9 recoge que la defensa judicial de los actos de la Comisión corresponde a la Abogacía de la Comunidad Autónoma. No pueden encargarse de esta defensa los funcionarios públicos que sean miembros de la Comisión o que hayan formado parte de ella en los tres años anteriores a la fecha del acto impugnado.

Pero no el de la independencia, ya que se ha modificado la elección, y actualmente no es por sorteo entre juristas funcionarios de carrera, sino a propuesta de un alto cargo del gobierno (Consejero de Presidencia) con tres nombres de tres juristas de reconocido prestigio, con más de cinco años de experiencia en el ámbito del derecho público, por un período de tres años.

El ciudadano dudará de la independencia cuando conoce que, por un lado, la sede de la Comisión es la de la Consejería de Presidencia, por otro, que el registro de las reclamaciones dirigidas a este órgano es la Consejería de Presidencia, con la indicación del nombre de la Comisión. O que el modelo de reclamación y la información sobre el procedimiento que se deriva de esta debe consultarse en la Sede Electrónica de la Administración de la Comunidad Autónoma.

También el secretario es designado por el consejero de Presidencia y esta circunstancia pude dificultar el funcionamiento cotidiano del organismo subordinado a la Administración en su actividad diaria.

Tampoco invita a pensar en independencia y autonomía cuando buscamos datos económicos, etc. en la página web y no es posible encontrarlos o son escuetos en el apartado de "*otros datos de transparencia*".

Las propias normas de transparencia, con carácter general disponen la obligación de difundir información relativa a "las funciones que desarrollan, la normativa que les sea de aplicación, así como a su estructura organizativa; el artículo 6.1 Ley 19/2013, de 9 de diciembre, LTAIBG prevé que la organización administrativa en sí misma es objeto de la transparencia, incluirán un organigrama actualizado que identifique a los responsables de los diferentes órganos, su perfil y trayectoria profesional. No es así en la práctica.

En cuanto al ámbito material, no se le asignan recursos económicos, ni materiales, ni personales a la comisión para que pueda cumplir con una mínima garantía, las competencias y funciones que la propia Ley le atribuye. Para lograr un auténtico órgano independiente de control en materia de transparencia, es preciso dar respuesta a ambas cuestiones.

Por último, existe una falta total de identidad digital, sin espacio web personalizado, divide su ubicación digital entre el sitio corporativo o el portal específico de transparencia del gobierno autonómico.

Tal vez por estas deficiencias, tal vez por economía en diciembre del año 2021 se decide firmar un convenio con el Consejo de Transparencia estatal para la resolución de las reclamaciones. La competencia es de Illes Baleares, pero el CTBG será el encargado de resolver.

CUADRO RESUMEN

Ley	**Organismo**	Designación	**Composición**
Decreto 1/2019, de 11 de enero, regulador de la Comisión	Comisión para la resolución de las reclamaciones en materia de acceso a la información pública. CRAIP Colegiado Sólo Derecho de acceso No potestad sancionadora	Designación por el Gobierno, a propuesta de la consejería. Personas de reconocido prestigio y competencia profesional de 5 años en derecho público No exige dedicación exclusiva. Régimen incompatibilidad (cargo electivo) 3 años	Presidente Jurista 2 Vocales Juristas

Respecto a los **dos Órganos de la últimas CCAA** en aprobar sus Leyes, en las que de momento no ha entrado en funcionamiento: Castilla-La Mancha y Asturias, en Madrid ya está en funcionamiento.

10.- Consejo Regional de Transparencia y Buen Gobierno de CASTILLA-LA MANCHA (CRTCM)[418]

El compromiso de Castilla-La Mancha respecto de la transparencia, expresado en la Ley 4/2016 de Transparencia y Buen Gobierno pretende completar -al menos en la letra de la norma- el marco normativo impuesto por la legislación básica estatal, con medidas más ambiciosas y exigentes.

Refleja la exposición de motivos que en el capítulo II del Título V, se configura como órgano independiente, con personalidad jurídica propia y plena capacidad y autonomía orgánica y funcional, se crea el Consejo Regional de Transparencia y Buen Gobierno (CRTCM). Se trata de un órgano adscrito a las Cortes de Castilla-La Mancha, que desarrolla su actividad con independencia y en régimen de derecho administrativo (art. 61 a 66, se suprime la mención a la personalidad jurídica).

La Ley emplaza a la aprobación de un reglamento que determine la constitución efectiva del Consejo, que será aprobado por las Cortes de Castilla-La Mancha y contendrá en todo caso su estructura, competencias, organización y funcionamiento. Se aprueba por Decreto en junio de 2018. La constitución efectiva del Consejo tendrá lugar conforme a lo que determine su reglamento, pero el Consejo no se ha constituido a día de hoy (agosto 2022).

Posteriormente, se modifica por la Ley 4/2021, de 25 de junio de Medidas Urgentes de Agilización y Simplificación de Procedimientos para la Gestión y Ejecución de los Fondos Europeos de Recuperación[419].

La competencia es de Castilla-La Mancha pero el CTBG estatal será el encargado de resolver las reclamaciones, mediante un convenio que finaliza en enero de 2022[420] y se ha renovado.

10.1 Naturaleza Jurídica

---

418 Ley 4/2016, de 15 de diciembre, de Transparencia y Buen Gobierno de Castilla-La Mancha

Reglamento de Organización y Funcionamiento del Consejo Regional de Transparencia y Buen Gobierno
DOCLM de 12 julio 2018

419 Ley 4/2021, de 25 de junio de Medidas Urgentes de Agilización y Simplificación de Procedimientos para la Gestión y Ejecución de los Fondos Europeos de Recuperación. Ref. BOE-A-2021-18038

420 Castilla-La Mancha y el Consejo de Transparencia y Buen Gobierno han firmado un convenio

El CRTCM se crea como órgano adscrito a las Cortes de Castilla-La Mancha, la exposición de motivos[421] de la norma prevé que el Consejo tendrá personalidad jurídica y plena capacidad, autonomía orgánica y funcional e independencia, ejerciendo sus funciones colegiadamente con plena independencia y objetividad, sin estar sujeto a instrucción o mandato alguno en el desempeño de aquellas; pero es un órgano de adscripción parlamentaria y no tiene personalidad jurídica, como no la tiene ni la necesita el Parlamento al que se adscribe; aunque para el ejercicio de sus funciones el Consejo contará con el apoyo jurídico, técnico y administrativo de las Cortes de Castilla-La Mancha, así como con los medios personales y materiales que sean necesarios.

En la modificación de la ley de creación 4/2016, por la Ley 4/2021, se incluye la palabra colegiado (órgano colegiado adscrito a las Cortes), en su artículo 61.1.

10.2 Estructura

Se estructura inicialmente -Ley 4/2016 de 15 de diciembre - en dos órganos colegiados, una Comisión Ejecutiva, compuesta por una Presidencia y dos Adjuntías, - para resolver las reclamaciones contra las resoluciones en materia de acceso a la información pública, con carácter previo a su impugnación en la jurisdicción contencioso-administrativa -, y una Comisión Consultiva[422], que será presidida por el presidente de la Comisión Ejecutiva (art. 61), se encargará fundamentalmente de apoyar, auxiliar y asesorar a la Comisión Ejecutiva.

En la Comisión Ejecutiva cada adjuntía funciona como un departamento específico para desempeñar las principales funciones del CRTCM, el adjunto primero, de supervisar el cumplimiento de las obligaciones de publicidad activa contenidas en el capítulo II del título II de la Ley. El adjunto segundo desempeña las competencias inherentes a la tramitación de la reclamación prevista en el art. 33 de la Ley y art.10.3 decreto). No se ha modificado el Decreto de Reglamento, pero entendemos que las funciones de los adjuntos son las que aparecen en este artículo 10.3 aunque no sean miembros de la Comisión ejecutiva sino del Consejo propiamente dicho.

---

421 Ley 4/2016, de 15 de diciembre, le atribuye personalidad en su exposición de motivos: -"En el capítulo II, como órgano independiente, con personalidad jurídica propia y plena capacidad y autonomía orgánica y funcional, …"_., rectifica en el desarrollo: -"Art. 61.1, Se crea el Consejo Regional de Transparencia y Buen Gobierno de Castilla-La Mancha como órgano adscrito a las Cortes de Castilla-La Mancha, con plena capacidad, autonomía e independencia…"-, ya que es un órgano de adscripción parlamentaria y no tiene personalidad jurídica, como no la tiene ni la necesita el Parlamento al que se adscribe.
(Es un error técnico que siga en la exposición de motivos de la norma -prevé que el Consejo tendrá personalidad jurídica propia, se quitó en el artículo 61.1 del anteproyecto)

422 Consultiva: Forman parte de ella un máximo de 14 miembros, a propuesta de: a) Las Cortes de Castilla-La Mancha, que recaerá sobre cuatro personas expertas en materia de transparencia y buen gobierno. b) La Administración de la JCCLM, que recaerá sobre una persona experta en materia de protección de datos y otra en materia de transparencia y buen gobierno. c) El Consejo Consultivo de Castilla-La Mancha. d) La Federación de Municipios y Provincias de Castilla-La Mancha. e) La Universidad de Castilla-La Mancha. f) Las entidades representativas de consumidores y usuarios. g) Las entidades representativas de los intereses económicos y sociales. h) Las corporaciones de derecho público.

Contará con un Servicio de Asuntos Generales responsable de la gestión interna y asuntos de administración general. Ejercerá la Secretaría, con voz, pero sin voto, un funcionario adscrito al CRTCM, que ocupe el puesto de trabajo de Jefe de Servicio de Asuntos Generales. (art. 14 decreto).
En 2021 se modifican, por la disposición final 11.1 de la Ley 4/2021, de 25 de junio[423], los apartados 1 y 2 del artículo 61, suprimiendo las dos Comisiones y estructurándolo en una Presidencia y dos Adjuntías.

Presidente

2 Adjuntos

- 1 Adjunto, supervisa el cumplimiento de las obligaciones de publicidad
- 1 Adjunto, el cumplimiento de las disposiciones del derecho de acceso

Secretaría. Jefe de servicio

10.3 Requisitos básicos de independencia

10.3.1 Elección, nombramiento y cese

(Se modifica también por la disposición final 11.2 de la Ley 4/2021, de 25 de junio. Ref. BOE-A-2021-18038)

Las personas que hayan de ejercer la Presidencia y Adjuntías del CRTBGclm serán propuestas, elegidas y nombradas por las Cortes de Castilla-La Mancha, por mayoría de tres quintos en primera votación y por mayoría absoluta en segunda, de entre personas de reconocido prestigio y competencia profesional. (62)

El procedimiento se recoge en el Decreto, entendemos que, aunque se ha modificado la estructura y composición, se mantiene el punto 6.3 y serán los Grupos Parlamentarios de las Cortes de Castilla-La Mancha quienes podrán proponer candidatos/as. Y que, recibidas las propuestas de nombramiento, la Mesa de las Cortes las remitirá a una Comisión de Nombramientos compuesta por los portavoces de los grupos parlamentarios, para comprobar la concurrencia de los requisitos establecidos en la ley, solicitando aclaraciones si hubiera lugar a ello y podrá acordar la comparecencia de los candidatos. (art. 6.6 decreto)

Tanto el nombramiento como la toma de posesión de los miembros del Consejo electos se hace por el presidente de las Cortes de Castilla-La Mancha y ejercerán sus funciones con plena independencia y objetividad, sin estar sujetos a instrucción o mandato alguno en el desempeño de aquellas.

En cuanto al cese o destitución de los miembros del Consejo sólo podrán cesar con anterioridad a la expiración de su mandato, por alguna de las causas previstas: a) Por renuncia, a petición propia. b) Por muerte o incapacitación judicial. c) Por separación acordada por el Pleno de las Cortes de Castilla-La Mancha, a propuesta de la Mesa, oída la Junta de Portavoces, por incumplimiento grave de sus

[423] Se modifican los apartados 1 y 2 del artículo 61 por la disposición final 11.1 de la Ley 4/2021, de 25 de junio de Medidas Urgentes de Agilización y Simplificación de Procedimientos para la Gestión y Ejecución de los Fondos Europeos de Recuperación. Ref. BOE-A-2021-18038

obligaciones, incapacidad sobrevenida para el ejercicio de la función, incompatibilidad o condena penal firme de inhabilitación para el ejercicio de funciones o cargos públicos.
En estos casos, se procederá a la elección de otro miembro por el procedimiento previsto en el apartado anterior y por el tiempo que restase de mandato al cesado.

10.3.2 Perfiles profesionales

Con los nombres de los candidatos propuestos se aportará la información precisa que acredite que son personas de reconocido prestigio y competencia profesional[424] - dilatada experiencia -

10.3.3 En cuanto a Incompatibilidades

Los miembros del Consejo quedarán sujetos al mismo régimen de incompatibilidades establecido en la ley reguladora del régimen jurídico del Consejo de Gobierno y el de sus miembros.
Por ello, a la relación de nombres que se propongan, diferenciados para la presidencia y para adjuntos, acompañarán escrito firmado por las personas candidatas aceptando su eventual nombramiento y declarando no estar afiliados a partidos políticos, federaciones de partidos o agrupaciones de electores desde, al menos, 1 año antes a dicha declaración. (art. 6 Decreto)

10.3.4 Dedicación exclusiva.

Los miembros del Consejo ejercerán su cargo en régimen de dedicación exclusiva, con el rango de director general (determinado en el reglamento), la retribución del presidente será la fijada en los presupuestos generales de la Junta de Comunidades de Castilla-La Mancha para los/as directores/as generales, y para los adjuntos la acordada por la Mesa de las Cortes de Castilla-La Mancha (art. 5.a Decreto).

10.3.5 Composición y duración

Ha sido modificada la Ley 4/2016, de 15 de diciembre, de Transparencia y Buen Gobierno de Castilla-La Mancha, con el fin de modificar la composición del Consejo de Transparencia y Buen Gobierno en ella prevista en aras de su puesta en funcionamiento (este es el argumento en el debate parlamentario).

El Consejo, -Ley 4/2021, de 25 de junio- estará compuesto por una Presidencia, y dos Adjuntías, adjunto primero y adjunto segundo. El mandato del presidente y los dos adjuntos tendrá una duración de seis años, pudiendo ser renovados por una sola vez por idéntico periodo. **6 años** renovable

Ley	Organismo	Designación	Composición
Ley 4/2016, de 15 de diciembre,	**CRTBG** Presidencia 2 Adjuntos	Elegidos por las Cortes de Castilla-La Mancha,	Presidencia y dos Adjuntías.

[424] Se modifica el art. 62.1 Ley por la disposición final 11.2 de la Ley 4/2021, de 25 de junio. Ref. BOE-A-2021-18038

Transparencia y Buen Gobierno		por mayoría de tres quintos	Expertos de competencia o prestigio reconocido y con una dilatada experiencia profesional y sin afiliación 6 años, pudiendo ser renovados por una sola vez

10.4 Otros mecanismos de garantía de independencia e imparcialidad

Para el ejercicio de sus funciones el Consejo contará con el apoyo jurídico, técnico y administrativo de las Cortes de Castilla-La Mancha, así como con los medios personales y materiales que sean necesarios. También la representación y defensa en juicio del CRTCm, en procedimientos judiciales que se sigan por razón de actuaciones o resoluciones relacionados directa e inmediatamente con el ejercicio de sus respectivas funciones, se encomienda a los Servicios Jurídicos de las Cortes de Castilla-La Mancha, previo informe favorable del letrado mayor, siempre que no exista conflicto de intereses con las Cortes de Castilla-La Mancha.

10.4.1 Recursos económicos

En el Decreto que aprueba el Reglamento de Organización y Funcionamiento del Consejo Regional de Transparencia y Buen Gobierno se regula ampliamente (art. 17 a 23) el régimen económico del CRTCM, vemos como su Presupuesto constituirá un programa específico dentro del presupuesto de las Cortes de Castilla-La Mancha, y el procedimiento es el mismo que ya hemos estudiado en los demás órganos (su anteproyecto de presupuesto será aprobado, a propuesta de la Presidencia de la Comisión Ejecutiva, (entendemos que se ha de modificar por: a propuesta del CRTBG) por la Mesa de las Cortes de Castilla-La Mancha, que lo remitirá a la consejería de hacienda para su integración en el Proyecto de Ley de Presupuestos Generales de la Junta de Comunidades de Castilla-La Mancha. La ejecución, modificación y liquidación del presupuesto del Consejo se ajustará a la normativa presupuestaria de las Cortes de Castilla-La Mancha y a lo establecido en sus bases de ejecución.

La normativa contenida en el Reglamento de Régimen Económico de las Cortes de Castilla-La Mancha será de aplicación preferente a toda la actividad económico-financiera del Consejo Regional; supletoriamente, en tanto no la contradiga, se aplicará la legislación sobre hacienda de Castilla-La Mancha y, en su defecto, la legislación general del Estado). En cuanto a la normativa contable tendrá que ajustarse al Plan General de Contabilidad Pública, aprobado por Orden EHA/1037/2010, de 13 de abril, con las adaptaciones contenidas en la Instrucción de Contabilidad Pública que rige en las Cortes de Castilla-La Mancha.

En cuanto al Régimen patrimonial y contratación, el CRTCM no tendrá un patrimonio propio, independiente del de las Cortes de Castilla-La Mancha, sino que sus bienes y derechos se integrarán dentro del inventario general de bienes y derechos de las Cortes de Castilla-La Mancha. Además, el Consejo Regional ajustará su actividad contractual a las disposiciones contenidas en la normativa de contratación del sector público y sus órganos de contratación serán los establecidos en el Reglamento de Régimen Económico de las Cortes de Castilla-La Mancha (arts. 20 y 21).

10.4.2 Régimen de Personal

El personal de las Cortes de Castilla-La Mancha prestará el apoyo jurídico, técnico y administrativo que precise el CRTCM que, además, contará con los medios personales necesarios conforme a la relación de puestos de trabajo que apruebe la Mesa, a propuesta del presidente, previo informe del letrado mayor.

Los funcionarios de carrera de la Administración Regional que obtengan destino en el CRTCM por concurso quedarán, respecto de su administración de origen, en la situación administrativa de servicio en otras Administraciones Públicas. De forma excepcional, se podrá proveer mediante el procedimiento de libre designación de funcionarios de la Administración Regional el puesto de trabajo de Jefe de Servicio de Asuntos Generales, que deberá establecerse mediante convocatoria pública, con perfil definido y baremo establecido en la correspondiente convocatoria.
El personal dependerá funcionalmente del CRTCM, sin perjuicio de que el letrado mayor ostente la jefatura del personal y de todos los servicios, y no recibirá, en el desempeño de sus funciones, instrucciones y órdenes profesionales distintas a las que procedan del Consejo (Artículo 22, aunque hace referencia a la Comisión Ejecutiva del Consejo

Actuará como secretario del Consejo, con voz y sin voto, la persona que ocupe el puesto de trabajo de Jefe de Servicio de Asuntos Generales. En caso de vacante, ausencia o enfermedad, actuará de secretario un/a funcionario/a adscrito al CRTCM del Grupo A1, con la misma titulación específica que requiera el acuerdo de creación del puesto de trabajo, designado a tal efecto por el presidente (art. 14 decreto).

10.5 Funciones y ámbito de control

Se crea el Consejo Regional de Transparencia y Buen Gobierno de Castilla-La Mancha, para garantizar los derechos de acceso a la información pública, velar por el cumplimiento de las obligaciones de publicidad activa y garantizar y promover la observancia de las disposiciones de buen gobierno en el ámbito de aplicación de la Ley 4/2016, de 15 de diciembre, de Transparencia y Buen Gobierno de Castilla-La Mancha o de aquellas otras que le puedan atribuir competencias. Asimismo, al Consejo Regional le corresponde la creación, gestión y control de un registro sobre las declaraciones responsables de las personas que vayan a desempeñar las funciones propias de los altos cargos (art. 36), así como de aquellos otros que se le encomienden y sean necesarios para asegurar una correcta aplicación de las disposiciones en materia de transparencia y buen gobierno. (art. 2.)
Comparte con el CTBG estatal la extensión de su ámbito de control de la transparencia al buen gobierno.

Modificado el artículo 63 por la Ley 4/2021, de 25 de junio de Medidas Urgentes de Agilización y Simplificación de Procedimientos para la Gestión y Ejecución de los Fondos Europeos de Recuperación, en el que se recogían las funciones de las dos comisiones iniciales, lo que se contempla en la actualización:
Son funciones colegiadas del Consejo: y entre ellas la de resolver las reclamaciones contra las resoluciones en materia de acceso a la información pública, con carácter previo a su impugnación en la jurisdicción contencioso-administrativa.

10.6 Fortalezas

Respecto al ámbito normativo, se constituye como un órgano colegiado, en el que a sus miembros se les exige un proceso de evaluación individual a los candidatos propuestos, por parte de una Comisión Parlamentaria de Nombramientos creada al efecto, para ejercer "sus funciones mediante acuerdos de carácter técnico-jurídico, que en ningún caso pueden ser motivados por criterios de oportunidad o de conveniencia" y elevar propuesta al Pleno.
Recibidas las propuestas de nombramiento, la Mesa de las Cortes las remitirá a la Comisión de Nombramientos compuesta por los portavoces de los grupos parlamentarios, para comprobar la concurrencia de los requisitos establecidos en la ley, solicitando aclaraciones si hubiera lugar a ello y podrá acordar la comparecencia de los candidatos. (art. 6.6 decreto)

Deben no estar afiliados a partidos políticos, federaciones de partidos o agrupaciones de electores desde, al menos, 1 año antes a dicha declaración y ejercerán su cargo bajo el régimen de dedicación exclusiva.

Con la última modificación se dota al Consejo de Transparencia de una nueva configuración, más de acuerdo con lo que reclama la naturaleza propia de un órgano de garantía, con una estructura sencilla que permite una mayor operatividad. Todo ello en la línea que se van diseñando los órganos que se van modificando, y que pretende su estreno como auténtica autoridad independiente de garantía de la transparencia en la CCAA.

10.7 Debilidades

Tras la modificación de la Ley 4/2016 por la Ley 4/2021, de 25 de junio de Medidas Urgentes de Agilización y Simplificación de Procedimientos para la Gestión y Ejecución de los Fondos Europeos de Recuperación en el que el principal cambio es la estructura y composición del Consejo, suprimiendo la Comisión Consultiva como órgano de apoyo y asistencia a la también suprimida Comisión Ejecutiva del Consejo. [(Ley 4/2016, de 15 de diciembre, LTBG de Castilla-La Mancha) (art. 5 decreto)]; observamos disfunciones y lagunas que no quedan claras ya que no se ha modificado el Reglamento de organización y funcionamiento del CTBG.

No queda claro quién propone los nombres, anteriormente la Comisión Ejecutiva se elige de entre una relación de candidatos que se eleva a las Cortes por las 14 entidades e instituciones que habían de componer la Comisión Consultiva, las entidades aportarían la información precisa que acredite que son personas expertas de competencia y prestigio reconocido y que disponen de una dilatada experiencia profesional. Y también podían proponer nombres los grupos parlamentarios, aunque nada se dice, entendemos que si se mantiene este último punto y dependerá de los grupos parlamentarios que estén representados en cada legislatura y de los acuerdos previos a los que lleguen los grupos mayoritarios.

También hay una modificación clave, en cuanto a su composición se argumenta que tengan un mayor componente técnico que político en sus miembros - de reconocido prestigio y competencia profesionaldilatada experiencia - y sin afiliación, pero no se profundiza en el perfil, no se menciona en qué ámbito profesional, ni precisan que sea en el ámbito jurídico. (En la primera ley se recogía que debían ser expertos en transparencia y protección de datos)

Con una duración en el mandato del presidente y los dos adjuntos de seis años, quiere dar a entender que está garantizada su independencia, aunque esa pretendida independencia que aconseja sea superior a la legislatura, y en este caso lo es, recoge a continuación la posibilidad de la renovación por otros seis; por lo que la deseada independencia aconsejaría que los mandatos sean superiores a la legislatura pero que no sean renovables o lo sean de forma limitada.

La separación o cese corresponde también a las Cortes de Castilla-Mancha (art. 62.2). Anteriormente se contemplaba que la Comisión Consultiva sería la encargada de proponer la separación de los miembros, reconvertida con la reforma no se dice quien propone.

El compromiso de Castilla-La Mancha respecto de la transparencia, expresado en la Ley 4/2016 de Transparencia y Buen Gobierno, pretende completar el marco normativo impuesto por la legislación básica estatal, con medidas que se anuncian más ambiciosas y exigentes, pero lo cierto es que se refleja en la letra de la norma, pero no en la práctica ya que no se ha puesto en funcionamiento su órgano de control (agosto 2022).

CUADRO RESUMEN			
Ley	**Organismo**	Nombramiento	**Composición**
Ley 4/2016, de 15 de diciembre, Transparencia y Buen Gobierno CLM Modificación por la Ley 4/2021, de 25 de junio de Medidas Urgentes	**CRTBG** Colegiado Apoyo jurídico, técnico, y administrativo de las Cortes (adscrito) Instrucción e incoación de los expedientes sancionadores	Elegidos por las Cortes de Castilla-La Mancha, por mayoría de tres quintos A propuesta del Pleno de la Cámara por mayoría de 3/5 partes. Expertos de competencia o prestigio reconocido y con una dilatada experiencia profesional y sin afiliación Dedicación exclusiva. Régimen incompatibilidad (no estar afiliados a partidos 1 año antes)	Presidente y 2 Adjuntos 6 años, pudiendo ser renovados por una sola vez por idéntico periodo.

11.- Consejo de Transparencia y Buen Gobierno del Principado de ASTURIAS (CTAs)[425]

La Ley del Principado de Asturias 8/2018, de 14 de septiembre, de Transparencia, Buen Gobierno y Grupos de Interés, pretende ser un referente en la lucha contra la corrupción, poniendo en marcha una Oficina de Buen Gobierno y Lucha contra la Corrupción que se integra en el Consejo de Transparencia y Buen Gobierno del Principado de Asturias, dotado, de plena autonomía funcional y absoluta independencia en el desempeño de sus funciones el Consejo se configura como garante, no exclusivo, pero sí preeminente, de la nueva regulación que esta Ley trae al ordenamiento jurídico de la CCAA.

También la Ley en su art.70 recoge que el Consejo de Gobierno aprobará, mediante decreto, previo informe favorable del Pleno del CTAs, el Estatuto del Consejo, en el que se establecerán su organización, estructura, funcionamiento, así como todos los aspectos que sean necesarios para el cumplimiento de sus fines. A fecha agosto 2022, ni el Consejo se ha puesto en funcionamiento, ni se ha aprobado el Estatuto. El Principado de Asturias y el Consejo de Transparencia y Buen Gobierno estatal, han firmado un convenio para la resolución de las reclamaciones. La competencia es del Principado de Asturias, pero el Consejo de Transparencia y Buen Gobierno será el encargado de resolver las reclamaciones, se ha renovado en enero de 2022.

11.1 Naturaleza Jurídica

Se crea el CTAs como ente público con personalidad jurídica propia sometido a la Ley y al Derecho administrativo. Actuará con plena autonomía funcional y absoluta independencia en el desempeño de sus funciones, y en el que el Ejecutivo carece de representación, sin perjuicio de su adscripción a la Consejería competente en materia de transparencia; el Consejo se configura como garante, no exclusivo, pero sí preeminente, de la nueva regulación que la Ley trae al ordenamiento jurídico de la Comunidad Autónoma.

11.2 Estructura

Son órganos del Consejo de Transparencia y Buen Gobierno del Principado de Asturias, el Presidente y el Pleno, integrándose en él la Oficina de Buen Gobierno y Lucha contra la Corrupción (art. 64). Aunque posee un órgano colegiado como es el pleno, se atribuye a la figura unipersonal de su presidente la capacidad de resolución de las reclamaciones que se presenten.

El pleno tendrá entre otras cosas, que aprobar los Planes de Prevención contra la corrupción, adoptar recomendaciones para el mejor cumplimiento de las obligaciones establecidas en la Ley, asesorar en las

425 Ley del Principado de Asturias 8/2018, de 14 de septiembre, de Transparencia, Buen Gobierno y Grupos de Interés. Configura en el Título V, sus artículos 63 a 73el CTAs, como ente público con personalidad jurídica propia.
El Principado de Asturias y el Consejo de Transparencia y Buen Gobierno han firmado un convenio (PDF)

materias contenidas en la Ley e informar preceptivamente los Planes Estratégicos de Transparencia. La secretaría la desempeñará un funcionario adscrito al CTAs del Grupo A1, con grado en Derecho.

Presidente. Órgano resolutivo.

Pleno

Oficina de Buen Gobierno y Lucha contra la corrupción

Secretaría

11.3 Requisitos básicos de independencia

11.3.1 Elección, nombramiento y cese

El presidente del CTAs es elegido por el Pleno de la Junta General del Principado de Asturias, por mayoría de dos tercios, previa comparecencia del candidato ante la Comisión competente por razón de la materia. La elección será comunicada al Consejo del Gobierno para su nombramiento por Decreto (art 65).
Los Vocales del Pleno del CTAs propuestos por las entidades e instituciones en cada caso, serán nombrados por acuerdo del Consejo de Gobierno del Principado de Asturias.

En cuanto al cese la Ley 8/2018 Asturias, prevé las causas tasadas tanto para el presidente como para los miembros del pleno que representan a las entidades e instituciones ajenas (expiración del mandato, a petición propia, incumplimiento grave de sus obligaciones declarado por mayoría de dos tercios del Pleno de la Junta General del Principado de Asturias, incompatibilidad sobrevenida apreciada por la Comisión de la Junta General del Principado de Asturias competente por razón de la materia, condena por delito doloso, incapacidad permanente para el ejercicio de sus funciones o inhabilitación para cargo público, por resolución judicial firme (art. 67).

11.3.2 Perfiles profesionales

En el grupo de menos exigencia, está el CTAs, ya que sólo se exige reconocido prestigio, atendiendo a criterios de competencia profesional y experiencia al presidente.
A los demás miembros del órgano colegiado, que tienen carácter político o representativo de otras entidades (incluidas entre las sujetas a control por el Consejo), la ley exige que sean personas de reconocida competencia y experiencia profesional o académica en materia de transparencia y buen gobierno, a los representantes de los grupos políticos que designa la Junta General del Principado de Asturias, al inicio de cada legislatura en el pleno del CTAs, a los dos representantes de la Federación Asturiana de Concejos y al representante de la Universidad de Oviedo.

11.3.3 Incompatibilidades

No se recogen expresamente.

11.3.4 Dedicación exclusiva, parcial o simbólica

El presidente del CTAs, tiene la condición de alto cargo y percibirá las retribuciones fijadas para los Directores Generales de la Administración del Principado de Asturias en la Ley de Presupuestos Generales del ejercicio correspondiente.
Los miembros del pleno del CTAs no percibirán retribución alguna como consecuencia de su participación en la misma, devengando únicamente las indemnizaciones por razón de servicio aplicables al personal de la Administración del Principado de Asturias (art. 67.7).

11.3.5 Composición y duración

El CTAs está compuesto por el Presidente, el Pleno y la Oficina de Buen Gobierno y Lucha contra la Corrupción.

El Pleno del Consejo estará compuesto por el presidente, que presidirá sus reuniones y tendrá voto de calidad en caso de empates, y por los vocales que proponen las entidades: El vocal del Consejo Consultivo del Principado, los representantes de la Junta General del Principado, uno por cada Grupo Parlamentario en los términos que resulten del Reglamento de la Cámara, dos representantes de la Federación Asturiana de Concejos, un representante de la Universidad de Oviedo, el Síndico de la Sindicatura de Cuentas que esta designe. Procurando, atender al principio de presencia equilibrada de mujeres y hombres.

Ley	Organismo CTBGAs	Designación	Composición
Ley del Principado de Asturias 8/2018, de 14 de septiembre, de Transparencia, Buen Gobierno y Grupos de Interés	Presidencia	Elegido por el Pleno de la Junta General del Principado de Asturias, por mayoría de 2/3	Presidencia: Reconocido prestigio, atendiendo a criterios de competencia profesional y experiencia 5 años renovable.
	Pleno	Vocales propuestos por las entidades e instituciones en cada caso,	Se exige experiencia profesional o académica en materia de transparencia y buen gobierno 5 años renovable.

En cuanto a la duración el mandato del presidente será por un período de cinco años, renovable por una sola vez. El mismo tiempo el mandato de los vocales del Pleno.

11.4 Otros mecanismos de garantía de independencia e imparcialidad

La Administración del Principado de Asturias proveerá al Consejo de Transparencia y Buen Gobierno del Principado de Asturias, en un plazo no superior a seis meses desde la entrada en vigor de la ley, de los medios materiales y personales necesarios para el ejercicio de sus funciones. (Disposición Adicional Segunda). Recordamos que la Ley entró en vigor en el año 2018 y no se ha creado el Consejo.

11.4.1 Recursos económicos

El CTAs aunque adscrito a efectos meramente orgánicos a la Administración del Principado de Asturias, recoge la Ley de Transparencia y Buen Gobierno de Asturias, que contará con una sección presupuestaria propia, y para el cumplimiento de sus fines, el CTBGAs contará con las asignaciones que se establezcan anualmente con cargo a los Presupuestos Generales del Principado de Asturias. Los bienes y valores que constituyan su patrimonio, así como los productos y rentas del mismo y cualesquiera otros que legalmente puedan serle atribuidos (art. 71).

11.4.2 Recursos humanos

Para el desarrollo de sus funciones dispondrá del personal funcionario del Principado de Asturias que le sea adscrito. Con el objeto de preservar su no sujeción al Consejo de Gobierno y la Administración, el personal de la Oficina queda bajo la dirección del presidente del CTAs, que es quien convoca los procedimientos de provisión de los puestos de trabajo de la Oficina, designa las comisiones de valoración y efectúa los correspondientes nombramientos.

Por otro lado, la Oficina se configura con nivel orgánico de Servicio, lo que no quiere decir que sea un Servicio de la Administración, sino que quien esté al frente de la Oficina tendrá nivel de Jefe de Servicio y, habrá de ser provisto de manera reglada y no discrecional.

11.5 Funciones y ámbito de control

Extiende su control sobre la publicidad activa, buen gobierno y grupos de interés. Por tanto, sus fines son promover la transparencia de la actividad pública, velar por el cumplimiento de las obligaciones de publicidad activa, salvaguardar el ejercicio del derecho de acceso a la información pública y garantizar la observancia de las disposiciones de buen gobierno y grupos de interés.

11.6 Fortalezas

El CTAs tiene personalidad jurídica propia y actuará con plena autonomía funcional y absoluta independencia en el desempeño de sus funciones, y en él, el Ejecutivo carece de representación, aunque estará adscrito a la Consejería competente en materia de transparencia.

El presidente no es designado por el consejo de Gobierno, sino que es elegido por la Junta General del Principado de Asturias y no por mayoría simple, sino por una mayoría muy cualificada (dos tercios), y, además, por un período (cinco años) que no coincide con la legislatura parlamentaria, aunque si renovable por una sola vez, entre personas de reconocido prestigio, atendiendo a criterios de competencia profesional y experiencia. Pero esa pretendida autonomía e independencia del consejo que quiere una y otra vez justificar el legislador en el texto de la Ley es necesario que se produzca en la práctica.

El presidente del CTAs, tendrá la condición de alto cargo con dedicación exclusiva.

En cuanto a su composición vemos intención de un mayor componente técnico, el Gobierno y la administración no tienen representación en el Pleno del consejo, en el que sí están representados la Junta General, el consejo consultivo, la sindicatura de cuentas, la universidad de Oviedo y también la Federación asturiana de concejos. Y se atiende al principio de presencia equilibrada de mujeres y hombres.

Se exige para el nombramiento del presidente un reconocido prestigio, atendiendo a criterios de competencia profesional y experiencia, aunque no se profundiza en el perfil, y sin embargo a los demás miembros del órgano colegiado, que tienen carácter político o representativo de otras entidades (incluidas entre las sujetas a control por el Consejo), la ley exige que sean personas de reconocida competencia y experiencia profesional o académica en materia de transparencia y buen gobierno.

Un funcionario adscrito al CTAs, del Grupo A1, con licenciatura o grado en Derecho, desempeñará la secretaría, con voz y sin voto.

También es positivo para el funcionamiento que la Ley de Transparencia de Asturias recoge que, contará con una sección presupuestaria propia, con cargo a los Presupuestos Generales del Principado de Asturias y con el objeto de preservar su no sujeción al Consejo de Gobierno y la Administración, el personal de la Oficina queda bajo la dirección del presidente del CTAs, que es quien convoca los procedimientos de provisión de los puestos de trabajo de la Oficina, designa las comisiones de valoración y efectúa los correspondientes nombramientos.

Es de valorar también la creación de una Oficina de Buen Gobierno y Lucha contra la Corrupción. La Oficina se sitúa no en el ámbito de la Administración del Principado de Asturias, sobre la que actuará y respecto de la que, por ello, debe gozar de total autonomía, sino como órgano del CTAs, ente público dotado de plena independencia y en el que el Ejecutivo repetimos, carece de representación. Hay que recordar la época de desafección por la ciudadanía, de la política y las instituciones envueltas en casos claramente de corrupción. Por ello también esta ley plantea la aprobación de un Plan de Prevención de la corrupción que será objeto de evaluación por parte del CTAs al término de dos años.

11.7 Debilidades

En cuanto al ámbito normativo se refiere, no se ha desarrollado la ley con reglamento alguno; por otro lado, aunque posee un órgano colegiado como es el pleno, se atribuye a la figura unipersonal de su presidente la capacidad de resolución de las reclamaciones que se presenten.

El órgano estará adscrito a la Consejería competente en materia de transparencia cuando se constituya.

No deja de ser curioso que la Institución que lleva a cabo la designación del presidente del CTAs sea la Junta General / Parlamento, pero el cese se efectúe por el Gobierno.

Solamente se exige reconocido prestigio, atendiendo a criterios de competencia profesional y experiencia al presidente, pero no un perfil jurídico ni se refiere a ningún otro; y aunque el mandato del presidente será por un período de cinco años, puede ser renovable por una sola vez. También el mandato de los vocales del Pleno del CTAs será de cinco años, renovable por una sola vez. La pretendida independencia aconsejaría que los mandatos sean superiores a la legislatura y no sean renovables o lo sean de forma limitada Tampoco se recogen expresamente las incompatibilidades en la ley.

Valorando, como hemos hecho, la creación de una Oficina de Buen Gobierno y Lucha contra la Corrupción, es si cabe más sorprendente que se incluya una disposición adicional quinta, que prohíbe incrementar el gasto para ponerlo en marcha, y que añada la misma Ley que "*lo que resulta particularmente significativo en el caso del CTAs, -en cuanto ejemplifica- cómo sector público y más gasto no tienen por qué ir necesariamente de la mano y cómo una adecuada racionalización de los medios disponibles puede evitarlo*".

Y puede ser cierto que, no necesariamente, más gasto conlleve más eficacia, pero analizando los diferentes órganos de control puestos en marcha en las demás CCAA, podemos afirmar que son necesarios más medios económicos y humanos, máxime cuando se tendrá competencias en no sólo salvaguardar el ejercicio del derecho de acceso a la información pública, sino en promover la transparencia de la actividad pública, velar por el cumplimiento de las obligaciones de publicidad activa, y garantizar la observancia de las disposiciones de buen gobierno y grupos de interés, con las que contará este Consejo de Transparencia y Buen Gobierno del Principado de Asturias cuando se ponga en funcionamiento.

CUADRO RESUMEN

Ley	**Organismo CTBGAs**	**Designación**	**Composición**
Ley del Principado de Asturias 8/2018, de 14 de septiembre, de Transparencia, Buen Gobierno y Grupos de Interés	Personalidad jurídica Presidencia Unipersonal (resuelve)	Elegido por el Pleno de la Junta General del Principado de Asturias, por mayoría de 2/3	Presidencia: Reconocido prestigio, atendiendo a criterios de competencia profesional y experiencia 4 años renovable. Dedicación exclusiva
	Pleno (asesora)	Vocales propuestos por las entidades e instituciones en cada caso,	Se exige experiencia profesional o académica en materia de transparencia y buen gobierno 5 años renovable.

12.- Consejo de Transparencia y Participación de MADRID (CTyP)[426]

La Ley se ajusta a la legislación básica contenida en la Ley 19/2013, de 9 de diciembre, LTAIBG, pero, al mismo tiempo lleva a cabo su desarrollo, esencialmente en materia de publicidad de la información, en la que partiendo de los mínimos establecidos por aquella, hace una relación pormenorizada de los distintos extremos que deben darse a conocer a todas las personas sin necesidad de una solicitud previa y sin perjuicio de que los mismos se amplíen en función de las demandas ciudadanas o de su relevancia y utilidad para las personas, la sociedad y la actividad económica.

Se establece, además, un mecanismo de selección y composición del CTyP que garantice su independencia y su sensibilidad hacia los entes locales de la Comunidad de Madrid.

A diferencia de la legislación básica, que carece de un régimen sancionador específico relativo a la transparencia y a la participación, esta Ley, atendiendo a la demanda ciudadana, recoge un régimen de infracciones y sanciones disciplinarias y administrativas en la materia, con el objetivo de garantizar su cumplimiento.

El Título V regula el Consejo de Transparencia y Participación, configurado como un órgano con plena autonomía e independencia, elegido por la Asamblea de Madrid entre personas de reconocido prestigio y competencia profesional, al que se encomienda el fomento, análisis, control y protección de la transparencia y la participación en el ámbito de la Comunidad de Madrid. (Tít. V, Art. 72 a 79)

El CTPCM se regirá en cuanto a organización y funcionamiento por su propio reglamento aprobado por la Mesa de la Asamblea, a propuesta del mismo e incorpora un código ético. (Art. 73), no se ha redactado. Lo que si se regula es el Registro de solicitudes de acceso a la información pública y reclamaciones de la Comunidad de Madrid y se aprueba el Reglamento de Organización y Funcionamiento de dicho Registro[427].

En virtud del convenio firmado, el CTBG estatal, era el organismo responsable de revisar las reclamaciones que afectaban a instituciones madrileñas, **no ha sido renovado en noviembre de 2021** y Madrid recupera a partir del día **3 de noviembre esta competencia**; aunque en la página web del Consejo estatal reconoce en esos primeros meses de funcionamiento no saber cómo tramitará Madrid estos expedientes. El Consejo de Transparencia y Participación madrileño, manifiesta que los interesados tienen, dos canales: el registro de la Asamblea de Madrid, que no es telemático y solo admite documentos de forma presencial o por correo postal, o a través de la dirección consejo.typ@asambleamadrid.es

---

[426] Ley 10/2019 de 10 de abril, de Transparencia y de Participación de la Comunidad de Madrid

[427] Decreto 58 /2020, de 29 de julio, de Consejo de Gobierno, por el que se crea el Registro de solicitudes de acceso a la información pública y reclamaciones de la Comunidad de Madrid y se aprueba su Reglamento de Organización y Funcionamiento

Aunque confiesa que en su sede ni siquiera tienen conexión a internet, además de otras limitaciones logísticas.

Consultada la página web del CTBG estatal que recoge la situación de las distintas comunidades autónomas- agosto de 2022- en el apartado "Comunidad de Madrid ¿Cómo reclamar?" podemos leer lo siguiente:
Hasta que el Consejo de Transparencia y Participación de la Comunidad de Madrid disponga de sede electrónica, las reclamaciones que se interpongan [...], podrán presentarse ante este Consejo mediante el formulario (incluido), por correo electrónico en el e-mail: consejo.typ@asambleamadrid.es, por correo postal en la dirección Avda. de la Albufera, 321, 5º 7, 28031 de Madrid, teléfono 910 008 340, fax 910 100 044, o en cualquiera de los registros públicos previstos en el artículo 16 de la Ley 39/2015, de 1 de octubre, del Procedimiento Administrativo Común de las Administraciones Públicas.

12.1 Naturaleza Jurídica

El CTPM actúa con autonomía y plena independencia orgánica y funcional, en el ejercicio de sus funciones. Está adscrito orgánicamente a la Asamblea de Madrid para el fomento, análisis, control y protección de la transparencia pública y la participación en el ámbito de la Comunidad de Madrid.

12.2 Estructura

El Consejo de Transparencia y Participación resolverá las reclamaciones colegiadamente, aun teniendo un presidente integrado en ese órgano colegiado. Integrado por tres consejeros nombrados por el presidente de la Asamblea de Madrid, a propuesta del Pleno de la Cámara por mayoría de tres quintas partes, conforme al procedimiento que se establezca por la misma (art. 72).

- 1 Presidente
- 2 Consejeros
  - 1 PP
  - 1 PSOE
  - 1 Cs

12.3 Requisitos básicos de independencia

12.3.1 Elección, nombramiento y cese

Los tres consejeros serán elegidos a propuesta del Pleno de la Cámara por mayoría de tres quintas partes, conforme al procedimiento que se establezca por la misma, y nombrados por el presidente de la Asamblea[428].

[428] El día 22 de diciembre de 2020, casi un año después de su entrada en vigor, tomaron posesión del cargo sus tres consejeros: Antonio Rovira (a propuesta del PSOE: Jurista español. Catedrático de Derecho Constitucional de la Universidad Autónoma de Madrid), Ricardo Buenache (de Ciudadanos: Asesor Técnico de la D.G. de Biodiversidad y Recursos Naturales

La presidencia del Consejo será ejercida por un período de dos años de forma rotatoria. Los consejeros asumirán la presidencia en el orden establecido por la Asamblea de Madrid en el momento de la votación.

Las causas por las que cesarán en su cargo los miembros del Consejo están recogidas en la Ley 10/2019 (art. 76. f)): Por expiración del mandato, en este supuesto, los consejeros continuarán en el ejercicio de sus funciones hasta que hayan tomado posesión quienes hubieren de sucederles. Por renuncia expresa dirigida a la presidencia de la Asamblea. Por muerte o incapacidad permanente para el ejercicio de su función. Por haber sido condenado mediante sentencia firme por delito. Por incompatibilidad sobrevenida. Por incumplimiento grave de las obligaciones propias de su cargo, incluidas las derivadas del código ético.

Las vacantes en el cargo serán declaradas por la presidencia de la Asamblea en los casos de, condena, muerte o incapacidad, renuncia y expiración del mandato. En los demás casos se decidirá por mayoría de las tres quintas partes de los miembros de la Asamblea.
Las vacantes producidas por causas distintas a la de la expiración del mandato serán cubiertas por el tiempo que reste de mandato. Tanto el nombramiento como la separación o cese, es de la Asamblea.

12.3.2 Perfiles profesionales

Los tres consejeros serán elegidos entre personas de reconocido prestigio con diez años de experiencia profesional acreditada en actividades relacionadas con el sector público, la transparencia y el acceso a la información pública.

12.3.3 Incompatibilidades

El cargo de presidente y consejero será incompatible con todo cargo o empleo en la Administración pública en situación de servicio activo salvo la actividad docente, con el desempeño de cualquier cargo público o político, con todo mandato representativo, con el desempeño de funciones directivas en un partido político o en un sindicato, asociación o fundación y con el empleo al servicio de los mismos, con el ejercicio activo de las carreras judicial y fiscal y con cualquier actividad profesional, mercantil o laboral.

12.3.4 Dedicación exclusiva, parcial o simbólica.

La Ley madrileña no dice nada sobre la dedicación exclusiva o parcial de sus miembros, aunque de la entrevista[429] a los consejeros sabemos que si tienen nómina del Consejo.

---

desde 2018) y Rafael Rubio (del PP: es Doctor en Derecho Constitucional con más de 15 años de docencia en la Universidad Complutense de Madrid y director del Grupo de Investigación sobre tecnología y democracia (i+dem) en la misma universidad.).

[429] https://www.lavanguardia.com/politica/20201222/6143338/toman-posesion-tres-miembros-primer-consejo-transparencia-regional.html (día 22/12/2020) (consulta mayo 2021)

12.3.5 Composición y duración

Los consejeros serán elegidos por un período de seis años no renovable, entre personas de reconocido prestigio con diez años de experiencia profesional acreditada. [La Asamblea de Madrid aprobó en octubre 2020 la designación como consejeros de Antonio Rovira, a propuesta del PSOE; Rafael Rubio, a propuesta del PP, y Ricardo Buenache, a propuesta de Ciudadanos].

La presidencia del Consejo será ejercida por un período de dos años de forma rotatoria. Los consejeros asumirán la presidencia en el orden establecido por la Asamblea de Madrid en el momento de la votación. En los supuestos de vacante, ausencia, enfermedad u otro motivo legítimo del presidente, sus funciones pasarán a ser ejercidas temporalmente por el que deba sucederle en el turno de rotación.

12.4 Otros mecanismos de garantía de independencia e imparcialidad

12.4.1 Recursos económicos.

Si sigue el mismo procedimiento que la CCAA de Castilla-La Mancha, muy probable, el órgano de control de Madrid (CTyPM) tendrá presupuesto específico y su anteproyecto de presupuesto será aprobado, a propuesta del presidente del CTPCM, por la Mesa de la Asamblea madrileña, que lo remitirá a la consejería con competencias en materia de hacienda para su integración en el Proyecto de Ley de Presupuestos Generales de la Comunidad. La ejecución, modificación y liquidación del presupuesto del Consejo se ajustará a la normativa presupuestaria de la Asamblea Legislativa. Pero está pendiente su propio reglamento de organización y funcionamiento.

Aunque puesto en funcionamiento a final del año 2020 vemos, a fecha agosto 2022, que no cuenta con página web, ni información pública. Tampoco le presta demasiada atención la Asamblea de Madrid, de quien depende orgánica y económicamente. Apenas un par de párrafos en su página web y ni un dato de su asignación presupuestaria ni de recursos humanos (algo que debería publicarse por ley).

12.4.2 Régimen de Personal

Lo que si indica la Ley de Transparencia y Participación es que contará con una unidad de apoyo jurídico, técnico, y administrativo de la Asamblea de Madrid, así como de los medios personales y materiales que sean necesarios (art.73).
El personal que preste servicios en el Consejo Regional dependerá funcionalmente del Parlamento.3 personas.

12.5 Funciones

Colegiadamente el CTyPMa tendrá que resolver las reclamaciones que se interpongan contra los actos expresos o presuntos resolutorios de las solicitudes de acceso a la información de los sujetos relacionados en el ámbito de aplicación de la Ley. También asume el control del cumplimiento de la obligación de publicar la información por los organismos y entidades sujetos a la Ley; así como la instrucción e incoación de los expedientes sancionadores conforme a lo previsto en la Ley, entre otras facultades.

Por otra parte, el Consejo de Transparencia y Participación viene obligado a presentar anualmente un informe a la Asamblea de Madrid sobre el grado de aplicación y cumplimiento de la transparencia y participación, con el contenido mínimo que se recoge en la Ley. Informe que se hará público en el Portal de Transparencia.

12.6 Fortalezas

Se trata de un órgano que actuará colegiadamente con tres consejeros elegidos a propuesta del Pleno de la Cámara por mayoría de tres quintas partes. (No es el Ejecutivo y esto da garantía, aunque ya vemos en la puesta en funcionamiento cómo se han repartido los grupos políticos mayoritarios cada uno un consejero)

Tanto el nombramiento como la separación o cese, es competencia de la Asamblea y elegirán a tres personas de reconocido prestigio con diez años de experiencia profesional acreditada en actividades relacionadas con el sector público, la transparencia y el acceso a la información pública.

Elegidos por un período de seis años no renovable y la presidencia del Consejo será ejercida por un período de dos años de forma rotatoria, estableciendo así el máximo periodo y una manera especial de responsabilizar a todos los miembros.

El cargo de presidente y consejero será incompatible con todo cargo o empleo en la Administración pública en situación de servicio activo salvo la actividad docente, con el desempeño de cualquier cargo público o político, con todo mandato representativo, con el desempeño de funciones directivas en un partido político o en un sindicato, asociación o fundación y con el empleo al servicio de los mismos, con el ejercicio activo de las carreras judicial y fiscal y con cualquier actividad profesional, mercantil o laboral.

Entre las causas tasadas de pérdida de la condición de consejero, y como novedad, incluye las obligaciones derivadas del código ético.

En el ámbito material, el CTyPM tendrá presupuesto específico y su anteproyecto de presupuesto será aprobado, a propuesta del presidente del CTPM, por la Mesa de la Asamblea madrileña, que lo remitirá a la consejería.

12.7 Debilidades

En Madrid, el Consejo de Transparencia y Participación se pone en marcha -diciembre 2020-, pero pasado un año y medio –agosto 2022- no cuenta con página web. Tampoco le presta demasiada atención la Asamblea de Madrid en la suya, de quien depende orgánica y económicamente

La Ley madrileña no recoge nada sobre la dedicación exclusiva o parcial de sus miembros y el reglamento de organización y funcionamiento no se ha elaborado. Reglamento que incorporará un código ético, aprobado por la Mesa de la Asamblea, a propuesta del mismo. Pero está pendiente.

Con apenas tres empleados –seis si contamos a los tres consejeros–, sin presupuesto propio –sus sueldos y el alquiler de su oficina corren a cargo de la Asamblea– y con una capacidad muy reducida de contratación, el Consejo madrileño de transparencia deberá velar –y cumplir– con las obligaciones de publicidad activa, atender las reclamaciones e iniciar procedimientos de sanción contra altos cargos y empleados públicos de la región.

Con estas condiciones no es fácil demostrar su independencia y eficacia. Todo un reto cuando el CTyP empieza con retrasos, sin recursos propios y sin información pública.

CUADRO RESUMEN

Ley	**Organismo**	Nombramiento	**Composición**
Ley 10/2019 de 10 de abril, de Transparencia y de Participación de Madrid. Pendiente su reglamento de organización	Consejo de Transparencia y Participación. CTyPMa Colegiado Apoyo jurídico, técnico, y administrativo de la Asamblea de Madrid (adscrito) Instrucción e incoación de los expedientes sancionadores	A propuesta del Pleno de la Cámara por mayoría de 3/5 partes. 6 años no renovable, entre personas de reconocido prestigio con diez años de experiencia profesional acreditada Dedicación exclusiva. Régimen incompatibilidad (cargo electivo) Código ético	Presidente y 2 Consejeros (1 PP 1 PSOE 1 Cs) Presidencia dos años de forma rotatoria

III.- FUNCIONAMIENTO EN COMUNIDADES CON ÓRGANO VINCULADO

Con respecto a dos órganos que **aprovechan los ya existentes**, con estructuras vinculadas a las defensorías del pueblo (Valedor do poblo y Procurador del Común), también vamos a estudiar su regulación.

13.- Comisión de Transparencia de GALICIA. (CTGa)[430]

En el Capítulo V de la Ley 1/2016, de 18 de enero, de transparencia y buen gobierno de Galicia, se determina el órgano independiente competente para resolver las reclamaciones sobre resoluciones denegatorias a las solicitudes de información; por ello remarca la necesidad de ese carácter independiente: Dice el legislador que "*Para garantizar la auténtica independencia de este órgano, se opta por la atribución de esta competencia al Valedor del Pueblo, institución estatutaria de contrastada independencia, al tener garantizado en su ley reguladora que ni su nombramiento ni su cese sean potestad del Gobierno autonómico sino del Parlamento*" arts. 32 a 35.

Es necesario que los miembros de la CTGa presten la leal y necesaria colaboración con el Valedor a fin de asegurar el correcto desarrollo de las funciones que dicha comisión tiene atribuidas, de manera que la ciudadanía no pierda la percepción que asegura la confianza en la Comisión de Transparencia como órgano independiente al servicio de la defensa de sus derechos.
La finalidad del reglamento interno de funcionamiento que aprueba la Comisión consiste en establecer los mecanismos adecuados para que la lealtad institucional prevalezca y posibilite el correcto desarrollo de la Comisión da Transparencia.

13.1 Naturaleza Jurídica

La Comisión de Transparencia (CTGa) se constituye como órgano colegiado independiente adscrito al Valedor del Pueblo (alto comisionado del Parlamento de Galicia) carente de personalidad jurídica diferenciada, al que le corresponde la resolución de las reclamaciones frente a las resoluciones de acceso a la información pública que establece el art. 28 de la Ley 1/2016, de 18 de enero, de transparencia y buen gobierno.

Al Valedor del Pueblo gallego se le han atribuido las funciones de promoción de la transparencia a través del Comisionado de Transparencia (CTVP), órgano independiente de control del cumplimiento de las

---

430 Ley 1/2016, de 18 de enero, de transparencia y buen gobierno
https://www.comisiondatransparencia.gal/wp-content/uploads/2016/12/Reglamento-interno-de-la-Comision-da-Transparencia-de-Galicia.pdf RESOLUCIÓN de 5 de julio de 2016

Resolución de 1 de diciembre de 2016 por la que se dispone la publicación de la modificación del Reglamento interno de la Comisión de la Transparencia de Galicia. Art. 1
Página web de la Comisión, en el dominio http://www.comisiondatransparencia.gal/

obligaciones de Transparencia, y de asesoramiento en materia de transparencia, que es quien preside la Comisión de Transparencia de Galicia.

En caso de empate, el presidente (valedor) tendrá voto dirimente. Ambos órganos actúan con plena separación de funciones respecto de las que corresponden al Valedor del Pueblo en cuanto a defensor del ciudadano ante los casos de mala administración, si bien cuentan con los medios personales y materiales asignados a esta institución.

La Comisión actúa con plena autonomía e independencia en el cumplimiento de sus fines.

13.2 Estructura

Órgano con estructura vinculada al Defensor do Pobo de Galicia, aunque forma una Comisión y un Comisionado, aprovecha la existencia de la defensoría del pueblo autonómica. Adquiere la posición de Comisionado de la Transparencia como titular del órgano, pero es la Comisión la que resuelve las reclamaciones.

Por tanto, es la Comisión de Transparencia la principal responsable de garantizar que las administraciones respeten el derecho de acceso a la información pública que tienen todos los ciudadanos. Para poder protegerlo asume una función específica que le asigna la ley : Resolver reclamaciones contra resoluciones de acceso a información pública. Así, cuando una persona presenta una solicitud de información a una entidad pública y ésta no responde o no da la respuesta adecuada, puede reclamar ante la CTGa.

- Comisión de transparencia, órgano de resolución
    - 4 vocales
- Presidente –Valedor (voto dirimente caso de empate)
    - Adjunto
- Secretaría

El Valedor del Pueblo de Galicia no estará sujeto a mandato imperativo alguno. No recibirá instrucciones de ninguna autoridad. Desempeñará sus funciones con autonomía y según su criterio. (art. 6.1Ley Valedor)

La Secretaría de la Comisión será ocupada por la persona designada por la Presidencia entre las personas empleadas públicas que presten sus servicios en el Valedor do Pobo. (art 6 Reglamento)

13.3 Requisitos básicos de independencia

13.3.1 Elección, nombramiento y cese

El Valedor del Pueblo (Comisionado CTVP) será elegido por el Parlamento de Galicia por mayoría de tres quintos para un período de cinco años. La propuesta de candidato a Valedor del Pueblo será realizada por la Comisión de Peticiones al Pleno del Parlamento de Galicia (art. 2 Ley 6/1984, de 5 de junio, del Valedor del Pueblo de Galicia). Si no alcanzase esa mayoría, se procederá en el plazo de un mes a formular nuevas propuestas por la Comisión. A estos efectos será suficiente la mayoría simple para la adopción de acuerdos de la Comisión.

Propuesto el candidato o candidatos, se convocará, en un plazo no inferior a quince días, el Pleno del Parlamento para que proceda a la elección. El nombramiento será acreditado por el Presidente del Parlamento y tomará posesión de su cargo ante la Mesa del Parlamento, dentro de los quince días siguientes a la publicación de su nombramiento en el Diario Oficial.

En cuanto al cese o destitución del Valedor del Pueblo de Galicia son causas: Por renuncia. Por expiración del plazo de su nombramiento. Por muerte o incapacidad sobrevenida. Por notorio incumplimiento de las obligaciones y deberes de su cargo. Por ser condenado, mediante sentencia firme, por delito doloso. Por la pérdida de la condición política de gallego o gallega (art. 5. 1.) La Ley Gallega mantiene estas causas en el presidente (art. 5.1) pero no dice nada sobre la destitución de los miembros de otras instituciones, de manera que tendrán libertad para quitar y poner dichas instituciones.
El Parlamento es el órgano o institución que lleva a cabo la separación o cese.

13.3.2 Perfiles profesionales

La CTGa, adscrita a la institución del Valedor del Pueblo, tampoco ha establecido en su norma interna de funcionamiento ninguna exigencia en el perfil profesional y formación de sus componentes; que si contarán con un servicio jurídico que apoye su tarea (art. 3 Ley 6/1984, de 5 de junio)

La Ley 6/1984 del Valedor del Pueblo de Galicia, dispone que puede ser elegido Valedor cualquier ciudadano gallego en pleno uso de sus derechos civiles y políticos y que conozca los idiomas oficiales de Galicia, (art. 33.2) incluye a los otros miembros representantes de las entidades y del gobierno.
En la Web[431] si vemos los perfiles actuales y trayectorias de la Valedora es Licenciada en Derecho, Magistrada en la Audiencia Provincial de Coruña y la Adjunta a la Valedora es periodista y escritora.

13.3.3 Incompatibilidades

La condición de Valedor del Pueblo es incompatible con todo mandato representativo[432], cargo político o actividad de propaganda política; con la permanencia en servicio activo de cualquier Administración

---

431 página web de la Comisión, en el dominio http://www.comisiondatransparencia.gal/

432 SARMIENTO MÉNDEZ, Xosé Antón, "As incompatibilidades dos membros da Xunta de Galicia e demáis altos cargos", Dereito: Revista xuridica da Universidade de Santiago de Compostela, vol. 5, n.º 1, 1996, pp. 331-353

Pública; con la condición de miembro de Partido Político o con el desempeño de funciones directivas en un Partido, Sindicato, Asociación o Fundación, o con el empleo al servicio de los mismos; con el ejercicio de las carreras judicial y fiscal o de cualquier actividad profesional, judicial, mercantil o laboral. (Art. 7)

13.3.4 Dedicación exclusiva, parcial o simbólica

Podemos leer en la página Web de la Comisión, dentro de la "Información presupuestaria y económica", que ninguno de los miembros de la Comisión da Transparencia percibe retribuciones ni dietas por formar parte de ella; ya que no está recogido este aspecto ni en la ley ni en el reglamento de desarrollo.
Existe un apartado[433] "Indemnizaciones por razón del servicio" donde podemos ver las (Gratificaciones por servicios extraordinarios).

13.3.5 Composición y duración

La Comisión de la Transparencia, se compone de los siguientes miembros: Presidente: el Valedor del pueblo. Vicepresidente: el adjunto a la institución del Valedor del Pueblo. Vocales: un representante de la Comisión Interdepartamental de Información y Evaluación de la Xunta de Galicia, un representante del Consejo Consultivo de Galicia, un representante del Consejo de Cuentas y un representante de la Federación Gallega de Municipios y Provincias. (Art 33 Ley 1/2016,)

El presidente ejerce las funciones de dirección, gestión y de representación de la CTGa y le corresponde conocer las reclamaciones que se presenten en aplicación del artículo 28 y de la disposición adicional quinta de la Ley 1/2016, de 18 de enero, designar a la persona que elabora la propuesta de resolución y elevar las propuestas de resolución a la Comisión, que serán comunicadas por vía electrónica a los miembros de la Comisión (párrafo b) del artículo 7 de la modificación del Reglamento).

El nombramiento de los vocales de la CTGa, corresponde a una resolución del Valedor do Pobo a propuesta de las administraciones y de la federación a la que representan (art.11 Reglamento) Y en cuanto a la duración del mandato, será un periodo de **5** años no renovable.

13.4 Otros mecanismos de garantía de independencia e imparcialidad

El Comisionado de la Transparencia y la Comisión de la Transparencia actuarán con separación de sus funciones respecto a las otras que corresponden al Valedor del Pueblo, si bien contarán con los medios personales y materiales que precise el desarrollo de las tareas propias de la Comisión, asignados por la institución del Valedor (art. 13 Reglamento). La Disposición adicional sexta de la Ley 1/2016, de 18 de enero, recoge que, a su entrada en vigor, el Valedor del pueblo procederá a la reordenación y reasignación

[433] http://www.comisiondatransparencia.gal/**INDEMNIZACIONES POR RAZÓN DEL SERVICIO**
Gratificaciones por servicios extraordinarios.

de los medios personales y materiales de la institución para garantizar el cumplimiento de los fines y funciones que esta atribuye al Comisionado de la Transparencia y a la Comisión de la Transparencia.

13.4.1 Recursos económicos.

Toda la información presupuestaria, económica y de contratación, por tanto, es la propia de la institución del Valedor do Pobo. La dotación económica necesaria para el funcionamiento de la institución constituirá una partida del presupuesto del Parlamento de Galicia y su elaboración corresponde al Valedor del Pueblo. Se remitirá a la Mesa del Parlamento para su aprobación e integración en el presupuesto del Parlamento.

La autorización de los gastos y la ordenación de los pagos corresponderán al valedor del pueblo, quien podrá delegarlas en el adjunto, y los regímenes de contabilidad, intervención, contratación y adquisición de bienes y derechos serán los que rijan en el Parlamento de Galicia (artículo 12.1. Valedor).

La Web del Valedor, recoge la información sobre su presupuesto[434] anualmente sobre el balance de la situación financiera de la institución, la cuenta del resultado económico-patrimonial, liquidación del presupuesto corriente y resultado presupuestario y memoria completa con datos relativos a la organización, información de carácter financiero, sobre la ejecución del gasto público, sobre la ejecución del ingreso público, del inmovilizado no financiero, sobre las inversiones financieras, endeudamiento, garantías recibidas por la institución y gráficas de evolución.

Presupuesto del Valedor (global) por años correspondientes a cada ejercicio

2010	2011	2012	2013	2014	2015	**2016**	2017	2018	2019
2.156.475	2.048.545	2.027.945	1.790.725	1.719.025	1.719.025	1.684.725	1.718.488	1.840.834	1.890.604

2020	2021
1.945.400	1.328.297

El presupuesto no ha aumentado, aunque se adscribe la Comisión que celebró su sesión constitutiva el 10 de mayo de 2016.

13.4.2 Régimen de Personal

El Valedor del Pueblo también cuenta con personal propio que apoya el trabajo de la Comisión de Transparencia en materia de comunicación, documentación y gestión. La Web del Valedor do Pobo Galicia y Comisionado de Transparencia es una de las más completas en cuanto a datos se refiere, reúne

434 https://www--valedordopobo--gal.insuit.net/es/ Presupuesto global por años correspondientes a cada ejercicio

en una de sus secciones toda la información relativa a su plantilla, retribuciones y compatibilidades, procesos selectivos, entre otros indicadores[435]. Así vemos que carece de oferta pública de empleo. Relación de puestos de trabajo actualizada –última consulta agosto 2022- (con histórico de 2018, 2017 y 2016), **20 personas** trabajan en la actualidad en la institución del Valedor do Pobo, a las que hay que añadir los dos altos cargos existentes (Valedora y su Adjunta).

La plantilla es aprobada por la Mesa del Parlamento a propuesta del Valedor, y dentro de dicha plantilla el Valedor podrá designar hasta cinco personas asesoras, siempre y cuando sea posible dentro de los límites presupuestarios. Todo el personal que trabaja al servicio de la institución es funcionario de carrera, a la excepción de 5 efectivos de personal eventual.
En la Web podemos encontrar las "Retribuciones del personal eventual y funcionarios, actualizado con fecha de enero de 2019.

Al tratarse la institución del Valedor do Pobo de un alto comisionado del Parlamento de Galicia, el personal que trabaja a su servicio se rige por las condiciones de trabajo de la Cámara gallega (Estatuto de personal del Parlamento de Galicia). Se modifica el art. 10.2 de la Ley 6/1984, del Valedor, por la Disp. final tercera.

13.5 Funciones y ámbito de control

El Comisionado de Transparencia en Galicia comparte con el CTBG la extensión de su ámbito de control desde la transparencia al buen gobierno, la incorporación de la tutela de esta materia en la configuración de los organismos de control, que no se ha reproducido en exceso ya que los demás obvian esta materia recogida en la LTAIBG.

Al estar vinculado con el defensor del pueblo de su territorio, amplía el ámbito de actuación a la protección de los derechos fundamentales, aunque ha creado una Comisión de Transparencia específica con personas ajenas a la Institución del Defensor.

13.6 Fortalezas

La adscripción al alto comisionado defensor del pueblo de la Comisión es un ahorro económico para el Gobierno de la Xunta. El Legislador autonómico ha ido copiando el modelo de la Comisión de Transparencia del CTBG estatal, pero atribuyéndole no una función meramente consultiva, sino la competencia para resolver reclamaciones en materia de acceso como órgano colegiado a la CTGa.

---

435 https://www--valedordopobo--gal.insuit.net/es/el-valedor-do-pobo-organo-de-control-de-la-transparencia/ (Art. 10.2 de la Ley del Valedor do Pobo) El personal se reparte en: 1 secretario general, 1 coordinador/a general, 4 asesores/as técnicos/as, 1 asesor/a técnico/la de transparencia, información pública y comunicación, 1 jefe/a de los servicios administrativos (vacante), 1 jefe/a de servicio II, 1 jefe/a de sección de apoyo a la transparencia, 1 persona responsable de la unidad de asuntos económicos y de régimen interior, 2 administrativos, 4 auxiliares administrativos, 1 conserje, 2 ujieres y 1 conductor/a-ordenanza.

Es garantía de independencia el nombramiento por un periodo de 5 años no renovable, y cabe destacar que la Web del Valedor do Pobo Galicia y Comisionado de Transparencia es una de las más completas en cuanto a datos se refiere, posiblemente por los años que lleva funcionando el Valedor.

13.7 Debilidades

En el ámbito normativo, también observamos cómo en su subordinación administrativa al Valedor, se incardinan aspectos tan significativos y relevantes para el funcionamiento de la Comisión como son la gestión de sus recursos humanos, la gestión presupuestaria, la contratación y el resto de cuestiones de soporte material, informático, etc. Aunque actuarán con separación de sus funciones respecto de las que corresponden al Valedor para la protección y defensa de los derechos constitucionales de las personas será difícil separar las tareas.

En cuanto a la composición, tiene un componente parcialmente político, (compuesta por -un Presidente (el Valedor do Pobo) un Vicepresidente (el adjunto al Valedor)- y 4 Vocales: algunos de carácter independiente y otros que forman parte de la propia Administración: una persona representante de la Xunta de Galicia, una persona representante del Consejo Consultivo, una persona representante del Consejo de Cuentas y una persona representante de la Federación Gallega de Municipios y Provincias).
No existe exigencia en el perfil profesional y formación de sus componentes; que si contarán con un servicio jurídico que apoye su tarea.

Por último, ninguno de los miembros de la Comisión da Transparencia percibe retribuciones ni dietas por formar parte de ella, si gratificaciones; con lo que el tiempo dedicado a la Comisión puede no ser el adecuado y difícilmente se puedan atender las competencias cómo sería deseable.
Tampoco se preocupa la ley gallega de figuras como los grupos de interés.

CUADRO RESUMEN

Ley	Órgano CTGa	Designación	Composición
Ley 1/2016, de 18 de enero, transparencia y Buen Gobierno. Ley 6/1984 del Valedor del Pueblo de Galicia Resolución de 1 de diciembre de 2016 por la que se modificación del Reglamento interno	Comisión Transparencia Adscrito al Valedor del Pueblo (Comisión órgano colegiado de resolución) (Comisionado/Valedor representación)	Designación del Valedor por el Parlamento, a propuesta de una Comisión de Peticiones del Parlamento, por 3/5 Designación de los vocales por sus entidades. No exigirá dedicación exclusiva a vocales. Régimen incompatibilidad 5 años no renovable	Presidente /Valedor Vicepresidente/Adjunto Vocales: • 1 representante Comisión Interdepartamental de Información y Evaluación de la Xunta de Galicia • 1 Consejo Consultivo • 1 Consejo de Cuentas • 1 Federación Gallega de Municipios y Provincias

14.- Comisión de Transparencia de CASTILLA y LEÓN como órgano colegiado adscrito al Procurador del Común (CTCyL)[436]

El Título II de la Ley 3/2015 de 4 de marzo, de transparencia y participación ciudadana, crea dos nuevos organismos independientes e íntimamente relacionados entre sí, el Comisionado y la Comisión de Transparencia, con la finalidad de velar por el cumplimiento de la legislación de transparencia y de salvaguardar el ejercicio del derecho de acceso a la información pública. Ambos organismos, que cuentan cada uno de ellos con competencias específicas, y que se han adscrito, con separación de funciones, al Procurador del Común de Castilla y León, comienzan a funcionar el mismo día 10 de diciembre de 2015 que entra en vigor la Ley.

Atribuye las funciones del primero al Procurador del Común y adscribe la CTCyL a la misma Institución. Ambos gozarán de autonomía independencia y objetividad. La Comisión de Transparencia resolverá las reclamaciones potestativas que se presenten contra las resoluciones de las solicitudes de acceso a la información de los órganos y entidades del sector público autonómico, de las Entidades Locales de Castilla y León y de su sector público.

Si bien el Comisionado y la Comisión de Transparencia actuarán con separación de sus funciones respecto de las que corresponden al Procurador del Común como comisionado de las Cortes de Castilla y León para la protección y defensa de los derechos constitucionales de las personas y de los derechos y principios reconocidos en el Estatuto de Autonomía de Castilla y León, contarán con los medios materiales y personales asignados a dicha Institución de acuerdo con el artículo 34 de la Ley 2/1994, de 9 de marzo.

En junio de 2021 Castilla y León culminó la tramitación del Anteproyecto de Ley de Transparencia, Acceso a la Información Pública y Reutilización de la Comunidad de Castilla y León, que fue informado por el Consejo Consultivo y sometido a consulta pública[437]. El 21 de octubre de 2021 se aprobó por el consejo de gobierno el proyecto de ley de transparencia, acceso a la información pública y su reutilización,

---

436 Ley 3/2015, de 4 de marzo, de transparencia y participación ciudadana de Castilla y León
(Título II, Art. 11 a 15)

Ley 2/1994, 9 marzo, del Procurador del Común de Castilla y León https://www.boe.es/buscar/doc.php?id=BOE-A-1994-7270 Artículo. 42

Decreto 7/2016, de 17 de marzo, por el que se regula el procedimiento para el ejercicio del derecho de acceso a la información pública en la Comunidad de Castilla y León. (PDF)
http://www.ctcyl.es/index.php 21.

web Comisión de Transparencia.

437 http://participa.jcyl.es/forums/929860-anteproyecto-de-ley-detransparencia-acceso-a-la

y se acordó su remisión a las Cortes de Castilla y León para su tramitación. No obstante, se celebraron elecciones a las Cortes de Castilla y León el 13 de febrero 2022, con lo que la iniciativa ha decaído.

En él se planteaba la derogación de la Ley 3/2015, de 4 de marzo, de Transparencia y Participación Ciudadana de Castilla y León, a excepción de su título III, y el Decreto 7/2016, de 17 de marzo, por el que se regula el procedimiento para el ejercicio del derecho de acceso a la información pública en la Comunidad de Castilla y León.

Introducía el trámite facultativo de mediación en la resolución de reclamaciones para acercar posturas entre la administración y el ciudadano, solicitándolo al comisionado con el fin de lograr una solución favorable para ambos.

Introducía el régimen de ejecución forzosa y régimen sancionador, distinguiendo las obligaciones donde pueden imponerse multas coercitivas para "forzar" al cumplimiento de las obligaciones que en esta materia impone la ley estatal y aquellas otras cuyo incumplimiento puede generar la imposición de una sanción, limitada en este caso la capacidad de sancionar y aquellas obligaciones nuevas que establece la ley autonómica.

Por otro lado, regulaba las sanciones aplicables a altos cargos que serían las previstas en la ley estatal de transparencia en materia de buen gobierno: declaración de incumplimiento, publicación de la resolución en el boletín oficial que corresponda y, en los casos más graves, la destitución del cargo, a excepción de los representantes locales a quienes no se podrá despojar de su cargo representativo.

14.1 Naturaleza Jurídica

También aprovecha la existencia de la defensoría del pueblo autonómica y como órgano colegiado adscrito al Procurador del Común de Castilla y León se crea el Comisionado (CTPC) y la Comisión de Transparencia (CTCyL) que resuelve las reclamaciones que se presenten contra las resoluciones expresas o presuntas en materia de acceso a la información pública dictadas por los organismos y entidades del sector público autonómico[438]; por las corporaciones de derecho público cuyo ámbito de actuación se circunscriba exclusivamente a todo o parte del territorio de la Comunidad; por las Entidades Locales de Castilla y León y su sector público; y por las asociaciones constituidas por las referidas entidades y organismos. Y se atribuyen las funciones del Comisionado al Procurador del Común[439].

---

[438] art. 2.1 (LHSP) Ley 2/2006, de 3 de mayo, de la Hacienda y del Sector Público de la Comunidad de Castilla y León.

[439] La Institución del Defensor del Pueblo de Castilla y León fue creada con el nombre de Procurador del Común por la Ley 2/1994, de 9 de marzo, de las Cortes de Castilla y León - se adoptó ese nombre lleno de reminiscencias históricas para designar al Defensor -. Ley que aún está en vigor, aunque posteriormente fue reformada por la Ley 11/2001, de 22 de noviembre, para introducir algunas mejoras técnicas en su regulación. En 1999 esta figura fue incorporada al Estatuto de Autonomía de Castilla y León, que en su última reforma llevada a cabo en el año 2008 modificó sus competencias y le atribuyó naturaleza de Institución propia de la Comunidad Autónoma.

Ambos gozan de autonomía independencia y objetividad. El Procurador del Común es una institución independiente, no recibe instrucciones de ninguna autoridad y desempeña sus funciones con absoluta autonomía, independencia y objetividad. Además de tener encomendada por las Cortes de Castilla y León la misión de defender y proteger los derechos constitucionales de los ciudadanos y los derechos y principios reconocidos en su Estatuto de Autonomía tendrá como Comisionado de Transparencia, la finalidad de velar por el cumplimiento de las obligaciones de publicidad activa y salvaguardar el ejercicio del derecho de acceso a la información pública.

14.2 Estructura

Si bien la configuración es similar al gallego, con un Comisionado y una Comisión, la situación de ambos es distinta, porque, a diferencia del caso gallego, en la Comisión de C y León el protagonismo lo tiene el Procurador del Común. (Arts. 8 y 12 LTPCyL)

Su labor se lleva a cabo a través de un procedimiento administrativo reglado que finaliza con una resolución que participa de la naturaleza propia de los actos administrativos. Se trata de un auténtico recurso en vía administrativa, con la variante de que se resuelve por un órgano que no se encuentra integrado dentro de la Administración que ha dictado la resolución impugnada

Dicha Comisión se compone únicamente por tres personas, el Comisionado de Transparencia, que la presidirá. El Adjunto al Procurador del Común, cuando exista, y en su defecto por la persona al servicio de la Institución que designe el Procurador del Común. El secretario, con voz y voto, que será designado por el Procurador del Común entre las personas al servicio de la Institución.

Comisión de transparencia, órgano de resolución
3 (Pte, Adjunto y Secretario)
Presidente – Procurador
Adjunto
Secretaría

A efectos prácticos es el Procurador del Común el que tiene la mayor autoridad e influencia sobre las resoluciones de la Comisión, no así en el caso del gallego.

14.3 Requisitos básicos de independencia

14.3.1 Elección, nombramiento y cese

Los representantes políticos de los ciudadanos de Castilla y León, es decir los procuradores de las Cortes Autonómicas, eligen al Procurador del Común/Comisionado por mayoría cualificada de las 3/5 partes.

La Comisión Parlamentaria creada al efecto, presentará a la Mesa de las Cortes, en el plazo máximo de un mes, el candidato o los candidatos al cargo. La Mesa de las Cortes, de acuerdo con la Junta de Portavoces, elevará al Pleno de la Cámara, en el plazo de un mes, el nombre de un candidato.

Cesa por alguna de las siguientes causas: por renuncia expresa, por transcurso del tiempo para el que fue elegido, por muerte o incapacidad sobrevenida, por pérdida de la condición política de castellano-leonés, por haber sido condenado, mediante Sentencia firme, por delito doloso, por negligencia notoria en el cumplimiento de las obligaciones y deberes del cargo, por inhabilitación para el ejercicio de los derechos políticos declarada por Sentencia firme, por incompatibilidad sobrevenida apreciada por las Cortes. (Art.9. Procurador del Común)

El cese se declarará por el presidente de las Cortes, que seguidamente dará cuenta de ello al Pleno. En caso de negligencia notoria o incapacidad o incompatibilidad sobrevenidas, las Cortes decidirán por mayoría de tres quintos en sesión convocada al efecto, a la que el Procurador del Común/Comisionado podrá asistir y hacer uso de la palabra antes de la votación. La iniciativa para este debate corresponderá al presidente de las Cortes, a dos Grupos Parlamentarios o a una quinta parte de los Procuradores.
Una vez producido el cese, en el plazo de un mes, se iniciará el procedimiento para la elección del nuevo Procurador del Común de Castilla y León.

14.3.2 Perfiles profesionales

Tampoco ha establecido en su norma ninguna exigencia en el perfil y formación de sus componentes, por tanto, al vincularse al Procurador del Común podrá nombrarse a cualquier persona que sea mayor de edad y este en pleno uso de los derechos civiles y políticos y que tenga la condición política de ciudadano de Castilla y León (art. 5.1 Procurador) Javier Amoedo Conde fue primer Comisionado - fiscal jefe de la Audiencia, de León- posteriormente elección por el Pleno el 10 de octubre de 2018 de Tomás Quintana López -Catedrático de Derecho Administrativo de la Universidad de León desde 1993-.

14.3.3 Incompatibilidades

En Castilla y León el régimen de incompatibilidades del Procurador del Común (art. 8) es muy igual al del Valedor del Pueblo, salvo por leves diferencias. Incompatibilidades que, pueden favorecer el desempeño del puesto con objetividad e independencia, y son más exhaustivas que la regulación establecida por el resto de los organismos de control respecto a sus integrantes. Para asegurar la imparcialidad e independencia del Procurador del Común, la ley determina que este cargo es incompatible con cualquier otro cargo, sea por elección o por designación. Tampoco puede estar al servicio de la Administración Pública, ni el ejercicio de las carreras judicial y fiscal, o la prestación de servicios en la Administración de Justicia, ni afiliado a partidos políticos, sindicatos, ni desempeñar funciones directivas en Asociaciones, Fundaciones y Colegios Profesionales, ni ejercer actividad laboral, mercantil o profesional alguna.

Se hace mención por otra parte a que sí serán compatibles las actividades de producción y creación literaria, artística, científica, técnica o investigadora, y las publicaciones derivadas de aquéllas, así como la colaboración y la asistencia ocasional como ponente a congresos, seminarios, jornadas de trabajo, conferencias o cursos de carácter profesional, siempre que no sean consecuencia de una relación de empleo o de prestación de servicios o supongan un menoscabo del estricto cumplimiento de sus deberes.

14.3.4 Dedicación exclusiva, parcial o simbólica

El Procurador del Común/Comisionado podrá optar entre desempeñar sus funciones en régimen de dedicación exclusiva o parcial, debiendo garantizar en todo caso la plena disponibilidad para cumplir sus deberes con puntualidad y eficacia, así como su imparcialidad e independencia en el cumplimiento de sus funciones públicas. El desempeño de las funciones en régimen de dedicación parcial deberá ser autorizado por la Comisión Parlamentaria de Relaciones con el Procurador del Común

Si tiene una dedicación exclusiva, percibirá una retribución y se fijará anualmente en la Ley de Presupuestos de Castilla-León.

En el caso de no ejercer su actividad en régimen de exclusividad, percibirá las dietas e indemnizaciones que en su reglamento de organización y funcionamiento se establezcan, teniendo como límite, en cómputo anual, la tercera parte de las retribuciones fijadas en los Presupuestos de la Comunidad para el desempeño del cargo en régimen de dedicación exclusiva.

14.3.5 Composición y duración

El Procurador del Común es elegido por las Cortes de Castilla y León para un periodo de cuatro años **4** años renovable. Vinculados al Procurador, el Comisionado y la Comisión de Transparencia con la competencia para resolver las reclamaciones en materia de acceso, formada por el Comisionado/presidencia, por el adjunto al Procurador del Común y por un secretario, designado por el Procurador de entre personas de la Institución (que actualmente es el asesor-coordinador de la misma).

14.4 Otros mecanismos de garantía de independencia e imparcialidad

14.4.1 Recursos económicos.

El art. 15 LTPCyL dispone que el Comisionado y la Comisión de Transparencia contarán para el desarrollo de las funciones atribuidas con los medios materiales y personales asignados a la institución del Procurador del Común, de acuerdo con lo dispuesto en el art. 34 LTPCyL. Por su parte la disposición adicional segunda LTPCyL, además de reiterar la obligación del Procurador del Común de atender el ejercicio de las funciones del Comisionado y de la Comisión de Transparencia con "los medios materiales asignados y con el personal actualmente existente", establece la prohibición expresa de que esta nueva asunción de competencias implique un incremento de gasto[440].

La Web de la CTPC[441] no recoge datos presupuestarios ni de personal, hay que buscarlos en la web del Procurador. El Procurador del Común, elabora y propone anualmente a la Mesa de las Cortes de Castilla y León el anteproyecto de presupuesto de la institución y justifica su gestión económica ante la Mesa de las Cortes anualmente, acompañando una liquidación del presupuesto.

2015	2016	2017	2018	2019 prorrogados
2.036.583,00	1.613.856,00	1.611.240,00	1.628.750,00	1.628.750,00
personal	personal	personal	personal	personal
1.702.783,00	1.595.442,24	1.584.450,25	1.512.741,95	1.512.741,95

14.4.2 Régimen de Personal

Desde la web del Procurador del Común y Comisionado de Transparencia Castilla y León accedemos a la plantilla de personal **31 personas** en un organigrama por áreas (Administración y Servicios generales son funcionarios hasta 14), el resto (17 Gabinete y Asesores eventuales), existe información de las retribuciones de los altos cargos -Procurador y Adjunta-, no más.

El Comisionado y la Comisión de Transparencia actuarán con separación de sus funciones respecto de las que corresponden al Procurador del Común como comisionado de las Cortes de Castilla y León para la protección y defensa de los derechos constitucionales de las personas y de los derechos y principios reconocidos en su Estatuto de Autonomía, si bien contarán con los medios materiales y personales asignados a dicha Institución de acuerdo con el art. 34 de la Ley 2/1994, de 9 de marzo. Corresponderá al Procurador del Común, la propuesta de plantilla para su aprobación a la Mesa de las Cortes dentro de sus disponibilidades presupuestarias. El personal funcionario del Procurador del Común está integrado en la plantilla orgánica de las Cortes de Castilla y León adscrito funcionalmente a su servicio y le será de aplicación el Estatuto de Personal de las Cortes de Castilla y León art.24.

14.5 Funciones y ámbito de control

[440] Al respecto, el Consejo Consultivo de Castilla y León, en su Dictamen 477/2014, de 9 de octubre, puso de manifiesto la siguiente objeción: "La opción legislativa de encargar a una Institución existente nuevas funciones al margen de las que propiamente le corresponden es coherente con el principio de austeridad al que deben ajustarse los organismos públicos. Ahora bien, la previsión de que tales funciones deban desarrollarse con los medios materiales y personales asignados a dicha Institución, sin incremento de gasto, puede no ser ajustada al eficaz cumplimiento de las nuevas tareas asignadas. Por ello, se considera que deberá ser el Procurador del Común quien valore los medios necesarios para garantizar el nuevo cometido que se le encomienda" (observación al art. 15 «Actuación y medios personales y materiales» del anteproyecto de LTPCyL).

[441] https://www.ctcyl.es/ No recoge datos presupuestarios ni de personal, hay que visitar la web del procurador https://www.procuradordelcomun.org/presupuesto/5/presupuesto-2019/1/
Año 2015 (2.036.583,00, personal 1.702.783,00) 2016 (1.613.856,00, personal 1.595.442,24) 2017 (1.611.240,00 personal 1.584.450,25) 2018 (1.628.750,00 personal 1.512.741,95) 2019 presupuestos prorrogados.

También extienden su control sobre la publicidad activa, asumiendo dos atribuciones, derecho de acceso y publicidad. Al estar vinculado al defensor o procurador del común, amplía el ámbito de actuación a la protección de los derechos fundamentales. Carece de potestad sancionadora y de competencias sancionadoras.

14.6 Fortalezas

Los representantes políticos de los ciudadanos de Castilla y León, es decir los procuradores de las Cortes Autonómicas, proponen, eligen y cesan al Procurador/Comisionado.

Podemos decir que el régimen de incompatibilidades en el nombramiento es bastante completo, siendo incompatible con cualquier otro cargo, sea por elección o por designación, añade que tampoco puede estar al servicio de la Administración Pública, ni en ejercicio de las carreras judicial y fiscal, o la prestación de servicios en la Administración de Justicia.ni afiliado a partidos políticos, sindicatos, ni desempeñar funciones directivas en Asociaciones, Fundaciones y Colegios Profesionales, ni ejercer actividad laboral, mercantil o profesional alguna. Aunque vemos alguna laguna, que señalamos a continuación.

14.7 Debilidades

En el ámbito normativo cabe destacar que se ha determinado una Comisión de la Transparencia, con disfunciones con el Procurador:

Como el Procurador del Común no tiene naturaleza técnica, puede adquirir tal condición cualquier ciudadano de la Comunidad Autónoma, mayor de edad que se encuentre en pleno uso de los derechos civiles y políticos y que tenga la condición política de ciudadano de Castilla y León. Ninguna exigencia en el perfil y formación de sus componentes, por tanto.

Además, es el Procurador/Comisionado el que elige a los demás miembros de la Comisión de Transparencia, tanto al adjunto o vocal como al secretario. Aunque se doten de un servicio jurídico que apoye su tarea, no me parece lo adecuado para una figura y sus componentes que resolverán las reclamaciones de la ciudadanía planteadas ante ese órgano garante, así como de la complejidad de dichas reclamaciones, que cada vez van afectando a aspectos distintos de la actuación pública y a nuevas exigencias de rendición de cuentas

En cuanto a las incompatibilidades a las que se refiere la ley, ni afiliado a partidos políticos, sindicatos, ni desempeñar funciones directivas en Asociaciones, … no impide a personas con vinculaciones políticas que puedan simplemente renunciar a su militancia para ejercer el cargo, de modo que se prive de eficacia el objetivo que se pretende (independencia. Se ha intentado en sus normas la ausencia del componente político y de cargos de la Administración

El Procurador del Común/Comisionado podrá optar entre desempeñar sus funciones en régimen de dedicación exclusiva o parcial. No parece lo más adecuado ya que además de tener encomendada por las Cortes de Castilla y León la misión de defender y proteger los derechos constitucionales de los ciudadanos y los derechos y principios reconocidos en su Estatuto de Autonomía tendrá como Comisionado de Transparencia, que añadir a su tarea las de velar por el cumplimiento de las obligaciones de publicidad activa y salvaguardar el ejercicio del derecho de acceso a la información pública.

El Comisionado y la Comisión de Transparencia actuarán con separación de sus funciones respecto de las que corresponden al Procurador del Común para la protección y defensa de los derechos constitucionales de las personas y de los derechos y principios reconocidos en el Estatuto de Autonomía de Castilla y León, aunque con los mismos medios materiales y personales asignados a dicha Institución. Será difícil separar las tareas.

El hecho de que una misma actuación administrativa (aquella a través de la cual se deniega o se limita el derecho de un ciudadano a acceder a una determinada información pública) puede ser objeto de una queja ante el Procurador del Común o de una reclamación ante la Comisión de Transparencia, motiva que el ciudadano puede optar entre ambos mecanismos de reacción o que pueda dirigirse al Procurador del Común sin ejercer expresamente la opción apropiada (por desconocimiento) y ambos medios de reacción en Castilla y León (reclamación o queja ante el defensor autonómico) son excluyentes entre sí y no acumulativos, ni simultánea ni sucesivamente. Se ha considerado inicialmente el escrito recibido como reclamación, con carácter prioritario al de queja. Esta decisión se justifica en que lo contrario podría implicar privar al ciudadano de la posibilidad de utilizar el mecanismo de impugnación previsto en el reiterado art. 24 LTAIBG respecto a la resolución denegatoria de la información pública de que se trate la posibilidad de que esta pueda ser impugnada ante los tribunales.

Por un lado, la naturaleza administrativa del procedimiento de reclamación ante la Comisión de Transparencia y sus consecuencias directas sobre su tramitación y resolución; y, de otro, las diferencias entre este procedimiento y el de queja tramitado por el Procurador del Común, generarán no pocas disfuncionalidades entre la actuación de ambos.

La ausencia de competencias sancionadoras o, incluso, de adoptar recomendaciones en relación con los incumplimientos vacía el contenido de esta su función garante de las obligaciones de publicidad activa y del derecho de acceso.

Las resoluciones del Procurador del Común no son ejecutivas. No puede imponer sus decisiones a la Administración. Su autoridad moral deviene de su elección por los representantes de los castellanos y leoneses y de su relación con las Cortes de Castilla y León de las que es Alto Comisionado. Si el Procurador del Común deduce que han existido irregularidades podrá formular advertencias a la Administración, así como recomendaciones, sugerencias o recordatorios, para que se corrijan las anomalías, debiendo informar a los interesados del resultado de sus actuaciones, pero no más.

En el ámbito material observamos que la Web de la CTPC no recoge datos presupuestarios ni de personal, hay que buscarlos en la web del Procurador.

La limitación de medios personales, incorporada en la propia LTPCyL como una prohibición de asignación de recursos adicionales al Procurador del Común destinados al desarrollo de las nuevas funciones encomendadas, condiciona de forma evidente el eficaz ejercicio de estas. Solo la voluntad de la institución y de su personal puede impedir que esta limitación comprometa seriamente el correcto desarrollo no solo de las nuevas competencias asignadas sino de las originarias que le corresponden como Defensor de los derechos constitucionales y estatutarios de los ciudadanos.

El hecho de que la atribución de nuevas funciones al Procurador del Común no haya ido acompañada de previsiones acerca de nuevos recursos, fundamentalmente personales, destinados al ejercicio de aquellas, afecta directamente a la eficacia en el desarrollo de la labor encomendada. El contexto de racionalización y ahorro de las estructuras institucionales y administrativas no puede hacer olvidar que la asunción de nuevas responsabilidades por instituciones preexistentes sin las necesarias previsiones de incremento de personal cualificado y de recursos puede afectar al adecuado desarrollo de las nuevas competencias atribuidas, así como a la continuidad con el mismo nivel de exigencia de las preexistentes. Crear un organismo de control de la transparencia administrativa sin contemplar de forma específica recursos personales o materiales adicionales para que pueda desarrollar adecuadamente su labor o, incluso, prohibiendo cualquier tipo de previsión en ese sentido, supone lastrar de partida y de una forma notable su eficacia en la realización de las nuevas funciones atribuidas por la normativa aplicable.

En definitiva, la inexistencia de medios materiales y, singularmente, personales específicamente destinados al ejercicio de las funciones asignadas al Comisionado y a la Comisión de Transparencia condiciona notablemente su desarrollo y puede llegar a comprometer el de las competencias originarias del Procurador del Común. Por este motivo, sería deseable salvar la limitación impuesta por la LTPCyL a través de una modificación normativa o de una ampliación de los medios de los que dispone actualmente el Procurador del Común

<table>
<tr><th colspan="4">CUADRO RESUMEN</th></tr>
<tr><td rowspan="3">Ley 3/2015 de 4 de marzo, de transparencia y participación ciudadana

Ley 2/1994, 9 marzo, del Procurador del Común de Castilla y León</td><td>Organismo CTCyL</td><td>Designación</td><td>Composición</td></tr>
<tr><td><u>Comisionado</u> de Transparencia

Adscrito al Procurador del Común
4 años renovable</td><td rowspan="2">Cortes C y L por mayoría cualificada de las 3/5 partes</td><td><u>Comisionado</u> Transparencia
- Ninguna exigencia en el perfil y formación de sus componentes, SI ciudadano de Castilla y León
-Incompatible con cualquier otro cargo
-Puede optar: régimen de dedicación exclusiva o parcial</td></tr>
<tr><td><u>Comisión</u> de Transparencia (Resuelve)</td><td>• Comisionado, preside
• Adjunto al Procurador
• Secretario, con voz y voto</td></tr>
</table>

CUADRO RESUMEN (No se incluye Cantabria a falta de regulación específica sobre su creación, ni La Rioja, Extremadura)

CCAA	Naturaleza	Órgano para la resolución	Presidencia	Elección	Duración	Retribuc.	Estructura	Composición	Duración
ANDALUCÍA	CTPD Entidad pública con personalidad jurídica propia, con la consideración de Administración Institucional y plena capacidad de obrar Adscripción a la Consejería competente Unipersonal	Director (art. 48.1.b)	Director Reconocido prestigio y competencia profesional, con una experiencia mínima de 15 años en materias relacionadas con la Administración pública Sujeto al régimen incompatibilidades y obligaciones de los Altos Cargos	>absoluta Parlamento **Nombramiento** A propuesta de la Consejería competente en materia de transparencia	5 años no renovable	Dedicación exclusiva Alto cargo a efectos retributivos	Director/a ______ Comisión Consultiva	______ 14 miembros + el Director = 15 (personas con conocimiento en las materias tratadas: 2 Consejería 1 Parlamento 1 Defensor 1 T. Cuentas 9 Instituciones	______ 5 años renovable Indemnizac por reunión
ARAGÓN	CT Colegiado Adscripción a la Consejería competente	Pleno (art. 37.3.a)	Presidente Ningún requisito	Presidente elegido por el Pleno del Consejo por mayoría de entre sus miembros. **Nombramiento** No interviene el Parlamento autonómico.	4 años renovable	No Dedicación exclusiva No remuneración sólo desplazamientos.	Presidente ______ Pleno	______ 10 miembros + el Presidente = 11 1 de cada GP 1 del Gobierno 8 Instituciones	______ 4 años renovable Indemnizac por desplaz

CCAA	Naturaleza	Órgano para la resolución	Presidencia	Elección	Duración	Retribuc.	Estructura	Composición	Duración
CANARIAS	COMISIONADO Unipersonal Adscrito al Parlamento	Comisionado (art. 63.1.a)	Prestigio y competencia profesional Incompatible extensa lista cualquier actividad política, laboral, sindical, fiscal	Mayoría 3/5 Parlamento **Nombramiento** A propuesta de la Consejería competente en materia de transparencia	5 años renovable	Dedicación exclusiva			
CATALUÑA	CGAIP Colegiado Adscrita al Departamento competente de la Generalitat	Comisión (art. 39.1).	Presidente Juristas y técnicos en materia de archivos o gestión documental 10 años experiencia Sujetos a régimen incompatibilidad establecido para el personal de la Administración de la Generalitat	Comisión por mayoría 3/5 Parlamento Pte. mayoría absoluta de los miembros de la Comisión Evaluación individual de los candidatos en Comisión parlamentaria	5 años no renovable Se renueva parcialm. cada 2años y medio	Dedicación exclusiva alto cargo a efectos retributivos	Presidente Vicepresidente Pleno	3 a 5 componentes Corresponde al Parlamento la determinación del nº de miembros, así como su designación. Actualmente 2.	

CCAA	Naturaleza	Órgano para la resolución	Presidencia	Elección	Duración	Retribuc.	Estructura	Composición	Duración
NAVARRA	CT Órgano Colegiado Adscrito orgánicamente a Presidencia	Pleno (art. 72.1.a)	Presidente de entre personas reconocido prestigio y competencia profesional Incompatibilidad =miembros del Gobierno y de los altos cargos, así como con la pertenencia a un partido político, incluyendo los 4 años anteriores a su elección	Presidente >absoluta Elige el Parlamento de entre las candidaturas propuestas por los diferentes grupos parlamentarios **Nombramiento** Nombra el Gobierno de Navarra	4 años no renovable	No se exige dedicación exclusiva ni da derecho a retribución Dietas	Pleno	12 miembros + el presidente = 13 4 del Parlamento 1 del Gobierno Otras Instituciones	

CCAA	Naturaleza	Órgano para la resolución	Presidencia	Elección	Duración	Retribuc.	Estructura	Composición	Duración
VALENCIA	CT Colegiado Adscrito orgánicamente al departamento del Consell competente	Comisión ejecutiva (art. 42.1.a). *********** **Ley 1/2022** Modifica la composición: <u>Pleno</u>: presidente y dos vocales y Suprime la Comisión Consultiva ***********	De entre los miembros de la Comisión Ejecutiva, Les Corts designarán la persona que ocupe la presidencia	Los integrantes de la Comisión elegidos por mayoría de 3/5 Parlamento (previa comparecencia) Candidaturas serán propuestas por los grupos parlamentarios entre expertos competencia o prestigio reconocido y con más de 10 años experiencia profesional.	5 años no renovable	No dedicación exclusiva, ni indemnizació Dietas por reuniones	<u>Pte. Consejo</u> -Comisión ejecutiva -Comisión Consultiva	= al nº de G. Parlamentarios = 5 *************** **Ley 1/2022** **3** miembros Dedicación exclusiva 10 vocales de las entidades región: Gobierno, Univ, Sindicat, empresar, ayuntamiento *************** **Ley 1/2022** Supresión	5 años renovable
PAÍS VASCO	Comisión Vasca para las Reclamaciones de Acceso a Información Colegiado Adscripción a la Consejería competente	Comisión (art. 3)	Pte. es el Director General de Atención a la Ciudadanía e Innovación y Mejora de la Administración	Pte. nombrado por el Gobierno	4 años no renovable	No dedicación exclusiva Compensac por tiempo trabajado o asuntos	Comisión: presidente y 2 vocales funcionarios	3 personas Nombra el Consejero previa convocatoria pública	4 años

CCAA	Naturaleza	Órgano para la resolución	Presidencia	Elección	Duración	Retribuc.	Estructura	Composición	Duración
MURCIA	CT Colegiado Adscripción a la Consejería competente	Pleno (art. 38.3.b).	Pte entre personas de reconocido prestigio propuestas por los Grupos Parlamentarios	2/3 1ª vuelta >absoluta 2ª v Asamblea Regional	5 años no renovable	No dedicac exclusiva Dietas	Pleno Presidente y 16 miembros designados por las distintas organizaciones	Incluye varios miembros del Gobierno y 5 diputados del Parlamento = 16	
BALEARS	Comisión para las Reclamaciones de Acceso a Información Colegiado Adscripción a la Dirección General de Participación	Comisión (art. 2)	Juristas de reconocido prestigio con más de 5 años experiencia en derecho público	Pte. a propuesta del Consejero.	3 años	Indemnizació por reuniones	Comisión Pte y 2 vocales	3 letrados autonómicos elegidos por el Gobierno Balear. Inamovilidad	

CCAA	**Naturaleza**	**Órgano para la resolución**	**Presidencia**	**Elección**	**Duración**	**Retribuc.**	**Estructura**	**Composición**	**Duración**
CLM	CT Colegiado Adscripción a las Cortes	Consejo (art. 62.3.d).	Entre expertos de competencia o prestigio reconocido, con una dilatada experiencia profesional y sin afiliación a partidos Incompatible con cualquiera de los cargos a los que se refiere a LTBG, así como con la pertenencia a un partido político, incluyendo los 4 años anteriores a su elección.	Parlamento mayoría de 3/5 en 1ª y >absoluta en 2ª vuelta Elige las Cortes, sobre las propuestas de candidatos que presenten los grupos parlamentarios	**6 años** renovable	Dedicación exclusiva	Consejo Presidencia y 2 adjuntos	1+2	**6 años** renovable

CCAA	Naturaleza	Órgano para la resolución	Presidencia	Elección	Duración	Retribuc.	Estructura	Composición	Duración
ASTURIAS	CTBG Unipersonal Ente público con personalidad jurídica propia. Adscripción a la Consejería competente	Presidente (art. 66.c).	Personas de reconocido prestigio, atendiendo a criterios de competencia profesional y experiencia	Pte. elegido por mayoría cualificada (2/3) de la Junta Gral.	5 años renovable	Presidente Dedicación exclusiva Alto cargo a efectos retributivos	Presidente Pleno (asesora Oficina de Buen Gobierno y Lucha contra la Corrupción	El Consejo de Gobierno y la Administración no tienen representación en el Pleno del Consejo. Pleno: 1 por grupo en la Junta General, 1Consultivo, 1Sindicatura, 1Universidad 2Federación Asturiana Concejos	Los miembros del Pleno no percibirán retribución. Si indemniz por servicio iguales al personal de la Admon.
MADRID	CTP Colegiado Adscrito orgánicamente a la Asamblea	Consejo	Personas de reconocido prestigio con 10 años de experiencia profesional acreditada en el sector público, la transparencia	Pte. y 2 consejeros a propuesta del Pleno de la Cámara por mayoría de 3/5 de la Asamblea **Nombramiento** Nombra el Pte. de la Asamblea	6 años no renovable presidente alterna cada 2 años	La ley no lo recoge Incompatibilidad con cargo o empleo público y cargo político.		3 Consejeros de los que 1 es el Presidente	

CCAA	Naturaleza	Órgano para la resolución	Presidencia	Elección	Duración	Retribuc.	Estructura	Composición	Duración
GALICIA	Comisionado y Comisión de Transparencia Colegiado (vinculados al Valedor do poblo) Al recaer en el Defensor del Pueblo, tiene personalidad jurídica propia e independiente	Comisión de Transparencia (art. 33.3)	Ningún requisito (gallego, conocer los idiomas oficiales de Galicia y estar en pleno disfrute de los derechos civiles y políticos) Incompatible cargo político, actividad de propaganda política, afiliación a organizaciones y ejercicio profesional	3/5 partes en el parlamento, a propuesta del Pleno	5 años	NO exclusiv Gratificación por servicios extraordinars	Comisionado= Valedor Comisión de Transparencia como <u>órgano colegiado</u>	Pte. Vicepte. y 5 vocales nombrados por el Valedor: representación del Consejo de Cuentas, la Federación de Municipios, el Consejo Consultivo y la Comisión Interdepartamental de Información y Evaluación de la Xunta de Galicia.	5 años NO renovable

CCAA	Naturaleza	Órgano para la resolución	Presidencia	Elección	Duración	Retribuc.	Estructura	Composición	Duración
CASTILLA y LEÓN	Comisionado y Comisión de Transparencia Colegiado (vinculados al Procurador del Común) Al recaer en el Defensor del Pueblo, tiene personalidad jurídica propia e independiente	Comisión de Transparencia (art. 8).	Incompatible con cualquier cargo, sea por elección o por designación. Tampoco puede estar al servicio de la Administración Pública, ni afiliado a partidos políticos sindicatos, ni directivos en Asociaciones, Fundaciones y Colegios Profesionales, ni ejercer actividad laboral, mercantil o profesional	Las Cortes, eligen al Procurador del Común por mayoría cualificada de las 3/5 partes. NO exige perfil Ciudadano de Castilla y León	4 años renovable	Exclusividad opcional dietas	Comisionado Transparencia y Comisión de Transparencia	3 personas: -Comisionado -Adjunto -Secretario (con voz sin voto, designado por el Procurador de entre personas de la Institución)	

IV.- FUNCIONAMIENTO EN COMUNIDADES QUE HAN FIRMADO CONVENIO

Cantabria[442], La Rioja[443], Extremadura[444], Ceuta, Melilla, Castilla-La Mancha, Asturias. Baleares

La mayor parte de las Leyes de las CCAA, prevén expresamente la creación de órganos/autoridades para la protección y control de la transparencia que deben ser "independientes"; así lo dispone la DA4.1, de la Ley 19/2013 de Transparencia -Autoridades de garantía de la transparencia que se encargan de la resolución de reclamaciones en materia del derecho de acceso a la información pública-, si bien en algunos casos y de acuerdo con lo que prevé el punto 2 de dicha DA.-: "*Las CCAA podrán atribuir la competencia para la resolución de la reclamación prevista en el artículo 24 al Consejo de Transparencia y Buen Gobierno estatal (CTAIBG). A tal efecto, deberán celebrar el correspondiente convenio con la Administración General del Estado, en el que se estipulen las condiciones en que la Comunidad sufragará los gastos derivados de esta asunción de competencias*"; así (Cantabria, La Rioja, Extremadura, Ceuta, Melilla, Castilla-La Mancha, Asturias.) Madrid ha recuperado su competencia en noviembre de 2021 e Islas Baleares ha firmado convenio en 2020.

De los convenios en vigor entre Consejo de Transparencia y Buen Gobierno estatal y comunidades autónomas, los de Castilla-La Mancha y Asturias tenían fecha de finalización en enero de 2022 (ya prorrogado). También han renovado las Administraciones del Principado y la JCCM. El resto –los de Cantabria, La Rioja, Extremadura, Ceuta y Melilla– vencen en 2024.

V.- ÁMBITO DE CONTROL

Vimos en el capítulo anterior cómo el CTBG (art. 38) tiene funciones que van más allá del control y resolución de recursos respecto a las reclamaciones ciudadanas de derecho de acceso, también la publicidad activa y los principios de buen gobierno, además de tener encomendadas funciones de promoción, capacitación, sensibilización, informar proyectos normativos, asesoramiento técnico y evaluación. Por ello, considera el profesor MARTÍN DELGADO[445] que está llamado a desempeñar la función de "implantación en nuestro país de una auténtica cultura de la transparencia".

---

[442] Título III. Auditoría, seguimiento y control de la transparencia. Art. 33, prevé la creación por ley. Ley de Cantabria 1/2018, de 21 de marzo, de Transparencia de la Actividad Pública.

[443] La Rioja (su Ley de 2014 no contempla el órgano autonómico, sino que recoge expresamente la competencia para la reclamación al CTBG estatal) Ley 3/2014, de 11 de septiembre, de Transparencia y Buen Gobierno de La Rioja

[444] Extremadura con una ley anterior sigue manteniendo su normativa sin modificaciones. Ley 4/2013, de 21 de mayo, de Gobierno Abierto de Extremadura

[445] MARTÍN DELGADO, Isaac, "La configuración legal de los consejos autonómicos de transparencia: algunos riesgos para el ejercicio de su función de control", en Cotino Hueso, Lorenzo y Boix Palop, Andrés: El buen gobierno y la transparencia, a caballo entre la Ética y el Derecho" Dilemata, Revista Internacional de Éticas Aplicadas, núm. 27, pág. 283.

La Ley 19/2013, de 9 de diciembre (artículo 24), dispone que la resolución de las reclamaciones relativas a las resoluciones dictadas por las Administraciones de las CCAA y su sector público, y por las entidades locales comprendidas en su ámbito territorial, corresponde al órgano independiente que determinen las CCAA (disposición adicional cuarta). Es la única función que, con carácter básico, se prevé que pueden asumir, sin embargo, la ausencia de una previsión básica respecto a la asunción de otras funciones no es obstáculo para que las CCAA, en el ejercicio de sus competencias en materia de auto organización, les hayan atribuido otras funciones para lograr las finalidades asignadas. De hecho, estamos viendo desde el primer epígrafe, como las CCAA difieren en cuanto a la naturaleza de sus órganos de control, y un elemento importante es si asumen solamente la función de garantía del derecho de acceso a información pública o ejercen también otras funciones que realizaban otros organismos (Defensor, Protección de Datos, Procurador) y si es conveniente o no la suma en estos Consejos.

En algún caso, las funciones se atribuyen a través de sus reglamentos de organización y funcionamiento, a pesar de que no esté explícitamente prevista esta posibilidad en la correspondiente ley de transparencia. El caso más claro es la Comisión de Garantía del Derecho de Acceso Cataluña (CGAIP), de las 9 funciones atribuidas a la GAIP, 2 se le atribuyen en la Ley 19/2014, de 29 de diciembre, de transparencia, acceso a la información pública y buen gobierno, y 7 a través del Decreto 111/2017, de 18 de julio, por el que se aprueba su Reglamento.

También existe la posibilidad de que los Órganos de Control puedan atribuir otras funciones a través de disposiciones de la propia Autoridad/Órgano, así, los Estatutos del Consejo de Transparencia y Protección de Datos de Andalucía (CTPDAn), que prevé que la dirección del Consejo podrá atribuir a la Comisión Consultiva de la Transparencia y la Protección de Datos otras funciones, (artículo 15 Decreto 434/2015, de 29 de septiembre), también el CTCLMancha.

El CTPDAn es el único que acumula las funciones de protección de datos y es claro que existe una relación entre ambos derechos, ya que una de las razones por las que la administración no autoriza la información que se solicita, es ese derecho fundamental a la protección de datos de terceras personas.

Los profesores de Administrativo GUICHOT REINA[446] y PIÑAR MAÑAS[447], analizan esta posibilidad de unir el control de la transparencia y la protección de datos, entendiendo que sería oportuno y justificado hacerlo en el ámbito autonómico por una razón de eficiencia y por su escaso grado de desarrollo en comparación a la situación estatal, que ya contaba con una Agencia de Protección de Datos. Sin embargo

446 GUICHOT REINA, Emilio, "Transparencia Versus Protección de Datos", VI Congreso Anual de la Asociación de Profesores de Derecho Administrativo, Palma de Mallorca, 2011, pág. 94-96. "El Derecho de Acceso a la Información Pública" Tirant lo Blanch. 2020 pág. 412

447 PIÑAR MAÑAS, José Luís, "Seguridad, transparencia y protección de datos: el futuro de un necesario e incierto equilibrio", Documento de trabajo de la Fundación Alternativas, núm. 147, 2009, pág. 60.

y en opinión de SIERRA RODRÍGUEZ[448], se corre el riesgo de que prime uno más que otro. Lo cierto es que ni en Cataluña ni en el País Vasco, que si existe Agencia de Protección de Datos se han acumulado, continúan como dos órganos independientes unos de otros. Además, tienen una naturaleza más inspectora y sancionadora que resolutiva.

Analizando el ámbito en el que desarrollan su labor de control, hemos visto que hay órganos de control, con atribuciones centradas en la transparencia, en uno de sus ámbitos publicidad activa o derecho de acceso, otros que también abarcan el buen gobierno, así como los menos, que tienen competencias en materias como la protección de datos, protección de derechos (Cuadro).

La mayoría de ellos asumen funciones especializadas en torno a la transparencia, como el derecho de acceso a la información pública, la publicidad activa y el buen gobierno [Aragón, Canarias, Navarra, Comunidad Valenciana, Región de Murcia y Castilla-La Mancha], y las que a su vez pueden no asumir funciones en los tres ámbitos, son las comisiones, catalana, balear y vasca.

Los catorce organismos analizados tienen en común que resuelven las reclamaciones del derecho de acceso, que se interpongan contra las resoluciones en materia de acceso a dicha información pública, con carácter potestativo y previo a su impugnación en vía contencioso-administrativa, que es lo que justifica su creación, siguiendo la LTAIBG; hay tres que tienen atribuciones más reducidas, que solo resuelven sobre el derecho de acceso a la información pública, siendo el caso de, Cataluña, País Vasco y la Comisión de Baleares. No obstante, el alcance de sus funciones es dispar y puede ir desde la mera resolución de las reclamaciones (Comisión balear y vasca), a tener una mayor amplitud como en el caso catalán, cuyas funciones abarcan de forma más general velar por las garantías del derecho, disponiendo de procedimientos de tutela específicos como la mediación que supone una novedad de la normativa catalana VILALTA[449]. Mientras las obligaciones de publicidad activa, están en el Síndico de Greuges, la Sindicatura de Cuentas y la Oficina Antifraude de Cataluña (art. 75 Ley 19/2014, de 29 dic.).

También extienden su control sobre la publicidad activa: Andalucía, Aragón, Canarias, Navarra, Valencia, Murcia, C-La Mancha, Asturias, Madrid, Galicia, C-León. Y de todos estos, los Consejos de Aragón, Navarra y Región de Murcia, así como el Comisionado canario, asumen esas dos atribuciones, derecho de acceso y publicidad sin exceder más esferas que la transparencia. En el caso de los Consejos murciano y navarro algunas de las funciones que se les otorgan se proyectan de forma general a la ley que los regula, lo que podría tener consecuencias en el ámbito de sus atribuciones. No obstante, se trata de funciones secundarias.

---

448 SIERRA RODRÍGUEZ, Javier, "Modelos de Organismos de Garantía de la Transparencia en las Comunidades Autónomas" Revista Española de la Transparencia núm.4. Primer Semestre 2017, pág. 91.

449 VILALTA REIXACH, Marc. "La aplicación del Derecho de acceso a la información pb en Cataluña". *Op cit,* pág. 147.

Cabe destacar en contraposición, solo la Comunidad Valenciana, Castilla-La Mancha y Galicia comparten con el CTBG la extensión de su ámbito de control desde la transparencia al buen gobierno, por lo que no se ha reproducido en exceso la incorporación de la tutela de esta materia en la configuración de los organismos de control, ya que los demás obvian esta materia recogida en la LTAIBG. Aunque desde la aprobación de la Ley 3/2015, de 30 de marzo, reguladora del ejercicio del alto cargo de la Administración General del Estado, el CTBG carece de competencias en esta materia.

En otros tres organismos se actúa además en otras materias, sucede en los Consejos de Galicia y Castilla-León, vinculados con los defensores del pueblo de sus respectivos territorios, por lo que amplían el ámbito de actuación a la protección de los derechos fundamentales, aunque han creado una comisión de Transparencia específica con personas ajenas a la Institución del Defensor; además del Consejo Andaluz, que se ha quedado como un caso singular al sumar la transparencia y la protección de datos, siendo el único caso que recogía la propuesta que formularon Guichot y Piñar[450] sobre la conveniencia de unir estos dos ámbitos a la hora de implementar el desarrollo de sus estructuras de Autónomas.

El profesor JIMÉNEZ ASENSIO,[451] sin embargo, entiende que esta suma de atribuciones de transparencia y protección de datos ofrece aspectos de interés y no pocas dudas en su efectividad, depende de cómo se haga y quién desarrolle tales funciones; considera que si, a una autoridad de protección de datos ya existente se le suman las atribuciones en materia de transparencia, cabe presumir que estas últimas se desdibujarán en los contornos de un derecho fuertemente interpretado con carácter defensivo (la protección de datos). Otra cosa distinta es que se sumen las competencias en materia de protección de datos a una agencia de transparencia ya existente, en la que la tradición institucional haya llevado a cabo una interpretación firme del derecho de acceso a la información pública y de otras dimensiones de la transparencia: el equilibrio en este caso, tal vez pudiera conseguirse.

Observamos que el buen gobierno, - toda la actuación pública debe poder ser controlada por los ciudadanos y participada por ellos, gracias al intercambio constante de información entre la sociedad civil y las instituciones públicas y a la implementación de medidas tendentes a la transparencia-, no se ha reproducido prácticamente en las autonomías, queda fuera de la actividad de la mayoría de los consejos, aunque era un pilar de la Ley 19/2013 e incorpora principios generales en la actuación de los poderes públicos como la transparencia, el servicio público, el interés general, la diligencia, la calidad y la conducta digna. Esta situación para este mismo autor, JIMÉNEZ ASENSIO[452] y en referencia al CTBG constituye "una rareza en términos comparados". (Valencia y Castilla-La Mancha, Galicia)

---

450 GUICHOT REINA, Emilio, op.ct. "Transparencia Versus Protección…" (2011) pág. 99 y PIÑAR MAÑAS "Seguridad, transparencia y protección…" (2009) pág. 88.

451 JIMENEZ ASENSIO Rafael, "Notas sobre los modelos autonómicos de instituciones de garantía de la transparencia. https://rafaeljimenezasensio.com/documentos/

452 JIMENEZ ASENSIO Rafael, Op. Cit. "Notas sobre los modelos autonómicos…"

Se ha ido hacia la constitución de órganos de garantía que pretenden abarcar todos y cada uno de los ámbitos de la transparencia, al menos los que tienen que ver con la publicidad activa y el derecho de acceso a la información pública. En opinión de JIMENEZ ASENSIO la transparencia debe ser conceptualizada como una idea integral, pero se han creado algunos órganos de garantía cuya función exclusiva es la de resolver reclamaciones, lo que ha conducido a la configuración de lo que denomina como "órganos monocultivo", que empequeñecen la transparencia y conlleva que el Ejecutivo siga teniendo un papel clave en el resto de dimensiones de la transparencia, principalmente en todo lo que implica fomento, seguimiento y control de esas políticas, que debería acompañarse de la atribución de esas competencias a los Consejos especializados. En las últimas leyes aprobadas se apuesta por configurar órganos de garantía con vocación funcional más amplia como son el País Vasco, Castilla-La Mancha y Asturias, prevén garantizar la observancia de las disposiciones de Buen gobierno y grupos de interés, también la modificación del 2018 de la Ley Foral de Navarra.

Órgano		Ámbito de control			Funciones
Estado	**CTBG**	Derecho Acceso	Publicidad Activa	Buen gobierno	Adoptar recomendaciones. Asesorar. Informar PL. Evaluar el grado de aplicación de la LT. Promover actividades de formación. Colaborar con otros órganos
Andalucía	Consejo de la Transparencia y Protección de Datos	Derecho Acceso	Publicidad Activa	Protección de datos	Resolución de las reclamaciones en materia de acceso a la información pública. Requerimientos para la subsanación de los incumplimientos de las obligaciones de transparencia.
Aragón	Consejo de Transparencia	Derecho Acceso	Publicidad Activa		Formulación de resoluciones para el mejor cumplimiento de las obligaciones de transparencia. Evaluación del grado de aplicación y cumplimiento de las obligaciones en materia de transparencia. Resolución de las reclamaciones en materia de acceso a la información pública.
Canarias	Comisionado de Transparencia y Acceso a la Información Pública	Derecho Acceso	Publicidad Activa		Control del cumplimiento de la obligación de publicar la información. Formulación de recomendaciones de cumplimiento e interpretación uniformes de las obligaciones establecidas en la ley. Asesoramiento en materia de transparencia. Evaluación del grado de aplicación y cumplimiento de la ley. Resolución de las reclamaciones en materia de acceso a la información pública.
Cataluña	Comisión de Garantía del Derecho de Acceso a la Información Pública (CGAIP)	Derecho Acceso			Resolución reclamaciones en materia de acceso a la información pública.
Navarra	Consejo de Transparencia de Navarra	Derecho Acceso	Publicidad Activa	Grupos de Interés	Únicamente se le atribuyen competencias en la garantía del acceso a la información pública. Conocer de las reclamaciones que se presenten contra las resoluciones. Informar preceptivamente los proyectos normativos. Evaluar el grado de aplicación y cumplimiento de las obligaciones en materia de transparencia. Promover actividades de formación y sensibilización.
Comunidad Valenciana	Consejo de Transparencia,	Derecho Acceso	Publicidad Activa	Buen Gobierno	Requerimiento, a iniciativa propia o como consecuencia de denuncia o reclamación, la subsanación de incumplimientos de las

	acceso a la Información Pública y Buen Gobierno				obligaciones recogidas en la ley. Adopción de criterios de interpretación uniforme de las obligaciones contenidas en la ley. Resolución de las consultas que en materia de transparencia pública. Velar por el cumplimiento de las obligaciones de publicidad activa. Asesoramiento en materia de transparencia. Promoción de la elaboración de recomendaciones, directrices y normas de desarrollo de buenas prácticas en la materia. Evaluación del grado de aplicación y cumplimiento de la ley. Resolución de las reclamaciones en materia de acceso a la información pública.
País Vasco	Comisión Vasca de Acceso a la Información Pública	Derecho Acceso		Buen Gobierno Grupos de Interés	Resolver las reclamaciones en materia de acceso a la información pública
Murcia	Consejo de la Transparencia de la Región de Murcia	Derecho Acceso	Publicidad Activa		Ejercicio del control sobre la publicidad activa. Evaluación del grado de aplicación y cumplimiento de las obligaciones en materia de transparencia. Resolver las consultas en materia de publicidad activa. Adopción de criterios de interpretación. Resolución de las reclamaciones en materia de acceso a la información pública.
Islas Baleares	Comisión para la resolución de reclamaciones	Derecho Acceso			Tramitación y resolución de las reclamaciones en materia de acceso a la información pública.
Castilla La Mancha	Consejo Regional de Transparencia y Buen Gobierno	Derecho Acceso	Publicidad Activa	Buen Gobierno Grupos de Interés	Garantizar los derechos de acceso a la información pública. Velar por el cumplimiento de las obligaciones de publicidad activa.
Asturias	Consejo Transparencia y Buen Gobierno	Derecho Acceso	Publicidad Activa	Buen gobierno y grupos de interés	
Madrid	Consejo Regional de Transparencia y Participación	Derecho Acceso	Publicidad Activa	Participación	La resolución de las reclamaciones. El control del cumplimiento de la obligación de publicar la información por los sujetos relacionados en el ámbito de aplicación de esta Ley. La formulación de recomendaciones. El asesoramiento en materia de transparencia y participación. La evaluación del grado de aplicación y

					cumplimiento de esta Ley. La emisión de dictámenes. La resolución de las reclamaciones en materia de publicidad activa. La resolución e investigación de las reclamaciones o denuncias establecidas en el Título IV, cuando no den lugar a un expediente sancionador. La incoación e instrucción de los expedientes sancionadores.
Galicia	Comisionado de Transparencia del Valedor do Pobo	Derecho Acceso	Publicidad Activa	Buen Gobierno Adicionalmente las propias del Valedor do Pobo: protección de los derechos fundamentales	Responder a las consultas formuladas por los sujetos obligados. Adoptar recomendaciones. Asesorar en materia de transparencia. Efectuar requerimientos para la subsanación de incumplimientos de las obligaciones de difusión activa. Resolución de las reclamaciones en materia de acceso a la información pública.
Castilla y León	Comisionado de Transparencia (Procurador del Común) y Comisión de Transparencia	Derecho Acceso	Publicidad Activa	Adicionalmente las propias del Procurador del Común: protección de los derechos fundamentales	Evaluación del grado de aplicación de la ley. Velar por el cumplimiento de las obligaciones de publicidad activa. Resolución de las reclamaciones en materia de acceso a la información pública

Cuadro elaboración propia

VI.- RECAPITULACIÓN

Vimos en el capítulo anterior cómo el modelo de Consejo de Transparencia y Buen Gobierno, diseñado por la Ley 19/2013, tras la derogación de la Ley 6/1997 de Organización y Funcionamiento de la Administración General del Estado por la Ley 40/2015, de 1 de octubre, de Régimen Jurídico del Sector Público, se encuadra dentro de la tipología de entidades del sector público institucional denominadas como autoridades independientes. Se trataba ahora de contrastarlo con los órganos que han ido apareciendo en las CCAA, comprobando si esa teórica independencia se cumple, para después valorar si la imparcialidad y la especialización también se confirman.

Hemos intentado analizar en este capítulo las características que han adoptado los diferentes órganos o autoridades de garantía del derecho de acceso a la información de las catorce CCAA que han regulado su creación, comparando sus respectivas regulaciones[453] respecto a elementos y características que han adoptado en su diseño, en su régimen jurídico, funciones, organización interna y especialmente sobre su composición, con la finalidad de poder afirmar si está asegurada realmente su independencia y su eficacia en el ejercicio de sus funciones -como predica su normativa-, en cada uno de los diseños por los que han optado el legislador en cada una de ellas. Y responder/proponer cuál sería el órgano ideal-modelo-ejemplo, si lo hay.

1. Independencia, especialización y carácter colegiado

La Disposición adicional 4ª que desarrolla lo dispuesto en el art. 24.6 de la LTAPBG, respecto a la competencia para conocer de las reclamaciones sustitutivas de los recursos administrativos, deja un amplio margen de configuración a las CCAA; se pueden crear órganos propios, al tratarse de una materia organizativa y por tanto cuentan con potestad de autoorganización (art. 148.1.1 CE), por el TC[454]. Recoge la disposición un rasgo básico que es la independencia del órgano de garantía del control del derecho de acceso a la información creados en las CCAA, para tener credibilidad y autoridad en su función, también exigida expresamente por el art. 8.1 del Convenio del Consejo de Europa 205 de 18/06/2009 sobre acceso a documentos públicos. Pero no concreta los mecanismos mínimos para garantizar esa independencia, ni el rango que deben tener las normas autonómicas. La Ley 39/2015 de Procedimiento Administrativo, art. 112.2 los configura como órganos colegiados encargados de la reclamación sustitutiva de los recursos administrativos ordinarios y al control de legalidad, previo al contencioso.

---

453 Se analizan datos que se obtienen de las siguientes fuentes: las distintas leyes de transparencia, estatal y autonómicas, por las que se rigen, incluidos los desarrollos reglamentarios y las normas de funcionamiento internas con las que cuentan algunos de los órganos; la información que periódicamente se pone a disposición de la ciudadanía por medios electrónicos en sus respectivos portales institucionales; los informes anuales y memorias que deben presentar.

454 ST 204/1992, de 26 de noviembre (RTC 192, 204) (FFJ) 4 y 5) relacionada con esta materia, puesto que en ella el TC afirmó la constitucionalidad de la creación por parte de las CCAA de órganos consultivos equivalentes, en el ámbito autonómico, al Consejo de Estado, que emitan los dictámenes preceptivos previstos por la legislación en sustitución de este.

Del análisis realizado, respecto a estos medios alternativos que son los Consejos/Comisiones a los que se encomienda la resolución de las reclamaciones, se deduce que en algunos casos hay elementos que podrían asegurar su independencia, pero precisamente los órganos que resuelven las reclamaciones dentro de cada organismo son los que en mayor medida carecen de características en su diseño que la garanticen y lo veremos en su actuación práctica cuando analicemos su actividad.

Resulta difícil hacer una clasificación entendible y clara ya que estos órganos de ámbito autonómico han adoptado configuraciones muy diversas; aun así, se ha intentado agrupar por características comunes y en función de algunos criterios como son su naturaleza jurídica, organización interna, en su composición, nombramientos y mandatos, materias objeto de control, la morfología de su estructura y la atribución de la facultad de resolución de reclamaciones de acceso.

Para tratar de determinar la independencia que predican las normas de estos órganos de garantía de transparencia y autonomía funcional mayor o menor, son rasgos o cuestiones básicas la estructura que adoptan, si se articula en torno a un órgano unipersonal o colegiado, la composición de los mismos, presencia o no de los partidos políticos, grupos parlamentarios o del gobierno, la forma de elección de sus miembros y qué mayorías, procedimiento de elección y destitución, vinculada a la especialización o no, quien los nombra, quien propone, el presupuesto y funciones que tienen asignadas...

Hemos visto como la **naturaleza jurídica** puede influir, claramente, en el cumplimento de las finalidades encomendadas a estos órganos de control y existen criterios que serían muy aconsejables de ser observados a este respecto: la atribución de personalidad jurídica propia, el carácter colegiado y la adscripción. Pero en función de su configuración normativa, sólo tiene personalidad jurídica propia y plena capacidad de obrar el Consejo de Transparencia y Protección de Datos de Andalucía -art. 43.2 LTAn-, después el Consejo de Transparencia y Buen Gobierno de Asturias (art. 63 "*…se crea como ente público con personalidad jurídica propia … "*.
Conviene apuntar que a menudo se ha incidido en la personalidad jurídica propia de los organismos de control, obviando que la misma puede ser una condición deseable, pero en ningún caso necesaria ni suficiente, para garantizar su autonomía, la cual es un producto más de su configuración material que de su denominación formal, como afirman JIMENEZ ASENCIO y MARTÍN DELGADO[455].

Mayoritariamente los órganos de control están **adscritos** a otros órganos, ejecutivos, ministerios o departamentos: Presidencia, Función Pública, Interior y Justicia, [Consejo de Aragón, CGAIP, Consejo de Navarra, Consejo de Valencia, Comisión Vasca a la Viceconsejería de Función Pública, Consejo Murcia, la Comisión (CRAIP) Baleares, Asturias adscritos al departamento competente en materia de transparencia]. Algunos de ellos como el [Comisionado de Canarias, el Consejo de CLM y el Consejo de Madrid con apoyo jurídico, técnico y administrativo del Parlamento respectivo, así como los medios personales y materiales que sean necesarios]. O a otros, como la Comisión de Galicia, integrada en el Valedor del Pueblo o la Comisión de Castilla y León integrada en el Procurador del Común.

---

455 JIMÉNEZ ASENSIO, Rafael. Op, cit: "Instituciones de garantía de la transparencia". pág. 67, 2017; MARTÍN DELGADO, I. "La configuración legal de los consejos autonómicos de transparencia: algunos riesgos para el ejercicio de su función de control". en Cotino Hueso, Lorenzo y Boix Palop, Andrés: Debate El buen gobierno y la transparencia, a caballo entre la Ética y el Derecho. Revista Internacional de Éticas Aplicadas, (2018), núm. 27, Madrid, pág. 288-289.

Algunos autores piensan que pueden ganar en independencia si están vinculados al Parlamento; sin embargo, en opinión de Mir Puigpelat,[456] aunque se busque reforzar la independencia, la adscripción de los órganos de control autonómico a personas jurídicas que no son Administración ejecutiva, sino legislativa -a las Cortes- o bien al Defensor-, tiene consecuencias tanto sobre la función de control como sobre el control jurisdiccional de sus resoluciones, creando confusión. Será necesario interpretar que estos entes actúan en ejercicio de competencias materialmente administrativas para poder concluir la competencia del orden jurisdiccional contencioso-administrativo para el conocimiento de los recursos judiciales que eventualmente puedan presentarse ante los mismos.[457]

También mayoritariamente, y a efectos de resolución de reclamaciones, tienen **carácter colegiado**, el Consejo de Transparencia de Aragón, CGAIP Cataluña, Consejo Navarro, Consejo Valenciano, Comisión País Vasco, Consejo Murcia, Comisión Balear, Consejo de C-La Mancha, Comisión de Transparencia de Galicia, y Castilla y León. Es unipersonal el órgano que se crea en Andalucía, Canarias y Asturias, a imagen del CTBG estatal, por tanto, aun siendo una exigencia Legal[458] de la norma básica del Estado y el deber de ser cumplida, sus leyes autonómicas están vulnerando la legislación estatal a la hora de atribuirles a ellos por vía sustitutiva, la resolución de las reclamaciones en materia de acceso, ya que no se da la colegialidad en ambos casos. Estas normas autonómicas que no respetan este criterio podrían incurrir en inconstitucionalidad.

En este sentido, afirma MARTIN Delgado que el órgano autonómico deberá reunir los tres requisitos: independencia, especialización y carácter colegiado, "[y] deberá hacerlo con condiciones de constitucionalidad puesto que han sido incorporadas en normativa reguladora del procedimiento administrativo común y a través de la LTAIBG, en normativa básica estatal[459]"

El art. 112 LPAC es claro a la hora de atribuir la función sólo en favor de "órganos colegiados o comisiones", a pesar de que la LTAIBG 19/2013 no lo requiera; ya que atribuye la resolución de las

---

456 MIR PUIGPELAT, Oriol, "Las autoridades autonómicas de garantía del derecho de acceso. Una aproximación crítica a su diseño institucional", en TRONCOSO REIGADA, Antonio (Dir.), Comentario a la Ley de Transparencia, Acceso a la Información Pública y Buen Gobierno, Cizur Menor. Civitas Thomson-Reuters, 2017, pág. 1823-1851 (publicado también, con algunos cambios, en Cuadernos Constitucionales, en prensa).
https://www.ub.edu/portal/documents/620105/0/Oriol+Mir+-+Autoridades+de+garant%C3%ADa+derecho+de+acceso+-+Comentario+LTAIPBG+-+Troncoso+-+versi%C3%B3n+impresa/38e65629-ef5a-adfd-017d-57841a858cc3

457 INFORME ANUAL DE EVALUACIÓN DEL CUMPLIMIENTO DE LA LEY 12/2014, DE TRANSPARENCIA DE CANARIAS 2016 En el caso del Comisionado de Transparencia de **Canarias**, el primer recurso se ha presentado ante un Juzgado Provincial de lo Contencioso-administrativo, que se ha inhibido a favor del Tribunal Superior de Justicia de Canarias, órgano que ha aceptado la competencia.
https://transparenciacanarias.org/wpcontent/uploads/2017/12/MEMOTRANS_2016_WEB_BAJA.pdf

458 *art. 112 LPAC y de la DA 4ª y el artículo 23 LTAIBG.* Aunque la LTAIBG no menciona la necesidad de que el órgano de control tenga carácter colegiado, desde el momento en que su creación se justifica para la resolución de reclamaciones sustitutivas del régimen ordinario de recursos y, en consecuencia, resulta posible en aplicación de lo previsto en el art. 112 LPAC, necesariamente se ha de mirar a su contenido. Y éste señala que la atribución de tal función puede hacerse sólo en favor de "órganos colegiados o comisiones", es decir, entes de naturaleza colegiada y no de carácter unipersonal

459 MARTÍN DELGADO, I. Op. Cit.: "La configuración legal de los consejos autonómicos…", p. 291

reclamaciones del derecho de acceso a la figura del presidente del CTBG estatal y no a su órgano plenario.

Esta realidad constituye un contrasentido con los rasgos que debería tener un órgano que se protege de posibles influencias, compartiendo de este modo la crítica que hace SENDIN[460] ante tal configuración. Así, vemos que una parte de la doctrina expresa una opinión crítica respecto al modelo en el que sobresale la figura del presidente, argumentando que dicha configuración se aleja de la lógica propia de una autoridad independiente, al dejar una parte muy importante del funcionamiento del órgano en las manos de una sola persona, y, por tanto, exponiéndola a cualquier problema que pueda surgir.

Otra parte de la doctrina, considera que en los supuestos en los cuales se producen una elección por el pleno del Parlamento o el refrendo del nombramiento por parte de una comisión parlamentaria (como en el caso del presidente del CTBG), su carácter unipersonal reduce la tendencia al "sistema de cuotas" entre partidos y favorece la designación de perfiles ideológica y políticamente más neutrales e independientes.

En opinión de JIMENEZ ASENSIO[461], "aunque la colegialidad puede ser entendida como un criterio que ayuda a la objetividad y la independencia del órgano", desde el punto de vista material no considera que sea un requisito definitivo. Es más, según él un análisis de sus respectivas resoluciones y criterios pone de manifiesto que la actuación de ambas instituciones, en términos generales puede ser valorada positivamente. Sin embargo, "se trata de una exigencia legal derivada de normativa básica estatal y, precisamente por ello, debe ser cumplida." Considera el profesor I. MARTÍN[462] que aunque en principio, es menos garantista atribuir el control a un órgano unipersonal que hacerlo a un órgano colegiado, en tanto que la colegialidad apunta hacia la objetividad y la calidad de la decisión y, por tanto, refuerza la independencia, no menos cierto es que la colegialidad, en sí misma, no es garantía absoluta de imparcialidad, pues ésta dependerá de la composición del órgano, de la forma en la que sean elegidos sus miembros y del modo concreto de ejercer su función, por ello, la unipersonalidad del órgano no tiene por qué poner en riesgo la independencia y neutralidad de la actuación.

---

460 SENDÍN GARCÍA, Miguel Ángel. El Consejo de transparencia y buen gobierno. Revista Jurídica de Castilla y León, Valladolid, n. 33, pág. 13-14, mayo. 2014; ORDUÑA PRADA, Enrique, SÁNCHEZ SAUNDINÓS, José Manuel. Comentario al artículo 37. Presidente del Consejo de Transparencia y Buen Gobierno. TRONCOSO REIGADA, Antonio (Dir.) Comentario a la Ley de Transparencia, Acceso a la Información Pública y Buen Gobierno, Madrid: Civitas, 2017, pág. 939; SIERRA RODRÍGUEZ, Javier. Una crítica al diseño de los organismos de garantía del derecho de acceso en las comunidades autónomas. Revista Jurídica de Castilla y León, Valladolid. 45, pág. 81-82, 2018.

461 JIMÉNEZ ASENSIO, Rafael, "Instituciones de garantía de la transparencia. *Integridad y Transparencia*, El Cronista del Estado Social y Democrático de Derecho, Madrid, febrero 2017, número. 68. Pág. 71-92. http://www.rafaeljimenezasensio.com

462 MARTÍN DELGADO, Isaac., op. ct. "La configuración legal de los consejos autonómicos de transparencia… pág. 293

Sin embargo, para el profesor Endriu COCCIOLO, la pluralidad y colegialidad aportan, a priori, mayores ventajas, aunque la colegialidad puede restar cierta eficiencia al funcionamiento y proceso de toma de decisiones de la autoridad.[463]

Aunque diríamos que la colegialidad en los órganos responsables del control refuerza la independencia porque dificulta la posible presión y control en sus miembros, y con el debate, coordinación y profesionalidad se incrementa la objetividad y la calidad jurídica de las decisiones; reconoceremos que la imparcialidad en el ejercicio de las competencias quedará demostrada a través de las resoluciones de las reclamaciones frente a decisiones administrativas en materia de acceso y de los criterios interpretativos y actuaciones para la garantía del cumplimiento de las obligaciones de publicidad activa que adopte y lleven a cabo estos órganos/autoridades, como propone el profesor MARTÍN.

Aun así, todas las leyes autonómicas siguen la legislación estatal e inciden en el carácter independiente o en la autonomía funcional del órgano o institución de garantía de la transparencia en el ejercicio de sus competencias, respecto a la administración. Sin embargo, en la inmensa mayoría de los casos, esa independencia es muy cuestionable, analizando la composición y el sistema de nombramiento de cada una de ellas. Vamos viendo que los órganos/autoridades con más autonomía funcional o independencia frente al Ejecutivo podrían ser los que tienen estatuto de autoridad independiente. (Andalucía, Cataluña cuentan con los medios personales y materiales del Gobierno, Canarias y C-La Mancha, vinculados a los parlamentos con su apoyo jurídico, técnico y administrativo).

En palabras de SALVADOR MARTÍNEZ[464], la "autonomía se garantiza sobre todo limitando o condicionando la participación del Gobierno en **la elección** y cese de los miembros de las "autoridades independientes", si lo trasladamos a la configuración institucional de los órganos/autoridades de transparencia, llegaríamos a la conclusión de que sería deseable que la elección o designación de los miembros – o al menos de los órganos que tienen asignada la competencia de resolver las reclamaciones en materia de acceso – intervengan los parlamentos mediante fórmulas de votación con mayorías especialmente reforzadas.

Existen múltiples diferencias en los procesos de elección y nombramiento de la Presidencia y componentes de los distintos órganos/autoridades de transparencia, regulados en sus normativas correspondientes. La elección tiene lugar por designación del Parlamento o del Gobierno regional de cada CCAA. Destaca, singularmente, el caso del Consejo de Transparencia de Aragón, por ser el único en el que en el nombramiento del presidente no interviene el Parlamento autonómico, el presidente del Consejo es elegido por el Pleno del CTNa por mayoría simple de entre sus miembros; los miembros del Pleno si serán nombrados por orden del titular del departamento competente en materia de transparencia, previa designación de cada una de las instituciones representadas.

---

[463] COCCIOLO, Endrius. "La arquitectura administrativa de la transparencia en España: regulation-inside-government y diseño institucional de las Autoridades de Transparencia". Revista de Investigações Constitucionais, Curitiba, vol. 6, núm. 3, pág. 544.

[464] SALVADOR MARTÍNEZ, María. Partidos políticos y "autoridades independientes". Revista Española de Derecho Constitucional, Madrid, núm. 104, pág. 90, may./ago. 2015.

En cuanto a los procesos de designación de las personas que ocupan la Presidencia y las vocalías de los Órganos de control, también varían en función de cada caso. El resto de diferencias se corresponden con el tipo de mayoría empleada a la hora de elegir a sus integrantes, el número de personas que integran los órganos colegiados o la forma de nombramiento.

En general, son órganos, elegidos por el Parlamento de cada CCAA por una mayoría de al menos tres quintas partes [Castilla y León, Canarias, Cataluña, Valencia, Castilla-León, Castilla-La Mancha y Madrid]; [por mayoría absoluta Navarra y Andalucía]; [Murcia deberá obtener una mayoría de 2/3 en una primera votación o mayoría absoluta en una segunda votación y Asturias también una mayoría de 2/3], Galicia por mayoría de tres quintos, pero el resto de miembros lo son por las entidades o instituciones a los que representan.

En el caso del País Vasco la elección del presidente de la Comisión de control se realiza por el Gobierno, siendo el titular de la Dirección General de la Consejería competente en la materia y será esta Consejería la que nombre a los dos vocales funcionarios, previa su convocatoria pública.
Y el más original lo teníamos en Baleares donde la elección se realizaba inicialmente por sorteo público entre los miembros de la abogacía regional, actualmente el nombramiento es por el Consejo de Gobierno a propuesta del consejero de Presidencia.

No obstante, sería imprescindible que como dice SENDÍN GARCÍA[465] lo relevante es que en el ejercicio de su cargo no tenga influencia sobre él quien lo haya nombrado, más que el hecho de quién lo haya podido nombrar.

También mayoritariamente se contempla que, expirado el mandato, quien estuviera en ese momento en el cargo continuará en sus funciones hasta que se formule la nueva designación.

Ocho leyes autonómicas siguen la LTAIBG art.37.2, en cuanto al cese o **destitución** de los miembros del Consejo y la relación de causas tasadas previstas: expiración del mandato, muerte, renuncia, incumplimiento grave de sus obligaciones, incapacidad sobrevenida para el ejercicio del cargo, incompatibilidad y condena por delito: Andalucía, Canarias, Navarra, Castilla-La Mancha, Asturias, Madrid y C-León. La Ley Navarra prevé las causas tasadas no solo en relación con el presidente del Consejo, sino también con los demás miembros que representan a las entidades e instituciones ajenas (art. 73.2), también la Ley de Asturias (art. 67); y sin embargo la Ley Gallega mantiene estas causas en el presidente (art. 5.1) pero no dice nada sobre la destitución de los miembros de otras instituciones, de manera que tendrán libertad para quitar y poner dichas instituciones.
Al igual en Aragón, que es libre la destitución de todos sus miembros por quienes los designan, incluido el presidente.

No se especifican ni en la Ley Balear, ni en la de Cataluña, -si en su reglamento y se añade un supuesto –art.12. g) *llegar a la edad de 70 años*; ni en Valencia en que deberán cesar a algunos miembros cada vez que se reduzca el número de grupos parlamentarios. En el País Vasco el presidente de la Comisión

465 SENDÍN GARCÍA, Miguel Ángel, Op. Ct. pág. 11. " El Consejo de la Transparencia y Buen Gobierno".

alto cargo del gobierno, tiene la potestad de cesar a los otros dos componentes en supuestos determinados.

Donde existen diferencias es en el órgano o institución que lleva a cabo la separación o cese, siendo el Parlamento en los casos de Canarias, Cataluña, Valencia (art. 84 regl), Castilla-Mancha (art. 62.2), Galicia y Castilla-León y el Consejo de Gobierno en Andalucía (no deja de ser curioso, la designación la hace el Parlamento, pero el cese lo hace el Gobierno.

También el mecanismo de destitución y sus causas son fundamentales para esa independencia de la que hacen gala todas las leyes autonómicas, para evitar el cese por razones políticas o de desacuerdo con las decisiones tomadas por los consejos

La mayoría de CCAA vemos han optado por instituciones de nueva creación dedicadas sólo a la transparencia, de elección parlamentaria por mayoría cualificada, mandato no renovable y causas de cese tasadas, pero son múltiples las variantes; órgano colegiado de elección parlamentaria (Cataluña) o integrado por representantes de Instituciones estatutarias (Aragón), órgano unipersonal de elección parlamentaria (Canarias); (Valencia) órgano colegiado -3 personas propuestas por los GP- con poderes ejecutivos elegido por el Parlamento y órgano colegiado consultivo con representantes de Instituciones públicas y sociales, posteriormente con la aprobación de la Ley 1/2022, se suprime la comisión consultiva que nunca se llegó a constituir.

Esa designación mayoritariamente parlamentaria, se considera tradicionalmente la forma más idónea de garantizar la independencia de los miembros, aunque no podemos obviar que a veces subyace el mecanismo de cuotas entre los diferentes grupos parlamentarios que valora más su afinidad política que los méritos. A su vez la composición en más de uno, por miembros del gobierno o los miembros que actúan en representación de entidades ajenas a los órganos de control, hace que sea de dudosa credibilidad su independencia (Navarra, Murcia). Además, comprobamos que el número de miembros que forman los consejos -desde los 12 de Navarra, 14 Aragón a los 18 de Murcia-, no tiene relación directa entre las materias gestionadas y su complejidad con la composición de los órganos, es más, a menos materias más miembros (a excepción de Andalucía), sucede en Murcia, Aragón y Navarra. Como dato comparativo con el CTBG estatal lo integran 8 personas, los autonómicos lo superan.

Esta presencia de representantes de partidos políticos, de grupos parlamentarios o de cargos de la Administración sujeta a control en algunos de los órganos que tienen encomendada la función de resolver reclamaciones es preocupante en unos órganos que deben ser – en virtud de la disposición adicional 4ª y de los art 23 y 24 de la ley- especializadas e independientes de miembros que ostentan la condición de políticos o de representantes de las Administraciones llamadas a ser controladas por aquellas, por el riesgo de afectación a su independencia en el ejercicio de tal función. Las mínimas exigencias de imparcialidad obligan al menos a que tales representantes se abstengan (en virtud de los art. 23 y 24 de la Ley 40/2015 de 1 de octubre, de Régimen Jurídico del Sector Público -LRJSP-) siempre que el órgano colegiado respectivo deba conocer de una reclamación dirigida contra alguna de las Administraciones a las que representan. No solo SALVADOR,[466] sino la mayoría de la doctrina considera que la autonomía se garantiza sobre todo limitando o condicionando la participación del

[466] SALVADOR MARTÍNEZ, María. Op. Cit. "Partidos políticos…" p. 85.

gobierno en la elección y cese de los miembros de las "autoridades independientes"; y el profesor COCCIOLO propone que el sistema para designar candidatos para los órganos de control, deben alinearse con un modelo plural y abrirse a fórmulas inusuales en nuestro ordenamiento, como la convocatoria pública de expertos.[467]
Sin embargo, son designados y representan colectivos, instancias o formaciones de distinta procedencia: representantes de las administraciones y/o de organismos públicos; representantes de grupos parlamentarios; expertos; representantes de la sociedad civil.

Sumamos que los requerimientos de **cualificación** son poco específicos, de ahí la ausencia de expertos en la materia que contrasta con la mayoría institucional en los consejos; más allá de la exigencia de una serie de años de experiencia en materia relacionada (Cataluña - requiere, alto nivel técnico -juristas y técnicos en materia de archivos con 10 años experiencia, aunque no dice con qué preferencia-, Madrid - requiere de reconocido prestigio con diez años de experiencia profesional acreditada en actividades relacionadas con el sector público, la transparencia y el acceso a la información pública-), la mayoría (Aragón, Murcia y Navarra) no exigen ninguna experiencia mínima profesional previa, y según el proceso de designación, como hemos mencionado, es susceptible que los nombramientos vengan dados por un reparto entre los diferentes grupos parlamentarios; los requisitos de acceso establecidos son indeterminados, como "reconocido prestigio", por ello, hubiera sido deseable que se hubiera exigido un mayor nivel de requisitos en el perfil - juristas con determinada experiencia en derecho público y administrativo-, se hubieran fijado criterios interpretativos técnicos, sólidos que diesen orientación a todos los actores implicados en esta materia, con lo que se reducirían las posibilidades de ser ocupado por personas que responden más a los intereses de los grupos parlamentarios y por tanto de los partidos políticos (individualmente o por acuerdo entre ellos), en lugar de que sean los más idóneos en función de las labores a desempeñar; estos datos son relevantes para medir la independencia de los consejos.

En mi opinión, -teniendo en cuenta la función de garantía jurídica que tienen encomendada estos órganos, que elaboran resoluciones fundadas en el Derecho y analizan argumentos contrapuestos del ciudadano solicitante de acceso a información, de la Administración e incluso de terceros afectados-, no es de recibo que sus normas no exijan un perfil jurídico a sus miembros que deciden la eventual anulación del acto administrativo, previamente a la posible reclamación ante los Tribunales. No cabe duda de que, si existiese un elevado grado de especialización e incluso prestigio jurídico, los Consejos se convertirían en instituciones de referencia y sus resoluciones serían aceptadas incluso por los tribunales ya que éstos no son especialistas en transparencia exclusivamente.

No quiero decir que no pueda resultar conveniente la presencia de miembros especializados en otros temas, de apoyo puntual y consultivo -archivo, comunicación, documentación, economistas-, pero para aplicar la legislación en materia de transparencia se debería requerir una formación amplia y sólida en Derecho administrativo general y en Derecho público en particular, para ir resolviendo los problemas que se van planteando.

---

467 COCCIOLO, Endrius. Op. ct. "La arquitectura administrativa de la transparencia..." p. 566.

Por otro lado, **las incompatibilidades** pueden favorecer el desempeño del puesto con objetividad e independencia, pero en general no son muy exhaustivas. En Cataluña los miembros de la CGAC tienen el mismo régimen que el del personal al servicio de las administraciones públicas, por lo que no se establecen las prohibiciones que serían deseables, como la no vinculación con organizaciones políticas, si en Castilla y León donde la ley determina que el cargo de Comisionado es incompatible con cualquier otro, sea por elección o por designación. Tampoco puede estar al servicio de la Administración pública, ni afiliado a partidos políticos, sindicatos, ni desempeñar funciones directivas en Asociaciones, Fundaciones y Colegios Profesionales, ni ejercer actividad laboral, mercantil o profesional alguna.

Es verdad que eso no impide a personas con vinculaciones políticas que puedan simplemente renunciar a su militancia para ejercer el cargo, de modo que se prive de eficacia al objetivo que se busca. (Es el caso práctico en los nombramientos de jueces de paz en los municipios.)

Estas personas van a tener una presencia pública grande y las incompatibilidades deberían ser de mayor alcance; por ello SIERRA RODRIGUEZ[468] realiza una propuesta consistente en generalizar la prohibición de hacer actividades de propaganda política y descartar los posicionamientos políticos o ideológicos públicos que no tengan justificación por su relación con la materia objeto de control. (Pero como se controla y vigila tal cosa). También considera preocupante que ninguna norma autonómica prevea un régimen de incompatibilidades más reforzado que el establecido, en su caso, por la normativa general para altos cargos y empleados públicos para el periodo posterior a la finalización del mandato. Evitar expectativas que incentiven la relajación de las funciones de control al esperar que existan una especie de puertas giratorias o un trampolín hacia la política tras la finalización del mandato.

El grado de **dedicación** que se exige a sus miembros en las normas autonómicas, unido a la compensación económica, constituye otro instrumento importante de garantía de su independencia, imparcialidad y total objetividad en la práctica, ya que según se va conociendo por la ciudadanía la existencia de un órgano de impugnación, el número de reclamaciones que reciban puede ascender, a lo que se suma el gran número de sujetos a los que han de controlar. Por ello, cuando estudiamos que la condición de miembro del Consejo, en algunas CCAA, no exige dedicación exclusiva ni da derecho a remuneración, con la excepción de la percepción de dietas e indemnizaciones, no parece justificado, aunque sea necesaria la austeridad y ahorrar en gastos superfluos siempre, lo cierto es que poner en marcha este nuevo instrumento de transparencia administrativa, es costoso económicamente, pero debería valorarse como una inversión en términos de mejora de la calidad democrática.

Por tanto, este es otro elemento que nos hace dudar de esa independencia deseada, la falta de dedicación exclusiva en los casos de Aragón, Navarra, Murcia o Comunidad Valenciana (ya se contempla en la ley 1/2022 exclusividad en los futuros miembros) más allá de la posibilidad de percibir dietas e indemnizaciones por asistencia a reuniones, ya que también nos hace plantearnos dudas, sobre su capacidad efectiva para el ejercicio de la función de control. La duda no es sobre la calidad de sus

---

468 SIERRA RODRÍGUEZ, Javier., Op. Cit. "Una crítica al diseño de los organismos de garantía …, p 112.

resoluciones, sino sobre los límites que se derivan de confiar el ejercicio de las funciones a la buena voluntad de sus miembros. Lo que JIMÉNEZ ASENSIO[469] llama "el control por afición", que lógicamente, tiene sus limitaciones.

Al igual que se encuentran diferencias en lo referente a la designación de la Presidencia de estos órganos/autoridades, también las hay en quién va a formar parte de los mismos, desde **el número** reducido de Cataluña (3 a 5 miembros) al caso de Murcia (18 miembros); y en **la duración del mandato**, en general de 4 a 5 años, así tenemos que durará un periodo de 5 años no renovable (Andalucía, Canarias, Valencia, Murcia, Galicia), 5 y 6 años renovable respectivamente en Asturias y C-La Mancha a 4 años renovable (Aragón, Castilla-León), 4 años no renovable (Navarra, País Vasco) a la última Ley aprobada de (Madrid que recoge 6 años no renovables para los consejeros y dos para el presidente que irá alternándose.

Teniendo en cuenta los criterios anteriormente desarrollados, son varias las dudas que se plantean en relación con las diferentes opciones del Legislador autonómico; ya que la pretendida independencia aconsejaría que los mandatos sean superiores a la legislatura y no sean renovables o lo sean de forma limitada.

En cuanto a la **composición**, vemos claramente un mayor componente político que técnico en sus miembros, en el caso de Aragón, Navarra, Murcia, Galicia, que atribuyen la competencia para resolver las reclamaciones en materia de acceso a una comisión plural donde hay representantes de distintos órganos, algunos de carácter independiente y otros que forman parte de la propia Administración; ya que el Legislador autonómico ha ido copiando el modelo de la Comisión de Transparencia del CTBG pero atribuyéndole no una función meramente consultiva, sino la competencia para resolver reclamaciones.

Son autoridades de transparencia caracterizadas por la presencia de cargos de la Administración la Comisión Vasca -director General- y dos vocalías (ocupadas por personal funcionario de carrera que, en teoría podría garantizar la independencia del órgano, aunque nombrados por el Consejero de Administración Pública y Justicia previa convocatoria pública), o bien por la presencia de abogados funcionarios de la Comunidad en la Comisión de Reclamaciones de Baleares, es difícil pensar que su composición no afecta a la independencia en el funcionamiento del órgano ya que en Baleares la función de los letrados es defender a la Administración, aunque en la norma se diga que en cuanto que actúan como miembros de la Comisión lo hacen con independencia y autonomía; de hecho, no está resuelto qué ocurrirá en los casos en los que se decida recurrir por parte de la Administración autonómica las resoluciones de la citada Comisión.

Tenemos también órganos de control que han intentado en sus normas la ausencia del componente político y de cargos de la Administración: Consejo de Transparencia y Protección de Datos de Andalucía (integrado por dos órganos, la Dirección, unipersonal a la que se encomienda la resolución

---

469 JIMÉNEZ ASENSIO, R., Op. Ct. "Notas sobre los modelos autonómicos…" p. 72. https://rafaeljimenezasensio.com/documentos/

de las reclamaciones en materia de acceso elegido por el Parlamento y la Comisión Consultiva como órgano de participación y consulta formado por 15 miembros). El Comisionado o comisionada de Canarias órgano unipersonal elegido por mayoría de tres quintas partes del Parlamento de Canarias. La Comisión de Garantías del Derecho de Acceso de Cataluña (compuesta por -entre 3 y 5 juristas especialistas en derecho público -, aunque en este caso el carácter colegiado del órgano (2 miembros en la actualidad) permite "reparto de sillones" y un pasteleo" entre las distintas fuerzas políticas; para Mir Puigpelat[470] el hecho de que parte del régimen jurídico de sus miembros se haya remitido al desarrollo reglamentario y no se haya blindado por Ley resulta, cuanto menos, criticable). La Comisión de Transparencia de Castilla-León integrada en el Procurador y la Comisión de Transparencia de Galicia integrada en el Valedor, que tiene la competencia para resolver las reclamaciones en materia de acceso -las Cortes Autonómicas, eligen al Procurador del Común y al Valedor por mayoría cualificada de las 3/5 partes-.

Por último, vemos intención de un mayor componente técnico -aunque no se profundiza en el perfil- que político en sus miembros, en las últimas Leyes aprobadas y en las CCAA que no han puesto en marcha su órgano de garantía, es el caso de Castilla-La Mancha, Asturias y también en Madrid que ya se ha constituido en noviembre 2021.

Por tanto, además de eliminar la presencia de políticos y de incluir la especialización, otro elemento que constituiría un instrumento importante de garantía de su independencia, imparcialidad y total objetividad, sería la dedicación exclusiva de los miembros y una retribución adecuada, así como en las causas tasadas de cese y la duración no renovable de los mandatos, pero cada autonomía aplica un criterio diferente y son insuficientes esos mecanismos en la mayoría de los Consejos.

2. Otros mecanismos de garantía de independencia e imparcialidad

Otro elemento fundamental es el **presupuesto** que hace posible y condiciona el funcionamiento de una organización y, por lo tanto, desempeña un papel importante para el cumplimiento de los objetivos y funciones de los Consejos Autonómicos, así como las implicaciones de la dotación presupuestaria sobre el nivel de autonomía. Y, las cifras que conocemos muestran las grandes diferencias y los escasos medios económicos con que los Gobiernos dotan a estos organismos –así, por ejemplo, el Reglamento de funcionamiento del Consejo de Transparencia de Aragón, aplica el modelo de no incremento de gasto público en dotaciones, retribuciones y personal. Es cierto que es necesaria la austeridad y ahorrar en gastos superfluos en la Administración pública, pero la puesta en marcha del órgano que garantizará el derecho de acceso a la información pública, y de transparencia administrativa en general, es costoso, pero no es menos cierto, que la garantía efectiva que otorga el mecanismo de la reclamación rápida, masiva y gratuita ante las Autoridades u Órganos creados, constituye una herramienta útil a la ciudadanía. Todos los expertos coinciden con la opinión del profesor BELARRA[471], se trata de una

---

[470] MIR PUIGPELAT, Oriol., "El acceso a la información pública en la legislación española de transparencia: crónica de un cambio de paradigma". Revista Catalana de Dret Públic, núm 55, 2017, pág. 1835.

[471] BELARRA GORROCHATEGUI, Javier., "Los consejos de transparencia autonómicos en España: ¿marketing político o vectores de buen gobierno?" R.I.T.I. (Revista Internacional de Transparencia e Integridad, núm. 6. enero-abril 2018, p. 75.

inversión que tendrá sin duda un gran retorno en términos de mejora de la calidad democrática, y que, desde una perspectiva puramente economicista, se compensará de sobra con el ahorro derivado de la reducción de la corrupción que la transparencia traerá consigo. No hay que perder de vista que la forma más sutil de corrupción, y seguramente la más eficaz, es la de reducir los medios de los órganos de control, administrativos o judiciales llamados a combatirla.

La realidad es que la aprobación del presupuesto del CTBG estatal, a través de la Ley de Presupuesto del Estado, que presenta el Ministerio de Hacienda anualmente al Legislativo y según todos los datos la regla general es, que se ha obtenido un presupuesto menor al solicitado, creciente de 2015 a 2017 (datos totales anuales: 2.580.200,70; 2.896.120; 2.919.020), y decreciente de 2018 a 2021 (2.276.860; 2.276.860 prorrogado; 2.248.261,57).

Siguiendo esa línea, la financiación de los órganos de control regionales para el adecuado ejercicio de sus funciones, se hace con cargo al Presupuesto de la CCAA y del Departamento competente en materia de transparencia al que se adscriben, o bien con cargo al Presupuesto de los Parlamentos a los que se adscriben algunos Consejos.

Observamos como el presupuesto del Consejo Andaluz muestra un crecimiento desde su creación, sucede también en Canarias en sus tres primeros años -2016 a 2018- de funcionamiento, pero va reduciéndose en el último año, a excepción del capítulo de personal; de igual manera en Murcia. En cuanto a Galicia su presupuesto aumenta muy paulatinamente desde 2016, no así el del Comisionado de Castilla y León.

Si comparamos el presupuesto de todos ellos en el año 2019, vemos cómo Andalucía cuenta con 2.479.963 de euros, frente a Murcia con 511,299€, mientras Canarias cuenta con 707.352 euros y Galicia con 1.890.604, el porcentaje mayor se dedica a personal en todos ellos, pero estas cifras muestran los limitados medios económicos con que se dota a estos órganos de control; sin que podamos deducir si las cantidades se deben a competencias, número de personal o a qué criterios ya que los consejos autonómicos cuentan por ejemplo con amplias funciones, (que oscilan desde las 6 de Andalucía y las 13 de Valencia, Murcia 11, Aragón 9, Navarra 7) pero no vemos una relación entre las competencias, el personal, los presupuestos, las funciones o la población (ej. la Región de Murcia se situó a 1 de enero de 2020 en 1.510.951, el número de habitantes que residen en las Islas Canarias en el año 2020 es de 2.175.952 personas).

De los órganos autonómicos en funcionamiento, hemos visto que el CTPDAn es el único que tiene personalidad jurídica, aunque no suficiente para identificar su independencia, no deja de ser una característica conveniente, en la medida en que se puede asociar a otros factores que aumentan el nivel

---

ROBERTO LENARDÓN Fernando, “Los órganos de control y la lucha contra la corrupción en Argentina”. Auditoría Pública núm. 51 (2010) pág. 47.
ACKERMAN SUSAN Rose., “Independencia, interferencia política y corrupción.” Informe Global de la Corrupción 2007. Transparency International. P. 17 www.transparency.org
ANDERICA, Victoria, ONG Access Info. La clave reside en una Administración de cristal, que exigen todos los expertos. "A mayor transparencia, menos corrupción", "El derecho de acceso a la información convierte a cualquier persona en auditor de las cuentas públicas. Una buena Ley de Transparencia tiene efecto disuasorio y preventivo”. https://www.publico.es/espana/hay-antidoto-corrupcion.html

de independencia del órgano, como que cuenta con partida presupuestaria propia y en cuantía suficiente que elabora él mismo y ejecuta con autonomía[472], también en la selección de personal, al menos en teoría, en el caso de los de adscripción a la administración puede haber también una razón económica añadida, ya que es menos costoso integrar un órgano nuevo en un ente administrativo ya existente y aprovechar sus recursos. Presenta muchas competencias y un alto presupuesto, pese a las menores funciones que gestiona en un área, el de transparencia (desde 2021 el de protección de datos). La población en Andalucía alcanzó el 1 de enero de 2020 la cifra de 8.460.261 habitantes.

Mientras Navarra, Aragón con presupuesto irrelevante o Valencia con 250.000€, con menos miembros, tiene el mayor número de áreas publicidad activa, derecho de acceso y buen gobierno, y funciones asignadas. La población de Valencia en el año 2020 es 5.051.250 habitantes.

Una queja generalizada de los órganos de garantía es la escasez de medios económicos en unos y en otros, la absoluta falta de medios económicos propios, bien porque no disponen de ningún recurso o bien porque carecen de un presupuesto propio y segregado de la institución a la que están vinculados. En ocasiones no se les permite presentar su informe anual ante la comisión de su parlamento, impidiendo de esa forma una mínima rendición de cuentas y un mayor conocimiento público de sus actuaciones.

Es evidente que, para realizar eficazmente sus actividades, los órganos garantes deben disponer de recursos -tanto financieros como humanos- suficientes para el cumplimiento de sus funciones, disponer de una RPT propia con personal cualificado con formación jurídica, así como garantizarles el uso y manejo adecuado de dichos recursos conforme a sus estrategias, y observamos que no hay una correlación entre las competencias, los integrantes, los presupuestos, las funciones y la población. Las reiteradas quejas de no pocos Consejos autonómicos de transparencia –que pueden leerse en sus memorias anuales– son un claro indicador del riesgo de falta de autonomía en el ejercicio de su función por carencia de medios suficientes.

Por lo general, el equipo humano que presta apoyo a los órganos de control, es **persona**l funcionario de la Administración CCAA o de los Parlamentos, aunque el número varía de unos a otros, de tres personas, seis, doce a treinta; y algunos tienen un número importante de asesores o personal eventual (Galicia y Castilla-León), que se explica porque son los que asumen doble función en las Instituciones ya existentes.

El patrimonio de los órganos de control está integrado por los bienes y derechos que le sean adscritos o cedidos por cada Comunidad Autónoma o cualquier otra Administración Pública, así como por todos aquellos bienes y derechos que adquiera o reciba por cualquier título, en las CCAA donde sus órganos

---

472 MIR PUIGPELAT, Oriol. "Comentario a la Ley de Transparencia, Acceso a la Información y Buen Gobierno. Las autoridades autonómicas de garantía del derecho de acceso. Una aproximación crítica a su diseño institucional". Troncoso Reigada, Antonio (Dir.). Cizur Menor: Thomson Reuters Civitas, 2017. Nos recuerda como Órganos como el Consejo de Estado, carecen de personalidad jurídica y no por ello disfrutan de una menor independencia y autonomía de gestión. En general el atributo de la personalidad está sobredimensionado en Derecho Administrativo en comparación con otros países, donde sólo se la reconoce al Estado en su conjunto y no a la Administración pública, pág. 1826.

de control estén vinculados a la Administración regional. Los órganos vinculados a los Parlamentos de su CCAA, no tienen patrimonio propio.

Otro elemento a tener en cuenta, es la falta de identidad digital propia de los Consejos. Los consejos cuentan con direcciones webs vinculadas con la web del ejecutivo, excepto algunos pocos como Andalucía o Murcia, con espacio web personalizado, el resto dividen su ubicación digital entre el sitio corporativo o el portal específico de transparencia del gobierno autonómico correspondiente. Igual sucede con las direcciones electrónicas de los consejos, no cuentan por tanto con una identidad propia digital en la red y su ligazón con el gobierno o con su portal de transparencia, es una cuestión que no infunde confianza al ciudadano ya que entiende que no hay objetividad ni independencia en su actuación. A la vez la transparencia que se les presupone tampoco existe en cuanto a la publicación de información como presupuestos, personal o planes anuales.

Las normas de transparencia, con carácter general disponen la obligación de difundir información relativa a "las funciones que desarrollan, la normativa que les sea de aplicación, así como a su estructura organizativa; el artículo 6.1 Ley 19/2013, de 9 de diciembre, LTAIBG prevé que la organización administrativa en sí misma es objeto de la transparencia, incluirán un organigrama actualizado que identifique a los responsables de los diferentes órganos, su perfil y trayectoria profesional.

Pero vistos uno a uno los órganos/autoridades, la propia transparencia interna de los Consejos queda velada, con un elemento tan básico como la ausencia de datos presupuestarios en la mayoría de sus webs (Aragón, Cataluña, Valencia, País Vasco, Baleares, y Navarra) podríamos buscar la razón en la falta de voluntad o la falta de medios disponibles. También la carencia de planes de actuación en la mayoría es un importante freno para la futura consolidación de estos Órganos.

Esta situación, establece una independencia más teórica que real para los consejos, la suma de todos estos elementos[473] –la estructura político/institucional, la falta de expertos, la limitación presupuestaria, las mayorías políticas, la ausencia de dominios webs, sin medios ni identidad propia-, puede generar distanciamiento y falta de confianza en la ciudadanía, corriendo el riesgo de no cumplir con el control de transparencia asignado y su función implícita de fortalecer las sociedades democráticas por medio de la regeneración y la fiscalización pública, que queda en manos del compromiso y de la voluntad política que se tenga con la transparencia. Porque sin independencia, imparcialidad y especialización no hay garantía de transparencia. "*Lo demás es retórica*", concluye Jiménez ASENSIO.[474]

---

473 Tabla de Indicadores del Global RTI Rating sobre independencia autoridad especializada Fuente: http://www.rti-rating.org/.nos hace referencia a 4 indicadores de los que usa el Global Right To Information (RTI) Rating para evaluar las leyes de acceso a la información en todos los países que las han creado. Garantías legales para asegurar la independencia de las autoridades especializadas en la aplicación de la ley: El sistema de nombramiento les protege de influencias políticas y de despidos arbitrarios. Informa al Parlamento y su presupuesto lo aprueba el Parlamento. Prohibición de nombrar personas con fuertes vinculaciones políticas y exigencia de experiencia profesional. Inmunidad legal para el órgano y para los informantes de buena fe.

474 JIMENEZ ASENSIO Rafael, Op.Ct: "Notas sobre los modelos autonómicos de instituciones de garantía de la transparencia. https://rafaeljimenezasensio.com/documentos/

No encuentro explicación a dicha situación, más allá de la falta de voluntad ya que existe ley estatal, leyes autonómicas, órganos de control, aunque contrasta con la falta de funcionamiento o con su dependencia del ejecutivo en el funcionamiento en varias CCAA, pero el legislador no ha previsto mecanismos cerrados para garantizar la independencia en la acción de servir al ciudadano, ni mecanismos para sancionar a los servidores públicos por incumplimiento, fundamental para el desarrollo de nuestra democracia, máxime cuando en estos últimos años ha habido debates en torno a la legitimación de las Administraciones independientes y la independencia e imparcialidad de los jueces y de los tribunales. Comparto que actualmente los consejos de transparencia están más próximos a una "moda"[475] vinculados con una acción de marketing público y se muestran como estructuras creadas más bien por coyuntura política y no con la voluntad clara de servir a la ciudadanía; realizo ésta afirmación basándome en lo siguiente:

Los Consejos de Transparencia de Castilla La Mancha, Asturias y Cantabria continúan sin constituirse, años después de haber sido creados por sus respectivas leyes autonómicas en lo que supone una muestra de incoherencia entre el sistema autonómico de transparencia que se dice y presume configurar por ley autonómica y el realmente "no puesto en marcha", en la práctica.

No ha mejorado tampoco el grado de atención prestado por las Administraciones e instituciones públicas a los requerimientos y recomendaciones de mejora reiteradamente expresados por los Consejos y Comisionados en sus acuerdos y resoluciones ni el nivel de cumplimiento de sus resoluciones, contestadas, incluso, en el ámbito judicial por algunas de las organizaciones o instituciones llamadas a ejecutarlas.

Para formalizar este servicio público, considero que los Ejecutivos deberían asumir la transparencia, creérsela y practicarla y los legisladores atender a las mejoras que se van proponiendo desde diversos canales y actores que trabajan en transparencia, después de que hayan pasado varios años de la Ley estatal y puesta en funcionamiento de los Consejos.

La existencia de órganos independientes, encargados de supervisar y evaluar la actuación en este sentido de las Administraciones y las instituciones públicas, representa no solo, junto a los Tribunales de Justicia, la garantía institucional necesaria para la efectividad de los derechos de los ciudadanos y sus organizaciones, sino también el estímulo necesario para que aquellas cumplan eficazmente con las exigencias legales en la materia y acometan las transformaciones y modificaciones necesarias de sus procesos de trabajo.

Es evidente que los Consejos, Comisiones y Comisionados de Transparencia pueden y deben cumplir una función decisiva en la implantación activa de la transparencia. Por ello, el fortalecimiento, normativo y material, de los Órganos garantes de la transparencia, el cumplimiento de sus resoluciones, la puesta en práctica de sus recomendaciones y el respaldo a la labor que desarrollan deben

[475] MARTÍN DELGADO, I., Op.Ct: "La configuración legal de los consejos autonómicos de transparencia: algunos riesgos para el ejercicio de su función de control", en Cotino Hueso, Lorenzo y Boix Palop, Andrés: El buen gobierno y la transparencia, a caballo entre la Ética y el Derecho. Revista Internacional de Éticas Aplicadas, núm. 27, pág. 282

incorporarse necesariamente a la estrategia de gestión y a las políticas de todas las organizaciones públicas.
A partir de ahí, planteamos propuestas de mejora que se exponen a continuación.

VII.- PROPUESTAS DE MEJORA PARA CONFIGURAR UN MODELO ÓPTIMO DE CONTROL

Llegando a la conclusión de que ninguno de los diseños que se ha planteado en los diferentes tipos de organismos de control en las CCAA es el más eficaz para asegurar su independencia y eficacia respecto a la función de garantes del control de transparencia, tras años de aplicación de la normativa en el Estado y en las CCAA, de que el conocimiento de las herramientas e instrumentos que pueden utilizar los ciudadanos para ejercitar sus derechos se incrementa, la política de transparencia y los propios órganos garantes continúan estando ausentes de la agenda política y de que su funcionamiento no satisface las demandas de la ciudadanía más organizada y activa, ni de los propios Consejos y Comisionados de Transparencia; se propone elaborar una serie de requisitos que sería deseable trasladar.

En todos ellos, debería producirse un reconocimiento de la labor que desarrollan, fundamentalmente con un incremento de la dotación de los medios humanos y materiales necesarios para el desarrollo de sus funciones con toda la eficacia y ejecutividad necesarias.

Y sería momento de diseñar medidas y modificar la normativa para cubrir las deficiencias que se van detectando en el día a día de su funcionamiento –estudiadas sus resoluciones-, sobre todo las directamente relacionadas con las facultades coercitivas o sancionadoras de todos y cada uno de los órganos de control.

Es verdad que se ha dejado al Legislador autonómico un amplio margen de actuación en la configuración de los órganos de control, que ha sido aprovechado para diseñar un modelo de órgano de garantía, en unos casos más "óptimo" y en otros menos.

En mi opinión la configuración de estos Consejos y Comisionados debería responder a la siguiente estructura orgánica:

- ✓ En cuanto a su naturaleza jurídica, que se constituya como un órgano colegiado encargado de velar por el cumplimiento y las garantías del derecho de acceso a la información pública en la CCAA. Que posea personalidad jurídica propia, ejerciendo sus funciones con plena independencia orgánica y funcional, sin sumisión a instrucciones jerárquicas de ningún tipo.

- ✓ Con facultad de redactar sus propios estatutos, que propondrán al Gobierno Autonómico, en donde se establezca su organización, su estructura y funcionamiento, así como todos los aspectos que sean necesarios para el cumplimiento de sus funciones.

- ✓ Vinculado al Parlamento, quien le ha de proporcionar la información y el apoyo necesarios para garantizar el cumplimiento de la normativa presupuestaria, de personal, patrimonial, de contratación. Que no tenga adscripción o dependencia del Gobierno, al que controlan y que el Ejecutivo carezca de representación en el órgano de garantía. Mal puede controlar al Gobierno en materias de transparencia si, al final, está sujeto a su vigilancia; es todo lo contrario, precisamente el Consejo o Comisionado de Transparencia debe vigilar al Gobierno.

✓ Estructuralmente y en relación con la composición orgánica de los Consejos es suficiente un presidente que represente al órgano y un pleno compuesto por aquel y dos consejeros/vocales, ya que considero que la conformación mayoritaria que incorpora al órgano representantes de diversos órganos y entidades, puede restarles objetividad e independencia, toda vez que en el ejercicio de sus funciones pudiesen primar en estos Consejos o Comisionados intereses corporativos más que criterios tendentes a una aplicación objetiva de las diferentes Leyes de Transparencia. Además, un funcionario adscrito al Consejo que desempeñe la secretaría, con voz y sin voto.

✓ Que cuente con el apoyo técnico de dos unidades, servicios o áreas administrativas: Servicio de Reclamaciones y Asuntos generales bajo la dirección de uno de los dos consejeros/vocales del órgano -que formule las propuestas de resolución de las reclamaciones por derecho de acceso a la información pública y gestione el registro de reclamaciones y resoluciones del órgano, además, tramite los expedientes-. Y un Servicio de Evaluación y Control de la Transparencia bajo la dirección del segundo de los consejeros/vocales del órgano -que controle y evalúe el cumplimiento de la normativa de transparencia activa en el conjunto de las Administraciones públicas regionales y demás sujetos obligados. También tramite las denuncias por incumplimiento de las obligaciones de publicidad activa-.

✓ Para garantizar independencia a este órgano tener recogido en su ley reguladora que ni su nombramiento ni su cese sean potestad del Gobierno autonómico sino del Parlamento. Que el presidente y vocales elegidos por el Parlamento no por mayoría simple, sino por una mayoría muy cualificada (dos tercios), a propuesta de los Grupos Parlamentarios, con un perfil más técnico que político y, por un período no renovable de cinco años -que no coincida con la legislatura parlamentaria-. Ya que entiendo que la idea de la no reelección incrementa en forma importante los niveles de independencia y autonomía, especialmente en un órgano de control y garantista de derechos, en la medida que las decisiones adoptadas no tomarán como elemento de análisis una posible nueva designación.

✓ Más exigencias respecto al perfil del presidente, que sea una persona de reconocido prestigio y competencia profesional de alto nivel técnico -juristas especialistas en derecho público y técnicos en otras materias como medioambiente, urbanismo, economía, empleo público... (materias relacionadas con la mayoría de las reclamaciones que vemos en las memorias de todos los órganos de control); elegidos entre expertos con más de diez años de experiencia profesional-. También respecto a los consejeros/vocales exigir algún grado de especialización y formación en estas materias y experiencia profesional acreditada en actividades relacionadas con el sector público, la transparencia y el acceso a la información pública.
Y a todos ellos, se les exija un proceso de evaluación individual mediante la comparecencia en Comisión Parlamentaria, para que la Comisión ejerza sus funciones mediante acuerdos de

carácter técnico-jurídico, que en ningún caso puedan ser motivados por criterios de oportunidad o de conveniencia.

- ✓ Dedicación exclusiva ya que se requiere especialización y dedicación.

- ✓ El cargo de presidente y consejero será incompatible con todo cargo o empleo en la Administración pública en situación de servicio activo salvo la actividad docente, con el desempeño de cualquier cargo público o político, con todo mandato representativo, con el desempeño de funciones directivas en un partido político o en un sindicato, asociación o fundación y con el empleo al servicio de los mismos, con el ejercicio activo de las carreras judicial y fiscal y con cualquier actividad profesional, mercantil o laboral.

- ✓ Entre las causas tasadas de pérdida de la condición de consejero, incluir las obligaciones derivadas de un código ético.

- ✓ Proporcionarles la dotación de los medios humanos y materiales necesarios para el desarrollo de su labor con toda la eficacia y ejecutividad necesarias: que el órgano sea el que propone anualmente los medios personales y materiales necesarios para desarrollar su actividad en función de las reclamaciones tramitadas y de la actividad desarrollada -a la vista de los datos y los indicadores objetivos de su finalidad, con la finalidad de adaptarlos a sus necesidades. Independencia no sólo funcional, también presupuestaria.

  Por tanto, deberá tener presupuesto específico con una sección presupuestaria propia, con cargo a los Presupuestos Generales del Parlamento autonómico y su anteproyecto de presupuesto será aprobado, a propuesta del presidente del Consejo, por la Mesa del Parlamento Autonómico.

- ✓ Con el objeto de preservar su no sujeción al Gobierno y a la Administración Autonómica, el personal de apoyo al órgano de control quedará bajo la dirección del presidente, que es quien convocará los procedimientos de provisión de los puestos de trabajo, designará las comisiones de valoración y efectuará los correspondientes nombramientos.

- ✓ Será el propio órgano el que prevea la elaboración y aplicación de las relaciones de puestos de trabajo, la propuesta de RPT y deberán constar los puestos que deban ser desempeñados por trabajadores públicos, dando prioridad a los concursos entre el personal del parlamento al que se adscribe, así como la determinación de los puestos, los grupos de clasificación profesional, los cuerpos o escalas, los sistemas de provisión de puestos y las retribuciones complementarias.

- ✓ Identidad digital propia de los Consejos, con espacio web personalizado, facilitando la accesibilidad a la ciudadanía desde los portales propios y utilizando el correo electrónico en la presentación de reclamaciones y convertirlos en auténticos canales para el desarrollo de la cultura de la transparencia.

- ✓ Que la web del Consejo proporcione información de las personas responsables de las distintas unidades administrativas, listado de los procesos de selección de personal (concurso de méritos, libre designación), de personal del Consejo. Actas y actividad desde su puesta en funcionamiento.

Es imprescindible en definitiva una coordinación entre las CCAA para conseguir una configuración legal de los órganos de control autonómicos que garantice además de su funcionamiento autónomo, una respuesta rápida y eficaz a las reclamaciones de los ciudadanos, la igualdad de criterios para la igualdad de trato de los ciudadanos en materia de transparencia en todas y cada una de las CCAA; y para ello es necesario –que más allá de la fórmula que hayan aprobado los legisladores- establecer requisitos comunes basados en elementos como la población a la que se atenderá, funciones atribuidas, presupuesto y personal acorde con las cargas de trabajo del Consejo.

V.- LA ACTIVIDAD DE LOS ÓRGANOS GARANTES DEL DERECHO A LA INFORMACIÓN PÚBLICA EN LAS COMUNIDADES AUTÓNOMAS

CAPÍTULO QUINTO

LA ACTIVIDAD DE LOS ÓRGANOS GARANTES DEL DERECHO A LA INFORMACIÓN PÚBLICA EN LAS COMUNIDADES AUTÓNOMAS

"Lo que no se define no se puede medir. Lo que no se mide no se puede mejorar.
Lo que no se mejora se degrada siempre".
KELVIN[476]

Se tratará en este capítulo, de efectuar un análisis crítico y una valoración práctica del modelo alternativo de resolución de conflictos en el sector de la transparencia que ha diseñado el legislador en cada CCAA, tomando como referencia las resoluciones dictadas y publicadas por los Consejos, Comisiones y Comisionados de Transparencia, y los criterios interpretativos, memorias e informes que han publicado hasta el momento. Ello nos permitirá seguir comprobando si existe en nuestro sistema un instrumento eficaz que permita garantizar realmente un control fiable, rápido y económico de la actividad administrativa en materia de transparencia y acceso a la información pública. También tendremos que estudiar cómo las autoridades de control, en primer término, y los órganos jurisdiccionales, en última instancia, interpretan las causas de inadmisión y los límites regulados en los arts. 18 y 14 de la Ley. O cómo aplican las reglas del art. 15.3 de la Ley para encauzar la ponderación entre el derecho a la protección de datos personales y el derecho de acceder a la información. El nivel de transparencia va a depender del modo en que se interpreten las causas de inadmisión y los límites regulados; y es que se presenta a menudo como un recurso fácil al que puede aferrarse la Administración reacia a dar la información solicitada.

Analizaremos el tiempo transcurrido desde la interposición de una reclamación hasta la aprobación de la resolución, junto con el número de reclamaciones o resoluciones hay otro elemento de análisis, el sentido de las resoluciones aprobadas por los Consejos, según tengan sentido estimatorio o desestimatorio de la reclamación interpuesta o finalicen mediante acuerdo de mediación -Cataluña-, desistimiento del reclamante, inadmisión por incumplimiento de los requisitos de las reclamaciones en materia de derecho de acceso, o bien porque durante el procedimiento de reclamación se produce la pérdida del objeto y se entrega la información reclamada.

En lo que respecta a su rendimiento, se observa la aceleración paulatina de su actuación y las dificultades propias de la puesta en marcha de un organismo nuevo, que van a persistir años después, aunque es necesario el análisis de ese periodo amplio para una adecuada valoración.

I.- GARANTÍAS NO JURISDICCIONALES DE LA CIUDADANÍA FRENTE A LA ADMINISTRACIÓN EN LAS CCAA

[476] THOMSON KELVIN, William. "Elements of Natural Philosophyace", 1872. Fuente del libro: Biblioteca digital de India Artículo 2015.161232. Hace más un siglo el físico y matemático británico, estableció las bases de lo que es sin duda la piedra angular de los procesos evaluativos y las concentró en tres frases.

Para gestionar la posibilidad de sustitución de los recursos ordinarios por las reclamaciones en materia de transparencia que plantean los ciudadanos y las entidades, las 17 CCAA utilizan uno de los siguientes cinco instrumentos:

- ✓ Los consejos de transparencia en Andalucía, Aragón, Navarra, Comunidad Valenciana, Región de Murcia.
- ✓ Los defensores del pueblo en Galicia y Castilla y León.
- ✓ La comisión específica en Cataluña, Islas Baleares hasta el año 2021 en que firma un convenio con el Consejo estatal y País Vasco.
- ✓ El comisionado de transparencia y acceso a la información pública de Canarias.
- ✓ El convenio con el Estado a través del CTBG, que supone la gestión indirecta en las 6 comunidades restantes: Cantabria, Extremadura, Castilla La Mancha, Asturias, Madrid hasta el año 2021, La Rioja, y las dos ciudades autónomas (Ceuta y Melilla). [477]

La tramitación de la reclamación se ajustará a lo dispuesto en materia de recursos en la Ley 39/2015, de 1 de octubre, del Procedimiento Administrativo Común de las Administraciones Públicas. Cuando la denegación del acceso a la información se fundamente en la protección de derechos o intereses de terceros, se otorgará, previamente a la resolución de la reclamación, trámite de audiencia a las personas que pudieran resultar afectadas para que aleguen lo que a su derecho convenga.

El plazo para la interposición (al igual que en el CTBG Estatal) de la reclamación con carácter potestativo y previo a la jurisdicción contencioso-administrativa, frente a toda resolución denegatoria, expresa o presunta, en materia de acceso por la ciudadanía a la información pública, dictada por las Administraciones públicas del ámbito de actuación, es de un mes, en la mayoría de leyes de las CCAA a contar a partir del día siguiente a la resolución expresa - notificación del acto impugnado, (Andaluz, Aragón, Cataluña, País Vasco, Galicia, o desde el día siguiente a aquél en que se produzcan los efectos del silencio administrativo.
Este plazo podrá ampliarse por otro mes en el caso de que el volumen o la complejidad de la información que se solicita así lo hagan necesario y previa notificación al solicitante. Transcurrido el plazo máximo para resolver sin que se hubiera dictado y notificado resolución expresa, se entenderá desestimada la solicitud.

La respuesta (también siguiendo el CTBG Estatal) será en un plazo máximo de tres meses y su decisión será de obligado cumplimiento para la Administración. Los Consejos disponen de entre dos (Cataluña) y tres meses (Andalucía, Navarra, Aragón, Canarias, Valencia, País Vasco, *Illes Balears,* Galicia…) para resolver la reclamación, transcurrido ese plazo la reclamación se entiende desestimada. En cuanto a Órganos con regulación diferente o más favorable al ciudadano, el Consejo de Transparencia de Andalucía dispone de **veinte días** para resolver la reclamación. Transcurrido el plazo, la reclamación podrá entenderse desestimada. El Consejo, a través de su Director, posee capacidad para formular requerimientos de subsanación de los incumplimientos de las obligaciones de

[477] BELARRA GORROCHATEGUI, Javier., "Los consejos de transparencia autonómicos en España: ¿marketing político o vectores de buen gobierno?" *R.I.T.I. (Revista Internacional de Transparencia e Integridad*, núm. 6 en-abr 2018, p. 75.)

publicidad activa y para incoar expedientes disciplinarios o sancionadores ante infracciones en materia de transparencia.[478]

En la Comisión de Garantía del Derecho de Acceso a la Información Pública de Cataluña (GAIP) potestativamente se puede solicitar que la CGAIP organice un procedimiento de **mediación** entre las partes, solicitante con la Administración reclamada, a fin de encontrar un acuerdo dentro del plazo de un mes[479]. Adicionalmente, se establece un procedimiento de evaluación externa del cumplimiento de la Ley del que es responsable el Síndic de Greuges[480]. Si no se pide la mediación, o no se alcanza un acuerdo en el marco de ésta, la GAIP resuelve dentro del plazo máximo de dos meses desde la presentación de la reclamación. Si no lo hace, la reclamación se entenderá desestimada. Las resoluciones de la GAIP son ejecutivas y vinculan a la Administración afectada.

En cuanto a Navarra en su Título VIII art. 68, contempla las garantías administrativas, judiciales y extrajudiciales que tienen los ciudadanos y es que a la interposición de los recursos administrativos se suma la posibilidad de presentar una **queja ante el Defensor** del Pueblo de Navarra siempre que se haya impedido o limitado su derecho de acceso a información; la intervención del Defensor del Pueblo de Navarra no suspenderá el transcurso de los plazos para la interposición de la reclamación o recurso contencioso-administrativo procedentes. Contempla también, la creación de una unidad para informar todos los recursos administrativos en materia de información y participación y colaboración ciudadanas, con la intención de mantener una unidad de criterio.[481]

Ni la Ley de Baleares ni el Decreto que regula la Comisión recogen el plazo de resolución, hay que ir a su web[482] y a la Ley 39/2015 LPAC para saber que son tres meses. Igual en la Comunidad de Castilla

---

478 RIDAO MARTÍN Joan, "La regulación de la transparencia y del acceso a la información pública en la esfera autonómica un estudio comparado". Comunidades Autónomas (art. 2), lo que no es impedimento para que éstas tengan su propia regulación que, respetando los contenidos mínimos establecidos en la ley estatal, sean más favorables al reconocimiento de los derechos de los ciudadanos que la propia legislación estatal (Ridao, 2014: 15) como por ejemplo la reducción de plazos para resolver las solicitudes que en Andalucía es de **veinte días**, según establece el artículo 32 de la Ley 1/2014, de 24 de junio, de Transparencia Pública de Andalucía. *Revista general de derecho constitucional*, núm. 19, 2014.

479 Las atribuciones que tiene la Comisión en la resolución de las reclamaciones por la vía de la mediación, supone una novedad respecto al resto de leyes de transparencia y va en la línea de la progresiva implantación y extensión de estos procedimientos de negociación y acuerdo para la resolución de conflictos entre las partes. Así, la Ley de transparencia catalana incluye este mecanismo como alternativo para la resolución de las reclamaciones, siendo vinculantes sus acuerdos en caso de aceptación voluntaria del proceso de mediación (arts. 42 y 43)

480 Cataluña gestiona la transparencia mediante dos órganos. Así, el Síndic de Greuges es el encargado de velar por el cumplimiento de la publicidad activa en materia de transparencia pública de las instituciones catalanas, mientras que la comisión de garantías trata del derecho de acceso de los ciudadanos. En todo caso, el CTBG referencia al Síndic de Greuges la gestión de las reclamaciones en materia de transparencia.

481 Título VI art. 63 y ss. Ley Foral 5/2018, de 17 de mayo, de Transparencia, acceso a la información pública y buen gobierno.

482 http://www.caib.es/sites/informaciopublica/es/resumen_del_procedimiento/
Decreto 1/2019, de 11 de enero, regulador de la Comisión para las Reclamaciones de Acceso a la Información Pública

y León ya que ni la Ley 3/2015 de 4 de marzo, de transparencia ni el Decreto 7/2016, de 17 de marzo, contemplan el plazo de resolución de las reclamaciones.

La resolución que se adopte por los Comisionados y por los Consejos de Transparencia autonómicos será en todo caso motivada, y podrá estimar o desestimar, en su totalidad o en parte, la reclamación presentada. Es plenamente ejecutiva y las Administraciones reclamadas están en la obligación de cumplirla o de recurrirla ante la Sala de los Contencioso del Tribunal Superior de Justicia de cada CCAA[483]. Se publicarán, previa disociación de los datos de carácter personal que contuvieran, por medios electrónicos en cada uno de los Portales de Transparencia y en la sede electrónica o página web de la entidad objeto de la solicitud y en los términos en que se establezca reglamentariamente, una vez se hayan notificado a los interesados.

En caso de desestimación de la solicitud de acceso a información, no son muchos los solicitantes que acuden al contencioso-administrativo, ya que en la mayoría de los casos la pretensión es personal, sin ventajas económicas y con fines diferentes; por ello sería necesario como exige LÓPEZ RAMÓN[484]. plazos cortos, medios suficientes e independencia en la respuesta.

Sin embargo, BUSTILLO Bolado[485], duda de que la sustitución de los recursos ordinarios por otros métodos impugnatorios sea mejor solución que tratar de tramitar y resolver con rapidez y objetividad los recursos de alzada y reposición. En la misma línea, se muestra BLANES Climent[486] que descarta que el Consejo sea garantía de tutela suficiente y apuesta por el control jurisdiccional, a través de un procedimiento específico.

Pretender un estudio en profundidad de sus criterios de actuación, así como de sus resoluciones y realizar un análisis exhaustivo, de forma y de fondo, de los diferentes órganos de control, implicará no sólo el estudio detallado de la regulación contenida en las diferentes normas autonómicas de transparencia, sino la lectura de muchas de las resoluciones emitidas hasta el momento por los mismos. Se intentará al menos con el balance y evolución de datos año a año, llegar a conclusiones generales.

---

[483] En el caso del Comisionado de Transparencia de **Canarias**, el primer recurso se ha presentado ante un Juzgado Provincial de lo Contencioso-administrativo, que se ha inhibido a favor del Tribunal Superior de Justicia de Canarias, órgano que ha aceptado la competencia. Canarias posee un sistema de medición propio que está comenzando a poner en práctica.
https://www. transparenciacanarias.org/i2016indicetransparencia

[484] LÓPEZ RAMÓN, F. "La resolución extrajudicial de conflictos", INAP-AEPDA, Madrid, 2015, pág. 224. Considera que hacer útil al Consejo supondría una auténtica revolución en nuestro Derecho Administrativo y una contribución real a la mejora del Estado de Derecho y a la Seguridad Jurídica.

[485] BUSTILLO BOLADO, R. "Derecho Administrativo español y la solución extrajudicial de conflictos. Entre el (razonablemente hermoso) mito y la (menos edificante de lo deseable) realidad", en las prestaciones patrimoniales públicas no tributarias y la resolución extrajudicial de conflictos. INAP-AEPDA, Madrid 2015, pág. 241

[486] BLANES CLIMENT, M.A. "La transparencia informativa de las Administraciones Públicas. El derecho de las personas a saber y la obligación de difundir información pública de forma activa." Thomson Aranzadi, Cizur Menor, 2014, págs. 675-676

Instrumentos de gestión de las reclamaciones y sus características de actuación

	Naturaleza	ÓRGANO Resolución	Resolución o Notificación del acto impugnado: Desestimación o Silencio	Plazo para interponer reclamación	Plazo de RESOLUCIÓN	MEDIACIÓN	Transcurrid el plazo	Resolución Órgano control
ESTATAL	CTBG Personalidad jurídica propia Colegiado	Presidente	Desde el día siguiente de la respuesta de la administración, o si no responden en plazo, en cualquier momento.	1 mes	3 meses	____________	Desestimada	De Obligado cumplimiento para la ADMON
ANDALU	CTPD Personalidad jurídica propia Unipersonal	Director (art. 48.1.b)	Desde el día siguiente de la Resolución	Desde el día siguiente de la Resolución: 1 mes	**20 días**	____________	Desestimada	Ejecutiva y vinculante Potestad sancionadora
ARAGÓN	CT Colegiado	Pleno (art. 37.3.a)	“”””””””””””””””””	1 mes	3 meses	____________	Desestimada	Ejecutiva
CANARIA	Comisionado Unipersonal Adscrito al Parlamento	Comisionado (art. 63.1.a)	“”””””””””””””””””””””	1 mes	3 meses	____________	Desestimada	Ejecutiva
CATALUÑA	CGAIP Colegiado	Comisión (art. 39.1).	Silencio **POSITIVO**	1 mes. PLAZO abierto indefinido si hay SILENCIO	**2 meses**	**Potestativa**	Desestimada	Ejecutiva y vinculante Potestad sancionadora
NAVARRA	CT Colegiado Adscrito orgánicamenta Presidencia	Pleno (art. 72.1.a)	Desde el día siguiente de la Resolución	1 mes	Plazo 3 meses **AUDIENCIA previa** Si la denegación a la información se fundamenta en la protección de derechos o intereses de terceros	Posibilidad de sumar una queja al Defensor de Navarrra	Desestimada	Ejecutiva y vinculante
VALENCIA	CT Colegiado Adscrito al departamento del Consell competente	Comisión ejecutiva (art. 42.1.a).	“”””””””””””””””””””””	1 mes	3 meses	**Potestativa**	Desestimada	Potestad sancionadora

	Naturaleza	ÓRGANO Resolución	Resolución o Notificación del acto impugnado: Desestimación o Silencio	Plazo para interponer reclamación	Plazo de RESOLUCIÓN	MEDIACIÓN	Transcurrid el plazo	Resolución Órgano control
PAÍS VASCO	Comisión Vasca *para las Reclamaciones* Colegiado	Comisión (art. 3)	""""""""""""""""""""	1 mes	3 meses	___________	Desestimada	Ejecutiva y vinculante
MURCIA	CT Colegiado	Pleno (art. 38.3.b).	""""""""""""""""""""			___________		___________
BALEARES	Comisión *para las Reclamaciones de Acceso a Información* Colegiado	Comisión (art. 2)	Desde el día siguiente de la Resolución	1 mes	3 meses	___________	Desestimada	___________
GALICIA	Comisión de Transparencia Colegiado (vinculados al Valedor do poblo)	Comisión de Transparencia (art. 33.3)	""""""""""""""""""""	1 mes	3 meses	___________	Desestimada	___________
CASTILLA Y LEÓN	Comisión de Transparencia, (vinculados al Procurador Común) Colegiado	Comisión de Transparencia (art. 8).	""""""""""""""""""""	1 mes	3 meses	___________	Desestimada	___________

II.- EVALUACIÓN DE LA ACTIVIDAD

EN COMUNIDADES CON ÓRGANOS O AUTORIDADES DE CONTROL PROPIO

De acuerdo con los indicadores de la ONG Transparencia Internacional, que elabora un estudio cada dos años, todas las Comunidades Autónomas han mejorado en acceso del público a la información después de la aprobación de la norma estatal.

Al igual que ocurrió en la segunda edición del INCAU (2012), el Informe de Transparencia del (2014)[487] confirma que las CCAA mejoran en conjunto sus resultados globales, ya que la valoración media global de las diecisiete CCAA ha sido 88,6 sobre 100, mientras que en (2012) dicha puntuación global había sido 79,9, y en (2010) fue 71,5. Junto con el País Vasco, Castilla y León y Cataluña eran las regiones más transparentes, mientras que la Comunidad de Madrid (65), la Región de Murcia (79) y las Islas Canarias (80), salían peor paradas.

Los temas más solicitados en cuanto a información y que son comunes en todas las CCAA: Institucional, organizativa y de planificación (planes y programas anuales y plurianuales). Económica, presupuestaria y estadística (contratos, adjudicaciones, patrimonio, obras. cultura, educación, sofware. Sobre Gobierno, Administración pública y función pública (selección personal, productividades, relación laboral, gestión de personal). Sobre procedimientos judiciales, ambiental, seguridad, salud. trabajo y empleo. Expedientes erróneos (pruebas solicitud repetida)

Jesús LIZCANO, director para España de Transparencia Internacional hasta febrero de 2021, pone de relieve que la información económico-financiera suele ser la más opaca de todas, y refiriéndose a los representantes políticos: "Se han dado cuenta de que la sociedad demanda más transparencia de las instituciones públicas, aunque también es verdad que, cuando se acercan elecciones, se animan a ser transparentes", según él.

En los Informes de la ONG desde el 2016 a 2021[488] las CCAA responden positivamente a las exigencias de transparencia y van cumpliendo en mayor medida con el derecho a saber de la ciudadanía. Los diferentes desarrollos normativos inciden en los datos sobre transparencia de estas regiones. La valoración media global de las diecisiete CCAA ha sido 94,0 (s/100). El País Vasco, la

[487] https://transparencia.org.es/incau-2014/ Informe con los resultados del Índice de Transparencia de las Comunidades Autónomas (INCAU), que elabora Transparencia Internacional España cada dos años. Este informe mide el nivel de transparencia informativa de los gobiernos las 17 Comunidades Autónomas en todos los ámbitos administrativos a través de 80 indicadores agrupados en seis áreas: (Comunidad Autónoma. Ciudadanos y sociedad. Económico-financiera. Contrataciones. Territorio, urbanismo y obras públicas. Acceso a la Información pública.

[488] https://transparencia.org.es/incau-2016/
Lo más significativo del INCAU 2016 ha sido sin duda el espectacular aumento del nivel de información publicada por las CCAA en los dos meses que han trascurrido desde el envío por TI-España de la valoración provisional a cada CCAA, y la posterior valoración definitiva basada en la información publicada finalmente por estas instituciones. Valga como ejemplo señalar que en la evaluación provisional (septiembre 2016) sólo dos CCAA disponían de un canal anónimo de denuncias, y en el momento de hacer la evaluación definitiva (noviembre 2016) la casi generalidad de las CCAA la habían ya creado en su web. Algo similar ha ocurrido con la información que publicaban sobre las vías de reclamación relacionadas con el derecho de acceso a la información, o la existencia de un canal electrónico de solicitudes, sobre los contratos menores, así como sobre las consultas ciudadanas, o los gastos de viaje del Presidente y Consejeros de las CCAA, informaciones que muy pocas CCAA publicaban en sept., y que casi todas publican ya desde el noviembre.

Comunidad más transparente (100 puntos s/100), habiendo compartido el segundo puesto las CCAA de: Baleares, Cataluña y Madrid (98,1 en los tres casos). Las Comunidades que ocupan los puestos inferiores del ranking son Navarra (81,9) y Extremadura (88,1), con puntuaciones altas en todo caso.

En cuanto a las Áreas de transparencia, el área con una menor puntuación media ha sido el de Contrataciones (89,6). Las áreas de transparencia más destacadas a nivel colectivo son: Relaciones con los ciudadanos y la sociedad cuya media general es 95,6, la del Derecho de acceso a la información, en la que obtienen una media de 95,3, y de la Transparencia en materias en ordenación del territorio, urbanismo y obras públicas, cuya media general es 95,0.

Aun reconociendo el esfuerzo en la publicidad activa de las CCAA, una vez contemplada la creación de estos Consejos hay que ir valorando si son efectivos e independientes en el ejercicio de sus funciones, especialmente en garantizar el derecho de acceso a la información. Para ello, son fundamentales las resoluciones que se publican, en el Portal Institucional del CTBG y en los Portales de Transparencia del Gobierno de cada CCAA.

Se han cumplido varios años desde la creación de estos órganos de control / autoridades de garantía de las diferentes CCAA y, por tanto, contamos ya con experiencia práctica para evaluar los retos y las potencialidades que la normativa vigente plantea a estas autoridades de control.

Iniciamos el análisis de la actividad de los Consejos de la Transparencia desde el punto de vista de las reclamaciones recibidas y resoluciones dictadas en su actuación, mediante un análisis sistemático de su gestión y del derecho comparado, al tiempo que se evalúa el rendimiento de sus primeros años de funcionamiento.

Andalucía. Aragón. Canarias. Cataluña. Comunidad Foral de Navarra. Comunidad Valenciana, País Vasco, Región de Murcia, Illes Balears. Castilla-La Mancha, Principado de Asturias, Madrid
Galicia -Valedor do Pobo-. Castilla y León -Procurador del Común-.

*Castilla-La Mancha y Principado de Asturias no han puesto en funcionamiento sus órganos.

El balance de actividad lo efectuaremos a través de los Informes y Memorias con los datos que se recogen desde el año de puesta en funcionamiento del órgano hasta el 2020 (año de pandemia COVID-19 y año de referencia para la última memoria elaborada en la mayoría de CCAA), aunque nos consta que las reclamaciones y resoluciones son muchas más al ir haciendo recuento en las tablas excel de la web de algunos de los órganos de garantía. Aun no coincidiendo los datos comprobamos cómo las líneas de evolución en cuanto a incrementos, temas, perfiles, motivos son prácticamente iguales en porcentajes, unos años con otros y esto permite obtener las conclusiones del final del capítulo ya que se mantiene la tendencia de la secuencia histórica sin grandes oscilaciones.

1.- Andalucía. Actividad del Consejo de Transparencia y Protección de Datos de ANDALUCÍA (CTPDAn) en el área de transparencia y acceso a la información pública

En esta CCAA se produce en 2015 la formación del Consejo (entidad pública con personalidad jurídica propia, con la consideración de Administración Institucional) y la primera toma de posesión del titular de la dirección del mismo. Andalucía es la primera comunidad autónoma española en cuanto a población, 1 de enero de 2020 la cifra de 8.460.261 habitantes.
Ratio de reclamaciones por cada 100.000 habitantes: 6,4 reclamaciones con datos del año 2020. (ESPAÑA 47,35 millones, 7,6 (2020)

Los órganos y entidades de la Administración de la Junta de Andalucía recibieron desde la entrada en vigor de la ley andaluza 30 de junio de 2015 a 2020 un total de **9.965 solicitudes** de acceso a la información pública tramitadas. Las causas de resoluciones denegatorias son la protección de datos e intereses comerciales la mayor parte de las mismas.

Ejercicio	2015	2016	2017	2018	2019	2020	**Total**
Solicitudes	**604**	**1.619**	**1.650**	**1.762**	**1.598**	**2.732**	**9.965**
	6,06 %	16,24%	16,55%	17,68%	16,03%	27,41%	

Analizando los datos observamos que puede llevar a confusión, si estudiamos la web del Consejo de Andalucía aparece una relación de Resoluciones sobre las reclamaciones interpuestas en el espacio -Área de Transparencia-, así desde la fecha de 18/05/2016, en que aparece la primera Resolución (Reclamación núm. 001/2016 contra la Diputación Provincial de Málaga por denegación de información, inadmitida por extemporánea ya que la presentación de la solicitud es antes de entrada en vigor de la LTPA. DF5ª.2 LTPA), hasta la última consultada Resolución 217/2020, de 1 de junio, interpuesta por el Observatorio Ciudadano Municipal de Sanlúcar la Mayor, contra la Mancomunidad de Desarrollo y Fomento del Aljarafe, por denegación de información pública (Reclamación núm. 153/2019), el número es el siguiente:

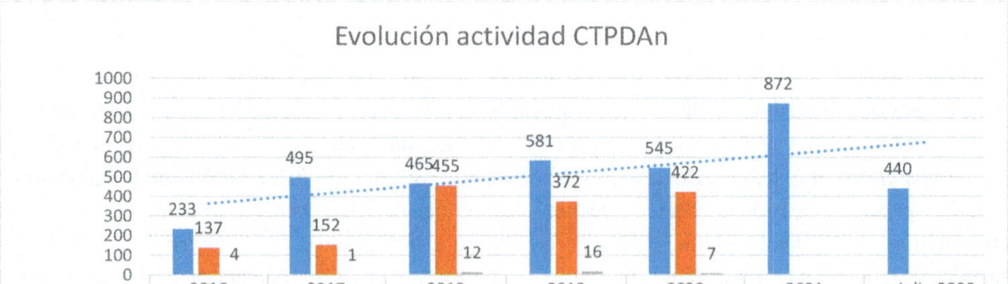

	2016	2017	2018	2019	2020	2021	en-julio 2022
Reclamació	233	495	465	581	545	872	440
Resolución	137	152	455	372	422		
Resursos	4	1	12	16	7		

*Cuadros y gráficos elaboración propia en base a web https://www.ctpdandalucia.es/ y Memorias del Consejo

1.1 Memoria anual de 2015

En el Consejo de Transparencia y Protección de Datos de Andalucía, a 31 de diciembre, se habían interpuesto 39 reclamaciones, de las cuales 27 fueron frente a resoluciones de acceso dictadas por la Administración de la Junta de Andalucía o sus entidades instrumentales, siendo el resto relacionadas con otras Administraciones públicas o entidades.

1.2 Informe anual de 2016

En 2016 el Consejo ha contado con una estructura de personal -15 puestos de trabajo- para atender las funciones encomendadas, que son esencialmente de carácter jurídico y que el CTPDAn considera insuficiente. Con un Presupuesto de 1.241.806 y 687.806€ capítulo de personal.
El informe recoge la actividad del Consejo en ese año y las reclamaciones fueron registradas en el Consejo en el mes de marzo de 2016, por lo cual ese mes acumula las que se presentaron con anterioridad a la entrada en funcionamiento del Consejo. En total, se registran un total de 228 reclamaciones sobre Acceso a la Información Pública, 157 consultas de información (30 a través de correos electrónicos, 115 consultas a través de llamadas telefónicas, 9 consultas formales, 2 solicitudes de información pública) 67 denuncias sobre Publicidad Activa.

1.2.1 Reclamaciones

ACTIVIDAD del Consejo 2016	Número	%
Reclamaciones Acceso Información Pública	**228**	50,4

En cuanto al organismo que recibe esas reclamaciones: 2 la Administración del Estado (0,9%). 2 Consorcios (0,9%). 2 Colegios Profesionales (0,9%). 91 Entidades Locales (39,9%). 119 la Junta de Andalucía (52,2%). 12 Universidades Públicas (5,3%). TOTAL 228 (el 100,0 %).

ORGANISMO RECLAMADO	Reclamaciones	%
Administración del Estado	2	0,9
Corporaciones de Derecho Público	2	0,9
Entidades Locales	91	39,9
Junta de Andalucía	119	52,2
Universidades	12	5,3
Otras	2	0,9
TOTAL	**228**	

Las entidades locales de Sevilla y Cádiz concentran la mitad de las reclamaciones interpuestas ante el Consejo: Almería 7,7 % 7, Cádiz 28,6 % 26, Córdoba 2,2 % 2, Granada 11,0 % 10, Huelva 1,1 % 1, Jaén 2,2 % 2, Málaga 9,9 % 9. Sevilla 37,4 % 34. TOTAL 100,0 % **91.**
El 85,1% de las reclamaciones sobre acceso a la información pública son presentadas por personas físicas, de ellas 36 mujeres (el 18,6%) y 158 son hombres (el 81,4%). TOTAL **194**. El resto presentadas por persona jurídica **34** (14,9%) [Asociaciones 17, Empresas 3, Organizaciones Sindicales 13, Colegios Profesionales 1]. El 50,0% de las reclamaciones han sido presentadas por asociaciones.

PERFIL del RECLAMANTE						
PERSONA FÍSICA	Reclamaciones	%	Hombres	%	Mujeres	%
			158	81,4	36	18,6
TOTAL	**194**	85,1				
PERSONA JURIDICA						
Asociaciones	17					
Empresas	3					
Organizaciones Sindicales	13					
Otras Asociaciones	1					
TOTAL	**34**	14,9				

Las Consejerías de la Junta de Andalucía más reclamadas son Turismo y Deporte 31 (26,1%). Empleo, Empresa y Comercio 20 (16,8%). Educación 18 (15,1 %).**119.** Las materias que, por porcentaje, fueron objeto de un mayor número de reclamaciones: contratos, ayudas públicas, relaciones de puestos de trabajo, educación, salud,

CONSEJERÍAS / MATERIAS	N.º Reclamaciones	%
Consejería de Turismo y Deporte	31	26,1
Consejería de Empleo	20	16,8
Consejería de Educación	18	15,1
TOTAL	**119**	**100,0**

1.2.2 Resoluciones

De las 228 reclamaciones presentadas, se resolvieron el 69,7%, a través de 143 resoluciones con un promedio de 76,1 días para su resolución.

ADMISIÓN DE RESOLUCIONES	N.º Resoluciones	%
Admitidas	95	66,4
Inadmitidas	48	33,6
TOTAL	**143**	**100,0**

De las 95 admitidas, un 63,2% pueden considerarse como positivas para los reclamantes (estimadas + estimadas parcialmente + declaraciones de terminación del procedimiento).

SENTIDO DE LAS ADMITIDAS	N.º Resoluciones	%	RECURSOS
Estimadas	20	21,1	
Desestimadas	23	24.2	
Estimadas parcialmente	21	22,1	
Inadmitidas	39	25,7	
Declaraciones de fin de procedimiento	19	20,0	
Desistimientos	6	6,3	
Retroacciones	6	6,3	
TOTAL	95	100,0	**4** (2,8%)

1.2.3 Recursos contencioso-administrativo

De las 143 Resoluciones dictadas por el Consejo en 2016, 4 de ellas (un 2,8%) han sido objeto de recurso contencioso-administrativo contra las resoluciones del CTPDAn dictadas en materia de acceso a la información pública.
Dos de ellos, por persona física - La primera de ellas, plantea discrepancias en cuanto al grado de cumplimiento de la Universidad de Cádiz de la Resolución del Consejo nº 21/2016, de 24 de mayo. En la segunda la persona interpone el recurso contra la Resolución nº 96/2016, de 19 de octubre, al discrepar de la interpretación acerca del alcance de la disposición adicional 4ª.2 LTPA en relación con el acceso a la información por parte de los Parlamentarios. - . Por la Empresa Pública de Turismo de Andalucía fue interpuesto recurso contra la Resolución nº 032/2016, de 1 de junio, por cuanto discrepa de la decisión de conceder el acceso a un expediente de contratación de personal. Y por la mercantil Endesa Distribución Eléctrica, S.L.U. contra la Resolución nº 42/2016, de 22 de junio, que ratificó el acceso a expedientes abiertos contra la mercantil por cambio del término de potencia de forma generalizada a suministros en baja tensión en nuestra Comunidad Autónoma.

1.3 Informe anual de 2017

En cuanto a la actividad registrada, han sido casi 1000 asuntos (denuncias, consultas), de ellos **495** las reclamaciones sobre Acceso a la Información Pública tramitadas por el Consejo, un incremento de más del doble del año anterior; corresponden: 107 a la Junta de Andalucía (21,6 %), 367 a las Entidades Locales (74,1 %) [Cádiz, Granada, Sevilla y Almería aglutinan la mayor parte]. El resto a la Administración del Estado, a Corporaciones De Derecho Público, a Universidades Públicas y Otras.

1.3.1 Reclamaciones

ACTIVIDAD del Consejo 2017	Número	%
Reclamaciones Acceso Información Pública	**495**	51,1

ORGANISMO RECLAMADO	Reclamaciones	%
Administración del Estado	3	0,6
Corporaciones de Derecho Público	5	1
Entidades Locales	367	74,1
Junta de Andalucía	107	21,6
Universidades	11	2,2
Otras	2	0,4
TOTAL	**495**	

Continúan siendo más numerosas las reclamaciones a la Junta y a las entidades locales, en este año estas últimas superan a las de la Junta, siendo Cádiz la que concentra un porcentaje mayor un año más. Las materias más reclamadas en este año son Educación, Empleo y Medio Ambiente.

JUNTA DE ANDALUCÍA MATERIAS	N.º Reclamaciones	%
Consejería de Educación	26	24,3
Consejería de Empleo	17	15,9
Consejería de Hacienda	14	13,1
Consejería de Medio Ambiente	11	10,3
TOTAL	**107**	

El 80,4% de las reclamaciones sobre acceso a la información pública son presentadas por personas físicas (329, el 82,7% mujeres).

PERFIL del RECLAMANTE						
PERSONA FÍSICA	Reclamaciones	%	Hombres	%	Mujeres	%
			69	17,3	329	82,7
TOTAL	**398**	80,4				
PERSONA JURIDICA						
Asociaciones	45	46,4				
Empresas	9	9,3				
Organizaciones Sindicales	33	34				
Otras Asociaciones	1	1				
Organizaciones políticas-concejales	5	5,2				
TOTAL	**97**	19,6				

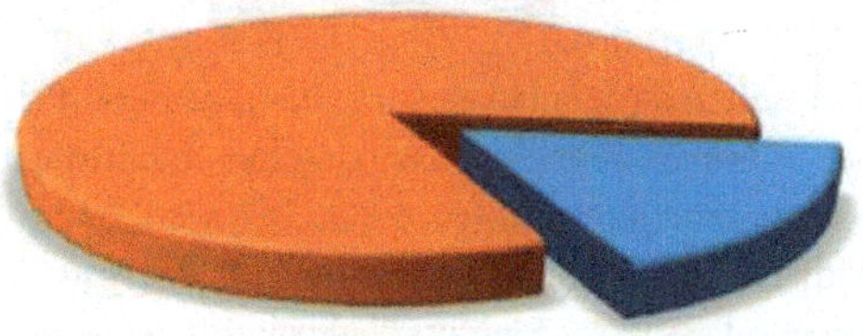

HOMBRES MUJERES

Un gráfico muy significativo el que aparece en el Informe del CTPDAn en un año, casi el total de las reclamantes son mujeres. Pero en otro cuadro en el mismo informe, los datos están invertidos, siendo las 69 reclamaciones de mujeres y las 329 reclamaciones restantes de hombres. (Dato que parece más coherente con el manejado el año anterior 2016) y con los siguientes.

Presentadas por personas jurídicas 97 reclamaciones, el 46,4% han sido presentadas por asociaciones 45 y por sindicatos 33. También en este año, se han recibido reclamaciones de 5 concejales de grupos políticos municipales.

1.3.2 Resoluciones

El sentido de las **152** Resoluciones dictadas por el CTPDAn, ha sido el siguiente: Estimadas 18,4% 28. Desestimadas 7,9% 12. Estimadas parcialmente 10,5% 16. Inadmitidas 25,7% 39. Declaraciones de terminación del procedimiento 25,0% 38. Desistimientos 10,5% 16. Retroacciones 2,0% 3.

RESOLUCIONES	N.º Resoluciones	%	RECURSOS
Estimadas	28	18,4	
Desestimadas	12	7,9	
Estimadas parcialmente	16	10,5	
Inadmitidas	39	25,7	
Declaraciones de fin de procedimiento	38	25,0	
Desistimientos	16	10,5	
Retroacciones	3	2,0	
TOTAL	**152**	100,0	1

El 53,9% pueden considerarse como positivas para los reclamantes (estimadas + estimadas parcialmente + declaraciones de terminación del procedimiento que se mantienen un año más numerosas 25,0%)

1.3.3 Recursos

Una resolución ha sido objeto de recurso contencioso-administrativo interpuesto por persona física contra la Resolución n.º 97/2017, de 19 de octubre, al discrepar de la interpretación acerca del alcance de la DA 4ª. 2 LTPA en relación con el acceso a la información por parte de los Parlamentarios. En relación a los cinco recursos del 2016 (el Informe del 2016 sin embargo, recoge cuatro recursos) contra las Resoluciones del CTPDAn interpuestos en 2016, se han dictado tres sentencias, todas ellas favorables al Consejo.

1.4 Memoria anual de 2018

Según los datos de la Consejería de Presidencia, como del Informe anual del Consejo de Transparencia y Protección de Datos de Andalucía[489], se han interpuesto **465** reclamaciones por derecho de acceso a información pública. Como dato de interés, por ejemplo, el 36,1% de esas reclamaciones se dirigen contra la Junta de Andalucía (168) y el 58,9% se dirige contra entes locales (274). Así las reclamaciones se dirigen, sobre todo, al nivel local de gobierno, se consolida una línea que ya observamos en el año 2017. Se mantiene prácticamente el número de reclamaciones del año anterior (495); y se han dictado **455** Resoluciones. En tres años 1.193, más de 900 resoluciones dictadas.

1.4.1 Reclamaciones

ACTIVIDAD del Consejo 2018	Número	%
Reclamaciones Acceso Información Pública	**465**	62,8

Siendo los órganos más reclamados los entes locales, son las ciudades de Cádiz, Granada, Sevilla y Málaga las que aglutinan la mayor parte de las reclamaciones.

También respecto a mayor número de personas físicas, son los hombres los que en este año presentan más (240) y mujeres (122). Y también la mayor parte de las personas jurídicas corresponden a asociaciones (46, el 44.7%) y organizaciones políticas y sindicales 29+11 el 38,9%).

1.4.2 Resoluciones

Ha crecido mucho el número de resoluciones 455, en comparación con el año anterior que fueron 152 dictadas, puede que el motivo sea el aumento también considerable de personas dedicadas al CTPDAn, y el presupuesto que anualmente va creciendo (1.791.996€):

---

[489] https://www.ctpdandalucia.es/sites/default/files/inlinefiles/informe_anual_de_actuacion_2018_baja.pdf
https://www.juntadeandalucia.es/export/drupaljda/MEMORIA_ANUAL_2018_CT.pdf
BOPA nº 185 - 14/10/2019 (PDF - 1843 KB)

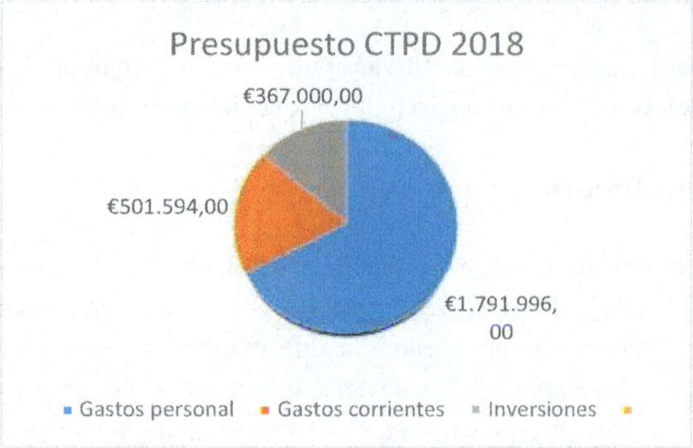

Aunque el número de resoluciones estimadas es importante, no deja de ser llamativo el de las que son desestimadas o inadmitidas.

SENTIDO DE LAS RESOLUCIONES 2018	N.º Resoluciones	%	RECURSOS
Estimadas	84	18,5	
Desestimadas	74	16,3	
Estimadas parcialmente	90	19,8	
Inadmitidas	89	19,6	
Declaraciones de fin de procedimiento	69	15,2	
Desistimientos	26	5,7	
Retroacciones	23	5,1	
TOTAL	**455**	100,0	**12**

1.4.3 Recursos

En cuanto a Recursos Contencioso-administrativos en 2018, se interpusieron 12 recursos judiciales contra resoluciones del organismo. En nueve de ellos ha recaído ya resolución judicial. De estos nueve procedimientos, siete han sido resueltos de manera favorable para el Consejo y solo dos tienen, sentencias desfavorables. Estas dos sentencias, contrarias a los postulados de la transparencia, se hayan recurridas en apelación ante el Tribunal Superior de Justicia de Andalucía.

1.5 Informe 2019

1.5.1 Reclamaciones

Continuan incrementándose el número de reclamaciones y dirigiéndose el 60,93% de esas reclamaciones contra entes locales (354) y la Junta de Andalucía (206) el 35,46%. Y sigue siendo la ciudad de Cádiz, Granada, Almería y Córdoba por este orden. A la vez que las consejerías de Educación, Agricultura, Hacienda y Presidencia las más reclamadas[490].

[490] https://www.ctpdandalucia.es/sites/default/files/Libros%20interactivos/2019/informeanual2019html/67/index.html#zoom=z

ACTIVIDAD del Consejo 2019	Número	%
Reclamaciones Acceso Información Pública	**581**	62,8

Los que más reclaman son los hombres y las asociaciones vinculadas al medioambiente, a colectivos ecologistas, puesto que los expedientes urbanísticos son, quizá, los más difíciles para los entes locales.

Constatando tantas reclamaciones en entidades locales, no creemos que sea porque la Junta de Andalucía sea más transparente que las entidades locales, sino que, el ciudadano lo que tiene más cerca es su municipio, que le presta unos servicios absolutamente básicos, esenciales, por otro lado, que hay muchos municipios en la CCAA.

Posiblemente también, les falta a muchas entidades locales los medios adecuados, asistencia técnica para poder prestar estos servicios adecuadamente. Eso nos lleva a pensar que hay muchas diferencias en cuanto a medios materiales y medios humanos entre la Junta y las entidades locales y entre unas entidades locales y otras; no podemos comparar a las grandes ciudades con los pequeños núcleos de población y todos están obligados de la misma manera.

PERFIL del RECLAMANTE						
PERSONA FÍSICA	Reclamaciones	%	Hombres	%	Mujeres	%
			345	77,88	98	22,12
TOTAL	**443**	76,25				
PERSONA JURIDICA						
Asociaciones	124	89,86				
Grupos municipales-concejales	3	2,17				
Empresas	6	4,35				
Organizaciones Sindicales	5	3,62				
Otras Asociaciones						
TOTAL	**138**	23,75				

1.5.2 Resoluciones

372 resoluciones resuelven un total de 412 reclamaciones, por haberse resuelto algunas acumuladamente.

RESOLUCIONES 2019	N.º Resoluciones	%	RECURSOS
Estimadas	72	19,35	
Desestimadas	16	4,30	
Estimadas parcialmente	52	13,98	
Inadmitidas	58	15,59	
Declaraciones de fin de procedimiento	99	26,61	
Desistimientos	70	18,82	
Retroacciones	5	1,35	
TOTAL	**372**	100,0	16

Las declaraciones de terminación obedecen a que el sujeto obligado ha ofrecido la información durante la tramitación del procedimiento de reclamación.

En 2019 se modifica de nuevo la RPT y se incluyen hasta 47 puestos de trabajo y el presupuesto asciende a 3.522.366,74€, personal 2.986.216,74€ (BOJA 22 noviembre 2019), tendrá que ver con una Orden de este año 2019 de 1 de agosto que determina el inicio del ejercicio de las funciones en materia de protección de datos de carácter personal por el Consejo de la Transparencia y Protección de Datos de Andalucía, desde el 1 de octubre de 2019; convirtiéndose así en la primera entidad de España que aúna en un mismo órgano las competencias de transparencia y protección de datos, siguiendo el modelo de países tales como, Reino Unido, Canadá o Alemania.

1.5.3 Recursos

Dieciseis nuevos recursos a instancia de ocho Registradores de la Propiedad, la Diputación de Sevilla y Córdoba, la Federación de Ecologistas en Acción, Colegios Oficiales, de Enfermería, de Aparejadores, entre otros; respecto de los que estaban pendientes se han dictado resoluciones judiciales en siete de ellos y en seis los Tribunales de Justicia han respaldado la doctrina del Consejo. Dieron la razón al Consejo frente a la electrica Endesa que se negaba a facilitar información sobre el cambio de suministro de potencia en ocho provincias. Igualmente con la resolución dada a las Cofradias de Pescadores y su cumplimiento de la legislación en transparencia, también otro fallo favorable a destacar frente a los registradores de la propiedad y su obligación de dar información sobre los impuestos que gestionan.

1.6 Informe 2020

La formación de la plantilla de personal del Consejo ha pasado por distintas vicisitudes hasta tener en 2020 un total de 42 puestos ocupados, a la que se destinan 3.043.459,00€ de un presupuesto de 3.993.534,00€, en este año el impacto de la pandemia obligará a acometer una serie de medidas excepcionales debiendo realizar grandes esfuerzos para dedicar todos sus medios personales y materiales a garantizar su funcionamiento.

1.6.1 Reclamaciones

El Consejo incrementa su actividad en 2020 tras la asunción de protección de datos y supera los 1.000 asuntos registrados -un 27% más con respecto al año anterior-, con un total de 545 reclamaciones (+50 denuncias y 32 consultas) resolviendo 648 reclamaciones y denuncias. En enero y julio se registra el mayor número de ellas.

ACTIVIDAD del Consejo 2019	Número	%
Reclamaciones Acceso Información Pública	**545**	91,60

ORGANISMO RECLAMADO	Reclamaciones	%
Administración del Estado	2	0,37
Corporaciones de Derecho Público	5	1
Entidades Locales	260	47,71
Junta de Andalucía	254	46,61
Universidades	2	0,37
Otras	27	4,95

TOTAL	**495**	

El mayor número de reclamaciones se dan una vez más, en la Junta y las entidades locales, en este año con un porcentaje prácticamente igual, y es Sevilla con 75 (28,85%) la ciudad que este año supera en número a Cádiz con 53 (20,38%) que continúa concentrando un porcentaje alto y Málaga.
Las consejerías y organismos más reclamados en la Junta fueron Turismo, Regeneración, Justicia y Administración Local, Educación y Deporte y Agricultura, Ganadería, Pesca y Desarrollo Sostenible.

JUNTA DE ANDALUCÍA MATERIAS	N.º Reclamaciones	%
Consejería de Turismo, Regeneración,	81	31,89
Consejería de Educación y Deporte	39	15,35
Consejería de Agricultura	32	12,60
TOTAL	**254**	

El perfil del reclamante correspondió en un 87% a personas físicas, siendo un 85% hombres y un 15%, mujeres, destacando en el Informe la necesidad de determinar la causa de esta significativa diferencia para articular los mecanismos que permitan su corrección. Y una bajada de las personas jurídicas en once puntos porcentuales.

PERSONA FÍSICA	Reclamaciones	%	Hombres	%	Mujeres	%
			407	85,50	69	14,50
TOTAL	**476**	87,34				
PERSONA JURIDICA						
Asociaciones	47	68,12				
Empresas	13	18.84				
Organizaciones Sindicales	6	8,70				
Otras Asociaciones	2	2,90				
Organizaciones políticas-concejales	1	1,45				
TOTAL	**69**	12,66				

El motivo principal de la reclamación sigue siendo, las interpuestas contra silencio administrativo de los sujetos obligados (71,74%).

RECLAMACIONES INTERPUESTAS CONTRA AUSENCIA DE RESPUESTA	Reclamaciones	%
Reclamaciones interpuestas contra silencio administrativo de los sujetos obligados	391	71,74
Reclamaciones en las que los órganos ofrecieron respuesta a la solicitud	154	28,26
TOTAL	**545**	

1.6.2 Resoluciones

Con respecto a las resoluciones dictadas ante reclamaciones de acceso a información pública, ascendieron a un total de 401 (el 64,78%), se resolvieron un total de 422 resoluciones, por haberse sustanciado algunas de ellas de forma acumulada, siendo un 63% favorables al ciudadano, es decir, se vio amparado su derecho a recibir la información reclamada. Las cuestiones más demandadas fueron aquellas relacionadas con personal, contratación, urbanismo, informes y funcionamiento de los órganos.

SENTIDO DE LAS RESOLUCIONES	N.º Resoluciones	%	RECURSOS
Estimadas	78	19,45	
Desestimadas	23	5,74	
Estimadas parcialmente	41	10,22	
Inadmitidas	125	31,17	
Declaraciones de fin de procedimiento	74	18,45	
Desistimientos	39	9,73	
Retroacciones	21	5,24	
TOTAL	**401**	100,0	**7**

1.6.3 Recursos

Por lo que respecta a la actividad jurisdiccional, en el ejercicio 2020 se presentaron siete nuevos recursos contenciosos-administrativos contra resoluciones del Consejo. Además, los diferentes tribunales dictaron un total de 16 sentencias, la mayoría favorables a la autoridad de control. Muchos de ellos avalaron, en segunda instancia, las tesis de este organismo.

1.7 Balance. Comparación y evolución de los datos

Cuando realmente comienza la actividad en 2016 los puestos de trabajo existentes eran de 15, hasta que la RPT se aprobó en agosto de 2017, respondiendo a las necesidades que planteó el organismo y compuesta por personal de alto perfil profesional, hasta un total de 29 entre personal funcionario, laboral o eventual, completándose en 2021 hasta llegar a los 47 puestos; ya que desde el 1 de octubre de 2019 el CTPDAn ejerce las funciones en materia de protección de datos de carácter personal atribuidas al Consejo.

Asimismo, el presupuesto del Consejo en 2017 ascendió a 1.627.674,50 € y su Capítulo de Personal a 1.223.646,89 €, superando el presupuesto de 2016 en 385.868,50€ y aumentando el gasto de personal en 535.840,89€ con respecto al año anterior. Si bien es verdad que, en 2017 se duplicaron las reclamaciones de 495 reclamaciones, se resolvieron el 30,7% de ellas, en proporción con menos personal y menos presupuesto el grado de resolución es mayor el año 2016 (el 69,7%). Año tras año aumenta el presupuesto en relación al aumento de personal, también en 2019 y en 2020 el presupuesto asciende a 3.522.366,74€, personal 2.986.216,74€. Pero no parece tener relación con el número de reclamaciones que se tramitan ya que el número se mantiene en los últimos años.

ACTIVIDAD GLOBAL del Consejo	Reclamaciones	Resoluciones	Recursos
AÑO 2016	233	137 (57,08%	4
AÑO 2017	495	152 (30,7	1
AÑO 2018	465	455 (97,8	12
AÑO 2019	581	372 (64,02%	16
AÑO 2020	545	422 (77,43%	7

Respecto de los motivos de las reclamaciones, tienen entrada en el Consejo de Transparencia y Protección de Datos de Andalucía mayoritariamente ante la ausencia de respuesta a la solicitud de información –silencio administrativo del órgano responsable de suministrar la información. Más del 70% de las reclamaciones tramitadas en cada uno de los años, se deben a esta causa (prácticamente en todas las solicitudes a ayuntamientos no se da respuesta). La segunda causa más frecuente es la respuesta parcial a la solicitud de información y la tercera causa de las reclamaciones, está vinculada a motivos diversos.

En cuanto a la clasificación de las reclamaciones según la materia, podemos resaltar que educación, empleo público y medio ambiente suponen el mayor número, y muy destacable la información sobre regeneración democrática (31,89%) en 2020 el año de la crisis sanitaria por la pandemia, en cuanto a órganos de la Junta y temas de personal, contrataciones, licencias urbanismo, procesos selectivos en cuanto a solicitudes a los entes locales.

El porcentaje de Resoluciones estimadas es importante, pero también es elevado el de las desestimadas, aunque las razones son la protección de datos fundamentalmente (entre el 18% estimadas y el 16 desestimadas). Podríamos decir que en un porcentaje del 50% pueden considerarse como positivas para los reclamantes (estimadas + estimadas parcialmente + declaraciones de terminación del procedimiento) cada año. Inadmitidas sobre todo por presentarse fuera de plazo entre un 15,59%-30%

SENTIDO DE LA RESOLUCIÓN	**2016**		**2017**		**2018**		**2019**		**2020**	
Estimación	**20**	14,5%	**28**	18,4%	**84**	18,46%	**72**	19,3%	**78**	18,4%
Estimación parcial	**21**	15,3%	**16**	10,5%	**90**	19'78	**52**	13,9	**41**	9,7%
Desestimación	**23**	16,7%	**12**	7,8%	**74**	19.2	**16**	4,3	**23**	5,4
Inadmisión	**39**	28,4	**39**	25,6%	**89**	19'5	**58**	15.5%	**125**	29,6
Fin de procedim-Pérdida del objeto	19	13,8%	**38**	25	**69**	15,16	**99**	26,6	**74**	17,5
Desistimiento	6	4,3	**16**	10,5%	**26**	5'7	**70**	18.8%	**39**	9,2%
Retroacción	6	1,3	**3**	1,9	**23**	5,05	**5**	1.3%	**21**	4,9%
TOTAL	**137**		**152**		**455**		**372**		**422**	

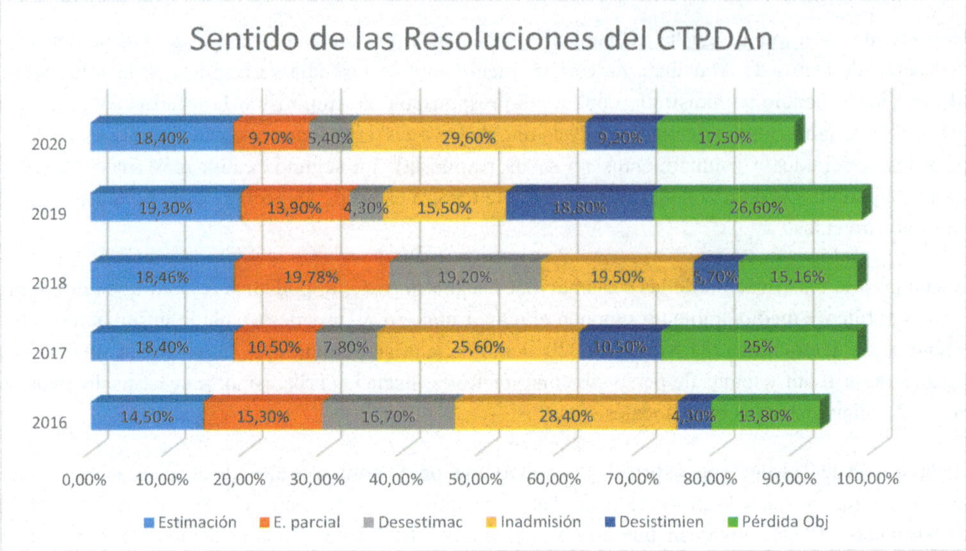

Otro dato destacable es que la mayoría de los reclamantes han sido ciudadanos particulares, especialmente personas individuales, los que superan en reclamaciones a las personas jurídicas –fundamentalmente asociaciones (60%)- todos los años, con un porcentaje entre 87% y 19% un año con otro, al igual que son los hombres en un 80% frente a un 12%, mujeres, subrayando la necesidad de determinar la causa de esta significativa diferencia para articular los mecanismos que permitan su corrección.

Por otro lado, como el CTBG carece legalmente de facultades coercitivas para exigir el cumplimiento de sus resoluciones, su actuación para el seguimiento del cumplimiento por los organismos y entidades responsables de las resoluciones adoptadas por el CTPDAn en relación con las reclamaciones, se concreta en la monitorización de los actos de ejecución realizados por los sujetos responsables de las decisiones objeto de reclamación y en el envío de los oportunos requerimientos en caso de incumplimiento o cumplimiento insatisfactorio de las resoluciones. A través de su Director, posee capacidad para formular requerimientos de subsanación de los incumplimientos de las obligaciones de publicidad activa y para incoar expedientes disciplinarios o sancionadores ante infracciones en materia de transparencia, pero no coercitivas.

No es fácil conocer el número de las resoluciones estimadas por el CTPDAn que se cumplieron, lo que si vemos es que quedaron suspendidas por interposición de un contencioso-administrativo (35 pleitos) interpuesto contra este Consejo hasta el fin de 2020, con una media de 5/7 por año y en mayor número los colegios profesionales e individuos que la administración. Se resuelve el 99% con sentencia favorable y firme a favor del Consejo. Solo dos tienen, de momento, sentencias desfavorables. Estas dos sentencias, contrarias a los postulados de la transparencia, se hayan recurridas en apelación ante el Tribunal Superior de Justicia de Andalucía.

Una vez asumidas las funciones sobre derecho de protección de datos personales por el CTPDAn, habrá que comprobar el desempeño por el mismo de esa dualidad y a este respecto, cómo encauzar la ponderación entre ese derecho y el derecho de acceder a la información, dado que podría plantearse el riesgo de que el derecho a la protección de datos personales, predomine sobre el derecho de transparencia sin tener en cuenta que es un derecho que radica en la Constitución (art. 105.b), un derecho además, como reiteradamente ha destacado el Tribunal Europeo de Derechos Humanos, íntimamente relacionado con un derecho fundamental central en todo sistema democrático: la libertad de expresión e información (en este sentido la Resolución 42/2016, de 22 de junio[491], FJ 6.º: Así pues, cuando un operador jurídico afronte un eventual conflicto entre el derecho fundamental a la protección de datos personales y el derecho al acceso a la información pública, no puede decantarse apriorísticamente por uno de ellos, atribuyéndole así una primacía casi automática. Antes de acordarse una precipitada realización de uno de ellos a costa del otro, debe procurarse la armonización entre los derechos que colisionan a fin de que ambos alcancen la máxima efectividad posible. Es en este sentido en el que ha de realizarse la ponderación a la que alude el art. 15.3 LTAIBG.).

1.8 Conclusiones

Teniendo en cuenta que Andalucía es la primera comunidad autónoma española en cuanto a población, (8.500.808 personas en junio de 2021), 8.460.261 habitantes en 2020 la cifra de los mil asuntos registrados en el Consejo en 2020 (545 reclamaciones), las 47 personas trabajando en él con un presupuesto de 3.993.534,00€; no parece que la relación sea proporcional al conocimiento por la ciudadanía.

- Aunque las cifras no son malas, la verdad es que el derecho de acceso después de años, es un derecho poco conocido y, poco ejercido por la ciudadanía. Hay un crecimiento progresivo en términos cuantitativos absolutos y también una madurez creciente en su uso. Así, durante el 2015 y la primera mitad de 2016, las solicitudes de acceso en gran parte tenían por objeto conocer las retribuciones o dietas del personal directivo o eventual de las administraciones. Esto es lógico, teniendo en cuenta que no es hasta el 1 de enero de 2016 que nace la obligación de difundirla en los portales de transparencia; pero resulta significativo que éste era el mayor interés que la transparencia ofrecía en sus inicios para la ciudadanía y también era el ámbito en el que se produce de inicio una mayor reticencia, no tanto por las Administraciones como por parte de las personas afectadas, que expresaban un sentimiento de intrusión en una esfera que consideraban privada y blindada por la legislación de protección de datos personales.

  De 2019 y 2020 con 581 y 545 reclamaciones, se ha llegado a 872 en 2021, además en los últimos años, se ha superado el interés por las retribuciones y se constata una evolución hacia peticiones cada vez más complejas de información sobre políticas públicas con impacto directo en la calidad de vida de los ciudadanos (licencias de actividades, urbanismo, prestación de servicios públicos como la enseñanza, la seguridad, la salud o el abastecimiento del agua, la

---

491 https://www.ctpdandalucia.es/sites/default/files/resoluciones/res-042-2016.pdf ENDESA se opuso a que se proporcionara información, alegando la necesidad de proteger datos de carácter personal, así como evitar perjuicio a sus intereses económicos y comerciales.

protección de animales, y un largo y variado etcétera), así como la presencia, de periodistas que ven en este procedimiento de reclamación una garantía del acceso a la información más ágil y menos formal.

- Año tras año aumenta el presupuesto en relación al aumento de personal, pero no parece tener relación con el número de reclamaciones que se tramitan ya que el número se mantiene en los últimos años.

- En más de un 85 % de las reclamaciones admitidas a trámite por el CTPDAn el motivo es la falta de respuesta por parte de los entes públicos.

El silencio administrativo como forma permanente de dar la callada por respuesta en materia de derecho de acceso a la información pública está provocando desprestigio y desconfianza a la práctica de la transparencia en este órgano y en el conjunto de CCAA.

- El Director puede instar a la incoación de expediente sancionador ante infracciones en materia de transparencia, pero no coercitivas ante el caso de incumplimientos, y esto puede convertir a los órganos garantes en unos instrumentos poco eficientes en derecho de acceso, y desvalorizar la Ley por la falta de consecuencias ante su incumplimiento. La única posibilidad en este tipo de supuestos es la presentación de un recurso contencioso-administrativo por inactividad de la institución o ente afectado por la resolución, en su versión de falta de ejecución de un acto firme; posibilidad que dilata la respuesta al ciudadano y que no encaja en los objetivos de estas normas. Es más viable desarrollar en la normativa un modelo específico de medios de ejecución forzosa que prevé la Ley 39/2015, de 1 de octubre, del Procedimiento Administrativo Común de las Administraciones Públicas.

Necesidad, por tanto, de regular la ejecutividad de las resoluciones del órgano garante y abordar las medidas frente al incumplimiento de las mismas, mediante cambios normativos.

- Uno de los principales retos que tendrá que afrontar este Consejo será encontrar el punto de equilibrio entre unos derechos que, en mi opinión por su propia naturaleza, están potencialmente llamados a entrar en conflicto: derecho de protección de datos personales y derecho de acceso a la información.

Reforzando los aspectos débiles, el CTPDAn puede convertirse en uno de los órganos /autoridades más óptimas de referencia a nivel nacional en materia de transparencia.

2.- Aragón. Actividad del Consejo de Transparencia de ARAGÓN (CTAr) en el área de transparencia, acceso a la información pública

En esta CCAA la formación del Consejo y de la primera toma de posesión del titular del presidente del mismo fue en 2015. Los habitantes de Aragón a 1 de enero de 2021, son 1.325.371, según los datos la población durante 2020 ha disminuido en 4.020 personas (-0,3%) 1.328.753 habitantes. El CTAr es un órgano colegiado donde ninguno de los cargos (Presidente, Vicepresidenta, Secretaria y miembros del Pleno) tiene retribución.
La ratio de reclamaciones por cada 100.000 habitantes es de 4,66 en el año 2020 (y 5,2 reclamaciones en el último año con datos 2021).

2.1 Informes años 2015 a 2020.[492] Balance. Comparación y evolución de los datos

2.1.1 Reclamaciones

El número total de reclamaciones desde que se puso en marcha el CTAr hasta el año 2020 es de **351** estando pendientes de resolver 107. Las resoluciones alcanzan un total de **226.** El Consejo comunica al Justicia de Aragón las resoluciones que dicte.
(Los datos que contabilizamos hasta el año 2022 (julio) son de 615 reclamaciones y 267 resoluciones estando pendientes de resolver 337).

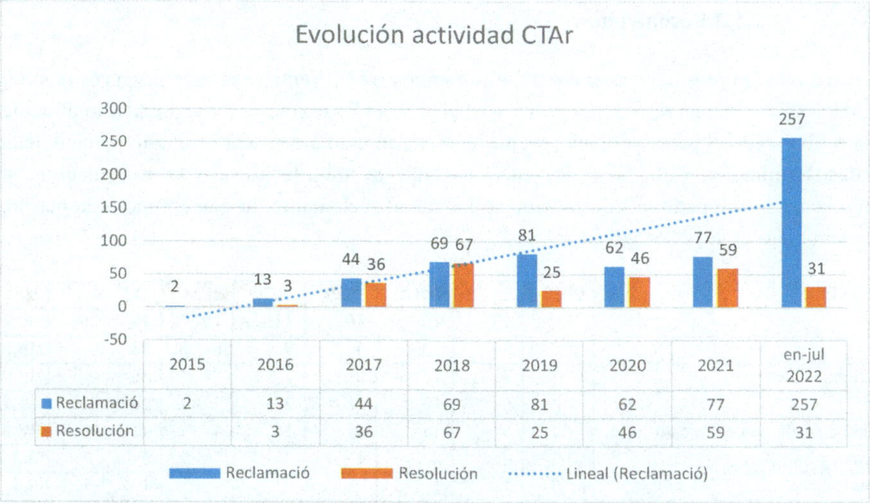

	2015	2016	2017	2018	2019	2020	2021	en-jul 2022
Reclamació	2	13	44	69	81	62	77	257
Resolución		3	36	67	25	46	59	31

*Cuadros y gráficos de elaboración propia en base a los datos estadísticos web del CTAr

El mayor número de reclamaciones se dan anualmente en el gobierno regional y las entidades locales, siendo las consejerías y organismos más reclamados, el Departamento de Hacienda y Administración

[492] https://transparencia.aragon.es/CTAR

Pública (situación bolsas de empleo y denuncias de publicidad activa. Educación, Cultura y Deporte (contratos específicos de suministros, conciertos educativos), Servicio Aragonés de Salud (procesos selectivos, bolsas), Desarrollo Rural y Sostenibilidad (aprovechamiento forestal de montes de utilidad pública, caza). En cuanto a Ayuntamientos, el de Zaragoza el más reclamado (ayuda domicilio, actuaciones urbanísticas, vivienda, Contratos menores, procedimientos de selección de personal.

ORGANISMO RECLAMADO	Reclamaciones	%
Ayuntamientos	62	17,6 %
Diputaciones	4	1,1
Comarcas	4	1,1
Gobierno de Aragón	111	31,6
Universidades	9	2,5
Colegios oficiales	10	2,8
Instituto Nacional de la Seguridad Social	1	0,2
Otras (Fundaciones, Comunidad de regantes	3+5	2,2
TOTAL	**351**	

El perfil del reclamante corresponde mayoritariamente a personas físicas, pero no podemos saber si son hombres o mujeres.

Dos son los motivos principales por los que se interpone reclamación ante el CTAr, son el silencio administrativo de los sujetos obligados y en segundo lugar el acceso parcial a la información solicitada.

2.1.2 Resoluciones

Estudiando una a una las resoluciones dictadas, observamos que el sentido de las mismas es positivo para el ciudadano ya que tienen resolución positiva en el 65% de los casos, ya sea estimadas totalmente, parcialmente o finalizado el procedimiento, y en este caso, un dato a destacar es el alto porcentaje de procedimientos terminados (18,5%) y es que, durante la tramitación de la reclamación, el Departamento ha proporcionado la información solicitada al reclamante, lo que comporta la pérdida sobrevenida del objeto de la reclamación.

RESOLUCIONES	2016	2017	2018	2019	2020	2021	TOTAL	%
Estimadas	1	13	16	10	11	19	**70**	30,9
Desestimadas	2	5	10	4	9	8	**38**	16,8
Estimadas parcialmente		7	13	5		11	**36**	15,9
Inadmitidas		6	10	1	2	7	**26**	11,5
Declaraciones de fin de procedimiento		5	15	4	14	4	**42**	18,5
Desistimientos			2	1	2		**5**	2,2
Retroacciones			1				**1**	0,4
TOTAL	**3**	**36**	**67**	**25**	**46**	**49**	**226**	100,0

2.2 Conclusiones

No encontramos en la web mención alguna a cuántas de las resoluciones del Consejo se han cumplido, ni cuántas de ellas han sido recurridas y si lo han sido por quienes.

Si aparecen 8 informes que ha elaborado el CTAr a solicitud de varios Ayuntamientos (relativo al acceso a la información de expedientes urbanísticos, al acceso a los datos del padrón municipal de habitantes), de la Diputación de Huesca (declaraciones de bienes y actividades de los funcionarios), así como del Instituto Aragonés de Administración Pública (procesos selectivos). No existen tampoco memorias ni informes de actividad.

- El derecho de acceso después de años, es un derecho poco conocido y, poco ejercido por la ciudadanía de Aragón. Hay una evolución al alza de las reclamaciones, pero 351 en seis años de funcionamiento son cifras muy poco significativas.
- Las solicitudes de acceso en gran parte tenían por objeto conocer las bolsas de trabajo en las consejerías, las retribuciones o dietas del personal directivo o eventual de las AAPP, publicidad activa; y en cuanto a las solicitudes en ayuntamientos: la ayuda domicilio, actuaciones urbanísticas, vivienda, contratos menores, procedimientos de selección de personal.
- La ausencia de respuesta a la solicitud de información –silencio administrativo del órgano responsable de suministrar la información, es uno de los motivos principales de reclamación. Llevando a una desconfianza ciudadana, porque aunque es estimatorio[493] en esta CCAA (artículo 31.2 de la Ley 8/2015), no sirve de nada ya que el ciudadano sigue sin obtener su información que es lo que pretende.
- De esas 351 están pendientes de resolver 67 (el 19%), y es que con una composición de miembros en el CTAr sin retribuir y no dedicados plenamente al órgano de control, es muy difícil que se resuelva en plazo y que se traslade y se conozca de su trabajo e incluso de su existencia a la ciudadanía.

---

[493] La STC 104/2018, de 4 de octubre, ha declarado inconstitucional y nulo el silencio administrativo estimatorio establecido en la Ley de Transparencia de Aragón ante solicitudes de acceso a la información pública. Esta Sentencia otorga un alcance expansivo a la competencia exclusiva del Estado sobre el procedimiento.
Por escrito registrado en el Tribunal Constitucional el 27 de octubre de 2017, la Sección Primera de la Sala de lo Contencioso-Administrativo del Tribunal Superior de Justicia de Aragón remitió testimonio del Auto de 16 de octubre de 2017 por el que acordó plantear cuestión de inconstitucionalidad respecto al artículo 31.2 de la Ley 8/2015, de 25 de marzo, de transparencia de la actividad pública y participación ciudadana de Aragón, por la eventual vulneración indirecta o mediata del artículo 149.1.18 CE.
La inconstitucionalidad del precepto deriva de su contradicción con la norma dictada por el Estado "en el ejercicio de sus competencias propias, en este caso la regulación del procedimiento administrativo común. Entiende que la norma estatal infringida (art. 20 de la Ley 19/2013), ha sido dictada legítimamente por el Estado al amparo de un título competencial que le ha reservado la Constitución, esto es, el "procedimiento administrativo común", al que se refiere el artículo 149.1.18 CE, que comprende, entre otras, la regulación de las consecuencias que ha de generar el incumplimiento de la obligación de dictar una resolución expresa en un plazo determinado. Afirma que existe contradicción entre dicho precepto y el artículo 31.2 de la Ley aragonesa de trasparencia, por cuanto que el sentido del silencio es precisamente el contrario al de la norma básica estatal, al que contradice, "pese a su carácter básico".

VOTO PARTICULAR DE CONDE PUNPIDO: Incluso concibiendo la regla del silencio negativo contenida en el artículo 20.4 de la Ley 19/2013 como norma básica del régimen jurídico de las Administraciones públicas, su condición de "mínimo común denominador legislativo" no debería impedir que las CCAA, mediante el establecimiento de reglas de silencio positivo, reforzaran el acceso de sus ciudadanos a la información pública y el cumplimiento de la obligación de la Administración de resolver en plazo.
https://www.boe.es/buscar/doc.php?id=BOE-A-2018-15008

3.- Canarias. Comisionad@ de Transparencia y Acceso a la Información Pública de CANARIAS (CTAICn)

El órgano unipersonal, CTAICn cuenta con el apoyo jurídico, técnico y administrativo del Parlamento de Canarias, los medios personales con los que ha contado, han sido en 2017 los mismos que en 2016: Jefe de Servicio de Reclamaciones y Asuntos Generales, Jefe de Servicio de Evaluación y Control de la Transparencia y un Administrativo. En 2018, aprobó la modificación de la Relación de Puestos de Trabajo (RPT) en la que se creó una plaza de técnico-jurídico del grupo A, mejorando de 2019 en adelante con el refuerzo del equipo administrativo (Jefe de Sección de Evaluación y Control de la Transparencia, Secretario Alto Cargo y 2 Administrativos. Total 7. Se elaboró una propuesta inicial de presupuesto para 2016, que ascendía a un total de 930.903 concretándose en 477.702 €. Se incrementó hasta 690.995,27 euros (Gastos de personal 320.202,00) en 2017 y, en el ejercicio 2019 los créditos ascendieron a 707.352 frente a los 550.468 euros del año 2018, con un incremento del 28,50 %, derivado fundamentalmente de la modificación de la RPT. Aumentando en 2020 a 809.379€. Canarias es la séptima CCAA en cuanto a población se refiere, 2.244.543 personas en el año 2020. La ratio de reclamaciones por cada 100.000 habitantes: 17,88 en 2020.

3.1. Informe anual, años de 2015 a 2020

3.1.1 Reclamaciones

En base a sus Informes, observamos que la demanda ciudadana continúa siendo escasa pues todavía, en los cinco primeros años de vigencia de la Ley de transparencia autonómica, menos del 40% de los sujetos obligados ha recibido alguna solicitud por la vía de derecho de acceso; situación que se repite en todas las autonomías y también a nivel estatal si comparamos el volumen de reclamaciones presentadas ante los órganos garantes de la transparencia. Una de las causas principales el desconocimiento por parte de la ciudadanía de sus derechos derivados de las leyes de transparencia.

Aun así, el número de entidades que ha recibido alguna solicitud de información aumenta ligeramente. Durante el primer año 2015 el Gobierno de Canarias solo contabilizó 91 hasta las 514 del año 2018 y los cuatro cabildos insulares que facilitaron información al CTCn registraron 15 en 2015 y 174 en 2018. Tampoco existe, y así lo reconoce el Comisionado un instrumento único de recogida de datos en cada institución y si hay una falta de criterios uniformes de contabilización, por tanto, puede que hubiera más solicitudes que no se contabilizaron en la estadística.

Solicitudes de derecho de acceso presentadas a las entidades del sector público autonómico

ENTIDADES	2015	2016	2017	2018	2019
Comunidad Autónoma	69	106	182	214	181
Organismo Autónomos	22	57	64	74	62
Entes Públicos			19	15	5
Entidad Pb Empresarial		3		15	9
Empresas públicas		4	12	195	11
Fundaciones			3	1	
total	**91**	**170**	**280**	**514**	**268**

Cabildos	**15**	**89**	**120**	**174**	**171**	
Ayuntamientos	**219**	**631**	**799**	**1.270**	**1.768**	
Universidades			**7**	**26**	**56**	

Y es que se estima que el 90,91% de los sujetos obligados a la ley de transparencia no disponen de información estadística sobre lo que los ciudadanos solicitan, esto es preocupante a la hora de prestar los servicios públicos.

Solicitudes presentadas a las entidades del sector público autonómico, resueltas y pendientes por silencio administrativo 2015-19											
ENTIDADES	2015	2016	2017		2018		2019				
Total a resolver	325	890	1.286		2.107		2.970				
Resueltas	306	817	1.099	85,46%	1.783	8462%	2.614				
Pendientes por silencio administrativo	1	48	46	3,58%	233	11,06	356	12,39%			

En esos cinco primeros años de recorrido del CTAICn como órgano garante de la transparencia en Canarias –2015 hasta 2019–, se han recibido 862 reclamaciones.

Según el informe de 2019 y en lo que hace mención a las especiales circunstancias de pandemia del 2020 se recibieron 386 reclamaciones de ciudadanos a los que alguna de las 336 instituciones o entidades públicas canarias les denegó una o varias peticiones de información. Por lo que podemos sumar a los cinco primeros ejercicios, concluyendo que el Comisionado de Transparencia ha aprobado 1.095 resoluciones de derecho de acceso, de las que nueve han sido recurridas ante el Tribunal Superior de Justicia de Canarias; sin que ninguna de las sentencias haya resultado desfavorable o haya implicado la revisión o anulación de las resoluciones del órgano garante.

EVOLUCIÓN DE LOS DATOS **en el CTCN**	Reclamaciones	Resoluciones	RECURSOS
AÑO 2015	18	18	
AÑO 2016	91	91	
AÑO 2017	154	136 (84,30%	
AÑO 2018	355	347 (86.69%	
AÑO 2019	244	240 (98,3%	
AÑO 2020	386	364 (94,30%	
AÑO 2021	525	451	
TOTAL	**1.095**		**9**

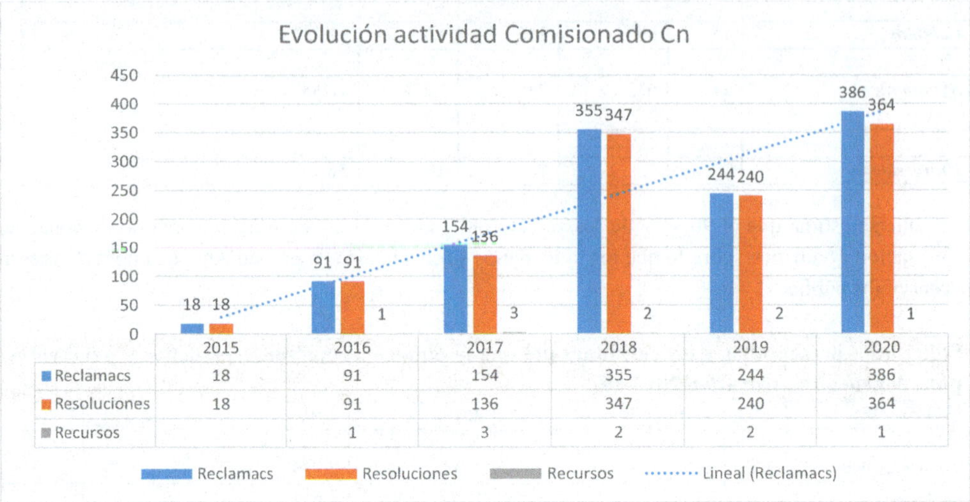

Respecto al origen o motivo de las reclamaciones por el que la persona recurre al Comisionado de Transparencia, son en mayor número solicitudes denegadas mediante silencio administrativo del sector público autonómico

Reclamaciones al Comisionado MOTIVOS													
ACTO RECURRIDO	**2015**		**2016**	**%**	**2017**	**%**	**2018**	**%**	**2019**	**%**	**2020**		**2021**
Silencio administrativo	12	66,67%	76	83,52%	113	73,38%	326	91,83%	198	81,15%			
Estimación	0		1		12		4		8				
Estimación parcial	2		3		3		10		10				
Desestimación	1		5		4		5		5				
Desestimación parcial	0		1		2		1		0				
Inadmisión	2		3		8		6		13				
Inadmisión parcial	1		0		3		0		0				
Sin especificar	0		2		9		3		10				
Total general	**18**		**91**		**154**		**355**		**244**		**386**		**525**

En los primeros años prevalece el silencio administrativo como origen de estos expedientes: 12 de 18 reclamaciones en 2015 (el 66,67 %). 76 de 91 reclamaciones (el 83,52 %) en 2016, y 113 de 154 en 2017 (el 73,38 % de las reclamaciones), también en los años posteriores, así en 2018, 326 (el 91,83%) fueron reclamaciones por silencio administrativo, ya que no obtuvieron respuesta alguna de la administración ante la que solicitaron la información por derecho de acceso a información pública; y durante 2019 un total de 198 reclamaciones (el 81,15 %)

Del total de 862 reclamaciones relativas a derecho de acceso que presentó la ciudadanía a lo largo de los cinco años desde su constitución, 725 se referían a un silencio administrativo. Esto supone que más del 84 % de las reclamaciones tienen su origen en la falta de respuesta de las entidades cuando se les presenta una solicitud de acceso a la información pública.
La Administración Pública de la Comunidad Autónoma es la entidad que acumula más solicitudes pendientes por silencio administrativo de este sector. No obstante, el grupo de entidades que peor eficiencia presenta en la gestión del derecho de acceso es el de los Entes públicos.

En cuanto al tipo de persona y género, el primer año 2015 el 61% corresponden a personas físicas y responden tanto a reclamaciones sobre información genérica como a otras que aparentan algún interés personal. Las restantes, al ser todas personas jurídicas de tipo empresarial se puede entender que responden a algún interés. El año 2016 se produjo un mayor incremento del porcentaje de personas físicas que el de jurídicas respecto a 2015; entre otros motivos por la presentación de reclamaciones sin apoderamientos. Son personas jurídicas casi una cuarta parte del total (23); y de los tres cuartos restantes (68 personas físicas). Durante el año 2019, destacar que 203 reclamaciones (el 83,20 % del total) fueron presentadas por personas físicas, frente a 41 (el 16,80 %) por personas jurídicas.
La proporción de hombres duplica a la de mujeres en cuanto a la perspectiva de género, el 70,94 % lo fueron por hombres (144), mientras que el 29,06 % restante corresponde a mujeres (59). Esto supone que la indudable desproporción entre sexos a la hora de reclamar se corrige ligeramente en relación a 2018, en que las reclamaciones presentadas por mujeres supusieron el 15,95 % del total, y a 2017, en que fueron un 24,81 %; pero sigue siendo mayor que en 2016, año en que un 32,35% de las reclamaciones correspondieron a mujeres.

PERFIL DEL RECLAMANTE	Persona Física		Hombre		Mujer		Persona Jurídica		TOTAL
2015	11	61%	8	72,72 %	3	27,27 %	7	39 %	**18**
2016	68	74,7%	46	67,64 %	22	32,35%	23	25,3 %	**91**
2017	129	83,7%	97	75,19 %	32	24,81 %	25	16,3 %	**154**
2018	257	72,3%	216	84,04 %	41	15,95 %	98	27,7 %	**355**
2019	203	83,20%)	144	70,94 %	59	29,06 %	41	16,80%	**244**
2020									**386**

Con respecto a la cantidad de reclamaciones que presenta una misma persona, en 2016 solo un reclamante había presentado más de 10 reclamaciones al Comisionado en el mismo año, en 2017 fueron dos las personas que se decidieron a presentar más de 10; y en 2018, han sido 5 las personas físicas o jurídicas que presentaron más de 10 reclamaciones. Llegando 3 de ellas a superar las 28 reclamaciones cada una.

Mientras que en 2015 y 2016 la presentación de reclamaciones y expedientes solo era posible de manera presencial, en 2017 el Comisionado de Transparencia implantó su propia sede electrónica que permitió a la ciudadanía poder reclamar también de manera online. En ese año, solo el 29,87 % (46 frente a las 108 presenciales) de las reclamaciones fueron presentadas por esta vía, mientras que ya en 2018 suponen el 58,71 % (209) frente a las 146 que se presentaron presencialmente).

Respecto a las Administraciones frente a las que se dirigen las reclamaciones el Gobierno de Canarias tiene el 39% de las reclamaciones (7) en el primer año 2015, distribuidas entre las diferentes Consejerías, aunque la Consejería Obras Públicas y Transporte aparece con tres reclamaciones (dos a su nombre y una tercera de Puertos Canarios), (4) Turismo y Sanidad. Destaca también las cuatro reclamaciones al Cabildo de Tenerife, el 22,22%, y aún más, las cuatro que concentra un solo colegio profesional, el Colegio Abogados Santa Cruz de la Palma, por no dar información sobre el trámite y censo de colegiados.

Igualmente, las reclamaciones en 2016 han ido dirigidas mayoritariamente al Gobierno de Canarias, con 25 reclamaciones, tiene el 27,47% del total, distribuidas entre las diferentes consejerías. La Consejería de Sanidad (y dentro el Servicio Canario de Salud) es el departamento que más recibe, con 11 reclamaciones. Le sigue con 3 la Presidencia del Gobierno.

Los cabildos son el siguiente grupo en cantidad de reclamaciones, con 20. Entre ellos destaca el Cabildo de La Gomera, con las 16 presentadas por consejeros de dicha corporación insular (esta tendencia es creciente en el ámbito de las administraciones locales; en la medida en que muchos concejales de los grupos de la oposición municipal hacen uso de las leyes de transparencia y sus posibilidades de reclamación rápida ante los órganos garantes para conseguir la información a la que tienen derecho y que los alcaldes les niegan.

Entre los ayuntamientos sobresalen las 12 reclamaciones del Ayuntamiento de Las Palmas de Gran Canaria; siendo 9 de ellas de la misma asociación, que prácticamente no ha obtenido respuesta a sus demandas. Le sigue en número el Ayuntamiento de Santa Cruz de Tenerife, con 6 reclamaciones de una sola persona y relativas a un mismo procedimiento de selección de personal.

En el grupo de universidades y corporaciones se repite la situación del pasado año respecto a las reclamaciones sobre peticiones de información al Colegio de Abogados de Santa Cruz de La Palma, 5 en 2016; a las que hay que añadir dos más sobre el mismo tema en la fase de recurso al Consejo Canario de Colegios de Abogados.

*La Administración pública de la Comunidad Autónoma, (los siete cabildos insulares, los 88 ayuntamientos y las dos universidades) y a sus organismos autónomos dependientes.

TIPO DE ADMINISTRACIÓN	2015	2016	2017	2018	2019	2020	2021
Total Administración Pública de la CCAA de Canarias y **entidades dependientes o vinculadas a la misma**	**7** 39%	**25** 27,47%	**60** 38,9%	**88** 24,7%	**65** 26,6%		
Consejería de Turismo, Cultura y Deportes	4	2	4		6		
Presidencia del Gobierno		3		8			
Consejería de Presidencia, Justicia e Igualdad		2	14		15		
Consejería de Hacienda		2	3				
Educación y Universidades		1	3	16	8		
Consejería de Sanidad		11	1	4			

Servicio Salud			9	4	11		
Consejería de Política Territorial, Sostenibilidad y Seguridad	3	4	4	9	2		
Consejería de Economía, Industria, Comercio y Conocimiento			4	4	1		
Consejería de Agricultura, Ganadería, Pesca y Aguas			2				
RTV			12	12	5		
Instituto Canario de Administración Pública			1				
Servicio Canario de Empleo			1	5			
Agencia de Protección del Medio Urbano y Natural de Canarias (APMUN)			1				
Agencia Tributaria Canaria			1	7			
Total Cabildos		**20**	**16**	**27**	**50**		
Cabildo de Tenerife Área Presidencia	4	11	5	10	11		
Cabildo de Lanzarote Consorcio de Aguas		1		2			
Cabildo Lanzarote Urbanismo		1		2			
Cabildo de La Gomera Área Presidencia		16		1			
Cabildo del Hierro Garona del Viento S.A.		1	1	1			
Cabildo de G Canarias			10	10	11		
Cabildo de la Palma				1			
Cabildo Fuenteventu					18		
Total Ayuntam			**65**	**232**	**117**		
Ayuntamientos de Tenerife		19	30		11		
Ayuntamientos de Lanzarote		2			8		
Ayuntamientos de Gran Canaria		14	4		28		
Ayt. Las Palmas		12	15				
Ayt. Sta. Cruz		6					
Total Universidades, corporaciones y otras entidades	**15**	**11**	**13**	**8**	**12**		
Universidades y Corporaciones	11	11	13	5	9		
Fundaciones				1	2		
Colegio Abogados Sta. Cruz	4	5		1	1		
Colegio Veterinarios				1			
TOTAL	**18**	**91**	**154**	**355**	**244**	**386**	**525**

Durante 2017 se ha reclamado a un total de 48 administraciones o entidades. Las administraciones que más reclamaciones recibieron fueron el Ayuntamiento de Las Palmas de Gran Canaria (15), la Consejería de Presidencia, Justicia e Igualdad del Gobierno de Canarias (14), el ente público Radio Televisión Canaria (12), el Cabildo Insular de Gran Canaria (10) y el Servicio de la Salud (9).

Curiosamente, todas las reclamaciones a RTVC fueron presentadas por la misma reclamante, integrante del Consejo Rector de Radio Televisión Canaria. Once fueron estimadas (R24/2017, R25/2017, R26/2017, R27/2017, R28/2017, R29/2017, R30/2017, R31/2017, R32/2017, R33/2017,

R34/2017) y una inadmitida por presentación de la reclamación fuera del plazo estipulado (R35/2017). La mayoría de estas reclamaciones tenían como objeto obtener información acerca de los contratos del ente.

En 2018 se registraron 355 expedientes de reclamación ante el Comisionado, representa un aumento del 130,52 % sobre las tramitadas en 2017; las administraciones que más reclamaciones recibieron fueron las capitales de provincia Santa Cruz de Tenerife (51) y Las Palmas de Gran Canaria (22), la Consejería de Educación y Universidades del Gobierno de Canarias (16), el ente público Radio Televisión Canaria (12), el Ayuntamiento de Guía de Isora (10), los Cabildos Insular de Gran Canaria (10) y de Tenerife (10).

Por tipo de administración reclamada, los ayuntamientos fueron los que más demandas de información tuvieron, con un total de 232 reclamaciones.

La Administración Pública de la Comunidad Autónoma y sus entes dependientes han acumulado 88 reclamaciones, 16 de ellas frente a la Consejería de Educación y Universidades, 12 a Radio Televisión Canaria, la Consejería de Política Territorial en 9 ocasiones, la Consejería de Presidencia, Justicia e Igualdad en 8 ocasiones; y la Agencia Tributaria Canaria tuvo 7. Los cabildos, por otro lado, han acumulado 27 reclamaciones. Las universidades y otras corporaciones 8 reclamaciones.

También en 2019 fueron el Ayuntamiento de Las Palmas de Gran Canaria con 28, el Cabildo Insular de Fuerteventura con 18, la Consejería de Administraciones Públicas, Justicia y Seguridad con 15, y con 11 reclamaciones los ayuntamientos de San Cristóbal de La Laguna y Santa Cruz de Tenerife, el Servicio Canario de Salud, 5 a la RTV y los cabildos suscitaron 50 reclamaciones, de las que 18 se refieren al Cabildo Insular de Fuerteventura, 11 al de Gran Canaria, 11 al de Tenerife, dos al de La Gomera, dos al de El Hierro, dos al de Lanzarote y una al de La Palma. Las universidades, corporaciones y otras entidades motivaron 12 reclamaciones, de las que cinco están relacionadas con la Universidad de Las Palmas de Gran Canaria, cuatro con la Universidad de La Laguna, dos con la Mancomunidad de Municipios Centro-Sur de Fuerteventura y una con el Colegio Oficial de Veterinarios de Las Palmas.

En cuanto a las materias sobre las que se solicita la información, en un primer momento son el empleo en el sector público, asuntos económicos, presupuestos, en los siguientes años se incluyen otras materias recurrentes como servicios y procedimientos, Económico-financiera, Obras públicas, Contratos, Concesión de servicios públicos, Información sobre ayudas y subvenciones, Ordenación de territorio. Así en el periodo 2015-2018 los Tipos de información más solicitados son Servicios y procedimientos, Contratos, y Empleo en el sector público, le siguen Normativa, Planificación y programación, Ordenación del Territorio, Patrimonio y Obras públicas

La que más destaca en 2016 es la relativa a servicios y procedimientos, con un 28,57% (26), porcentaje similar al de 2015, cuando alcanzó el 27,78%; seguida de ordenación del territorio, con el 11% (10) y que crece en importancia respecto a 2015, y contratos, que representaba el 16,67% en 2015, y pasa ahora al 7,69%, (7) compartiendo el puesto en 2016 con la información estadística, que en 2015 no había registrado reclamaciones.

MATERIAS	2015	2016	2017	2018	2019	2020	2021
Información institucional,organizativa			14		9		
Servicios y procedimientos	(27,78%	26 (28,57%	11		34		
Inf. normativa			10				
Contratos, convenios	(16,67%	7 (7,69%	21		26		
Empleo/ procesos selectivos			29	(28,40 %.	52		
Empleo/ Retrib/RPT							
Empleo/ Otros					4		
Subvenciones, ayudas					3		
Economía Presupuestos, gastos			15		29		
Estadística		7 (7,69%,			5		
Retribuciones					15		
Medio Ambiente							
Obra Pública					20		
Ordenación territorio		10 (11%	8		12		
Otra Información			8				
TOTAL	**18**	**91**	**154**	**355**	**244**	**386**	**525**

En 2018, será Empleo en el sector público es el tipo de información que registra el mayor número de solicitudes, el 28,40 %. El segundo tipo de información que más se ha demandado es Servicios y procedimientos, el 55,84 %. Una visión muy parecida a la recogida en 2017, empleo y Servicios y procedimientos contabilizaron el mayor número de solicitudes (29), seguido de Contratos con 21 reclamaciones; la económico-financiera fue solicitada en 15 ocasiones; la información institucional con 14 reclamaciones, y en materia normativa se reclamó en 10 ocasiones. La información sobre ordenación del territorio tuvo 8 reclamaciones. Otras 8 solicitudes no se pueden clasificar según la LTAIP porque el motivo reclamado no puede considerarse objeto de información pública. El año 2018, no se solicita información de Convenios y encomiendas de gestión, ni de Ordenación del territorio, mientras que los tipos de información Personal de libre nombramiento, Normativa, Planificación y programación y Patrimonio son los menos demandados, al igual que sucede en 2019, donde continúa siendo el empleo la información más demandada (52), así como la económica financiera (29) y Servicios y Procedimientos (34).

3.1.2 Resoluciones

Resoluciones que obligan al Gobierno, cabildos y ayuntamientos a entregar la información pedida por los ciudadanos.

RESOLUCIONES	2015	2016	2017	2018	2019	2020	2021
	18	**91**	**136**	**347**	**240**	**364**	**451**

El plazo medio de resolución se eleva en el ejercicio 2016 hasta 95 días respecto a los 60 días de media en 2015 y excediendo en cinco días más, los tres meses de plazo que establece la norma, se debe al notable aumento de las reclamaciones sin el consiguiente refuerzo de los medios preexistentes (los mismos dos funcionarios que en 2015, uno de ellos dedicado parcialmente a esta actividad); a la especial complejidad de algunas; y a las prestaciones del personal del CTAIPCn en actividades ajenas a sus cometidos en Transparencia y Acceso a la Información. Todo ello contribuyó a que 40 resoluciones se concluyeran después de haberse agotado el plazo.

La situación se agrava en los siguientes años porque se duplican las reclamaciones ya que los ciudadanos más conocedores de sus derechos preguntan más y sobre cuestiones más difíciles o comprometidas. Pero lo más preocupante en este campo es que de las resoluciones ejecutivas indicadas como favorables a los ciudadanos, al menos un 12% han sido manifiestamente incumplidas porque ni han entregado la información, ni han recurrido a los jueces, como era su deber si discrepan del Comisionado. (En 2016 de 72, 13) en 2017 consta que 12 de ellas no han sido cumplidas por las administraciones obligadas. 6 resoluciones de 2018.

Con respecto al incumplimiento no se puede saber con exactitud si finalmente se ha entregado la información o no, salvo en las ocasiones en las que la persona reclamante pone en conocimiento del Comisionado que no ha recibido la información. Los años posteriores lo general es que se resuelvan fuera de ese plazo.

Media de tiempo en RESOLVER una reclamación (en días)						
2015	**2016**	**AÑO 2017**	**2018**	**2019**	**2020**	
60 días	95	75	75	65	60	

En estos años (Informes 2015 a 2019), desde la puesta en marcha de este órgano garante del derecho de acceso a la información pública, de los 847 expedientes de reclamaciones resueltos, se han inadmitido 157 reclamaciones porque en la mayoría de los casos no estaban solicitando información o presentaron la reclamación fuera de plazo. De las 690 reclamaciones admitidas, se estiman totalmente 358; y parcialmente 93; formalmente por entrega de la información fuera de plazo o en trámite de audiencia, otros 102 expedientes. Es decir, más del 80 % de las reclamaciones admitidas desde 2015 concluyeron con resultados favorables para las personas reclamantes. Además, se produjeron 55 terminaciones y en otros 42 casos desistimiento de la persona reclamante. En 39 casos las resoluciones fueron desestimatorias.

SENTIDO DE RESOLUCIONES	2015		2016		2017		2018		2019		**TOTAL**
Admisión	44		85		121		257		204		**690**
Estimadas	8		64	75%	69	57,02%	132	51,36%	94	46,08%	**358**
Estimadas parcialmente	1		6	7%	14	11,57%	51	19,84 %	18	8,82%	**93**
Estimadas formalmente O Declaraciones de fin de procedimiento			8		19	15,70%	53	20,62 %	49	24,02	**102**
Desestimadas	31	6,67	7	8%	15	12,40%	5	1,94 %	10	5,02 %	**39**
Inadmitidas	5	22%	6		15	12,40	90		36	15 %	**157**

Desistimientos (otros)	1		4	3,31 %	16	6,23%	11	5,39 %	**42**
Terminaciones									**55**
TOTAL	**18**	**91**	**136**	84,30	**347**	86.69	**240**	98,3	**847**

En el primer año 2015, sobre un total de 18 reclamaciones presentadas, se ha resuelto una de ellas fuera de plazo por su especial complejidad, 14 han sido objeto de requerimiento de petición de expediente o de audiencia y 4 de ellos han sido reiterados. En cuanto al resultado de las reclamaciones planteadas, el 44,44% han tenido una resolución favorable al acceso y 16,67% la han tenido negativa. El 22,22% han sido inadmitidas por fuera de plazo.

En 2016 se quintuplican las resoluciones frente a reclamaciones ciudadanas 91, de las que 85 se admiten. De ellas se estiman favorablemente 72 (el 84,7 %), un porcentaje significativamente elevado. De ellas, 6 no fueron admitidas, fundamentalmente porque lo que demandaban los solicitantes a las administraciones públicas no se considera información pública en los términos contemplados en la ley, sino otro tipo de actuación que no corresponde analizar al Comisionado. De las 85 reclamaciones admitidas, únicamente 7 fueron denegatorias (el 8,2%). Se estimaron determinando el derecho a un acceso completo a la información solicitada 64 reclamaciones (el 75,3%); y se reconoció un acceso parcial a la información demandada a 6 (el 7%).
Las 8 reclamaciones restantes (que representan el 10,7% (fin de procedimiento) se refieren a expedientes que se resolvieron durante el propio trámite; el 93% de las reclamaciones admitidas a trámite han obtenido un resultado favorable para el ciudadano. De los 91 expedientes, 89 de ellos han sido objeto de requerimientos de petición de expediente y/o de audiencia y en 15 de ellos ha habido que realizar reiteración de las peticiones.

En 2017 se registraron 154 reclamaciones de ciudadanos y entidades ante el CTAIPC. Tal cifra representa un aumento del 69,7 % sobre las 91 tramitadas en 2016; un alto nivel de crecimiento De las 136 reclamaciones resueltas, 15 no fueron admitidas a trámite. De las 121 reclamaciones admitidas, solo 15 fueron desestimadas (el 12,40 %). Se estimaron por completo, con un acceso total a la información solicitada, 69 (el 57 %). Fueron estimadas con acceso parcial a la información demandada 14 reclamaciones (el 11,5 %). Y se anotaron también 19 estimaciones formales (15,7 % de las admitidas), en las que los ciudadanos reclamantes lograron el acceso a la información durante el trámite del procedimiento, generalmente por la entrega de los datos fuera de plazo, después de que desde el Comisionado se solicitarán alegaciones a la administración reclamada. Por lo tanto, más del 84 % de los sujetos con reclamaciones admitidas obtuvieron una resolución favorable a sus demandas.
En los cuatro procedimientos restantes se produjo desistimiento, porque el ciudadano renuncia o desiste de la reclamación, en la mayoría de los casos, porque recibe la información por parte de la administración reclamada.

Del conjunto de las 355 reclamaciones en 2018, 347 reclamaciones fueron resueltas, de ellas 90 no fueron admitidas a trámite y de las 257 reclamaciones admitidas, solo 5 fueron desestimadas (el 1,94 %). Se estimaron por completo, con un acceso total a la información solicitada, 132 (el 51,36 %). Fueron estimadas con acceso parcial a la información demandada 51 reclamaciones (el 19,84 %). Y se anotaron también 53 estimaciones formales (20,62 % de las admitidas), en las que las personas reclamantes lograron el acceso a la información durante el trámite de audiencia, produciéndose la

entrega de la documentación fuera de plazo, después de que el Comisionado solicitara alegaciones a la administración reclamada.
Por lo tanto, más del 91 % de las personas con reclamaciones admitidas obtuvieron una resolución favorable a sus demandas.
En los 16 procedimientos restantes (el 6,23 % de las reclamaciones admitidas) se produjo desistimiento en la mayoría de los casos porque la persona que reclamó había recibido la información por parte de la administración reclamada.

En 2019 se registraron 244 expedientes de reclamación por derecho de acceso a la información pública ante el Comisionado. De las 240 reclamaciones resueltas, 204 fueron admitidas a trámite y 36 inadmitidas, fundamentalmente porque la información que solicitaban las personas demandantes no podía considerarse pública en los términos contemplados por la ley. De las 204 reclamaciones admitidas, se estimaron por completo, con acceso total a la información solicitada, 94 (el 46,08 %); fueron estimadas con acceso parcial a la información demandada 18 reclamaciones (el 8,82 %) y solo 10 fueron desestimadas (el 5,02 %). Se anotaron también 49 estimaciones formales (24,02 % de las admitidas), en las que las personas reclamantes lograron el acceso a la información durante el trámite de audiencia y la entrega de la documentación fuera de plazo, después de que el Comisionado solicitara alegaciones a la administración reclamada.
Por lo tanto, el 78,92 % de las personas con reclamaciones admitidas obtuvieron una resolución favorable a sus demandas

Destacar que, de los trámites de audiencia dados a los ayuntamientos en el procedimiento de resolución de las reclamaciones, en el 90% de los casos las entidades locales no contestaron al requerimiento formulado por el Comisionado de Transparencia y Acceso a la Información Pública. Esto es, en el 57,24 % de las reclamaciones contra ayuntamientos que fueron admitidas, la entidad local no solo no contestó la solicitud de acceso de la persona que requirió la información, sino que tampoco respondió al órgano garante del ejercicio del derecho de acceso.

3.1.3 Recursos contencioso-administrativos

No se presenta en 2015 recurso contencioso contra ninguna resolución del Comisionado, si un recurso contencioso en 2016 interpuesto por el Ayuntamiento de Santa Úrsula contra la resolución 88/2016 del Comisionado de Transparencia de Canarias relativa a una petición de información sobre el Plan Especial Camino del Litoral de Santa Úrsula[494], la suma es de 9 en total.

3.2 Conclusiones

- Los datos de los primeros años indican, como ya veíamos tanto en el ámbito estatal como en el autonómico, que los ciudadanos no están ejerciendo apenas el derecho de acceso (bien sea por desconocimiento de la ley o por falta de interés o tiempo para presentar solicitudes) ni tampoco

---

[494] https://www.transparenciacanarias.org/node/155

https://www.transparenciacanarias.org/viewresoluciones

están haciendo una presión efectiva a las administraciones que no han habilitado todavía los nuevos contenidos de publicidad obligatoria, bien en los portales de transparencia, bien en las webs públicas. Ni siquiera los profesionales que más podían beneficiarse de esos datos públicos a los que obliga la ley, los periodistas, han ejercido como colectivo una demanda amplia, salvo en casos muy particulares, o por algunos medios digitales. Sin ver la gran contribución que pueden realizar a la mejor gobernanza y a la calidad democrática si preguntan y reclaman.

- En Canarias se registró en el año 2016 una ratio de 4,3 reclamaciones por cada 100.000 habitantes [3,1 como media de las autonomías], que se elevó a 7,3 reclamaciones en 2017 [5,4 la media de las autonomías]. En 2018 se alcanzaron las 16,7 reclamaciones por 100.000 habitantes, duplicando la media nacional de 7,2. Esta ratio se va a reducir en 2019 a 11,3 por la tendencia a la baja de las reclamaciones en los diez primeros meses y subirá a 17,88 en 2020.

Como en todas las CCAA, a medida que los ciudadanos conocen los nuevos derechos y posibilidades que les otorgan las normas reguladoras de la transparencia y el derecho de acceso, se observa el progresivo crecimiento de las ratios de reclamación por cada 100.000 habitantes.

- Prevalece el silencio administrativo como origen de estos expedientes: (el 81,67 %-83,15 %)

- El número de solicitudes de acceso a la información tramitadas y concedidas ha sido mayor cada año, alcanzando un porcentaje acumulado del 71,71 %; pero, también ha aumentado el número de peticiones inadmitidas, desestimadas y desestimadas por silencio administrativo, lo que se traduce en un aumento anual del número de solicitudes que quedan pendientes de tramitar. Y es que los medios personales son claramente insuficientes y el presupuesto tras años de funcionamiento es menor que el que se proponía en el inicio del CTAICn.

- Tampoco en la Ley Canaria 12/2014, de 26 de diciembre, de transparencia y de acceso a la información pública se regula la ejecutividad de sus resoluciones y cómo enfrentarse al incumplimiento de las mismas, convirtiendo al órgano garante en un instrumento poco eficiente en esos supuestos.

A la pregunta núm. 27) del Cuestionario: ¿Qué importancia le da a la incapacidad que tiene por ley para sancionar a las administraciones incumplidoras? Relevante. El régimen sancionador es una de las asignaturas pendientes en la nueva Ley que ha comenzado a elaborarse.

4.- Cataluña. Actividad de la Comisión de Garantía del Derecho de Acceso a la Información Pública (CGAIP)

Creada la Comisión por la Ley 19/2014, de 29 de diciembre, como órgano independiente de tutela y garantía, al que los ciudadanos pueden reclamar gratuitamente cuando la Administración autonómica o local de Cataluña le denieguen total o parcialmente el acceso a información, o habiéndose reconocido este (incluso por silencio administrativo, que en Cataluña es positivo o estimatorio), no se les haya facilitado el acceso material. Se constituyó con 5 miembros, pero actualmente la forman 2.
Son 9 los puestos de trabajo funcionarios de la CGAIP, además del Presidente, vocal y secretaría técnica. Está adscrita al Departamento de Asuntos y Relaciones Institucionales y Exteriores y Transparencia de la Generalidad.

Nos centraremos una vez más en las memorias/informes que se presentan al Síndic de Greuges y en el Parlamento de Cataluña, como organismo evaluador; constan de dos partes: la memoria de actividades y la memoria doctrinal - que hace difusión de las resoluciones que establecen criterios generales para la resolución de futuras solicitudes-; y a partir del año 2017 incorporan un balance sobre la situación del derecho de acceso a la información pública en Cataluña el año correspondiente. Compararemos cifras sobre las reclamaciones recibidas, destacadas y ejecutadas y valoraremos los procedimientos de mediación y la ejecución de los acuerdos de mediación y ordinarios.

Cataluña tiene una población de 7.660.530 habitantes, es la segunda Comunidad Autónoma de España en cuanto a población se refiere. La ratio de reclamaciones por cada 100.000 habitantes es de 11,5 reclamaciones con datos del año 2020.

4.1. Informe anual del año 2015

En este primer año con 5 miembros elegidos por mayoría de las 3/5 partes de la Cámara y su presidenta elegida por el pleno de la CGAIP, se le dota con dos plazas de apoyo administrativo y una secretaria técnica. La GAIP no dispone de presupuesto propio.

4.1.1 Reclamaciones

El derecho de acceso a la información pública viene ejerciéndose en relación con las Administraciones catalanas desde el 1 de julio de 2015. En este primer año de funcionamiento, se han presentado a la CGAIP 37 reclamaciones, de las cuales 15 se presentan contra la administración de la Generalitat, 20 contra ayuntamientos y 2 contra una universidad pública. Todas ellas van a ser resueltas en el plazo de los dos meses legales, ampliable si se solicita el procedimiento de mediación (42.4 LTAIPBG). El reclamante es 33 veces hombre y 4 mujer y lo hacen presencialmente.

ACTIVIDAD del Consejo 2015	Número	
Reclamaciones Acceso Información Pública	**37**	principal responsabilidad legal de la GAIP

*Cuadros elaboración propia en base a la Web y Memorias del CTPD

4.1.2 Mediación

Del total de reclamaciones presentadas en 2015, un 54,05% demandan inicialmente acogerse al procedimiento de mediación.

PROCEDIMIENTO DE MEDIACIÓN	**RESOLUCIONES**	%
Acuerdo de mediación	**12**	60
Desistimiento	**1**	5
Inadmisión	7	35

Con respecto a la ejecución de los acuerdos de mediación, destacar que en el mismo acto de la mediación se ha conseguido la información reclamada o se ha visto satisfecha la persona reclamante en 5 de los procedimientos y parcialmente en uno de ellos. En el plazo de dos semanas cumplidos otros dos y en el resto ha sido la CGAIP la que ha requerido la ejecución pasado ese plazo.

4.1.3 Resoluciones

Se resuelven 17 en 2015 y las otras 20 en el 2016. En la gran mayoría de los casos, el 71,5%, la CGAIP ha resuelto estimar totalmente la pretensión de la reclamación, mientras que en un 28,5% la estimación de la reclamación ha sido parcial. En uno de los casos se produce el desistimiento de la persona reclamante antes de la Resolución de la CGAIP.

Por materias, la información solicitada está relacionada con presupuestos de las administraciones y entidades públicas, procesos de selección de personal, provisión de puestos de personal funcionario, convocatorias y adjudicaciones de plazas laborales, expedientes de contratación pública, retribuciones del personal, altas y bajas de personal de universidad.

Todas las resoluciones se han cumplido íntegramente, excepto una de ellas, cumplida sólo parcialmente ya que una documentación se había destruido previamente por el ayuntamiento.

4.2. Informe anual del año 2016

4.2.1 Reclamaciones

En este año 2016 se mantiene el crecimiento de la actividad de la CGAIP, que se ha incrementado de manera notable a partir del mes de abril llegando a 561, ha cumplido con el plazo de dos meses y ha resuelto dentro de ellos la mayoría de las reclamaciones presentadas.

ACTIVIDAD del Consejo 2016	Número
Reclamaciones Acceso Información Pública	**561**

En cuanto al perfil del reclamante presentan más personas físicas que jurídicas, destacando una mayoría muy significativa de hombres respecto de las mujeres.

PERFIL del RECLAMANTE	

PERSONA FÍSICA	Reclamaciones	%	Hombres	%	Mujeres	%
Particular	228	40,2				
Electos locales o concejales	62	33				
Periodistas	2	3,6				
TOTAL	**292**	85,1	274	94%	148	6%
PERSONA JURIDICA						
Electos y grupos municipales	127	3,6				
Empresas, Entidades y fundaciones	238	10%				
Gremios y colegios profesionales	1	0,2				
Sindicatos y representantes de trabajadores	20	8,5				
Prensa	2	0,9				
TOTAL	**388**	14,9				

De momento vemos poca presencia de periodistas, después habrá una tendencia creciente de este colectivo profesional, y en cambio una presencia muy destacada de concejales o electos locales, ya sea en nombre propio o en nombre de su grupo municipal que acuden a la CGAIP para reclamar el acceso a información de su corporación local que les ha denegado el acceso. Señalar que determinados electos locales y grupos municipales han presentado una pluralidad de reclamaciones ante la Comisión; esto ha llevado a la CGAIP a resolver de forma acumulada en muchas ocasiones y a tener un perfil de reclamantes que está integrado por pocos reclamantes que han presentado más de la mitad de las reclamaciones que la Comisión ha tramitado durante el año 2016.

La mayoría de las reclamaciones presentadas tenían como sujeto pasivo una administración local, y las presentadas contra la Administración de la Generalidad, en una gran mayoría estaban dirigidas al departamento de Salud, motivado por el hecho de que un sindicato pidió acceder a las retribuciones del personal directivo de todos los centros sanitarios de Cataluña

Tipo de Administración RECLAMADA	N.º Reclamaciones	%
Administración local	225	77
Otras entidades del sector público	15	7
Generalitat de Catalunya	150	65
Consejería de Salud	117	78
Consejería de Interior	12	8
Consejería de Educación	6	4
Empresa y Conocimiento	6	4
Gobernación, AAPP y Vivienda	3	2
Justicia	3	2
Otros	3	2

Los Ayuntamientos que acumulan un mayor número de ellas son el Ayuntamiento de Sant Vicenç dels Horts 67, Ayuntamiento de Lleida 19, Ayuntamiento de Pallejà 15, Ayuntamiento de L'Hospitalet de Llobregat. Destacar la Diputación de Girona con 24.

La información que con más frecuencia ha sido objeto de reclamación es la relativa a la retribución de personal público (30%) y la provisión de plazas públicas (17%), seguido de la información relativa a la contratación pública (10%) y la relacionada con expedientes urbanísticos (7%) y la gestión de recursos públicos (7%). Seguidamente, la información sobre subvenciones y convenios.

4.2.2 Resoluciones

Hay un número significativo de reclamaciones que, pese a ser interpuestas en el año 2016, son resueltas durante los primeros meses del año 2017. Exactamente 369 reclamaciones, de las 561 presentadas, son resueltas durante el año 2016 y el resto lo serán ya en el 2017. En general, han sido resueltas dentro del plazo legal de dos meses -que queda interrumpido en el caso de los procedimientos con mediación hasta un máximo de un mes más-, tal como prevé el artículo 42.4 LTAIPBG de Cataluña. Sin embargo, en algunos supuestos excepcionales en que se ha tenido que realizar un traslado masivo a una pluralidad de afectados, o bien se ha producido una complejidad destacable durante la tramitación del procedimiento de reclamación, se ha hecho necesaria la ampliación del plazo para resolver.

Por el tipo de finalización del procedimiento, diferenciamos entre los que han finalizado en un sentido negativo, es decir, aquellos cuya interposición no ha permitido acceder a la información bien por desistimiento de la persona reclamante, o porque se ha inadmitido a trámite, o porque se ha resuelto en un sentido desestimatorio del acceso reclamado.

Por el contrario, tienen un sentido positivo aquellas finalizaciones del procedimiento de reclamación si éste ha permitido el acceso a la información, bien porque la resolución de la CGAIP es estimatoria total o parcialmente, o bien porque las partes han alcanzado un acuerdo de acceso en procedimiento de mediación, o bien porque durante la tramitación de la reclamación y a raíz de la actuación de la CGAIP la administración ha estimado extemporáneamente el derecho de acceso o bien, la ha satisfecho con la entrega material de la información que se reclamaba.

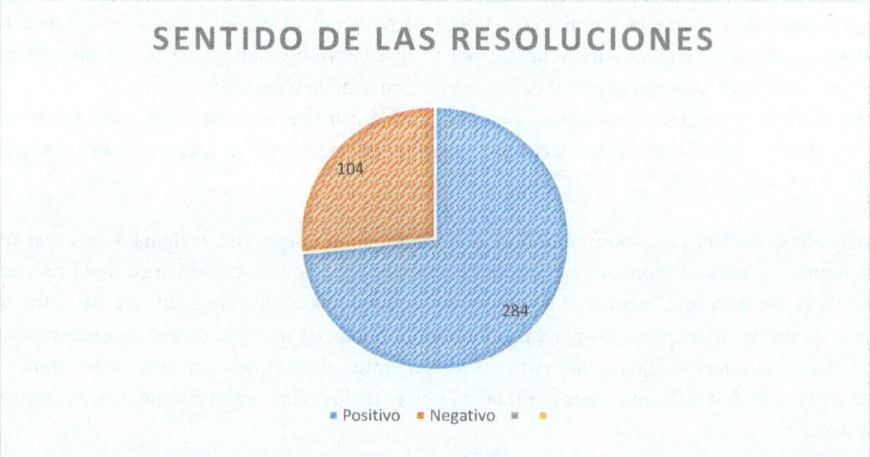

SENTIDO DE LAS RESOLUCIONES	N.º Resoluciones	%
Sentido positivo: resolución estimatoria, estimatoria parcial, acuerdo de mediación o pérdida del objeto por	**284**	**73,20%**

estimación o satisfacción extemporánea de la solicitud por parte de la administración reclamada		
Sentido negativo: reclamaciones que son inadmitidas a trámite, o desestimadas, o en que la parte reclamante desiste.	**104**	**26,80%**
TOTAL	**388**	**100,00%**

RESOLUCIONES SENTIDO POSITIVO	N.º Resoluciones	%
Estimadas	101	26,03
Acuerdo de mediación	27	6,96
Estimadas parcialmente	115	29,64
Pérdida de objeto	41	10,57
RESOLUCIONES SENTIDO NEGATIVO	N.º Resoluciones	%
Inadmisión a trámite	66	17,01
Desestimación	26	6,70
Desistimiento	12	3,09

Un número considerable de reclamaciones (41) finalizan por pérdida del objeto de la reclamación durante la tramitación del procedimiento de reclamación ante la CGAIP. Se trata, mayoritariamente, de supuestos en los que la administración reclamada no había resuelto o atendido la solicitud de acceso a información pública y que sin embargo entrega la información una vez la CGAIP le ha trasladado la interposición de la reclamación. Estas estimaciones o satisfacciones (entrega material de la información) extemporáneas conllevan la pérdida sobrevenida del objeto de la reclamación, ya que la información ya se ha obtenido antes de la resolución de la CGAIP, por tanto, la CGAIP finaliza el procedimiento.
Porcentualmente, las finalizaciones del procedimiento por el cumplimiento extemporáneo de la administración que conlleva la pérdida de objeto de la reclamación suponen más de un 10% del total.

El 26% de las resoluciones de la Comisión estiman plenamente el derecho de acceso sobre la información y casi el 30% estiman parcialmente, por lo que las resoluciones que tienen un sentido estimatorio, total o parcial, superan la mitad de las resoluciones de la Comisión.
Si a esta cifra añadimos las resoluciones que finalizan con la estimación del acceso por acuerdo de mediación, resulta que más del 60% de las resoluciones tienen un sentido estimatorio y favorable al acceso a la información pública.

Si analizamos estas mismas cifras sin considerar las inadmisiones -que son reclamaciones que no cumplen los requisitos para su tramitación-, los desistimientos -que son procedimientos que finalizan por voluntad de la persona reclamante- ni los acuerdos de mediación -que finalizan por un acuerdo alcanzado por las partes en el proceso- podemos señalar que más de un 90% de los procedimientos finalizan mediante resolución favorable para el reclamante, dado que son estimadas total o parcialmente o declaran la finalización por pérdida del objeto de la reclamación durante la tramitación del procedimiento.

4.2.3 Procedimiento de Mediación

Durante el año 2016 de las 388 reclamaciones resueltas, 41 solicitaron acogerse al procedimiento de mediación, si bien sólo se llegó a celebrar sesión de mediación finalmente en relación con 27 reclamaciones, ya que en el resto de los casos o bien la reclamación no se admitió a trámite por falta de requisitos formales u objetivos de la reclamación, o bien la persona reclamante desistió, o bien la Administración estimó entregar la información que era el objeto antes de la celebración de la mediación.

PROCEDIMIENTO DE MEDIACIÓN	RESOLUCIONES	%
Acuerdo de mediación	**27**	66
Estimación	**6**	15
Satisfacción extemporanea	**6**	15
Desistimiento	**1**	2
Inadmisión a trámite	**1**	2

Observamos un alto grado de éxito de estos procedimientos en cuanto al logro de acuerdo unánime entre las partes. Para el caso de que este acuerdo no sea posible y persista el conflicto entre las partes en relación con el acceso a la información solicitada, en todo o en parte, la CGAIP pasa a resolver sobre el fondo de la pretensión, determinando si se declarará el acceso o desestimarlo, y en qué condiciones o plazos. Esta circunstancia se refleja como estimación, ya que la resolución de la CGAIP fue en estos casos favorable al acceso.

El plazo de dos meses previsto para resolver queda interrumpido mientras dura esta mediación hasta un máximo de un mes, transcurrido el cual sin que se haya alcanzado el acuerdo el procedimiento continúa con tramitación ordinaria.

4.2.4 Procedimiento Ordinario

De las 388 reclamaciones que han sido resueltas, 242 han requerido un pronunciamiento directo de la CGAIP sobre la pretensión de acceso a información. En cambio, 146 han finalizado sin pronunciamiento de la CGAIP sobre el fondo, bien porque la Administración ha satisfecho el acceso que se pedía durante el procedimiento de reclamación y ésta ha perdido su objeto, bien porque no han sido admitidas a trámite o porque el reclamante ha desistido del procedimiento antes de su finalización. En relación con el resto de procedimientos de reclamación, estos 242 señalados que han seguido el procedimiento hasta la finalización con la resolución de la CGAIP dictada durante el 2016, la GAIP ha resuelto plenamente el derecho de acceso en un 42% de los casos, estimándose parcialmente en un 47% de los casos, y desestimando en un 11%.

RESOLUCIONES SENTIDO POSITIVO	N.º Resoluciones	%	RECURSOS
Estimación parcial	115	47	
Estimación	101	42	
Desestimación	26	11	
TOTAL	**242**	100,0	**3**

La gran mayoría de las estimaciones parciales y las desestimaciones no se han fundamentado en la aplicación de límites legales al acceso, sino en otras circunstancias que impedían la estimación de la pretensión: de manera muy significativa, por infracción de la necesaria congruencia entre la solicitud y la reclamación en los casos en que la reclamación ampliaba el objeto de la solicitud de información inicial, de modo que la CGAIP no podía estimar en vía de reclamación lo que no había sido solicitado previamente a la Administración; en otro caso, la desestimación se ha producido porque el objeto de la reclamación no era propiamente información pública sino una consulta jurídica, o información de entidades privadas, o información que no estaba en poder de la admón. por ser inexistente o de futuro.

En cuanto a los casos en que la CGAIP ha resuelto desestimando el acceso a la información que se reclamaba, ya sea con estimación parcial, o total, por aplicación de alguno de los límites legales, de manera muy significativa se ha fundamentado en la prevalencia de la protección de datos personales en su ponderación con el derecho de acceso en el caso concreto, especialmente cuando la divulgación de estos datos personales no se han demostrado adecuada, necesaria o proporcionada a la finalidad del acceso.

4.2.5 Grado de ejecución

Le resulta muy difícil a la CGAIP hacer un seguimiento exhaustivo del grado de ejecución de sus resoluciones a partir de la información que le proporcionan las administraciones. Sin embargo, las personas reclamantes son las que comunican a la CGAIP cualquier incidencia (el 35%), esto supone que en un 65% de las resoluciones de la CGAIP han sido ejecutadas inicialmente por las administraciones en los términos y condiciones establecidas por la Comisión. El grado de ejecución de las resoluciones, por tanto, es notable.

RESOLUCIONES EJECUTADAS	N.º Resoluciones	%
Cumplidas inicialmente	159	65
Cumplidas tras el requerimiento	79	33
Incumplidas	5	2
TOTAL	**243**	100,0

4.2.6 Recursos

Las Resoluciones de la CGAIP pueden ser recurridas ante el Tribunal Superior de Justicia de Cataluña. En el año 2016 se han interpuesto tres recursos contenciosos administrativos contra las resoluciones de la Comisión.

El primero 334/2016 (TSJ Catalunya) por la Diputación de Girona, que considera que la vía de reclamación ante la CGAIP no puede ser utilizada por los electos locales (un diputado solicita información no concedida y reclama a la Comisión), que deben limitarse en la defensa de su derecho a la información en las vías específicas de recurso previstas a la normativa de régimen local.

El segundo 420/2016 y 423/2016 planteado por trabajadores de la empresa pública Transportes Metropolitanos de Barcelona (TMB) que consideran que con la Resolución de la CGAIP se vulnera su derecho a la protección de datos personales.

Por último, recurso contencioso administrativo núm. 428/2016 interpuesto por el Hospital Plató Fundación Privada y cinco personas afectadas por la estimación al acceso a sus retribuciones, por considerar que no tienen la condición de personal directivo.

La Comisión, ante el Tribunal está representada por el Gabinete Jurídico de la Generalitat.

4.3. Informe anual del año 2017

Este año 2017, un miembro de la CGAIP renuncia y dos perdieron la condición de miembro de la Comisión (artículo 12.1.g RGAIP llegar a la edad de 70 años). Ante esta situación, la CGAIP ha aprobado en el Pleno de 20 de noviembre de 2017 una Nota sobre la validez del funcionamiento de la Comisión con dos miembros. En cuanto a personal se completa con refuerzos hasta 9 personas (5 técnicos y 4 administrativos) es muy insuficiente para atender las funciones que corresponden a la Comisión sobre todo ante la dimensión de actividad incrementándose cada año y lo que supone la tramitación desde la presentación de una reclamación hasta la finalización del procedimiento.
A partir de este año 2017 en que se produce la aprobación del Reglamento de la CGAIP la Comisión dispondrá de un apartado propio dentro del presupuesto del departamento al que esté adscrita.

4.3.1 Reclamaciones

Durante el año 2017 el volumen de reclamaciones se ha mantenido coincidente con el segundo y tercer trimestre del año 2016, que oscila entre 30 y 60 reclamaciones por mes, presentando el mes de febrero de 2017 una variación al alza (117 resoluciones). En cifras absolutas, frente las 561 del año 2016, el año 2017 se han recibido **470** nuevas reclamaciones.

ACTIVIDAD del Consejo 2017	Número
Reclamaciones Acceso Información Pública	**470**

En cuanto a las diferentes categorías de reclamante, se mantiene una importante desproporción entre el número de reclamaciones interpuestas por personas físicas respecto a las interpuestas por personas jurídicas. Los particulares siguen siendo los principales usuarios de la vía de reclamación ante la CGAIP, seguidos de los electos locales. Continúa la escasa acogida entre los profesionales del periodismo (siempre que se hayan identificado como tales) y empresas privadas.

PERFIL del RECLAMANTE	2017

PERSONA FÍSICA	Reclamaciones	%	Hombres	%	Mujeres	%
Particular	189	40,2				
Electos locales o concejales	159	33				
Periodistas	17	3,6				
TOTAL	**365**		328	70%	142	30%
PERSONA JURIDICA						
Empresa privada	17	3,6				
Entidades y fundaciones	47	10%				
Gremios y colegios profesionales	1	0,2				
Sindicatos y representantes de trabajadores	40	8,5				
Administraciones Públicas	4	0,9				
TOTAL	**109**					
	474					

La mayoría de reclamaciones han sido presentadas por hombres, esta diferencia se ha reducido significativamente respecto al 2016 en que la cuota de mujeres era sólo del 6%. Este hecho puede deberse a que, a diferencia del año 2016, en el que se analizó la prevalencia por género teniendo en cuenta únicamente aquellas reclamaciones interpuestas por personas físicas, este año se ha computado en el análisis tanto las reclamaciones presentadas por personas físicas como por personas jurídicas en función de quien ostenta la representación. Un año más, la mayoría de las reclamaciones presentadas han tenido como sujeto pasivo una administración local, o su sector público.

Tipo de Administración RECLAMADA	N.º Reclamaciones	%
Administración local	362	77
Generalitat de Catalunya	66	14
Otras entidades del sector público	35	7
Diputaciones provinciales	7	2

Las presentadas contra la Administración de la Generalitat, van dirigidas a los Departamentos de Salud 18 (28%), Territorio y Sostenibilidad 13 (20%) y de Interior 11 (17%). En cuanto al Departamento de Salud, la mayoría de reclamaciones, presentadas por personas de un mismo colectivo, tenían por objeto obtener la descripción de las tareas desarrolladas y la valoración de los puestos de trabajo de técnicos de salud pública. Respecto a las del Departamento de Territorio y Sostenibilidad, los objetos de reclamación han sido diversos y orientados a órganos diferentes, tanto a la Agencia Catalana del Agua, la Agencia de Residuos de Cataluña como en el Departamento. Finalmente, las relativas al Departamento de Interior han sido dirigidas mayoritariamente contra la Dirección General de Policía que tenían por objeto, en muchos casos, la información sobre las descripciones y relaciones de puesto de trabajo.

Al Ayuntamiento de Lleida 67 prácticamente todas presentadas por los grupos municipales de la oposición.

El tipo de información que se reclama ha ido cambiando en relación a los dos primeros años de actividad de la Comisión. El año 2016 había un gran número en reclamaciones sobre las retribuciones (30%) y en cambio, este año la materia más reclamada ha sido contratación pública (20%) y la relacionada con temas de personal (16%), la información relativa a los presupuestos y cuentas públicas (9%) y la relacionada con expedientes urbanísticos (9%). Seguidamente, la información sobre la gestión del abastecimiento de agua a los municipios agua, sanciones y subvenciones.

4.3.2 Resoluciones

También en cifras absolutas durante este año se han resuelto un total de **629** reclamaciones, de las cuales 174 corresponden a reclamaciones pendientes de resolver presentadas durante el año 2016, y 455 a las presentadas el mismo año 2017. A finales del año 2017, han quedado pendientes de resolver 15 reclamaciones.

RESOLUCIONES SENTIDO POSITIVO 2017	N.º Resoluciones	%	RECURSOS
Estimadas	189	30	
Acuerdo de mediación	23	4	
Estimadas parcialmente	41	7	
Pérdida de objeto	235	37	**2**

RESOLUCIONES SENTIDO NEGATIVO	N.º Resoluciones	%	
Inadmisión a trámite	84	13	
Desestimación	31	5	
Desistimiento	26	4	
TOTAL	**629**	100,0	

Un año más, la forma mayoritaria de finalización de los procedimientos ha sido la pérdida del objeto de la reclamación durante la tramitación del procedimiento de reclamación ante la CGAIP. Estos casos corresponden, sobre todo, a los supuestos en los que la administración reclamada no había resuelto o atendido la solicitud de acceso a información pública y que, sin embargo, estima o traslada la información una vez se le ha comunicado la interposición de la reclamación. Paralelamente, han disminuido con respecto al año anterior, también de forma considerable el número de reclamaciones resueltas con una estimación parcial (de 115 a 41). En cuanto a la estimación se mantiene similar entre 26 y 30%.

4.3.3 Procedimiento con mediación

Las reclamaciones en las que se ha solicitado mediación han sido 160 (el 34,1% de las 469. De las 44 sesiones de mediación celebradas hay que señalar que en 23 ocasiones se ha alcanzado un acuerdo entre las partes (52%) y en cambio, en 21 supuestos el desarrollo de la sesión no ha llevado a la adopción de un acuerdo total sobre la información reclamada siendo finalizadas por procedimiento ordinario (48%)

PROCEDIMIENTO DE MEDIACIÓN 2017	RESOLUCIONES	%
Pérdida de objeto	**79**	50
Inadmisión	**27**	17
Acuerdo de mediación	**23**	14
Estimación	**14**	9
Desistimiento	**9**	6
Estimación parcial	**6**	4
Desestimación	**1**	1

Se puede observar que la mitad de las reclamaciones han finalizado por pérdida sobrevenida del objeto de la reclamación. También se aprecia que en los supuestos en los que no se ha llegado a un acuerdo de las partes y han finalizado con pronunciamiento de la CGAIP, la resolución ha sido estimatoria en 9% de los casos, estimatoria parcialmente en un 4% de los procedimientos y desestimatoria sólo en un 1% de los casos.

4.3.4 Procedimiento ordinario

Durante el año 2017, un 35% de las resoluciones dictadas por la CGAIP han estimado el derecho de acceder a la información solicitada por el reclamante, y los casos en los que se ha estimado parcialmente el acceso a la información, suponen el 8% del total de resoluciones dictadas.

En un 33% de los casos el procedimiento ha finalizado por pérdida de objeto, ya que, durante la tramitación del procedimiento, la Administración reclamada ha entregado la información o ha reconocido el derecho de acceder. Sólo un 6% del total de las resoluciones desestiman la reclamación formulada ante la Comisión.

Por otra parte, un 12% de las resoluciones de la Comisión son de inadmisión de la reclamación formulada por la parte reclamante ya sea, o bien por el incumplimiento de requisitos formales exigibles por la normativa para su tramitación, o bien que la pretensión formulada no es objeto de reclamación ante la CGAIP. Cabe añadir que, el 4% de las resoluciones acuerdan la finalización por desistimiento del reclamante, ya sea expreso o bien presunto, por no haber subsanado o haber podido acreditar los elementos esenciales para la tramitación de la reclamación que le ha requerido la Comisión.

RESOLUCIONES DICTADAS 2017	RESOLUCIONES	%
Estimación	175	35
Pérdida de objeto	156	33
Inadmisión a trámite	57	12
Estimación parcial	35	8
Desestimación	30	6
Desistimiento	17	4
TOTAL	**370**	100,0

Una parte significativa de las reclamaciones que han sido estimadas parcialmente o desestimadas se han fundamentado en la prevalencia de la protección de datos de carácter personal o en la concurrencia de límites legales al acceso; otras veces se trataba de información de carácter privado o consultas jurídicas y otras no se encontraba la información en poder de la administración.
La media global del tiempo de resolución de las reclamaciones es de 59 días. Ahora bien, en la tramitación de procedimientos con mediación el promedio del procedimiento es de 80 días.

4.3.5 Ejecución

Con respecto al grado de cumplimiento, se han reportado incidencias en su ejecución en un 18% de los casos. Esto su pone que el 82% de las resoluciones de la CGAIP que requerían control de ejecución habrían sido ejecutadas inicialmente por las Administraciones reclamadas. Si a pesar de esta comunicación, no hay ninguna respuesta por parte de la Administración, o bien persiste el incumplimiento, la CGAIP requiere nuevamente a la Administración, con la advertencia de que la desatención de sus requerimientos de cumplimiento de las resoluciones o acuerdos de mediación puede dar lugar a una infracción muy grave.

En un 85% de los casos, las administraciones cumplen la resolución después de la notificación del requerimiento de ejecución de la GAIP, mientras que, el 15% no han sido cumplidas.

Ha habido un total de 7 resoluciones que han sido desatendidas una vez finalizado el seguimiento de ejecución, a raíz de la nueva facultad introducida por el Reglamento. La CGAIP, valorando las diferentes circunstancias, consideró conveniente la aprobación de acuerdos para requerir a la administración reclamada la incoación del procedimiento sancionador en relación con el incumplimiento de ejecución de 1 resolución y de 1 acuerdo de mediación.

4.3.5 Recursos

Se han interpuesto dos recursos contenciosos administrativos contra las resoluciones de la Comisión: El núm. 279/2017 (TSJ Catalunya) interpuesto por el Ayuntamiento de Lleida que considera que no puede ejecutar la Resolución porque no es el sujeto que dispone de la información y que el régimen de acceso como concejal de la persona reclamante tenido en cuenta en la Resolución no es aplicable.
El núm. 313/2017 (TSJ Catalunya) interpuesto por el Ayuntamiento de Lleida, que cuestiona el formato con el que se ha de producir el acceso a la información por parte del reclamante.

El recurso contencioso administrativo núm. 313/2017 ha sido resuelto con la Sentencia 890/2017 del Tribunal Superior de Justicia de Catalunya, de 5 de diciembre, dado que una vez analizada la interposición y los argumentos expresados por el Ayuntamiento de Lleida, la CGAIP allanó al recurso, entendiendo que la Resolución de la Comisión habría sido desestimatoria si en el momento de resolver hubiera tenido conocimiento de los hechos alegados con posterioridad.

4.4. Informe anual del año 2018

Continúa con dos miembros y la secretaria técnica, funcionando casi cuatro años después de su creación, con personal técnico de refuerzo de continuidad limitada, lo que perjudica la conservación del conocimiento y de la formación adquiridos por el personal tramitador de las reclamaciones, cosa que es especialmente grave si tenemos en cuenta la complejidad de la tramitación del procedimiento de reclamación; ha dispuesto de 6 técnicos y 4 administrativos como personal para la realización de sus funciones. A pesar de la previsión normativa –reglamento-, sin embargo, la prórroga de los presupuestos de la Generalitat durante el 2018 ha impedido que la Comisión haya dispuesto de una partida propia, y se ha operado como hasta ahora.

4.4.1. Reclamaciones recibidas

El año 2018 se han interpuesto ante la CGAIP **519** reclamaciones y 397 resoluciones han sido aprobadas por el Pleno. Estas 397 permiten concluir 487 expedientes, de los cuales 437 han entrado en 2018. Se mantiene la tendencia de resolver en plazo, el 51,5% se resolvieron en un plazo de entre 31 y 60 días.

ACTIVIDAD del Consejo 2018	Número
Reclamaciones Acceso Información Pública	**437**

La mayoría de las reclamaciones presentadas en 2018, casi el 70%, han tenido como sujeto pasivo un Ayuntamiento, mientras que la Generalitat ha sido la administración reclamada en un 14% de las ocasiones. Sus departamentos más reclamados Enseñanza (16; 22%), Interior (11; 15%), Políticas Digitales y Administración Pública (10; 13%)
Con la incorporación de la variable de sexo, se puede observar una clara discordancia de administraciones reclamadas por parte de hombres y mujeres, siendo las entidades de derecho público las menos reclamadas por las mujeres (11,8% mujeres y 88,2% hombres), y los consejos comarcales los más reclamados por mujeres (88,9% mujeres y 11,1% hombres); encontramos un punto intermedio en los consorcios, y casi también en las reclamaciones interpuestas dirigidas a la Generalitat de Cataluña.

La mayoría de personas que presentan reclamación ante la CGAIP (casi un 40%) son personas particulares o privadas. Contrasta con el aumento de periodistas reclamantes (del 3,8% al 23,3%) el descenso de las personas que tienen la condición de cargos electos, que se sitúa en el 2018 en un 14,7%, mientras que había llegado al 35,5% en el año 2017, lo que puede ser motivado por una respuesta más ágil a las solicitudes de información por parte de las administraciones, una vez conocido el **criterio consolidado de la CGAIP de dar amparo a las reclamaciones de acceso de los cargos electos** a la información de la corporación local a la que pertenecen y que requieren para ejercer las funciones constitucionales que les corresponden. También destacar que el tercer colectivo en número de reclamaciones presentadas es el de los sindicatos, delegados de personal y representantes de las personas trabajadoras en general, que han pasado del 9% del año 2017 al 13% durante el año 2018.

El año 2018 ha estado marcado por un repentino aumento de las reclamaciones enfocadas al ámbito material referente a información institucional (19% del total), pero seguido muy de cerca por reclamaciones sobre personal (17%) y subvenciones (15%).

El motivo principal de reclamación es el silencio administrativo, un total de 247 (el 73%) reclamaciones fueron interpuestas contra la falta de resolución por parte de la Administración de la solicitud de información que formula la persona solicitante. De estas, un 30,80% terminaron con pérdida sobrevenida del objeto, (la estimación del derecho de acceso o bien la entrega de la información).

El sentido de las resoluciones aprobadas por la CGAIP es, por tanto, en el 61% de los casos de 2018, de estimación total o de pérdida sobrevenida de su objeto.

En 76 supuestos los límites que se han alegado o ponderado corresponden al de protección de los datos de carácter personal. El resto de límites han sido ponderados por la resolución de un único expediente, y excepcionalmente, en 4 casos, ha sido invocado el límite de confidencialidad, en 2 seguridad pública.

4.4.2. Mediación

Las reclamaciones en las que se ha solicitado mediación han sido 184 (el 35,6% respecto al total de reclamaciones interpuestas 517.

Desde la perspectiva de la condición de la persona reclamante, las que más han solicitado la mediación han sido personas vinculadas a la prensa (70,2% del total de reclamantes periodistas), sindicatos y representantes de personas trabajadoras, y particulares (30,4% en ambos casos, respecto del total de su condición de reclamante).

En clave de género, en el 2018 se invierte el orden de los factores respecto al 2017, pasando las mujeres a ser quienes más solicitan el proceso de mediación (de un 24% a un 36,9%), en contraposición a los hombres (de un 40,8% a un 32,9%). Aun así, en perspectiva global, son mayoritarias las reclamaciones que no solicitan mediación (65,1%) respecto a las que sí que lo hacen (34,9%).

PROCEDIMIENTO DE MEDIACIÓN 2018	resoluciones	%

Pérdida de objeto	**79**	50
Inadmisión	**27**	17
Acuerdo de mediación	**23**	14
Estimación	**14**	9
Desistimiento	**9**	6
Estimación parcial	**6**	4
Desestimación	**1**	1

4.4.3. Resolución

La CGAIP ha aprobado un total de 397 resoluciones que han puesto fin a 478 reclamaciones, de las cuales 437 son expedientes iniciados en 2018.

SENTIDO DE LAS RESOLUCIONES 2018	RESOLUCIONES	%	RECURSOS
Pérdida de objeto	154	34	
Estimación	123	27	
Inadmisión	54	12	
Estimación parcial	40	9	
Desestimación	35	8	
Desistimiento	33	7	
Acuerdo de mediación	16	3	
TOTAL	**455**	100,0	**11**

4.4.4 Procedimiento ordinario

Durante el año 2018, un 27% de las resoluciones dictadas por la CGAIP han estimado el derecho de acceder a la información solicitada por el reclamante, y los casos en los que se ha estimado parcialmente el acceso a la información, suponen el 9% del total de resoluciones dictadas.

La cifra más elevada es el 34% de los casos el procedimiento que ha finalizado por pérdida de objeto, ya que, durante la tramitación del procedimiento, la Administración reclamada ha entregado la información o ha reconocido el derecho de acceder.

4.4.5 Ejecución

El año 2018 se caracteriza por mostrar un porcentaje provisionalmente más bajo que los otros años, siendo del 92,9%.

4.4.6 Recursos

Este año 2018, se han interpuesto un total de 11 recursos contenciosos administrativos contra resoluciones de la CGAIP, ha aumentado el número desde el 2016, aunque se mantiene en cifras muy poco significativas.

Recurso núm. 41/2018 (TSJ Catalunya), interpuesto por la empresa Transportes Ciutat Comtal, SA. Recurso núm. 42/2018 por la empresa Servicios Generales de Movilidad y Transporte, SL. (7) Recursos por Ayuntamientos, (1) por persona privada.

4.5 Informe anual del año 2019

Continúa funcionando un año más con personal de refuerzo, con continuidad limitada; mientras queda pendiente la relación de puestos de trabajo de la CGAIP. Provisionalmente, dispone de cuatro plazas de técnicos superiores, para dar apoyo a la Secretaría Técnica de la Comisión, una plaza de técnico medio y una plaza de administrativo, todas ellas de refuerzo, para dar apoyo a las tareas de tramitación de las reclamaciones y al resto de funciones que corresponden a la GAIP. 6 + 4.

La prórroga de los presupuestos de la Generalitat durante el 2019 ha impedido que la Comisión haya dispuesto en este ejercicio de un presupuesto propio, con la reserva de hasta 10.000 € en el presupuesto del departamento de Acción Exterior, Relaciones Institucionales y Transparencia, para costes de funcionamiento, formación, publicaciones y representación de la CGAIP.

4.5.1. Reclamaciones recibidas

848 reclamaciones ante la CGAIP, de las cuales 709 se han resuelto en el mismo año. Paralelamente, el total de reclamaciones finalizadas en 2019 es de 824, puesto que 115 de estas resoluciones finalizan reclamaciones presentadas durante el año 2018. El número de reclamaciones interpuestas ante la CGAIP en 2019 supone un incremento del 63,4% respecto al año anterior, cuando tuvieron entrada un total de 519 reclamaciones.

En cuanto a la cantidad de reclamaciones resueltas, hay un aumento del 90,7% respecto a 2018. De esta forma, tanto el número de reclamaciones interpuestas como el de reclamaciones finalizadas, en cómputo total, **presentan un aumento muy pronunciado, y marcan el año con más actividad de la Comisión desde su creación**. A diferencia del año 2018, la media aumenta especialmente respecto a las reclamaciones resueltas, llegando hasta casi el doble.

El periodo del otoño es el más activo en reclamaciones, con un número de entradas superior a cualquier otro mes (septiembre, octubre y noviembre acumulan un tercio del total de reclamaciones).

La tipología de las administraciones contra las que se dirige la reclamación ha evolucionado a lo largo de los años, la prevalencia de las entidades locales ha ido perdiendo peso respecto a otras administraciones, pasando de representar un 75% del total de administraciones reclamadas en 2017, a un 61% en 2019. Contrariamente, las reclamaciones interpuestas contra la Generalitat de Cataluña, así como otros entes del sector público de la Generalitat han aumentado desde el inicio de la actividad de la Comisión, pasando de representar un 7,3% el 2016, a un 27,3% en 2019 (232 reclamaciones, de las cuales 110 se interpusieron contra el Departamento de Educación).
En cifras absolutas, las reclamaciones dirigidas a otras administraciones se mantienen sin grandes cambios respecto a otros años, únicamente las Diputaciones provinciales pasan a representar el tercer tipo de administración más reclamada con un total de 18 reclamaciones, el 2,1% del total de 2019.

El 52% de las reclamaciones interpuestas contra la Generalitat han sido presentadas por mujeres, porcentaje que aumenta hasta el 60% en el caso de los consejos comarcales, pero que disminuye si observamos otros tipos de administraciones públicas. La disparidad se hace más evidente en el caso de los Ayuntamientos (la categoría con más reclamaciones en cifras absolutas), puesto que solo un 20% de las reclamaciones las han interpuesto mujeres.

La administración más reclamada en todas las diferentes tipologías de personas reclamantes son los ayuntamientos; en el caso de los cargos electos el porcentaje de las reclamaciones interpuestas contra la administración municipal alcanza el 87,5%.

El perfil de las personas que interponen reclamaciones ante la Comisión ha ido variando a lo largo de los años, pero manteniendo un claro predominio de las personas particulares que actúan a título personal.

PERFIL del RECLAMANTE	

PERSONA FÍSICA	Reclamaciones	%	Hombres	%	Mujeres	%
Particular	533	62,8				
Periodistas	124	14,6				
Electos locales o concejales	48	5,6				
TOTAL	705		598	70,5%	250	29,5%
PERSONA JURIDICA	143					
Entidades y fundaciones	69	8,1				
Sindicatos y rtantes de trabajadores	50	5,8				
Empresa privada	23	2,7				
Gremios y colegios profesionales	1	0,1				
TOTAL	**848**					

La información o materia de personal se mantiene año a año como la más reclamada, reúne un número más elevado de reclamaciones con un total de 133, que representan el 16% del total de reclamaciones del año 2019. En segundo lugar, se han interpuesto un total de 111 reclamaciones en materia de enseñanza (13% del total), en parte debido a la entrada de una gran cantidad de reclamaciones contra escuelas públicas a las que se les había solicitado el acceso a sus proyectos lingüísticos. Finalmente, destacan los ámbitos materiales relativos a licencias (10%), contratación (6%), y en menor medida, gestión del agua, subvenciones, o urbanismo (todas ellas suponen un 5% del total de reclamaciones interpuestas ante la CGAIP) y presupuestos y cuentas públicas (4%). En comparación con otros años, la temática de las reclamaciones se ha diversificado y se produce, por lo tanto, una menor acumulación de reclamaciones en una sola categoría.

El año 2019 se mantiene el claro predominio de las reclamaciones presentadas contra silencio administrativo, que representan el 71,3% del total de reclamaciones. En cifras muy menores, encontramos las reclamaciones presentadas contra la desestimación total de la solicitud de acceso (4,9% del total), contra la estimación parcial del acceso a la información (4,7%), y contra la falta de entrega de toda la información (4,1%) o contra la entrega parcial de la información solicitada (3,8%); contra la comunicación parcial de la información (0,49%), contra la desestimación de un recurso potestativo de reposición (0,49%), contra el desistimiento presunto de la persona reclamante (0,2%), y, finalmente, contra el formato en el que se ha librado la información (0,1%).

ACTOS RECURRIDOS. MOTIVOS 2019	Reclamaciones	
*Reclamación contra **silencio administrativo***	**588**	**71,36**
Actos no recurridos (sin reclamación contra)	48	5,83

Reclamación contra desestimación	41	4.98
Reclamación contra estimación parcial	39	4,73
Reclamación contra falta de entrega	34	4,13
Reclamación contra entrega parcial	32	3,88
Reclamación contra inadmisión	16	1,94
Reclamación contra estimación	12	1,46
Reclamación contra comunicación de la información	4	0,49

Si se excluye del cómputo las reclamaciones que se tramitan mediante el procedimiento con mediación, la media de días en resolver las reclamaciones se sitúa en 45,7 días. Estos datos se desvían de la tendencia de los tres últimos años, en que la media de días transcurridos antes de resolver los procedimientos se situaba en torno a los 60 días.

4.5.2. Resoluciones

En relación con el sentido de las resoluciones de la Comisión, los últimos años se ha ido consolidando la finalización de las reclamaciones por la pérdida de su objeto, principalmente por razón de la entrega extemporánea de la información por parte de la administración reclamada, ha pasado de representar el 19,3% en 2016, a situarse en el 48,5% del total de reclamaciones resueltas en 2019.

Paralelamente, la estimación de las reclamaciones, a pesar de la pérdida relativa de peso respecto a otros sentidos de resolución (ha pasado de representar el 29,4% de las resoluciones en 2015 a situarse en el 19,4% en 2019), se ha mantenido en cifras absolutas, incluso aumentando hasta un total de 160 resoluciones en este último año, pero sin llegar a la cifra de 164 del 2016. Las resoluciones de inadmisión han mantenido una tendencia muy parecida a la de las estimaciones, con una disminución relativa a lo largo de los años (del 26,5% el 2016 al 10% el 2019) pero en términos absolutos sostenida con su punto máximo en 2016 con 95 resoluciones, reduciéndose gradualmente los dos años posteriores, y aumentando de nuevo en 2019 hasta las 82 resoluciones. Por su parte, las estimaciones parciales, las finalizaciones por desistimiento de la persona reclamante, las desestimaciones y los acuerdos de mediación no han llegado a superar el 10% del total de resoluciones, exceptuando en 2015 cuando del total de 34 resoluciones, la finalización mediante acuerdo de mediación representó en cifras relativas el 32,4%.

Si se acota la interpretación de los datos a 2019, con un total de **824** reclamaciones resueltas, se observa como el 75,3% de las reclamaciones finalizó por pérdida de objeto o por estimación (total o parcial) del objeto de la reclamación. Destaca, también, un aumento de los acuerdos de mediación (a pesar de representar un peso relativo bajo, del 3,2%), llegando a 26 casos, su punto más alto desde el inicio de la actividad de la CGAIP. Los desistimientos y las desestimaciones, a pesar de situarse en su punto más alto en cifras absolutas (55 y 40, respectivamente), representan el 6,7% y el 4,9% del total de reclamaciones durante el 2019. Se puede establecer, de esta forma, que las resoluciones con un sentido positivo son predominantes tanto a nivel evolutivo como en el periodo de 2019 analizado en esta memoria.

SENTIDO DE LAS RESOLUCIONES. 2019.	RESOLUCIONES	%	RECURSOS
Entrega de la información-Pérdida de objeto	400	49	
Estimación	160	19	
Inadmisión	82	10	
Estimación parcial	61	7	
Desistimiento	55	7	
Desestimación	40	5	
Acuerdo de mediación	26	3	
TOTAL	**824**	100,0	**16**

El año 2019, de las 824 reclamaciones resueltas por parte de la Comisión, 87 entraron a valorar la concurrencia de límites al derecho de acceso a la información, donde el más frecuente ha sido el relativo a la protección de datos personales (50,0%), seguido de lejos por el límite relativo a la confidencialidad del procedimiento (13,95%) y de la intimidad y derechos privados legítimos (8,72%).

RESOLUCIONES CON LÍMITES 2019	N.º Resoluciones	%
Protección de datos	86	50
Confidencialidad	24	13,95
Intimidad y derechos privados legítimos	15	8,72
Información protegida por la ley	12	6,98
Investigación y sanción de infracciones	10	5,81
Igualdad de las partes en procedimientos judiciales	7	4,07
Derechos de los menores de edad	7	4,07
TOTAL	**87 con límite**	100,0

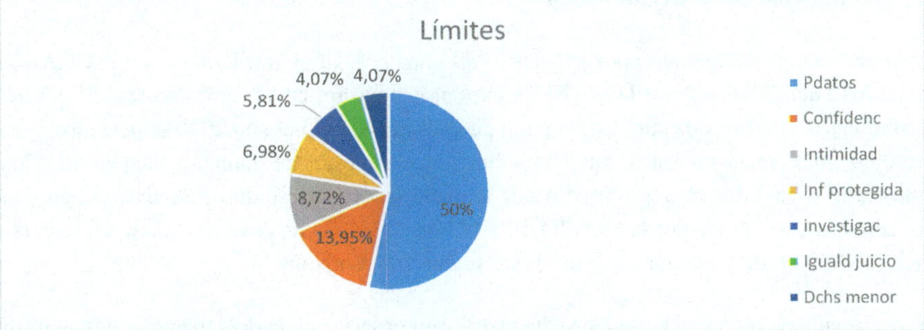

4.5.3. Mediación

Aunque se haya dado un aumento en términos absolutos, debido a la subida del número de reclamaciones (hasta las 848), en términos relativos hay un descenso respecto a los datos de 2018; las solicitudes de mediación pasan de representar un 35,4% (43) del total de reclamaciones durante el año anterior, a establecerse en un 25,7% (27) del total el 2019.

Si ha habido una cantidad mayor de resoluciones por acuerdo de mediación (18 el 2018, respecto a las 26 de 2019). Mientras que en 2019 casi el 100% de las mediaciones realizadas han finalizado con acuerdo entre las partes, en 2018 menos de la mitad de las mediaciones (solo un 41%) consiguieron resolverse con acuerdo.

En relación con las solicitudes de mediación en función de la condición de la persona reclamante, hay una voluntad predominante por parte de periodistas y sindicatos a la hora de solicitar el procedimiento de mediación para resolver sus reclamaciones, dado que lo solicitan en un 46,7% y en un 48%, respectivamente. En contraposición, las empresas privadas y los particulares (en este último caso por su representatividad respecto al total de reclamaciones 86 presentadas) son la tipología de parte reclamante que menos solicita la mediación, en un 8,7% y un 18,5% respectivamente.

4.5.4. Ejecución de las resoluciones

Tomando como base la información proporcionada por las personas reclamantes, el porcentaje de cumplimiento de las resoluciones fue del 99,3%, dado que únicamente se han denunciado como incompletas un total de 6 resoluciones.

4.5.5. Recursos

En cuanto a los recursos contencioso-administrativos interpuestos contra resoluciones aprobadas por parte de la CGAIP, el 2019 presenta un aumento muy notable respecto al año anterior, cuantificándose el doble de recursos (16), si bien la cifra absoluta de litigiosidad se mantiene en niveles muy bajos. De nuevo, los ayuntamientos son las administraciones que más recursos presentan contra la CGAIP, que en el caso de 2019 ascienden a 8, más que cualquier otro año. (Interponen empresas municipales, universidad, consorcio, fundación, ayuntamientos)

4.6 Informe anual del año 2020

Queda pendiente la designación por parte del Parlamento de nuevos miembros de la CGAIP, son 2. Durante los años 2016 a 2020 la GAIP ha experimentado un crecimiento sostenido del número de procedimientos interpuestos ante este órgano de garantía, siendo el año 2020 el periodo en que se han interpuesto más reclamaciones ante la Comisión, a pesar de haberse suspendido los plazos administrativos casi dos meses y medio por la declaración del estado de la alarma aprobado por la crisis sanitaria ocasionada por la COVID-19 y la vigencia de la disposición adicional tercera del Real Decreto 463/2020, de 14 de marzo, por el que se declara el mismo.

Este incremento de reclamaciones no se ha visto compensado con la designación de nuevos miembros de la GAIP y se hizo indispensable incrementar el soporte administrativo, jurídico y técnico para los vocales actuales: (6 técnicos y 4 administrativos), continúa funcionando con personal de refuerzo, con continuidad limitada. Y tampoco se ha asignado un presupuesto fijo a la GAIP, sí bien se ha aprobado la Ley 4/2020, de 29 de abril, de presupuesto de la Generalitat de Catalunya para el 2020, que contiene una reserva de hasta 25.000€ en el presupuesto del departamento de Acción Exterior, Relaciones Institucionales y Trasparencia, para costes diversos.

4.6.1. Reclamaciones

La cifra ha aumentado un 5,3% respecto los datos de 2019, pasando de 848 reclamaciones interpuestas hasta las **893** del año 2020, lo que supone consolidar la tendencia de crecimiento sostenido iniciada en

2018. Con descenso muy marcado en los meses de marzo y el abril y principios de mayo, coincidiendo con la declaración del estado de alarma de la primera oleada de la pandemia y con el confinamiento domiciliario, que se alarga hasta junio.

ACTIVIDAD del Consejo 2020	Número
Reclamaciones Acceso Información Pública	**848**

Analizando la cifra de procedimientos finalizados, ésta también muestra un ligero aumento respecto al 2019, pasando de 824 hasta las 846 reclamaciones finalizadas, hecho que supone una subida del 2,6%; esta cifra también supone un máximo respecto a los otros años de actividad de la Comisión. Del total de las 846 reclamaciones finalizadas el 2020, 707 han sido interpuestas el mismo año, mientras que el resto han sido reclamaciones del año 2019.

En relación con la tipología de administración pública reclamada, en 2020 se ha observado cierta variación en el predominio de los ayuntamientos respecto al año 2019, aglutinando un total de 633 reclamaciones (71% del total) en relación con las 893 interpuestas, lo que supone un aumento del 9% en relación con el año anterior. La Generalitat de Cataluña se mantiene en segunda posición, pero con menos peso que el año anterior, 131 reclamaciones (15% del total) respecto a las 232 interpuestas contra esta administración en 2019.

Contrariamente a la tendencia de años anteriores, hay diferentes tipologías de administraciones públicas que han adquirido un mayor protagonismo en la actividad de la Comisión durante el 2020: es el caso de los Consejos Comarcales, los cuales han supuesto un 5% del total de reclamaciones interpuestas (en cifras absolutas, 42 reclamaciones), y de las sociedades vinculadas a las administraciones, que llegan al representar el 3%, con 29 reclamaciones.

Los departamentos de la Generalitat más reclamados en 2020: Trabajo, Asuntos Sociales y Familias (36). Territorio y Sostenibilidad (23), Interior (23), Educación (23) y Salud (16)

Observamos un aumento en cifras absolutas y relativas del peso de las mujeres reclamantes: un total de 286 mujeres han interpuesto reclamaciones ante la CGAIP (un 32% del total), frente a los 607 hombres (68%). El 2020 es uno de los años con mayor presencia de mujeres reclamantes desde el inicio de la actividad de la Comisión, aumentando un 2,5% respecto al año anterior.

Insertando en este Informe la variable de sexo de la persona reclamante combinada con la tipología de administración reclamada, se obtienen datos que destacan qué sujeto activo reclama más a ciertas administraciones: mientras que las entidades municipales descentralizadas y las fundaciones son reclamadas en un 100% por mujeres, los hombres reclaman más a universidades, organismos autónomos, entre otros (en un 100%, también). Los consorcios, por su parte, son entidades reclamadas a partes iguales por hombres y por mujeres.
Respecto a los ayuntamientos, las mujeres presentan el 31,8% de las reclamaciones, mientras que las reclamaciones de mujeres contra la Generalitat de Catalunya son el 24,4% del total.

PERFIL del RECLAMANTE 2020	

PERSONA FÍSICA	Reclamaciones	%	Hombres	%	Mujeres	%
Particular	429	48				
Periodistas	52	14,6				
Electos locales o concejales	176	19,7				
TOTAL	657		607	68%	286	32%
PERSONA JURIDICA						
Entidades y fundaciones	179	20				
Sindicatos y representantes de trabajadores	38	4,3				
Empresa privada	18	2,7				
Gremios y colegios profesionales	1					
	236					
TOTAL	**893**					

En comparación con el año 2019, las personas particulares que han interpuesto reclamaciones ha caído en casi 15 puntos porcentuales (48%), que equivale en cifras absolutas a que ha habido 104 personas particulares menos respecto al 2019. En cambio, aumentan sensiblemente en relación con el año anterior las reclamaciones presentadas por entidades y fundaciones (179 el 2020, representando un 20% del total), y por cargos electos, con 176 reclamaciones, representando el 19,7%, cuando en 2019 no representaban más del 8,1% y el 5,7% del total de reclamaciones, respectivamente. De forma contraria, el número de reclamaciones presentadas por parte de periodistas ha disminuido en gran medida, pasando de 124 reclamaciones en 2019, a 52 en 2020; así como también las reclamaciones presentadas por parte de sindicatos y representantes de personal, que pasan de 50 reclamaciones en 2019 a 38 en 2020, reduciendo su peso relativo al 4,3%. El año 2020, comparativamente, puede considerarse el punto de inflexión en el cual se empieza a romper la hegemonía del perfil de las personas particulares que se establecía desde 2018, especialmente por el predominio de colectivos que los dos años anteriores no habían tenido un peso específico tan elevado.

ACTOS RECURRIDOS. MOTIVOS	Reclamaciones	%	Ayuntamientos	%	Generalitat	%
Reclamación contra ***silencio administrativo***	**580**	**71**	446	76,9	51	8,8

El año 2020 se mantiene el claro predominio de las reclamaciones presentadas contra silencio administrativo, que representan el 71% del total de reclamaciones

4.6.2. Resoluciones

De las 893 reclamaciones interpuestas, el pleno de la CGAIP ha aprobado 821 resoluciones, que finalizan un total de 846 reclamaciones, 139 de las cuales son procedimientos iniciados en 2019.
La media de días para resolver se ha mantenido por debajo de los niveles de años anteriores al 2019, llegando a 52 días en 2020

El sentido de las resoluciones de la Comisión se ha consolidado predominando la pérdida de objeto como el sentido de la resolución más común con un 46% del total. No obstante, el 2020 disminuye en 2,5 puntos su peso relativo debido a que las inadmisiones ganan relevancia (18% del total, respecto al 10% de 2019) y las estimaciones parciales también aumentan (9,8% el 2020, respecto al 7,4% de 2019).

Las reclamaciones que finalizan por estimación han disminuido hasta el 14,4% (5 puntos menos que el año anterior), llegando al peso relativo más bajo de toda la serie histórica y las pérdidas de objeto de la reclamación han evolucionado en el sentido opuesto, aumentando del 19,3% el 2016 hasta el 46% en 2020. No hay una correlación directa entre la evolución de las resoluciones estimatorias y las reclamaciones que finalizan por pérdida, pero sí que es destacable que las resoluciones que finalizan en sentido positivo (estimatorias, estimatorias parciales o las que finalicen por pérdida, sin incluir las que finalicen por acuerdo de mediación) supongan el 70,2% del total en 2020, manteniendo una cifra casi idéntica respecto al año 2016, donde suponían el 70,1%; sí que ha habido en este caso una disminución del 5,2% respecto al año 2019.

SENTIDO DE LAS RESOLUCIONES. 2020.	N.º Resoluciones	%	RECURSOS
Entrega de la información-Pérdida de objeto	389	45,9	
Estimación	122	14,4	
Inadmisión	152	17,9	
Estimación parcial	83	9,8	
Desistimiento	45	5,3	
Desestimación	24	2,8	
Acuerdo de mediación	31	3,6	
TOTAL	**846**	100,0	**14**

4.6.3. Mediación

La finalización de las reclamaciones por acuerdo de mediación ha llegado a la cifra más alta, con un total de 31 reclamaciones finalizadas. Las desestimaciones y desistimientos han disminuido respecto al año anterior, suponiendo un 2,8% y un 5,3% respectivamente.

La tendencia al alza del procedimiento de mediación de años atrás se mantiene en 2020 en que las solicitudes de mediación han aumentado en términos absolutos y relativos, llegando a más de una cuarta parte del total de reclamaciones interpuestas ante la CGAIP (28,2%). En concreto, en 2019 se solicitó mediación en 218 reclamaciones, cifra que llega a 252 en 2020. Sin embargo, la mayoría de las reclamaciones presentadas (71,8%) no solicitan mediación.

Llegando hasta las 47 las mediaciones realizadas, que representan un total de 18,7% de mediaciones solicitadas, y aumentando en 20 el número de mediaciones realizadas. También se logran más acuerdos de mediación, pasando de 26 a 31 las reclamaciones que finalizan por el entendimiento de las partes. Se observa una clara tendencia por parte de periodistas y cargos electos a solicitar el procedimiento de mediación en un 44,2% y un 39,2% de los casos, respectivamente. En cambio, los reclamantes particulares solicitan el procedimiento de mediación en un 25,6% de los casos (representando 110 reclamaciones del total). Igualmente, también destaca el caso de las empresas privadas, que en 2020 han solicitado el proceso de mediación en un 36,8%.

Las materias de presupuestos y cuentas públicas (el tercer ámbito material más reclamado) en un 50,6% de los casos se solicitó el procedimiento de mediación, así como también en un 34,9% de las reclamaciones presentadas para reclamar información sobre el personal público (segundo ámbito

material más reclamado). Otros ámbitos materiales con menor peso absoluto en el cómputo total de reclamaciones interpuestas han mostrado márgenes de solicitud de mediación más grandes, como puede ser el caso de las reclamaciones que pedían información sobre archivos (un 83,3% con solicitud de mediación) o información tributaría (un 75% con solicitud de mediación).
El 43,9% de las reclamaciones que han solicitado la mediación finalizan con la pérdida del objeto de la reclamación, lo que hace innecesaria celebrarla y pone de relieve nuevamente la falta de cumplimento de las administraciones a los plazos establecidos en la ley. En cuanto al sexo de la persona reclamante: el 31,7% de personas reclamantes que piden mediación son mujeres, cifra muy superior a la del 2019, que era del 21,5%.

4.6.4. Ejecución

El porcentaje de cumplimiento de las resoluciones fue del 97,1%, dado que se han denunciado como incumplidas 23 resoluciones, de forma total, y 1 resolución, de forma parcial.

4.6.6. Recursos

El año 2020 se han interpuesto un total de 14 recursos contenciosos administrativos contra resoluciones de la Comisión: Diputación de Barcelona, Instituto Catalán de la Salud, Ayuntamiento de Barcelona (2), Departamento de Trabajo, Asuntos Sociales y Familias de la Generalitat de Catalunya (5), Departamento de Territorio y Sostenibilidad de la Generalitat de Catalunya, Corporación Catalana de Medios Audiovisuales (2), Fundación Museo Picasso Barcelona. El año 2020 la CGAIP ha recibido un total de 8 sentencias que resuelven recursos contencioso-administrativos interpuestos contra resoluciones de la Comisión

4.7 Balance. Comparación y evolución de los datos 2015-2020

El ejercicio del derecho de acceso en Cataluña se ha expresado con la presentación de casi 11.000 solicitudes de información. El aumento de solicitudes de información pública muestra un progresivo conocimiento de los instrumentos que la Ley de transparencia pone al alcance de la ciudadanía, especialmente entre los periodistas, abogados, las asociaciones vecinales y los sindicatos. Y seguro que han contribuido las campañas de difusión institucional sobre el ejercicio del derecho de acceso. Sin embargo, es necesario reconocer que la inmensa mayoría de la ciudadanía no conoce aún.

En el análisis evolutivo de los años 2015-2020, la CGAIP ha recibido 3.328 reclamaciones contra la desestimación de solicitudes de información, la falta de entrega o entrega incompleta de la información, o contra la falta de respuesta de la administración a la solicitud de información. Cabe remarcar, en este sentido, que el silencio continúa con mucho peso y que no sólo lesiona el derecho de acceso, sino también el derecho de defensa de la ciudadanía, ya que no es informada de las vías que tiene para recurrir o pedir el amparo de su derecho. Por lo tanto, el silencio es mucho más lesivo que una resolución desestimatoria del acceso, que debe ser motivada y fundamentada en derecho y en la notificación de la cual se informa de las vías de recurso y de garantía al alcance de la ciudadanía. Y, sin embargo, el silencio administrativo constituye todavía una práctica demasiado generalizada en el ámbito del derecho de acceso, que **no se ve compensada por el sentido estimatorio** de la solicitud de información que la ley catalana le ha querido dar, ya que el derecho de acceso no se satisface con una declaración o autorización presunta estimatoria, sino con una prestación efectiva consistente en la entrega material de la información.

RECLAMACIONES, por año. 2015-2020							
	2015	2016	2017	2018	2019	2020	
TOTAL	**37**	**561**	**470**	**519**	**848**	**893**	**3.328 Reclamaciones interpuestas.**
Reclamaciones Finalizadas	**34**	**561**	**445**	**432**	**824**	**846**	

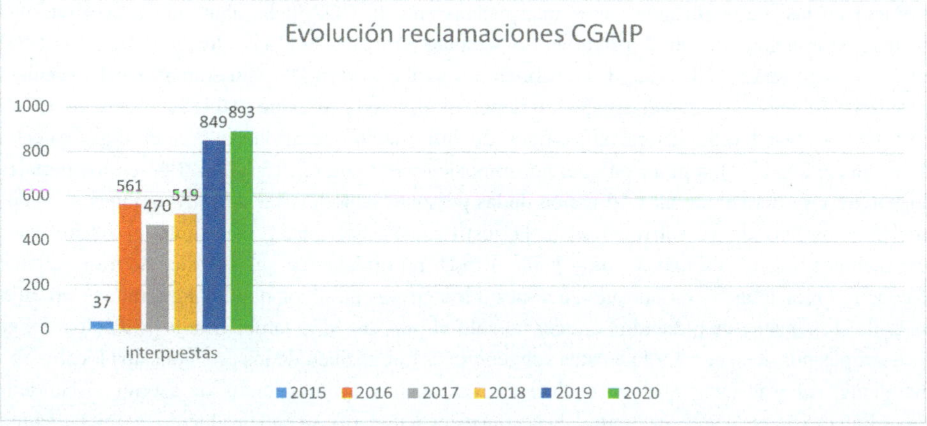

Los meses en los que más reclamaciones se interponen también son los últimos tres meses del año, destacando el mes de octubre. la interposición de reclamaciones tiene una tendencia de aumento los meses previos a las vacaciones de verano, y justo antes de las vacaciones de Navidad, mientras que las resoluciones llegan a un umbral más alto durante los últimos meses del año 2018.

Entrada de las reclamaciones

En cuanto a los datos relativos al canal de entrada de las reclamaciones, va disminuyendo en términos absolutos y relativos la cuantía de reclamaciones presentadas de forma presencial en la sede de la CGAIP, pasando de las 207 en 2016, 114 en 2019, a las 103 en 2020, y las presentadas presencialmente en otros registros (de 185 en 2016, 53 al 2019 a 46 en el año 2020). Las reclamaciones presentadas mediante correo certificado pasan de 85 en 2016 a 2 y a 5, con una representatividad del 0,6% sobre el total de reclamaciones en 2020.

CANAL DE ENTRADA DE LAS RECLAMACIONES, por año. 2015-2020												
	2015	%	**2016**	%	**2017**	%	**2018**	%	**2019**	%	**2020**	%
Correo certificado	4	10,81%	85	15,15%	6	1,28%	9	1,73%	2	0,24%	5	0,56%
Presencial otros registros	15	40,54%	185	32,9	148	31,4	79	15,22	53	6,25	46	5,15
Presencial CGAIP	18	48,65%	207	36,90	72	15,32	79	15,22	114	13	103	11,5

Trámite electrónico	— —	84	14,9	244	51,9	352	67,8	679	80	739	82,7
TOTAL	**37**	**561**		**470**		**519**		**848**		**893**	

Se mantiene el predominio del canal electrónico desde el año 2016, y en 2020 supone el 82,8%, aumentando en 2,7 puntos porcentuales y en 60 reclamaciones, respecto a los datos de 2019. Hay que tener en cuenta que, a pesar de que la tendencia al aumento del canal electrónico ya se observaba años anteriores, la pandemia ha supuesto un punto de inflexión, debido al cierre de los registros presenciales entre el 14 de marzo y el 1 de junio de 2020.

Tipo de información que se reclama

El objeto de las 3.328 reclamaciones interpuestas ante la CGAIP ha abarcado mayoritariamente, información relacionada con la provisión de personal público 479 (14%), los contratos 304 (9%), la gestión presupuestaria 258 (8%) y las retribuciones públicas 119 (4%). Sin embargo, cabe señalar que las materias relacionadas con <u>el urbanismo</u> tienen un peso considerable 210 (6%), licencias 151 (5%) y también lo han tenido las reclamaciones de información relacionada con el otorgamiento de subvenciones 246 (7%), a pesar de que, por imposición del artículo 15 LTAIPBG, en los portales de transparencia ya tienen que hacer difusión de las personas beneficiarias de subvenciones o ayudas, el importe y motivo de la subvención, y la justificación del gasto. Pero ante el hecho que las corporaciones locales, de manera muy generalizada, no incluían en sus portales de transparencia la información relacionada con las subvenciones a los grupos políticos que las integran, se produjo un grosor de reclamaciones pidiendo conocer no solo el importe, sino también la justificación del gasto de los grupos políticos con cargo a estas subvenciones que reciben de los presupuestos locales.

Finalmente, cabe destacar que, de la decisión de muchos ayuntamientos de asumir el servicio de abastecimiento de agua una vez finalizada la concesión a terceros, se han producido también un número significativo de peticiones de información sobre la gestión de este servicio 85 (3%), tanto por parte de las concesionarias como de la prensa.

Contra qué se reclama

El silencio es la respuesta administrativa más habitual a las solicitudes, el 73% de las reclamaciones ante la CGAIP son contra el silencio de las administraciones; esta cifra, a pesar de ya ser muy voluminosa, seguro que es menor a la cifra real, ya que la vía de reclamación ante la CGAIP no es todavía suficientemente conocida y, por lo tanto, cabe presuponer que la mayoría de las personas a las que la administración no ha respondido no inician el procedimiento de reclamación para hacer valer su derecho a la información. Así pues, si las reclamaciones ante la CGAIP contra el silencio de las administraciones son una minoría de los casos, y sin embargo representan el 73% del total de reclamaciones, es inevitable concluir que existe una desatención alarmante del deber de las administraciones de resolver de forma expresa y motivada las solicitudes de acceso a información, establecido con carácter general en la legislación del procedimiento administrativo, y expresamente en la ley de transparencia, que debilita el ejercicio del derecho de acceso y su defensa y garantía.

El silencio de las administraciones ante solicitudes de información no solo se mantiene, sino que incluso aumenta (un 34,4% al 2018, en relación con el 31,2% del año 2017, 34,4% del año 2018 y 71,3 del 2019), además esta falta de respuesta no se concentra, como a los inicios de la entrada en vigor de la Ley, en aquellos municipios más pequeños y con menos recursos, sino que se mantiene en niveles equiparables en todos los tramos de población de los municipios, e incluso, entre el sector público adscrito a las entidades locales.

Es significativo que, en un porcentaje considerable, aquellas reclamaciones que se presentan contra el silencio de la administración finalizan por la pérdida de su objeto, puesto que en el momento en que la CGAIP traslada a la Alcaldía o al órgano directivo correspondiente la reclamación, la administración entrega la información. Esto se produce, tanto en el 2018 como en el año anterior y posteriores, en un tercio, aproximadamente, del total de reclamaciones contra silencio. De ello se desprende que la desatención inicial de la solicitud no obedecía a la concurrencia de ningún límite legal al acceso, ni ninguna causa de inadmisibilidad, sino exclusivamente a la incapacidad organizativa de la administración para tramitar y resolver la solicitud, o comunicar la información, dentro del plazo para hacerlo o a la falta de voluntad.

Otros motivos con porcentajes mucho menores son, reclamación contra desestimación (4,98%), contra estimación parcial (4,73%), contra falta de entrega (4,13%), contra entrega parcial (3,88%), contra inadmisión (1,94%), contra estimación (1,46%), contra comunicación de la información (0,49%).

Perfil de la persona reclamante

Desde el punto de vista subjetivo, desde el año 2018 se ha experimentado un descenso más que notable del número de reclamaciones presentadas por electos locales, que suponían un 35% de las reclamaciones tramitadas por la CGAIP durante el 2017, y solo el 14,7% del total de reclamaciones recibidas al 2018. La cifra es todavía menor durante el primer semestre de 2019. Esto quiere decir que el procedimiento de reclamación ante la CGAIP ha sido capaz de cambiar la dinámica entre gobiernos locales y los grupos de la oposición, a los cuales se les venía negando, de manera sistemática en algunos casos, el acceso a la información del consistorio.

Por eso, conocido el **criterio doctrinal de la CGAIP (ratificado por el TS)** [495] de admitir a trámite reclamaciones de los electos locales al amparo de la Disposición Adicional Primera la LTAIPBG desde

[495] http://www.gaip.cat/web/.content/pdf/Sentencies-SJC/20220317_STS_confirmacio_grups.pdf

El Tribunal Supremo, en su sentencia STS 312/2022, de 10 de marzo de 2022, ha reconocido a los electos locales el derecho a **usar la vía de la reclamación** ante los órganos de garantía creados por la ley de transparencia, tal y como viene entendiendo y aplicando la GAIP desde su creación.

La sentencia establece jurisprudencia al declarar que el carácter supletorio de la legislación de transparencia establecido tanto por la ley catalana como por la ley básica en la Disposición Adicional Primera.2, habilita el uso del sistema de garantías de la ley de transparencia en otros regímenes jurídicos especiales de acceso a la información, como el de los miembros de las Corporaciones locales, y cierra así una discrepancia existente entre los diferentes órganos de garantía respecto de la admisión de reclamaciones de concejales y concejalas, inclinándose a favor de la tesis mantenida por la GAIP, a cuyo amparo ha resuelto alrededor de un millar de reclamaciones de miembros de Ayuntamientos, Consejos Comarcales y Diputaciones Provinciales.

Con la sentencia finaliza el largo recorrido de oposición de la Diputación de Girona contra varias resoluciones de la GAIP de julio de 2016, que ampararon el derecho a la información de uno de sus miembros y contra las que interpuso recurso, primero ante el Tribunal Superior de Justicia de Cataluña, que ya fue desestimado por el Tribunal reconociendo la competencia de la GAIP en su sentencia STJC 1074/2019 , y después ante el Tribunal Supremo, que lo admitió en interés casacional y que ha finalizado también con la desestimación del recurso de la Diputación de Girona y el establecimiento del criterio jurisprudencial sobre la correcta interpretación de la Disposición Adicional Primera.2 de la ley de transparencia y la posibilidad de utilizar el mecanismo de reclamación y garantía de la ley de transparencia supletoriamente también en el caso del acceso a la información **esté sometida a régimen jurídico especial**.

la Resolución de 11 de febrero de 2016, sobre la Reclamación 4/2016, muchos electos hicieron uso de este procedimiento para obtener la información, llegando a ser un tercio del total de reclamaciones tramitadas.

Paralelamente al descenso de reclamaciones presentadas por los electos locales, crecen sensiblemente las reclamaciones presentadas por periodistas (de un 3,8% en 2017, al 23,3% en 2018 y al 14,6% en 2019, aunque vuelve a cambiar la tendencia en 2020), que piden conocer, principalmente, información institucional, así como la relativa a contratos y subvenciones. Esto indica que el periodismo valora cada vez más las ventajas que supone para el ejercicio de su profesión emplear el procedimiento de acceso a la información, y la vía de reclamación ante la GAIP, cuando los gabinetes de prensa no le faciliten información, o cuando la que le proporcionan les parece sesgada. Y resulta también destacable señalar que, entre este sector profesional, hay una preferencia por el uso del procedimiento de mediación para tramitar la reclamación.

Por otra parte, los sindicatos y delegados de personal se consolidan como perfil del reclamante, con un 12,7% del total de reclamaciones, todas ellas en relación con información sobre la provisión de plazas, relación de puestos de trabajo, realización de horas extraordinarias y permisos y complementos retributivos.

Desde la perspectiva del género, continúa habiendo un número mayor de personas reclamantes masculinas que femeninas en toda la línea evolutiva, si bien la proporción de mujeres reclamantes ha crecido de manera significativa (incremento de un 24,8%), pasando del 5,3% en 2016, al 30,1% en 2018, 29,5% en 2019 y el 32% en 2020. Asimismo, es destacable que en el marco de los procedimientos de reclamación con mediación y en clave de género, desde el 2018 se ha producido una inversión del orden, pasando a ser las mujeres quienes más lo han solicitado (de un 24% a 36,9% a 38%), en contraposición con los hombres (que han pasado de un 40,8% al 32,9% a 35%).

Administraciones

En cuanto a las administraciones, se mantienen como principales destinatarias de las reclamaciones los ayuntamientos (70%), y en cuanto a la Generalitat de Cataluña (14% del total de reclamaciones), las reclamaciones se dirigen principalmente contra los departamentos responsables de las políticas de enseñanza, de seguridad, de administraciones públicas y de asuntos sociales.

Límites legales al acceso y las causas de inadmisión de las solicitudes, de las 3.328 reclamaciones interpuestas en el periodo 2015 a 2020, han finalizado con límites – 320 (el 9,6%)-, se mantiene la tendencia todos los años siendo la protección de los datos personales, la causa mayoritariamente invocada o alegada para restringir el derecho de acceso, con un 82,6%-83,3% y casi siempre, ha supuesto la desestimación total del acceso, sin que las administraciones hayan optado por ofrecer el acceso parcial disociado de datos personales. Pero, en cambio, solo en un 8%-9% de los casos, la resolución de la CGAIP ha desestimado totalmente el acceso, con plena coincidencia con la Autoridad Catalana de Protección de Datos, que emite informe preceptivo en aquellos casos en que la desestimación del acceso se ha fundamentado por parte de las administraciones en la protección de datos personales.

Existe, pues, un vacío muy considerable entre la percepción que tienen las administraciones de la restricción al acceso que se tiene que derivar de la normativa de protección de datos personales (82,6%-83,3%) y el efecto limitativo real que se desprende (8%-9%). Y esto porque la mayoría de las administraciones y de las terceras personas afectadas creen todavía, que la legislación de la protección de datos personales impide de forma automática y generalizada que se pueda acceder a información pública que contenga datos sin el consentimiento de la persona afectada, y no es cierto.

La legislación de protección de datos, prevé que la cesión de datos personales será legítima, además de cuando cuente con el consentimiento de la persona afectada, cuando una ley lo prevea y la cesión sea necesaria para el cumplimiento de una obligación legal de la administración (los datos tienen que ser veraces, adecuados, necesarios y proporcionados para la finalidad del acceso, y los mínimos necesarios para cumplirlo).

Para ponderarlo adecuadamente, la CGAIP dispone el traslado de la reclamación a las personas afectadas para que puedan formular las alegaciones que crean oportunas y adecuadas en defensa de sus derechos; pero a menudo se confunde el fin de este traslado -tanto por parte de las personas afectadas, como de la propia administración- de forma que la mayoría de las alegaciones que se reciben se limitan a expresar una falta de consentimiento, cuando la finalidad del traslado es facilitar y permitir que aporten, si las hay, las circunstancias especiales, personales y desconocidas por la Comisión, que puedan modificar la ponderación general de derechos que tiene que realizar en la decisión que adopten en sus resoluciones.

Hace falta avanzar en la cultura de armonización del derecho de acceso y del derecho a la protección de los datos personales, superando posiciones malentendidas, antagónicas e irreconciliables y aplicando criterios de ponderación que tengan en cuenta la proporcionalidad y adecuación de los datos para la finalidad del acceso, el tipo de datos personales, la relevancia de estos datos para el control de las administraciones públicas y el interés público en la difusión de esta información. Y cuando el acceso a algunos datos personales no quede justificado, después de la ponderación del caso, es necesario preservar el acceso parcial a la información pública que no quede afectada.

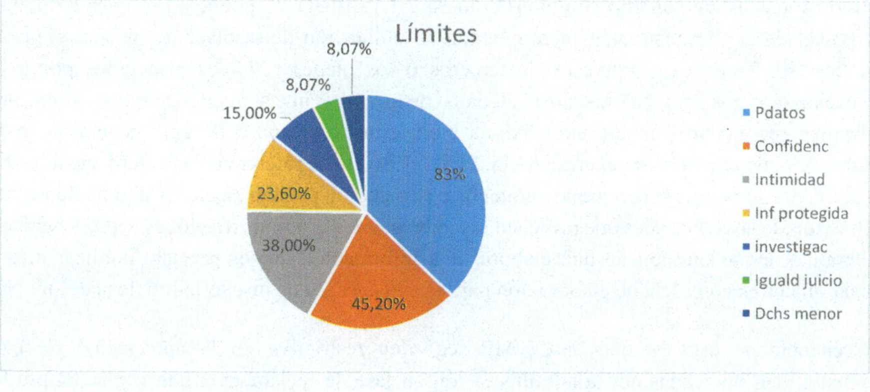

Otro de los límites que se ha invocado de manera recurrente en las solicitudes de acceso a documentación de los procedimientos de contratación es <u>la confidencialidad</u> de las ofertas de los licitadores. En este sentido, la CGAIP ya se ha pronunciado reiteradamente (Resolución 157/2018, de 29 de junio, entre otras) en el sentido que la sola declaración de confidencialidad de los licitadores no exime a los órganos de contratación de su deber de revisarla y ceñirla a los aspectos relacionados con los secretos técnicos o comerciales y aquellos otros que alteren o falseen realmente la competencia, de forma que desvelarlos perjudicaría la posición competitiva de la empresa afectada y favorecería ilegítimamente la de sus competidores, sin que se pueda extender la confidencialidad sobre la totalidad de la oferta.

En general, cabe decir que las administraciones no han motivado adecuada y suficientemente en la resolución de la solicitud de acceso la aplicación de los límites al acceso al caso concreto que resuelven, cosa a la que están obligadas, porque la sola invocación de su concurrencia no justifica que se restrinja el acceso.

En relación con las causas de inadmisibilidad de las solicitudes de acceso, las administraciones las tienen que invocar dentro del plazo para resolver, de un mes, y no cuando, transcurrido este plazo en silencio de la administración, se haya generado una expectativa de derecho en la persona solicitante de estimación presunta de su solicitud, de acuerdo con el artículo 35.1 LTAIPBG. Cabe recordar, en este sentido, que el artículo 35.2 de la ley de transparencia catalana prevé que esta regla general de silencio administrativo positivo ceda hacia un régimen de desestimación presunta en aquellos casos en que concurra algún límite al acceso, de forma que no se puede adquirir por silencio aquello que no podría ser adquirido por resolución. Precisamente esta previsión de silencio negativo o desestimatorio que contiene el artículo 35.2 LTAIPBG en el supuesto de que concurra algún límite legal al acceso hace que la **Sentencia**[496] 104/2018, de 4 de octubre de 2018, dictada por el Tribunal Constitucional, declarando inconstitucional el régimen de silencio positivo previsto a la ley de transparencia aragonesa, no parece tener efectos directos sobre la ley catalana -que no ha sido impugnada-.

El régimen de silencio negativo o desestimatorio aplicable a los casos en que la solicitud de acceso que la administración no ha resuelto tenga que ser desestimada o pueda ser restringida por alguno de los límites legales, de acuerdo con el artículo 35.2 LTAIPBG, responde a la lógica de evitar que la inactividad de la administración incumpliendo su obligación de resolver de manera expresa pueda perjudicar los derechos o intereses de terceros o los bienes jurídicos protegidos por los límites (protección de datos personales, seguridad, datos de menores, investigación de infracciones, propiedad intelectual, secreto profesional, etc.). Ahora bien, esta excepción a la regla general de estimación presunta por silencio prevista al artículo 35.2 LTAIPBG, hace referencia expresamente a los límites al acceso, y, por lo tanto, no comprende aquellos casos en que puedan concurrir alguna de las causas de **inadmisión** de las solicitudes que protegen los intereses de las administraciones al preservar su espacio deliberativo, evitar que tengan que elaborar una información que es previsto publicar más tarde, o realizar una tarea compleja de elaboración para la satisfacción de una solicitud de acceso.

Consecuencia de esto es que la CGAIP sea muy restrictiva en la apreciación de causas de inadmisibilidad invocadas por la administración en fase de reclamación una vez se ha producido la estimación presunta de la solicitud por silencio, considerando que la administración tiene que ser muy diligente para invocarlas, justificarlas y objetivarlas (horas de trabajo, número de copias, número de archivos donde se encuentra dispersa la documentación) dentro del plazo legal de que dispone para resolver la solicitud.

---

[496] https://www.boe.es/buscar/doc.php?id=BOE-A-2018-15008

Procedimiento de reclamación

Teniendo en cuenta que el plazo para resolver las reclamaciones otorgado por la ley a la CGAIP es inferior al del resto de órganos con funciones similares: dos meses para esta Comisión (ampliados en quince días más para la emisión de informes, así como un mes adicional en el caso de los procedimientos que se tramitan con mediación), frente los tres meses que tienen atribuidos el resto; el tiempo medio empleado para la tramitación de los procedimientos de reclamación hasta su resolución se ha situado en una media de 53,29 días, el más bajo en 2019 (47,78 días) desde la constitución de la Comisión - julio 2015.

Media de tiempo en RESOLVER una reclamación (en días)					
2015	**2016**	**AÑO 2017**	**2018**	**2019**	**2020**
54,86 días	60,47	61,55	59,25	47,78	52,21

Por otro lado, a pesar de la paralización de los procedimientos de reclamación que supuso en muchos casos que las administraciones reclamadas se acogieran a la suspensión de plazos durante el estado de alarma, la media anual de duración de los procedimientos de reclamación fue de 52 días durante el 2020, (de 49 días si excluimos los procedimientos con mediación), por debajo.

Sin embargo, el incremento exponencial y el ritmo de presentación de reclamaciones registrado desde las 37 en 2015 hasta las 893 de 2020, ha supuesto que la carga de trabajo derivada de la tramitación, resolución, publicación y seguimiento de la ejecución de las reclamaciones presentadas en la CGAIP haya incrementado de forma muy notoria haciendo muy difícil que pueda mantener el cumplimiento de estos plazos si no se le dota de los recursos humanos adecuados, teniendo en cuenta la complejidad del procedimiento a tramitar –tanto el ordinario, como el de mediación- y la escasez del personal a su servicio, ya que continúa funcionando con personal de refuerzo, con continuidad limitada. Se une a este perjuicio que la CGAIP no dispone de presupuesto propio.

En tres cuartas partes de los casos, el procedimiento de reclamación ante la CGAIP ha resultado útil para obtener la información, bien porque la administración la ha entregado voluntariamente al serle notificado el procedimiento (34%), bien porque la CGAIP ha adoptado una resolución de estimación total (27%) o parcial (9%), o bien porque las partes han logrado un acuerdo en procedimiento de mediación (3%).

Las reclamaciones de las que se ha solicitado el **procedimiento con mediación** se mantienen en cifras próximas al 35%. Cabe recordar, en este sentido, que corresponde a la persona reclamante la opción de seguir, o no, un procedimiento de mediación, quedando las administraciones vinculadas por esta elección; en cambio, las terceras personas afectadas por el acceso, si las hay, sí que podrían oponerse a la mediación.

Destacar que todavía son demasiado numerosas las administraciones que no comparecen en el procedimiento de reclamación, ni aportan a la CGAIP el expediente y la información que se les requiere para resolver las reclamaciones, infringiendo el deber de colaboración institucional establecido en la legislación de procedimiento administrativo y específicamente regulado al artículo 42.7 de la ley de transparencia y 33.4 del Reglamento de la CGAIP. A pesar de que esto no impide que se continúe con el procedimiento ni resta eficacia vinculante a las resoluciones adoptadas por la

Comisión, genera un retraso en la tramitación y lesiona el derecho de acceso, en la medida en que dificulta hacer la ponderación de derechos inherente a la resolución de cada reclamación, y puede generar responsabilidades disciplinarias, de acuerdo con el régimen sancionador de la ley de transparencia.

Evolución de la actividad

Si vamos comparando la actividad de la CGAIP, en cuanto a las reclamaciones presentadas desde 2015 a 2020, los datos muestran la misma tendencia de crecimiento sostenido anual, aunque durante los meses del estado de alarma se experimentó un descenso drástico de la presentación de reclamaciones de un 71,7% en relación con el año anterior.

En todo caso, a pesar del parón producido durante el trimestre del confinamiento, el incremento de actividad en el segundo semestre del 2020 ha tenido como consecuencia que el cómputo global anual muestre un incremento del número de reclamaciones presentadas, llegando a una cifra de 898, que supera las 848 del 2019, así como del número de resoluciones de la CGAIP que finalizan estos procedimientos, que alcanza la cifra de 846 en el 2020, superando la anterior máxima de 824 registrada en el 2019. (Contabilizadas las resoluciones en los siguientes años 2021 ha sufrido un bajón en resoluciones y 2022 parece que recupera ya que el recuento es hasta agosto, quedando meses por delante.)

EVOLUCIÓN DE LOS DATOS	Reclamaciones	Mediación Solicitadas	Realizadas	Resueltas	Resoluciones
AÑO 2015	37	20	17	11= 32,4%	37
AÑO 2016	561	41	33	25= 4,5%	242 303
AÑO 2017	470	160	44	19= 4,3%	455
AÑO 2018	519	184	43	18= 4,2%	397
AÑO 2019	848	218	27	26= 3,2%	824
AÑO 2020	893	252	47	31= 3,7%	846
2021					**757**
En-agosto 2022					**733**

La GAIP presenta a lo largo de los años una cantidad de resoluciones menor al número de reclamaciones, porque algunas reclamaciones se resolvían de forma acumulada. Ahora bien, a lo largo de los años ha ido disminuyendo esta diferencia entre reclamaciones y resoluciones aprobadas por el Pleno de la CGAIP, siendo el 2016 el año con mayor disparidad entre resoluciones y reclamaciones finalizadas (303 resoluciones contra 561 reclamaciones). El año 2019 presenta la diferencia más pequeña desde el 2015 (año en qué todas las reclamaciones interpuestas fueron resueltas con una resolución específica para el expediente), con un total de 807 resoluciones y 824 reclamaciones finalizadas.

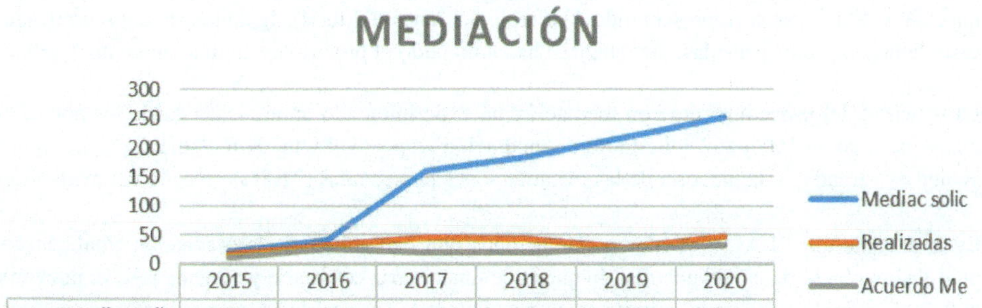

	2015	2016	2017	2018	2019	2020
Mediac solic	20	41	160	184	218	252
Realizadas	17	32	44	43	27	47
Acuerdo Me	11	25	19	18	26	31

A diferencia del resto de órganos de garantía, la ley de transparencia catalana otorga sólo 2 meses para la resolución de las reclamaciones, que no siempre cumple, aunque la media se sitúa en 57 días.

A la pregunta 16 del cuestionario. ¿Cree suficiente el plazo que otorga la normativa para resolver? La respuesta de la CGAIP es: 2) No X

Un porcentaje cercano al 20% de personas han optado por solicitar el procedimiento voluntario de **mediación** previsto en la legislación catalana, que ofrece la oportunidad de acercar planteamientos entre la persona reclamante, la Administración reclamada y las eventuales terceras personas que pudieran resultar afectadas por el acceso a la información, y llegar a un acuerdo unánime que ponga fin a la reclamación, todo ello con la mediación de la CGAIP, que también controla la legalidad del acuerdo. Las partes tienen para alcanzar dicho acuerdo un mes de plazo y, en caso de que no se consiga, la CGAIP resuelve sobre el fondo de la reclamación. Pero lo cierto es que en la casi totalidad de los casos (un 96%) en que se ha celebrado la mediación se ha alcanzado un acuerdo, al menos parcial, de acceso a la información.

Destacar, igualmente, que en el procedimiento con mediación, como, en general, en los que se siguen con el procedimiento ordinario, no son infrecuentes los casos en que, una vez presentada la reclamación ante la CGAIP y requerida la Administración para trasladar el expediente e informar y motivar jurídicamente la oposición al acceso, se produce una satisfacción extemporánea de la pretensión objeto de reclamación por parte de la Administración, que formalmente estima el derecho de acceso solicitado e incluso le satisface entregando materialmente la información que era el objeto de la reclamación fuera de plazo, por lo que el procedimiento se cierra sin necesidad de celebrar la sesión de mediación ni de ulterior pronunciamiento de la CGAIP.

Las cifras confirman que la mediación es una de las vías más útiles para resolver las reclamaciones de acceso a la información, y que, a pesar de que todavía es una opción minoritaria, adquiere, año tras año, una mayor relevancia. Se observa una clara tendencia respecto a la persona reclamante - de periodistas y cargos electos - a solicitar el procedimiento. Concretamente, estas dos tipologías de reclamante solicitan el procedimiento de mediación en un 44,2% y un 39,2% de los casos, respectivamente. En cambio, los reclamantes particulares solicitan el procedimiento de mediación en un 25,6% de los casos (representando 110 reclamaciones del total). Igualmente, también destaca el caso de las empresas privadas, que en 2020 han solicitado el proceso de mediación en un 36,8%.

La solicitud del procedimiento con mediación ha experimentado un aumento desde los años 2017 a 2020, pasando de 160 a 252 solicitudes de mediación respecto al total de reclamaciones interpuestas; si bien es verdad que la mayoría de las reclamaciones presentadas (71,8%) no solicitan mediación.

Es destacable que el 43,9% de las reclamaciones que han solicitado la mediación finalicen con la pérdida del objeto de la reclamación, lo que hace innecesaria celebrarla y pone de relieve nuevamente la falta de cumplimento de las administraciones de los plazos establecidos en la ley.

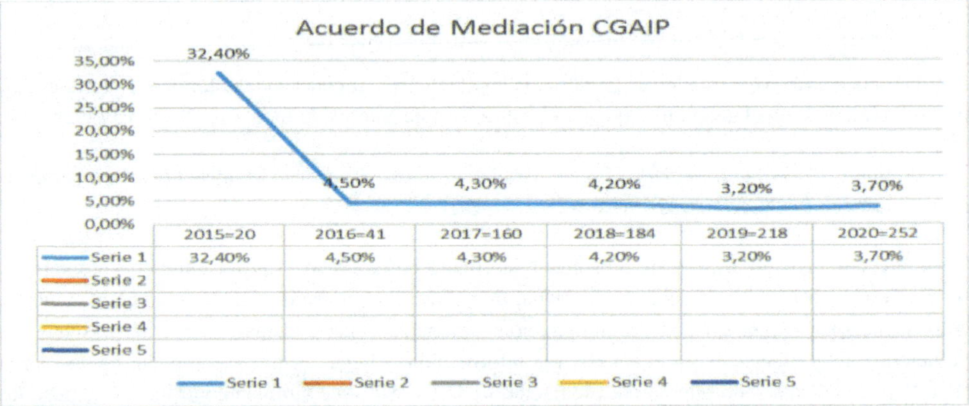

Sentido de las resoluciones

Podemos reseñar que más de un 90% de los procedimientos de reclamación finalizan con una resolución favorable al reclamante, dado que, o bien son estimadas total o parcialmente, o bien declaran la finalización por pérdida del objeto de la reclamación porque la persona reclamante ha podido acceder a la información durante la tramitación del procedimiento.

SENTIDO DE LAS RESOLUCIONES, por año 2015-2020												
	2015	%	**2016**	%	**2017**	%	**2018**	%	**2019**	%	**2020**	%
Acuerdo de mediación	11	32,4%	25	4,5%	19	4,3%	18	4,2%	26	3,2 %	31	3,7%
Estimación	10	29,4	164	29,2%	120	27	100	23,1	160	19,4	122	14,4
Estimación parcial	2	5,9%	121	21,6%	34	7,6%	42	9,7%	61	7,4	83	9,8%
Desestimación	----------		30	5,3%	29	6,5	35	8,1	40	4,9	24	2,8
Inadmisión	9	26,5%	95	16,9%	55	12,4%	56	13,0	82	10,0	152	18,0
Desistimiento	2	5,9	18	3,2%	20	4,5	22	5,1	55	6,7	45	5,3
Entrega de la información	----------		108	19,3%	168	37,8	159	36,8	400	48,5	389	46,0
TOTAL	**34**		**561**		**445**		**432**		**824**		**846**	

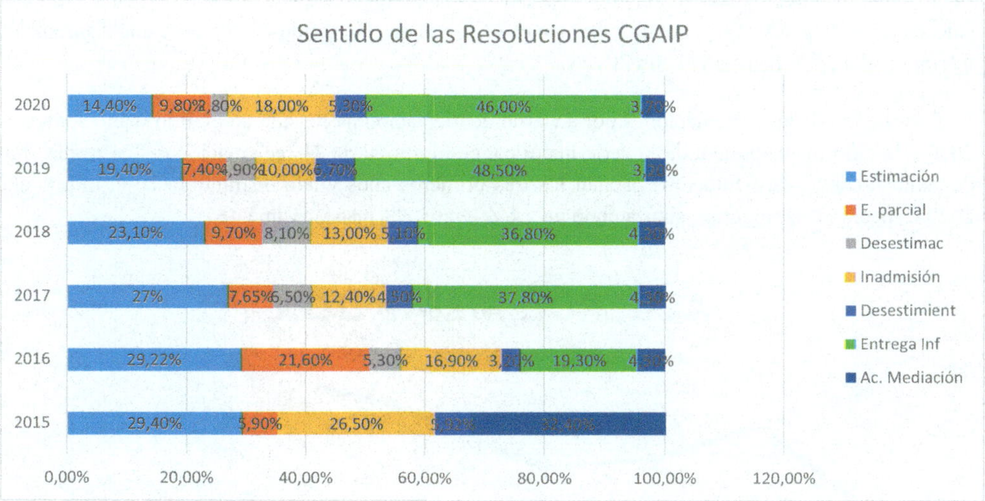

La finalización de las reclamaciones por la pérdida de su objeto, principalmente por razón de la entrega extemporánea de la información por parte de la administración reclamada, mantiene su tendencia un año con otro, aumentando anualmente su peso tanto absoluto como relativo respecto al total sobre todo en los dos últimos, con un 48,5% en 2019 y con un 46% del total en 2020. No obstante, el 2020 disminuye en 11, 2,5 puntos su peso relativo debido a que las inadmisiones ganan relevancia (18% del total, respecto al 10% de 2019) y las estimaciones parciales también aumentan (9,8% el 2020, respecto al 7,4% de 2019).

Datos que indican un mantenimiento en las dinámicas de actuación de las administraciones públicas respecto a las solicitudes de acceso a información pública -la estimación fuera de plazo de la solicitud de información pública o por la entrega extemporánea de la información solicitada una vez iniciado el procedimiento de reclamación-, lo que evidencia que no existía una discrepancia jurídica sobre el derecho de acceso que justificara la intervención de la CGAIP en la revisión de los actos de la administración, sino que, simplemente, ha existido una inactividad de la administración en la atención de la solicitud que solo se ha modificado a partir de la intervención de la Comisión, demorando y perjudicando de manera injustificada el derecho de la persona que solicita la información.

Siguiendo con el análisis comparativo, las reclamaciones que finalizan por estimación han disminuido en 2020 hasta el 14,4% (5 puntos menos que el año anterior), llegando al peso relativo más bajo de toda la serie histórica. Agrupando aquellas resoluciones que estiman total o parcialmente el objeto de la reclamación, la disminución ha sido poco notable, pasando de un 26,8% en 2019 a un 24,2% en 2020. Paralelamente, las pérdidas de objeto de la reclamación han evolucionado en el sentido opuesto, aumentando del 19,3% el 2016 hasta el 46% en 2020.
No hay una correlación directa entre la evolución de las resoluciones estimatorias y las reclamaciones que finalizan por pérdida, pero sí que es destacable que las resoluciones que finalizan en sentido positivo (estimatorias, estimatorias parciales o las que finalicen por pérdida, sin incluir las que finalicen por acuerdo de mediación) supongan el 70,2% del total en 2020, manteniendo una cifra casi calcada respecto al año 2016, donde suponían el 70,1%; sí que ha habido en este caso una disminución interanual del 5,2% respecto al año 2019.

La finalización de las reclamaciones por acuerdo de mediación ha llegado en el último año analizado 2020 a la cifra más alta de toda la serie histórica, con un total de 31 reclamaciones finalizadas. Las desestimaciones y desistimientos oscilan los tres primeros años y han disminuido en el último año 2020 respecto al año anterior, suponiendo un 2,8% y un 5,3% respectivamente.

Grado de ejecución. En cuanto a conocer el grado de ejecución de las resoluciones de la CGAIP, el seguimiento se hace a partir de la información que facilitan las personas reclamantes, que son invitadas a comunicar a la CGAIP cualquier incidencia que se produzca en la ejecución de las resoluciones que las perjudique (entrega parcial de la información, fuera de plazo,...); ya que aunque el artículo 43.5 LTAIPBG y el artículo 49 RGAIP prevén que las Administraciones deben comunicar a la Comisión las actuaciones realizadas en ejecución de los acuerdos de mediación y de las resoluciones de la GAIP, no lo hacen en la mayoría de los casos.
Llama por ello la atención que, en el Cuestionario enviado, a la pregunta 20: ¿Puede el órgano de garantía de la transparencia controlar el cumplimiento de sus resoluciones? señalen 1) SI

Cuando se reciben quejas por la falta de ejecución de las resoluciones, ya sea porque la Administración no ha facilitado toda la información, porque la ha entregado de manera deficiente o bien porque se está atrasando respecto al plazo señalado para hacerlo, la CGAIP traslada la queja a la administración y le solicita que informe de los motivos por los cuales se está produciendo el retraso o que alegue las dificultades materiales que se lo impiden. Si la administración no responde, o si persiste en el incumplimiento, la CGAIP hace un requerimiento formal a la administración Si persiste el incumplimiento, el Pleno de la CGAIP adopta el acuerdo de requerir la incoación de procedimiento sancionador de la LTAIPBG por infracción muy grave del derecho de acceso, lo notifica al órgano competente para iniciarlo y hace difusión pública. Después de los requerimientos de ejecución, la mayor parte de los incumplimientos de resoluciones se han resuelto con la entrega de la información.

EJECUCIÓN DE LAS RESOLUCIONES												
	2015		**2016**		**2017**		**2018**		**2019**		**2020**	
Ejecutadas	34	100%	557	99,29%	441	99,10%	427	98,84%	819	99,39%	822	97,16%
TOTAL	**34**		**561**		**445**		**432**		**824**		**846**	

Los datos de cumplimiento y ejecución de Resoluciones de la CGAIP desde los primeros años, muestran que el cumplimiento es alto en todos ellos: en el año 2015 era total, y fue casi total el 2016 (99,3%) y el 2017 (98,9%). Algún año como en el 2018 termina con un 3,3% que se encuentran en fase de ejecución pasando al año siguiente la ejecución, una demora que se concentra en las relacionadas con la justificación de los gastos realizados con cargo a las subvenciones de los grupos políticos de las corporaciones locales, que se muestran reticentes y lentos a la hora de recopilar y entregar la información. En 2019 nos encontramos con un grado de cumplimiento del 99,4%, y en 2018 baja hasta el 98,8 y también en 2020 al 97,7% dado que se han denunciado como incumplidas 23 resoluciones, de forma total, y 1 resolución, de forma parcial. Hay que tener en cuenta que algunas de las resoluciones incumplidas se encuentran en sede judicial por la interposición de recurso contencioso-administrativo.

El número de recursos Contenciosos administrativos interpuestos contra las Resoluciones de la GAIP ha aumentado desde el 2016, aunque se mantiene en cifras muy poco significativas: 49 total

RECURSOS CONTENCIOSOS ADMINISTRATIVOS							
	2015	**2016**	**2017**	**2018**	**2019**	**2020**	
Ayuntamiento			4	6	8	2	
Área Metropolitana de Barcelona			2				
Asociación/Fundación				1	3	1	
Consejo comarcal				1			
Consorcio					1		
Diputación provincial		1				2	
Empresa pública					1		
Generalitat de Catalunya					1	7	
Oficina Antifraude de Catalunya				1			
Servicio Catalán de Salud (CATSALUT)		1				2	
Transportes Metropolitanos de Barcelona		2					
Universidad					2		
TOTAL		**4**	**6**	**9**	**16**	**14**	**49**

4.8 Conclusiones

Con una población de 7.660.530 habitantes, la ratio de reclamaciones por cada 100.000 habitantes es de 11,5 reclamaciones en el último año 2020 con datos. Un crecimiento sostenido en cuanto a reclamaciones y resoluciones, aunque son insuficientes los puestos de trabajo (9) y funcionan con personal de refuerzo continuamente, además su presupuesto está adscrito al Departamento de Asuntos y Relaciones Institucionales y Exteriores y Transparencia sin partida propia. Como en todas las CCAA es un derecho poco conocido y, poco utilizado por gran parte de la ciudadanía. En los últimos años, se ha evolucionado hacia peticiones cada vez más complejas de información sobre políticas públicas con impacto directo en la calidad de vida de los ciudadanos (licencias de actividades, urbanismo, prestación de servicios públicos como la enseñanza, la seguridad, la salud o el abastecimiento del agua, la protección de animales, y un largo y variado etcétera), así como la presencia, de periodistas que ven en este procedimiento de reclamación una garantía del acceso a la información más ágil y menos formal.

- Desde un punto de vista material, la CGAIP ha reconocido y amparado el derecho de acceso de los ciudadanos, ya sean personas interesadas en el expediente administrativo o no, a acceder a todo tipo de información, incluso la que integra procedimientos administrativos aún en trámite. Ha ejercido, igualmente, el amparo del derecho de los cargos electos locales, si bien en estos casos ha aplicado el régimen especial de acceso a la información establecido en la legislación municipal y de régimen local y solo subsidiariamente la legislación de transparencia.

El criterio doctrinal de la CGAIP es ratificado por el TS sentencia STS 312/2022, de 10 marzo 2022.

- El silencio administrativo es muy frecuente, aunque desciende de forma significativa en relación con el 2015, en el 2016 y 2017 se mantiene aún en una media que ronda el 50% y, lo cierto es que en el 2018 a 2020 la media es del 70%.

Aunque pudiera haber habido precariedad de medios y recursos en los primeros momentos en que las administraciones públicas han tenido que afrontar las obligaciones derivadas de la legislación de transparencia, no es admisible que años después no estén en condiciones de garantizar una adecuada atención de este derecho. El silencio es una lacra que lesiona gravemente el derecho de acceso de los ciudadanos, incluso si es presuntamente estimatorio como en el caso de la legislación catalana, ya que, al tratarse de un derecho de carácter prestacional, la estimación presunta no satisface el verdadero objetivo de la acción, que es acceder materialmente a la información, con el prejuicio añadido de generar indefensión al no comunicar al ciudadano las vías de reclamación y recurso posibles.

- En los casos en que se produce resolución expresa, ésta todavía se dicta fuera de plazo en más de la mitad de los casos (son 2 meses en la legislación catalana).

- La finalización de reclamaciones por pérdida sobrevenida de su objeto ha ido adquiriendo una mayor entidad como forma de finalización, llegando en 2017 a representar un 38,1% del total de resoluciones y el año 2018 un 34%; la estimación ha oscilado entre un 27% y un 33% del total de resoluciones, manteniéndose estable a lo largo de los años.

El hecho de que un tercio de las reclamaciones ante la CGAIP finalicen por la pérdida sobrevenida del objeto demuestra que todavía hay una parte muy importante de las solicitudes de acceso que no son tramitadas ni resueltas por la Administración dentro del plazo legalmente previsto, y que habrían podido ser estimadas ya que no concurren límites al acceso.

- En cuanto a las resoluciones desestimatorias, en su gran mayoría no contienen una adecuada justificación de la ponderación realizada y de la aplicación del límite al caso concreto, simplemente invocan este límite. Basta con que una información esté relacionada, por ejemplo, con la seguridad pública para excluirla del acceso, sin que se justifique razonadamente y explícitamente en la resolución que del acceso que se solicita se deriva directamente un perjuicio cierto de aquel bien jurídico merecedor de mejor protección, y que la limitación al acceso que en consecuencia se resuelve aplicar es la mínima y estrictamente necesaria para preservarlo.

- De todos los límites al acceso, el relativo a la protección de datos personales es el mayoritariamente invocado por parte de las Administraciones catalanas. En la inmensa mayoría de los casos, sin embargo, la Administración simplemente justificó la desestimación por la sola presencia de datos personales en la documentación solicitada, o argumentando que no se ha producido el consentimiento al acceso de la persona afectada.

Hay que recordar que el consentimiento sólo se requiere en caso de datos especialmente protegidos (art. 23 LTAIPBG), mientras que en relación con el resto de datos personales corresponde a la Administración ponderar si debe ser prevalente el derecho de acceso a la información, aplicando los criterios establecidos por la legislación de transparencia y del principio de calidad de datos (art. 4 LOPD), y en la gran mayoría de los casos esta ponderación no se realiza o, al menos, no se recoge y motiva en las resoluciones administrativas de las solicitudes de acceso.

- Por otra parte, en más de un 80%, las reclamaciones contra desestimaciones de acceso basadas en la protección de datos personales se han resuelto por la CGAIP estimando el derecho de acceso, total o parcialmente, y cuenta con la conformidad de la Autoridad de Catalana de Protección de Datos (APDCAT) manifestada en el informe que, según lo previsto en la legislación catalana de transparencia, emite preceptivamente en el marco de la tramitación de una reclamación cuando la desestimación del acceso se ha fundamentado en la protección de datos personales.

- Las administraciones públicas contra las que se presentan reclamaciones no siempre colaboran con la CGAIP, aportando la documentación que le requiere para fundamentar sus resoluciones.

- La CGAIP tiene atribuida la competencia para instar la incoación de expedientes sancionadores, no para instruir procedimientos.

- Lo cierto es, sin embargo, que después de la comunicación de los requerimientos de ejecución la mayor parte de las resoluciones se cumplen.

Es importante, a la vez que interesante la suma de casos y expedientes que van configurando un cuerpo doctrinal que va a contribuir a la consolidación, la garantía y la difusión del derecho de acceso a la información pública en el ámbito autonómico.

5.- Navarra. Actividad del Consejo de Transparencia de la Comunidad Foral. (CTNv)

La población de la Comunidad Foral a 1 de junio de 2020 es de 657.205 habitantes. El Consejo como órgano colegiado de garantía, se creó por Ley Foral 5/2016, de 28 de abril, que modificó la Ley Foral 11/2012, de 21 de junio. Ni la persona titular de la presidencia ni ninguno de los 12 miembros del CTNv tiene retribución. La ratio de reclamaciones por cada 100.000 habitantes es de 6,9 reclamaciones en el año 2020 último con datos; (la media nacional: 8,2 reclamaciones)

5.1 Actividad del CTNv en los años de funcionamiento. 2017 a 2020

Tras el Decreto Foral 7/2017, de 1 de febrero, por el que se nombró a la presidenta (Pilar Yoldi López hasta el 30 de agosto de 2017 que renuncia y desde abril de 2018 nombrado presidente Juan Luis Beltrán Aguirre) y a los miembros del Consejo; se constituyó y empezó a funcionar el 13 de marzo de 2017. Por tanto, la actividad del CTNv en su primer año de vida se ha reducido a algo menos de diez meses. No ha sido dotado con personal alguno, ni de presupuesto, depende del Servicio de Gobierno Abierto de la Dirección General de Presidencia.

EVOLUCIÓN DE LOS DATOS 2017-2020	Reclamaciones	Resoluciones	Recursos
AÑO 2017	15	15	
AÑO 2018	35	25	
AÑO 2019	33	37	1
AÑO 2020	46	40	
TOTAL	**129**	**117**	**1**

*Cuadros y gráficos elaboración propia en base a las Memorias del Consejo

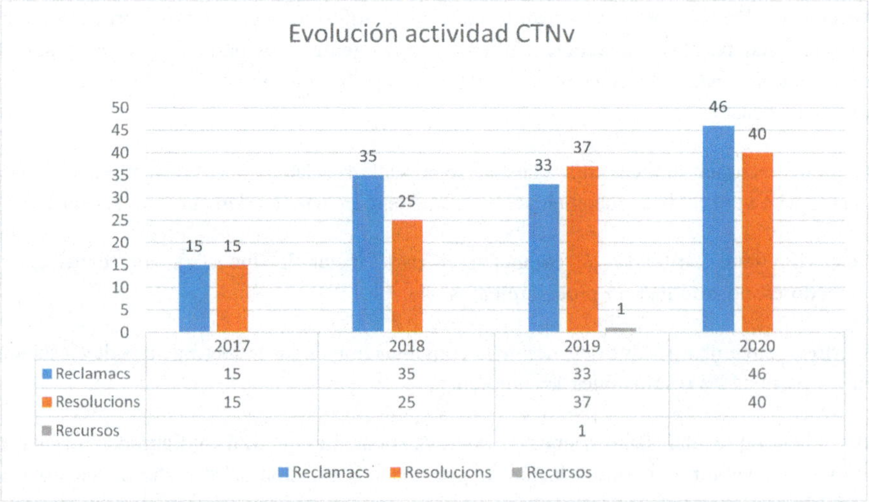

Los datos de las Memorias 2017 a 2020 utilizadas para la elaboración y análisis de la actividad del Consejo de Transparencia de Navarra, no se corresponden con los datos que aparecen en la Web del Gobierno de Navarra donde se incardina el Consejo:
Año 2017: 89 solicitudes y 86 resueltas.
Año 2018: 163 solicitudes y 160 resoluciones.
Año 2019: 325 solicitudes de información y 321 resueltas
Año 2020: 477 y 474
Año 2021: 448 y 433
Año 2022: 305 y 258 resueltas (última consulta 31 agosto 2022)

5.1.1. Reclamaciones

Durante el año 2017 se han presentado ante el CTNv un total de 15 reclamaciones en materia de acceso a la información pública, en todos los casos ha resuelto sin agotar el plazo de los tres meses y durante el mes de julio mayor número de reclamaciones se presentaron, alcanzándose el 46 % del total de reclamaciones presentadas en el año. Durante el año 2018 se han presentado un total de 35, 25 resueltas sin agotar el plazo de los tres meses, el 72 % de las reclamaciones planteadas en menos de 2 meses; quedando, a final de año, pendiente de resolución 10 reclamaciones.

Bajando a un total de 33 reclamaciones presentadas el año 2019, en el primer semestre del año se alcanzó el 54,5 % del total de reclamaciones interpuestas (18) y en el segundo semestre un total de 15 reclamaciones, que suponen el 45,5 % de las presentadas. Resolviéndose 37, 10 de ellas se correspondían con reclamaciones presentadas en 2018, 27 se presentaron en 2019 quedando, a 31 de diciembre de 2019, pendientes de resolución 6 reclamaciones. En todos los casos a excepción de uno de ellos, sin agotar el plazo máximo de tres meses. El tiempo medio de tramitación ha sido de 44 días Ha resuelto el 92% de las reclamaciones planteadas en menos de 2 meses. Índice que se mejora notablemente respecto al planteado en 2018 que fueron el 72 % de las reclamaciones planteadas en ese ejercicio. Por el contrario, en un caso, el CTNv se excedió del plazo de tres meses, si bien, en este supuesto fue preciso abrir el trámite de subsanación de la reclamación, por lo que la actuación del Consejo se ajustó al ámbito temporal para resolver establecido en la Ley Foral 5/2018.

A pesar de la situación de crisis sanitaria ocasionada por el Covid-19, en el año 2020, el CTNv informa en su Memoria que ha considerado indispensable para la protección del interés general y para el funcionamiento de los servicios básicos, continuar con el procedimiento de las reclamaciones planteadas por los ciudadanos en ejercicio de su derecho de acceso a la información pública, que se conecta con lo dispuesto en el artículo 105 b) de la Constitución, recibiendo 46 reclamaciones.
En el primer semestre del año se recibieron un total de 10 reclamaciones, alcanzándose el 22 % del total de reclamaciones interpuestas, y en el segundo semestre un total de 36 reclamaciones, que suponen el 78 % de las presentadas en este año 2020. Resuelve 40 reclamaciones resueltas, 6 de ellas se correspondían con reclamaciones presentadas en 2019, 34 con las presentadas en 2020, quedando, a 31 de diciembre de 2020, pendientes de resolución 12 reclamaciones. Y ha resuelto las reclamaciones presentadas, el 62,5 % de las reclamaciones en menos de 2 meses en todos los casos, salvo 2.
Cabe constatar un incremento en el plazo utilizado por el Consejo para resolver en este año 2020 respecto de los años 2019 y 2018, si bien, hay que tener en cuenta la incidencia que sobre el plazo de

resolución ha supuesto no sólo el incremento de reclamaciones presentadas y resueltas, sino también la suspensión del cómputo de los plazos establecido a consecuencia del estado de alarma declarado por Real Decreto 463/2020, de 14 de marzo, aunque el CTNv continuó tramitando e instruyendo las actuaciones que del mismo dependían.

Atendiendo a la tipología del sujeto que ha presentado la reclamación, destacan las personas físicas frente a las jurídicas. En el primer año de funcionamiento ninguna de las 13 personas que formulan la reclamación era periodista.
En cuanto a las personas jurídicas que han presentado reclamaciones se mantiene es un número muy inferior (2 y 3 -un Sindicato, una asociación y una Sociedad Anónima en 2019-), que sube en el 2020 a 13 (han sido 8 las personas jurídicas que han presentado reclamaciones; y 8 de las reclamaciones, que representan 66% de las reclamaciones presentadas por personas jurídicas, han sido interpuestas por 3 de ellas, con 4, 2 y 2 reclamaciones respectivamente)

Por género, una mayoría de varones respecto de mujeres, (y ambos presentan normalmente más de una reclamación. Así, en el año 2018 de las 32 reclamaciones, el 72 % de las reclamaciones presentadas han sido interpuestas por solo 4 personas, con 11, 3, 2 y 2 reclamaciones respectivamente. Por tanto, el total de personas físicas que han presentado reclamaciones asciende a 17 personas. Esta vez, una de las personas que ha interpuesto reclamación ha manifestado su condición de periodista, siendo quien, además, ha interpuesto 11 reclamaciones.).

PERFIL DEL RECLAMANTE	**Persona Física**	Hombre		Mujer		**Persona Jurídica**	TOTAL
2017	13	9	69%	4	31%	2	**15**
2018	32	13	76%	4	24%	3	**35**
2019	30	17	87%	3	13%	3	**33**
2020	33	30	87%	6	13%	13	**46**
Total	**108**					**21**	**129**

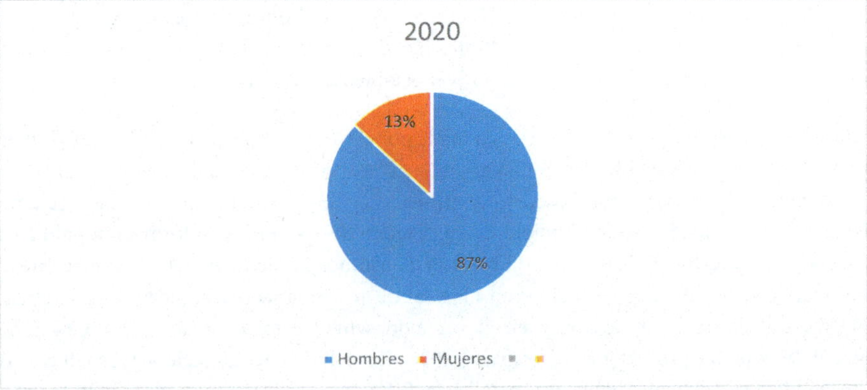

Se mantiene la línea en los dos siguientes años, en 2019, donde 14 de ellas que representan el 53 % de las reclamaciones presentadas han sido interpuestas por solo 6 personas, con 2, 3, 4, 3, 2 y 2 reclamaciones respectivamente. Así, en 2020 el total de personas físicas que han presentado reclamaciones asciende a 20 personas, 3 más que el ejercicio anterior y han sido un total de 30 hombres los que han presentado 29 reclamaciones, 5 de ellos 16 reclamaciones, otros 17 han interpuesto conjuntamente 1 reclamación y 6 mujeres que han presentado 4 reclamaciones, 2 de ellas han interpuesto conjuntamente una reclamación.

Si bien 33 reclamaciones han sido presentadas por personas físicas en 2020, destacar que 16 de ellas han sido interpuestas por solo 5 personas, con 6, 3, 3, 2 y 2 reclamaciones respectivamente. Por otra parte, son varias las reclamaciones que han sido interpuestas por más de una persona, de la que cabe destacar 1 reclamación que ha sido presentada por 17 personas, otra por 5 personas y una tercera por otras 2 personas.

Se repite cada año el que la mayoría de las reclamaciones presentadas tienen como sujeto pasivo de las mismas a una Administración Local o a la Administración de la Comunidad Foral de Navarra. Observamos que la línea histórica de reclamaciones se ha presentado principalmente, frente a los Departamentos de la Administración de la Comunidad Foral (Desarrollo Rural, Función Pública y los últimos dos años en el servicio de Salud), Ayuntamientos, otras entidades Locales, Colegios Profesionales y otras Instituciones (Cámara de Cuentas, Concejos)

Tipo de Administración RECLAMADA	2017	%	2018	%	2019	%	2020	%
Administración Foral de Navarra	**5**	(33%)	**12**	(34%)	**13**	(39%)	**19**	(41%)
• Desarrollo Rural, MedioA	2		3		2		4	
• Hacienda Tributaria	1		4		1		2	
• Presidencia, F. Púb, Interior y Justicia	1				4		3	
• Desarrollo Económico	1		3				1	
• Educación					1		5	
• Salud			2		2		4	
• Derechos sociales					2			
Administración Local	**9**	(60%)	**19**	(54%)	**18**	(55%)	**22**	(48%)
• Ayuntamiento	7		13		14		20	
• Otro ente local	2		6		4		2	
Universidad (Oviedo)	1	(7%)			1	(3%)	4 Navarra	(9%)
Colegio profesional (enfermería y abogados)			2	(6%)				
Cámara Cuentas			2	(6%)	1	(3%)		
Asociación TEDER							1	(2%)

En cuanto a las materias sobre las que se solicita la información, en un primer momento son asuntos económicos, presupuestos, en los siguientes años se incluyen otras materias recurrentes como el empleo y los procesos selectivos donde se centran la mayoría de las reclamaciones.

MATERIAS	2017	2018	2019	2020	
Información institucional, organizativa	0	1	3	1	
Información jurídica	1	0	0	3	

Contratos, convenios	3	3	**4**	1	
Empleo/ procesos selectivos		**6**	**5**	**6**	
Empleo/ Retrib/RPT		1	0	1	
Empleo/ Otros		1	3	2	
Subvenciones, ayudas	1		0	0	
Presupuestos, gastos	4		2	**4**	
Estadística			2	0	
Retribuciones	0			0	
Medio Ambiente				3	
Obra Pública			1	**6**	
Ordenación territorio			2	2	
Otra Información	6	13	11	17	
TOTAL	**15**	**25**	**33**	**46**	

Mayoritariamente las causas que motivan la reclamación son el silencio (en 2017 10 casos, la falta de respuesta de la Administración, en otros 4, la reclamación se interpuso ante la desestimación de otras tantas solicitudes de acceso a información pública y en 1 caso, la inadmisión de una solicitud), (en 2018 14, en 2019 son 19 casos de silencio, va aumentando cada año hasta los 24 del 2020).

MOTIVOS de la Reclamación	Reclamaciones							
	2017		**2018**		**2019**		**2020**	
*Reclamación contra **silencio administrativo***	10	66,6%	14	56%	19	57,57%	27	67,5%
Reclamación contra inadmisión	1		4		2		1	
Reclamación contra desestimación	4		2		7		13	
Estimación parcial			2		2		1	
Disconformidad			3		3			
*Otros **							**1**	
TOTAL	**15**		**25**		**33**		**40**	

*Otros: Escrito que no presenta solicitud y omite subsanación

El silencio administrativo ha motivado el 59% de las reclamaciones.

En 27 casos en el año 2020, fue el silencio el que motivó la presentación de la reclamación; en 13 casos la reclamación se interpuso ante la desestimación de otras tantas solicitudes de acceso a información pública; en 1 caso la inadmisión de la solicitud motivó la interposición de las reclamaciones; en 1 caso fue la estimación parcial de la solicitud; en 1 caso la disconformidad ante la resolución adoptada motivó la presentación de la reclamación ante el CTNv y en otros 3 casos se interpuso reclamación sin que previamente se hubiera iniciado un procedimiento de acceso a información pública.

5.1.2. Resoluciones

En diez de las quince ocasiones en las que el CTNv se ha pronunciado en 2017, lo ha hecho facilitando a la ciudadanía el acceso a la información deseada. En cuatro casos, el Consejo ha inadmitido la reclamación y sólo en un caso la ha desestimado.

También en los años siguientes es el silencio la causa que motiva la presentación de la reclamación, y también en (2018 catorce casos) gran número de ellas ha visto satisfecho su derecho de acceso a la información pública, obteniendo la información solicitada, bien con el acuerdo estimatorio del CTNv, bien porque durante la tramitación de la reclamación, la Administración ha puesto a disposición del reclamante la información solicitada, provocando en algún caso el Archivo de la reclamación por desistimiento del reclamante al haber obtenido la información solicitada, (en 2020 diecinueve estimadas); no así en 2019 que el número de casos estimados baja a 4, subiendo las inadmitidas a 10. En 2 supuestos del 2018, el Consejo se ha visto obligado a inadmitir la reclamación por carecer de competencia para revisar los actos en materia de acceso a la información pública adoptados por la Cámara de Cuentas Navarra.

SENTIDO DE LAS RESOLUCIONES, por año 2017-2020				
	2017	**2018**	**2019**	**2020**
Estimación	8	14	6 (2)	19
Estimación parcial	2	1	(1)	6
Desestimación	1	3	6	2
Inadmisión	4	2	10 (1)	2
Archivo		5	3 (2)	6
Inadmisión/ Desestimación			2	4
TOTAL	**15**	**25**	**33**	**40**

*En rojo se destaca el sentido de los acuerdos adoptados por el Consejo respecto de las reclamaciones presentadas en 2019 y que quedaron pendientes de resolver a 31 de diciembre de 2019.

Vemos en 2019 como se ha estimado totalmente la reclamación en 8 ocasiones. En una de ellas se ha ordenado derivar la solicitud a la Entidad en la que obraba la información solicitada. En los 9 casos en los que el CTNv se ha pronunciado inadmitiendo la reclamación, en 6 casos se ha debido a que la solicitud original no constituía una solicitud del derecho de acceso a información pública tratándose de la formulación de 4 consultas y en 2 casos se pretendía que la Administración realizara una concreta actuación administrativa. Los 3 casos restantes se correspondían con la falta de competencia del Consejo, la inexistencia previa de la información que requería una labor de reelaboración y con la interposición extemporánea de una de las reclamaciones.

En treinta y uno de los cuarenta casos resueltos en 2020, los reclamantes han visto satisfecho total o en parte su derecho de acceso a la información solicitada y, en veintiuno de los veinticuatro casos resueltos, en los que el silencio ha sido la causa que motivó la presentación de la reclamación, la persona que planteó la reclamación ha visto, en este ejercicio, satisfecho su derecho de acceso a la información pública.

5.1.3 Recursos

Ninguno de los acuerdos o Resoluciones adoptados en el año 2018 por el CTNv han sido objeto de impugnación. En todos los casos, los acuerdos que resolvían las reclamaciones se han cumplido debidamente.

Tampoco ha sido necesario instar la incoación de procedimiento sancionador o disciplinario ninguno dada la colaboración prestada por parte de todas las Administraciones implicadas.

Si uno de los Acuerdos adoptados en el año 2019 ha sido objeto de impugnación ante la jurisdicción contencioso-administrativa. Se trata del Acuerdo AR 25/2019, de 3 de julio, por el que se resuelve una reclamación presentada ante el Departamento de Educación, en relación con la solicitud de información pública relativa a las calificaciones obtenidas en la Evaluación para el Acceso a la Universidad (EvAU) en la especialidad, nota media por asignatura y centro. Ante la interposición del citado recurso contencioso-administrativo sustanciado en el Procedimiento Ordinario n.º 319/2019, el Consejo de Transparencia de Navarra, en sesión de 10 de octubre de 2019, acordó: Ratificar las actuaciones del Presidente del Consejo.
El 12 de febrero de 2020, la Sala de lo Contencioso-administrativo del Tribunal Superior de Justicia de Navarra, dicta sentencia por la que inadmite el recurso contencioso-administrativo interpuesto por la Administración de la Comunidad Foral de Navarra, contra el referido Acuerdo AR 25/2019, 3 de julio. La Administración de la Comunidad Foral de Navarra acepta la sentencia y el Departamento de Educación ejecuta el Acuerdo AR 25/2.019, 3 de julio.

En el resto de las reclamaciones resueltas por el Consejo, los Acuerdos que las resolvían se han cumplido debidamente por las Administraciones o entidades implicadas.

5.1.4. Ejecución

Solamente en uno de los casos planteados ante el Consejo, éste se ha visto en la obligación de requerir expresamente a la Administración (una Mancomunidad) el cumplimiento efectivo del acuerdo por el que se resolvía la reclamación, situación de incumplimiento que persiste ya que el CTNv no tiene potestad sancionadora hasta la nueva Ley Foral 5/2018, de 17 de mayo, de Transparencia, acceso a la información pública y buen gobierno, que incorpora un artículo (artículo 69) destinado al "Cumplimiento de los actos y resoluciones del Consejo de Transparencia de Navarra" y atribuye a éste la capacidad de imponer multas coercitivas a las administraciones o entidades, a las autoridades, a los empleados públicos o a los particulares que incumplan los actos o resoluciones del Consejo, pudiendo reiterar la multa cada diez días hasta el cumplimiento íntegro de lo mandado.

A lo largo del año 2019 y del 2020 no ha sido necesario imponer multas coercitivas ni instar la incoación de procedimiento sancionador o disciplinario alguno, dada la colaboración prestada por parte de todas las Administraciones y entidades implicadas.

5.2 Conclusiones

El derecho de acceso después de años, es un derecho poco conocido y, poco ejercido por la ciudadanía de Navarra, ni siquiera por periodistas, con una población de la Comunidad Foral a 1 de junio de 2020 es de 657.205 habitantes, la ratio de reclamaciones por cada 100.000 habitantes es de 6,9 reclamaciones en el año 2020 último con datos. Hay un mantenimiento de reclamaciones, entre 30-40 cada año, cifras muy poco significativas.

- Observamos que en la línea histórica de reclamaciones destacan las personas físicas frente a las jurídicas, y los hombres frente a las mujeres.

- El mismo reclamante presenta varias reclamaciones (ej.: en 2018 once de las 35 reclamaciones fueron presentadas por el mismo reclamante)

- Las solicitudes de acceso en gran parte tenían por objeto conocer las bolsas de trabajo en las consejerías, las retribuciones o dietas del personal directivo o eventual de las administraciones, publicidad activa; y en cuanto a las solicitudes en ayuntamientos las materias son actuaciones urbanísticas, contratos menores, procedimientos de selección de personal.

- La ausencia de respuesta a la solicitud de información –silencio administrativo del órgano responsable de suministrar la información, es el motivo principal de reclamación.

- En un gran número de reclamaciones el ciudadano, ha visto satisfecho su derecho de acceso a la información pública, obteniendo la información solicitada, bien con el acuerdo estimatorio del CTNv, bien porque durante la tramitación de la reclamación, la Administración ha puesto a disposición del reclamante la información solicitada.

- También el grado de inadmisión es alto bien por la falta de competencia del Consejo, la inexistencia previa de la información que requería una labor de reelaboración o con la interposición extemporánea de las reclamaciones.

- De esas 129 reclamaciones en cuatro años, se han resuelto 117 y además en plazo, pero con una composición de miembros en el CTNv sin retribuir y sin dedicación exclusiva, es muy difícil que se traslade y se conozca de su trabajo e incluso de su existencia a la ciudadanía.

6.- Valencia. Actividad del Consejo de Transparencia, Acceso a la Información y Buen Gobierno de la Comunidad Valenciana (CTVa)

La comisión ejecutiva del CTVa está constituida por el presidente y 4 vocales (igual al número de grupos parlamentarios con representación en las Cortes (5). La condición de miembro no exige dedicación exclusiva ni remuneración, con la excepción de la percepción de dietas e indemnizaciones, asignaciones económicas claramente insuficientes. Dispone de oficina de apoyo administrativo y jurídico (4 personas), oficina adscrita a la Dirección General de Transparencia de la Consejería de Participación. La comisión consultiva está pendiente de constituir. –La nueva Ley 1/2022, de 13 de abril, de la Generalitat, de Transparencia y Buen Gobierno de la Comunitat Valenciana aprobada modifica la composición suprimiendo la Comisión consultiva, pero hasta que no finalice el mandato actual no cambia nada-. No tiene partida presupuestaria hasta 2017 con 90.000€ a 2020 en que el Consejo dispone de una partida de 100.000 €.
La población de la Comunidad Valenciana a 1 de enero de 2020 es de 5.057.353 de habitantes con una ratio de 4,8 reclamaciones por cada 100.000 habitantes.

6.1 Balance de actividad anual 2016 a 2020

No se constituye hasta finales de diciembre de 2015, con el nombramiento de sus miembros (4). Desde la redacción de su primera memoria se exponen cuestiones que plantean dificultades para el buen funcionamiento del Consejo, y es que, aunque reconoce la apuesta importante por la transparencia que hace la Ley 2/2015, plantea que el diseño institucional por el que se opta respecto al órgano de control no es el más adecuado para ello.

El problema es que la Ley atribuye al Consejo de Transparencia un gran número de responsabilidades (15 en el art. 42), mientras que el diseño orgánico y funcional del CTVa dificulta la posibilidad de cumplirlas adecuadamente, ya que no es un órgano fuerte con plena independencia funcional, orgánica y presupuestaria, ni cuenta con los medios humanos y materiales suficientes; de manera que se corre el riesgo de que muchas de las funciones acaben siendo puramente nominales y otras no podrán afrontarse en términos razonables.

6.1.1 Reclamaciones

Durante el año 2015 se reciben 28 reclamaciones que se suman a las 118 del 2016, aunque quedarán pendientes de resolver 91. En 2017 un total de 174 que aumenta hasta los 200 en 2018, en que se van resolviendo expedientes pendientes de años anteriores hasta un total de 176. De las 200 reclamaciones, 99 quedarán sin resolver. Igualmente, en 2019 de las 210 reclamaciones se resuelven 167 expedientes la mayoría abiertos en años anteriores; 96 quedarán sin resolver, siendo pocas más hasta un total de 255 reclamaciones y 182 resoluciones correspondientes a expedientes abiertos durante los años 2019 y 2020.
Anualmente el CTVa elabora diferentes informes sobre consultas planteadas por las administraciones públicas valencianas y por entidades sujetas a la ley (sobre interpretación de la ley en materia de transparencia). E igualmente informes preceptivos sobre proyectos de ley.

EVOLUCIÓN DE LOS DATOS	Reclamaciones	Resoluciones	Pendientes	Recursos
AÑO 2015-2016	28+ 118	**25**	91	
AÑO 2017	174	**94**	80	2
AÑO 2018	200	**176**	99	5
AÑO 2019	210	**167**	96	4
AÑO 2020	255	**182**	63	3
TOTAL	**985**	**644**	**429**	**14**

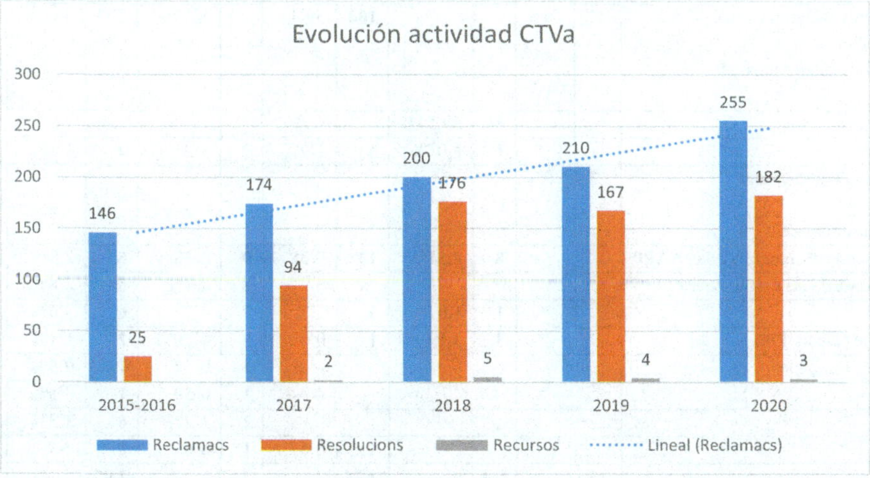

Mayoritariamente son personas físicas y hombres los que se dirigen al Consejo, así un 67% de las reclamaciones han sido interpuestas en el 2016 por personas físicas y el 33% por asociaciones, sindicatos, grupos políticos municipales en mayor número todos y cada uno de los años siguientes, seguido de colegios profesionales y sociedades mercantiles. Línea que se seguirá durante todos los años, tal que el último estudiado 2020 se sitúa en el 78% de las reclamaciones resueltas son interpuestas por personas físicas y el 20,36% restante corresponde a personas jurídicas.

PERFIL DEL RECLAMANTE	Persona Física		Hombre		Mujer		Persona Jurídica		TOTAL
2016	16	67%	11	68,75%	5	31,25%	8	33%	**25**
2017	79	84,04%	45	56,96%	34	43,04%	15	15,96%	**94**
2018	141	80'11%	103	73'05%	35	24'82%	35	19'89%	**176**
2019	133	79,64%	101	75'94%	32	24'06%	34	20'36%	**167**
2020	142	78%	108	76 %	34	24%	40	22%	**182**

Las entidades y organismos contra las que se reclama son en un número mayor contra Administraciones locales de la Comunidad Autónoma, se interponen un 60,64% del total de reclamaciones (el 59,57% contra Ayuntamientos y el 1,07% contra Diputaciones). Un 26,59% corresponden a reclamaciones dirigidas a los diferentes departamentos del Consejo de la Generalitat. El 12,77% restante han sido contra otras entidades públicas (entidades del sector público instrumental

de la Generalitat, instituciones estatutarias de la Generalitat, universidades, corporaciones de derecho público).
En el 2018 continúa el mismo porcentaje, un 60’8% van ser interpuestas contra administraciones locales. Dos puntos más, un 28’98% reclamaciones dirigidas al Gobierno de la Generalitat. El 10,22% restante a otras entidades públicas.

ADMINISTRACIÓN	2016		2017		2018		2019		2020	
Consejerías del Gobierno Regional	5	22%	25	26,59%	51	28’9%	45	26,94%	51	28 %
Ayuntamientos y Diputaciones Mancomunidades, Federación de municipios y provincias	12	49%			104	59’1	89	53,3%	103	56,6 %
Ayuntamientos			56	59,57%						
Diputaciones			1	1,07%	3	1’7%	2	1’2%	2	1’1%
Sector Público Instituciones Universidades Corporaciones públicas	7	29%								
Sector Público instrumental de las AAPP			8	8,51%	13	7’38%	9	5’38%	5	2,8%
Entidades concertadas con la AAPP							2	2’1%	5	2’8%
Universidades			1	1,07	3	1’7	7	4’2	6	3’3%
Corporaciones Dcho. Pb.			3	3,19	1	0’57	8	4’79%	2	1’1%
Asociaciones/Entidades							1	0’57	1	0’5%
Federaciones							1	0’59	1	0’5%
Consorcios							2	1’2%	6	3’3%
Cortes					1	0’57	1	0’6	0	
TOTAL	25		94		176		167		182	

Se mantiene el número en el año 2019 y 2020, contra entidades locales un 54,5 % de las reclamaciones, el 26,94 % dirigidas a los diferentes departamentos y consejerías del gobierno y el restante 18,56 % frente a entidades del sector público, estatutarias de la Generalitat, las Cortes, universidades, corporaciones, etc.
Del total de reclamaciones resueltas en el 2020, un 57,7 % se interponen contra entidades locales (el 56,6 %, contra Ayuntamientos y mancomunidades, y el 1,1% contra diputaciones). Un 28 % corresponden a reclamaciones dirigidas a los departamentos del Consejo de la Gobierno. El 14,3% restante contra entidades del sector público instrumental e instituciones estatutarias de la Generalitat, las Cortes, universidades, corporaciones de derecho público, etc.

En cuanto al objeto de las reclamaciones en los dos primeros años de funcionamiento fueron sobre las subvenciones concedidas a Asociaciones, sobre licencias de actividad o permisos, procesos selectivos, bolsas de trabajo de los Ayuntamientos, y en los años siguientes se reclama sobre contratos, inspecciones sanitarias, urbanismo, agua potable.

MATERIAS Reclamaciones	2015-2016	2017	2018	2019	2020
Información institucional, organizativa	1	1	1	1	
Buen Gobierno		5	10	9	9
Contratos, convenios		2	9	10	23
Empleo Público / procesos selectivos		11	21	11	12

Empleo/ Retribuciones/RPT		2	7	8	11
Empleo/ Otros		2	4	0	7
Subvenciones, ayudas		3	1	0	2
Economía Presupuestos, gastos			9		9
Funcionamiento de la Administración		8	7	0	3
Cultura y espectáculos		1	3	3	1
Información Jurídica		3	25	48	38
Información Municipal		5	11	17	40
Información Tributaria		2	3	1	2
Medio Ambiente		15	27	13	9
Ordenación del territorio. Obras Públicas y Urbanismo		6	23	17	27
Publicidad Activa		3	4	11	15
Sanidad		6	4	13	13
Servicios Sociales		2	7	2	8
Educación			10	15	5
Comercio			1	0	
Deporte		4	1	1	
Transparencia		10		15	20
Protección de Datos				2	1
Otra Información			12	1	
TOTAL	**28+118**	**174**	**200**	**210**	**255**

6.1.2 Resoluciones

El nivel de reclamaciones estimadas es alto, pero también las desestimadas e inadmitidas, siendo 25 reclamaciones resueltas en 2016 y la mitad de ellas estimadas, manteniéndose esta línea favorable al ciudadano en cada uno de los años, llegando en 2020 a estimar el 51% de ellas.

SENTIDO DE LA RESOLUCIÓN	**2016**		**2017**		**2018**		**2019**		**2020**	
Estimación	**10**	40%	**38**	40,42%	**50**	28,41%	**53**	31,7%	**62**	34,1%
Estimación parcial	**4**	16%	**12**	12,77%	**14**	7'95	**16**	9.5	**31**	17%
Desestimación	**3**	12%	**11**	11,70%	**22**	12.5	**14**	8,3	**11**	6
Inadmisión	**8**	32	**20**	21,28	**31**	17'61	**25**	14.9%	**15**	8,2
Inadmisión parcial					**2**	1,14%				
Desistimiento			**13**	13,83%	**9**	5'11	**7**	4,1%	**14**	7,7%
Pérdida del objeto					**46**	26,14	**52**	31,1%	**49**	27%
Declinación					**2**	1,74				
TOTAL	**25**		**94**		**176**		**167**		**182**	

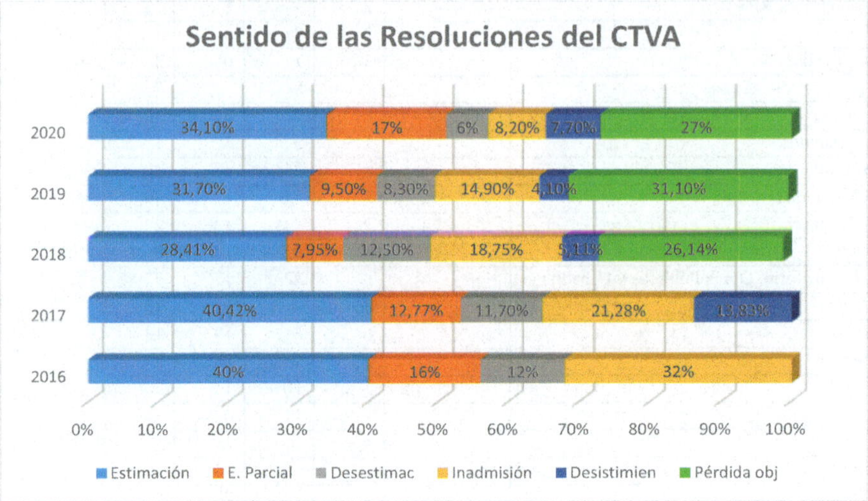

6.1.3 Recursos contencioso-administrativos

Durante el ejercicio 2017, se interponen dos recursos contenciosos administrativos contra las resoluciones del CTVa, por Ayuntamientos a los que se les reclama en un caso un contrato con una sociedad mercantil (resolución núm. 12/2017) y en otro las actas de plenos (resolución núm. 9/2017).

RECURSOS CONTENCIOSOS ADMINISTRATIVOS				
	2017	2018	2019	2020
Ayuntamientos	2	3	3	1
Empresa pública			1	1
Servicio de Salud		2		
Colegio profesional				1
TOTAL	**2**	**5**	**4**	**3**

Aumentarán en 2018, hasta cinco: 1) contra la resolución 71/2017 por la que se estima parcialmente una solicitud sobre obras de urbanización de un sector. 2) Recurso por parte de la persona tercera interesada, (resolución núm. 79/2017 que estima una solicitud de puesto de director de Gestión Sanitaria), 3) Recurso contra la Resolución 28/2018 por la que se declara la desaparición sobrevenida del objeto respecto a la solicitud de copia del decreto por el que se aumenta al 100% la jornada laboral de una trabajadora del Ayuntamiento y la certificación de la contratación. 4) Recurso contra la Resolución 49/2018 por la cual es desestimada una reclamación relativa a contratos de gestión de servicios públicos en el ámbito sanitario, suscritos por la Generalitat. 5) Recurso interpuesto por el Ayuntamiento de Riba-roja de Túria contra la Resolución 74/2018 per la que se estima una reclamación presentada per un grupo político sobre información relativa a actividades municipales.

Durante 2019, cuatro recursos que, excepto uno de ellos, son interpuestos por Ayuntamientos de la CCAA. El 1) Por el Ayuntamiento de Benidorm contra la Resolución 169/2018, por la que se estima una solicitud de lista de comercios en los que figuren presuntas irregularidades en el estado de su licencia de apertura. El 2) Recurso del Ayuntamiento de Malferit contra el Acuerdo 3/2018, por el que se insta a ese Ayuntamiento a la incoación de un procedimiento sancionador. Finalmente desiste del recurso. 3) Recurso esta vez interpuesto por Gestión y Servicios de Paterna, S.L.U. contra la Resolución 18/2019, por la cual se estima una solicitud de acceso a las actas del Consejo de Administración. 4) Recurso por el Ayuntamiento de Malferit contra la Resolución 65/2019, que estima una solicitud de acceso a expedientes sobre los recursos contenciosos contra el mismo. El Ayuntamiento desiste finalmente del recurso contencioso.

Hay que destacar que el TSJ da la razón al Consejo: en la Sentencia del Tribunal Superior de Justicia de la CCAA Valenciana, de 06.11.2019, que desestima el recurso de apelación interpuesto por el Ayuntamiento de Malferit contra la Sentencia núm. 106/2018 dictada por el Juzgado de lo Contencioso Administrativo núm. 6 de Valencia, que desestimaba íntegramente el recurso contencioso administrativo núm. 182/2017 interpuesto por ese Ayuntamiento contra la Resolución, de 23.02.2017, del Consejo de Transparencia.

Por otro lado, el Juzgado de lo Contencioso Administrativo núm. 4 dicta Sentencia el día 27.03.2019, que desestima el contencioso interpuesto contra la Resolución del Consejo de Transparencia, de 02.11.2017, estimando la reclamación presentada contra la Consejería de Sanidad, que confirma la resolución reclamada.

Se interponen tres recursos contenciosos en el año 2020, contra las resoluciones del CTVa: 1) Recurso por el Ayuntamiento de Alicante contra la Resolución 81/2019, estimatoria de reclamación por la denegación de respuesta a solicitud al Ayuntamiento de datos personales (expediente 165/2018). En este caso se va a remitir el expediente al TSJ, 06/02/2020, y está pendiente de resolver.
2) Recurso del Colegio Notarial contra la Resolución 34/2020, que estima una denuncia por incumplimiento del deber de publicidad activa del Colegio (expediente 99/2019). Se remite también al TSJ el día 17/07/2020, y se encuentra pendiente. 3) Recurso por la Empresa Municipal de Transportes de Valencia (EMT) contra la Resolución 74/2020, de 19/05/2020, parcialmente estimatoria de la reclamación per la cual se insta a la EMT al entregar diversa documentación a los reclamantes (expediente 170/2019). También está el expediente en el TSJ, pendiente de resolución.

6.2 Conclusiones

Con una población de 5.057.353 y la ratio de reclamaciones por cada 100.000 habitantes en 4,8 en el último año 2020 supone un escaso número de solicitudes de información pública computadas, en mi opinión, se debe a un conocimiento todavía reducido por parte de los ciudadanos del alcance del derecho de acceso a la información pública.

- A pesar de ser el órgano autonómico de todos los existentes con más funciones, -y de que se esperaría por ello un órgano fuerte en cuanto a plena independencia funcional, orgánica y presupuestaria, así como que estuviera dotado de medios materiales y humanos suficientes para su funcionamiento-, lo cierto es que cuenta con un diseño inadecuado para poder ejercitarlas, quedando muchas de ellas siendo puramente nominales, pero sin poder objetivamente cumplirlas en términos razonables.

- Su vinculación directa en su composición igual al número de grupos parlamentarios con representación en las Cortes en lugar de reforzar la idea de independencia, genera en mi opinión, la impresión de que se trata de una correa de transmisión de los partidos políticos.

- La no exigencia de dedicación exclusiva ni derecho a remuneración, no compensa en ningún caso el grado de especialización y de dedicación que exige el CTVa, en cuanto a la eficacia en la actividad que tiene que realizar el consejo

- En materia de presupuesto –cuestión esta susceptible de dar una idea de la infraestructura y el personal puesto a disposición de los distintos consejos de transparencia para cumplir sus funciones–, el Consejo estatal maneja un presupuesto anual de 2.9 millones con menos funciones y menos administraciones que controlar; el de Andalucía comenzó con 1.2 millón; el Comisionado canario cuenta con medio millón de euros. En el caso de la Comunidad Valenciana no hay partida presupuestaria asignada al Consejo hasta dos años después de crearse, lo que igualmente dificulta su eficiencia.

- Los retrasos ocasionados por la falta de recursos son evidenciados desde la primera Memoria redactada por el CTVa, continúan siendo insuficientes tanto los recursos humanos como los medios materiales de los que dispone la Oficina de apoyo al Consejo, sobre todo por la falta de personal técnico y jurídico para poder cumplir todas las funciones que tanto la Ley 2/2015 como el Decreto 105/2017 atribuyen al mismo.

- En los casos en que se produce resolución expresa, se dicta fuera de plazo en la mayoría de los casos, por esa falta de recursos.

- La finalización de reclamaciones por pérdida sobrevenida de su objeto va tomando fuerza como forma de finalización, llegando en 2019 a representar un 31,1% del total de resoluciones (52 de 167); la estimación ha oscilado entre un 31% y un 40% del total de resoluciones, permaneciendo variable a lo largo de los años.

Cuestiones transcendentales como la dependencia orgánica, la personalidad jurídica, el número de consejeros y su dedicación deberían abordarse en las futuras reformas. Una vez más no se entiende que un órgano con estas funciones, tenga que depender de una Consejería a la que tiene que controlar, en lo que se refiere a su organización. La independencia funcional aconsejaría que el Consejo de Transparencia pudiera organizar su Oficina de apoyo, la organización y asistencia de sus miembros que deberían ser retribuidos para un buen funcionamiento, todo ello con un presupuesto real.

7.- País Vasco. Actividad de la Comisión de Acceso a la Información Pública. (CVAIP)

Se crea la Comisión Vasca de Acceso a la Información Pública, como órgano colegiado de carácter independiente, para el control de la transparencia y, en particular, para conocer de las reclamaciones que, con carácter potestativo y previo a la jurisdicción contencioso-administrativa, se interpongan frente a toda resolución denegatoria, expresa o presunta, en materia de acceso por la ciudadanía a la información pública, dictada por las Administraciones públicas vascas de su ámbito de actuación.
La persona titular de la presidencia es el Director General de la materia y los dos vocales funcionarios designados por él. Su población en 2020 es de 2.189.372 personas.

7.1 Balance de la actividad en los años 2017 a 2020

7.1.1 Reclamaciones

Las Reclamaciones recibidas han sido 324. En el siguiente cuadro se recoge la evolución de las reclamaciones atendidas, que refleja el crecimiento exponencial que se ha ido produciendo desde el año 2016 hasta el 2018, con un pequeño descenso en el ejercicio 2019, de nuevo un aumento en el 2020 (y de mayor intensidad en el 2021).

EVOLUCIÓN DE LOS DATOS	Reclamaciones	Recursos	Resoluciones
AÑO 2016	2		2
AÑO 2017	33		33
AÑO 2018	100		100
AÑO 2019	84	5	84
AÑO 2020	105	1	105
2021	129	1	129
TOTAL	**324**	**6**	**324**

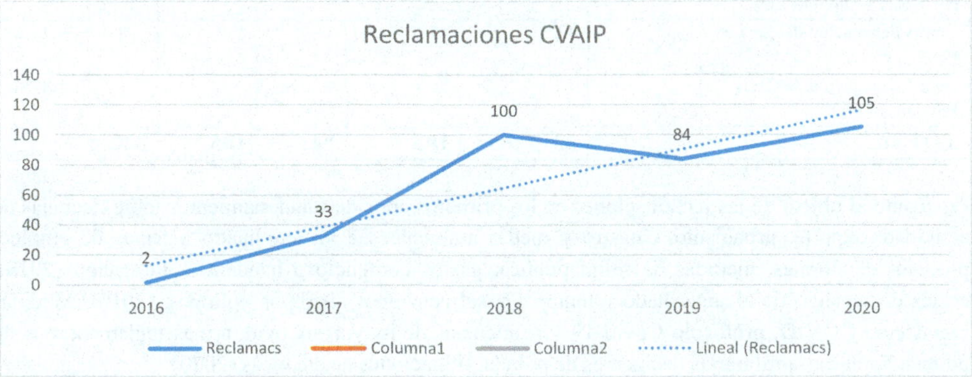

En cuanto al perfil, el 68% de las personas reclamantes a lo largo de todo el periodo 2016-2020 han sido hombres, representando solo el 13% las mujeres que reclaman y el 19 % las personas jurídicas. No existen prácticamente reclamaciones de personas jurídicas hasta el año 2020 y, analizando las resoluciones vemos que 31 han sido del Sindicato Profesional de la Ertzaintza, Servicio Asistido

Médico SAMU, Autobuses de Lujua S.L. y que las personas físicas que se dirigen al Consejo mayoritariamente hombres.

PERFIL DEL RECLAMANTE	Persona Física	Hombre		Mujer		Persona Jurídica	TOTAL
2016	2	1		1			**2**
2017	33	26	78,7%	7	21,2%	0	**33**
2018	99	83	83,8%	16	16,1	1	**100**
2019	83	76	91,5%	7	8,4	1	**84**
2020	74	58	78,3%	16	21,6	31	**105**

En el total del periodo del 2016 al 2020, el 63,58% de las reclamaciones obedecen a denegaciones de acceso a la información pública o disconformidades con la información facilitada por parte de los Ayuntamientos, el 30,24% por parte sector público, y tan solo el 1.8% por otro tipo de entidades, como es el caso de los colegios profesionales o de otras entidades que se dirigen a la Comisión Vasca pero deben hacerlo ante los órganos de garantía de la transparencia de las Diputaciones Forales o del estado. En el año 2020 se produjo un cambio de tendencia, ya que las reclamaciones por denegación de acceso o disconformidad con la información facilitada por parte del sector público vasco (55) superaron a las recibidas por parte de los Ayuntamientos (41); y un aumento en cuanto a los Departamentos del Gobierno regional (Salud, Gobernanza, Seguridad, Educación y Medio Ambiente).
[En 2021, sin embargo, se reproduce la tendencia anterior, de modo que la mayor parte de las reclamaciones corresponden a denegaciones de acceso o disconformidad con la información facilitada por parte de los Ayuntamientos, 80 frente a 46].

ADMINISTRACIÓN	2016	2017	2018	2019	2020	TOTAL	
Contra denegación de acceso por parte de Ayuntamientos	1	18	80	66	41	206	63,58%
Contra denegación de acceso por parte de Diputaciones	1	1	0	3	2	7	2,16%
Contra denegación del Sector Público		13	15	15	55	98	30,24%
Contra denegación de Otras Entidades		1	5	0		6	1,85%
TOTAL	**2**	**33**	**100**	**84**	**105**	**324**	

En cuanto al objeto de las reclamaciones en los primeros años de funcionamiento, sobre licencias de actividad, deporte, urbanismo, catastro y medio ambiente. Se va ampliando a temas de empleo, procesos electorales, medidas de salud pública, gastos contencioso bandera, contratación (2018), costes de servicio de alcantarillado municipal y subvenciones a grupos políticos, (2019). Medidas prevención COVID, protocolo Covid 19 y residencias de mayores Covid, armas reglamentarias de policía, horas extraordinarias de agentes de policía, titulaciones académicas (2020)

Resulta relevante señalar que, la mayor parte de las reclamaciones traen su causa en el hecho de no haber sido respondidas, esto es por silencio administrativo, ya que en aplicación del artículo 20.4, transcurrido el plazo máximo para responder sin que se haya dictado y notificado resolución expresa debe entenderse que la solicitud ha sido desestimada. El 74% de las reclamaciones obedecen a esta falta de respuesta por parte de las administraciones vascas, lo que representa el 73% en el caso de las entidades locales y el 25% en el caso del sector público vasco. Ello hace pensar en que, sobre todo las entidades locales, no han desplegado todavía en sus estructuras administrativas y en la cultura de su organización, la obligación de resolver en plazo, constituyendo el incumplimiento reiterado de esta obligación "una infracción grave a los efectos de la aplicación a sus responsables del régimen disciplinario previsto en la correspondiente normativa reguladora" (artículo 20.6). Tan solo un 26% de las reclamaciones tienen su causa en la disconformidad con la información recibida o en la denegación expresa de acceso.

MOTIVOS	Reclamaciones											
	2016		**2017**		**2018**		**2019**		**2020**		2021	
Reclamación contra ***silencio administrativo***	2	100%	26	79%	86	86%	57	68%	70	69%	94	73%
TOTAL silencio administrativo	***241 (74,3%)***											
TOTAL	**2**		**33**		**100**		**84**		**105**		129	
TOTAL reclamaciones 2016 a 2020	***324***											

7.1.2 Resoluciones

Se mantiene la tendencia en toda la serie, de forma que en el total resultaron estimatorias en un 60,89%, (siendo en 2018 de 100 reclamaciones resueltas más de la mitad de ellas estimadas), en un 16% inadmitidas y tan solo en un 13,11% desestimadas, lo que induce a pensar en que ha de avanzarse en la deseable cultura de la transparencia que debe imperar en nuestras administraciones públicas. Las desestimaciones se producen porque en muchos casos la información no existe, no es de su competencia o ya se ha facilitado la existente, también por no tratarse de un procedimiento de derecho de acceso a la información, o por no cumplir con los requisitos formales.

Es muy minoritaria la desestimación por aplicación de los límites al derecho de acceso (art. 14 Ley 19/2013 o por la protección de datos personales regulado en su art. 15). En cuanto a las inadmisiones, las causas mayoritarias obedecen a que se trata de personas interesadas en procedimientos que se encuentran abiertos y debe accederse a la información por su normativa específica y a reclamaciones interpuestas fuera de plazo. Son menores las causas por tratarse de solicitudes repetitivas, abusivas o no justificadas con la finalidad de la transparencia de la Ley. El tiempo medio de resolución de las reclamaciones entre 48 a 56 días.

SENTIDO DE LAS RESOLUCIONES, por año 2016-2020												
	2016	%	**2017**	%	**2018**	%	**2019**	%	**2020**	%	TOTAL	
Estimación	1		21	63,63%	66	66%	47	55,95%	56	53,33%	191	58,9%
Desestimación			1		8		19		16		44	13,58
Inadmisión			6	18,18	13	13%	18	21,42%	17	16,19%	54	16,6
Desistimiento			3		13		8		3		27	8,3
Archivadas			2				2		2		6	1,85
Derivadas	1								1		2	0,61%
TOTAL	**2**		**33**		**100**		**84**		**105**		**324**	

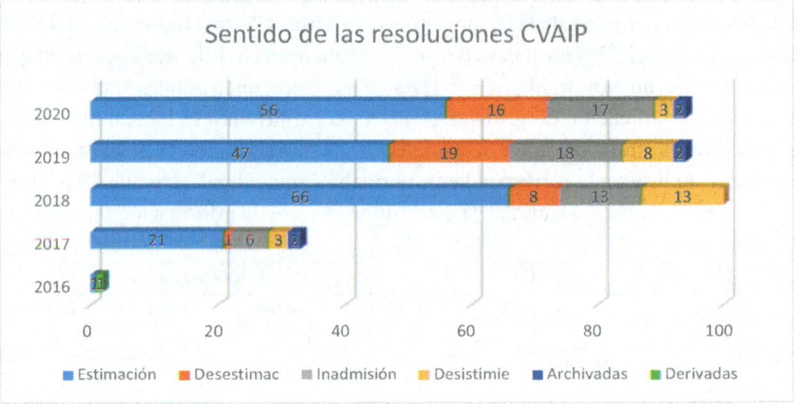

De los datos publicados en 2021 observamos que siguen la tendencia: de un total de 450, el 60,89% serán estimadas (274), el 13,11% desestimadas (59) y el 16,00% inadmitidas (72)

7.1.3 Grado de ejecución

Estudiando las actas de las reuniones de la Comisión vemos que se pretende hacer un seguimiento del cumplimiento de resoluciones dictadas por la Comisión desde su constitución, y se acuerda ponerse en comunicación con los diferentes ayuntamientos al objeto de solicitarles información sobre el cumplimiento de la resolución emitida en su momento. Pero a continuación también observamos que, por lo general, no informan de las actuaciones efectuadas para la ejecución material de la Resolución, si es que las han llevado a cabo.

7.1.4 Recursos contencioso-administrativos

En este periodo de funcionamiento 2016-2020, han sido seis + uno en 2021 (7) los expedientes de recursos contencioso administrativos ante el Tribunal Superior de Justicia del País Vasco, frente a resoluciones de reclamaciones de la Comisión vasca de acceso a la información pública; los cinco resueltos se han desestimado.

TOTAL	2017	2018	2019	2020	2021	**6**
		5	**1**	**0**	1	

Recursos contencioso-administrativos					
Núm. de procedimiento	**Demandante**	**Expediente**	**Resolución**	**Sentencia**	**Fallo**
667/2018	Colegio Oficial Enfermería Bizkaia	2018/000061	19/2018	62/2021 17-2-21	Desestimación del recurso
70/2019	Ayuntamiento de Oñati	2018/000136	69/2018	379/2021 19-10-21	Desestimación del recurso

75/2019	UPV/EHU	2018/000098	34/2018	369/2021 5-10-2021	Desestimación del recurso
134/2019	Red Ferroviaria Vasca-Euskal Trenbide Sarea ETS	2018/000123	57/2018	445/2021 12/11/2021	Desestimación del recurso
260/2019	Ayuntamiento de Arrasate	2018/000176	3/2019	5/2022 11/1/2022	Desestimación del recurso
469/2020	FJAD	2019/000276	98/2019		
874/2021	GGS	2021/000338	110/2021		

1-El Colegio de Enfermería presenta recurso contra la Resolución 19/2018 que estima la reclamación de la interesada presentada contra la desestimación por silencio administrativo del Colegio de Enfermería a su petición de información (actas derivadas de los procesos electorales).

2-El Ayuntamiento interpone recurso contra la Resolución 69/2018 que estima la reclamación de un ciudadano que pedía copia del requerimiento por parte de la Delegación del Gobierno al Ayuntamiento del cumplimiento de la ley y el uso de la bandera de España.

3-La Universidad recurre contra la Resolución 34/2018 de la CVAIP que instaba a la Universidad a proporcionar al reclamante la información solicitada (actas de la mesa negociadora)

4- Ente Público Red Ferroviaria Vasca-Euskal, adscrita al Departamento de Política Territorial del Gobierno Vasco, contra la Resolución 57/2018 estimando la reclamación de una señora contra la desestimación de su solicitud de información (proyecto de tranvía de Cuenca)

5-El Ayuntamiento de Arrasate contra la Resolución 3/2019 que estima la reclamación de un señor frente a la desestimación por silencio administrativo de su solicitud de información (copia del requerimiento por parte de la Delegación del Gobierno al Ayuntamiento del cumplimiento de la ley y el uso de la bandera de España).

7.2 Conclusiones

Con una población de 2.189.372 personas, la ratio de reclamaciones por cada 100.000 habitantes está en 4,59 reclamaciones en el último año 2020 bastante baja.

- Destacar que las entidades y organismos contra las que se reclama son en un número muy importante los Ayuntamientos de la Comunidad Autónoma en los primeros años, poco a poco contra las Diputaciones y en el último año estudiado 2020 aparecen los Departamentos del Gobierno.

- Cuenta con un diseño inadecuado para poder ejercer sus funciones, su composición y apoyo.

- También es el silencio administrativo el motivo fundamental por el que las personas físicas, hombres en su mayoría reclaman a la Comisión. Las personas jurídicas, sindicatos, asociaciones suben su número en el año 2020, ya que en los años anteriores aparecían de una a 5 veces sus reclamaciones.

- También habría que valorar cómo son mayoritariamente, los Ayuntamientos los que interponen recursos para no cumplir las resoluciones de la Comisión instándoles a aportar la información solicitada por la ciudadanía. Muchas veces alegan falta de tiempo para ocuparse de las solicitudes de acceso a la información, pero si lo utilizan para recurrir.

- Se mantiene la tendencia en toda la serie histórica, de forma que más de la mitad del total resultaron con sentido estimatorio.

Una vez más no se entiende que un órgano con estas funciones, no sólo tenga que depender de una Consejería a la que tiene que controlar, sino que el presidente del órgano de control y garantía sea el Director general del gobierno, sin poder objetivamente en mi opinión, cumplir sus funciones en términos razonables.

Por otro lado, hay que destacar que este órgano de control, la Comisión Vasca de Acceso a la Información Pública, se creó con una función muy limitada debido a su previsión de temporalidad, esto es, únicamente para atender las reclamaciones. Esta temporalidad limita las garantías que debieran proporcionarse, sobre todo por su falta de competencia en el seguimiento del cumplimiento de las resoluciones que dicta, ya que no tiene potestad sancionadora, también en el control y resolución de reclamaciones por incumplimiento de las obligaciones de publicidad activa, así como en la promoción de la cultura de la transparencia mediante las necesarias acciones de sensibilización, formación y la emisión de criterios de actuación en la materia que ayudarían a actuar de forma homogénea en el conjunto de las administraciones públicas vascas.

8.- Actividad del Consejo de la Transparencia de la Región de Murcia. (CTRM)

8.1 Balance de la actividad en los años 2015 a 2020

Nos encontramos con un órgano que atenderá a una población de 1.510.951, sin personalidad jurídica propia pero dotado de independencia orgánica y funcional para el ejercicio de sus funciones, en teoría. La actividad del presidente y la del Consejo se apoyan materialmente en una unidad administrativa a oficina de apoyo al CTRMu cuenta con 3 de ellos (1 técnico jurídico, un administrativo y un técnico en sistemas. Además, el Consejo ha impugnado ante los tribunales diversas convocatorias realizadas por la Consejería de Económica, Hacienda y Administración Digital, la cual intenta proveer los puestos de trabajo de la plantilla del Consejo de forma exclusiva por funcionarios procedentes de la Administración Regional, en lugar de empleados públicos procedentes de cualquier otra administración. Concretamente el CTRMu ha impugnado la convocatoria para la provisión de los puestos de trabajo de Jefe de Negociado y el de Secretario Particular del Presidente del Consejo.

Considera el propio CTRMu que una estructura de 9 puestos de trabajo, que deberían, ser convocados por el Consejo, sería suficiente para acometer la ejecución de los 7 ejes de actividad previstos en el Plan Estratégico. Por otro lado, ni en 2015 ni en 2016, ha dispuesto de dotación presupuestaria alguna, en 2017, es el ejercicio 2017 en el que el Consejo ha contado con 298.131 euros y llega a 516.989€ en el año 2020. Efectuando la propuesta el Pleno del CTMu. Tampoco el cargo de presidente tiene dedicación exclusiva ni da derecho a retribución alguna.

8.1.1 Reclamaciones

De las 51 reclamaciones resueltas en 2017, corresponden 36 al año 2016 de las, reclamaciones pendientes 71. De igual manera en el año 2018 de las 219 entrantes, se resuelven 17 reclamaciones que son del año 2017 y 12 al año 2018, quedando pendientes 261 (54 reclamaciones del año 2017 y 207 del año 2018) En el año 2019 queda pendiente 1.

EVOLUCIÓN DE LOS DATOS	Reclamaciones	Resoluciones	Pendientes
AÑO 2015	14	0	0
AÑO 2016	14+49=63	23	35
AÑO 2017	86	51	71
AÑO 2018	219	17+12=29	261
AÑO 2019	62	61	1
AÑO 2020	127	45	82
AÑO 2021	93		
TOTAL	**444** 535	**209**	

*Cuadros y gráficos elaboración propia en base a Memorias y Web del Consejo

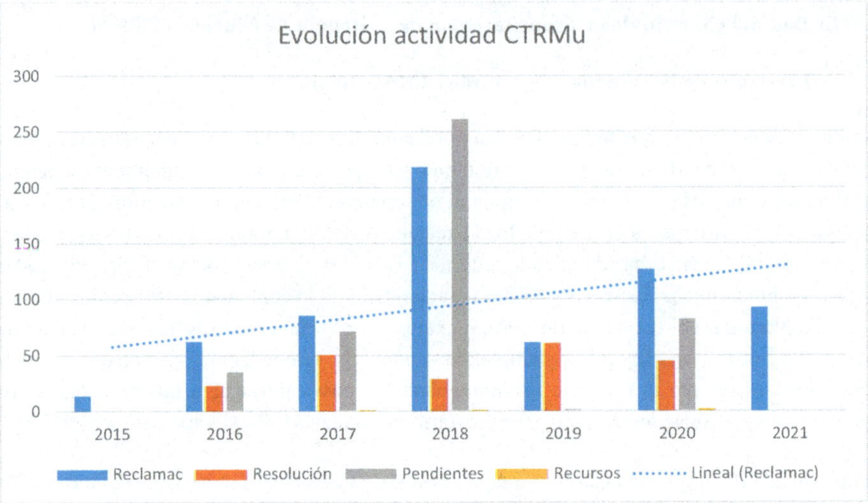

En cuanto al perfil, son personas físicas y hombres los que se dirigen al Consejo en mayor número, las asociaciones, sindicatos, seguido de colegios profesionales y sociedades mercantiles.

Si nos fijamos la entidad reclamada en mayor medida, en relación a las reclamaciones presentadas ante el CTRMu son las distintas Consejerías del Gobierno regional, seguida a mucha distancia por el Sector público y los Ayuntamientos. El Sistema Murciano de Salud también recibe muchas de las reclamaciones, así como Cultura sobre patrimonio.

ADMINISTRACIÓN	2015	2016	2017	2018	2019	2020	2021	
CONSEJERIAS	**92,30%**	**52,38%**	**56,58%**	**75,79%**	**59,67%**			66,8%
PRESIDENCIA Y TRANSPARENCIA	1	2	5	3		3		
HACIENDA Y AA.PP.	2	2	9		5	5		
AGUA, AGRICULTURA, GANADERIA Y PESCA	1	1	1	2	3	1		
EMPLEO UNIVERSIDADES Y EMPRESA	2		1		1	2		
EDUCACIÓN, CULTURA, JUVENTUD Y DEPORTES	1	13	15	14+**143**+2	21	22	2	
SANIDAD, SOCIAL	3	12	2	1	1	11		
FAMILIA E IGUALDAD			1		2	2		
TURISMO, CULTURA Y MEDIO AMBIENTE	1		14			13	5	
INDUSTRIA FOMENTO	1	3		1	4	8	1	
SECTOR PÚBLICREGIONAL			**24,25%**	**5,93%**	**11,29%**			12,5%
IMAS			1					
AGENCIA TRIBUTARIA			1					
SMS SALUD			15 **(20,21%)**	13	6	5		
UNIVERSIDADES		1	2		1	1		

AYUNTAMIENTOS	**15,3%**	**36,5%**	**17,18%**	**8,21%**	**32,25%**			20,7%
	2	23	15	17	16	19	20	
OTROS		3	4	1	4	5		
TOTAL	**13**	**63**	**86**	**219**	**62**	**125**	**444**	535
					33			

Destacan en el año 2018 las 143 reclamaciones sobre oposiciones (solicitud de acceso a información sobre acceso a exámenes, actas del proceso selectivo, criterios de evaluación, plantillas de corrección y otra documentación del proceso) contra la desestimación presunta de su solicitud de acceso por parte de Educación y que son inadmitidas por el CTMu ya que la reclamación está integrada dentro del recurso de alzada presentado por la reclamante, frente a la Resolución de 24 de julio de 2018 de la Dirección General de Planificación Educativa y Recursos Humanos. Si se estiman las referidas a las retribuciones del tribunal de oposición.

Los tres temas más frecuentes recogidos como otra información son sobre cementerio municipal, concesión patrimonial, patrimonio cultural y colegios profesionales. Concretamente en 2020 patrimonio cultural 22 reclamaciones y sobre contratos 9. En los primeros años los ciudadanos priorizan las solicitudes de información institucional y en los siguientes son el empleo e información de contratación.

MATERIAS Reclamaciones	2015-2016	2017	2018	2019	2020
Información institucional, organizativa y de planificación	15	27	7	0	0
Información de relevancia jurídica	4	1	0	0	0
Información sobre **contratos**, convenios, encomiendas	12	17	9	1	9
Información sobre subvenciones y ayudas	5	5	1	2	2
Información de Presupuestos	2	5			
Información sobre retribuciones altos cargos		0			
Información sobre retribuciones funcionarios y RPT	2	6		1	1
Empleo público/procesos selectivos	5		181	13	13
Empleo público/otros			0	3	0
Información económica/gastos	1		2	2	2
Información estadística	1		8	0	0
Medio ambiente			0	6	1
Obra pública			1	0	0
Ordenación del territorio y urbanismo			3	2	0
Otra **información**	18	25	7	32	99
TOTAL	**63**	**86**	**219**	**62**	**125**

8.1.2 Resoluciones

El porcentaje de las reclamaciones archivadas e inadmitidas es muy alto, iguala a las estimadas en 2017 y las supera en 2015.

En cuanto al número de días empleados por término medio en la tramitación de las reclamaciones de los ciudadanos desde que son presentadas ante el órgano u organismo hasta que son estimadas, desestimadas o inadmitidas por éste, contabiliza el propio Consejo 146 en 2017. 249,14 en 2018, 189 días de media en 2019, 135 días en 2020.

SENTIDO DE LAS RESOLUCIONES												
	2015		2016		2017		2018		2019		2020	
Estimación	4	30,76%	11	42,30%	18	36%	2	6%	17	27,8%	45	35,4%
Estimación parcial	1		3								4	
Inadmisión	0		3		18		22	75,86%	33		19	
Archivo Desistimiento	9	61,53%	9		10		5		8		50	
Desestimación					5		0		3		9	
TOTAL	**14**		**26**		**51**		**29**		**61**		**127**	

Pendientes	0	35	71	261	1	16	

Como observamos en el cuadro, han concluido las actuaciones sin que se haya adoptado resolución sobre el acceso por corresponder la competencia a un órgano u organismo diferente, por renuncia o desistimiento del interesado, imposibilidad de identificar al interesado, imposibilidad de determinar el objeto de la solicitud, por caducidad de instancia u otra causa similar, un número muy alto de reclamaciones. La inadmisión en el año 2018 es del 76%, así en 2019 y por no ser el órgano competente, 18 reclamaciones quedaron inadmitidas; y en cuanto al archivo de la reclamación por desistimiento del interesado. En 2019 si existen 3 reclamaciones desestimadas por una posible vulneración de los límites enumerados en el artículo 14 de la Ley básica estatal y su equivalente en la normativa propia de esta Comunidad.

Las resoluciones del Consejo que ordenan entregar información cuando estiman, total o parcialmente, el derecho de acceso a la información solicitada, son ejecutivas y obligan a la Administración a su cumplimiento, en el plazo y condiciones establecidas. Pero para que el CTRMu requiera el cumplimiento de sus resoluciones es necesaria una denuncia o comunicación del interesado. Todo ello a pesar de la obligación (que no siempre se cumple) de la Administración de informar al CTMu sobre las actuaciones llevadas a cabo para ejecutar sus resoluciones. Si se produce la desatención de este requerimiento y el impedimento del acceso a la información estimada, se pide la incoación de procedimiento sancionador a la Administración incumplidora.

8.1.3 Recursos vía contencioso- administrativo

Las administraciones están obligadas a cumplir los acuerdos y ejecutar las resoluciones del Consejo de Transparencia, sin embargo, en algunas ocasiones la administración reclamada decide impugnar esas resoluciones; así han sido objeto de impugnación en vía contencioso administrativa:

1) Recurso número 26/2017, ante la Sección 1ª de la Sala de lo Contencioso Administrativo del Tribunal Superior de Justicia de Murcia, contra la Resolución R-06-2016 de Desestimación de la solicitud de acceso a la información pública sobre el inventario y valor de los activos del Aeropuerto Internacional de la Región de Murcia (Consejería de Fomento e Infraestructuras de la CARM).

Sentencia nº 336/2018 de fecha 20-07-2018 dictada en el recurso 26/2017, que tiene el carácter de firme. (Desestimando el recurso contencioso administrativo interpuesto por la representación de la Sociedad Concesionaria del Aeropuerto de Murcia S.A. (SCAM) contra la Resolución del CTMu). Se declara el acto impugnado conforme a Derecho y procede su confirmación. Con imposición de las costas a la parte recurrente.

	2017	2018	2019	2020	2021	
TOTAL	**1**	**1**		**2**		**4**

Recursos contencioso-administrativos					
Núm. de procedimiento	**Demandante**		**Resolución**	**Sentencia**	**Fallo**
26/2017	SCAM Sociedad Concesionaria del Aeropuerto de Murcia S.A.		R-06-2016	336/2018 (20-07-2018	Desestimación del recurso
694/2018	Presidente de la Junta de Personal y Secretario General de la FeSP-UGT		R-015-2018	573/2020 (17-02-2020	Inadmisión del recurso
100/2020	Asociación de Vecinos		R-051-2019		Archivo del recurso
258/2020	Comunidad Autónoma Región de Murcia		R-060-2019	Auto de la Sala 1 del TSJ de Murcia de fecha 7 de abril de 2021	Desestimación del recurso

2) Recurso número 694/2018, sobre la Resolución R-015-2018 de Inadmisión de la solicitud de acceso a la información sobre el acta de la Mesa de Negociación celebrada (entre los representantes del personal y los de la Administración pública municipal) el día 3 de noviembre de 2017 en el Ayuntamiento de la Torres de Cotillas.
Sentencia nº 573/2020 de fecha 17-02-2020 dictada en el recurso contencioso administrativo 694/2018, desestimando el recurso interpuesto por el Presidente de la Junta de Personal y Secretario General de la FeSP-UGT, contra la Resolución del Consejo, que inadmite, por falta de competencia y legitimación pasiva, la reclamación formulada contra la denegación presunta de la solicitud presentada ante el Ayuntamiento de las Torres de Cotillas, el 6-11-2017.

3) Recurso contencioso administrativo número 100/2020, sobre la R-051-2019 de Inadmisión de la solicitud de acceso a la información en la tramitación del Expediente LANO 19/2018 sobre la construcción de una nave para explotación porcina en el paraje del Consejero del Ayuntamiento de Lorca.
Archivo de actuaciones, transcurrido el plazo legalmente previsto, sin que por las partes se haya interpuesto recurso alguno contra el Decreto de 17-12-2020 dictado en este procedimiento.

4) Recurso número 258/2020, sobre la R-060-2019 de Estimación de la solicitud de acceso a la información de los contratos para centros de menores e ingresos en centros desagregados por años y nacionalidades. (Consejería de Mujer, Igualdad, LGTBT Familia y política Social de la CARM).
Auto de la Sala 1 del TSJ de Murcia de fecha 7 de abril de 2021, desestimando las alegaciones presentadas y reconociendo la personalidad jurídica propia del Consejo de Transparencia.

8.2 Conclusiones

Con una población de 1.510.951 y una ratio de reclamaciones por cada 100.000 habitantes de 8,40 reclamaciones en el año 2020, propio del desconocimiento por parte de la ciudadanía del derecho de información. El 63% de la población murciana desconoce el órgano de control, según los resultados publicados por el CEMOP (Centro de Estudios Murcianos de Opinión Pública) en el barómetro de los últimos años.

Ha de tenerse en cuenta que la Ley 12/2014 de 16 de diciembre que creó el Consejo, lo configuró como una entidad independiente, orgánica y funcional, para desarrollar su misión de controlar la transparencia de las entidades públicas de Murcia. La Sala de lo Contencioso del TSJ ya tuvo ocasión de pronunciarse sobre el carácter independiente del Consejo, (Auto de 7 de abril de 2021), señalando que no se trata de un órgano integrado en una Consejería o dependiente de la Administración Regional, sino que tiene personalidad jurídica. Y desde luego, ha de disponer de la correspondiente autonomía, orgánica y funcional, para garantizar su objetividad e independencia con la que ha de actuar.

Esto en teoría, porque desde el inicio, han estado presentes incidencias y conflictos que han condicionado la actividad del CTMu, su capacidad de funcionamiento y organización y el despliegue de sus potencialidades como órgano de control. Dificultades debido a una discrepancia con el papel llamado a jugar por el CTMu así como por una falta de medios de todo tipo para poder realizar las funciones encomendadas.

*A la pregunta 10) del cuestionario: Valore la dificultad que ha encontrado su órgano de garantía para cumplir su función de resolución de reclamaciones. (Utilice la siguiente escala: 0= Ninguna dificultad; 10= Máxima dificultad). La respuesta del CTMu es: Valoración **10***

Son factores externos que se deben a la propia configuración que hace la ley del CTRMu, pues a pesar de tener esa condición de órgano independiente funcional y orgánicamente respecto a la Comunidad, el apartado 9 del art. 38, lo adscribe a la Consejería competente y le otorga a aquella la competencia para "*aprobar las normas sobre estructura, competencias y funcionamiento del Consejo que sean necesarias para el desarrollo de lo dispuesto en este artículo*". Es un contrasentido que ha provocado y puede continuar provocando en el futuro conflictos de interpretación y una dependencia contraria a lo recogido en el artículo 38.1 y 2.
Esa adscripción tiene además el componente económico y de dotación de medios personales y materiales que la Consejería debe proveer.

En consecuencia, este primer período de funcionamiento ha estado caracterizado por la existencia de discrepancias de fondo y por la ausencia total de medios materiales, carencia de sede, carencia de medios personales y carencia de recursos presupuestarios; no acordes con las cargas de trabajo del Consejo.

- En cuanto a la estructura orgánica del Consejo es determinante en los tiempos de resolución, el que obliga a llevar al Pleno del Consejo todos los asuntos (informes, dictámenes, consultas, resolución de reclamaciones, etc…) lo que supone un considerable retraso en la agilización de las tareas y es una dificultad adicional a las ya indicadas de ausencia de medios suficientes.

Se precisa de una modificación de la ley que, entre otros aspectos, estructure al Consejo de manera que se facilite la gestión ordinaria del mismo.

- El Consejo dispone de poco personal para realizar las tareas encomendadas por la LTPC, y existen discrepancias en la forma de convocar procesos.

El hecho de que el Consejo únicamente estuviera servido por funcionarios de la Consejería le restaría la neutralidad e independencia que debe presidir en toda su actuación, la CCAA de Murcia, es una del conjunto de entidades sujetas al control del Consejo, como el resto de entidades públicas de la Región, universidades públicas, entidades locales, colegios profesionales, y las demás sujetas por Ley.

- Los miembros del CTRMu no tienen retribuciones, tampoco el cargo de presidente tiene dedicación exclusiva ni da derecho a retribución alguna.

La no retribución, el régimen impuesto a los consejeros unido a las obligaciones de publicar datos de contenido personal (patrimonio) constituye una circunstancia disuasoria en cuanto a su participación e implicación en las tareas de control y evaluación de las obligaciones de transparencia.
Se precisa dotar al Consejo de una estructura de soporte administrativo, consolidada y dotada con los medios personales necesarios y adecuados, sería positivo que su presupuesto, en definitiva, que los recursos necesarios para su funcionamiento no dependieran de un ente al que controla, para fortalecer la independencia de este órgano.
No obstante, el contexto de falta de conexión y de carencia de estructura, el Consejo ha tratado de maximizar sus limitados recursos y competencias y ha podido llevar a cabo actuaciones dentro de su labor, gracias a la actitud proactiva de la mayoría de los miembros del Consejo, pero sobre todo de su primer presidente.

- El Consejo avisa en su web, que la Administración Regional de Murcia aún no ha realizado la interconexión del registro electrónico con la Sede Electrónica del Consejo de Transparencia. En el directorio común de organismos de la Región de Murcia, el Consejo, sigue apareciendo como una entidad dependiente de la Dirección General de Regeneración y Modernización Administrativa de la Comunidad Autónoma. Así, mientras no se produzca la interconexión del registro con el sistema ORVE/SIR, las solicitudes y reclamaciones que se dirigen al Consejo, se reciben y tienen entrada en el registro de la Administración Regional, con la consiguiente tardanza.

En consecuencia, para que lleguen al Consejo de forma directa los escritos que se le dirijan, para la eficacia de la gestión, debieran presentarse en la Sede Electrónica del Consejo o presencialmente.

- El CTRM carece de potestad ejecutiva para obligar a cumplir sus resoluciones en caso de incumplimiento voluntario.

9. Baleares. Actividad de la Comisión para las Reclamaciones de Acceso Público (CRAIB)

Corresponde a la Comisión la instrucción y la resolución de las reclamaciones que, en materia de acceso a la información pública, se interpongan contra las resoluciones expresas o las desestimaciones presuntas dictadas o producidas en la Administración de la Comunidad Autónoma de las Illes Balears, los consejos insulares, los ayuntamientos y el resto de entidades del sector público dependientes o vinculadas a estas administraciones de las Illes Balears; formada por un presidente y dos vocales, que han de ser juristas de reconocido prestigio, con más de cinco años de experiencia profesional en el ámbito del derecho público. La Comisión no cuenta con un presupuesto específico más que una partida para dietas y gastos de desplazamiento de los miembros, con una reserva para 2020 de 20.000 €, al igual que en 2021. Utiliza los locales y equipamientos de la Consellería de Transición Energética.
Se firma convenio el 13 diciembre de 2021 con el CTBG estatal encargado de resolver las reclamaciones.

9.1 Balance de actividad 2016 a 2020

9.1.1 Reclamaciones

El nivel de reclamaciones va oscilando, no se entiende muy bien en base a qué razones, es evidente que el grado de conocimiento de la normativa y procedimientos sobre transparencia no son elevados.

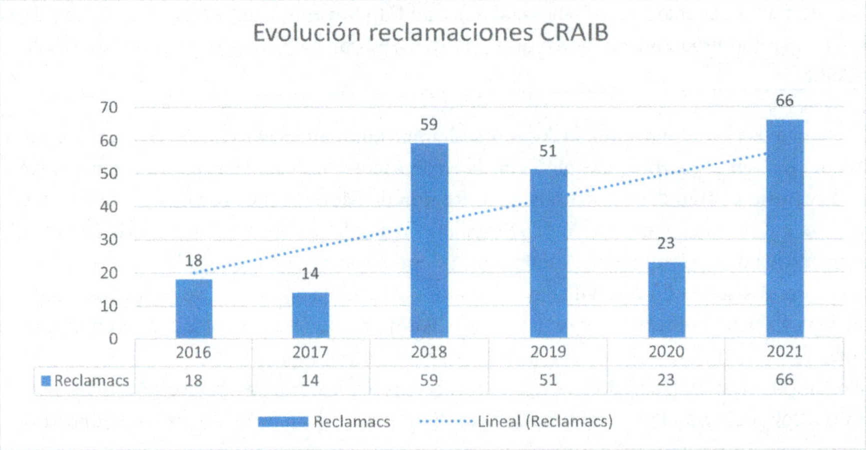

	2016	2017	2018	2019	2020	2021
Reclamacs	18	14	59	51	23	66

***Estadísticas de las reclamaciones de acceso a la información pública de las Illes Balears** (los cuadros y gráficos elaborados en base a las Memorias y Web de la Comisión muestran los datos, desde el 2016) **Actualizadas a 12/01/2022**

En cuanto al perfil del reclamante son pocas las personas jurídicas, colegios profesionales, empresas, grupos municipales que reclaman (13,2%-16,3%), y entre las personas físicas el número de hombres (52%-61,3%) y también aquí supera el de mujeres (25,4%-30,7%) todos los años.

En cuanto a la clasificación por tipos de entes respecto de los cuales se presentan reclamaciones, las Entidades locales (Ayuntamientos de Palma y Alcudia) en primer lugar y la Administración regional son los que tienen la mayoría de ellas

Tipo de ADMINISTRACIÓN	2016	2017	2018	2019	2020	2021
Administración Regional	3	6	18	23	6	14
Ayuntamientos	12	5	29	25	15	49
Consejos Insulares	2	1	11	2	2	3
Colegios Profesionales	1	1	1			
Universidad		2				
TOTAL	**18**	**15**	**59**	**50**	**23**	66

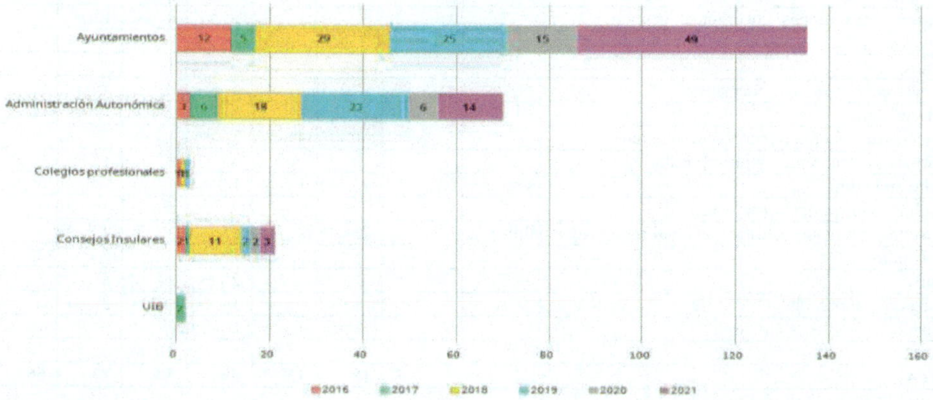

Las Consejerías de Educación, salud y trabajo a las que más se dirige la ciudadanía y el Consell Insular de Menorca (10) el que acumula más reclamaciones, seguido de Mallorca (8).

Administración Autonómica y Entes adscritos	2016	2017	2018	2019	2020	2021
Consejería de Presidencia	1		1			1
Consejería de Trabajo, Comercio e Industria	1			6		1
Consejería de Salud - IB-SALUD -	1		4	6		3
Consejería de Educación Univ		3	6	7	2	2
Consejería de Innovación		1				
Consejería de Medio ambiente		1	2	1		1
Consejería de Servicios sociales		1				
Consejería de Cultura Deportes			1	2		
Consejería de Hacienda y AAPP			3		1+1	
Consejería de Energía			1	1	1	1
Consejería de Movilidad, vivienda					1	3
Consejería de Agricultura						2
Consell Insular de Formentera	1					
Consell Insular de Elvissa					1	1
Consell Insular de Mallorca	1	1	3	1	1	1
Consell Insular de Menorca			8	1		1
Ayuntamientos	12	5	29	24	15	49
Universidad		2				
Colegio Oficial de Enfermería de las Illes B	1	1	1			
TOTAL	**18**	**15**	**59**	**50**	**23**	**66**

Los temas por los que más se interesa la ciudadanía en la CCAA Balear en los primeros años se relacionan con retribuciones de altos cargos y empleados públicos, pero avanzando en años vemos que son preocupaciones que afectan al interés público –urbanismo, cultura, salud-.

Reclamaciones por Tema	2016	2017	2018	2019	2020	2021
Administración Pública. Altos cargos y eventuales. Buen gobierno.						2
Comercio/industria/ artesanía/energía/empresas	1			2	4	
Consumo			1	1		
Contratos/concesiones/ encargos de gestión	3	1	7	4	1	9
Convenios/subvenciones					1	
Cultura				1		
Educación, universidad, formación		3	6		7	9
Deporte, ocio				2		
Vivienda/ordenación territorial/urbanismo	6	4	7	13	2	9
Información económica y presupuestaria			3	1	1	8
Medio ambiente	1	1	1			3
Familia, menores, mayores, juventud						3
Oposiciones/función pública/ personal (empleados públicos)	2	2	25	5	4	6
Patrimonio			1		5	2
Salud			2		5	3
Transporte, carreteras			1		2	
Turismo		1				
Otros	5	2	5	10	3	20
TOTAL	**18**	**15**	**59**	**50**	**23**	**66**

9.1.2 Resoluciones de la CRAIP

El porcentaje de las reclamaciones archivadas e inadmitidas es muy alto desde el primer año de funcionamiento, siempre supera a las estimadas, que empiezan a ser más numerosas a partir de 2018.

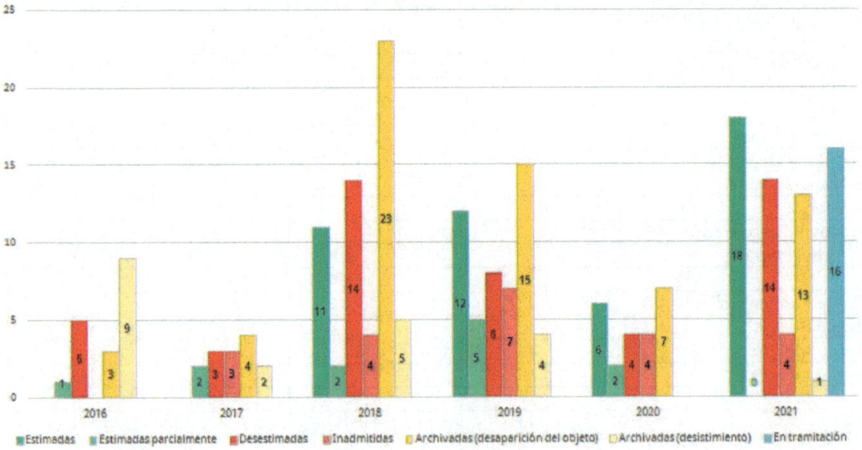

SENTIDO de las Resoluciones	2016		2017		2018		2019		2020		2021
Estimada	1	5,5%	2	13,3%	11	18,6%	12	24%	6	26,08%	18
Estimada parcialmente					2	3,38%	5	10	2	8,6	9
Desestimada	5	27,7%	3	20	16	27,1%	6	12	4	17,3	14
Inadmitida	3	16,6%	3	"	4	6,77%	7	14	4	"	4
Archivo desaparición del objeto	9	50%	4	26,6%	23	38,9%	15	30	7	30,43%	13
Archivo por desistimiento			2	13,3%	5	8,4%	4	8%			1
En tramitación											16
Total	**18**		**15**		**59**		**50**		**23**		

9.2 Conclusiones

Con una población de 2.698.536 la ratio de reclamaciones por cada 100.000 habitantes es de 5,33 reclamaciones en el año 2020, el conocimiento por parte de la ciudadanía es escaso.

- Durante los años 2016 y 2017 se ha mantenido la cifra de reclamaciones ante la Comisión incluso disminuye en ese último, ya en los siguientes 2018 y 2019 ha supuesto un incremento de las peticiones de acceso a la información pública doblando el número. **165** Total.

- El silencio administrativo vuelve a ser el motivo principal para los ciudadanos.

- Aumenta el número de reclamaciones contra las resoluciones tanto de la Administración regional como de las Entidades locales y se mantiene bajo el de los Consejos Insulares. La mayor parte en consejerías de Vivienda/ordenación territorial/urbanismo, Sanidad, Educación.

- La ciudadanía se ha interesado mayoritariamente por temas de dimensión pública, como el urbanismo o la salud.

- El porcentaje de reclamaciones archivadas e inadmitidas siempre supera a las estimadas.

- Además, las resoluciones de la Comisión de la Transparencia han sido adecuadamente ejecutadas, aunque en algunos casos se ha requerido el cumplimiento de la resolución.

13.- Actividad de la Comisión de Transparencia de Galicia (CTG)

13.1 Balance de actividad 2016 a 2020

Le corresponde la resolución de las reclamaciones frente a las resoluciones de acceso a la información pública a la Comisión de transparencia, que se constituye como órgano colegiado independiente adscrito al Valedor del Pueblo carente de personalidad jurídica diferenciada.

En las memorias anuales la Comisión hace más análisis de las solicitudes presentadas ante la administración, que de su propia actividad de resolución. Por ellas sabemos que con respeto a las peticiones de acceso a la información pública, desde el 10 de diciembre de 2015, fecha de la entrada en vigor de la Ley estatal 19/2013, de 9 de diciembre , de transparencia, acceso a la información pública y buen gobierno, hasta el 31 de diciembre de 2020 se recibieron un total de 3.575 solicitudes de acceso a la información pública: 233 en el año 2016, 796 en el año 2017, 723 en el año 2018, 746 en el año 2019 y 1.077 en el año 2020; se incrementó, por tanto, en el último año el número de solicitudes en un 44%.

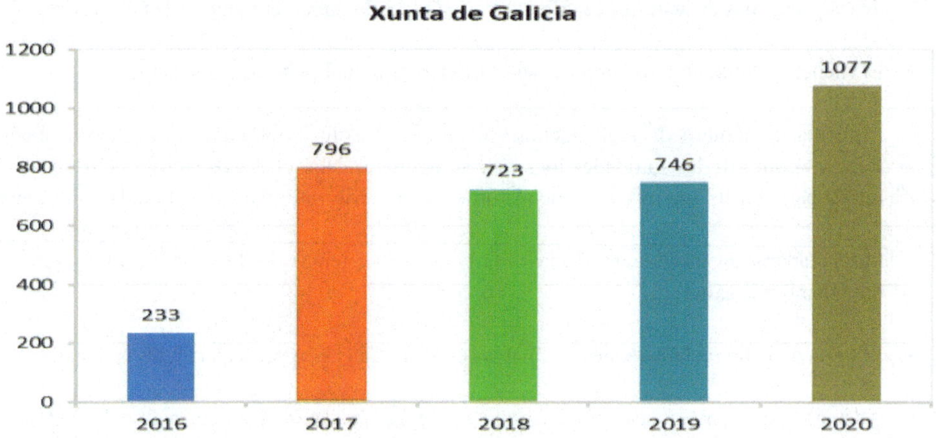

*Web. Cuadro Informe 2020. Evolución de las solicitudes de información

El administrado tiene derecho a que le respondan sobre su petición, aunque la respuesta sea simplemente negativa o la administración carezca del documento que se le solicita, pero al igual que en todas las CCAA las administraciones dan el silencio por respuesta. En 2016 son 34 los expedientes resueltos por silencio administrativo de un total de 233 solicitudes, igual cifra en 2018 sobre 723.

	2016	2017	2018	2019	2020	Total
Expedientes resueltos por **silencio administrativo**	34	15	34	32	8	**123** **3,44%**
TOTAL						
3.575	233	796	723	746	1.077	**3.575**

*Cuadros y gráficos elaboración propia en base a los Informes y estadísticas anuales publicados en la web de la Comisión

En cuanto al perfil, del total de las 3.575 solicitudes cerca de la mitad, el 49,43%, fueron presentadas por personas jurídicas. En concreto, en el año 2018 los porcentajes fueron las siguientes: jurídicas 52,01%, hombres 29,60% y mujeres 18,40%. Y en el año 2020 baja el porcentaje de personas jurídicas 43,64%, hombres 34,82% y mujeres 21,54%.

PERFIL DEL RECLAMANTE	Persona Física	Hombre		Mujer		Persona Jurídica	TOTAL
2016	178	133	74,7%	45	25,2	55	**233**
2017	246	183	74,3%	63	25,6	550	**796**
2018	347	214	61,6%	133	38,3%	376	**723**
2019	430	291	67,7%	139	30,6%	316	**746**
2020	607	375	61,7%	232	38,2%	470	**1.077**
	1.808	1.196	66,1%	612	33,8%	**1.767**	**3.575**

Por departamentos competentes para resolver las solicitudes de información pública, el mayor número de solicitudes en cómputo global del período 2016-2020 fue recibido en la Vicepresidencia y Consejería de Presidencia, Administraciones Públicas y Justicia: 1.130 (31,61%); seguida de la Consejería de Medio Ambiente, Territorio y Vivienda: 662 (18,52%); Consejería del Mar: 402 (11,24%); Consejería de Infraestructuras y Movilidad: 314 (8,78%); Consejería de Medio Rural: 233 (6,52%); Consejería de Sanidad: 171 (4,78%); Consejería de Cultura y Turismo: 126 (3,52%); Consejería de Cultura, Educación y Ordenación Universitaria: 119 (3,33%); Consejería de Economía, Empleo e Industria: 113 (3,16%); Consejería de Educación, Universidad y Formación Profesional: 69 (1,93%); Presidencia: 66 (1,85%); Consejería de Política Social: 64 (1,79%); Consejería de Hacienda: 53 (1,48%); Vicepresidencia y Consejería de Presidencia, Justicia y Turismo: 25 (0,70%); Consejería de Cultura, Educación y Universidades: 12 (0,34%); Vicepresidencia Segunda y Consejería de Economía, Empresa e Innovación: 9 (0,25%); Consejería de Empleo e Igualdad: 4 (0,11%) y Consejería de Hacienda y Administración Pública: 3 (0,08%).

13.1.1 Reclamaciones

Se ha pasado de tramitar 55 expedientes entre los meses de mayo y diciembre de 2016 a gestionar 132 reclamaciones en 2017. Este incremento se puede deber a un progresivo conocimiento del derecho de acceso a la información pública por parte de la ciudadanía. Las reclamaciones se promovieron por 81 personas distintas, frente a las 34 de 2016. De las resoluciones publicadas en 2017 corresponden 25 a expedientes del año 2016. En 2018 se ha producido un crecimiento se presentaron 148 reclamaciones y se resolvieron 175, un 52% más que en el año anterior, por desatención a las solicitudes de acceso a la información pública por parte de las diferentes administraciones gallegas, locales y órganos autonómicos. Estas cifras, apuntan un incremento de actividad año a año. La tramitación de los expedientes ganó agilidad, quedando resueltos a final del 2018 el 90% de los expedientes recibidos.

A pesar del incremento de las reclamaciones se ha conseguido responder en plazo en casi todos los casos y a día de hoy la comisión no tiene retrasos, salvo supuestos excepcionales.

EVOLUCIÓN DE LOS DATOS	Reclamaciones	Resoluciones	Pendientes	Recursos
AÑO 2016	55	30 54,5%	25	
AÑO 2017	132	111	46	1
AÑO 2018	148	128	20	2
AÑO 2019	110	23	11	1
AÑO 2020	144	123	21	4
TOTAL				**8**

Estamos ante una materia transversal por la multiplicidad de titulares a los que se dirige. Además, todas las personas físicas o jurídicas pueden solicitar información pública entendida como contenidos o documentos en cualquier formato o soporte que hayan sido elaborados o adquiridos en el ejercicio de las funciones de los distintos sectores públicos de Galicia.

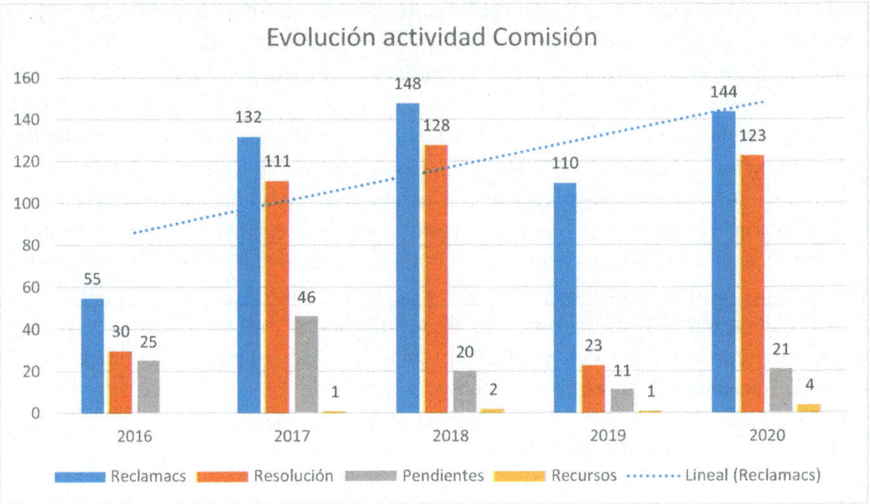

En el año 2021 las reclamaciones son 213 y las resoluciones 203 (21del año anterior), quedando pendientes de resolución 33.

Por señalar algún año, vemos que en 2017 de 111 resoluciones de la CTGa 23 reclamaciones son interpuestas por personas jurídicas y 88 por personas físicas [de las que 70 (el 70,55%) son hombres y 18 mujeres (el 20,45 %); porcentajes similares en 2018: de 128 en total, 51 personas jurídicas (el 35%) y 97 a personas físicas (el 65%) 76 hombres 51% y mujeres 21 14%.
Los ciudadanos en un 87,84% proceden del medio urbano 128 reclamaciones en 2017, frente a 4 del medio rural 12,16%.

Entre las personas jurídicas podemos destacar la abundancia de reclamaciones de organizaciones de defensa ambiental, (que van más allá de la Ley 27/2006, de 18 de julio, por la que se regulan los derechos de acceso a la información, de participación pública y de acceso a la justicia en materia de medio ambiente), así en 2017 son 9 reclamaciones, todas ellas de asociaciones o plataformas. En ellas se aprecia que la respuesta del titular de la información se produce con retraso y en algunos casos una vez solicitado el informe de la reclamación se emite la respuesta. En otros la administración espera a la resolución de la CTGa e incluso obliga a hacer varios requerimientos para la entrega de la información. En estos casos la comisión informa al reclamante de que la administración afectada tiene la obligación de cumplir la resolución en sus propios términos y el deber de notificarlo a la comisión, pero sin la posibilidad de ejecutar forzosamente o sancionar estas conductas.

A lo largo de 2017 se ha desarrollado un procedimiento de seguimiento para exigir a las administraciones que ejecuten las resoluciones. En los 132 expedientes se han realizado en 28 requerimientos, de los cuales 16 corresponden a la administración local, 9 a la Xunta de Galicia y 3 al sector público autonómico.

En muchas ocasiones los reclamantes transforman sus quejas en reclamaciones ante la CTGa. Son muchas las intervenciones de la Comisión en favor del derecho de acceso a la información pública en la administración local (derecho de información de los grupos municipales de oposición), en materia ambiental (para facilitar la participación pública en decisiones ambientales y el acceso a la justicia), o en materias administrativas (interpretación amplia del derecho de acceso a archivos y registros públicos).

En relación a las solicitudes presentadas en las Administraciones reclamadas, el siguiente cuadro. De los 55 expedientes tramitados desde el 10 de mayo de 2016 la comisión ha tratado 31 relacionados con entidades locales.

Tipo de ADMINISTRACIÓN	2016	2016	2017	2018	2019	2020
CONSEJERIAS		**46,66%**		**51,35%**		
		E D A I				
PRESIDENCIA Y TRANSPARENCIA	10		9	9	21	17
VICEPRESIDENCIA PRESIDENCIA, ADMINISTRACIONES PÚBLICAS Y JUSTICIA	33		543	318	131	105+25
HACIENDA	10	1	7	10	15	14
MEDIO AMBIENTE E ORDENACIÓN DO TERRITORIO	11		16	41	144	450 41,78%
INFRAESTRUTURAS Y VIVIENDA	12		42	59	92	109
ECONOMÍA EMPLEO E INDUSTRIA	10	3 1 1	6	33	46	9+4
POLÍTICA SOCIAL	6	1 1	5	29	3	21
EMPLEO E INDUSTRIA		1				18
CULTURA EDUCACIÓN E ORDENACIÓN UNIVERSITARIA	44	1 1 2	54	21 +6	33	30+12
TURISMO				8	56	62
SANIDAD	16		12	38	46	59
MEDIO RURAL	13		17	62	68	73
CONSEJERIA DEL MAR	68	1 1	85	89	91	69
TOTAL		**15**		**76**		
SECTOR PÚBLICO REGIONAL		8				
UNIVERSIDADES		1				

AYUNTAMIENTOS		**60%**				
		5 2 10 1 = **31**				
OTROS						
TOTAL	**233**	**55**	**796**	723	746	1.077

*2016 Reclamaciones E= Estimadas D= Desestimadas A= Archivadas I= Inadmitidas

En el año 2017, de las 132 reclamaciones, 49 se interpusieron frente a la actuación de administraciones locales gallegas (ayuntamientos, diputaciones y organismos dependientes) 38%. El resto de las reclamaciones, 83, se refieren a actuaciones del sector público de la Comunidad Autónoma, 62%.

Excepto el primer año 2016, en cómputo global del período 2017-2020 el mayor número de solicitudes fue recibido en la Vicepresidencia y Consejería de Presidencia 1.130 (31,61%); seguida de la Consejería de Medio Ambiente, Territorio e Vivienda: 662 (18,52%) y la Consejería del Mar: 402 (11,24%).

Así por mencionar un año en el 2018, el mayor número de solicitudes en la Vicepresidencia y Consejería de Presidencia, Administraciones Públicas y Justicia: 894 (51,03%), seguida de la Consejería del Mar: 242 (13,81%) y la de Cultura, Educación y Ordenación Universitaria: 119 (6,79%).

Según su forma de presentación, en el año 2017, 626 fueron presentadas por medios electrónicos y 170 por papel (en el año 2016: 88 por medios electrónicos y 145 por papel). Lo que supone un notable incremento de la utilización de la Sede electrónica de la Xunta de Galicia por parte de la ciudadanía (clara preferencia de su presentación por medios electrónicos). La forma ya será la electrónica mayoritariamente los siguientes años [572 en 2018, 593 y 965 en 2019 y 2020 respectivamente], aunque el número de solicitudes en papel se mantiene en 145-170 todos los años.

Las materias o temas de acceso a información, concluimos que el mayor número de peticiones de información revisadas por la CTGa guardaron relación con información ambiental, contratación y subvenciones; y afectaron especialmente a departamentos de la administración autonómica y a ayuntamientos. La ciudadanía de Galicia se ha interesado mayoritariamente por temas de dimensión pública, como el urbanismo o las actividades administrativas. Los sindicatos y concejales reclaman porque no reciben respuesta por los cauces ordinarios. También reclaman asociaciones de defensa ambiental o del patrimonio histórico, abogados que solicitan información pública necesaria para su actividad, o participantes en procesos selectivos que quieren obtener datos específicos. También son objeto de solicitud datos sobre contratos menores o decisiones municipales sobre vías públicas.
Otra materia destacada entre las conocidas en las reclamaciones de la CTGa es la protección del patrimonio histórico. No siempre se trata de reclamaciones promovidas por personas jurídicas, sino que en ocasiones también las promueven particulares, como vecinos del núcleo a proteger o empresarios con intereses urbanísticos. De este perfil existen 5 reclamaciones centradas en el modo de gestionar los yacimientos arqueológicos por parte de la Consejería de Cultura, Educación y Ordenación Universitaria, y otro dirigido a conocer datos de expedientes sancionadores en esta materia.

El interés por obtener datos de expedientes sancionadores es la causa de varias reclamaciones. Se instan por personas que han sido denunciantes, pero no interesados, y quieren conocer las actuaciones de la administración. En dos casos, sin embargo, se ha reclamado la información por una persona que está siendo investigada con expediente sancionador en curso. El acceso solicitado era desproporcionado. En uno de estos casos la misma persona instó 5 peticiones de acceso a un ayuntamiento y a la Agencia Gallega de Infraestructuras para conocer todas las actuaciones que las dependencias administrativas habían tramitado en un tramo de carretera. Este tramo coincide con la zona que era causa del expediente sancionador. Se solicitaba documentación relativa a la expropiación (actas, publicaciones en diarios oficiales), actuaciones administrativas ante la existencia de muros de fincas colindantes, deslindes y el trabajo de los peones camineros de una carretera que fue construida en los años 50.

Tipo de información solicitada	**2016**	**2017**	**2018**	**2019**	**2020**	**Total**
Información institucional, organizativa y de planificación	20	13	28	56	62	179
Información sobre relaciones con la ciudadanía	1	5	4	6	12	28
Información de relevancia jurídica	30	22	7	7	1	67
Información en materia de **personal**	38	22	13	26	27	126
Información sobre retribuciones altos cargos	0	1	0	0	1	2
retribuciones funcionarios	0	0	1	0	0	1
Información estadística **económica**/presupuestaria	8	10	31	54	48	151
Información patrimonial	1	17	10	4	6	38
Información sobre contratos	14	21	33	15	13	96
Información convenios,	6	10	8	8	6	38
Información sobre encargos de gestión	0	0	1	1	0	2
Información sobre **subvenciones** y ayudas	16	23	72	68	53	232
Ordenación del territorio, urbanismo y medio ambiente	44	62	160	266	553	1.085
Información en materia de **juego**	0	531	0	70	71	672
Buen gobierno (relativa a las materias del título II Ley 1/2016)	0	0	3	3	1	7
Otra información	55	59	352	162	223	851
TOTAL	**233**	**796**	**723**	**746**	**1.077**	**3.575**

La ciudadanía reclama información sobre asuntos de interés público, como los relacionados con el manejo del dinero público o con la forma de actuar de las administraciones. La Comisión da Transparencia respondió en plazo la práctica totalidad de las reclamaciones recibidas, a pesar del incremento de la carga de trabajo.

13.1.2 Resoluciones

El porcentaje resuelto en el primer año de funcionamiento fue del 54,5% y del 60,9% en el 2020. La línea se mantiene el ese porcentaje el año 2021 y los primeros meses del 2022.

SENTIDO DE LAS RESOLUCIONES, por año 2016-2020					
	2016	**2017**	**2018**	**2019**	**2020**
Estimación total	8	39	50	9	44
Estimación parcial	2	8	3	2	4

Estimación por motivos formales			7		11		6		20	
Estimación para retroacción del exped					1		1		7	
ESTIMACIÓN	**10**	52,10%	**56**	50,45%	**64**	50%	**18**	78,26%	**75**	60,97%
Desestimación	8	42,1%	1	0,90%	16	12,5%	5	21,7%	15	12,19%
Archivo Desistimiento	11	36,66%	42	37,83%	10	7,81%			11	8,94%
Inadmisión	1	5,2%	32	28,82%	38	29,68%			22	17,88%
TOTAL	**30**		**111**		**128**		**23**		**123**	

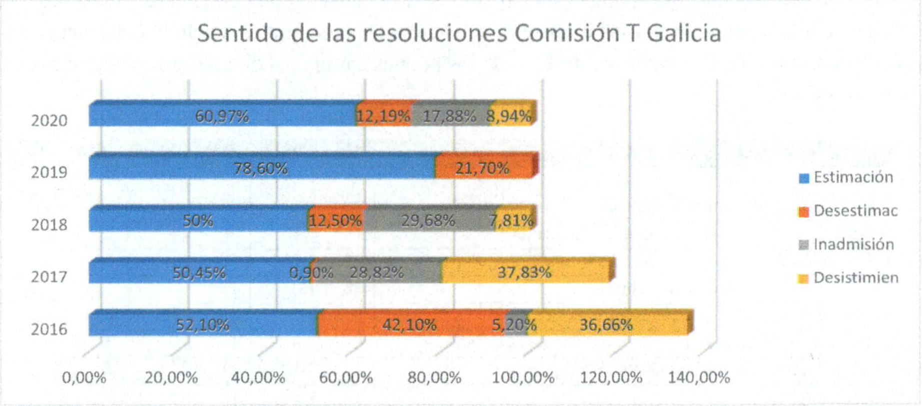

En 2016 de las 55 reclamaciones admitidas a tramitación, se estimaron 10, 18 recibieron la información facilitada después de la interposición de la reclamación, de 8 no se facilitó información, se archivaron 3 y quedaron pendientes 25 de ellas. El número de inadmitidas es creciente en 2017 por falta de competencia de la Comisión [art. 116 a) LPAC] 8 de ellas, no susceptible de reclamación 4, carencia de fundamento 4, información que requiere reelaboración 1, solicitudes abusivas o repetitivas 1, solicitud fuera de plazo 4 o procedimiento en curso 5. Muy parecidas cifras de causas de inadmisión se producen en 2018 (por no ser el asunto susceptible de recurso en materia de información pública 11 o falta de competencia de la Comisión 5)

En el último año estudiado 2020, la pandemia de la COVID protagonizó la mayor parte de las reclamaciones, entre ellas: EXPEDIENTE 89/2020, silencio administrativo sobre el impacto de la epidemia en las residencias de mayores, considera la CTGa que es información pública, ya que es información adquirida por la Consejería de Política Social en el ejercicio de sus funciones (personas contagiadas y fallecidas por residencia tanto pública como privada, siempre habrá de ponderarse, por una parte el interés público en la información, especialmente presente en el caso de las plazas concertadas dada su financiación pública por la Administración, y por otra el interés de los titulares de las residencias privadas y la protección de los datos de sus usuarios. Si resulta necesario el trámite de audiencia, que en este caso no se realizó, así como alegaciones de todos los sujetos a cuyos derechos o intereses pueda afectar. Por lo que la CTGa resuelve instar a la Consejería de Política Social, a la retroacción del expediente al punto del trámite de audiencia de conformidad con los límites de los artículos 14 y 15 de la Ley 19/2013, de 9 de diciembre, y el artículo 22 de la misma ley, en lo referido a la formalización del acceso.

También el EXPEDIENTE 41/2020: sobre retribuciones en 2019 del rector, de los vicerrectores, del gerente, del vicegerente y de la secretaría general de la Universidad de Vigo. La universidad considera que, dado que la normativa impone el deber de hacer pública únicamente la información sobre retribuciones de altos cargos y máximos responsables y al no serlo los vicerrectores ni el secretario general altos cargos, únicamente tendría deber de proporcionar la información referente al rector, como máximo representante de la Universidad y a la gerente cómo único alto cargo. Ante la información parcial que recibe el reclamante, la CTGa estima la reclamación e insta a la Universidad, a que, en el plazo máximo de 10 días hábiles, responda a la petición de información solicitada y a que remita a la Comisión copia del envío al reclamante de la información solicitada.

13.1.3 Impugnación de acuerdos

El primer año no se interpone ningún recurso judicial contra las resoluciones de la Comisión de la Transparencia (ni por parte de los recurrentes ni por parte de las administraciones afectadas) y en 2017 sólo una ciudadana ha interpuesto un recurso contencioso-administrativo contra la resolución de la CTGa de 22-11-2016 archivando (y contra la Xunta de Galicia). El expediente afectaba a un programa de acogida temporal de menores rusos promovidos por una asociación, en los años 2010, 2011, 2012, 2013 y 2014, en el que la Consejería de Política Social facilitó dicho programa, pero denegando información que afectaba a datos de carácter personal. La Comisión entendió que los límites legales de acceso se habían aplicado correctamente y procedió al archivo de la reclamación.

RECURSOS contencioso-administrativos						
2016	2017	2018	2019	2020	2021	TOTAL
0	**1**	**2**	**1**	**4**		**8**

En 2018 ese recurso ordinario 115/2017, finaliza por sentencia (STSXG 212/2018), del Tribunal Superior de Justicia de Galicia, que estima el recurso y anula el acto impugnado, y reconoce el derecho de la ciudadana a que la administración autonómica (Consejería) remita la información solicitada en el ejercicio del derecho de acceso a la información pública.

-Recurso ordinario 164/2017 promovido por la Xunta de Galicia contra la resolución de la Comisión de 28-2-2018 por la que se estima la reclamación de una asociación y se insta a la Dirección de Función Pública a que en el plazo de 15 días se responda a la petición de información solicitada, respetando los límites de los artículos 14 y 15 de la Ley 19/2013, y que remita a la CTGa copia del envío y recepción de la información solicitada. El recurso se promovió ante un Juzgado de lo Contencioso-Administrativo de Santiago de Compostela. La Comisión promovió una cuestión de competencia, ya resuelta con la remisión del recurso al Tribunal Superior de Justicia de Galicia. En 2020 se resuelvan 3 y queda uno en tramitación.

13.2 Conclusiones

Con una población de 2.698.536 la ratio de reclamaciones por cada 100.000 habitantes es de 5,33 reclamaciones en el año 2020, muy baja.

- Durante los años 2017 a 2019 se ha mantenido la cifra de peticiones de información (700-800) y el de reclamaciones ante la Comisión (130-150), ya el 2020 ha supuesto un incremento de las peticiones de acceso a la información pública (1.077), no así de las reclamaciones (123) ante la Comisión da Transparencia. Las peticiones se refieren mayoritariamente a información que no se facilita por la vía de la publicidad activa y temas de interés público.
- No es muy significativa la cifra del silencio administrativo (3,44%).
- Aumenta el número de reclamaciones contra las resoluciones tanto de la Xunta como de las entidades locales. La mayor parte en consejerías de presidencia, infraestructuras o la consejería del mar.
- La Comisión ha consolidado su gestión a nivel administrativo y ha resuelto las reclamaciones, que en general se notifican en plazo. En sus resoluciones aporta criterios de aplicación de la normativa de trasparencia de gran relevancia práctica especialmente sobre la gratuidad del acceso, el concepto de información pública, al interés público en el acceso a la información, a la preservación de procedimientos especiales -especialmente el de acceso a la información ambiental-y la aplicación restrictiva de los límites de acceso.
- La ciudadanía de Galicia se ha interesado mayoritariamente por temas de dimensión pública, como el urbanismo o las actividades administrativas. Los sindicatos y concejales reclaman porque no reciben respuesta por los cauces ordinarios. También reclaman asociaciones de defensa ambiental o del patrimonio histórico, abogados que solicitan información pública necesaria para su actividad, o participantes en procesos selectivos que quieren obtener datos específicos. También son objeto de solicitud datos sobre contratos menores o decisiones municipales sobre vías públicas.
- Además, las resoluciones de la Comisión de la Transparencia han sido mayoritariamente ejecutadas, aunque en algunos casos se ha requerido en varias ocasiones el cumplimiento de la resolución, que en determinados ámbitos locales se explica por la dimensión y falta de recursos personales y materiales de algunos entes; no obstante, su control corresponde a los propios ayuntamientos y a los tribunales, salvo la posibilidad de interponer queja. Esta circunstancia crea indignación y desconfianza en la ciudadanía

Es necesario seguir dotando a la institución de los medios que permitan asegurar la adecuada resolución de las reclamaciones. Determinadas carencias en este orden han impedido responder todas las reclamaciones con la debida diligencia. Reconoce la Valedora do pobo, como Comisionada da transparencia que los tiempos de respuesta pueden mejorarse.

14.- Actividad de la Comisión de Transparencia de CASTILLA Y LEÓN como órgano colegiado incardinado en el Procurador del Común (CTCyL

14.1 Balance de la actividad de la CTCyL 2015 a 2020

En Castilla y León corresponde a la Comisión de Transparencia, como órgano colegiado adscrito al Procurador del Común, la resolución de las reclamaciones, ajustándose a lo dispuesto en materia de recursos en la legislación de procedimiento administrativo (arts. 8 y 12 LTPCyL).
Además de reiterar la obligación del Procurador del Común de atender el ejercicio de las funciones del Comisionado y de la Comisión de Transparencia con los medios materiales asignados y con el personal actualmente existente, establece la prohibición expresa de que su nueva asunción de competencias implique un incremento de gasto. La creación de un organismo de control de la transparencia pública sin contemplar medios humanos y materiales adicionales específicos para que pueda desarrollar adecuadamente su función, supone un obstáculo más que notable para la realización de forma eficaz de las nuevas funciones atribuidas por la normativa aplicable, afectando a la eficacia en el desarrollo de la labor encomendada[497].
Para atender las funciones propias de la CTCyL, fue necesario proceder al nombramiento, entre el personal de la Asesoría Jurídica de la Institución, de los secretarios titular y suplente de aquella y del miembro suplente del Adjunto del Procurador del Común, quien forma parte integrante de la Comisión.

14.1.1 Reclamaciones

EVOLUCIÓN DE LOS DATOS	Reclamaciones	Resoluciones	Pendientes	Recursos
AÑO 2015	1			
AÑO 2016	101	66	7,5%	
AÑO 2017	202	155	16%	3
AÑO 2018	314	225	20%	1
AÑO 2019	325	216	28%	5
AÑO 2020	329	251	39,39%	2
TOTAL	**1.272**	**913**	**23%**	**11**

*Cuadros y gráficos elaboración propia en base a las memorias y web de la comisión

Contabilizadas las resoluciones del año 2021 en la web suman 260 (estimadas 148). A fecha agosto 2022 se han resuelto 146 reclamaciones (estimadas 83)

[497] En la modificación del Borrador de anteproyecto de la Ley de transparencia, acceso a la información pública y su reutilización de la Comunidad de Castilla y León, que tuvo lugar tras el período de audiencia se ha incorporado la previsión de que la dotación de personal de la Comisión de Transparencia debe acomodarse, en el plazo de un año desde la publicación de la nueva Ley en el BOCyL, a las competencias reconocidas en esta al órgano de garantía de la transparencia. (Aunque una Ley no es el instrumento idóneo para dotar de medios personales y materiales a una institución, pero se debe garantizar que la suficiencia de recursos del organismo de garantía de la transparencia sea real en el momento en el que deba comenzar a ejercer las nuevas funciones encomendadas) El 21 de octubre de 2021 se aprueba por el consejo de gobierno el proyecto de ley de transparencia, acceso a la información pública y su reutilización, y se acuerda su remisión a las Cortes de Castilla y León para que prosiga su tramitación. **Convocadas elecciones a Cortes, ha decaído.**

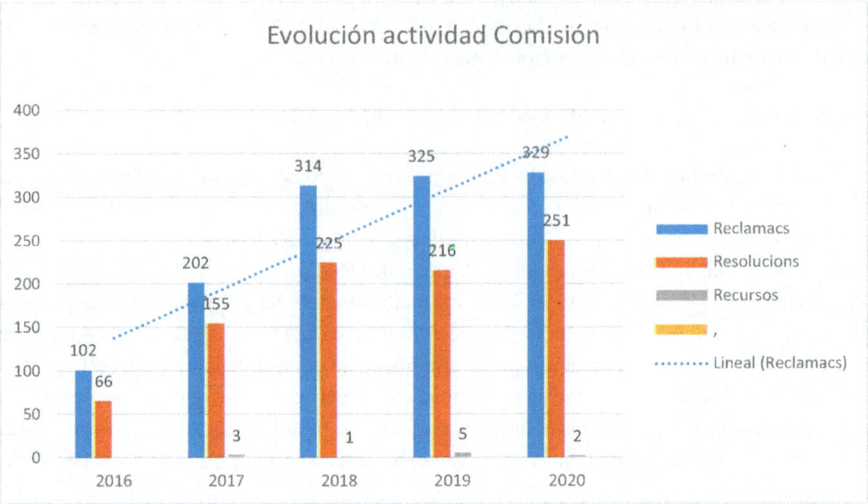

Las reclamaciones son, sobre todo y como viene siendo habitual en todos los órganos de control, frente a resolución presunta entre 71%-75% y en menos proporción son reclamaciones frente a resolución expresa 29%-30%. En el último año estudiado 2020, se contabilizan 329 presentadas 84 resoluciones expresas (25.53%), 245 presuntas (74.47%). Reclamaciones presentadas por cargos representativos locales 90 (27.3%).

El primer año 2016, las reclamaciones interpuestas por personas jurídicas suponen el 6%, frente al 94% de personas físicas, y esta será línea que veremos en los siguientes años.

PERFIL DEL RECLAMANTE	Persona Física	Hombre		Mujer		Persona Jurídica	Cargos locales	TOTAL
2016	94%		%			6%		**101**
2017	77%		%			23%		**202**
2018	64%		79%		21%	36%		**314**
2019	219 (67%	153	70%	61	28%	22%	11%	**325**
2020	184 (56%	121	66%	61	33%	17%	27%	**329**

De las 219 reclamaciones presentadas en 2019 por personas físicas, 153 (el 70%) fueron presentadas por varones y 61 (el 28%) por mujeres. Además, cinco reclamaciones fueron presentadas por varios firmantes (el 1%). Y en 2020 de las 184 reclamaciones presentadas por personas físicas, 121 (el 66%) fueron presentadas por varones y 61 (el 33%) por mujeres. Además, dos reclamaciones fueron presentadas por varios firmantes (el 1%).

Se comprueba que en una situación como la generada por la crisis sanitaria provocada por la covid-19, la relevancia de un derecho como el de acceso a la información pública cobra, si cabe, mayor dimensión en relación con aquellas decisiones públicas adoptadas para hacer frente a esta excepcionalidad de la pandemia, por lo que aumenta el número de profesionales de medios de comunicación que han acudido a la Administración a solicitar información vinculada, directa o indirectamente, con la pandemia, y, en su caso, al órgano de garantía cuando no obtenían la información pedida.

En cuanto a solicitudes presentadas en las Administraciones reclamadas, es la mitad prácticamente, en papel y mitad electrónicamente en los cuatro primeros años 2016, 2017, 2018, 2019, no así en el 2020 donde la presentación electrónica (53%) supera al papel (47%). Estas reclamaciones que se presentan tienen un porcentaje en toda la secuencia de años del 80%-70% frente a resolución presunta o por silencio y 20%-30% frente a resolución expresa, aparece desde 2018, 2019 un 2% presentadas por cargos locales, subiendo esta cifra en 2020 frente a resoluciones por silencio.

ADMINISTRACIÓN	2016	2017	2018	2019		2020	
SECTOR PÚBLICO REGIONAL	**16,8%**	**21%**	**26,7%**	**23%**		**23%**	
PRESIDENCIA	1	11	12	9		9	
FOMENTO Y MEDIOAMBIENTE	5	12	10	16	4,6%	22	
ECONOMÍA Y HACIE		5	11	5	1,5%	2	
EMPLEO		1	5	3	0,9%	3	
AGRICULTURA	3	3	5	13	4,0%	5	
SANIDAD	2	6	9	12	3,7%	18	
FAMILIA E IGUALDAD	2	2	8	4	1,2%	5	
EDUCACIÓN		1	16	8	2,2%	9	
CULTURA TURISMO		2	7	5	1,5%		
TRANSPARENCIA, ORDENACIÓN DELTERRITORIO Y ACCIÓN EXTERIOR				1	0,3%	2	
	17	**43**	**83**	**76**		**45**	
UNIVERSIDADES		8%	2,5%	4%		1%	
	3			13		2	
Corporaciones de derecho público		1%	7,0%	1%		1%	
COLEGIOS PROFESIONALES	**11**						
Entidades locales	**73,2%**	**60%**	**60,8%**	**68%**		**72.34%**	
AYUNTAMIENTOS	65	96	142	169	(51,7%)	190	(57,75%
DIPUTACIONES	3	12	15	19	(5,8%)	12	
ENTIDADES LOCALES MENORES	6	12	33	31	(9,5%)	36	
MANCOMUNIDADES		1	1	2	(0,6%)		
	74	**121**	**191**	**221**		**238**	
OTROS	0,5%	3%	1,6%	7	(2%)	7	(2%)
TOTAL	**101**	**202**	**314**	**325**		**329**	

Se observa por quinto año consecutivo un crecimiento notable de las solicitudes de información pública dirigidas a los servicios de las consejerías de la Administración Autonómica, si bien es cierto que en 2020 este crecimiento ha sido muy ligero, su causa podría ser la facilidad para presentar la solicitud por vía electrónica, eliminando la exigencia de requisitos. En cambio, el número de las solicitudes formuladas en el resto de administraciones y entidades se ha mantenido o incluso ha descendido.

Sin duda, que el 69 % de las reclamaciones presentadas por personas físicas y jurídicas (representantes locales al margen) hayan sido frente a desestimaciones presuntas ayuda a entender el bajo número de solicitudes de información que afirman haber recibido muchas administraciones de un tamaño considerable, por ejemplo, en 5 ayuntamientos de más de 20.000 habitantes, cuatro de ellos capitales de provincia, que en 2020 han recibido siete o menos solicitudes de información pública.

Observamos como los temas de empleados públicos se repiten en cada uno de los años, temas económicos e institucionales y también los urbanísticos.

Tipo de información solicitada	2016	2017	2018	2019	2020
Información institucional, organizativa y de planificación		3	3 2	19	20
Información de relevancia jurídica	1		2	23	22
Información sobre contratos, concesiones administrativas		4	1	13	19
Información en materia de Empleados públicos	9	11	9	14	20
Retribuciones funcionarios			10	13	8
Selección empleados públicos	5			13	9
Información sobre retribuciones altos cargos			2		
Información estadística económica/presupuestaria	4	4	7	58	59
Información sobre subvenciones y ayudas					5
Información patrimonio cultural - Educación	1	1	2 2		
Información Sanidad			2 1		
Información sobre políticas sociales			1		
Información urbanística, Ordenación del territorio, y medio ambiente		5	8	23+36 +20	21+22 +35
Autorizaciones y control de actividades	2	4			
Sobre Ordenanzas municipales		2			
Sobre Acuerdos de las corporaciones locales	3	4			
Abastecimiento de agua potable a municipios		1			
Servicios públicos			6		
Información tributaria		2denegadas	4		
Publicación de declaración de bienes de cargos públicos		1			
Sobre Colegios profesionales		1	3		
Funcionamiento de parques eólicos		1			
Otra información				93	89

*En rojo denegadas

14.1.2 Resolución

En cuanto a las resoluciones de la CTCyL, tienen carácter ejecutivo, y frente a ellas, solo cabe recurso contencioso-administrativo. En todos estos casos, el resultado final debe ser que el ciudadano obtenga la información pública que ha solicitado y a cuyo conocimiento tiene derecho. En 2017, se han presentado ante la Comisión de Transparencia 202 reclamaciones en materia de acceso a la información pública, el doble que el primer año de funcionamiento en 2016, y se han adoptado 155 resoluciones (por 66 en 2016). De estas, 61 han sido estimatorias y 43 han sido adoptadas por desaparición del objeto al ser concedida la información solicitada cuya denegación había motivado la reclamación inicial. Se emiten en 2018 el número más alto de resoluciones: 225 y 51 las resoluciones adoptadas por desaparición de objeto, 8 más que en 2017.

SENTIDO DE LAS RESOLUCIONES, por año 2016-2020										
	2016		2017		2018		2019		2020	
Estimación	40	60.6%	61	39,35%	94	51,7%	114	52,7%	132	52,5
Estimación parcial										
Desestimación	2	3,0	21	20	21	9,33	12	5,5	12	4,7
Inadmisión	14	21,2	21	13,5	33	14,6	20	9,2	24	9,5
Archivadas por Desaparición objeto	8	12,1	43	27,7	51	22,6	52	24,07	62	24,7
Archivadas por otras causas	2	3,0	9	5,8	26	11,5	18	8,3	21	8,3
TOTAL	**66**		**155**		**225**		**216**		**251**	

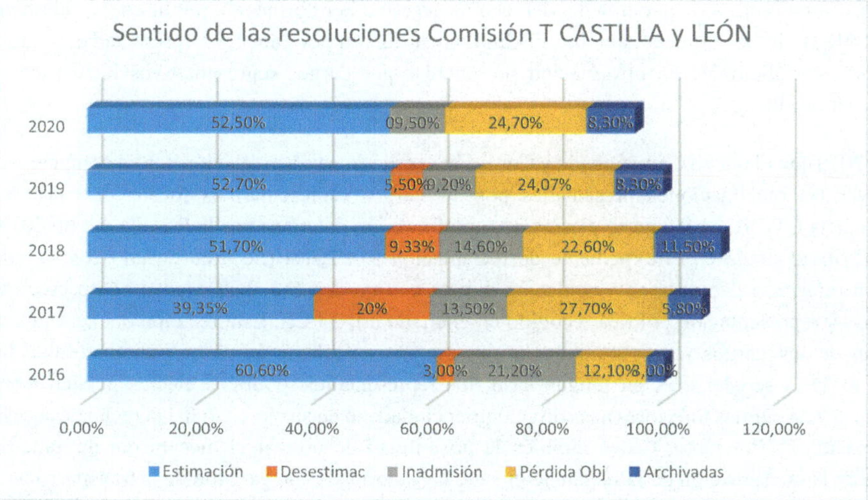

El porcentaje de reclamaciones estimadas ha descendido del 80 % en 2019 al 73% en 2020. No obstante, cerca de 3 de cada 4 solicitudes de información presentadas fueron estimadas. Es importante que las peticiones de información, con independencia de la forma en la que se presenten y de su autor, sean tramitadas de conformidad con el procedimiento legalmente previsto. Confirma esto que la Administración autonómica donde, como hemos visto, ha crecido notablemente el número de solicitudes presentadas, se mantiene un porcentaje de estimaciones alto, ligeramente superior al 73 %.

La desestimación es el único número que se mantiene estable (21-12) después del año 2016, los demás porcentajes aumentan considerablemente estimación, archivo e inadmitidas.

La denegación expresa de la información, sigue predominando en todos los grupos de sujetos obligados, y es ya una tónica general, la aplicación de las causas de inadmisión reguladas en el art. 18 de la Ley 19/2013, de 9 de diciembre, sobre la de los límites previstos en los arts. 14 y 15 de la misma Ley. Dentro de las primeras, en 2020 las aplicadas de forma más frecuente han sido, en orden descendente, la falta de disposición de la información solicitada, el carácter abusivo de la solicitud; y, la necesidad de reelaborar la información para su divulgación.

En términos porcentuales, mientras el primer año de funcionamiento de la Comisión se inadmitieron el 12,8 % de las reclamaciones recibidas, en 2017 ese porcentaje se reduce en casi 5 puntos (7,9 %). De ellas, 2 lo fueron por haber sido presentadas por representantes locales que habían solicitado la información en su calidad de tales (expedientes CT-0012/2017 y CT-0068/2017). El criterio mantenido en estos supuestos por la Comisión desde el comienzo de su funcionamiento hasta 2019, es la inadmisión ya que considera la CTCyL que los cargos electos, cuentan, con unos mecanismos de protección concretos derivados de su configuración como derecho fundamental que, excluyen la aplicación del mecanismo de reclamación regulado en el art. 24 LTAIBG, -incluso conociendo que otros órganos autonómicos de garantía del derecho de acceso a la información pública si las admiten- En el año 2018, 8 de las 33 reclamaciones inadmitidas lo fueron por haber sido presentadas frente a denegaciones de solicitudes de información presentadas por cargos representativos locales en el ejercicio de su condición.

A partir de 2019 con el nuevo Comisionado y Comisión el criterio varía en relación con su competencia para resolver las reclamaciones presentadas por los cargos representativos locales. La primera Resolución de la CTCyL en la que se plasma esta modificación de criterio es la Resolución 86/2019, de 29 de abril, adoptada en el expediente de reclamación 314/2018. (Se trata de un derecho a la información reforzado debido a su vinculación directa con un derecho fundamental como es el de participación y representación política recogido en el citado art. 23 CE. Esta relación del acceso a la información de los cargos representativos locales con su derecho a la participación política ha conducido al TS a señalar que, en ningún caso, los representantes políticos electos pueden tener reconocidas unas garantías inferiores a las de cualquier ciudadano en su ejercicio del derecho de acceso a la información[498]. Por tanto, tienen también la posibilidad de utilizar el mecanismo de garantía consistente en la interposición de la reclamación ante las autoridades de garantía de la transparencia. En este sentido, se considera ahora que la propia LTAIBG permite que también los cargos representativos locales, a pesar de contar con un régimen jurídico específico de acceso a la información, puedan utilizar este concreto mecanismo de garantía a través de la aplicación supletoria de aquella (punto 2 de la disp. adicional primera LTAIBG). Puesto que ni la LRBRL ni el ROF prevén un mecanismo específico de garantía distinto del recurso judicial ante una autoridad independiente análogo a la reclamación regulada en el citado artículo 24 de la LTAIBG, esta aplicación supletoria permite hacer compatible la aplicación del régimen específico del ejercicio del derecho de acceso a la información pública de los cargos representativos locales con su carácter privilegiado, que impide que cuente con menos garantías que las reconocidas a todos los ciudadanos en el ejercicio del mismo derecho, sin necesidad de que, para poder utilizar aquel mecanismo, deba ejercer este derecho como ciudadano y despojarse para ello de su condición de representante político electo.

---

[498] STS de 15 de junio de 2015, relativa al acceso a información de los diputados de la Asamblea Legislativa de la Comunidad Valenciana pero trasladable igualmente a los cargos representativos locales. (Pone de manifiesto que los representantes políticos electos no pueden disfrutar, en ningún caso, de menos garantías que un ciudadano en el momento de ejercer su derecho de acceso a la información.)

La Comisión de Transparencia se unió así a otros organismos[499] de garantía de la transparencia en la adopción del criterio de admitir su competencia para tramitar y resolver estas reclamaciones.

El otro motivo de la inadmisión de las mismas se encuentra en el hecho de que, a pesar de haberse dirigido los ciudadanos a la CTCyL con la voluntad de presentar una reclamación, lo cierto era que el objeto de la solicitud cuya denegación motivaba esta no podía ser calificado como "información pública" en los términos establecidos en el art. 13 LTAIBG[500].

Por otro lado, durante la vigencia de la declaración del primer estado de alarma (entre el 14 de marzo y el 21 de junio de 2020 con la crisis ocasionada por la COVID-19) se ralentizó el ritmo de presentación de reclamaciones, se recibieron 39 reclamaciones, mientras que hasta el comienzo de este se habían presentado 107. Sin embargo, la CTCyL, continúo con su actuación, adoptando 104 resoluciones.

Finalizado este primer período de estado de alarma, el ritmo de presentación de solicitudes volvió a incrementarse hasta llegar a las 329 recibidas durante todo el año, 4 más que en 2019. Se han adoptado 251 resoluciones (35 más que en 2019), de las cuales 132 han sido estimatorias y 62 han tenido como contenido la declaración de la desaparición del objeto de la reclamación, al ser concedida la información cuya denegación había sido impugnada. En cuanto al resto de resoluciones, 24 fueron de inadmisión, 12 tuvieron un sentido desestimatorio y 21 declararon el archivo de la reclamación por otras causas. En 2021 se mantiene el número 260 resoluciones de las que 148 se estiman, 7 se desestiman, 33 se inadmiten y 50 pérdida de objeto por concesión de información, y a fecha agosto de 2022 se han resuelto 146 reclamaciones.

La materia de las solicitudes de información cuya denegación, expresa o presunta, motivó la presentación de reclamaciones, se relacionaba con la actuación administrativa vinculada con la COVID-19 y con sus consecuencias en 15 de ellas, de las cuales 14 tuvieron como objeto resoluciones de la Administración autonómica. Señalar que en 13 de estas 15 peticiones de información el solicitante de la información y reclamante ante la Comisión fue un profesional de los medios de comunicación.

---

[499] La Comisión de Garantía del Derecho de Acceso a la Información Pública de Cataluña -GAIP-, desde su Resolución de 11 de febrero de 2016; el Consejo de Transparencia de Aragón, desde su Resolución 6/2017, de 27 de marzo; el Consejo de Transparencia, Acceso a la Información Pública y Buen Gobierno de la Comunidad Valenciana, entre otras en su Resolución 26/2017, de 10 de marzo; el Comisionado de Transparencia de Canarias, entre otras, en su Resolución 61/2016, de 31 de marzo; o, en fin, la Comisión de Transparencia de Galicia, en su Resolución 25/2016, de 15 de diciembre

[500] De acuerdo con lo dispuesto en el art. 13 LTAIBG, se entiende por información pública los contenidos o documentos, cualquiera que sea su formato o soporte, que obren en poder de una Administración o entidad del sector público, siempre que hayan sido elaborados o adquiridos en el ejercicio de sus funciones. Por tanto, no son solicitudes de información pública las denuncias de presuntas actuaciones irregulares, los requerimientos para que se lleve a cabo una determinada actuación, la realización de consultas generales o jurídicas, o la expresión de opiniones, aunque los escritos donde se contengan se dirijan a una Administración o entidad pública. [Como ejemplos de estos casos de inadmisión a trámite, podemos señalar que en 5 reclamaciones inadmitidas por este motivo, el ciudadano no se había dirigido a la Administración autonómica en solicitud de ningún documento o contenido que pudiera ser calificado como información pública, sino que se trataba de la formulación de una consulta jurídica general cuya respuesta era considerada por el solicitante necesaria para el ejercicio de la función que los representantes de los empleados públicos tienen atribuida de "vigilar el cumplimiento de las normas vigentes en materia de condiciones de trabajo, prevención de riesgos laborales, seguridad social y empleo, y ejercer, en su caso, las acciones legales oportunas ante los organismos competentes"].

La CTCyL ha adoptado varias resoluciones[501]. en las que consideró que la Administración autonómica había tramitado de forma irregular o había denegado incorrectamente solicitudes de información pública relacionadas con la pandemia, en particular sobre el ejercicio de competencias en centros residenciales o la prestación del servicio sanitario.

14.1.3 Grado de ejecución

En cuanto al cumplimiento de las obligaciones en materia de acceso a la información pública existe un alto porcentaje de solicitudes que, una vez tramitadas, se resuelven expresamente de forma estimatoria (más del 80%) reconociendo el derecho del ciudadano a acceder a la información solicitada cuya denegación había motivado la reclamación inicial o resoluciones por desaparición de objeto: (43 en 2017, 8 en 2016)

En 2016 se ha cumplido el 92,5% de las resoluciones estimadas (7,5% quedaron pendientes; en 2017 82% y pendientes 18%, en el año 2018 se cumplieron 69% y quedaron pendientes el 31% de ellas; pero siguen pendientes de cumplimiento: 3 de 2016 y 10 de 2017 y 25 de 2018.

RESOLUCIONES ESTIMADAS						
	2016	**2017**	**2018**	**2019**	**2020**	
Cumplidas	92,5%	84%	80%	72%	60,61%	
Pendientes	7.5%	16%	20%	28%	39,39%	

La carencia de instrumentos ejecutivos forzosos en la LTAIBG y en la LTPCyL para hacer cumplir lo decidido motiva que, si el órgano administrativo o entidad afectada mantiene una voluntad deliberadamente incumplidora de la resolución, tanto el CTBG como la Comisión de Transparencia no disponen de un medio efectivo para garantizar que se proporcione al ciudadano la información en la forma dispuesta.

---

[501] - Resolución 171/2020, de 23 de septiembre (reclamación 157/2020) La información solicitada y que no había sido concedida consistía en los datos desglosados por centros residenciales del número de personas contagiadas y fallecidas en ellos, señalando en este último caso si el fallecimiento había tenido lugar con positivo confirmado o con sintomatología compatible, y enumerando cuántos de estos decesos se habían producido en la residencia y cuántos en un hospital.

En la decisión adoptada por la CTCyL, se tuvo en cuenta que la denegación de la información impugnada había tenido lugar sin la previa realización del trámite de audiencia a los titulares de los centros exigido por el art. 19.3 LTAIBG, trámite radicalmente distinto al que había sido llevado a cabo por la Administración autonómica dirigido a recabar el consentimiento de aquellos para la divulgación de la información. En consecuencia, y puesto que aquellos titulares no se encontraban identificados ante la Comisión, se ordenó la retroacción del procedimiento al momento de la adopción de aquel trámite. Con la finalidad de que la decisión sobre el acceso a la información solicitada se adoptase lo antes posible, resultaba conveniente que el trámite de audiencia que debía ser realizado se comunicase a través de medios electrónicos a las personas jurídicas titulares de los centros afectados [art. 14.2 a) LPAC] o mediante publicación por aconsejarlo así razones de interés público que deben ser apreciadas por el órgano competente (art. 45.1 LPAC).

- Resolución 173/2020, de 23 de septiembre (reclamación 166/2020) En este caso, la información solicitada guardaba una relación indirecta con la COVID-19, aunque directa con los centros residenciales donde ha tenido una especial incidencia la enfermedad, puesto que el objeto de la petición eran las denuncias o quejas recibidas en 2019 en el órgano competente de la Comunidad en relación con las residencias de personas mayores, su motivo y los casos en los que había tenido lugar la apertura de un expediente administrativo contra la empresa titular de la residencia (toda la información se solicitaba desglosada por centros residenciales).

Este hecho de que la CTCyL no pueda garantizar el cumplimiento de sus resoluciones ante una voluntad contraria al mismo, ha generado, incluso, la presentación de una queja ante el Procurador del Común por el incumplimiento por el Ayuntamiento de Antigüedad (Palencia) de varias Resoluciones de aquella. Debido a las evidentes relaciones de identidad entre el Procurador del Común y la Comisión de Transparencia, se consideró conveniente remitir el citado expediente de queja al Defensor del Pueblo de España para que fuera este quien adoptase la decisión que corresponda en relación con la tramitación y resolución de aquella queja en virtud de sus competencias generales de supervisión de la actividad de la Administración, atribuidas por el art. 54 CE y por la Ley Orgánica 3/1981, de 6 de abril, del Defensor del Pueblo.

14.1.4 Impugnación de acuerdos

En 2017 se han interpuesto tres recursos contencioso-administrativos frente a resoluciones de la CTCyL; dos de ellos han sido interpuestos por el Ayuntamiento de Peñafiel (expedientes CT-0074/2016 y CT-0075/2016) y el tercero por la Consejería de la Presidencia (CT-0046/2017).
En 2018 se ha interpuesto por la Consejería de Cultura y Turismo un recurso contencioso-administrativo frente a la Resolución de la Comisión 123/2018, de 8 de mayo, adoptada en la reclamación 72/2018. En 2019, cinco recursos judiciales más frente a resoluciones de la Comisión y en 2020, se han interpuesto 2 recursos contencioso.

	2017	2018	2019	2020		
TOTAL	3	1	5	2		

Recursos contencioso-administrativos					
Núm. de procedimiento	**Demandante**	**Tema**	**Resolución**		**Fallo**
P.O. 519/2017	Ayto. de Peñafiel (Valladolid)	licitación contrato de gestión de la limpieza viaria	CT-0074/2016 19/05/2017		Desestimación
P.O 520/2017	Ayto. de Peñafiel (Valladolid)	pago de horas extraordinarias	CT-0075/2016 19/05/2017		Desestimatoria
P.O. 175/2018	Consejería de Presidencia	procedimiento selectivo de un auxiliar de carreteras	CT-0046/2017 14/07/2017		Desestimatoria
P.O. 205/2018	Consejería de Cultura y Turismo	patrimonio histórico en la localidad de Sasamón (Burgos)	CT-0072/2018 08/06/2018		Estimatoria
P.O. 154/2019	Consejo de Colegios Profesionales de Diplomados en Enfermería	Información sobre el proceso electoral a los órganos de gobierno de un Colegio Profesional	CT-0110/2018 29/03/2019		Desestimatoria
P.O. 159/2019	Colegio Profesional de Diplomados en Enfermería de Ávila	“”	CT-0111/2018 05/04/2019		Desestimatoria

P.O. 42/2020	Colegio Profesional de Diplomados en Enfermería de Burgos	“”	CT-0112/2018 05/04/2019		Pendiente
P.O. 179/2019	Colegio Profesional de Diplomados en Enfermería de León	“”	CT-0113/2018 05/04/2019		Desestimatoria
P.O. 166/2019	Colegio Profesional de Diplomados en Enfermería de Palencia	“”	CT-0114/2018 05/04/2019		Desestimatoria
P.O. 159/2019	Colegio Profesional de Diplomados en Enfermería de Salamanca	“”	CT-0115/2018 05/04/2019		Desestimatoria
P.O. 127/2020	Servicios Funerarios de León Serfunle, S.A.	Solicitud de copia de los Libros Mayores de Cuentas, concepto "Servicios Exteriores", de una empresa participada mayoritariamente por una Mancomunidad (SERFUNLE, S.A.).	CT-0072/2019 17/04/2020		Desestimatoria
P.O. 159/2020	Ayuntamiento de León	Decretos adoptados en un Ayuntamiento en el mes de enero de 2017	CT-0018/2019 24/04/2020		Pendiente

En 2018 se adoptó la primera Sentencia en un recurso contra una Resolución de la CTCyL, se trataba de la Resolución 70/2017, de 14 de julio, por la que se había estimado una solicitud de información relativa a un proceso selectivo para el acceso libre a una plaza de auxiliar de carreteras (reclamación 46/2017). Esta Sentencia del Juzgado Contencioso-Administrativo núm. 1 de León, de 5 de diciembre de 2018, desestimó el recurso interpuesto por la Consejería de Presidencia.

En 2019, se interponen 6 recursos contencioso-administrativos por Colegios Profesionales provinciales de Enfermería y la restante el Consejo de Colegios de Castilla y León. En esas resoluciones se reconocía el derecho de acceso a información relativa a los procesos electorales de sus órganos de gobierno. Todas las sentencias correspondientes a estos recursos, desestimatorias de estos y confirmatorias, por tanto, de las decisiones adoptadas por la CTCyL.

También se han dictado dos sentencias por los Juzgados de lo Contencioso- Administrativo de León en dos recursos interpuestos en 2017 por el Ayuntamiento de Peñafiel (Valladolid), ambas también de sentido desestimatorio de estos. La primera fue la SJCA núm. 1 de León 176/2019, de 28 de junio, relativa a la Resolución de la Comisión adoptada en la reclamación CT-0075/2016. La segunda, emitida ya en 2020, fue la SJCA núm. 3 de León 76/2020, de 24 de abril, la cual resolvió el recurso interpuesto frente a la Resolución de la reclamación CT-0074/2016.
Así mismo, en 2019 se ha adoptado la primera Sentencia del TSJCyL con origen en una Resolución de la Comisión de Transparencia (STSJCyL núm. 1253/2019, de 24 de octubre). Esta STSJCyL desestimó el recurso interpuesto frente a una Sentencia del Juzgado Contencioso-Administrativo núm. 1 de León, de 5 de diciembre de 2018, desestimatoria, a su vez, de un recurso interpuesto por la Consejería de la Presidencia, confirmando ambas resoluciones judiciales el criterio mantenido por la

Comisión acerca de la posibilidad de los interesados en un procedimiento de presentar una reclamación frente a este órgano cuando vean denegadas sus solicitudes de información relativas a este procedimiento.[502] Las sentencias judiciales adoptadas en 2020, dos de ellas por el TSJCyL y el resto dictadas por los Juzgados de León, en relación con resoluciones de la CTCyL fueron desestimatorias de los recursos interpuestos y confirmatorias del criterio mantenido por la Comisión.

14.2 Conclusiones

Con una población de 2.391.404 personas, la ratio de reclamaciones por cada 100.000 habitantes es de 13,74 reclamaciones en el año 2020, el número de solicitudes de información pública presentadas por los ciudadanos continúa siendo reducido, si bien se observa un incremento de aquellas respecto a los datos obtenidos en 2016. Entre las administraciones de mayor tamaño, únicamente en dos ayuntamientos de capitales de provincia (Ávila y Burgos) se ha presentado un número de solicitudes que puede ser calificado como razonable.

- El principio de contención del gasto público motivó que entre las distintas alternativas posibles, el legislador autonómico optara por adscribir los dos organismos creados por la Ley de Transparencia y Participación - Comisionado de Transparencia y la Comisión de Transparencia, al Procurador del Común atribuyéndole en 2015 competencias específicas, adicionales a las derivadas de su posición estatutaria como institución propia de la Comunidad y Defensor del Pueblo autonómico, relacionadas con la protección del derecho de acceso a la información pública y con el cumplimiento de las obligaciones de publicidad activa recogidas en la normativa de transparencia.
- Una vez que las solicitudes de información pública se encauzan adecuadamente hacia el procedimiento de ejercicio de este derecho, son mayoritarios los casos en los que, finalmente, se proporciona al ciudadano el acceso a la información solicitada. En el primer año de funcionamiento, un alto porcentaje de las solicitudes de información pública que eran tramitadas como tales habían sido resueltas expresamente de forma estimatoria (más del 87 %). En los siguientes años, este porcentaje ha descendido ligeramente, (se ha situado en torno al 76%), dato que resulta coherente con el ligero ascenso apuntado de las solicitudes de información pública presentadas por los ciudadanos. En cualquier caso, en 3 de cada 4 ocasiones que un ciudadano ha solicitado información pública, este ha obtenido la misma.
- En cuanto a la aplicación de los motivos de denegación, predominan en todos los grupos de sujetos obligados las causas de inadmisión reguladas en el art. 18 LTAIBG, frente a los límites previstos en los arts. 14 y 15 LTAIBG, y dentro de las primeras la consistente en la acción previa de reelaboración.

[502] Aunque la STSJCyL núm. 1253/2019 no fue recurrida y es, por tanto, firme, el Borrador de Anteproyecto de la Ley de transparencia, acceso a la información pública y su reutilización de la Comunidad de Castilla y León (2019), excluye expresamente esta posibilidad de reclamación de los interesados, lo cual resulta contradictorio con la interpretación realizada de esta disposición por la Comisión, confirmada por los tribunales y asumida por la Administración autonómica, además de resultar restrictiva de derechos, al privar al interesado de un mecanismo de garantía que sí se encuentra a disposición del resto de ciudadanos. Así se ha puesto de manifiesto en las alegaciones presentadas a aquel Borrador por el Comisionado de Transparencia. Con la convocatoria y desarrollo de elecciones a Cortes en 2022 ha decaído la iniciativa.

- La falta de medios personales y materiales destinados al ejercicio de las funciones asignadas al Comisionado y a la Comisión de Transparencia, debido a la previsión de que sus funciones deben desarrollarse con los medios materiales y personales asignados a la Institución, sin incremento de gasto, condiciona su desarrollo y puede no ser ajustada al eficaz cumplimiento de las nuevas tareas asignadas, además de comprometer el de las competencias originarias del Procurador del Común. Por este motivo, sería deseable salvar la limitación impuesta por la LTPCyL a través de una modificación normativa o de una ampliación de los medios de los que dispone actualmente el Procurador del Común. Por otro lado, debería ser el Procurador del Común quien valore los medios necesarios para garantizar el nuevo cometido que se le encomienda.[503]

El principio de racionalización y ahorro de las estructuras institucionales y administrativas no puede obviar que la asunción de nuevas responsabilidades por instituciones preexistentes sin las necesarias previsiones de incremento de personal cualificado y de recursos puede afectar al adecuado desarrollo de las nuevas competencias atribuidas, así como a la eficacia en el ejercicio de las preexistentes.

- Las resoluciones de la Comisión son obligatorias y ejecutivas, ya que participan de la naturaleza ejecutiva propia de los actos administrativos, en teoría porque siguen siendo incumplidas algunas de las resoluciones estimatorias adoptadas por la misma.

Continúa siendo necesaria una reforma legislativa que permita el empleo de medios dirigidos a garantizar la ejecución forzosa de aquellas, ya que cada año se incrementa paulatinamente el número de resoluciones estimatorias incumplidas[504].

- No son muchos los recursos contencioso administrativos interpuestos, aunque no deja de ser una manifestación de que las administraciones y entidades asumen y observan el carácter vinculante de las decisiones de la Comisión (a diferencia de la naturaleza no vinculante de las decisiones adoptadas por el Procurador del Común), lo cual se debería traducir en el efectivo cumplimiento de aquellas otras que no sean impugnadas, pero no siempre es así.

---

[503] Observación al art. 15 "Actuación y medios personales y materiales" del anteproyecto de LTPCyL

[504] El Anteproyecto (2019) de la Ley de transparencia, acceso a la información pública y reutilización de la Comunidad Autónoma de CyL, atendiendo una alegación realizada por el Comisionado de Transparencia, recogía expresamente la facultad de imponer multas coercitivas dirigidas a garantizar el cumplimiento de las resoluciones de la Comisión de Transparencia. Ha decaído.

III- RECAPITULACIÓN y CONSIDERACIONES FINALES

Estamos ante un recurso administrativo especial, que sustituye al de reposición y alzada y que implica un procedimiento más rápido y más barato que un recurso contencioso-administrativo, que en cualquier caso se puede interponer a posteriori contra las resoluciones de los órganos de control. Por tanto, los interesados son los que deciden si presentan esta reclamación o si acuden directamente a la jurisdicción contencioso-administrativa, no siendo factible simultanear ambas impugnaciones en base a la Ley 39/2015, de 1 de octubre, de Procedimiento Administrativo Común de las AAPP.

El reducido número de solicitudes de información pública recibidas por las Administraciones públicas y entidades afectadas y computadas como tales se debe, en mi opinión, a varias causas, como son un conocimiento todavía reducido por parte de los ciudadanos del alcance del derecho de acceso a la información pública y de la normativa; desconocimiento en relación con el procedimiento de reclamación y la forma en la cual los ciudadanos pueden presentar sus reclamaciones y, también el cómputo de ellas, puesto que parece poco probable que los datos suministrados respecto al número de solicitudes de información pública respondan al número de ocasiones reales en las que un ciudadano se ha dirigido a la Administración solicitando información pública.

Se suma otra circunstancia y es que el coronavirus ha sido protagonista en nuestra vida en los últimos años y el ejercicio de este derecho se vio afectado, con carácter general, por la suspensión de plazos administrativos prevista en la disposición adicional tercera del RD 463/2020, de 14 de marzo, cuyo apartado 4 contemplaba una excepción general de esta suspensión para todos los procedimientos administrativos que "vengan referidos a situaciones estrechamente vinculadas a los hechos justificativos del estado de alarma". Esta excepción general fue sustituida tres días más tarde, a través de la reforma de aquella norma que tuvo lugar mediante el RD 465/2020, de 17 de marzo, por la posibilidad de las entidades del sector público de acordar motivadamente la continuación de aquellos procedimientos, así como de los que "sean indispensables para la protección del interés general o para el funcionamiento básico de los servicios".

Con la información obtenida de las memorias, parece que en la mayoría de CCAA se han adoptado las medidas necesarias para resolver en el plazo de tiempo más breve posible las solicitudes de información pública que habían sido recibidas en relación con la situación generada por la covid-19 y con las medidas adoptadas para hacer frente a esta; admitiendo la "gestión del derecho de acceso a la información pública como uno de los servicios y funciones imprescindibles, absolutamente necesarios para mantener la asistencia a los ciudadanos en niveles aceptables durante el periodo de emergencia con motivo de la COVID19".

Entiendo que, si normalmente rendir cuentas a la ciudadanía y fomentar su participación es importante, en tiempos excepcionales, como estos últimos años de pandemia, conocer cómo actúan los responsables públicos y en qué emplean los recursos económicos es todavía más imprescindible saber del poder público en nuestro sistema democrático. Y que sean los periodistas[505] los que, en muchos de

505 En estos casos, a la hora de adoptar la decisión correspondiente, se tuvo en cuenta por la Comisión de Transparencia que el TEDH ha destacado en numerosas Sentencias la importancia del papel de la prensa para reforzar su ejercicio a la libertad de expresión e información recogida en el art. 10 CPDHLF. En concreto, se ha reconocido una posición cualificada

los casos, ejerzan este derecho cuando tenga interés público el conocimiento de la información solicitada, fundamental.

Si analizamos la RATIO del número de reclamaciones por cada 100.000 habitantes en estas Comunidades Autónomas (sin incluir las reclamaciones presentadas por denegaciones de la Administración General del Estado (AGE), que las resuelve el Consejo de Transparencia, Acceso a la Información y Buen Gobierno estatal CTBG), vemos que las reclamaciones conjuntas a gobiernos autonómicos, diputaciones o cabildos, ayuntamientos y universidades en las CCAA, tuvieron un crecimiento en los años 2016 y 2017; de forma que en el segundo de estos años casi se duplicó el valor de la ratio precedente (2,9 a 5,7). En 2018 y 2019 siguieron creciendo, aunque en menor proporción hasta alcanzar las 7,2 reclamaciones por 100.000 personas censadas; en Aragón (6,14 por 100.000 personas), Navarra (5,4) Baleares (5,14), Castilla y León (13,3), Murcia (14,5), País Vasco (4,5) y Canarias (16,7 por 100.000 personas) más del doble de la media nacional (7,2) y se mantiene en, Comunidad Valenciana (4,20), Galicia (6,8) y Cataluña (6,83).

Es en 2020, debido sobre todo a la suspensión o aplazamiento durante meses del derecho de acceso a la información, cuando el número de reclamaciones se reduce en el conjunto del país por primera vez desde la aprobación de las leyes de transparencia. No ocurrió así en Castilla y León donde se mantiene 10,49-13%, Canarias, donde las reclamaciones se incrementaron hasta llegar a las 389; es decir, 17,88 por cada 100.000 habitantes ni en Cataluña 893, 11,48 por cada 100.000 habitantes.

Si a continuación analizamos la ratio en las CCAA que tienen CONVENIO: vemos cómo influye poco la existencia de órgano autonómico propio en el número de reclamaciones y en la tasa de éxito con el parámetro de la población ya que existe == poco conocimiento sobre el derecho de acceso a la información pública por la ciudadanía.

---

de los periodistas en cuanto a su acceso a la información pública al vincular este, cuando tenga interés público el conocimiento de la información solicitada, al derecho a la libertad de recibir y difundir informaciones reconocido en el art. 10 del CEDH.

CCAA. POBLACIÓN. RATIOS

Reclamaciones por derecho de acceso a la información en CCAA entre 2015 y 2020. Cifras absolutas y ratios por 100.000 hab

Comunidad Autónoma	Número de habitantes Número de Reclamaciones						Ratio (100.000 habitantes)					
	2015	**2016**	**2017**	**2018**	**2019**	**2020**	**2015**	**2016**	**2017**	**2018**	**2019**	**2020**
ANDALUCÍA	8.399.043 13	8.388.107 232	8.379.820 495	8.384.408 455	8.414.240 581	8.460.261 545	0,15	2,77	5,91	5,43	6,90	6,44
ARAGÓN	1.317.847 9	1.308.563 23	1.308.750 44	1.308.728 68	1.321.000 81	1.328.753 62	0,68	1,76	3,36	5,20	6,14	4,66
CANARIAS	2.100.306 18	2.101.924 91	2.108.121 154	2.127.685 355	2.153.389 244	2.175.952 389	0,86	4,33	7,31	16,68	11,3	17,88
CATALUÑA	7.508.106 37	7.522.596 558	7.555.830 473	7.600.065 519	7.619.494 848	7.722.203 893	0,49	7,42	6,26	6,83	11,05	11,48
NAVARRA	640.476 1	640.647 0	643.234 15	647.554 35	649.946 33	657.205 46	0,16	0,00	2,33	5,40	5,04	6,96
VALENCIA	4.980.689 12	4.959.968 118	4.941.509 174	4.963.703 200	4.998.711 210	5 057 353 244	0,24	2,38	3,52	4,03	4,20	4,82
PAÍS VASCO	2.189.257 2	2.189.534 2	2.194.158 33	2.199.088 100	2.188.017 84	2.199.711 102	0,09	0,09	1,50	4,55	3,80	4,59
REGIÓN DE MURCIA	1.467.288 13	1.464.847 61	1.470.273 86	1.478.509 215	1.488.110 62	1.510.951 127	0,89	4,16	5,85	14,54	4,15	8,40
BALEARES	1.104.479 3	1.107.220 18	1.115.999 14	1.128.908 58	1.210.725 55	1.215.103 22	0,27	1,63	1,25	5,14	4,78	1,88

CASTILLA-LA MANCHA	2.059.191 4	2.041.631 49	2.031.479 108	2.026.807 96	2.032.863 388	2.047.792 163	0,19	2,40	5,32	4,74	19,09	7,97
PRINCIPADO DE ASTURIAS	1.051.229 3	1.042.608 26	1.034.960 36	1.028.244 52	1.022.800 84	1.023.577 58	0,29	2,49	3,48	5,06	8,21	5,69
MADRID	6.436.996 21	6.466.996 56	6.507.184 228	6.578.079 242	6 661 949 409	6.755.828 301	0,33	0,87	3,50	3,68	6,14	4,44
GALICIA	2.732.347 7	2.718.525 55	2.708.339 132	2.701.743 148	2.700.269 185	2.700.629 144	0,26	2,02	4,87	5,48	6,85	5,33
CASTILLA Y LEÓN	2.472.052 10	2.447.519 102	2.425.801 202	2.409.164 314	2.399.548 325	2.391.404 329	0,40	4,17	8,33	13,03	13,54	13,74
CANTABRIA	585.179 12	582.206 49	580.295 47	580.229 82	581.641 70	582.796 62	2,05	8,42	8,10	14,13	12,05	10,64
LA RIOJA	317.053 1	315.794 13	315.381 4	315.675 15	313.571 27	316.125 57	0,32	4,12	1,27	4,75	8,52	17,82
EXTREMADURA	1.092.997 1	1.087.778 21	1.079.920 53	1.072.863 64	1 067 710 84	1.059.262 65	0,09	1,93	4,91	5,97	7,87	6,11
TOTAL	46.454.535	46.386.463	46.401.053	46.551.452	47.332.614	47.329.981	0,36	3,18	4,95	6,48	8,02	7,63

T O T A L	167	1.474	2.298	3.018	3.770	3.609	0,36	3,18	4,95	6,48	8,02	7,63

Media aritmética reclamaciones	9,82	97,26	147,47	176,88	221,76	212,29	0,5	2,9	5,7	7,2	8,21	7,49

*Convenio con el CTAIBG estatal. Madrid hasta 2021.

Vemos pues, como la ratio aumentó en 2018 en Aragón, Baleares, Canarias (donde pasó de 7,3 a 16,6 reclamaciones ante los órganos garantes de transparencia de las CCAA por cada cien mil personas censadas), más del doble de la media nacional de 7,2. Castilla y León, Cataluña, Comunidad Valenciana, Galicia, Murcia, Navarra y País Vasco. Y disminuyó en Andalucía, Asturias, Cantabria, Castilla La Macha, Extremadura, Madrid y La Rioja. La media nacional de esta ratio (7,2 frente al 5,7 del año 2017) creció menos que el año anterior por las reducciones que tuvieron lugar en esas CCAA.

En 2020 la media nacional: 8,2 reclamaciones por cada 100.000 habitantes, y en CCAA como Navarra un punto por debajo de esa media nacional, en 7,1 reclamaciones por cada 100.000 habitantes. No obstante, por debajo se sitúan: Andalucía (6,5); Aragón (4,7); Asturias (5,6); Baleares (1,9); Valencia (5,1); Extremadura (6,0); Galicia (5,3); Madrid (4,5) y País Vasco (4,6).

CCAA con **CONVENIO**. POBLACIÓN. RECLAMACIONES. RATIOS

Reclamaciones derecho de acceso a la información en CCAA entre 2015 y 2020. Cifras absolutas y ratios por 100.000 hab. 2020					
Comunidad Autónoma	**CONVENIO CTBG que resuelve las reclamaciones**	**AÑO 2020**		**Ratio (100.000 habitantes)**	
	TOTAL 2015-2020	Población 2020	**Reclamaciones**	2020	(2015-20 media aritmética
MADRID	1.236	6.755.828	301	4,45	3,16
C-LA MANCHA	551	2.048.656	163	7.95	6,61
CANTABRIA	310	582.559	62	10,64	9,64
EXTREMADU	287	1.057.999	65	6,14	4,48
ASTURIAS	253	1.018.784	58	5,69	4,20
LA RIOJA	116	316.176	57	18,02	6,13
CEUTA	69	83.517	13	15,56	5,33
MELILLA	97	84.022	35	41,65	8,02
	2.919		**754**		

CCAA. POBLACIÓN. RECLAMACIONES. RATIOS

Reclamaciones por derecho de acceso a la información en CCAA entre 2015 y 2020. Cifras absolutas y ratios por 100.000 habitantes en 2020

Comunidad Autónoma	Consejo/Comisionado que resuelve las reclamaciones	Número de Reclamaciones		Ratio (100.000 habitantes)
	TOTAL 2015-2020	Población 2020	Reclamaciones	2020
ANDALUCÍA	2.319	8.460.261	545	6,44
ARAGÓN	351	1.328.753	62	4,66
CANARIAS	1.248	2.175.952	389	17,88
CATALUÑA	3.328	7.722.203	893	11,48
NAVARRA	129	657.205	46	6,96
VALENCIA	985	5 057 353	244	4,82
PAÍS VASCO	324	2.199.711	102	4,59
MURCIA	444	1.510.951	127	8,40
BALEARES	165	1.215.103	22	1,88
GALICIA	479	2.700.629	144	5,33
CASTILLA Y LEÓN	1.272	2.391.404	329	13,74
	11.044		**2.903**	

Hemos observado como por parte de los consejos de transparencia, estatal y autonómicos, la labor es desigual. El estatal parece el más efectivo en los primeros años de funcionamiento, mientras en no pocos de los consejos autonómicos la politización de los nombramientos, la idoneidad de los candidatos y la propia demora en ejercer sus competencias nos han llevado en algún año a cuestionarnos su eficacia.

En la mayoría de ellos se va consolidando la línea de aumento en el número de reclamaciones a medida que el órgano va asentándose en el ejercicio de su función de control y consolidando sus criterios; así como el porcentaje de admisión (70-75%) frente al de inadmitidas (el 20%-25 de ellas, al principio 40-42% ya que se estaba haciendo un uso extensivo de las limitaciones establecidas en la ley), el resto son archivadas o suspendidas.

Tampoco la existencia de órgano autonómico propio influye en el número de reclamaciones, en el porcentaje de silencio o en la tasa de éxito. Vemos como Cantabria con una población similar a Navarra tiene un porcentaje de media de reclamaciones mayor que ésta. Y si comparamos Andalucía con el triple de habitantes que Castilla-La Mancha, es esta última la que tiene una ratio mayor en reclamaciones.

El silencio administrativo constituye todavía una práctica demasiado generalizada en el ámbito del derecho de acceso. Un alto porcentaje de las reclamaciones ante los órganos de control (70-75%), lo son contra el silencio de las administraciones, una cifra que, incluso puede no ser la real; ya que la vía de reclamación no es lo suficientemente conocida y, por lo tanto, cabe presuponer que la mayoría de las personas a las que la Administración no ha respondido no inician el procedimiento de reclamación para hacer valer su derecho a la información. Además, en más de la mitad de los trámites de audiencia que se dan a las Administraciones reclamadas, la respuesta al órgano de control es también el silencio. Es un hecho que existe un desinterés del deber de las Administraciones de resolver de forma expresa y motivada las solicitudes de acceso a información, establecido con carácter general en la legislación del procedimiento administrativo, y expresamente en la ley de transparencia, que debilita el ejercicio del derecho de acceso y su defensa y garantía. Además, esta falta de respuesta no se concentra, ni se puede disculpar como a los inicios de la entrada en vigor de la ley, en aquellos municipios más pequeños y con menos recursos, sino que se mantiene en niveles equiparables en todos los tramos de población de los municipios, y en todas las administraciones de las CCAA y sectores públicos.

Y, sin embargo, el silencio no sólo lesiona el derecho de acceso, sino también el derecho de defensa de la ciudadanía, ya que no es informada de las vías que tiene para recurrir o pedir el amparo de su derecho. Por lo tanto, el silencio es mucho más lesivo que una resolución desestimatoria del acceso, que debe ser motivada y fundamentada en derecho y en la notificación de la cual se informa de las vías de recurso y de garantía al alcance de la ciudadanía. Y, ni siquiera se ve compensada por el sentido estimatorio de la solicitud de información que en el caso de la ley catalana le ha querido dar, ya que el derecho de acceso no se satisface con una declaración o autorización presunta estimatoria, sino con una prestación efectiva consistente en la entrega material de la información.

Es significativo que, en un porcentaje considerable, aquellas reclamaciones que se presentan contra el **silencio** de la administración finalizan por la pérdida de su objeto, puesto que en el momento en que el órgano de control traslada a la Administración correspondiente la reclamación, ésta entrega la información. Esto se produce en un tercio (1/3), aproximadamente, del total de reclamaciones contra silencio. De ello se desprende que la desatención inicial de la solicitud no obedecía a la concurrencia de ningún límite legal al acceso, ni ninguna causa de inadmisibilidad, sino exclusivamente a la incapacidad organizativa de la administración para tramitar y resolver la solicitud, o comunicar la información, dentro del plazo para hacerlo o a la falta de voluntad.

Crecen sensiblemente las reclamaciones presentadas por periodistas (de un 3-4% a un 14-20%), que piden conocer, principalmente, información institucional, así como la relativa a contratos y subvenciones. Esto indica que el periodismo valora cada vez más las ventajas que supone para el ejercicio de su profesión emplear el procedimiento de acceso a la información, y la vía de reclamación.

Por otra parte, los sindicatos y delegados de personal se consolidan como perfil del reclamante, con un 12,7%-17% del total de reclamaciones, todas ellas en relación con información sobre la provisión de plazas, relación de puestos de trabajo, realización de horas extraordinarias y permisos y complementos retributivos.

Desde la perspectiva del género, continúa habiendo un número mayor de personas reclamantes masculinas que femeninas en toda la línea evolutiva de todos los órganos de garantía sin excepción, si bien la proporción de mujeres reclamantes ha crecido de manera significativa (incremento de un 24,8%), pasando del 4%-5,3% al 29,5%-32%. Yo diría que las causas en esta utilización del derecho de acceso están en la desigualdad en el uso del tiempo de las mujeres y su poca presencia en el espacio público al que se va incorporando no sin dificultad, al igual que otros factores que podrían influir como la llamada brecha digital de género y la falta de sensibilización sobre la transparencia.

En cuanto a las Administraciones, se mantienen como principales destinatarias de las reclamaciones los ayuntamientos y en cuanto a las consejerías y departamentos de los gobiernos autonómicos, las reclamaciones se dirigen principalmente contra los departamentos responsables de las políticas de enseñanza, sanidad, de administraciones públicas, infraestructuras y de asuntos sociales.

En relación a los límites legales y las causas de inadmisión de las solicitudes al acceso a la información, se mantiene la tendencia de la secuencia histórica, siendo la protección de los datos personales, la causa mayoritariamente invocada o alegada para restringir el derecho de acceso. Existe, pues, un vacío muy considerable entre la percepción que tienen las administraciones de la restricción al acceso que se tiene que derivar de la normativa de protección de datos personales (82,6%-83,3%) y el efecto limitativo real que se desprende (8%-9%). Y esto porque la mayoría de las administraciones y de las terceras personas afectadas creen todavía, que la legislación de la protección de datos personales impide de forma automática y generalizada que se pueda acceder a información pública que contenga datos sin el consentimiento de la persona afectada, y no es cierto.

La legislación de protección de datos prevé que la cesión de datos personales será legítima, además de cuando cuente con el consentimiento de la persona afectada, cuando una ley lo prevea y la cesión sea necesaria para el cumplimiento de una obligación legal de la administración. Y en el caso del derecho de acceso, es precisamente la ley de transparencia la que actúa como habilitadora del acceso imponiendo a la administración la obligación legal de facilitar el acceso a la información pública, en los términos y condiciones que se establece en sus artículos 23 y 24: un régimen general de exclusión del acceso en el caso de datos personales especialmente protegidos, como por ejemplo los relativos a la ideología, la afiliación sindical, la religión, las creencias, el origen racial, la salud, la vida sexual y los relativos a la comisión de infracciones penales o administrativas que no conlleven la amonestación pública al infractor; un régimen general de acceso a los datos identificativos del personal de las administraciones públicas, que alcanza tanto su nombre como su cargo o posición dentro de la organización; y para el resto de datos personales, un régimen de ponderación que tendrá en cuenta, entre otros, los elementos del artículo 24.2 LTAIPBG, así como los principios de la legislación de protección de datos de minimización y de calidad de los datos (los datos tienen que ser veraces, adecuados, necesarios y proporcionados para la finalidad del acceso, y los mínimos necesarios para cumplirlo).

Para ponderarlo adecuadamente, los órganos de control dan traslado de la reclamación a las personas afectadas para que puedan formular las alegaciones que crean oportunas y adecuadas en defensa de sus derechos; pero la mayoría de las alegaciones que se reciben se limitan a expresar una falta de consentimiento, cuando la finalidad del traslado es facilitar y permitir que aporten, si las hay, las circunstancias especiales, personales y desconocidas por los órganos, que puedan modificar la ponderación general de derechos que tiene que realizar en la decisión que adopten en sus resoluciones.

Hace falta avanzar en la cultura de armonización del derecho de acceso y del derecho a la protección de los datos personales, aplicando criterios de ponderación que tengan en cuenta la proporcionalidad y adecuación de los datos para la finalidad del acceso, el tipo de datos personales, la relevancia de estos datos para el control de las administraciones públicas y el interés público en la difusión de esta información. Y cuando el acceso a algunos datos personales no quedara justificado, después de la ponderación del caso, sería necesario preservar el acceso parcial a la información pública que no quede afectada.

CONSIDERACIONES

Considero fundamental, que para que el ejercicio del derecho de acceso a la información pública sea efectivo es necesario que los representantes públicos asuman la cultura de la transparencia, que los principios que informan la transparencia calen en la conciencia de quienes ostentan los poderes públicos y que la Administración adopte una serie de actuaciones orientadas a establecer condiciones que garanticen la viabilidad práctica del derecho, reforzando la formación y la difusión de la posibilidad de acceso y estructurando la información existente conforme a parámetros y principios de la ley de manera coordinada.

La independencia con la que todos los órganos se han configurado en sus leyes, debería manifestarse permitiendo que sean ellos los que de forma autónoma y sin más limitaciones que el ordenamiento jurídico, puedan organizarse y ordenar su actividad en la forma que mejor consideren. La circunstancia de estar adscritos a una Consejería de los gobiernos regionales no debería ser una merma de tal independencia, -pero lo es en la práctica-; sino que debería configurarse en todo caso, como el soporte y ayuda material y económica que precisara y a la Administración como obligada a facilitar esos recursos.

Al ser un órgano adscrito a la Administración, creado por el legislador con una finalidad concreta también, de control del cumplimiento de las obligaciones en materia de transparencia de la misma Administración pública en la que nace, la principal amenaza procede de la ausencia de garantías de financiación y de dotación de medios adecuados por parte de la propia Administración controlada.

Es necesario reiterar la necesidad de dotar de medios personales y materiales específicos a los órganos de garantía de la transparencia, puesto que la ausencia de ellos, constituye un lastre continuo para el desempeño de las funciones encomendadas en todos y cada uno de los órganos de garantía. Para fortalecer la independencia de este órgano sería positivo que su presupuesto, en definitiva, que los recursos necesarios para su funcionamiento dependieran no tanto de un ente al que controla sino directamente del Parlamento o Asamblea Regional.

La composición de los órganos de garantía (Consejo, Comisión), puede resultar un riesgo: si sus miembros son diputados del Parlamento regional o designados por cada grupo político representado en el mismo, el riego es que se convierta en un reflejo de ese Parlamento y que los grupos parlamentarios, trasladen al órgano los mismos conflictos y posiciones que defienden en el Parlamento.

Igualmente, si sus miembros los designa el responsable político de la consejería competente y las entidades sociales, se corre el riesgo primero de que se pierda la objetividad o que siga siendo una obligación formal a la que hay que tratar de disimular de la forma que menos se note para que al final, todo siga igual, y segundo de que algunos representantes de las entidades en los Consejos que, por las razones que sean, personales o derivadas de la representación que ostentan de su entidad, se manifiesten de forma contraria al avance del Consejo y a la posibilidad de, adoptar interpretaciones y acuerdos que faciliten el funcionamiento y la agilización en la toma de decisiones.

Se hace necesaria una configuración del Consejo más apolítica y profesional, menos institucional y más abierta y objetiva a la ciudadanía, con presencia de personas con marcado carácter técnico y profesional en sus decisiones, dentro del espíritu y principios que informan la legislación en la materia.

Lo deseable al menos desde una perspectiva formal, sería incluir el órgano de control en su parlamento autonómico, ya que supondría alejarlo de la Administración sobre cuyos actos y resoluciones tendrá que pronunciarse; con independencia orgánica y funcional, pero con apoyo personal y material. Con una estructura sencilla basada en dos áreas:

a) Área de dirección del -Consejo o Comisión-, formada por los miembros del órgano de garantía: dos vocales y el presidente, agrupados colegiadamente en el Pleno. Con funciones institucionales y decisorias en todas las cuestiones de competencia del órgano con especial referencia a todas aquellas que impliquen el ejercicio de algún tipo de autoridad, de ejercicio de funciones públicas o ejecutivas. A su vez con un servicio de reclamaciones dirigida por uno de los vocales y con un servicio de evaluación y control de transparencia dirigida por el segundo vocal.

b) Área administrativa, que se encargue de la gestión material de esas competencias, del asesoramiento técnico jurídico, de la representación y defensa en juicio del órgano, de las relaciones ordinarias con los ciudadanos en temas de competencia, de elaborar las propuestas al Área de dirección, de estudiar y proponer la resolución de las reclamaciones de acuerdo con los criterios sentados por el mismo, de la gestión material de las denuncias y de preparar los Informes y Dictámenes para su aprobación en los órganos competentes del Área dirección, sin capacidad para ejercer actos de autoridad o funciones públicas.

En cuanto al funcionamiento propiamente dicho: habría que valorar la conveniencia de introducir la mediación que permita acercar posiciones y llegar a un acuerdo consensuado sobre el acceso a la información en los órganos de control, ya sea con o sin procedimiento reglado o incluso un sistema mixto, ya que la mediación -en la línea de Cataluña- puede ser un valioso instrumento para desarrollar una verdadera cultura y hábitos de transparencia en la Administración y en la ciudadanía.

Por otro lado, el crecimiento, año tras año, del número de resoluciones que no son cumplidas por las Administraciones y entidades destinatarias de ellas, evidencia la necesidad de que sea aprobada la cobertura legal que permita a los órganos de control ejecutar forzosamente tales resoluciones cuando se vean obligados a ello, superando así la incongruencia normativa que supone que estas, como cualquier otro acto administrativo, tengan una naturaleza jurídica ejecutiva, pero que no pueda ser exigido su cumplimiento de una forma efectiva devaluando la ley por la falta de consecuencias (facultades coercitivas para exigir el cumplimiento de sus resoluciones o potestad sancionadora) ante su incumplimiento y convirtiendo a los órganos garantes en unos instrumentos poco eficientes.

Aunque por un lado hemos observado como **la ratio** en la mayoría de CCAA aumenta más del doble de la media nacional (16,7 frente a 7.2) y por otro cómo **el silencio** administrativo constituye todavía una práctica demasiado generalizada (termina en 1/3 con pérdida sobrevenida), se puede concluir que, la mayor parte de reclamaciones en el ámbito autonómico son resueltas y **estimadas** y por tanto, son mayoritarios los casos en los que, finalmente, se proporciona al ciudadano el acceso a la información solicitada.

A pesar de ello, el déficit está en una configuración legal insuficiente e inadecuada que, precisa dotar al órgano de control de las CCAA de personalidad jurídica propia, patrimonio propio y plena capacidad de obrar; que la ley configure una estructura básica, atribuya potestad sancionadora propia y confirme la plena ejecutividad de sus resoluciones, si se pretende que la ciudadanía confíe en estas autoridades.

CONCLUSIONES

Nihil difficile volenti

CONCLUSIONES

Cuando países como Italia o Portugal aprobaron sus primeras leyes de acceso a los documentos administrativos (años 90), en España se optó por incluir el derecho de acceso en la Ley 30/1992, de 26 de noviembre, de Régimen Jurídico de las Administraciones Públicas y del Procedimiento Administrativo Común, (LRJAPyPAC) con una regulación insuficiente y desprovista de la fuerza imprescindible para quebrar la tradición secular de la opacidad en la Administración.

Y fue tras una crisis económica, en una situación de emergencia, en la que se reclamaron a la ciudadanía sacrificios sociales sin precedentes en aras de la recuperación económica, cuando finalmente se aprobó la Ley 19/2013, de 9 de diciembre, de transparencia, acceso a la información pública y buen gobierno en una tentativa de recuperar la credibilidad de la sociedad en las instituciones, en ese clima de creciente desapego de los ciudadanos hacia los políticos y de reclamación de una regeneración democrática.

No entra en vigor hasta el día 10 de diciembre de 2014, un año después se implanta el Portal de Transparencia y con él la posibilidad de que la ciudadanía pida información al Gobierno y este tenga que dársela o negársela. Al mismo tiempo empieza a funcionar el CTBG.

Para lograr el cambio que requiere la Administración española hubiera sido preferible que se hubiese reconocido la naturaleza de derecho fundamental del derecho de acceso a la información pública, como parte del derecho a la información —art. 20.1.d CE— y, en consecuencia, la Ley hubiese adoptado la forma de Ley Orgánica. Por ello, es de lamentar que el legislador estatal optara por fundamentar su ordenación en el mismo precepto constitucional (artículo 105.b) CE) que veinte años atrás hiciera de la Ley 30/1992, sin reparar en que el panorama internacional ha cambiado notablemente en estas dos décadas.

A nivel mundial (ONU, UE y Consejo de Europa) se ha alcanzado un consenso jurídico acerca de la naturaleza iusfundamental del derecho de acceso a la información pública; y es que los derechos fundamentales deben interpretarse en su contexto histórico y de acuerdo con la evolución de su percepción general y especialmente en la comunidad internacional de la que participamos, tal y como prevé el art. 10.2 CE.

Una ley básica estatal con muchas carencias, cuestionada y manifiestamente mejorable, que ha tenido la virtud de introducir en nuestro Derecho Administrativo, el principio de transparencia de la actividad pública (hasta ahora sólo reconocido en normas sectoriales y en algunos estatutos autonómicos), elevado al mismo plano que el tradicional principio de legalidad y el más reciente de eficacia. De este modo, es positivo siempre contar con una ley. Y, en tal sentido, la más destacada aportación de la Ley 19/2013 ha sido, en mi opinión, la creación de los órganos/autoridades de garantía del derecho de acceso a la información pública, cuya organización y funcionamiento, tampoco exenta de dificultades organizativas y económicas, pero igualmente positiva ya que puede prestar un gran servicio a nuestra democracia.

Este trabajo, que ha pretendido identificar las experiencias comunes y los distintos retos que debían enfrentar el Consejo Estatal y los de las CCAA, permite analizar desde diversos puntos las autoridades/órganos cuya tarea fundamental es garantizar el acceso a la información gubernamental, propiciar la transparencia de la gestión pública y promover la rendición de cuentas, de tal manera que los ciudadanos cuenten con herramientas para conocer la función pública, tomar decisiones y, en general, generar una sociedad más y mejor informada. Contar con órganos que tutelen el derecho de acceso a la información, especializadas e independientes -una especie de "jueces"- en la relación entre el gobierno y la ciudadanía, es uno de los principios fundamentales para garantizar ese derecho de acceso rápido y eficaz.

El propósito de este trabajo, por lo tanto, no ha sido abordar el cumplimiento por parte de los órganos garantes de sus funciones legales en materia de transparencia y acceso a la información pública, sino analizar su funcionamiento administrativo, institucional y su gestión interna (incluyendo aspectos como personal, comunicación, presupuesto, planificación, uso de tecnologías, etc.) y cómo dichos elementos influyen en la efectividad y resultado de su acción en cuanto a la resolución de reclamaciones de derecho de acceso a información pública.

Y ello nos lleva a concluir que las capacidades institucionales no dependen únicamente de un marco normativo eficaz, sino también de la capacidad de respuesta y adaptación de las organizaciones a los cambios sociales. En definitiva, el objetivo buscado con este análisis, en última instancia, es valorar, sobre la base de diferentes indicadores y variables, si la sustitución del régimen ordinario de recursos administrativos para encomendar la labor de resolución de impugnaciones a los consejos, comisiones y comisionados de transparencia está teniendo efectos positivos desde la perspectiva de la garantía del derecho de acceso.

Se ha destacado la importancia de la estructura, funcionamiento administrativo y gestión interna de los órganos garantes de transparencia y acceso a la información como determinantes de su rendimiento y de su eficacia.

El análisis de las resoluciones nos ha permitido obtener una visión general no solo del diseño legal, sino también del funcionamiento práctico de estos órganos y de su actividad en relación con la finalidad de garantizar el derecho de acceso a la información pública que tienen encomendada; y extraer conclusiones más exhaustivas, que nos hagan confirmar o no la falta de independencia, así como su cumplimiento y eficacia, siendo consciente de que pasar de una cultura de opacidad a una de transparencia, es una tarea complicada que conlleva por un lado la responsabilidad de los Consejos y por otro el respeto del poder político hacia sus decisiones.

En este sentido, y valorando positivamente los cambios habidos en la administración, en materia de transparencia en los últimos años, queda todavía mucho pendiente para la mejora en áreas diversas que pasan por el compromiso político, la dotación de recursos humanos, tecnológicos y económicos, la formación y sensibilización de los empleados públicos, y las transformaciones culturales en la propia administración y en su relación con la ciudadanía.

Como conclusiones generales y finales de la presente tesis, enumeramos las siguientes:

Primera: El legislador ha previsto la creación de un nuevo órgano administrativo, autónomo e independiente, para salvaguardar el ejercicio de derecho de acceso a la información pública, el Consejo de Transparencia y Buen Gobierno estatal y sus homólogos en las CCAA, que está condicionando positivamente la aplicación de la Ley.

Se pone de manifiesto en la LTAIBG el derecho de la ciudadanía a contar con un recurso para cuyo ejercicio sólo se exija el cumplimiento de requisitos básicos, sencillo, accesible, ágil, gratuito y efectivo de tal forma que anime a solicitar información y que permita reclamar las decisiones de los responsables públicos que niegan el derecho de acceso a una determinada información o que simplemente omiten dar respuesta a la solicitud, y como vía alternativa de impugnación.

Para ello, se habilita una reclamación específica ante el órgano/autoridad de control, con carácter potestativo y previo a su impugnación jurisdiccional. Se trata de un recurso administrativo que sustituye a los ordinarios previstos en la ley de procedimiento -arts. 23.1 LTAIBG y 112.2 LPAC - y, por tanto, la principal función que se encomienda a los consejos es de control de legalidad; con la ventaja de que se resuelve por un órgano que no se encuentra integrado dentro de la Administración que ha dictado el acto o resolución impugnada. El anterior art. 107.2 de la Ley 30/1992, de 26 de noviembre, preveía la posibilidad de sustituir el recurso ordinario por otra forma de impugnación administrativa, incluida la conciliación, la mediación y el arbitraje "ante órganos colegiados o comisiones específicas no sometidas a instrucciones jerárquicas".

Las reglas generales de validez y eficacia de tal sustitución son, según este precepto de la legislación básica de procedimiento administrativo, las siguientes: su conocimiento se encomienda a órganos colegiados o comisiones específicas no sometidas a instrucciones jerárquicas y han de respetarse los principios, garantías y plazos que la LPAC reconoce a los interesados y al resto de ciudadanos en todo procedimiento administrativo. El hecho de que el órgano que va a resolver reúna la condición de independiente hace que el grado de objetividad y aceptación del criterio aumente considerablemente, con lo que disminuye el nivel de posible litigiosidad. De acuerdo con lo anterior, el art. 24.3 LTAIBG prevé que la tramitación de la reclamación se ajustará a lo dispuesto en materia de recursos en la legislación de procedimiento administrativo.

La tramitación de los expedientes con sujeción a las normas del procedimiento administrativo hace necesaria cuestiones estratégicas: una sede electrónica, un expediente administrativo accesible on line y una web propia del órgano de control.

La atribución de la competencia para su resolución en el ámbito estatal o autonómico a un órgano/autoridad independiente, (art. 24.1 y disposición adicional cuarta LTBG), con la especialización que tal atribución conlleva, encargado de supervisar y evaluar la actuación de las Administraciones y las instituciones públicas, cumplen además una función decisiva en la implantación efectiva de la transparencia; representa no solo, junto a los Tribunales de Justicia, la garantía institucional necesaria para la efectividad de los derechos de los ciudadanos y sus organizaciones, sino también el estímulo necesario para que dichas Administraciones e instituciones cumplan eficazmente con las exigencias legales en la materia y acometan las transformaciones y modificaciones necesarias de sus procesos de trabajo.

Un auténtico órgano de control operativo y eficaz. que sirva para garantizar la legalidad de las decisiones de rechazo y evitar los abusos en la interpretación de los límites e inadmisiones

Por ello, el fortalecimiento, normativo y material de los órganos garantes de la transparencia, el cumplimiento de sus resoluciones, la puesta en práctica de sus recomendaciones y el respaldo a la labor que desarrollan deben incorporarse necesariamente a la estrategia de gestión y a las políticas de todas las organizaciones públicas.

Para satisfacer plenamente las necesidades de acceso a la información de la ciudadanía y generar a largo plazo una cultura de la transparencia, los gobiernos no solo deben asegurar recursos sencillos, eficaces y gratuitos para controvertir las negativas al acceso a la información, también deben implementar adecuadamente las normas en materia de acceso a la información; asimismo, se deberían armonizar todas ellas, desarrollando modelos sólidos a lo largo del territorio.

Sin embargo, encontramos un importante número de ellas en el territorio, con múltiples requerimientos (transparencia, e-administración, buen gobierno, protección de datos…), este ya es de por sí un problema, la gran cantidad de normas a respetar, que quizá son demasiadas, y que se modifican con frecuencia, introduciendo cambios necesarios y oportunos, tendentes a construir sobre el papel una administración más moderna, pero sin dotar los recursos necesarios para implementar las reformas, generando una frustración en los consejos y comisionados, cuyos medios de funcionamiento de todo orden son muy limitados.

En esta línea, en Cataluña se atribuyen funciones a organismos como el Sindic de Greuges o la Oficina Antifraude, encargados de luchar contra la mala administración y la corrupción, de modo que al mismo tiempo pueden analizar si el incumplimiento de las obligaciones de transparencia se debe a una simple desidia de las administraciones públicas o persigue esconder irregularidades y casos de corrupción.

Y en Andalucía, la incorporación de funciones en materia de protección de datos en el órgano garante supone grandes retos organizacionales, pero no debería disminuir la efectividad de su rendimiento en relación con la resolución de reclamaciones de acceso a la información, en todo caso encontrar el punto de equilibrio entre unos derechos que, en mi opinión por su propia naturaleza, están potencialmente llamados a entrar en conflicto: derecho de protección de datos personales y derecho de acceso a la información.

Segunda: La existencia de órganos garantes efectivos y autónomos mejora la transparencia, la rendición de cuentas y la calidad de la democracia.

Los órganos garantes de transparencia y acceso a la información son una parte integral de la implementación efectiva de las normas de transparencia y acceso a la información pública. Aunque sus atribuciones varían, en general están dotados de una serie más o menos regular de funciones que son esenciales, la principal la resolución de las reclamaciones como medio de impugnación, que presentan los ciudadanos.

A pesar de este papel clave que desempeñan, se trata en general (tal como observamos en los casos estudiados) de organismos de muy reciente creación, que, sin embargo, podrían lograr posicionarse como piezas fundamentales del sistema de rendición de cuentas, desempeñando un papel decisivo como intermediarios entre el gobierno y los ciudadanos. Su importancia radica en el avance alcanzado por la transparencia en el sector público, no sólo como resultado de un imperativo legal sino también de la efectiva actuación de los órganos garantes. El reto que enfrentan es fortalecer sus capacidades institucionales, de organización y administrativas para el cumplimiento efectivo de sus funciones.

Este trabajo no ha abordado la existencia de relaciones causales entre las actuaciones de los órganos garantes y una mejora de la transparencia y la rendición de cuentas del sector público, sin embargo, se ha presentado información recogida por los órganos garantes que ofrece ejemplos e instancias específicas en que se evidencian esos efectos positivos. Por una parte, los indicadores de resultados y de impacto desarrollados y medidos por los diferentes consejos y comisiones muestran tal afirmación.

En particular, la información adquirida por los ciudadanos como resultado de la sustanciación de las reclamaciones ofrece ejemplos concretos que dan cuenta de los efectos positivos de las actuaciones de los órganos garantes en la disponibilidad de información, mejoras en la rendición de cuentas y cambios significativos en la cultura administrativa hacia una mayor apertura y transparencia. Existen, por otra parte, ejemplos concretos de uso de la información adquirida por medio de solicitudes de acceso por parte de la sociedad civil para demandar otros derechos.

Resulta probado que los déficits informativos devalúan la democracia. La información pública es del ciudadano, no de la administración. El desarrollo del grado de transparencia es una exigencia social para superar la percepción de opacidad de las administraciones.

Tercera: La autonomía e independencia de los órganos garantes es una condición fundamental para garantizar su imparcialidad y efectividad, aunque no es un fin en sí misma.

La Ley básica debería haber delimitado las exigencias mínimas de "independencia" de los órganos de garantía -estatal y autonómicos-, tanto en su aspecto orgánico (impidiendo el posible cese del titular por el órgano de gobierno durante la vigencia del mandato), como en su dimensión funcional (prohibiendo solicitar o recibir instrucciones por parte del gobierno, así como la revisión de oficio de los actos del órgano de garantía). También, debería explicitarse el deber de los sujetos obligados de colaborar con los órganos de garantía, tanto en la instrucción de las reclamaciones, como en la ejecución de las resoluciones de los órganos de garantía, atribuyendo a éstos a tal efecto poderes coercitivos e, incluso, ante incumplimientos graves, potestad sancionadora.

Resaltamos la idea de la independencia y autonomía de la que debe estar dotado este tipo de órgano, pero ésta no solo debe ser funcional también debe ser presupuestaria. Esta autonomía e independencia debe ser reforzada por los principios de inamovilidad y por la imposibilidad de volver a designar a los integrantes de dicho órgano para uno o más períodos.

El CTBG estatal está adscrito al Ministerio de Hacienda y Función Pública, aunque dispone de personalidad jurídica propia y plena capacidad de obrar (art. 33.2), lo que provoca que sea una "adscripción puramente formal" (Sendín, 2014). Sin embargo, y coincido con la doctrina mayoritaria, esa adscripción viene a desvirtuar esa característica de independencia que se busca en la regulación del CTBG como un organismo independiente "que no lo es" (Sánchez de Diego, 2014), principalmente por el hecho de que el órgano garante frente al gobierno y la administración "dependa orgánicamente del Gobierno y de la Administración" (García Costa, 2014).

Esa falta de independencia orgánica (se da en todos los consejos de CCAA), le impedirá de facto enfrentarse con los poderes públicos de los que depende y es que el no reconocimiento del derecho de acceso a la información pública como un derecho fundamental, conlleva limitaciones.

Uno de los últimos órganos el Consejo de Transparencia de Asturias (CTAs), ha intentado mejorar tal situación, tiene personalidad jurídica propia y actuará con plena autonomía funcional y absoluta independencia en el desempeño de sus funciones, y en el que el Ejecutivo carece de representación, aunque estará adscrito a la Consejería competente en materia de transparencia; pero en realidad es la misma situación que en el Estado.

Este trabajo muestra que la independencia y autonomía de los órganos garantes de transparencia y acceso a la información es una condición fundamental de su credibilidad y efectividad como órganos reguladores y garantes del derecho de acceso a la información. Si los órganos garantes no son lo suficientemente independientes de los responsables políticos, corren riesgos de ser neutralizados o interferidos. En este sentido, fortalecer y asegurar dicha autonomía e independencia es una preocupación de los propios órganos/autoridades garantes.

El reto de construir órganos garantes de transparencia y acceso a la información dotados de autonomía e independencia, y especializados en sus actuaciones, no es tanto un fin en sí mismo, sino que se refleja en la preocupación por contar con los recursos presupuestarios y humanos suficientes y necesarios para garantizar la independencia de sus actuaciones. Los consejos, comisiones y comisionado han planteado explícitamente las limitaciones derivadas de las restricciones presupuestarias en términos tanto de afectar la institucionalización del órgano garante como de limitar su capacidad de fiscalización, y han reconocido los riesgos potenciales de que el tema presupuestario pueda afectar negativamente la independencia del órgano garante.

Otra cuestión esencial es el nombramiento de las personas que constituirán el órgano de control y que ejercerán las funciones que les corresponden y que considero deben ser designados en el marco de un proceso transparente, competitivo, de méritos, debiendo primar criterios técnicos y no políticos.

Hemos reconocido que la independencia es importante porque garantiza que el órgano garante pueda desarrollar sus funciones sin interferencias o sin sufrir presiones como resultado de sus actuaciones por parte del Ejecutivo o de la Administración, o de intereses partidarios, pero al mismo tiempo y paradójicamente, no pueden estar aislados, dependen de otras instituciones para tener un impacto significativo y ser relevantes de alguna manera y, por lo tanto, deben establecer relaciones de colaboración con ellas. Existen grados de independencia determinados por una conjunción de factores (tales como la constitución legal del órgano, el nombramiento de sus miembros, su presupuesto, etc.) que afectan negativamente su efectividad y eficacia.

La coordinación y colaboración interadministrativa resulta esencial a la hora de cumplir las resoluciones y crear confianza en la ciudadanía. Una coordinación que la Ley 40/2015, de 1 de octubre, de Régimen Jurídico del Sector Público, ha definido señalando que en virtud de la misma una Administración Pública y, singularmente, la Administración General del Estado, tiene la obligación de garantizar la coherencia de las actuaciones de las diferentes Administraciones Públicas afectadas por una misma materia para la consecución de un resultado común, cuando así lo prevé la Constitución y el resto del ordenamiento jurídico.

Cuarta: La creación y adecuada configuración del órgano independiente de garantía y la ordenación también adecuada de una reclamación ante el mismo, es clave en el devenir del derecho de acceso a la información pública.

La variedad en los diseños institucionales se relaciona con el mayor o menor grado de independencia y autonomía del órgano/autoridad de control, con la conformación y los mecanismos de designación de sus miembros, con la voluntad e implicación en esta materia de la transparencia; con sus funciones para garantizar el acceso a la información, con la accesibilidad de sus mecanismos y la eficiencia en la resolución de reclamaciones.

Por otro lado, en el proceso de puesta en marcha de los órganos/autoridades de transparencia, encontramos toda una serie de factores intercalados, que actúan juntos y cuya influencia en ocasiones aporta elementos positivos, generando fortalezas, mientras que en otros casos determinados elementos suponen una debilidad, en ocasiones muy difícil de superar. Las cuestiones analizadas guardan relación, entre otras realidades, con los recursos humanos, su número, capacitación, perfil profesional, con la tecnología, la administración electrónica, los programas informáticos, el portal de transparencia y otras plataformas, así como con la brecha digital; con los recursos económicos; con otros elementos clave del funcionamiento de las organizaciones, como la planificación, la evaluación, los procedimientos, la coordinación y la colaboración interadministrativas; con la cultura en materia de transparencia de los políticos, de los empleados públicos, de la ciudadanía. Se trata, en todos los casos, de factores que un riguroso cumplimiento de las leyes de transparencia requería haber transformado o mejorado previamente, lo que no siempre ha ocurrido, y mucho menos al ritmo y con la magnitud que la norma demanda. En definitiva, se trata de temas numerosos y muy variados, en los que hay que explotar las potencialidades, corregir debilidades y sortear los obstáculos, con objeto de ofrecer a la ciudadanía una información de calidad y potenciar su participación en los asuntos públicos, a partir de su más acertado conocimiento de la labor de los representantes públicos al gestionar sus intereses, así como de los servicios que se le ofrecen como ciudadano.

El modelo de configuración es heterogéneo, así el modelo del CTBG estatal se ha seguido con múltiples variaciones por las Comunidades Autónomas de Aragón, Asturias, Castilla La Mancha, Comunidad Valenciana, Navarra y la Región de Murcia. Andalucía también se podría incluir en este grupo, aunque comparte atribuciones en materia de protección de datos. Aparte, hay CCAA que han optado por organismos de carácter principalmente unipersonal (Comisionado de la Transparencia de Canarias) o colegiados (Comisiones catalana, balear y vasca), además de aquellas que han aprovechado las estructuras de las defensorías del pueblo autonómicas para el desarrollo de estas funciones como el Valedor do Pobo en Galicia y el Procurador del Común en Castilla y León.

En este sentido, los diferentes consejos, comisiones y comisionado ilustran con su actuación que el camino de la garantía del derecho de acceso a la información no es automático, sino que requiere de la existencia y funcionamiento efectivo de órganos especializados que cuenten con los poderes y facultades necesarias para garantizar la salvaguarda del derecho de acceso y para impulsar la transparencia gubernamental.

Además, su actividad expone que la implementación de las políticas públicas de transparencia y acceso a la información no sólo requiere un diseño organizativo e institucional adecuado, sino que también precisa de las garantías necesarias para asegurar el rendimiento efectivo e independiente de dichos órganos especializados (tales como especialización, presupuesto suficiente, personal capacitado, prácticas administrativas y de gestión adecuadas, liderazgo, etc.). Asimismo, su actuación aclara que diferentes soluciones de diseño institucional pueden producir resultados igualmente efectivos en términos del rendimiento de los órganos garantes de transparencia y nos permite entender que, pese a sus diferencias, los órganos garantes de nuestro territorio, enfrentan retos y oportunidades comunes, lo que abre un espacio para el intercambio de experiencias y conocimientos institucionales.

Quinta: El grado de compromiso, de implicación y de motivación de los responsables públicos se convierte en algo fundamental, en un valor añadido para facilitar la implantación eficaz y eficiente del órgano/autoridad de control

El reconocimiento institucional como órganos/autoridades esenciales de garantía de la implantación y fortalecimiento de la transparencia pública en los territorios y el apoyo expreso al trabajo que desarrollan los Consejos, se pone de manifiesto fortaleciéndolos y mejorándolos, dotándolos de medios económicos, e incrementando la dotación de los medios humanos y materiales necesarios para el desarrollo de su labor con toda la eficacia y ejecutividad necesarias.

Pero lo que se aprecia es la ausencia de ese reconocimiento y entidad, en unos casos, en la citada escasez de medios económicos y medios humanos y materiales necesarios, en otros, en la absoluta falta de medios económicos propios, porque carecen de un presupuesto propio y segregado de la institución a la que se vinculan; o en cuanto no se les permite presentar su informe anual ante la comisión o pleno de la institución parlamentaria que los creó, colapsando de esa forma una mínima rendición de cuentas y un mayor conocimiento público de su actuación.

La voluntad política de los representantes públicos que tienen como responsabilidad esta materia, es uno de los elementos absolutamente esenciales para el éxito del funcionamiento de los órganos de garantía. Porque más allá de las leyes, son claves el convencimiento y el compromiso de todos en la apuesta por la transparencia, lo que repercutirá en una mayor confianza ciudadana.

En este sentido, señalar que los Consejos de Transparencia de Cantabria (una ley que de momento no se ha publicado creará el consejo), Asturias y Castilla La Mancha, (Madrid (en 2021), continúan sin constituirse, años después de haber sido creados por sus respectivas leyes autonómicas, lo que supone una muestra de incoherencia entre el sistema autonómico de transparencia que se dice y presume configurar por ley autonómica y el realmente 'no puesto en marcha', en la práctica.

Si no hay compromiso, empuje y voluntad para conseguir los objetivos de la norma en este ámbito, por parte de los responsables públicos la transparencia se convierte en una cuestión secundaria; aunque esté establecida por distintas leyes, su incumplimiento total o parcial no se percibe tan grave ya que la demanda de información de la ciudadanía no es tan importante, y por tanto no existe un elevado nivel de presión ciudadana ni mediática si la norma se descuida.

Sexta: La sustitución del régimen ordinario de recursos administrativos por una reclamación potestativa ante un órgano independiente presupone la capacidad del mismo para actuar y resolverla en aplicación del Derecho

Ello exige, en mi opinión, o bien que las personas que lo integran posean cualificación jurídica o bien que cuenten con un servicio jurídico especializado que les preste asistencia. Junto con ello, el sometimiento a plazo de la presentación de reclamaciones y de la resolución de las mismas requiere el funcionamiento permanente del órgano. En este sentido, la ausencia de exclusividad y la inexistencia de remuneración podrían afectar negativamente al ejercicio de tal función.
Así en cuanto a la composición del órgano y el régimen de sus miembros, su elección entre personas de reconocido prestigio no simplemente caracterizados por llevar un tiempo en el ejercicio de la profesión sino por tener un conocimiento general en materia de derecho público y, en particular, en este ámbito de actuación, materia de transparencia (recoge Madrid). Asimismo que el cargo de presidente y miembro del mismo, sea incompatible con todo cargo o empleo en la Administración pública en situación de servicio activo con el desempeño de cualquier cargo público o político, con todo mandato representativo, con el desempeño de funciones directivas en un partido político o en un sindicato, asociación o fundación y con el empleo al servicio de los mismos, con el ejercicio activo de las carreras judicial y fiscal y con cualquier actividad profesional, mercantil o laboral.

En segundo lugar, el proceso de nombramiento y de selección de los miembros, aparte de ser objetivo y transparente, debería asegurar la capacidad y competencia profesional de sus miembros mediante la introducción de criterios de cualificación técnica, y de un procedimiento de nombramiento abierto y competitivo en el que prevalezcan los méritos de los candidatos; ha de estar mediado por la intervención del Parlamento, pues ello otorga legitimidad al sistema. Por tanto, el hecho de que la propuesta del Ejecutivo necesite de ratificación por el Legislativo o, incluso, que sea este quien tenga encomendada la competencia para el nombramiento, resulta más que conveniente. Cierto es que un Parlamento no plural poco aporta desde esta perspectiva cuando la mayoría exigida para el nombramiento la posee un único partido político, al igual que ocurre en los supuestos en los que se opta por nombrar a tantos miembros como número de grupos parlamentarios presentes en las Cortes; pero, cuando menos, dota al sistema de nombramiento de un escrutinio público y de una formalidad necesarios para la legitimidad formal del órgano de garantía. Además, siempre puede acudirse a un sistema de mayoría reforzada que obligue al pacto.

En tercer lugar, el régimen de los miembros ha de contemplar la inamovilidad, con previsión de causas específicas de cese (el Consejo de Transparencia de Madrid incluye las obligaciones derivadas del código ético), y su mandato no debe coincidir con la legislatura para romper con servilismos hacia el poder gubernamental.

Igualmente, importante es el número de efectivos y tiempo de dedicación a los cometidos de transparencia. En alguno de ellos (CTAsturias) y con el objeto de preservar su no sujeción al Gobierno y la Administración, el personal del órgano/autoridad de garantía queda bajo la dirección del presidente del mismo, que es quien convoca los procedimientos de provisión de los puestos de trabajo, designa las comisiones de valoración y efectúa los correspondientes nombramientos. No así en Murcia.
En definitiva, ir creando una cultura interna de excelencia y blindada frente al riesgo de excesiva politización partidista.

Ha constituido una fortaleza o una debilidad del proceso de puesta en marcha el hecho de si los consejos de transparencia cuentan o no con los necesarios recursos de tipología diversa, fundamentalmente técnicos, económicos y humanos. El elemento humano, como en tantas otras cuestiones, es fundamental. Si los consejos cuentan o no con la suficiente plantilla, que además pueda dedicar el tiempo necesario a cumplir los cometidos y tareas encomendadas, la formación y capacitación tanto de los miembros que componen el órgano, como de los empleados públicos, encargados materialmente de instrumentar los requerimientos del órgano, para actuar con eficiencia en la gestión en este ámbito, que algunos de los efectivos cuenten con un perfil especializado, desde el punto de vista de la materia y de la tecnología que rodea el procedimiento de reclamaciones; así como el compromiso y motivación de lograr los objetivos, son factores cruciales. Lo son tanto cuando existen, impulsando y logrando los objetivos del órgano/autoridad, como cuando no se dan, o no existen en el grado adecuado, caso en el que tales circunstancias actúan como barrera u obstáculo para la adecuada efectividad.

Si hay una cuestión dentro del estudio del proceso de constitución de los órganos/autoridades de transparencia en todas las CCAA que suscite un acuerdo absoluto entre todos los presidentes y comisionados, éste es la absoluta falta de personal para acometer los requerimientos que la normativa de transparencia ha previsto para ellos.

Por otro lado, los recursos económicos existentes han sido y son otra barrera importante para poder cumplir las objetivos y funciones de los órganos de transparencia, En relación con la posición de independencia, sería oportuno incluir tres elementos de garantía de autonomía presupuestaria y de funcionamiento: contar con un presupuesto propio y específico, en cuya elaboración participe el propio órgano/autoridad de transparencia, que permita la planificación del cumplimiento de sus funciones; disponer de una RPT propia y equilibrada, en la que exista no solo personal de apoyo, sino también personal técnico cualificado y con formación jurídica. Junto con ello, profundizar en la no dependencia jerárquica de la Administración de adscripción desde la perspectiva de la ejecutividad de sus resoluciones: bien evidenciando que la única vía para discutir sus actuaciones es la de la impugnación jurisdiccional, con imposibilidad de uso de las facultades de revisión de oficio; otorgándoles potestades de ejecución forzosa para el cumplimiento de sus resoluciones tras el correspondiente apercibimiento; y, para casos de especial gravedad, atribuir potestad sancionadora para castigar las infracciones consistentes en el incumplimiento de resoluciones.

Otro obstáculo esencial para cumplir con las exigencias de la transparencia, ha sido la falta de identidad digital propia de los consejos y comisionados. Pocos son los que cuentan con espacio web personalizado (CTPD de Andalucía, CGAIP) el resto dividen su ubicación digital entre el sitio corporativo o el portal específico de transparencia del gobierno autonómico correspondiente. Es necesario poseer recursos suficientes para tener su propio portal de Internet, con sede y registro electrónicos integrados, que permita su visualización, una mayor eficacia de actuación y el cumplimiento de las obligaciones en materia de administración electrónica.

Habría, por tanto, que tender a conseguir un órgano autónomo, especializado, independiente, imparcial y colegiado, con personalidad jurídica y patrimonio propio, con plena autonomía técnica, de gestión, capacidad para decidir sobre el ejercicio de su presupuesto y determinar su organización interna, responsable de garantizar en su ámbito territorial, el ejercicio de los derechos de acceso a la información, conforme a los principios y bases establecidos por la Ley

Séptima: Crecimiento constante y sostenido de las solicitudes de información dirigidas a los organismos y entidades públicas y de las reclamaciones planteadas ante los órganos garantes

La progresión sobre el número de solicitudes de acceso es muy significativa los primeros años -en diciembre de 2014 el portal de transparencia recibió 608 solicitudes de acceso, hasta 2018 en que el número se elevaba acumulado a 17.284 peticiones. A partir de 2019 se ha producido un aumento que se ha consolidado en 2020 (38.508) y en 2021 (39.722 solicitudes). Existe claramente un antes y un después de la pandemia por el COVID-19, ya que, levantada la suspensión de los plazos administrativos, se aprecia un aumento sostenido que, contrastado con el número de solicitantes y el perfil de los mismos, evidencia un mayor interés por el acceso a la información pública.

No obstante, observamos como las Administraciones juegan tácticamente con la indefinición del día en que, una vez presentadas a través del respectivo portal, las solicitudes llegan al órgano competente para resolverlas, siendo las respuestas a menudo tardías. Y como la interpretación de las causas de inadmisión y los límites son a menudo poco motivadas y desfavorables a la transparencia.

En relación con el CTBG estatal, puede entenderse consolidada la línea de aumento en el número de reclamaciones (suponen un 52,5% de solicitudes reclamadas sobre el total) a medida que el órgano ha ido asentándose en el ejercicio de su función de control y consolidando sus criterios. También el porcentaje de admitidas (72%) es muy superior al de inadmitidas (20%) y archivadas (un 6%), porcentaje muy elevado en los primeros años (casi la mitad de las presentadas 42%) y que se ha ido reduciendo; ya que se estaba haciendo un uso extensivo de las limitaciones establecidas en la ley.

Crecimiento constante y sostenido también de las reclamaciones planteadas ante los órganos garantes de las CCAA, frente a las resoluciones -expresas o presuntas- de las Administraciones, así como de la complejidad de las mismas, que en los últimos años afectan a aspectos distintos de la actuación pública y de interés público –urbanismo, educación, patrimonio- y a nuevas exigencias de rendición de cuentas (ejemplo sobre las consecuencias y medidas adoptadas para contener la pandemia sufrida estos años por el COVID 19 y la demanda de datos reales).

Desde el punto de vista de los ciudadanos y, en particular, de los medios de comunicación y las ONG, salvo excepciones, ha habido un número bajo de solicitudes respecto de las esperadas y el debate de muchos asuntos de alto interés público, en casos de presunta corrupción, no ha ido acompañado de la solicitud de información que respalde las denuncias. Destacando en los primeros años como materia predominante el empleo público (retribuciones, concursos de traslados, libres designaciones, etc. y el régimen de incompatibilidades) que representan un 16,1% del total. A continuación, la información estadística (frecuencias de transportes, líneas de comunicación, licencias telecomunicaciones, etc…) - y la información de naturaleza jurídica (informes, dictámenes, normativa, etc.) -el 17,4% del total-.

Hemos observado como por parte de los consejos de transparencia, estatal y autonómicos, la labor es desigual. El estatal parece estar siendo hasta ahora, el más efectivo, mientras en no pocos de los consejos autonómicos la politización de los nombramientos, la idoneidad de los candidatos y la propia demora en ejercer sus competencias hacen que nos cuestionemos su eficacia.

La falta de recursos humanos también provoca que, su garantía del derecho de acceso a información tanto en el ámbito estatal como autonómico, sea menos satisfactorio en cuanto a tiempos de resolución y en cuanto a número.

Si no se aumentan medios humanos y materiales, la tasa de resolución puede disminuir, como ha ocurrido ya en 2020 que ha descendido hasta el 92,31 % como consecuencia del hecho de que se ha registrado el mayor número de reclamaciones de la serie y, en cambio, el número de resoluciones ha bajado ligeramente, aunque puede haber influido también la suspensión de la tramitación llevada a cabo durante la pandemia.

El conocimiento de su existencia es un incentivo para la presentación de reclamaciones y, sobre todo, si la ciudadanía va constatando que la sustitución de los recursos administrativos en este ámbito por un medio de impugnación ágil, eficaz y gratuito ante un órgano independiente funciona en la práctica, como un mecanismo eficaz de garantía del derecho de acceso a la información pública.

Octava: El Consejo rechaza su competencia en relación con determinados sectores del ordenamiento jurídico en los que existe una normativa propia con un régimen especial de acceso a la información pública, interpretación que debe corregirse.

En base a una interpretación de la D.A. 1ª LTBG, el CTBG estatal, continúa rechazando su competencia en relación con determinados sectores del ordenamiento jurídico en los que existe una normativa propia con un régimen específico de acceso a la información pública, circunscribiendo su competencia únicamente a la garantía de lo previsto en la LTAIBG, sin embargo, la mayoría de órganos autonómicos han ido reconociendo su intervención como garantía de los derechos de acceso previstos en otras normas. En esta dirección la futura legislación de transparencia debería extender la competencia de las autoridades de transparencia para conocer las reclamaciones que puedan interponerse en relación con el ejercicio de cualquiera de los derechos de acceso a la información pública.

Así respecto a los regímenes específicos de transparencia, el desplazamiento de las leyes generales de transparencia por la legislación especial se ha revelado como uno de los mayores problemas de efectividad del marco legal, debido al potencial vaciamiento de las garantías ordenadas en las leyes generales a través de incontables regímenes específicos, con el riesgo cierto de relegar la Ley básica a una mera ley residual. En particular, es muy cuestionable la intencionalidad del legislador de excluir toda la información tributaria de los mandatos de la transparencia: (Sentencia de la Audiencia Nacional (Sala de lo Contencioso-administrativo, Sección 7ª), 46/2017, de 6 de febrero 2017, recurso 71/2016).

Además, en el art. 10, limita el derecho de acceso a la información que perjudique la "política económica y monetaria" o el "medio ambiente". Estas cláusulas tan genéricas deberían ser matizadas, pues una interpretación amplia puede dejar el derecho de acceso reducido a mínimos.

Igualmente, respecto del régimen especial del derecho de acceso de los representantes locales a la información pública previsto en el artículo 77 LRBRL y los artículos 14 a 16 del Real Decreto 2568/1986, la doctrina del CTBG, cierre a aquellos la posibilidad de reclamación ante el órgano de garantía. Si se acepta que, el derecho de acceso tiene carácter general para toda la ciudadanía, carece de sentido la regulación de un régimen específico por razones subjetivas.

En el total acumulado, de las reclamaciones presentadas tanto frente a la AGE como frente a AA.TT y frente a los consejos autonómicos, un número importante han sido inadmitidas en aplicación de la citada disposición. En este sentido, la Comisión de Garantía del Derecho de Acceso a la información Pública en Cataluña (CGAIP), si ha reconocido su competencia en relación con el derecho de acceso de los electos locales, del derecho de acceso a la información sobre medio ambiente, del derecho de acceso a la información por parte de los licitadores o de la reutilización de la información del sector público. [El 10 de marzo de 2022 el Tribunal Supremo, en su sentencia STS 312/2022, ha reconocido a los electos locales el derecho a usar la vía de la reclamación ante los órganos de garantía creados por la ley de transparencia].

Con esta sentencia el órgano de control/autoridad de garantía debería considerarse competente para resolver las reclamaciones planteadas aun cuando exista régimen específico de acceso en el caso concreto y no inadmitir la reclamación, salvo que esa normativa específica resulte más favorable para el ciudadano que la contenida en la propia Ley 19/2013. Esta extensión no supondría, desde el punto de vista positivo, un contenido mayor del concepto de "información pública" sobre el reconocido a los demás ciudadanos en una eventual ley orgánica de transparencia, pues el derecho equivaldría en ambos casos al criterio ya manejado por el artículo 13 LTAIBG.

Novena: Los Consejos de transparencia respaldan la mitad de las reclamaciones de información que los gobiernos autonómicos negaron

La mayoría de las reclamaciones resueltas año a año, lo han sido en sentido estimatorio, a medida que el CTBG ha ido afianzando su actuación, y la mayor seguridad jurídica que genera la existencia de criterios interpretativos y pautas de actuación, se aprecia cómo pasa a ser mayor el número de solicitudes estimadas que el de solicitudes desestimadas. Aunque observamos un aumento del porcentaje de solicitudes desestimadas en los años 2018-2020 y un dato similar anualmente en cuanto al número de reclamaciones inadmitidas.

Los órganos autonómicos responsables de la transparencia han dado la razón a los ciudadanos que no recibieron la información solicitada por su comunidad autónoma en el 52% de las resoluciones emitidas, instando a la entidad correspondiente a facilitar la información solicitada. En 2020 se han publicado más de 2.500 resoluciones de transparencia a las reclamaciones presentadas a las CCAA, de las cuales más de 1.300 han sido estimadas.

Respecto al sentido de la resolución, en las reclamaciones acumuladas entre 2015-2020, el CTBG estimó la mayoría (un 58%) y desestimó un 39%. Y entre 2015-2021, el CTBG estimó el 45,5%) y desestimó el 26,8%. Pero hay diferencias respecto a los casos de reclamaciones al estado o ante las comunidades y ayuntamientos. El consejo fue más favorable para los ciudadanos en las demandas a administraciones locales y regionales, estimando el 70% de las reclamaciones. Ante el estado ese sentido favorable de la resolución cae hasta el 53%.

Decima: Los Consejos resuelven con base en la reclamación y en las alegaciones del sujeto obligado

Lo habitual es que el órgano/autoridad resuelva teniendo en cuenta la reclamación y las alegaciones del sujeto obligado -y, en su caso, de los terceros afectados en los supuestos en los que los tiene identificados-, puesto que, ni se recaba el expediente, ni se abre trámite de prueba, ni se ofrece audiencia a los terceros afectados no identificados. Es así que, la falta de celebración de estos trámites, con un efecto perverso, le lleva a aplicar la audiencia a supuestos muy excepcionales. De ahí, la necesidad de incluir en una eventual reforma la celebración de un trámite de audiencia cuando existan elementos nuevos -informes, pruebas, alegaciones de terceros, el propio expediente originario- desconocidos para el reclamante. Fundamental oírles, previamente a la resolución tal y como establece en estos casos el art. 119.3 LPAC-.

Al igual que la Administración está obligada a dictar resolución expresa y a notificarla y no siempre lo hace, tampoco es habitual que envíe alegaciones, algo que garantiza el principio de contradicción en la tramitación del procedimiento y permite al órgano de garantía obtener todos los elementos de juicio necesarios, de tal forma que la resolución atienda a todas las circunstancias que sean de aplicación al caso concreto.

En relación con la solicitud de información que implique a terceros interesados, la preceptiva audiencia de éstos es necesaria tanto si se va a dictar resolución estimatoria como denegatoria. Y es un deber que incumbe tanto al sujeto obligado como al órgano de garantía. La omisión de este trámite debe ser suplida judicialmente por la retroacción de actuaciones al momento en que se produjo la omisión, así como con la imposición a los responsables de la tramitación que actúen con dolo o culpa, de las responsabilidades que procedan.

Decimoprimera: El número de recursos contencioso-administrativos contra las resoluciones del Consejo va descendiendo

El número de recursos ha descendido en la serie histórica anual, tanto en el ámbito estatal como en el territorial. De las resoluciones estimatorias sobre conflictos en los que un ciudadano hace una solicitud a un ministerio o una empresa pública y estos no atienden, un número importante de ellas no se han cumplido, bien porque los organismos de la Administración las recurren en los tribunales, bien porque las ignoran, comprobando que es más eficiente incumplir que impugnar.

Como no tiene poder sancionador, el CTBG – tampoco los consejos territoriales - solo puede instar el cumplimiento de sus decisiones y cuando un Ejecutivo opta por no hacerle caso, la única actuación que puede llevar a cabo es defender su postura en los juzgados centrales de lo contencioso-administrativo. Eso cuando el ministerio en cuestión recurre. Cuando directamente le ignora, su último recurso es mandar una reiteración. La tendencia de la Administración es a ignorar y no recurrir ya que no hay consecuencias negativas.

Cuando el CTBG resuelve en virtud del convenio celebrado con una Comunidad Autónoma no está ejerciendo una competencia propia y, por tanto, el elemento determinante del juez ordinario debiera ser la Administración de procedencia del acto, la autonómica y no remitirse la resolución a los juzgados centrales de lo contencioso. Sería conveniente especificar este extremo en nuestra ley procesal.

Importa también, crear una jurisprudencia bien elaborada y consistente en el tiempo, prefiriendo el consenso a los votos de mayoría que pudieran alterarse con el voto dirimente del presidente.

Decimosegunda: El órgano/autoridad carece de la fuerza suficiente para obligar a llevar a la práctica el cumplimiento de sus resoluciones

La inexistencia de régimen sancionador ni consecuencias desfavorables ante incumplimientos, ni ante la falta de ejecución de las resoluciones, lleva a una consecuencia práctica concreta: provoca en el organismo competente para resolver la tendencia a reservar la información, aunque debiera ser accesible, pues no está sancionado, en lugar de optar por darla con riesgo de infracción de derechos o intereses, lo que sí está sancionado.

Tal situación nos lleva a preguntarnos de qué sirve haber legislado para que se atribuya el control del cumplimiento de la LTAIBG a un organismo que parece contar con los requisitos necesarios de autonomía que corresponden a esta función, si ese órgano carece de la fuerza suficiente para obligar a llevar a la práctica las medidas previstas en dicha ley, ni el cumplimiento de sus resoluciones.

En general se aprecian reticencias por parte de los sujetos obligados a plegarse a los requerimientos y resoluciones de los órganos de garantía, resistencias que se manifiestan tanto en actitudes expresas (como emitir resoluciones tardías contradictorias con la resolución del órgano) como tácitas, de mera pasividad y falta de colaboración, obligando a los órganos de garantía a resolver sin disponer de todos los elementos de juicio. El riesgo estriba en que los sujetos obligados perciben la debilidad en los órganos de garantía, y que sus incumplimientos no comportan consecuencias desfavorables o, al menos, valoradas las ventajas y los inconvenientes, puedan considerarse mayores las ventajas derivadas del incumplimiento.

En este sentido se ha dado cierto avance con el artículo 86 Ley 10/2019, de 10 de abril, de Transparencia y de Participación de la Comunidad de Madrid, donde se dispone que "el Consejo de Transparencia y Participación iniciará e instruirá el procedimiento sancionador. A tal efecto, corresponderá al presidente del Consejo la incoación del procedimiento y al pleno del Consejo su instrucción". La decisión última corresponde al órgano competente, si bien se atribuye un mayor papel protagonista a la autoridad de transparencia. Aunque en mi opinión, al menos en el caso de los incumplimientos de las resoluciones de la autoridad de transparencia correspondería valorarse atribuir la competencia sancionadora a la autoridad de transparencia y no al sujeto obligado.

Y es que además de la tipificación de infracciones por incumplimiento de las resoluciones de las autoridades/órganos de control, cabe disponer garantías como un papel determinante de la autoridad de transparencia no sólo para instar procedimientos, sino en su tramitación y decisión última.

En cuanto se refiere a la ejecutividad de las resoluciones, si el ciudadano puede optar entre la vía contencioso-administrativa o bien recurrir al CTBG es posible deducir (aunque no lo diga expresamente la ley) que las resoluciones de éste tienen valor ejecutivo. Dada la trascendencia de esta cuestión consideramos que el legislador debió consagrar este efecto de las resoluciones del Consejo en forma explícita.

En este sentido, la opción de algunas normativas autonómicas por declarar que las resoluciones de los Consejos son de obligado cumplimiento y que el control del mismo corresponde al propio órgano, junto con la encomienda de la posibilidad de instar procedimientos sancionadores ante incumplimientos han de valorarse positivamente. Faltaría, sin embargo, la capacidad para imponer multas coercitivas como garantía del cumplimiento y la atribución de potestad sancionadora para evitar que sea la Administración incumplidora la que tenga que sancionar el incumplimiento de alguno de sus órganos, no bastando simplemente con considerar infracción administrativa el incumplimiento de sus resoluciones –aunque es un avance respecto de la normativa básica estatal–.

El hecho de que el propio órgano/autoridad pueda controlar la ejecución de sus decisiones es necesario, sobre todo en un contexto de repetida litigiosidad por parte de las Administraciones controladas, que está conduciendo en algunos casos a poner en duda la capacidad de los Consejos de transparencia para imponer sus resoluciones a los órganos recurridos por entender que aquéllos no dejan de ser Administración.

Una cuestión adicional que debe tenerse en cuenta en los casos en los que el órgano de control carece de personalidad jurídica propia es la relativa a la posibilidad de que sus resoluciones puedan ser revisadas de oficio por la Administración a la que se adscribe el mismo, dado que es formalmente la autora del acto. Nos preguntamos dónde queda la posición de independencia y de no sometimiento a instrucciones jerárquicas en la que insisten estos órganos.

Por ello, la futura legislación debería ampliar el régimen sancionador a todos los sujetos activos y pasivos de la ley de transparencia, así lo han hecho diversas normas autonómicas que han previsto un régimen sancionador aplicable a los cargos y empleados públicos responsables de la aplicación de las leyes de transparencia (Andalucía, Castilla-La Mancha, Cataluña o Navarra).

Asimismo, debería tipificar infracciones relacionadas con todas y cada una de las obligaciones de transparencia previstas. En esta dirección, debería contemplarse como infracción el incumplimiento de la obligación de difundir información y de hacerlo de acuerdo con las características fijadas para garantizar su calidad. También debería tipificarse como infracción facilitar información incompleta, sesgada o no actualizada, el incumplimiento de los plazos previstos para la actualización de la información pública difundida a través de los portales de transparencia o para la resolución del procedimiento de acceso a la información pública. Igualmente, debería valorarse tipificar como infracción la no motivación de la aplicación de las causas de inadmisión de las solicitudes de acceso a la información pública o de los límites de la transparencia.

Una de las principales debilidades observadas en relación con el régimen sancionador en materia de transparencia previsto en alguna ley autonómica de transparencia está relacionada con el diseño institucional; así los responsables de dar cumplimiento a buena parte de las obligaciones de la Ley, y por tanto también de su incumplimiento, son a menudo los responsables superiores de cada administración. Esta circunstancia dificulta la respuesta sancionadora ante el incumplimiento doloso o negligente que pueda constituir una de las infracciones tipificadas en la Ley, puesto que corresponde a los órganos de la propia administración instruir y resolver el procedimiento sancionador.
En esta dirección sería necesario que la futura regulación de la transparencia garantizase la plena independencia de los órganos competentes para incoar, instruir y resolver el procedimiento.

En general, debería contemplarse la imposición de sanciones administrativas como la multa o la suspensión cuando los servidores públicos no cumplan con las disposiciones establecidas en la ley, el plazo de tiempo para responder o la obligación de atender a los solicitantes. Adicionalmente, sanciones por acciones que impidan la divulgación de información – desde la obstrucción y ocultamiento de información hasta la destrucción de documentos; y penales cuando la acción llega al nivel de obstruccionismo intencional. Cuando un servidor público, ante una solicitud de información, destruye o altera deliberadamente los archivos objeto de dicha solicitud.

También se les debería atribuir a los órganos/autoridades de transparencia potestad sancionadora en relación con el incumplimiento de sus resoluciones. Necesidad, por tanto, de regular la ejecutividad de las resoluciones del órgano garante y abordar las medidas frente al incumplimiento de las mismas, mediante cambios normativos.

Es necesario que se le dote al órgano de control de capacidad decisoria y fuerza para hacer cumplir sus resoluciones, que deben ser vinculantes pues en otro caso no podrá llevar a cabo su labor de control. Esencial igualmente, que esté dotado de capacidad para imponer sanciones, como cualquier otra Administración independiente, ya que existe un elevado número de incumplimientos de sus resoluciones por parte de la Administración del Estado, pero también y en aumento a nivel autonómico y local, muchos de ellos ni siquiera puede contabilizarlos el CTBG ya que no se le facilita constancia de una cosa u otra, evidenciando no solo la ausencia de instrumentos efectivos para monitorear el mismo, sino también la necesidad de dotar al organismo de poderes coercitivos para forzar la ejecución de las decisiones que adopta en materia de acceso.

Decimotercera: Los órganos garantes deben fortalecer sus capacidades institucionales, de organización y administrativas para el cumplimiento efectivo de sus funciones

La transparencia gubernamental requiere de una infraestructura institucional que haga del derecho de acceso a la información pública una garantía demandable en la práctica. Esto conlleva la creación de órganos/autoridades garantes de transparencia, dotados de capacidades para asegurar el cumplimiento de los principios normativos que garantizan y promueven la transparencia y el acceso a la información. Sin embargo, su existencia en sí misma no garantiza su efectividad, que depende de su autonomía e independencia, así como de su capacidad institucional.

Tal y como indica la doctrina, sería necesario fortalecer los órganos/autoridades de garantía del derecho de acceso a la información pública, repensando el diseño institucional de la mayoría, reforzando las garantías de independencia y autonomía fortaleciendo la posición de imparcialidad de los órganos/autoridades mediante la eliminación de la presencia de representantes políticos y consolidando su capacidad respecto al ejercicio de la función de control limitando el uso de las facultades de revisión de oficio, otorgándole la capacidad suficiente para ejercer sus competencias y atribuyéndole potestades de ejecución forzosa. También se les debería atribuir a los consejos y comisionados de transparencia potestad sancionadora en relación con el incumplimiento de sus resoluciones, así como competencias para tramitar cualquier procedimiento sancionador ante el incumplimiento de las obligaciones de transparencia.

En segundo lugar, garantizando la disponibilidad de recursos suficientes a través de la dotación de un presupuesto y de una relación de puestos de trabajo propia.

En tercer lugar, ampliando las funciones de los órganos de transparencia, otorgándoles competencias para controlar las obligaciones de transparencia activa, de la resolución de controversias en materia de reutilización de la información pública y de facilitar el cumplimiento de las obligaciones de transparencia (adopción de recomendaciones, criterios y guías para el uso de los mecanismos de garantía) así como de fomentar el cumplimiento de las obligaciones de transparencia (difusión, asesoramiento y formación respecto a los mecanismos de garantía).

Además, la regulación de las infracciones por incumplimiento de las resoluciones de los Consejos y Comisionados y del correspondiente régimen sancionador, basado en la figura legal de las multas coercitivas y avanzando en la asunción de responsabilidad -incluido el cese- del responsable político.

Otra de las aristas de la función garante del Consejo es realizar seguimiento a las decisiones que se adopten sobre las reclamaciones recibidas, con el objetivo de asegurar al solicitante que la administración "deudora de información" cumplirá con la obligación de entregarla, cuando así resuelva el Consejo; hemos comprobado cómo no ha mejorado el grado de atención prestado por las Administraciones e instituciones públicas a los requerimientos y recomendaciones de mejora expresados por los Consejos y Comisionados reiteradamente en sus acuerdos y resoluciones ni el nivel de cumplimiento de sus resoluciones, contestadas, incluso, en el ámbito judicial por algunas de las Administraciones o instituciones llamadas a ejecutarlas.

Al respecto, en el derecho comparado, nos encontramos con la experiencia del Instituto Nacional de Transparencia, Acceso a la Información y Protección de Datos Personales de México (IFAI - órgano constitucional autónomo encargado del cumplimiento de dos derechos fundamentales: el acceso a la

información pública y la protección de datos personales-, que ha concebido y puesto en operación INFOMEX (disponible en www.infomex.gob.mx), una herramienta tecnológica novedosa que permite solicitar información pública y que también posibilita el seguimiento de la entrega de información al propio solicitante y a la institución requerida. De esta manera, se le puede dar seguimiento a las solicitudes de información desde su ingreso hasta su llegada a las Unidades de Enlace, permitiendo al IFAI saber si las entidades han contestado dicha solicitud vía Internet. Asimismo, INFOMEX permite el seguimiento por parte del IFAI para propósitos de vigilancia del cumplimiento de esta obligación, así como para el seguimiento de los Recursos de Revisión (Reclamaciones).
Se podría copiar esta herramienta y crear una Unidad de Seguimiento.

Decimocuarta: Introducir la mediación reducirá la conflictividad existente en la actualidad

Al hilo de la experiencia positiva observada en el caso de la Comisión de Garantía del Derecho de Acceso a la información Pública en Cataluña, la futura legislación de transparencia podría atribuir a las autoridades de transparencia funciones de mediación en la resolución de los conflictos que puedan surgir en aplicación de las leyes de transparencia o facilitar su cumplimiento por los sujetos obligados.

La incorporación de la mediación al régimen de garantías del derecho de acceso a la información pública diseñado por la Ley 19/2014, del Parlamento de Cataluña, supone uno de los pocos ejemplos de aplicación de esta figura en el ámbito administrativo. Así como también una de las pocas muestras del desarrollo de las previsiones del artículo 112 de la Ley 39/2015, de 1 de octubre, del Procedimiento Administrativo Común de las Administraciones Públicas (LPAC). A pesar de que la Ley 30/1992, de 26 de noviembre, de Régimen Jurídico de las Administraciones Públicas y del Procedimiento Administrativo Común ya contemplaba la posibilidad de que las leyes sustituyeran los recursos administrativos por procedimientos de conciliación, mediación y arbitraje, en el ordenamiento español no encontramos muchos ejemplos de legislación que introduzca la mediación como medio de resolución de conflictos de naturaleza administrativa. En particular, al margen la ley de transparencia y acceso a la información pública de Cataluña, encontramos otra muestra en la Ley 2/2013, de 29 de mayo, de renovación y modernización turística de Canarias.

Con ello, se obtendrán impactos positivos en la gestión de reclamaciones, aumentando la cantidad de casos resueltos, con especial foco en los de baja complejidad, reduciendo los tiempos totales de tramitación, incrementando el nivel de satisfacción de los solicitantes y mejorando continuamente los procesos de gestión institucional de la función garante de los Consejos, a partir de prácticas tendentes a la colaboración entre los diferentes actores partes de un amparo.

De esta forma, la instauración de la mediación de carácter voluntario, flexible e informal, a fin de entregar una solución más simple y asequible al ciudadano que el procedimiento ordinario de tramitación de reclamación regulado en la Ley de Transparencia. no sólo refleja el compromiso de la institución por facilitar el Acceso a la Información Pública haciéndolo más fácil para los ciudadanos, sino que, además, promueve la colaboración, principalmente de los organismos públicos, en la entrega de los antecedentes solicitados. Con ello, se pretende garantizar de mejor forma el Derecho de Acceso a la Información y sus principios rectores, especialmente, los de oportunidad y facilitación.

En las últimas modificaciones de la normativa del ámbito autonómico (Valencia) se introduce este trámite de mediación de los órganos garantes entre las Administraciones y los demandantes de información en caso de conflicto que ofrece un marco de relación mutua, que permitirá acercar posiciones y llegar a un acuerdo consensuado sobre el acceso a la información. También en derecho comparado, en 2015, el Consejo para la Transparencia de Chile estableció un plan piloto fundado en buenas prácticas internacionales, restructurando el ahora denominado: Sistema Anticipado de Resolución de Controversias (SARC) que reemplazó a la Solicitud Anticipada de Resolución de Amparos (SARA) de 2010, fortaleciendo la Unidad de Admisibilidad.

Decimoquinta: Sus resoluciones son vía no solo para tratar de salvaguardar el ejercicio del derecho de acceso, sino también para ir creando una auténtica cultura de la transparencia

En términos generales, las autoridades de transparencia están entendiendo su función de promover la transparencia de la actividad pública como su fin principal, que tratan de cumplir a través de las resoluciones a las reclamaciones que les son presentadas y, en algunos casos, por medio de los criterios interpretativos de la Ley que van publicando periódicamente; lo cual queda patente en algunas afirmaciones que pueden encontrarse en no pocas de ellas, en las que, más allá de ofrecer su visión sobre el concreto fondo del asunto, orientan, aperciben, establecen cómo hubiera debido tratarse debidamente la solicitud.

Tanto el Consejo estatal como los autonómicos responden a una doble finalidad: de un lado, promover la transparencia de la actividad pública; de otro, salvaguardar el ejercicio del derecho de acceso a la información pública. De este modo, en la institución confluyen la misión de impulso de la transparencia y la de vigilancia del cumplimiento de la Ley. Ello, en sí mismo, ha de valorarse positivamente, pues refuerza su papel y favorece la coherencia en el ejercicio de su doble función. La misma valoración positiva merece otra de las manifestaciones de esta doble naturaleza, esto es, la integración de los dictámenes sobre diferentes puntos de la Ley en las resoluciones del órgano de control y, a la inversa, la transformación en criterios interpretativos de la doctrina consolidada del órgano.

Sin embargo, aun reconociendo estos efectos positivos, debe afirmarse que el órgano de control es la principal garantía del derecho de acceso, a través de la competencia para resolver las reclamaciones presentadas por quienes han visto negado o limitado el ejercicio del mismo, por lo que debe potenciarse su independencia y funcionamiento.

Considero fundamental el factor cultural, cómo la transparencia es una actitud, una cultura, una manera de actuar y de entender la ciudadanía. Por lo tanto, si no hay verdadera intención de aplicarla, y de la importancia de aplicarla, pocos resultados podrán llegar a obtenerse, con ley o sin ella. La cultura de la opacidad ha calado tan hondo en la sociedad que, en general, la población desconoce que tiene derecho a saber.

Han pasado años desde la publicación de la ley y la constitución de los consejos, pero es una realidad que todavía resulta ajena a la ciudadanía, no existe cultura de la transparencia por lo que mucha de la información disponible no es objeto de consulta en un grado destacable y no sé si es cuestión de tiempo para que los ciudadanos se acerquen con soltura a esa información, que la utilicen e incluso le añadan valor mediante su reutilización. Tampoco parece existir una demanda importante de información ni por parte de las personas individualmente consideradas ni tampoco por los diversos grupos o colectivos en que se integran. Realidad que ya fue puesta de manifiesto en su día por Esther Arizmendi, presidenta del Consejo de Transparencia y Buen Gobierno, a los seis meses de entrada en vigor de la LTAIPBG, Ley 19/13, cuando señaló:

"España es un país sin cultura de transparencia. La distancia, la opacidad, han sido características que la Administración ha enarbolado. Sin embargo, y aunque tarde, esta ley puede medirse de tú a tú con las normas de nuestros socios europeos. (...) En cualquier caso, se trata de una ley básica, la transparencia sobre esta base tiene que crecer. Con ella se trata de introducir la cultura de la transparencia en la actividad pública, para pasar de una Administración concebida como titular de los datos públicos a ser una depositaria de estos. Se trata de un cambio absoluto y radical en la forma de hacer las cosas y en la forma de relacionarse con los ciudadanos"

En este contexto, es necesario interiorizar la cultura de la transparencia en el ámbito público tanto por parte de los políticos responsables de los gobiernos en los diferentes niveles territoriales, como de sus empleados públicos y, en último extremo, también de su ciudadanía.

Todo apunta a que existe una importante resistencia al cambio por parte de algunos políticos, faltan concienciación y motivación por parte de los responsables públicos, que pueda originar la imprescindible toma de conciencia en relación con el derecho de la ciudadanía de conocer todo lo que produce y gestiona la administración y el acceso gratuito a esta información. Los políticos no asumen bien el derecho de los ciudadanos a conocer y saber cómo y en qué emplean los recursos públicos. Por el contrario, tienden a tener una particular visión de la rendición de cuentas, mucho más limitada.

Es verdad que, por todo ello, la transparencia ya está rindiendo sus frutos en lo relativo al conocimiento público de determinadas actitudes de los servidores públicos y esto genera malestar y una reacción frente a la transparencia. Por otro lado, la falta de inversión en la mejora de los archivos, en especialistas en transparencia y en sistemas informáticos va a generar problemas a la hora de satisfacer las necesidades de información del público. Seguramente en muchos casos la información no se podrá proporcionar porque no está bien archivada o los sistemas de recuperación no funcionen adecuadamente, o, incluso por la imposibilidad ante la falta de medios.

Tampoco los ciudadanos consideran la transparencia de la gestión pública ni el acceso a la información pública como un derecho, las normas de transparencia les han venido dadas, y aunque es cierto que a nivel de país se sentía la necesidad de que existiera una normativa de transparencia, ya presente en la mayoría de lugares del mundo, y de que importantes colectivos demandaban su promulgación, especialmente como respuesta y como herramienta de lucha contra la corrupción, tanto a posteriori como preventivamente, la población española no ejercita los derechos que este conjunto de normas pone a su disposición. El grado de participación del ciudadano medio en los asuntos públicos, con carácter general, no es elevado, y por tanto no cree necesitar información exacta, completa y actualizada en las diversas áreas. La baja participación ciudadana desincentiva el cumplimiento de la norma, del mismo modo que un grado de exigencia mayor de los datos relativos a la gestión pública, proveniente de su continua utilización, forzaría a una implantación más eficiente de las normas de transparencia.

La falta de demanda social se convierte así en una debilidad en el proceso de implantación efectiva de la normativa de transparencia. Tampoco desde los poderes públicos ha existido una promoción activa del derecho a la información, ni se han incentivado los mecanismos para lograr un mayor grado de implicación ciudadana.

En una sociedad democrática los ciudadanos, además de ejercer su sufragio y tener reconocidos los derechos más elementales dentro de los procedimientos en que son parte directamente interesada, deberían querer saber, participar y colaborar activamente en las decisiones del poder. Pero ello también exige, un sistema público de servicio, de calidad en su funcionamiento, que genere confianza en la ciudadanía y le anime a participar, y que disponga de un sistema de control y vigilancia permanente sobre toda su actividad.

Se hace necesario cambiar la cultura interna para integrar las obligaciones de transparencia en la gestión diaria de los diferentes responsables técnicos de los contenidos. Hay que crear dichos hábitos de trabajo en el funcionariado, como único modo de publicar puntualmente la información requerida en el Portal de Transparencia o página web de cada administración.

La ley de trasparencia está íntimamente relacionada con otros conceptos como la gobernanza, la rendición de cuentas, el gobierno abierto… Todos ellos exigen un cambio en la forma de gestionar de las Administraciones públicas, que supone nuevas formas de hacer para las administraciones. Este cambio cultural de la organización es la parte más compleja del proceso, debido a la opacidad existente hasta ahora, y de momento no se puede afirmar que se haya producido, ni siquiera en un grado significativo. No hemos asistido al cambio cultural que debía haber operado como antecedente que facilitara la transparencia, para contraponer la administración clásica, cerrada y opaca, a la que busca conseguir la ley de transparencia, que es una organización en la que transparencia, la apertura y la participación ciudadana sean los tres ejes sobre los que la administración en todos sus niveles –estatal-regional-local- diseñe sus políticas públicas y concrete sus formas de implementación y evaluación.

Decimosexta: Necesaria vinculación de los órganos/autoridades de garantía con los intereses de la ciudadanía para implementar el ejercicio del derecho de acceso a la información pública

Hemos observado como el derecho de acceso a la información - la transparencia – en definitiva, está siendo muy elitista, está llegando a un grupo muy pequeño que ejerce dicho derecho, el reto en mi opinión, tendría que ser cómo vincular el derecho de acceso con esos grandes intereses ciudadanos, cómo llegar a derechos básicos (salud, educación, vivienda) y cómo replantearse el Derecho de Acceso a la Información Pública, no como un derecho final sino como un derecho instrumental que habilita a los ciudadanos para ejercer esos otros derechos básicos.

Para ello, el ciudadano común deberá percibir el órgano/autoridad como un leal servidor de la labor de promover la transparencia y garantizar el derecho de acceso, sin sesgos políticos partidistas; como una institución respetada, rigurosa, con procesos internos de excelencia. Y paralelamente el órgano, empezar a ver que el ciudadano es capaz de vincularse con la efectividad del Derecho de Acceso a la Información, y hacer un giro en su política pública porque finalmente la transparencia no es un bien en sí misma.

Resulta clave la difusión y el impulso, realizar campañas de promoción para posicionar el Derecho de Acceso a la Información Pública como instrumento útil entre la ciudadanía, basadas en las problemáticas del ciudadano de a pie y a través de ellas acercarlos al acceso a la información. El mensaje, en mi opinión no es dar a conocer la normativa y sus respectivos artículos y decirles a los ciudadanos: "pueden usarla". Sino identificar los problemas, listas de espera en intervención quirúrgica, becas para comedor…... Incluso talleres que permitían identificar problemas, trabajarlos y finalmente que el ciudadano se lleve la "solicitud de información" hecha, en la mano, es decir hacer practico el ejercicio de acceso a la información; o dicho de otra manera comprender y respetar el espíritu de la ley que implica profundizar en la democracia, pasar de una cultura de secretismo a una abierta y cercana a los ciudadanos.

Sin duda, es un proceso que vale la pena emprender y que en el mediano plazo ayudaría a mejorar la confianza en las instituciones.

REFERENCIAS BIBLIOGRÁFICAS Y DOCUMENTALES

BIBLIOGRAFÍA

ACKERMAN, John Mill y SANDOVAL, Irma Eréndira: "Leyes de acceso a la información en el mundo", en *Cuadernos de transparencia* núm. 07, Instituto Federal de Acceso a la Información Pública, (2008) México.

ACKERMAN SUSAN Rose., "Independencia, interferencia política y corrupción" Informe Global de la Corrupción 2007. Transparency International. Pág. 17 www.transparency.org

AJA FERNÁNDEZ Eliseo. "El Estado Autonómico. Federalismo y hechos diferenciales". Alianza, Madrid. 1999.

ARAGUÁS GALCERÀ, Irene., "Los diez aspectos clave de la Ley 19/2013, de 9 de diciembre, de transparencia, acceso a la información pública y buen gobierno", Revista Catalana de Dret Públic, 2012.

- ARAGUÁS GALCERÀ, I., "La regulación de la Administración electrónica y sus principios rectores". Revista Catalana de Dret Públic, núm. 45. 2012.
- ARAGUÁS GALCERÀ, I., "La regulación de los lobbies, hacia la consecución de la transparencia y el control de las actividades desarrolladas por grupos de interés". *Revista Vasca de Administración Pública.* Nº 106. 2016.

ARES GONZÁLEZ, Valle, "La transparencia en la Unión Europea: una visión comparada. Especial referencia al derecho de acceso a la información pública", *Revista Participación Educativa.* Consejo Escolar del Estado, diciembre de 2013.

ASTUDILLO MUÑOZ, Jorge., "Breve análisis comparativo entre la regulación del Consejo para la Transparencia (Chile) y el Consejo de Transparencia y Buen Gobierno (España)" Revista Española de la Transparencia. RET. ISSN 2444-2607. Núm. 12. Primer Semestre. Enero-junio de 2021, DOI: https://doi.org/10.51915/ret.110

BARTLETT CASTELLÁ y VÈRNIA TRILLO: "La regulación del registro de grupos de interés en la ley 19/2014, del 29 de diciembre, de transparencia, acceso a la información pública y buen gobierno", Revista catalana de dret públic, núm 51, 2015.

BARBEITO MEIZOSO, Gumersinda., "El complejo marco jurídico de la transparencia en Euskadi. Un enfoque divulgativo*", Revista Española de la Transparencia*, Núm. 11. Segundo Semestre, julio-diciembre de 2020...

BARRERO RODRÍGUEZ, Concepción., "Las causas de inadmisión de las solicitudes de acceso a la información. En particular, la doctrina de las autoridades independientes", *Revista General de Derecho Administrativo*, 46/2017.

BALLESTEROS MOFFA, Luis Ángel., "La ausencia de respuesta a las solicitudes y reclamaciones de acceso a la información pública. ¿El caballo de Troya de la transparencia?", *Revista Española de Derecho Administrativo, núm. 161* (enero-marzo de 2014).

BELADIEZ ROJO, Margarita. "Validez y eficacia de los actos administrativos" M. Pons, Ediciones Jurídicas (1994).

BELARRA GORROCHATEGUI, Javier. “Los consejos de transparencia autonómicos en España: ¿Marketing político o vectores de buen gobierno?” *Revista Internacional de Transparencia e Integridad (R.I.T.I.)*, Barcelona, núm. 6, enero-abril 2018.

BLANES CLIMENT, Miguel Ángel., “La transparencia informativa de las Administraciones Públicas. El derecho de las personas a saber y la obligación de difundir información pública de forma activa.” Thomson Aranzadi, Cizur Menor, 2014.

- BLANES, M. A. Sin transparencia no hay democracia. *Cuadernos Manuel Giménez Abad,* nº 8, 2014a.
- BLANES CLIMENT, M. Á., “Comentarios al artículo 24 -reclamación ante el consejo de transparencia y buen gobierno– y a la disposición adicional primera-regulaciones especiales del derecho de acceso a la información pública–”, A. Troncoso (Dir.), Comentario a la Ley de Transparencia, Acceso a la Información Pública y Buen Gobierno, Thomson Civitas, Madrid 2017.

BOBBIO, Norberto, (1986). “El futuro de la democracia”. México. Fondo de Cultura Económica.

BORJA, Rodrigo., Enciclopedia de la política, México, 1998.

BUSTILLO BOLADO, Roberto, “Derecho Administrativo español y la solución extrajudicial de conflictos. Entre el (razonablemente hermoso) mito y la (menos edificante de lo deseable) realidad”, en las prestaciones patrimoniales públicas no tributarias y la resolución extrajudicial de conflictos. INAP-AEPDA, Madrid 2014.

CAMPOS ACUÑA, M.ª Concepción y CAAMAÑO ALEGRE, José: “Abriendo puertas y ventanas de los ayuntamientos gallegos. Más transparencia para un mejor gobierno local. *Rede Local de Administración Pública* (Red Localis), Documento 2/2015.

- CAMPOS ACUÑA, MC., “Modificación de la ley de transparencia en la propuesta de Ley de lucha integral contra la corrupción y protección de los denunciantes”, en *Revista el consultor de los ayuntamientos*, núm. 2, 2018.

CASANOVAS i ROMEU, Pompeu; MAGRE, Jauma; LAUROBA, Mª Elena. “Libro Blanco de la Mediación en Cataluña”. Barcelona: Departament de Justícia de la Generalitat de Catalunya. 2010.

CASTELLÁ ANDREU, Josep M.ª., “Democracia participativa en las instituciones representativas: apertura del Parlamento a la sociedad*”. Cuadernos Giménez Abad n. 5.*

- CASTELLÀ ANDREU, J.Mª: “Los derechos constitucionales de participación política en la administración pública: (un estudio del artículo 105 de la Constitución)”, Cedecs. 2001.

CERRILLO I MARTÍNEZ, Agustí: “La transparencia administrativa: Unión europea y medio ambiente”. Tirant lo Blanch 1998.

- CERRILLO, A; PONCE, J. (Coord.: “Transparència, accés a la informació pública i bon govern a Catalunya. Comentaris de la Llei 19/2014, de 29 de desembre”, Barcelona, EAPC/Editorial UOC, 2015.
- CERRILLO I MARTÍNEZ, A, “La difusión de información pública como instrumento para la prevención de la corrupción: una aproximación desde la legislación autonómica”, *Revista catalana de dret públic, núm.* 52, 2016.

COCCIOLO, Endrius., "La arquitectura administrativa de la transparencia en España, regulation-inside-government y diseño institucional de las Autoridades de Transparencia". *Revista de Investigações Constitucionais*, Curitiba, vol. 6, núm. 3, 2019.

COTINO HUESO, Lorenzo. "La iniciativa ciudadana europea electrónica", en Neutralidad de la red y otros retos para el futuro de internet: Actas del VII Congreso Internacional internet, derecho y política. Universitat oberta de Catalunya, Barcelona 11-12-2011/ coord. por A. Cerrillo i Martínez, M Peguera, Ismael Peña-López, Mónica Villasau Solana, ISBN 978-84-694-7037-4.

- COTINO HUESO, L. "Algunas propuestas de mejora de la normativa del derecho de acceso a la información". Universidad de Valencia cotino@uv.es
- COTINO HUESO, L. "El Reglamento de la iniciativa ciudadana europea de 2011". Revista de Derecho Político, nº 81, 2011.
- COTINO HUESO, L. "El reconocimiento y contenido internacional del acceso a la información pública como derecho fundamental. In: UNED. Teoría y Realidad Constitucional. Barcelona núm. 40. 2017.
- COTINO HUESO, L.: "La regulación del uso de medios electrónicos en la difusión activa de información pública y el ejercicio del derecho de acceso", en MARTIN DELGADO, I. (dir.): La reforma de la administración electrónica: una oportunidad para la innovación desde el Derecho. Madrid: *Instituto Nacional de Administración Pública*, (INAP)2017.
- COTINO, L. "Criterios relevantes e innovadores del Consejo de Transparencia de la Comunidad Valenciana", en *#RET, Revista Española de la Transparencia*, núm. 9. Segundo 2019.
  https://revistatransparencia.com/ojs/index.php/ret/article/view/57.
- COTINO, L. y BOIX, A. (eds.), "Los límites al derecho de acceso a la información pública", Tirant Lo Blanch, Valencia, 2020.

DABBAGH ROLLÁN, Víctor Omar: "La ley de transparencia y la corrupción. Aspectos generales y percepciones de la ciudadanía española". Centro de Investigaciones Sociológicas. *Revista de Ciencias Sociales, núm. 68,* 2016.

DE LA NUEZ, E. "Transparencia y Buen Gobierno", *Foro de la Sociedad Civil* 2012. web: www.forosociedadcivil.org

- DE LA NUEZ SÁNCHEZ-CASCADO, E., y TARÍN QUIRÓS, C., (Coord.), "Transparencia y Buen Gobierno, comentarios a La Ley 19/20013, de 9 de diciembre, de Transparencia, Acceso a la Información Pública y Buen Gobierno", La Ley, Madrid, 2014.

DELLA PORTA Donatella y DIANI Mario., "Los movimientos sociales Madrid", CIS y Editorial Complutense, 2011. Fundación Betiko: http://fundacionbetiko.org/es/movimientos-sociales

ENÉRIZ OLAECHEA, Fco. Javier., "Los órganos externos encargados de resolver las reclamaciones por denegación del acceso a la información pública: consejos de transparencia, comisiones de garantía del derecho de acceso a la información pública, comisiones de transparencia y comisionados de transparencia", *Revista Aranzadi Doctrinal*, núm. 5, 2018.

ETXEBARRIA ETXEITA, Ignacio Javier. "Aproximación a los contenidos de la Ley 2/2016 de 7 de abril de Instituciones Locales de Euskadi", JADO, Boletín de la Academia Vasca de Derecho = Zuzenbidearen Euskal Akademiaren Aldizkaria, 27: 399-447. 2015-2016.

FERNANDEZ DE GUEVARA Juan, PEREZ GARCÍA Francisco y SERRANO MARTÍNEZ Lorenzo. "Crisis económica, confianza y capital social". Fundación BBVA junio 2015.

FERNÁNDEZ RAMOS, Severiano. "El derecho de acceso a los documentos administrativos", Marcial Pons, Madrid. (1997)

- FERNÁNDEZ RAMOS, S. "La transparencia administrativa en Portugal", Revista de Administración Pública, núm. 163. (2004)
- FERNÁNDEZ RAMOS, S. "El derecho de acceso a la información medioambiental", *Monografía asociada a la Revista Aranzadi de Derecho Ambiental* núm. 15, Cizur Menor: Aranzadi-Thomson. (2009)
- FERNÁNDEZ RAMOS, S. "Aproximación al Convenio del Consejo de Europa sobre acceso a los documentos públicos", en El nuevo Derecho Administrativo, Liber Amicorum, Enrique Rivero Ysern, Universidad de Salamanca, Ratio Legis, Salamanca. (2011)
- FERNÁNDEZ RAMOS, S. "Comentario de urgencia al anteproyecto de Ley de Transparencia, acceso a la información pública y Buen Gobierno". *Actualidad administrativa*, ISSN 1130-9946, nº 12, 2012.
- FERNÁNDEZ RAMOS, S. "El acceso a la información en el proyecto de ley de transparencia, acceso a la información pública y buen gobierno". *Monografías de la Revista Aragonesa de Administración Pública.* ISSN 1133-4797, XIV, Zaragoza. 2013.
- FERNÁNDEZ RAMOS, S. "Transparencia, Acceso a la Información Pública y Buen Gobierno", Aranzadi-Thomson, Cizur Menor. 2014.
- FERNÁNDEZ RAMOS, S. y PÉREZ MONGUIÓ, J. M; "Transparencia, acceso a la información y buen gobierno. Ley 19/2013 de 9 de diciembre. Monografías Aranzadi de Derecho Administrativo. 2014.
- FERNÁNDEZ RAMOS, S. "Información de carácter auxiliar o de apoyo: ¿vuelta a la exigencia de que la información conste en un expediente administrativo?", *RET, Revista Española de la Transparencia*, núm. 3, 2016.
- FERNÁNDEZ RAMOS, S. "El derecho fundamental de acceso a la información pública", *Cuadernos Manuel Giménez Abad*, nº 13, 2017.
- FERNÁNDEZ RAMOS, S. "Publicidad activa: régimen general", Tratado de procedimiento administrativo común y régimen jurídico básico del sector Público, I Tomo, Tirant lo Blanch, Valencia. 2017.
- FERNÁNDEZ RAMOS, S. "Acceso a la información pública versus protección de datos personales", *Revista española de Derecho Administrativo, núm. 184*. 2017.
- FERNÁNDEZ RAMOS, S. "La reclamación ante los órganos de garantía del derecho de acceso a la información pública", *Revista General de Derecho Administrativo 45*. 2017.
- FERNÁNDEZ RAMOS, S. "El silencio administrativo en el ejercicio del derecho de acceso a la información pública: entre el abuso de la administración y el voluntarismo del legislador", *RET, Revista Española de la Transparencia, n*úm. 4. 2017.
- FERNÁNDEZ RAMOS, S. PÉREZ MONGUIÓ, José María: El Derecho de Acceso a la Información Pública en España, Thomson-Aranzadi, Cizur Menor. 2017
- FERNÁNDEZ RAMOS, S. "Los órganos de garantía ante la revisión judicial de su actuación." *Revista Española de la Transparencia (#RET) núm.* 7, segundo semestre 2018.www.revistatransparencia.com
- FERNÁNDEZ RAMOS, S. "La Transparencia púbica: Pasado, Presente y Futuro". *Revista Aragonesa de Administración Pública* 214 ISSN 2341-2135, núm. 51, Zaragoza, 2018.
- FERNÁNDEZ RAMOS, S.; PÉREZ MONGUIÓ, J.Mª: "Vox populi: consultas populares y procesos participativos". Aranzadi-Thomson Reuters. 2019

FERNÁNDEZ RODRÍGUEZ, Tomás Ramón., "Reflexiones sobre la utilidad de la vía administrativa de recurso", en Documentación Administrativa, núm. 221, en-mar, 1991.

FERNÁNDEZ SALMERÓN, Manuel. SIERRA RODRIGUEZ, Javier., "Inadmisión y necesidad de reelaboración ante el derecho de acceso a la información pública. *REALA. Revista de Estudios de la Administración Local y Autonómica. Nueva Época* núm. 11 (abril-septiembre 2019)

FERNÁNDEZ SALMERÓN, M. y VALERO TORRIJOS, J. "La publicidad de la información administrativa en Internet: implicaciones para el derecho a la protección de los datos personales", *en Revista Aragonesa de Administración Pública, núm.* 26, junio 2005. "La Ley de Transparencia y sus efectos sobre las entidades locales" 194 QDL38· *Cuadernos de Derecho Local Fundación Democracia y Gobierno Local Fernando García Rubio.*

GALLEGO CÓRCOLES, I.: "Breves notas sobre el uso de medios electrónicos en la contratación pública", en MARTÍN DELGADO, I. (dir.): La reforma de la administración electrónica: una oportunidad para la innovación desde el Derecho. Madrid: *Instituto Nacional de Administración Pública*, (INAP) 2017.

GARCÍA COSTA, Francisco Manuel., "El Consejo de Transparencia y Buen Gobierno". "Régimen jurídico de la transparencia del sector público: del Derecho de acceso a la reutilización de la información" / coord. por VALERO TORRIJOS, Julián y FERNÁNDEZ SALMERÓN, Manuel (2014, ISBN 978-84-9059-433-9, Thomson-Aranzadi, Cizur Menor. págs. 483-504.

GARCÍA DE ENTERRÍA, Eduardo. "Democracia, jueces y control de la Administración". *Revista española de derecho administrativo*, Civitas. ISSN 0210-8461, núm. 92, Madrid, 1996.

GARCÍA-ESCUDERO MÁRQUEZ, P. "Regeneración del parlamento, transparencia y participación ciudadana". *Teoría y Realidad Constitucional*, núm. 36, 2015.

GARCÍA MARTÍN, José Aurelio., "Anteproyecto de Ley de Transparencia, notas sobre los artículos 1 y 3 al 7", en http://www.cepc.gob.es/docs/ley-de-transparencia/notas-j-aurelio-garcia.pdf?sfvrsn=0 , 2014.

GARCÍA RUBIO, Fernando., "La Ley de Transparencia y sus efectos sobre las entidades locales". *Cuadernos de Derecho Local Fundación Democracia y Gobierno Local* (QDL38) ISSN: 1696-0955, junio de 2015

GIL ROBLES, Álvaro., "La mediación administrativa como alternativa." 2012. *Foro de Opinión 90.*

GIMÉNEZ SÁNCHEZ, Isabel. "La Ley de Transparencia, Acceso a la Información Pública y Buen Gobierno en el marco del Estado autonómico", en Isabel WENCES, Mario KÖLLING y Sabrina RAGONE (coords.), "La Ley de Transparencia, Acceso a la Información Pública y Buen Gobierno. Una perspectiva académica", CEPyC, 2014.

GUICHOT, Emilio: "Transparencia y Acceso a la Información en el Derecho Europeo", Sevilla (2010). Editorial Derecho Global – Global Law Press.

- GUICHOT, E. "Transparencia y acceso a la información pública en España: análisis y propuestas legislativas", Fundación Alternativas, Documento de trabajo 170/2011. (2011):
- GUICHOT REINA, E. "Transparencia Versus Protección de Datos", VI Congreso Anual de la Asociación de Profesores de Derecho Administrativo, Palma de Mallorca, 2011.
- GUICHOT REINA, E., "La gestión de los fondos públicos: control y responsabilidades los derechos de los ciudadanos, las garantías y las vías de actuación para su efectividad", en

Primera Edición. Parte Quinta. Nuevas perspectivas del control público. Capítulo 1. Transparencia administrativa. 2013.

- GUICHOT REINA, E. "El Consejo de Transparencia y Buen Gobierno", 2014.
- GUICHOT REINA, E. (Coord.): "Transparencia, Acceso a la información pública y Buen Gobierno, Estudio de la Ley 19/2013, de 9 de diciembre, Cap. I y II Colección Práctica Jurídica de TÉCNOS, Madrid, 2014.
- GUICHOT REINA, E. "Ejercicio del derecho de acceso a la información pública y régimen de impugnaciones", en Isabel WENCES, Mario KÖLLING y Sabrina RAGONE (coords.), La Ley de Transparencia, Acceso a la Información Pública y Buen Gobierno. Una perspectiva académica, CEPC (Centro de Estudios Políticos y Constitucionales), Madrid. Y en VV. AA. 2014
- GUICHOT, E., "Estudio de La Ley 19/2013, de 9 de diciembre". En Transparencia, Acceso a la información Pública y Bueno Gobierno, Colección Práctica Jurídica de TÉCNOS, febrero 2014.
- GUICHOT REINA, E. "Transparencia y acceso a la información en entidades locales vascas", RVAP, 107, II: 557-583. 2017.
- GUICHOT REINA, Emilio., "El acceso de los representantes políticos a la información y la nueva normativa sobre transparencia y acceso a la información pública. En especial, la posibilidad de presentar reclamaciones ante las autoridades de transparencia." Nueva Época. Núm. 8 REALA (*Revista de Estudios de la Administración Local y Autonómica*) nov-abril, 2017
- GUICHOT, Emilio: "Derecho de acceso a la información pública", Tratado de procedimiento administrativo común y régimen jurídico básico del sector Público, I Tomo, Tirant lo Blanch, Valencia, 2017.
- GUICHOT REINA, E., "El ámbito de competencia de las autoridades de transparencia para conocer de reclamaciones en materia de derecho a la información", en: Martín Delgado, I., Guichot Reina, E. y Cerrillo i Martínez, A. (eds.), *Configuración legal, actuación y funciones de las autoridades de transparencia. Algunas propuestas de mejora*, Madrid, Fundación Democracia y Gobierno Local, 2019.
- GUICHOT REINA, E., "Regulaciones especiales", en: Guichot, E. y Barrero Rodríguez, C. (eds.), El derecho de acceso a la información pública, Valencia, Tirant lo Blanch, 2020.
- GUICHOT REINA, E: "La Ley de Transparencia sometida al test de la COVID-19". *Revista Española de Derecho Administrativo*, nº 212. Abril-junio 2021.

GUICHOT REINA, E. CERRILLO I MARTÍNEZ, A. y MARTÍN DELGADO, I. "Configuración legal, actuación y funciones de las autoridades de transparencia. Algunas propuestas de mejora". Capítulo III: "El ámbito de competencia de las autoridades de transparencia para conocer de reclamaciones en materia de derecho de acceso a la información". Fundación Democracia y Gobierno Local Serie: Claves del Gobierno Local, 27 ISBN: 978-84-120267-1-9. 2019. https://issuu.com/editorialmic/docs/fundaciondemocracia_claves27_junio2019

GOIG MARTÍNEZ, J.M. "Transparencia y corrupción: la percepción social ante comportamientos corruptos". *Revista de Derecho UNED*, nº 17. 2015.

HABERMAS Jürgen, "La filosofía del Derecho. Teoría de la acción comunicativa", Taurus, Madrid, 1987-1988, 2 vols. Communicative Action. Essays on Jürgen Habermas's. The Theory of Communicative Action, Polity Press, Cambridge, 1996.

HERRERA GÓMEZ Manuel, "Lenguaje y acción en la teoría de la acción comunicativa de Jürgen Habermas". La teoría de la acción comunicativa se ha convertido en la base de una teoría discursiva de la moral (ética del discurso), del derecho y de la democracia. *Revista de Estudios Políticos (Nueva Época)* Núm. 121 Julio-Septiembre. 2003.

HUERGO LORA, Alejandro. "La resolución extrajudicial de conflictos de las Administraciones Públicas en 2015", López Ramón (Coord.): Las prestaciones patrimoniales públicas no tributarias y La resolución extrajudicial de conflictos, INAP-AEPDA, Madrid 2015.

IGLESIAS SEVILLANO, Héctor. "La mediación en los recursos administrativos", en Cabrera Mercado, R., La mediación como método para la resolución de conflictos. Jaén: Dykinson, 2017.

JIMÉNEZ ASENSIO, Rafael. "Instituciones de garantía de la transparencia". *El Cronista del Estado Social y Democrático de Derecho, Madrid, núm. 68*, 2017. http://www.rafaeljimenezasensio.com

- JIMENEZ ASENSIO R. "Notas sobre los modelos autonómicos de instituciones de garantía de la transparencia". https://rafaeljimenezasensio.com/documentos/
- JIMENEZ ASENSIO, R., "Cómo prevenir la corrupción. Integridad y transparencia", *IVAP*, Vitoria. 2017.

JIMÉNEZ DE CISNEROS CID, F. J., "Los organismos autónomos en el Derecho público español: tipología y régimen jurídico". INAP, Madrid, 1987.

JIMÉNEZ SÁNCHEZ, F. "El Consejo de la Transparencia en la ley española: una visión comparativa", *Tiempo de Paz*, 114:17-23. 2014.

KELSEN, H., "La Démocratie. Sa nature. Sa valeur", Paris, Económica, (Col. Classiques) 1998.

LIZCANO ÁLVAREZ, J. "La transparencia como antídoto contra la corrupción". *Cuadernos de periodistas*, 2008.

- LIZCANO ÁLVAREZ J. & VILLORIA MENDIETA, M. "Corrupción y transparencia: Aspectos contextuales, metodológicos y empíricos". *Revista de responsabilidad social de la empresa*, núm. 14, 2013.

LLINARES SALA, Javier. "Open government: La idea". http://www.javierllinares.es/?p=476
blog www.javierllinares.es 2007.

LÓPEZ RAMÓN, F. "La resolución extrajudicial de conflictos", INAP-AEPDA, Madrid, 2015.

MANZETTI, Luigi, & WILSON Carole J., "¿Por qué los gobiernos corruptos mantienen el apoyo público?" Revista de *Estudios políticos comparativos,* 2007.

MARTÍN DELGADO, Isaac., "Transparencia, reutilización y datos abiertos. Algunas reflexiones generales sobre el acceso libre a la información pública", en VALERO TORRI¬JOS, J. y FERNÁNDEZ SALMERÓN, M. (eds.), Régimen jurídico de la transparencia del sector público: del Derecho de acceso a la reutilización de la información, Cizur Menor, Thomson-Aranzadi, 2014.

- MARTIN DELGADO, I., Las vías administrativas de recurso a debate: Actas del XI Congreso de la Asociación de Profesores de Derecho Administrativo (AEPDA) Zaragoza 2016. La reclamación ante el Consejo De Transparencia y Buen Gobierno: un instrumento necesario, útil y ¿eficaz?, pág. 417. In: F. LÓPEZ RAMÓN (Coord) Instituto Nacional de Administración Pública, Madrid 2016.

- MARTÍN DELGADO, I., "La reforma de la Administración electrónica: Una oportunidad para la innovación desde el Derecho". 1ª ed. INAP, 2017.
- MARTÍN, I.: (coord..), Conclusiones V Congreso Internacional de celebrado en Toledo sobre Innovación Tecnológica y Administración Pública. La reforma de la Ley estatal de Transparencia: retos y posibilidades. *Facultad de Ciencias Jurídicas y Sociales de Toledo.* 2017: http://blog.uclm.es/ceuropeos/files/2017/10/TRANSPARENCIA-CONCLUSIONES-1.pdf
- "10 propuestas de reforma para 10 carencias detectadas", en Martín, I., (coord.) *Conclusiones V Congreso Internacional...*
- MARTÍN DELGADO, I., "La configuración legal de los consejos autonómicos de transparencia: algunos riesgos para el ejercicio de su función de control", en COTINO HUESO, Lorenzo y BOIX PALOP, Andrés: El buen gobierno y la transparencia, a caballo entre la Ética y el Derecho" Revista Internacional de Éticas Aplicadas, núm. 27, 2018.
- MARTIN DELGADO, I., "La configuración legal de las autoridades de transparencia". *Fundación Democracia y Gobierno Local Serie: Claves del Gobierno Local, 27* ISBN: 978-84-120267- 2018.
- MARTÍN DELGADO, I., "Análisis de la litigiosidad administrativa y contencioso-administrativa en materia de transparencia", en Díez Sastre, S. (ed.), Informe sobre la Justicia Administrativa 2018, Madrid, Centro de Investigación sobre Justicia Administrativa. 2020, 2021.
- MARTÍN DELGADO, I. "La configuración legal de las autoridades de transparencia". En: MARTÍN DELGADO, I; GUICHOT REINA, Emilio; CERRILLO MARTÍNEZ, Agustí. "Configuración legal, actuación y funciones de las autoridades de transparencia. Algunas propuestas de mejora". Barcelona-Madrid: Fundación Democracia y Gobierno Local. Serie Claves del Gobierno Local, 27. 2019.
- MARTÍN, I.: "El derecho de acceso a la información pública", (ed.), *Transparencia y acceso a la información pública: de la teoría a la práctica"*. Madrid, Iustel, 2019.
- MARTÍN, I.: "Los límites efectivos al derecho de acceso", COTINO, L. y Boix, A. (eds.), *Los límites al derecho de acceso a la información pública, Tirant Lo Blanch, Valencia, 2020.*

MARTÍN-RETORTILLO BAQUER, L., "De los derechos humanos al derecho a una buena administración", en ÁVILA RODRÍGUEZ, C.M. y GUTIÉRREZ RODRÍGUEZ, F., El derecho a una buena administración y la ética pública, Tirant Lo Blanch, Valencia, 2011.
- MARTÍN-RETORTILLO BAQUER, L., "Crisis económica y transformaciones administrativas", en *Revista Española de Derecho Administrativo*, nº 153, en-marzo, 2012.

MARTÍNEZ GUTIÉRREZ, R., "Administración Pública Electrónica", Thomson-Civitas, Cizur Menor (Navarra), 2009.

MESEGUER YEBRA, J., "La Transparencia en las Administraciones Públicas. El procedimiento de acceso a la información pública", Biblioteca Básica de Práctica Procesal. Serie Administrativa. 393. BOSCH, Diciembre Olmedo Palacios, M., 2014. La Ley 19/2013, de 9 de diciembre, de transparencia, acceso a la información y buen gobierno, en Diario La Ley, Nº 8237, Sección Doctrina, 27 Ene., Año XXXV, Editorial La Ley. 2013.
- MESEGUER YEBRA J. "Las "mejoras" autonómicas en la regulación del derecho de acceso a la información pública", *Revista Andaluza de Administración Pública*, núm. 90, 2014.

MESTRE DELGADO, Juan Francisco: "El derecho de acceso a archivos y registros administrativos", Civitas, Madrid, 2ª ed. 1997

- MESTRE DELGADO, J. F. "Contencioso-Administrativo". *Revista General de Derecho Administrativo ISSN-e 1696-9650, núm. 33*, 2013.

MIR BAGÓ, Josep. "La mediació en les reclamacions d'accés a la informació pública." 2020. *Blog de la Revista Catalana de Dret Públic*.

MIR PUIGPELAT, Oriol., "El acceso a la información pública en la legislación española de transparencia: crónica de un cambio de paradigma". *Revista Catalana de Dret Públic, núm. 55*, diciembre 2017.

- MIR PUIGPELAT, Oriol. "Las autoridades autonómicas de garantía del derecho de acceso. Una aproximación crítica a su diseño institucional", en TRONCOSO REIGADA, Antonio (Dir.) Comentario a la Ley de Transparencia, Acceso a la Información y Buen Gobierno. Cizur Menor: Thomson Reuters Civitas, 2017. Madrid.
- MIR PUIGPELAT, O., "Transparencia y procedimiento administrativo: el derecho de acceso al expediente y su conexión con el derecho de acceso a información pública". Cizur Menor, Thomson-Reuters-Aranzadi, 2019.

MOLINA MOLINA, José: "Por qué la transparencia". Editorial Aranzadi 2ª ed. 2016

- MOLINA MOLINA, J. "Ciudadano y Gasto Público". Editorial Aranzadi 5ª ed. 2015
- MOLINA MOLINA, J. "Los organismos independientes en la democracia representativa". *R.I.T.I.* nº 3. Enero-abril 2017.
- MOLINA MOLINA, J. "Cómo ser un Consejo de transparencia independiente para la ciudadanía". Apuntes sobre la transparencia. Universidad Complutense de Madrid – Instituto de Derecho Comparado Asociación de Profesionales e Investigadores de la Transparencia. ACREDITRA. Coordinador: Manuel Sánchez de Diego Fernández de la Riva. Madrid. Septiembre 2018.

MORETÓN TOQUERO, M. Aranzazu. "Libertad de información y transparencia pública bajo el estado de alarma decretado para afrontar la pandemia por Covid19". BIGLINO CAMPOS, P.; DURÁN ALBA, F. "Los Efectos Horizontales de la COVID sobre el sistema constitucional, Colección Obras Colectivas, Fundación Manuel Giménez Abad, Zaragoza 2020.

MORICONI BEZERRA, M. "¿El problema de la corrupción o el de la tolerancia a la corrupción? [con distintos acentos]" Instituto de Iberoamérica de la Universidad de Salamanca. 25-1-2016. Manzetti & Wilson, 2007.

NAVAS, VÁZQUEZ Rafael., "Infantil y politizada Ley de Transparencia", en *elEconomista.es* Andalucía de 20 de febrero de 2014.
http://www.eleconomista.es/andalucia/noticias/5438883/01/14/Infantil-y-politizada-Ley-de Transparencia.html

OLVERA RIVERA, Alberto J., "La rendición de cuentas: Diseño Institucional y Participación Ciudadana", *Cuadernos sobre rendición de cuentas número 2,* Secretaría de la Función Pública, México, 2009.

ORDUÑA PRADA, Enrique, SÁNCHEZ SAUNDINÓS, José Manuel. "La estructura orgánica del Consejo de Transparencia y Buen Gobierno", Comentario al artículo 37. Presidente del Consejo de Transparencia y Buen Gobierno. TRONCOSO REIGADA, Antonio (Dir.) Comentario a la Ley de Transparencia, Acceso a la Información Pública y Buen Gobierno, Madrid: Thomson Civitas, Madrid, 2017.

ORTEGA ÁLVAREZ Luís I. "Reformas Estatutarias y Distribución de Competencias. El Principio de Subsidiariedad". Coord. por Francisco Balaguer Callejón, Luis I. Ortega Álvarez, Gregorio Cámara Villar, José Antonio Montilla Martos. Instituto Andaluz de Administración Pública 2007.

PALOMARES HERRERA, M.: "Proyecto del reglamento de transparencia, acceso a la información y buen gobierno en España: estudio general y reflexiones", *Cuadernos Manuel Giménez Abad, núm.* 12, 2016.

PALOMAR OLMEDA, A.: "El control judicial de las decisiones en materia de transparencia administrativa". En: VALERO TORRIJOS, Julián; Fernández Salmerón, Manuel (coords.). "Régimen jurídico de la transparencia del sector público. Del derecho de acceso a la reutilización de la información". Cizur Menor: Aranzadi, 2014.

PAUNER CHULVI, Cristina., "La articulación del control parlamentario sobre los espacios libres de control gubernamental: Parlamento y Administraciones independientes", *Teoría y realidad constitucional*, núm. 19, 2007.

PÉREZ ALBERDI, M.R. "El modelo autonómico de democracia participativa". Oñati Socio-legal Series, nº 7 (5), 2017.

PÉREZ MIRAS, A. WENCES, I; KÖLLING, M; RAGONE, S. (coords.), "La ley de transparencia, acceso a la información pública y buen gobierno. Una perspectiva académica", CEPC, Madrid, 2014, *Revista Estudios Jurídicos. Segunda Época*, (14). Universidad de Jaén, 2015. https://revistaselectronicas.ujaen.es/index.php/rej/article/view/2183

PÉREZ SARRIÓN, L.: "El derecho de acceso de los ciudadanos a los expedientes y archivos administrativos", en VV, Implantación práctica de la Ley de Transparencia en los Ayuntamientos, El Derecho Editores, 2014.

PÉREZ VELASCO, M.M., "La Ley 19/2013, de 9 de diciembre, de transparencia, acceso a la información pública y buen gobierno: una ocasión perdida en la equiparación a los estándares europeos". http://idpbarcelona.blogspot.com.es/2014/01/la-ley-192013-de-9-de-diciembre de.html

PIDEMONT PUJOL, Mercè,."La posibilidad de acogerse a la mediación en las reclamaciones en materia de acceso a la información pública". *Revista Española de la Transparencia, RET Núm. 11.* Segundo Semestre, julio-diciembre de 2020. www.revistatransparencia.com

PIÑAR MAÑAS, José Luís, "Seguridad, transparencia y protección de datos: el futuro de un necesario e incierto equilibrio", Documento de trabajo de la Fundación Alternativas, núm. 147, 2009.

- PIÑAR MAÑAS, J. L.: "Derecho de acceso a la información pública. Régimen general", en VV. AA, La Ley 19/2013, de transparencia, acceso a la información y buen gobierno. Una perspectiva académica, CEPC, Madrid. 2014
- PIÑAR MAÑAS, J. L.: "Transparencia y protección de datos. Una referencia a la Ley 19/2013, de 9 de diciembre, de transparencia, acceso a la información y buen gobierno", en Transparencia, acceso a la información y protección de datos, CEU, Madrid, 2014.
- PIÑAR MAÑAS, J.L. Transparencia y derecho de acceso a la información pública. Algunas reflexiones en torno al derecho de acceso a la información pública en la Ley 19/2013. *Revista catalana de dret public* 1-19. 2014.

POMED SÁNCHEZ, L.A., "El acceso de los ciudadanos a los archivos y registros administrativos", INAP, Madrid, 1989.

PONCE SOLÉ Juli: "La prevención de la corrupción mediante la garantía del derecho a un buen gobierno y a una buena administración en el ámbito local (con referencias al Proyecto de Ley de transparencia, acceso a la información pública y buen gobierno)". Anuario del Gobierno Local 2012 ISSN: 2013-4924, mayo 2013. Fundación Democracia y Gobierno Local. Institut de Dret Públic Universidad de Barcelona.

RAMS RAMOS, Leonor: El derecho de acceso a archivos y registros administrativos, Reus, Madrid, 2008.

- RAMS RAMOS, L. "El derecho de acceso a archivos y registros administrativos", Reus, Madrid. 2009
- RAMS RAMOS, L. "La transformación del derecho de acceso en España: de derecho de configuración legal a derecho fundamental", REDA núm. 160.2013
- RAMS RAMOS, L. "El procedimiento de ejercicio del derecho de acceso a la información pública", Revista General de Derecho Administrativo, núm. 41. 2016
- RAMS RAMOS, L. "Los derechos e intereses de terceros en las reclamaciones ante el Consejo de Transparencia y Buen Gobierno", Las vías administrativas de recurso a debate, Actas del XI Congreso de la Asociación Española de Profesores de Derecho Administrativo, INAP, Madrid.2016
- RAMS RAMOS, L. "Las medidas alternativas de resolución de conflictos en el ámbito de la transparencia". En: CÁMARA, Pablo Chico de la (Dir.), Una propuesta para la introducción en nuestro sistema administrativo y tributario de medidas alternativas de resolución de conflictos (ADR), Madrid 2017.
- RAMS, R. L.: "La normativa estatal y autonómica sobre transparencia en España: valoración de conjunto", *Anuario de Transparencia Local*, núm. 1, 2018. http://repositorio.gobiernolocal.es/xmlui/bitstream/handle/10873/1947/05_RAMS_P43_P90_ATL_2018.pdf?sequence=1.
- RAMS RAMOS, L. "La protección de la identidad de los denunciantes en los expedientes sancionadores: Su carácter de límite ante el ejercicio del derecho de acceso a la información", pág. 197-227 en Cotino, L. y Boix, A. (eds Los límites al derecho de acceso a la información pública, Tirant Lo Blanch, Valencia, 2020.

RAZQUIN LIZARRAGA, Martín María, "El derecho de acceso a la información pública", Oñati, IVAP, 2015.

RENAUT, Alain, "El futuro de la ética", Galaxia Gutenberg, Barcelona, 1998.

RIDAO MARTÍN, Joan., "La regulación de la transparencia y del acceso a la información pública en la esfera autonómica. Un estudio comparado" en *Revista General de Derecho Constitucional.* Núm. 19, 2014.

- RIDAO MARTÍN, J. "Consideraciones ante la futura efectividad de la Ley 19/2013, de 9 de diciembre, de transparencia, acceso a la información pública y buen gobierno", en *Diario La Ley*, núm. 8340. 2014

ROBERTO LENARDÓN Fernando, "Los órganos de control y la lucha contra la corrupción en Argentina". Auditoría Pública Núm. 51. 2010.

RODRÍGUEZ ARANA MUÑOZ, Jaime; SENDÍN GARCÍA, Miguel Ángel, "Transparencia, acceso a la información y buen gobierno", Granada, Comares, 2014.

RUÍZ-RICO. C., "Transparencia y participación en el derecho autonómico: un análisis constitucional", en *Revista Internacional de Doctrina y Jurisprudencia,* núm. 6, 2014.

SALAZAR BENITEZ, "Genero, poder y ciudadanía", en *Cuadernos Manuel Giménez Abad,* núm. extra 5, (Ejemplar dedicado a: Revisar el pacto constituyente en perspectiva de género), 2017.

SALVADOR MARTÍNEZ, María. "Partidos políticos y autoridades independientes". *Revista Española de Derecho Constitucional*, Madrid, núm. 104, mayo/agosto 2015

- SALVADOR MARTÍNEZ, M. "Autoridades independientes. Un análisis comparado de los Estados Unidos, el Reino Unido, Alemania, Francia y España", *Revista de administración pública*, núm. 163, 2004.

SÁNCHEZ DE DIEGO FERNÁNDEZ DE LA RIVA, Manuel (Coord.) "Un derecho fundamental a acceder a la información pública", en la obra por él coordinada, El derecho de acceso a la información pública, Actas del Seminario Internacional Complutense. El papel del Derecho de la Información en la Sociedad del Conocimiento, Universidad Complutense, Madrid, 2008.

- SÁNCHEZ DE DIEGO, M. "Transparencia y acceso a la información pública ¿son lo mismo? Por un derecho fundamental a acceder a la información pública". En: Loreto Corredoira y Lorenzo Cotino (coordinadores). Libertad de expresión e información en Internet: amenazas y protección de los derechos personales. Madrid: Centro de Estudios Políticos y Constitucionales, 2013.
- SÁNCHEZ DE DIEGO, M, "El 'día después' de la Ley de Transparencia", *Revista Jurídica de Castilla y León*, número 33, mayo de 2014.
- SÁNCHEZ DE DIEGO, M. "El principio de transparencia y el derecho de acceso a la información pública", en Cascajo Castro, J.L. y Martín de la Vega, A., Participación, Representación y Democracia XII Congreso de la Asociación de Constitucionalistas de España. Tirant Lo Blanch. Valencia, 2016.

SÁNCHEZ MORÓN, Miguel. "La participación del ciudadano en la administración pública". Madrid. Centro de Estudios Constitucionales, 1980.

SARMIENTO MÉNDEZ, Xosé Antón, "As incompatibilidades dos membros da Xunta de Galicia e demáis altos cargos", Dereito: Revista xuridica da Universidade de Santiago de Compostela, vol. 5, núm. 1, 1996.

SENDÍN GARCÍA, Miguel Ángel. "El derecho de acceso a los documentos administrativos: un instrumento esencial para la participación ciudadana. Derecho estatal y local*", REALA, núm. 294-295*, pág. 385 y ss. 2004.

- SENDÍN GARCÍA, M. "El derecho de acceso a los documentos administrativos: un instrumento esencial para la participación ciudadana. Derecho estatal y local", *REALA, núm.* 294-295, 2004.
- SENDÍN GARCÍA, M. "El Consejo de transparencia y buen gobierno". *Revista Jurídica de Castilla y León*, Valladolid, *núm.*33, Monográfico, Transparencia, Acceso a la Información y Buen Gobierno, mayo. 2014.

SIERRA RODRÍGUEZ, Javier. "Análisis de los órganos de garantía del ejercicio del derecho de acceso a la información establecidos por las leyes de transparencia", VII Congreso Internacional en Gobierno, Administración y Políticas Públicas GIGAPP. 2016.

- SIERRA RODRÍGUEZ, J., "Modelos de Organismos de Garantía de la Transparencia en las Comunidades Autónomas" Revista Española de la Transparencia. núm. 4. Primer Sem. 2017.
- SIERRA-RODRIGUEZ, J. "Los inicios del Consejo de Transparencia de la región de Murcia: diseño, rendimiento y propuesta de mejora", en Sánchez de Diego Fernández de la Riva, M. (coord.) 31 visiones actuales sobre la transparencia. Madrid: Universidad Complutense de Madrid: UCM.
- SIERRA RODRÍGUEZ, J. "Una crítica al diseño de los organismos de garantía del derecho de acceso en las comunidades autónomas". *Revista Jurídica de Castilla y León, Valladolid. 45*, mayo 2018.
- SIERRA RODRÍGUEZ, J "Prácticas de participación ciudadana en las comunidades españolas", en "Gobierno abierto en Iberoamérica. Estudios de Caso en Gobiernos Subnacionales". Volumen 1. Coordinadores Luis F. Aguilar Villanueva; Edgar A. Ruvalcaba Gómez; y J. Ignacio Criado Grande. Tirant lo blanch. Ciudad de México. Actualmente, en prensa.

TEIJEIRO LILLO, Mª Eugenia. "El régimen sancionador: una deficiencia pendiente en la Ley de Transparencia estatal", Actualidad Administrativa, Especial "Transparencia y lucha contra la corrupción" núm. I, 1 de abril de 2019.

THOMPSON, Dennis F., "La ética política y el ejercicio de cargos públicos. La ética de los experimentos sociales" Gedisa, Barcelona, 1999 Instituto de Estudios Internacionales.

TRONCOSO REIGADA, Antonio., "Transparencia administrativa y protección de datos personales". Agencia de Protección de Datos, Madrid, 2008.

- TRONCOSO REIGADA, A. (dir.): Comentarios a la Ley de Transparencia, Acceso a la Información Pública y Buen Gobierno, Civitas Thomson Reuters. 2017

TORNOS MÁS, J., "La mediación en el Derecho Administrativo", Jornada *Mediación administrativa en Cataluña,* Universitat Oberta de Catalunya, 22 de enero de 2019. Disponible en https://edcp.blogs.uoc.edu/wp-content/uploads/sites/24/2019/01/Joaquin-Tornos-Mas.pdf 2021.

VALERO TORRIJOS, Julián. "Los órganos colegiados. Análisis histórico de la colegialidad en la organización pública española y el régimen jurídico-administrativo vigente", Centro de Estudios Políticos y Constitucionales-Instituto Nacional de Administración Pública, Madrid, 2002.

- VALERO TORRIJOS, J: Derecho, Innovación y Administración Electrónica, Global Law Press, Sevilla. 2013.
- VALERO TORRIJOS, J., "Transparencia, acceso y reutilización de la información del sector público", en MARTÍN DELGADO, I. (ed.), *Transparencia y acceso a la información pública: de la teoría a la práctica* (pág. 225-250), Madrid, Iustel, 2019.
- VALERO TORRIJOS, J., "Las barreras jurídicas para la reutilización de la información del sector público y los datos abiertos desde la perspectiva de la transformación digital", en CERRILLO I MARTÍNEZ, A. (ed.), *La administración digital*, Madrid, Dykinson, 2021.

VELASCO RICO, Clara. I., "Análisis en clave competencial del Proyecto de Ley estatal sobre transparencia, acceso a la información pública y buen gobierno", en *Revista d'Estudis Autonòmics i Federals, núm. 17*, 2013.

- VELASCO RICO, C. I., "La cuestión competencial en la Ley 9/2013, de 9 de diciembre. ¿De qué margen disponen las CCAA en materia de transparencia, acceso a la información pública y buen gobierno?", Revista Jurídica de Castilla y León, núm. 33, mayo 2014.
- VELASCO RICO, C. I., "Hacia una reforma de la Ley estatal de transparencia: retos y propuestas de mejora", *Anuario de Transparencia Local 2019,* núm. 2, 2020.

VILALTA REIXACH, Marc. "La aplicación del Derecho de acceso a la información pública en Cataluña: balance de actuación de la Comisión de Garantía del Derecho de Acceso a la Información Pública". *GIGAPP Estudios Working Papers*, *4* (60-65), 2017. Y (VILALTA 2015).

VILLAVERDE MENENDEZ, Ignacio., "El marco constitucional de la transparencia" en *Revista Española de Derecho Constitucional* núm. 116, 2019.

VILLORIA MENDIETA, Manuel., "Ética pública y corrupción: curso de ética administrativa", Tecnos, Madrid, 2000.
- VILLORIA MENDIETA, M. & RAMÍREZ-ALUJAS, A. "La transparencia: marco conceptual". *Revista Democracia y Gobierno Local* núm. 15, Fundación Democracia y Gobierno Local, 2011.
- VILLORIA MENDIETA, M. "La publicidad activa en la Ley de transparencia, acceso a la información y buen gobierno: posibilidades e insuficiencias. Un análisis de la publicidad activa.", Colección "Govern Obert", número 1, Generalitat de Catalunya, 2014 y, del mismo autor, "Publicidad activa", en Isabel Wences, Mario Kölling y Sabrina Ragone (coords.).
- VILLORIA MENDIETA, M. "La transparencia como política pública en España: algunas reflexiones". Revista en Cultura de la Legalidad, nº 7, 2014-2015.

VILLORIA MENDIETA, M., IZQUIERDO SÁNCHEZ, Agustín. "Ética pública y buen gobierno. Regenerando la democracia y luchando contra la corrupción desde el servicio público" © INAP. Tecnos, Madrid 2015.

VILLORIA MENDIETA, Manuel. GUICHOT REINA, Emilio., "Transparencia y Acceso a la Información en España: análisis y propuestas legislativas", Fundación Alternativas, Madrid, 2011. "El sentido, el contexto y la tramitación de la Ley de transparencia, acceso a la información pública y buen gobierno", en GUICHOT. E. (coord.), Transparencia, Acceso a la Información Pública y Buen Gobierno. Estudio de la Ley 19/2013, de 9 de diciembre, Ed. Tecnos, Madrid, 2014.

YEBRA J. M. "El Procedimiento administrativo para el ejercicio del derecho de acceso a la información pública". *Revista jurídica de Castilla y León.* Transparencia y acceso a la información pública (33) 1-34 (mayo 2014)

ZAFRA DÍAZ, Juan M. "¿Cómo puede cambiar el panorama mediático con una ley de transparencia? El futuro de la profesión periodística", en *Telos, Cuadernos de comunicación e innovación*, nº 94, 2013.

DOCUMENTOS

ACCESS Info Europe. En http://www.access-info.org/es/

- 2010. "El Derecho de acceso a la información: Definición, protección internacional del derecho y principios básicos". http://www.accessinfo.org/wpcontent/uploads/El_Derecho_de_acceso_a_la_informacin._principios_bsicos.pdf
- 2014. "La Coalición pro Acceso critica las graves carencias con las que entra en vigor la ley de transparencia". <http://www.access-info.org/es/esp-es/13630>
- Informe con motivo de los actos en celebración del Día 28 de septiembre, Día Internacional del Derecho a Saber. MORAGA GUERRERO, Eva. https://eprints.ucm.es/id/eprint/8946/1/MANUEL_SANCHEZ_DER_ACCESO_V14_2.pdf

AGENCIA ESPAÑOLA DE PROTECCIÓN DE DATOS (2012). Informe sobre el anteproyecto de Ley de Transparencia, Acceso a la información pública y buen *gobierno, de 5 de junio de 2012.* Disponible en www.estudiconsultoria.com

ACREDITRA. http://acreditra.com/bte/
Barómetro de la Transparencia de España.

BOLETÍN OFICIAL DE LAS CORTES GENERALES (2012), Congreso, Serie A, nº 19-1, 7 de septiembre: http://www.congreso.es/public_oficiales/L10/CONG/BOCG/A/BOCG-10-A-19-1.PDF

BOLETÍN OFICIAL DE LAS CORTES GENERALES (2013a), Congreso de los Diputados, Seria A, nº 19-3, de 2 de julio: http://www.congreso.es/public_oficiales/L10/CONG/BOCG/A/BOCG-10-A-19-3.PDF

BOLETÍN OFICIAL DE LAS CORTES GENERALES (2013b), Senado, nº 248, de 11 de octubre: http://www.senado.es/legis10/publicaciones/pdf/senado/bocg/BOCG_T_10_248. PDF

CENTRO DE INVESTIGACIONES SOCIOLÓGICAS (CIS).
En *http://www.cis.es/cis/opencm/ES/11_barometros/index.jsp*

— CENTRO DE INVESTIGACIONES SOCIOLÓGICAS (2014), Estudio 3017: Barómetro de Marzo: http://www.cis.es/cis/export/sites/default/-Archivos/Marginales/3000_3019/3017/es3017mar.pdf

COALICIÓN PRO ACCESO (2014). La Coalición Pro Acceso critica las graves carencias con las que entra en vigor la ley de transparencia. En http://www.accessinfo. org/es/esp-es/13630

COMITÉ DE DERECHOS HUMANOS DE LAS NACIONES UNIDAS (2011), Observación General nº 34, 102º período de sesiones, Ginebra, 11 a 29 de julio: http://www.palermo.edu/cele/pdf/G1145334.pdf.

COMISIÓN EUROPEA (2001). Libro Blanco de La Gobernanza europea.
En https://eurlex.europa.eu/legal-content/ES/ALL/?uri=LEGISSUM:l10109
[Consulta: 10 abril 2020]

INICIATIVA EUROPEA de Transparencia. 2005.
En https://eur-lex.europa.eu/legalcontent/ ES/TXT/?uri=CELEX:52006DC0194

— Libro Verde Iniciativa europea a favor de la transparencia, aprobado por la Comisión en fecha 3 de mayo de 2006. En https://eur-lex.europa.eu/legalcontent/ES/TXT/?uri=LEGISSUM:l14521
— Libro verde sobre acceso del público a los documentos de las Instituciones de la Comunidad Europea. 2007.
https://eur-lex.europa.eu/legalcontent/ES/TXT/PDF/?uri=CELEX:52007DC0185&from=ES

CONGRESO DE LOS DIPUTADOS (2013). Diario de Sesiones del Congreso de los Diputados. En http://www.congreso.es/portal/page/portal/Congreso/Congreso/Publicacion es/

CONSEJO DE ESTADO (2012), Dictamen 707/2012, de 19 de julio:
http://www.boe.es/buscar/doc.php?id=CE-D-2012-707

CONSEJO DE ESTADO (2012). Dictamen 707/2012. En
http://www.boe.es/buscar/doc.php?id=CE-D-2012-707

CONSEJO DE EUROPA (2009). Convenio del Consejo de Europa sobre el Acceso a los Documentos Públicos.
http://governobert.gencat.cat/web/.content/01_Que_es/05_Normativa/Convention_on_Access_to_Official_Documetnts_CofE._es.pdf

CONSEJO DE EUROPA CONVENIO 205
https://www.hacienda.gob.es/Documentacion/Publico/GabineteMinistro/Notas%20Prensa/2021/FUNCION-PUBLICA/24-11-21-NP-CONVENIO-CONSEJO-DE-EUROPA.pdf

CONSEJO DE TRANSPARENCIA Y BUEN GOBIERNO & FEMP. (2016). Convenio entre el Consejo de Transparencia y Buen Gobierno y la Federación Española de Municipios y Provincias para el impulso de la transparencia en las entidades locales.
file:///C:/Users/Esther/AppData/Local/Microsoft/Windows/INetCache/IE/D8FLYYP2/Convenio_CTBG_FEMP.pdf

DIARIO DE SESIONES DEL CONGRESO DE LOS DIPUTADOS (2013a), nº 117, sesión plenaria 111, de 30 de mayo:
http://www.congreso.es/public_oficiales/L10/CONG/DS/PL/DSCD-10-PL117.PDF

DIARIO DE SESIONES DEL CONGRESO DE LOS DIPUTADOS (2013b), nº 254, sesión nº 10, celebrada el 12 de febrero de 2013:
http://www.congreso.es/public_oficiales/L10/CONG/DS/CO/DSCD-10-CO254.PDF

DIARIO OFICIAL DE LAS COMUNIDADES EUROPEAS. (2000/C 364/01):
https://www.europarl.europa.eu/charter/pdf/text_es.pdf

"EL ÚLTIMO REGALO", publicado en 2001 de STOVALL Jim, escritor y orador estadounidense, ciego, campeón nacional de levantamiento de peso, ganador de un Emmy Award en 1990, autor del libroTheHYPERLINK"https://es.wikipedia.org/w/index.php?title=The_Ultimate_Gift&action=edit&redlink=1", que fue llevado a la pantalla en 2007, con la película "El regalo supremo".

INFORME DE LA RELATORÍA especial para la libertad de expresión, *Estudio especial sobre el derecho de acceso a la información*, Comisión Interamericana de Derechos Humanos de la OEA, 2007. ACKERMAN J. M. – SANDOVAL I. E. (2008); y MENDEL T. (2008); descripción del marco normativo y diseño institucional de algunos de los órganos garantes o entidades especializadas en materia de acceso a la información

LEY de transparencia del REINO UNIDO https://data.gov.uk

LEY DE SUECIA de Acceso a la Información Pública (Public Acces to Information and Secrecy Act,2009 https://www.regeringen.se/content/1/c6/13/13/97/aa5c1d4c.pdf

LEY de transparencia y Portal de transparencia FRANCÉS http://www.etalab.gouv.fr/

LEY MODELO INTERAMERICANA sobre acceso a la información pública https://www.oas.org/dil/esp/AG-RES_2607_XL-O-10_esp.pdf
ORGANIZACIÓN DE LOS ESTADOS AMERICANOS (OEA) Informe Anual de la Oficina del Relator Especial para la Libertad de Expresión:
https://www.oas.org/es/cidh/expresion/showarticle.asp?artID=267&lID=2

REGISTRO Oficial de Licitadores y Empresas Clasificadas", disponible en la web: http://registrodelicitadores.gob.es.

SARC También en derecho comparado, en 2015, el Consejo para la Transparencia de Chile estableció un plan piloto fundado en buenas prácticas internacionales, restructurando el ahora denominado: Sistema Anticipado de Resolución de Controversias (SARC) que reemplazó a la Solicitud Anticipada de Resolución de Amparos (SARA) de 2010, fortaleciendo la Unidad de Admisibilidad.
https://www.consejotransparencia.cl/wp-content/uploads/2018/02/VB_MEMORIA-CONSEJOTRANSP_ok.pdf

TRANSPARENCIA INTERNACIONAL ESPAÑA (Informe sobre los índices de percepción de la corrupción 2016.
http://transparencia.org.es/

TRANSPARENCY AND OPEN GOVERNMENT. Memorándum de Transparencia y Gobierno Abierto que Barack Obama emitió en su primer día como presidente en enero de 2009.
https://www.http://www.whitehouse.gov/the_press_office/

TRANSPARENCIA DE EEUU PORTAL http://www.data.gov con 250.000 bases de datos que afectan a todos los ámbitos en formato abierto, incluidos gastos y viajes de la Casa Blanca.

UNIVERSITAT AUTÒNOMA DE BARCELONA. *MAPA INFOPARTICIPA*, Laboratorio de Periodismo y Comunicación para la Ciudadanía Plural. En
http://www.mapainfoparticipa.com/index/home/6

ENTREVISTAS PRENSA/TV/WEB

REVISTA ESPAÑOLA DE LA TRANSPARENCIA, n.º 1, segundo semestre: 60-69. "Entrevista" a la presidenta del Consejo de Transparencia ARIZMENDI, Esther. 2015.
TVE 20-01-2015 Entrevista a la presidenta del Consejo de Transparencia, Esther Arizmendi es entrevistada en LOS DESAYUNOS DE TVE https://www.youtube.com/watch?v=bdgVz9xBejk
EL CONFIDENCIAL 13/07/2015 entrevista a Esther Arizmendi: "*La cultura de la transparencia no existe en España. Hay que cambiar la mentalidad*" https://www.elconfidencial.com/espana/2015-07-13/entrevista-esther-arizmendi-consejo-transparencia_923869/
Cinco Días, El País Economía (2015). Hacer prender la cultura de la transparencia. https://cincodias.elpais.com/cincodias/2015/06/27/empresas/1435362356_282061 .html
Cinco Días, 2015. Esther Arizmendi: "España es un país sin cultura de transparencia https://cincodias.elpais.com/cincodias/2015/06/27/empresas/1435362356_282061.html
EL PAÍS 28 sept 16 Elena G. Sevillano entrevista a la presidenta del Consejo Esther Arizmendi, donde asegura que a los políticos les falta compromiso. Y a la pregunta: ¿Cómo se controla el cumplimiento de las resoluciones del Consejo?, responde: "Es un defecto tremendo de la ley de transparencia: el Consejo no tiene poder coercitivo ni puede multar ni puede obligar. Solo puede instar. Pero tenemos una cosa que funciona: la publicidad. Los incumplidores salen a la plaza pública. Se hace una nota y aparecen en la web para conocimiento general. A algunos hay que requerirles, pero cumplen. Y si no quieren cumplir, tienen la vía del contencioso".
SOCINFO Inauguración de la Jornada "Transparencia y Participación Ciudadana"por Esther Arizamendi. Presidenta CTBG. Donde califica como "*un camino sin retorno la transparencia*". 16 sept. 2015 https://www.youtube.com/watch?v=f4IaQ_rmEXo
RET 2017, Revista española de la transparencia, Nº. 5 (Segundo semestre 2017), pág. 41. Entrevista: María Pía Junquera Temprano, Directora General de Gobernanza Pública del Ministerio de Hacienda y Función Pública: "Somos la bisagra entre políticos y técnicos y ciudadanía" https://drive.google.com/file/d/1jX9jgCG22YdRwfo0L3laqkvIRWK1vTBS/view
VOZ POPULI, 13/12/2020: La opacidad del Consejo de Transparencia: sin entrevistas ni declaraciones del nuevo presidente José Luis Rodríguez que ha dejado de realizar valoraciones a la prensa y se ha negado a ser entrevistado por los diversos medios de comunicación que lo han solicitado en múltiples ocasiones https://www.vozpopuli.com/espana/presidente-consejo-transparencia-entrevistas opacidad_0_1418259175.html
ABC 27/07/2020., Entrevista a Esperanza Zambrano y Javier Amorós, subdirectores del Consejo de Transparencia y funcionarios: **"**El Consejo de Transparencia exige más medios y un presidente: "*Somos 22 y deberíamos ser 60*" https://www.abc.es/espana/abci-consejo-transparencia-exige-mas-medios-y-presidente-somos-22-y-deberiamos-60-202007262142_noticia.html
EL INDEPENDIENTE 21/01/2021 https://www.elindependiente.com/opinion/2021/01/21/cambios-en-transparencia-pedro-sanchez-dormira-seguramente-mas-tranquilo/?utm_source=Usuarios+con+newsletter HYPERLINK
PÚBLICO.ES Victoria ANDERICA, ONG Access Info: La clave reside en una Administración de cristal, que exigen todos los expertos. "A mayor transparencia, menos corrupción", "El derecho de acceso a la información convierte a cualquier persona en auditor de las cuentas públicas. Una buena Ley de Transparencia tiene efecto disuasorio y preventivo". https://www.publico.es/espana/hay-antidoto-corrupcion.html
FORO DE TRANSPARENCIA E INNOVACIÓN DEMOCRÁTICA. IAAP-Gobierno de Aragón, 26/04/2018.: Jesús Colás Tena, Presidente del Consejo de Transparencia de Aragón Tendencias de los Comisionados de Transparencia. https://www.youtube.com/watch?v=zF1Rrjb3dDs
LA PROVINCIA. DIARIO DE LAS PALMAS 16/05/2015: Entrevista a Daniel Cerdán: "Tendré que pisar algunos callos para que se cumpla la transparencia"

https://www.laprovincia.es/canarias/2015/05/16/daniel-cerdan-tendre-pisar-callos-10098575.html
TELEVISIÓN CANARIA 25/05/2015: Primera entrevista en televisión del comisionado de Transparencia de Canarias, Daniel Cerdán https://www.youtube.com/watch?v=2nkrG21-hsE
LA PROVINCIA. DIARIO DE LAS PALMAS 5/10/2017: Entrevista a Daniel Cerdán "Sin presión ciudadana las instituciones seguirán siendo poco transparentes"
https://transparenciacanarias.org/sin-presion-ciudadana-las-instituciones-seguiran-siendo-poco-transparentes/
ELDIARIO.ES 3/072017 Entrevista a Daniel Cerdán: "El 80% de las instituciones canarias incumple la Ley de Transparencia" https://www.eldiario.es/canariasahora/politica/instituciones-canarias-ley-de-transparencia_1_3300627.html
COLEGIO DE ABOGADOS de Santa Cruz de TENERIFE 20/12/2018 Entrevista a Daniel Cerdán: "Lo que nos ha enseñado la experiencia es que, sin el ejercicio de preguntar, la obligación de responder está vacía. https://icatf.es
TELEVISIÓN CANARIA 15/12/2021: Daniel Cerdán explica las funciones del Comisionado de Transparencia entrevistado en el programa 'Parlamento de RTVC'
https://transparenciacanarias.org/tag/entrevista/
El Día TV 16/06/2016: Entrevista al Comisionado de Transparencia https://rtvc.es/buenos-dias-canarias-16-06-21/
EL CRITIC.CAT 02/03/2022. Entrevista a la presidenta de la CGAIP sobre la Ley de transparencia y el cumplimiento que realizan las administraciones. Isabel Samarra: "La GAIP es una ganga para los periodistas" https://www.elcritic.cat/temes/hemeroteca/elisabet-samarra
EUROPA PRESS 02/11/2020 La presidenta de la Comisión de Garantía del Derecho a la Información Pública en Cataluña (CGAIP), Elisabet Samarra, "*El reglamento de la ley de transparencia del Govern es restrictivo con el derecho a la información*"
https://cronicaglobal.elespanol.com/politica/reglamento-ley-transparencia-govern-restrictivo-derecho-informacion_401415_102.html
VALENCIA PLAZA.com, 27/12/2016 Entrevista a Ricardo García Macho, presidente del Consejo de transparencia de Valencia. https://valenciaplaza.com/consejo-transparencia-depender-de-una-conselleria-a-la-que-debemos-controlar-es-una-contradiccion
TELEVISIÓN MURCIA 22/01/2019. Sin Ruido de Fondo | Entrevista a José Molina Molina, presidente del CTMu 2015-2019. "En tres años y medio el Consejo está a un punto y medio del CES respecto a conocimiento de la ciudadanía. Si esto es así sin medios, imagínese si tuviéramos los medios suficientes. La vida administrativa está muy alejada de la ciudadanía, por ejemplo, los ciudadanos quieren los centros médicos por la tarde abiertos. Su derecho a saber es pedir a las administraciones públicas que suelten su información. https://www.youtube.com/watch?v=KYEl6I9eI3s
RET Entrevista: www.revistatransparencia.com. Victor Almonacid "…perfil del ignorante yotras malas prácticas." (Revista Española de la Transparencia. RET núm. 8, 2019. Págs. 15-32.
EL DIARIO.ES Región de Murcia 27 mar 2022 — ... el presidente del Consejo de Transparencia, ha llevado al Ejecutivo a los tribunales por no permitirle contratar a sus empleados y mantener así su "independencia orgánica y funcional". Exigió públicamente que se cree un canal telemático directo entre la sociedad murciana y el organismo que dirige, y que se eviten 'filtros' a través de la Administración. Julián Templado en una entrevista concedida
https://www.eldiario.es/murcia/politica/excusas-legales-falta-personal-fuego-amigo-gobierno-murciano-consejo-transparencia_1_8861494.html

SENTENCIAS

- **Sentencias TSJ Contencioso-administrativo**
  - **ST 204/1992**, de 26 de noviembre (RTC 192, 204) (FFJ) 4 y 5) relacionada con esta materia, puesto que en ella el TC afirmó la constitucionalidad de la creación por parte de las CCAA de órganos consultivos equivalentes, en el ámbito autonómico, al Consejo de Estado, que emitan los dictámenes preceptivos previstos por la legislación en sustitución de este.
  - **ST 709/1999**, Sala de los Contencioso-Administrativo, sección cuarta, de 10 de febrero: Audiencia Nacional.
    http://www.poderjudicial.es/search/doAction?action=contentpdf&databasematch=AN&reference=2909195&links=&optimize=20031212&publicinterface=true
  - **ST 138/2016** de 17/10/2016 Retribuciones:
  - **ST 159/2016** de 28/11/2016 Juzgado Central de lo Contencioso nº10 Proceso de selección de la Guardia Civil
  - **ST 138/2016** de 17/10/2016. (retribuciones del equipo directivo de INECO)
  - **ST 145/2016** en fecha 28 de octubre de 2016 del J. Central de lo C-Administrativo 5 (publicación de la lista de sociedades regularizadas gracias a la amnistía fiscal)
  - **ST 29/2017** de 22/06/2017 Juzgado núm 11
    file:///C:/Users/Usuario/Downloads/r18_sentencia_98_2017_RENFE.pdf
    (licitación para el suministro de 15 trenes de Alta Velocidad)
  - **ST 47/2017** de 1/06/2017 del Juzgado de los Contencioso Administrativo nº 6
    file:///C:/Users/Usuario/Downloads/r32_sentencia_47_2017_IIPP%20(1).pdf (funcionarios destinados en el centro penitenciario de Sevilla que disfrutaron en el año 2004 el permiso)
  - **ST 46/2017**, de 6 de febrero 2017, recurso 71/2016 de la Audiencia Nacional (Sala de lo Contencioso-administrativo, Sección 7ª), (AEAT)
  - **ST 19/2017**, de 7 de febrero del Juzgado Central de lo Contencioso-Administrativo nº 10, procedimiento ordinario 35/2016, y anulada parcialmente en apelación por la sentencia de la Sección Séptima de la Sala de lo Contencioso Administrativo de la AN, de 23/10/2017, recurso núm. 54/2017. (Corporación RTVE)
    https://www.poderjudicial.es/search/AN/openCDocument/47c54a4d73e1a19608edc0d7f106b1b19522b1a9352775d2
  - **ST 82/2018** de 14/06/2018 Juzgado de lo Contencioso Adm núm. 9 (Accidentes de trabajo)
    https://www.poderjudicial.es/search/openDocument/1d759b50dc43286a/20170223
  - **ST 82/2018** de 14/06/2018 Juzgado n 9 (detallar los accidentes de trabajo con baja, registrados en el año 2016 en el sistema Delta@)
    file:///C:/Users/Usuario/Downloads/r57_sentencia_82_2018_MEmpleoySS.pdf
  - **ST 137/2019** del Juzgado Central contencioso-administrativo nº 1 (regulación del taxi)
  - **ST 4293/2020** de 26 de octubre Tribunal Superior de Justicia de Cataluña Texto de la sentencia STSJ CAT 4293/2020 (La sentencia deja bien claro que la desatención de los requerimientos de la Comisión puede dar lugar a la exigencia de responsabilidad-potestad sancionadora de la CGAIP)
  - **ST 61/2019** de 5/04/2019 Juzgado Central de lo Contencioso 12 (medioambiente)
    Sentencia nº 61/2019 del Juzgado Central contencioso ...
    https://www.consejodetransparencia.es › dam › r7...
  - **ST 137/2019** del Juzgado Central contencioso-administrativo nº 1 de Madrid (158 KB)
  - ST 42/2020 del Juzgado Central de lo Contencioso-Administrativo nº 1 (188 KB) (financiación de fármacos)
  - **ST 10/2020**, del Juzgado Central de lo Contencioso, (materia relacionada con economía)

file:///C:/Users/Usuario/Downloads/r129_Sentencia_10_2020_Particular.pdf

- **ST 25/2021** del Juzgado Central contencioso-administrativo nº4 (304 KB) (precios de fármacos)
- **ST 143/2021** del Juzgado Central Contencioso-Administrativo nº 8 de Madrid (179 KB) ((el código fuente de la aplicación telemática (BOSCO el software que usan las eléctricas para determinar si un usuario en situación de vulnerabilidad, de acuerdo con la normativa, puede beneficiarse o no de descuentos en su factura de luz)

- **Sentencias TS (Tribunal Supremo)**
  - **STS de 30 de marzo de 1999**, (RJ 1999, 3246), F.D.3; 16 de diciembre de 2011, (RJ2012, 2832), F.D.3. (contra resolución del Ministerio de Defensa) https://vlex.es/
  - **STS 867/2000**, 26 de septiembre de 2000 - VLEX 15199665 https://vlex.es/vid/terceria-dominio-embargo-preferencia-15199665
  - **STS 867/2002**, 29 de Julio de 2002 - VLEX 27821356 - vLex https://vlex.es/vid/seguro-responsabilidad-civil-76-1-27821356
  - **STS de 19 de mayo de 2003**, (Sala de lo Contencioso-Administrativo, Sección7.ª), (RJ 2003, 3834), F.D.4, https://vlex.es/vid/-51998354
  - **STS 3726/2011**, de 3 de junio: http://www.poderjudicial.es/search/doAction?action=contentpdf&databasematch =TS&reference=6027029&links=&optimize=20110630&publicinterface=true
  - **STS 1547/2017** sobre el recurso de casación 75/2017: "La información solicitada a RTVE, y que dicha corporación niega alegando intereses económicos y comerciales, es una información de carácter público", asegura la sentencia.
  - **STS 600/2018** sobre el recurso de casación (1867 KB)
  - **STS 3968/2019** - Poder Judicial (identidad del personal eventual del Tribunal de Cuentas)
  - **STS 306/2020,** 3 de marzo de 2020 - Jurisprudencia – vLex_(nombres en los viajes oficiales ministerio defensa)_(recurso de casación 600/2018), que estima el recurso cont-administrativo
  - **STS 748/2020**, 11 de junio de 2020 - VLEX 845359729 – vLex El TS ha realizado diversas aclaraciones (AEAT)
  - **STS 871/2022** que se refiere a la información confidencial y al secreto profesional. CNMV El CTBG, basándose en una interpretación discutible de lo previsto en la D.A. 1ª LTAIBG, continúa rechazando (hasta la **STS 1033/2022 de 10 de marzo)** que establece que el Consejo no es incompetente para conocerlas) STS 871/2022 - ECLI:ES:TS:2022:871
  - **STS 1033/2022** . Sala de lo Contencioso Madrid. Sección: 3. Procedimiento: Recurso de Casación Contencioso-Administrativo (L.O. 7/2015) La Diputación de Girona interpuso recurso contencioso-administrativo contra las resoluciones de la CGAIP, que anularon un conjunto de actos administrativos de la Diputación en los que se denegaba al grupo d'Unitat Popular (CUP) determinadas solicitudes de acceso a expedientes y de copias http://www.gaip.cat/web/.content/pdf/SentenciesSJC/20220317_STS_confirmacio_grups.pdf

- **Sentencias TC (Tribunal Constitucional)**
  - **STC 290/2000** de 30 de noviembre. (Admite que, a falta de atribución de las competencias sobre acceso a la información a autoridades independientes autonómicas, estas podrían recaer en la AEPD. https://vlex.es/vid/ri-56-29-106371
  - **STC 104/2018**, de 4 de octubre de 2018, declarando inconstitucional el régimen de silencio positivo previsto en la ley de transparencia aragonesa. https://www.boe.es/buscar/doc.php?id=BOE-A-2018-15008
  - **STC 161/1988**, 20 de septiembre de 1988: (Diputados de las Cortes de Castilla-La Mancha

https://vlex.es/vid/stc-i-lotc-29-23-an-15033984

- **Sentencias TEDH (Tribunal Europeo de Derechos Humanos)**
  - **ST TEDH (1987)**, asunto Leander c. Suencia, de 26 de marzo: http://hudoc.echr.coe.int/sites/eng/Pages/search.aspx#{"fulltext":["leander"],"languageisocode":["ENG"],"documentcollectionid2":["JUDGMENTS"],"itemid":["001- 57519"]}
  - **ST TEDH (2004)**, asunto Loiseau c. Francia, de 28 de septiembre: http://hudoc.echr.coe.int/sites/eng/Pages/search.aspx#{"fulltext":["Loiseau"],"languageisocode":["ENG"],"documentcollectionid2":["JUDGMENTS"],"itemid":["001-66717"]}
  - **ST TEDH (2006)**, asunto Sdruzeni Jihoceské Matky c. Czech Republic de 10 de julio: http://hudoc.echr.coe.int/sites/eng/pages/search.aspx#{"appno":["19101/03"],"itemid":["001-76707"]}
  - **ST TEDH (2009a)**, asunto Társaság a Szabadságjogokért c. Hungría, de 14 de abril: http://hudoc.echr.coe.int/sites/eng/Pages/search.aspx#{"fulltext":["Sdruženi JihočeskéMatky"],"languageisocode":["ENG"],"documentcollectionid2":["JUDGMENTS"],"itemid":["001-92171"]}
  - **ST TEDH (2009b)**, asunto Kennedy c. Hungría, de 16 de agosto.
  - **ST TEDH (2016)** Magyar Helsinki Bizottsag v Hungary: ECHR 8 Nov 2016 https://globalfreedomofexpression-columbia-edu.translate.goog/cases/magyar-helsinki-bizottsag-v-hungary/?_x_tr_sl=en&_x_tr_tl=es&_x_tr_hl=es&_x_tr_pto=sc
    El Tribunal de derechos humanos ha reconocido en estas ST el carácter fundamental del derecho de acceso a la información

- **Sentencias TJUE (Tribunal de Justicia de la Unión Europea)**
  - **STJUE de 20 de mayo de 2003**., asuntos acumulados C-465/00, C-138/01 y C-139/01, Caso Rechnungsof y otros contra Österreichischer Rundfunk,
  - **STJUE de 29 de junio de 2010**, caso Bavarian Lager/Comisión. La CE dio acceso a Bavarian Lager al acta eliminando dichos nombres.
  - **STJUE de 15 de julio de 2015**, caso Dennekamp/Parlamento II (se deniega el acceso a documentos relativos a la afiliación de algunos diputados del Parlamento a un régimen de pensión complementaria.

- **Sentencias CORTE INTERAMERICANA de Derechos Humanos**
  - **ST de 19 de septiembre 2006**: caso Claude Reyes c. y otros Vs Chile, http://www.corteidh.or.cr/docs/casos/articulos/seriec_151_esp.pdf
  - **ST de 24 de noviembre de 2010**: Caso Gomes Lund y otros ("GUERRILHA DO ARAGUAIA") VS. Brasil (sobre personas desaparecidas) https://www.corteidh.or.cr/docs/casos/articulos/seriec_219_esp.pdf

ABREVIATURAS

AEPD: Agencia Española de Protección de Datos

AGE: Administración General del Estado

AAPP: Administraciones Públicas

C205: Convenio 205, del Consejo de Europa sobre el Acceso a los Documentos Públicos, firmado en Tromso, el 18 de junio de 2009

CADH Convención Americana de Derechos Humanos

CAIMA: Convenio de las Naciones Unidas sobre el acceso a la información, la participación pública en la toma de decisiones y el acceso a la justicia en materia de medio ambiente, firmado en Aarhus el 25 de junio de 1998

CDE: Consejo de Derechos Humanos de la ONU

CEDH: Convenio europeo para la protección de los derechos humanos y de las libertades fundamentales

CI: Criterio Interpretativo

CIDH: Comisión Interamericana de Derechos Humanos

CORA: Comisión para la Reforma de las Administraciones Públicas

CPDHLF: Convenio para la Protección de los Derechos Humanos y de las Libertades Fundamentales

CTBG: Consejo de Transparencia y Buen Gobierno

DDHC: Declaración de Derechos del Hombre y del Ciudadano 1789

DUDH: Declaración Universal de Derechos Humanos 1948
EBEP Real Decreto Legislativo 5/2015, de 30 de octubre, por el que se aprueba el texto refundido de la Ley del Estatuto Básico del Empleado Público

EELL: Entidades Locales

LAESP: Ley 11/2007, de 22 de junio, de Acceso Electrónico de los Ciudadanos a los Servicios Públicos

LAIMA: Ley 27/2006, de 18 de julio, por la que se regulan los derechos de acceso a la información, de participación pública y de acceso a la justicia en materia de medio ambiente

LRJAP: Ley 30/1992, de 26 de noviembre, de Régimen Jurídico de las Administraciones Públicas y del Procedimiento Administrativo Común.

LORTAD: Ley Orgánica 5/1992, de 29 de octubre, de regulación del tratamiento automatizado de los datos de carácter personal

LOPD: Ley Orgánica 15/1999, de 13 de diciembre, de Protección de Datos de Carácter Personal

LPACAP: Ley 39/2015, de 1 de octubre, del Procedimiento Administrativo Común de las Administraciones Públicas

LRISP: Ley 37/2007, de 16 de noviembre, sobre reutilización de la información del sector público

LRJPAC: Ley 30/1992, de 26 de noviembre, de Régimen Jurídico de las Administraciones Públicas y del Procedimiento Administrativo Común

LRJSP: Ley 40/2015, de 1 de octubre, de Régimen Jurídico del Sector Público.

OAS: (Organization of American States) Organización de Estados Americanos

OGP: Alianza para el Gobierno Abierto (Open Government Partnership

SGD: Sistemas de Gestión Documental

SAN: Sentencia Audiencia Nacional

STC: Sentencia del Tribunal Constitucional

STEDH: Sentencia Tribunal Europeo de Derechos Humanos

STJUE: Sentencia del Tribunal de Justicia de la Unión Europea

TC: Tribunal Constitucional

TEDH: Tribunal Europeo de Derechos Humanos

TGUE: Tribunal General de la Unión Europea

TIC: Tecnologías de la Comunicación y la Información

TJUE: Tribunal de Justicia de la Unión Europea

TC: Tribunal Constitucional

TS: Tribunal Supremo

TSJ: Tribunal Superior de Justicia

TUE: Tratado de la Unión Europea

CUESTIONARIO

CONSEJOS, COMISIONES y COMISIONADO DE TRANSPARENCIA

(Marque la casilla elegida con una cruz **X**)

1. Indique el nombre del órgano de control (Consejo/Comisión/ Comisionado), la ciudad y CCAA en que se encuentra

....
Ciudad..
CCAA...

2. Indique si ese órgano de garantía es un órgano colegiado

1) Sí ....
2) No ....

3. ¿La implantación del órgano de control cumple hoy en día totalmente la Ley de Transparencia? Indique, en su caso, el porcentaje de cumplimiento

10 % .... 60 % ....
20 % .... 70 % ....
30 % .... 80 % ....
40 .... 90 % ....
50 % .... 100 % ....

Observaciones: Incluya los ítems pendientes de cumplimiento y todo aquello que considere oportuno.
....
....

4. Indique cuáles son las barreras y las dificultades más grandes en su organización para cumplir con su función
....
....

5. Dispone de una herramienta telemática propia/Respecto a la página web de ese el órgano de garantía, indique si:

1) Usa la plataforma del gobierno autonómico ....
2) Propio ....

6. Indique si en su órgano hay responsable para gestionar esta materia

1) Sí ....
2) No ....
Cargo del responsable
....

7. Indique si considera suficiente ese órgano de garantía, el número de personas responsable/s con perfil jurídico-organizativo, número

1) Sí ....
2) No ....
3) núm......
4) suficiente
Cargo del responsable con perfil jurídico-organizativo
....

8. Indique si en su órgano de garantía hay responsable tecnológico para gestionar esta materia

1) Sí ....
2) No ....
Puesto de trabajo/ Cargo del responsable tecnológico
....

9. ¿Recibe/ Ha recibido el suficiente apoyo para la puesta en marcha del órgano de ese órgano garantía?

1) Sí ....
2) No ....
3) En caso afirmativo, indique el tipo de apoyo recibido:

....
Describir:
....
....

10. Valore la dificultad que ha encontrado su órgano de garantía para cumplir su función de resolución de reclamaciones. (Utilice la siguiente escala:
1) 0= Ninguna dificultad; 10= Máxima dificultad).
2) Valoración ....

11. En relación con la información que en cumplimiento de la normativa de transparencia se publica, señale con qué frecuencia se consulta por parte de los ciudadanos/as a los distintos tipos de información, que dará lugar a reclamación. Valore tal acceso, al menos, en relación a la información más relevante, usando 4 posibles puntuaciones según la escala siguiente (1= Casi nunca; 2= Ocasionalmente; 3= Con bastante frecuencia; 4= Mucho).
1) Información institucional, organizativa y de planificación:
    a. Estructura organizativa y funciones ....
    b. Perfil y trayectoria profesional de los responsables ....
    c. Agendas de los responsables ....
    d. Viajes de los responsables ....
    e. Obsequios recibidos ....
    f. Planes y programas anuales y plurianuales ....
2) Información de relevancia jurídica
    a. Directrices, instrucciones, acuerdos, circulares o respuestas a consultas de los particulares ....
    b. Normativas en proceso de elaboración ....
    c. Documentos en periodo de información pública ....
3) Información económica, presupuestaria y estadística
    a. Información sobre contratos ....
    b. Información sobre convenios ....
    c. Subvenciones y ayudas públicas concedidas ....
    d. Presupuestos ....
    e. Cuentas anuales e informes de control financiero ....
    f. Retribuciones e indemnizaciones de altos cargos ....
    g. Resoluciones de autorización o reconocimiento de compatibilidad.......
    h. Declaraciones anuales de bienes y actividades de los representantes locales ....
    i. Información estadística sobre servicios públicos.......
4) Otras informaciones (señálelas)

....
....

12. Valore las características de la información que en cumplimiento de la normativa de transparencia se publica, dada su experiencia en la recepción de reclamaciones. Valoración de 0 a 10 (0= Mínimo nivel o calidad; 10= Máximo nivel o calidad).
1) Información veraz y objetiva ....
2) Información actualizada ....
3) Información clara ....
4) Información estructurada ....
5) Información comprensible ....
6) Información fácilmente localizable ....

13. ¿Cuáles son las cuestiones que las instituciones están dejando de poner en sus portales?

....
....

14. En relación con la ciudadanía que reclama, señale qué tipos de usuarios lo hacen en mayor medida. Valoración de 0 a 10 (0= No la solicitan nunca; 10= reclaman con gran frecuencia).
1) Ciudadanos/as, a título individual ....

2) Ciudadanos/as, en representación de entidades diversas ……..
3) Profesionales, en ejercicio de sus cometidos ……..
4) Empresas (con fines comerciales u otros) ……..
5) Otras personas o colectivos (señálelos) ……..

……

……

15. ¿Cómo considera el número de reclamaciones que recibe ese órgano, en relación con la población a la que atiende?

1) Muy pocas ……..
2) Pocas ……..
3) Un número importante, bastantes ……..
4) Muchas ……..

16. ¿Cree suficiente el plazo que otorga la normativa para resolver?

1) Sí ……..
2) No ……..

17. ¿Pueden cumplir ese plazo?

1) Sí ……..
2) No ……..
3) No siempre

18. ¿Han dejado de resolver alguna reclamación? En caso afirmativo, señale cuántas.

1) Sí ……. 4) Alguna/Pocas ……..
2) No ……. 5) Bastantes ……..
3) Muchas ……..

19. ¿Motivos en caso de no cumplir plazos de resolución?

……

……

20. ¿Puede el órgano de garantía de la transparencia controlar el cumplimiento de sus resoluciones?

1) Sí ……. 3) Alguna/Pocas veces ……..
2) No …….

21. ¿Considera excesivo el número de recursos contencioso-administrativo que interponen las administraciones contra las resoluciones del órgano?

1) Sí …….
2) No …….

22. ¿Consideran la mediación una medida para incorporar en su órgano de garantía? En caso afirmativo, señale por qué.

……..

………

23. Después de años, ¿considera que el derecho de acceso a la información es un derecho poco conocido y poco usado?

1) Sí ……..
2) No ……..

24. Valore en qué medida ha afectado la implantación de la normativa sobre transparencia a las siguientes cuestiones. Valoración de 0 a 10 (0= No ha afectado en absoluto; 10= Ha afectado muchísimo).

1. Mejora de la rendición de cuentas a la ciudadanía ……..
2. Promoción de la participación ciudadana, a partir de una mejor información……..

3. Facilitar el ejercicio de derechos de los ciudadanos/as ……..
4. Mejora de la relación de la Administración con la ciudadanía ……..
5. Lucha contra la corrupción ……..
6. Eficacia y eficiencia de la Administración ……..
7. Mejora de la organización de la información pública ……..
8. Satisfacción ciudadana ……..
9. Democracia de mayor calidad ……..
10. Otras consecuencias (señálelas) ……..

………
………………………………………………………………………………………

25. Considera el conocimiento de la ciudadanía sobre el órgano para la Transparencia, el Portal de Transparencia, y la Ley de Transparencia, suficiente

1) Sí …….
2) No …….

26. Diría que pasado lo peor de la crisis ha remitido también "la moda" por el acceso a la información pública?

1) Sí …….
2) No …….

27 ¿Qué importancia le da a la incapacidad que tiene por ley para sancionar a las administraciones incumplidoras?

………
………………………………………………………………………………………

28. ¿En este sentido se siente limitado por depender funcionalmente de la Consejería/del Parlamento?

1) Sí ……..
2) No ……..
3) No siempre

………

_ Por favor, agregue los comentarios adicionales que considere, que puede ser de ayuda en la realización del trabajo que estoy realizando sobre los órganos de garantía del derecho de acceso a la información.

………
………

LISTADO DE ÓRGANOS QUE HAN RESPONDIDO AL CUESTIONARIO

Consejo de Transparencia y Buen Gobierno Estatal	CTBG
Comisionado de la Transparencia de Canarias	CTCa
Comisión de Transparencia de Cataluña	CGAIP
Consejo de la Transparencia de la Región de Murcia	CTRMu
Comisión de Transparencia de Galicia	CTGa

Made in United States
Orlando, FL
05 November 2026

90209474R00326